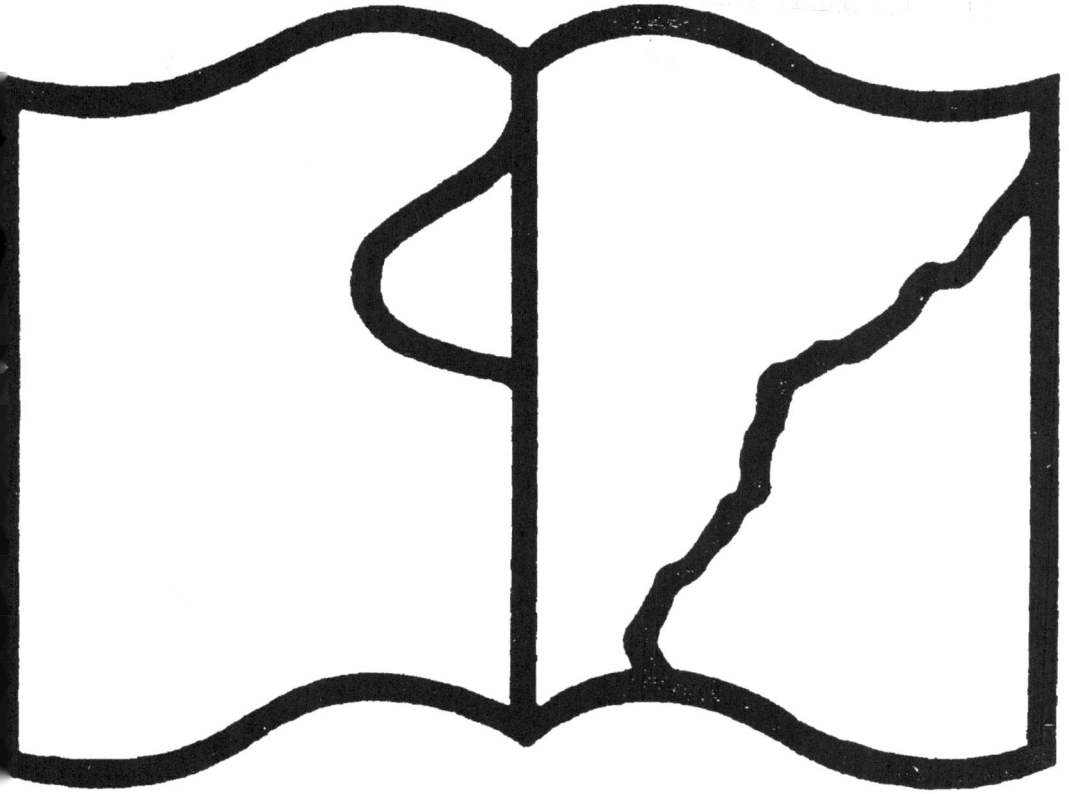

Texte détérioré — reliure défectueuse

NF Z 43-120-11

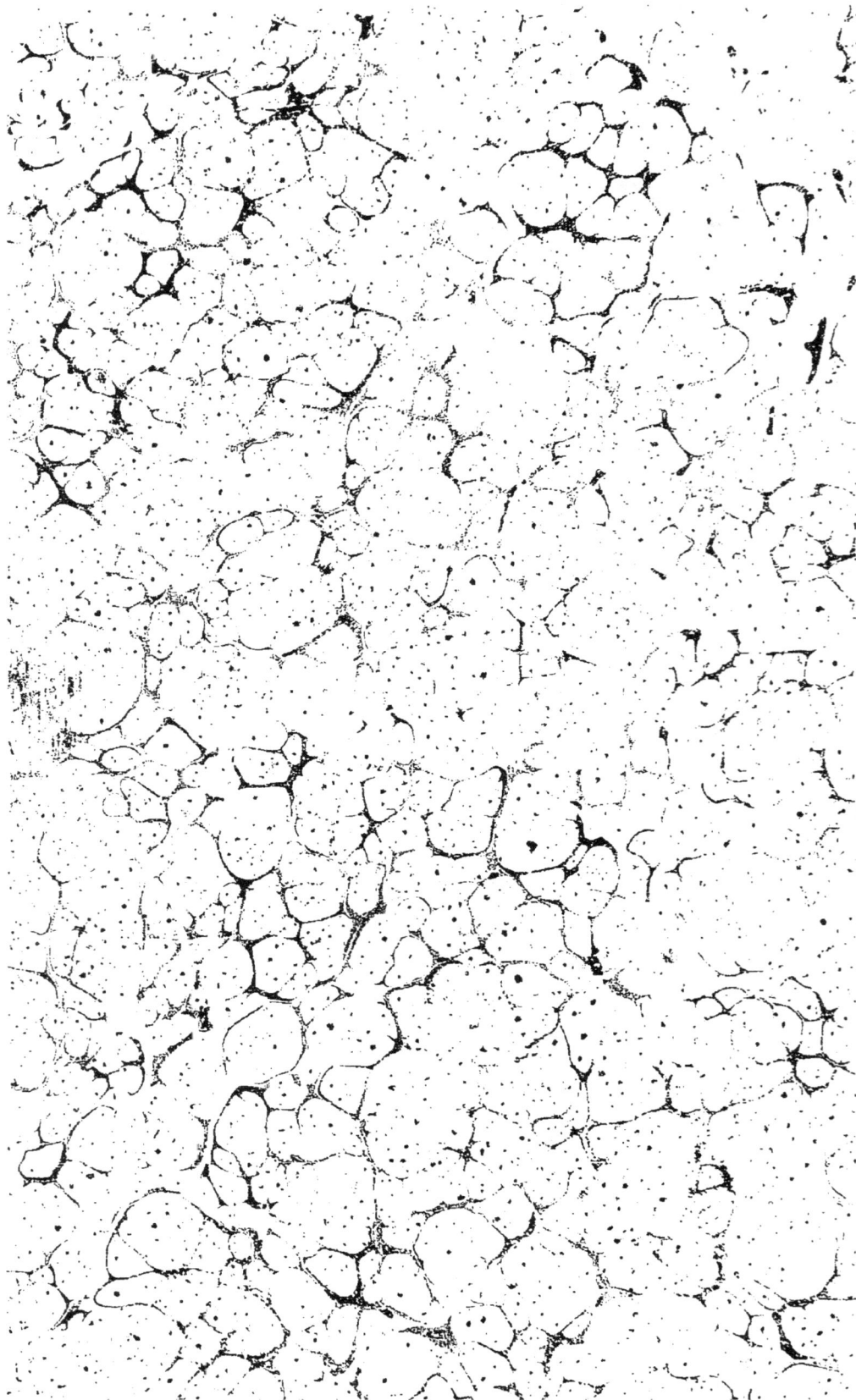

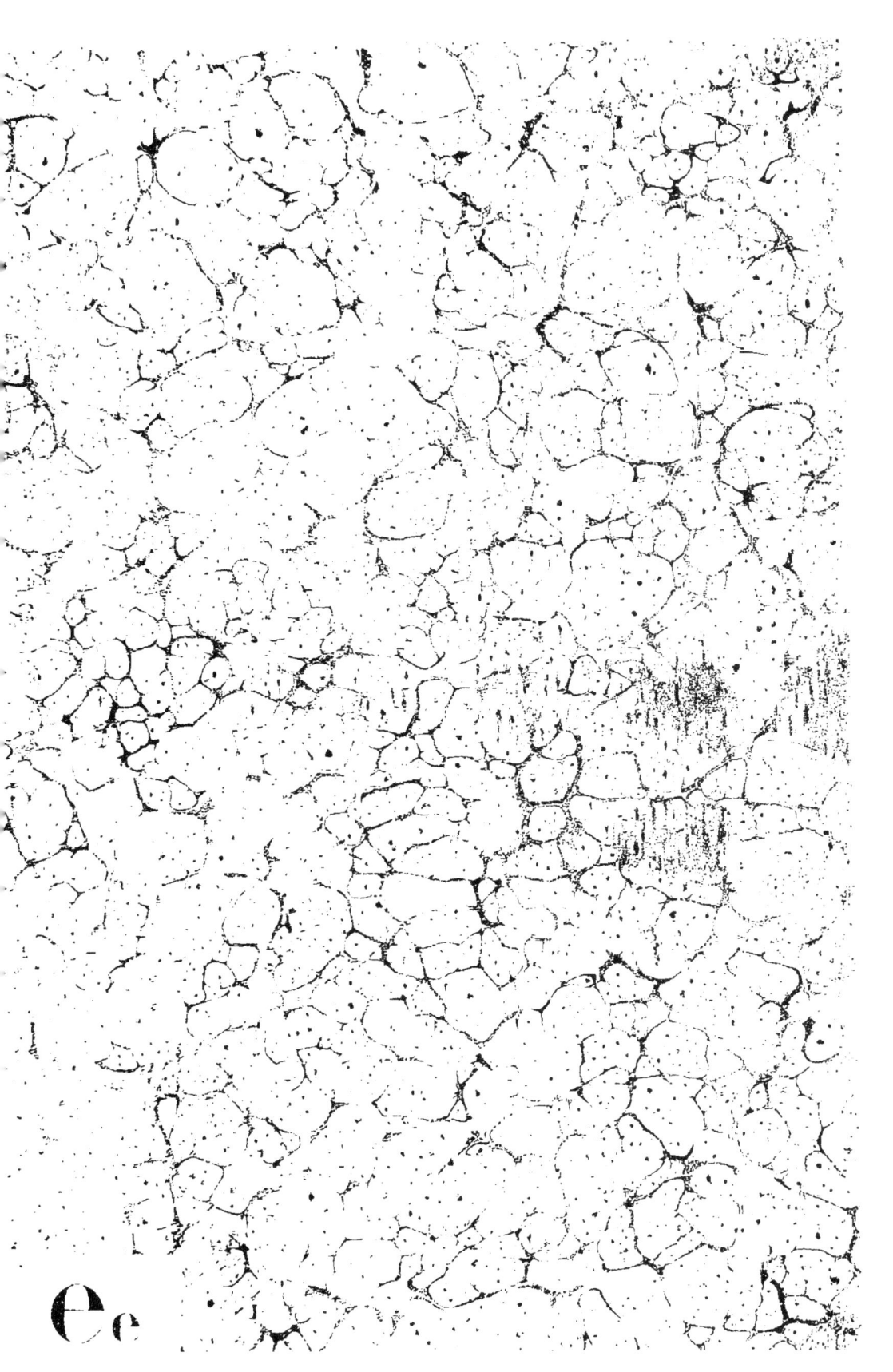

Col titre

6370

RECUEIL COMPLET

DES

TRAVAUX PRÉPARATOIRES

DU

CODE CIVIL,

COMPRENANT SANS MORCELLEMENT : 1º LE TEXTE DU PROJET ; 2º CELUI DES
OBSERVATIONS DU TRIBUNAL DE CASSATION ET DES TRIBUNAUX D'APPEL ;
3º TOUTES LES DISCUSSIONS PUISÉES LITTÉRALEMENT TANT DANS LES PROCÈS-
VERBAUX DU CONSEIL-D'ÉTAT QUE DANS CEUX DU TRIBUNAT, ET 4º LES
EXPOSÉS DE MOTIFS, RAPPORTS ET DISCOURS TELS QU'ILS ONT ÉTÉ PRONONCÉS
AU CORPS LÉGISLATIF ET AU TRIBUNAT ;

PAR P. A. FENET,

AVOCAT A LA COUR ROYALE DE PARIS.

TOME TROISIÈME.

PARIS,

VIDECOQ, LIBRAIRE, PLACE DU PANTHÉON, 6,

PRÈS DE L'ÉCOLE DE DROIT.

1836.

IMPRIMERIE D'HIPPOLYTE TILLIARD,

RUE SAINT-HYACINTHE-SAINT-MICHEL, N° 30.

OBSERVATIONS

TRIBUNAUX D'APPEL.

TOME PREMIER.

RECUEIL COMPLET

DES

TRAVAUX PRÉPARATOIRES

DU

CODE CIVIL.

~~~~~~

OBSERVATIONS

DES TRIBUNAUX D'APPEL.

———◆———

N° 1er. *Rapport fait au tribunal d'appel séant à* AGEN, *par* MM. Marraud, Lafontan, Miquel *et* Tartanac, *juges au même tribunal.*

Le travail de votre commission est bien au-dessous de la tâche que vous lui avez imposée. L'examen d'un ouvrage aussi important que le Code civil exigeait un temps considérable ; il eût fallu en méditer l'ensemble, en peser attentivement tous les détails, saisir, en quelque sorte, la pensée génératrice du législateur, pour apprécier tous les rapports des idées secondaires qui lui servent de développement ; mais votre commission n'a pu disposer que de quelques instants, qui ont à peine suffi à une simple lecture : aussi, les courtes observations qu'elle vous soumet, elle espère que vous les jugerez moins par l'utilité qu'elles présentent que d'après le zèle qui les a dictées.

d'entendre et d'appliquer les lois constitue, à l'égard des citoyens, une espèce de foi publique qu'il convient de respecter dans tous les cas. Il faut donc disposer qu'une loi explicative d'une loi précédente ne réglera que l'avenir, ce qui se trouverait suffisamment énoncé dans l'article 2, en le rédigeant ainsi : « Toute loi, même celle qui aurait pour objet « d'expliquer une loi précédente, ne dispose que, etc. »

LIVRE PREMIER.

TITRE Ier. — CHAPITRE III. — SECTION II.

§ 1er.

Les condamnations temporaires à des peines afflictives ou infamantes devraient entraîner la suspension de l'exercice des droits civils ; il implique qu'un individu qui a été séparé de la société y jouisse néanmoins des avantages communs à tous les citoyens : il devrait être mis en état d'interdiction légale, lequel cesserait, de plein droit, après l'expiration de la peine.

§ 5. — Des effets de la mort civile.

31, 32, 33 et 34. Ces articles ont paru devoir être totalement changés : ils sont basés sur la distinction qu'on a faite des actes qui sont du droit naturel et des gens, d'avec ceux qui naissent du droit civil proprement dit. Cette distinction, qui ne convient plus à nos idées, n'aurait pas dû trouver place dans le Code civil : il est assez difficile de concevoir un droit qui n'a point de sanction. Le mot *droit* est même inapplicable à ce qu'on appelle l'état de nature, s'il est vrai toutefois qu'on puisse se faire une idée exacte de cet état, en considérant les hommes, abstraction faite de ce qu'ils sont devenus par la civilisation. Nous ne pouvons guère apercevoir dans l'homme que des facultés et des sentiments : ces facultés et ces sentiments servent sans doute à diriger son organisation sociale ; mais, comme cette organisation a moins pour objet leur extension et leur développement que leur coordination à la durée et au bonheur de la

LIVRE PRÉLIMINAIRE.

TITRE III. — *De la publication des lois.*

Ce titre ne paraît bon ni dans sa rédaction ni dans ses dispositions.

La durée des lois est indépendante de celle des établissemens qui servent à les faire exécuter : si l'expérience amène des changemens dans l'ordre judiciaire actuel, les articles 2 et 3 n'auront plus d'application exacte ; c'est un inconvénient qu'il est aisé de faire disparaître, en concevant ces articles d'une manière convenable à tout état de chose : cette rédaction plus simple serait plus digne du législateur.

D'autre part, il paraît qu'on a réduit la publication des lois à une pure forme ; cependant, son effet étant de les rendre obligatoires pour tous les citoyens, il est nécessaire qu'elle les fasse aussi connaître à tous les citoyens. Un moyen d'atteindre ce but est d'ordonner l'affiche dans toutes les communes, dans un délai fixé, et de ne rendre la loi obligatoire qu'après ce délai.

En un mot, il conviendrait de déterminer un mode de promulgation tel, que la loi fût, autant que possible, connue de tous, et qu'elle fût rendue obligatoire, au même instant, sur tous les points de la république.

TITRE IV. *Des effets de la loi.*

L'article 3 paraît devoir être supprimé.

Il est impossible qu'une loi explicative qui règle le passé ne contienne un effet rétroactif. Les contrats passés d'après la manière constante d'entendre et d'appliquer les dispositions des lois, doivent être autant respectés que les jugemens et transactions auxquels elle a donné lieu. Il y a parité de raison pour les uns et pour les autres : car l'autorité de la chose jugée ou de la transaction ne change rien, en pareille circonstance, à l'état des parties.

D'autre part, une manière constante, quoique erronnée,

espèce de contrat, pas même de transiger sur le délit commis envers lui. Il ne peut avoir la disposition du fruit de son travail ; il appartient à la société en compensation des soins et des aliments qu'elle lui fournit encore ; et, si elle l'en laisse profiter en partie, ce doit être uniquement dans l'objet d'acquitter indirectement l'obligation qu'elle a contractée envers lui de pourvoir à son existence.

Ces observations, qui, comme l'on voit, exigeraient un plus long développement, justifient également la suspension des effets civils et l'interdiction temporaire qu'on a proposée à l'égard des condamnés à temps.

TITRE II.

Dispositions générales.

L'expérience a fait voir qu'il n'y a pas de réglemens plus [10 53] mal observés, au moins dans les campagnes, soit de la part des fonctionnaires publics, soit de la part des citoyens, que ceux relatifs à l'état civil ; cependant, quoi de plus important ? Il est donc essentiel d'ajouter à chaque disposition impérative ou prohibitive de ce titre, la sanction d'une peine, soit pécuniaire, soit corporelle, suivant l'exigence des cas.

11. Ajouter : « le tout sans préjudice des dommages-inté-[53] « rêts des parties. »

14. Ajouter : « à peine d'une amende pareille à celle de [43] « l'art. 11. »

SECTION 1re. — Règles particulières aux actes de naissance.

21. *Dans le délai de vingt-quatre heures.* Il faut un plus [55] long délai. L'éloignement, la rigueur des saisons le réclament en plusieurs cas.

En second lieu, l'article doit porter une peine contre les non-déclarans.

25. Peine contre le maître du bâtiment et contre l'officier [59] civil, pour garantir la remise et l'inscription dont il est parlé.

société, il s'ensuit que tous les rapports qui existent entre les hommes dans l'état de civilisation sont des rapports purement factices : il n'est donc point de contrat venant du droit naturel. La loi doit les régler et les règle effectivement tous ; ils tiennent donc tous leur essence et leur rectitude du droit civil.

Or, s'il en est ainsi, quel inconvénient y a-t-il qu'une condamnation à des peines afflictives ou infamantes, qui s'étendent à la durée de la vie, frappe le condamné de la perte de ses droits civils et d'une interdiction absolue ? n'en est-ce pas, au contraire, un bien grand, qu'un individu qui a mérité d'être pour toujours retranché de la société, jouisse presque des mêmes droits que les bons citoyens ? L'exercice de ces droits, anéantissant en quelque sorte l'effet de la condamnation, ne le replace-t-il pas au milieu de la société d'où il a été exclu ? On se demande avec étonnement, quelle est la différence qui existera désormais entre un homme honnête et un scélérat, où est la moralité des jugements criminels, où est la peine du malfaiteur, s'il conserve l'espérance de s'enrichir dans des spéculations d'agriculture et de commerce ?

N'implique-t-il pas encore que le condamné puisse acquérir, tandis qu'il est privé du droit de propriété ; qu'il puisse avoir et qu'il ne puisse jouir ? La loi ne doit conserver au condamné que la simple existence ; mais, en lui laissant l'existence, elle doit lui garantir les moyens de la soutenir, soit en lui assurant des aliments, soit en le protégeant contre ceux qui voudraient la lui ravir. C'est à cela seul que se trouve réduit, à son égard, l'effet du pacte social. Ainsi, toute action autre que l'action criminelle doit lui être absolument déniée ; hors de là il ne peut lui être permis de jeter un regard sur la société, qu'il a outragée, et dans laquelle il ne peut plus rentrer. En un mot, suivant l'expression consacrée, il est mort pour la société. Il ne faut donc pas que le condamné demeure capable d'aucune

cile qu'il prescrit à l'opposant, ni l'officier civil auquel cette opposition doit être dénoncée.

32. Même observation qu'en l'article 31, en ce qui con- *177* cerne la compétence du juge-de-paix qui doit prononcer sur l'opposition.

CHAPITRE IV. — SECTION III. — Des seconds mariages.

S'il est tolérable que l'époux qui a, par un adultère scan- *318* daleux, profané aux yeux de la société entière la sainteté du mariage, en puisse contracter un nouveau, du moins ne devrait-il pas lui être permis de recueillir, en quelque sorte, le fruit de son crime, en épousant son complice : il est aisé de sentir la moralité de la prohibition.

TITRE VI.

CHAPITRE Ier. — Des causes du divorce.

3. L'abandonnement ramène évidemment parmi les causes *335* du divorce l'incompatibilité d'humeur et de caractère, et le consentement mutuel, que l'on a voulu bannir ; avec cette circonstance remarquable qu'on ne pouvait obtenir le divorce pour cause d'incompatibilité, qu'après le délai d'une année, à compter du premier acte en divorce, tandis que l'abandonnement l'emporte dans six mois : ainsi, au lieu de resserrer le lien du mariage, on le relâche encore plus qu'il ne l'était dans le temps de la plus grande immoralité.

Il faut eximer l'abandonnement des causes du divorce.

CHAPITRE II. — SECTION Ire. — De la poursuite du divorce.

11. Au lieu de citer dans les délais de la loi, il convient *141* mieux au mode que l'on a adopté que la citation soit faite en vertu d'une cédule délivrée par le président, qui indiquera le jour et l'heure de la comparution.

CHAP. III. — Des fins de non-recevoir contre l'action en divorce, etc.

45. La quotité de l'amende est trop modique ; elle devrait être de 1000 fr. au plus, et de 100 fr. au moins.

46. Même observation qu'en l'article précédent.

SECTION IV. — Des règles particulières aux actes de décès.

77   57. Jamais disposition n'a été plus mal exécutée. Il faut disposer que l'officier de l'état civil énoncera, dans son ordonnance, l'heure à laquelle elle aura été rendue; le tout à peine d'une amende de....

81   61. Le repos des familles exigerait que ce procès-verbal fût transmis à l'officier de l'état civil du domicile du défunt, lorsque ce domicile est connu.

83   65. Peine contre le greffier.

84   66. Peine contre les concierges.

TITRE III. — *Du domicile.*

103   5. Déterminer la durée de l'habitation réelle, nécessaire pour acquérir et fixer le domicile.

TITRE IV. —CHAPITRE II.

SECTION 1re. — Des effets de l'absence relativement, etc.

126   12. Supprimer ces mots, *à moins qu'il ne soit trop modique,* comme ramenant l'arbitraire.

SECTION IV. — Des effets de l'absence relativement aux enfans.

142   31. Le délai de six mois pendant lequel il est sursis à la pourvoyance, est trop long; en attendant, que deviendront les enfans qui n'ont ni ascendans ni proches?

TITRE V. — *Du mariage.*

CHAPITRE Ier.

15   9. La même disposition doit être appliquée à ceux qui sont condamnés temporairement à des peines afflictives ou infamantes; ils doivent être privés de contracter mariage pendant la durée de leur peine.

160   12. Déterminer le nombre et la qualité des parens qui constituent l'assemblée de famille.

CHAPITRE III. — section 1re. — Des oppositions au mariage.

176   31. Lorsque les époux ont des domiciles différens, le mariage pouvant être célébré dans l'un des deux indifféremment, l'article ne détermine pas suffisamment l'élection de domi-

sonnes intéressées dans les actes dont il est parlé auraient été parties dans l'instance en interdiction : autrement, il prête à la fraude ; il est en contradiction avec les principes relatifs à l'effet de la chose jugée ; il détruit, sinon ce qui a été dit dans l'art. 3 du chap. Ier, que le majeur conserve la capacité de contracter jusqu'à l'interdiction, du moins tout l'effet de la présomption légale de cette capacité.

25. *Interdit.* Il faut substituer *individu.* La raison de cette 504 correction est évidente.

CHAPITRE III. — Du conseil volontaire.

40. *Sa ruine et celle de ses enfans.* Il faut, pour lever 513 toute équivoque, mettre *ou*, au lieu de *et*.

LIVRE II.

TITRE Ier. — CHAP. III. — *Des biens dans leur rapport, etc.*

23. *Mais ceux.* Il faut dire, *les biens.*

26. Définir ce qu'on entend par biens vacans.

TITRE II. — *De la pleine propriété.*

2. La loi n'entend pas déposséder les citoyens, quelque 545 légitime que soit la cause, sans qu'ils aient été dédommagés auparavant. Il faut l'exprimer, et dire : « moyennant une juste et préalable indemnité. »

TITRE III. — SECT. III. — *Comment l'usufruit prend fin.*

39. L'abus de l'usufruitier ne doit point éteindre l'usu- 618 fruit. C'est assez qu'il lui fasse perdre le droit de jouir personnellement. Les suites de cette espèce de déchéance seront de restituer les biens au propriétaire, à la charge, par lui, de faire raison à l'usufruitier, de la valeur des fruits, au dire d'experts ; le tout, néanmoins, sans préjudice des dommages-intérêts dus au propriétaire pour les dégradations qui auront été faites. Cette disposition est bien plus impartiale que celle de l'article. L'abus ne peut jamais être assez précisément défini pour lui attribuer l'effet de dépouiller ab-

Il conviendrait d'admettre pour fin de non-recevoir l'exception naturelle résultant de l'action, lorsqu'elle serait prouvée. Mais au moins cette fin de non-recevoir devrait-elle être reçue dans les demandes en divorce fondées sur cause d'adultère, lorsque cette fin de non-recevoir serait prise de l'adultère de l'époux demandeur. Elle se trouve expressément établie dans la loi 39, ff. *solut. mat.* Il faut voir cette belle loi du sage *Papinien.* Les mêmes motifs qui la dictèrent, doivent nous en faire adopter les dispositions. Comme chez les Romains, le mariage, chez nous, est un contrat qui impose aux époux une fidélité réciproque, des mœurs exactes, une conduite également irréprochable. Or, il est de la nature de pareils contrats de rejeter les plaintes de celui des époux coupable de la même infraction au contrat.

Et, si la morale justifiait l'action en divorce dans des situations aussi scandaleuses, au moins faudrait-il anéantir en entier, à l'égard des deux époux, les avantages stipulés dans le contrat.

Ce chapitre doit donc avoir un cinquantième article, qui consacre cet aperçu de législation.

CHAPITRE IV. — Des effets du divorce.

56. *Assemblé.* Ajouter : « avant la célébration. »

TITRE IX. — CHAPITRE II.

SECTION V.

427   46. Les juges doivent être dispensés de la tutelle.

SECTION VII.

88. *Dans le délai prescrit, etc.* Fixer ce délai, afin de ne pas livrer ce préalable à l'arbitraire du juge.

TITRE X.

CHAPITRE II. — De l'interdiction.

496   13. *Frais de transport.* Il faut déterminer ces frais par un tarif.

80   24. Cet article ne serait juste que dans le cas où les per-

CHAP. IV.—sect. iii.—De la succession aux biens des enfans naturels.

71. *Ses frères et sœurs légitimes*. L'enfant naturel n'a ni 766 frères ni sœurs légitimes ; il faut changer la rédaction.

CHAP. V. — sect. ii. — De la succession dévolue à la république.

78. Il ne paraît pas juste de priver les héritiers du droit de 770 réclamer la succession pendant trente ans, nonobstant la mise en possession ; il faudrait le leur assurer par une disposition expresse.

CHAPITRE VI.

SECTION Ire. — De l'acceptation.

82. Ne serait-il pas plus naturel d'admettre à répudier les 782 héritiers qui ne voudraient point accepter la succession, et d'obliger ceux qui voudraient l'accepter au nom du défunt, de l'accepter pour le tout, en s'assujétissant à toutes les charges de l'hérédité ? Qu'importe à l'héritier ce qui était avantageux au défunt ? Tout cela n'est que relatif ; ce qui était avantageux au défunt peut ne pas l'être à l'héritier, ou ne pas lui convenir : une pure fiction peut-elle aller jusqu'à le forcer d'agir contre son gré et contre son intérêt ?

SECTION III.

Dist. Ire. — Du bénéfice d'inventaire, etc.

101. *Du jour de la succession*. Dites : « du jour de l'ou- 795 verture de la succession. »

Dist. II. — Des effets du bénéfice d'inventaire.

113. L'intérêt des créanciers hypothécaires exige qu'ils 806 soient appelés, par l'héritier bénéficiaire, pour assister, si bon leur semble, à la vente des immeubles.

118. Ajouter : « ou du jour de la délivrance constatée par 809 acte public. »

CHAPITRE VII. — SECTION Ire.

150. On le propose ainsi : « Les lots seront faits par 834 « experts, autant égaux que possible ; ils seront adjugés aux « cohéritiers par la voie du sort. Néanmoins, si l'un des

solument l'usufruitier de toute l'utilité de l'usufruit. D'autre part, le propriétaire n'a, pendant la vie de l'usufruitier, d'autre intérêt que la conservation de la propriété : or il y est suffisamment pourvu par la déchéance; on ne peut, sans partialité, lui accorder davantage.

TITRE IV. — CHAP. II. — SECT. II.

Des servitudes établies pour, etc.

651-
67o

11. Le Code rural traitera, sans doute, de tout ce qui est relatif aux arbres, haies, etc., la distance du champ voisin, la prescription, le droit de les faire arracher, ébrancher, s'ils nuisent, etc.

§ Ier.

66o

19. Ajouter : « et en outre la moitié de la valeur du terrain fourni pour l'épaisseur du mur. »

25. Il faut déterminer la profondeur du fossé, et la distance qu'il doit avoir du champ voisin.

LIVRE III

TITRE Ier.

CHAPITRE II.

727

22. *Avoir donné volontairement.* Ajouter : « ou tenté de donner. » Si les lois criminelles punissent la tentative comme le crime même, comment les lois civiles la traiteraient-elles différemment? l'indignité ne résulte-t-elle pas aussi pleinement de la tentative que de la consommation de l'acte?

CHAPITRE III.

SECTION III. — De la succession des descendans.

745

39. *Sans distinction, etc.* La généralité de l'article et ce qui est ajouté dans l'alinéa qui suit rend cette phrase inutile.

SECTION IV.

746

52. A défaut d'enfans, l'ascendant survivant doit recueillir l'entière succession.

SECT. IV.— De la remise de la dette.

173. *Celle accordée à l'une des cautions ne libère pas les* 1187 *autres.* On propose : « La remise accordée à l'une des cau- « tions ne libère les autres qu'à concurrence de la portion « dont serait tenue la caution à qui la remise a été faite. »

La remise étant une renonciation volontaire à un droit acquis, un abandon spontané de la part du créancier, il est juste, dans tous les cas, qu'elle profite à tous ceux qui y ont intérêt.

Il y a une raison particulière : lorsque les cofidéjusseurs ont contracté par un seul acte, ils ont dû nécessairement compter les uns sur les autres ; et il ne doit pas dépendre du créancier de les priver de leur recours contre celui d'entre eux à qui il lui plaît d'accorder la décharge du cautionnement.

La même raison subsiste, lorsque les cautionnemens ont été contractés par des actes différens à l'égard des cautions postérieures.

SECT. VIII. — De la cession des biens.

D'après ce qui été dit sur le chapitre IV, il devrait être 1265 traité de la cession des biens en un autre lieu.

SECT. IX. — De l'action en nullité ou restit...

Même observation que sur la section VIII.

201. Le contrat de mariage ne pouvant porter toute es- avant-1304 pèce de conventions, il est raisonnable de restreindre la 1809 prohibition de l'article aux conventions passées entre conjoints.

CHAPITRE V.

SECTION Ire.

DIST. II. — De l'acte sous seing-privé.

216. L'exception doit être supprimée. Elle présente l'in- 1326 convénient de négliger les précautions à l'égard des personnes qui peuvent plus facilement être circonvenues. L'inverse de l'article serait plus raisonnable ; mais la règle générale doit être maintenue sans exception.

« cohéritiers se plaint de l'inégalité des lots, il aura la
« faculté de les faire lui-même ; auquel cas, le sort désignera
« l'ordre dans lequel les autres cohéritiers devront choisir ;
« le lot non choisi demeurant à celui qui aura fait les
« lots. »

Cette rédaction, outre qu'elle est plus exacte, paraît plus
propre à maintenir, dans tous les cas, l'égalité entre les copartageans, et à prévenir les plaintes en lésion.

152. *Il y est statué par le tribunal.* Il faudrait substituer *en
séance publique*, à la disposition finale de l'alinéa. Il ne paraît
pas y avoir de raison pour éviter, dans ce cas, la publicité
des procédures, qui est un des élémens de notre organisation
judiciaire, et une garantie des droits des citoyens.

TITRE II.

CHAP. III. — SECT. Iʳᵉ.

Dɪsᴛ. II. — De la condition suspensive.

76. *Elle ne suspend que l'exécution,* etc. On propose :
« Elle ne suspend pas l'obligation ; elle en diffère seulement
« l'exécution jusqu'à ce que les parties aient eu connaissance
» de l'événement, le droit étant irrévocablement acquis au
« créancier du jour de l'obligation. »

Dɪsᴛ. III. — De la condition résolutoire.

78. *Révoque l'obligation lorsqu'elle s'accomplit.* Amphibologie à faire disparaître.

CHAP. IV. — De l'extinction des obligations conventionnelles.

118. *Par la cession des biens.* La cession des biens n'est
qu'un atermoiement ; elle n'éteint pas l'obligation, mais
seulement la contrainte par corps. (*Voyez* la sect. vɪɪɪ ci-
après.)

Par la demande en nullité. Cette expression n'est pas
exacte. D'autre part, une obligation déclarée nulle est comme
non avenue ; elle est anéantie, et non pas éteinte. Il vaut
mieux supprimer cette partie de l'article.

L'opposition de la femme, qui est censé connaître l'état dés affaires du mari, tend à le priver de son crédit, à nuire à la famille ; elle peut troubler la paix du mariage : ainsi, la femme se trouve placée entre ses affections, ses devoirs en quelque sorte et son intérêt. La femme désintéressée perdra sa dot, et celle qui la conservera eût peut-être mérité de la perdre, et court le risque de perdre davantage.

TITRE VIII. — SECT. III. — *Du séquestre et des baux.*

54. Le droit de recette du séquestre doit être fixé par un tarif.

55. Le trouble fait au séquestre est prévu par la loi pénale; il doit rester sous son empire : la peine de l'article est insuffisante pour tous les cas.

TITRE IX.

CHAP. Ier. — De la capacité requise pour donner, etc.

9. Cet article doit être supprimé par les raisons dévelop- 155 pées sur les articles 31, 32 et 33 de la section II du titre Ier, § III, chapitre III.

CHAPITRE II.

SECT. Ire.— De la portion disponible.

16 et 17. Il doit être permis au père de disposer en outre 913 de la totalité des acquêts. 1421

L'intérêt des enfans et descendans est la seule borne qu'on puisse mettre raisonnablement à la liberté de disposer.

Les liens de famille qui sont entre les enfans vivant en- 916 semble, sous un même chef, en communauté d'affections, de besoins, d'industrie, de travaux, ne subsistent plus entre des frères devenus, par des établissemens séparés, étrangers, en quelque sorte, l'un à l'autre; ainsi, l'on n'hésite point de proposer la liberté indéfinie de disposer en ligne collatérale.

Ce serait en vain qu'on chercherait à maintenir la prohi-

1338   **229, 230 et 231.** Dans l'effet que l'on donne ici à la confirmation et à la ratification, il importe de déterminer, par une définition précise, l'acception de ces mots, afin de faciliter l'application de ces articles.

SECT. III. — Des présomptions.

1355   **245.** *A moins que l'acte*, etc., présente une amphibologie; il vaudrait mieux rédiger ainsi : « Néanmoins, si l'acte est « argué de fraude ou de dol, les présomptions de la nature « ci-dessus spécifiée, ainsi que la preuve par témoins, seront « admissibles. »

TITRE III. — SECT. II. — Des quasi-délits.

1382. 1384   **17, 18 et 20.** Les faits énoncés dans ces articles sont des délits de police qui donnent essentiellement lieu à une action publique; ainsi ils ne peuvent être rapportés parmi les quasi-délits.

TITRE VI. — SECT III. — De l'hypothèque judiciaire.

2123   **29.** Pourquoi cette différence de jugemens contradictoires et par défaut ? n'ont-ils pas tous également l'authenticité qui seule doit donner l'hypothèque ? Il suffirait de dire : « Tous « jugemens emportent hypothèque du jour de leur pronon-« ciation. »

2123   **34.** Cet article n'a point été entendu... mais la disposition générale de l'article 29 paraît le rendre inutile.

2123   **35.** Même observation qu'en l'article 29; la signification du jugement n'importe point à l'hypothèque.

TITRE VII. — CHAPITRE II.

SECT. II. — Des créanciers qui sont tenus de former opposition.

2135   **17.** La femme mariée devrait être affranchie de cette formalité, pendant la durée du mariage, sauf à l'y assujétir dans un certain délai, après la dissolution, dans le cas où elle a lieu par le décès du mari, et immédiatement après, lorsqu'elle est opérée par toute autre cause.

Pourquoi la donation à rente viagère ou vente à fonds perdu dont il est question dans l'article est-elle déclarée nulle ? Si la donation pure et simple est seulement réductible, il semble qu'à plus forte raison la donation à charge devrait l'être aussi. Quel inconvénient y aurait-il de la déclarer telle sans aucune répétition de la part du donataire, pour les arrérages de la rente, ou pour le prix qu'il prétendrait avoir payé ?

CHAP. IV. sect. iii.— Des cas auxquels, etc.

60. 2° Spécifier les délits et sévices dont il est parlé. La ₉₅₅ morale réclame qu'on comprenne parmi ces délits le refus du donataire, de fournir des alimens au donateur, s'il est dans le besoin.

61. Il faut excepter de la disposition le cas où le donataire ₉₅₆ sans enfans serait, pour le délit commis envers le donateur, condamné à une peine emportant mort civile.

CHAPITRE V.
SECT. Ire. — De la forme des testamens.

72. Il faut disposer que l'acte public portant donation et ₉₇₁. l'acte de présentation seront écrits de la main du notaire, et ⁹⁷⁹ qu'ils ne pourront l'être de la main de son clerc.

SECT. II.— De l'exécution des donations, etc.

100. Il faut, par une disposition expresse, fixer la date ₁₀₁₇ de l'hypothèque du légataire au jour du décès du dona‑ teur.

SECT. III. — De la révocation, etc... et caducité.

135. Sauf le cas énoncé en la note sur l'article 61, sec- ₁₀₄₆ tion III, chapitre IV.

CHAP. VI. — Des partages faits par père, mère, etc.

144. *Lésion du tiers au quart.* Dire simplement, lésion ₁₀₇₉ du quart.

145. Même observation. ₁₀₈

Il manque au chapitre précédent une section qui établisse

bition, en supposant la nécessité de diviser les fortunes pour le soutient de l'égalité.

Autant le ciel est éloigné de la terre, dit un écrivain célèbre, autant le véritable esprit d'égalité est éloigné de l'égalité réelle. C'est donc le méconnaître que de le chercher dans une espèce de loi agraire. Il est suffisamment observé dans la loi constitutionnelle relativement à la distribution des biens, lorsqu'il est pourvu à ce qu'un citoyen ne puisse devenir assez riche pour acheter la puissance publique.

D'autre part, la situation politique de l'État ne proscrit-elle pas impérieusement cette division, en rapport, même en concurrence avec des nations commerçantes et riches? Quel serait le sort de la France? comment pourrait-elle entretenir ces rapports et cette concurrence, si, par un effet nécessaire de ses lois, les citoyens sont privés des moyens de se livrer à de grandes spéculations de commerce et d'agriculture?

L'aperçu de ces considérations générales suffit pour faire sentir la nécessité de la correction proposée.

SECT. II.— De la réduction des donations, etc.

928   27. Le titre dont le donataire est porteur, la bonne foi qu'il a pu avoir, doivent lui faire acquérir les fruits jusqu'au jour de la demande en réduction, à moins qu'elle ne soit formée dans l'année du décès du donateur, auquel cas la restitution des fruits aura lieu du jour de son décès. Les héritiers ont à s'imputer de l'avoir négligée.

950-
919   29 et 19 précéd. *Donataire* à la place de *donateur*.

CHAP. III. — Des dispositions réprouvées par la loi.

900   32. L'article est bon. Mais il est souverainement juste que le Gouvernement fasse cesser et répare, sans délai, l'effet rétroactif des lois d'octobre et de novembre 1792, concernant les substitutions.

91ʳ   36. *Ou collatérale* doit être supprimé par la raison de la note sur les articles 16 et 17, section Iʳᵉ, chap. II, tit. IX.

barrasser. Mais n'est-il pas de fait que, dans les familles, l'affection descend et ne remonte pas. Il est moral de taire les raisons qu'on pourrait apporter de la vérité de cet adage.

Il faut donc établir l'exhérédation, la régler de manière qu'elle ne puisse jamais être l'effet d'une passion aveugle ou d'une prévention injuste, en déterminer les causes et les effets. Il faut que ces causes soient exprimées dans le testament du père, que ses héritiers soient chargés d'en faire la preuve après son décès, au cas de dénégation ; il faut enfin que l'enfant exhérédé puisse obtenir des alimens contre la famille, s'il est dans le besoin, etc.

CHAP. VIII. — Des donations entre époux, soit, etc.

154. Les donations entre époux faites sous la condition 1092 de survie étant les plus fréquentes, il serait plus simple d'adopter l'inverse de l'article, en disposant que toute donation entre vifs faite, par contrat de mariage, entre époux, serait réputée faite à condition de survie, si le contraire n'était exprimé, et qu'elle serait affranchie de l'insinuation à cause de la faveur du mariage.

156. La liberté indéfinie de disposer en ligne collatérale 1094 étant exprimée dans les notes, il est conséquent de substituer à l'article les dispositions, sauf rédaction, de l'article 14 de la loi du 17 nivose.

159. Ajouter : « et n'a que l'effet d'une donation à cause 1096 de mort. »

TITRE X.

CHAP. Ier. — Dispositions générales.

4. . . . . L'usage des contrats. Cette disposition est inu- 1594 tile.

7. Il vaut mieux déclarer toute contre-lettre sans effet. 1596 C'est instrument de fraude et matière à procès.

9. . . . . Il faudrait limiter. A l'égard du conjoint seule- 1598 ment.

l'exhérédation, qui en spécifie les causes, qui en détermine les effets, etc.

La faculté de disposer, et la puissance paternelle, sont circonscrites dans des bornes si étroites, qu'elles sont insuffisantes pour rattacher les liens des familles qui se trouvaient complétement dissous par la législation précédente. Le père maltraité par son fils devenu majeur n'a contre lui que la même action qu'il aurait contre un étranger. Il est réduit à le traîner devant les tribunaux, c'est-à-dire, à endurer patiemment ses outrages; car le plus souvent l'audace d'un fils dénaturé, la crainte de flétrir la famille, enlèveront au père ce triste recours. D'autre part, le fils qui aura abandonné, deshonoré, excédé, battu son père, viendra partager impudemment son hérédité. L'exhérédation est le seul remède qui reste pour arrêter ou punir cette espèce de sacrilége. On frémit encore sur le sort du malheureux fils de Noé; mais quelle forte leçon ne résulte-il-pas de cet exemple? L'autorité du père est une sorte de magistrature dont l'exercice doit s'étendre à la durée de sa vie, et dont les actes doivent subsister encore après lui. Il faut qu'il puisse récompenser et punir, si l'on veut lui laisser les moyens de faire régner dans sa famille le respect pour les mœurs, et l'amour de la vertu. L'intérêt est le puissant mobile des actions humaines. On a beau vouloir se le dissimuler : c'est une vérité de fait; et la science du législateur consiste à se servir avec habileté du lévier de cette passion pour rendre les hommes meilleurs. Il faut que les enfans attendent avec une espérance religieuse, le dernier jugement du père. C'est à lui seul que la loi doit confier le soin de récompenser la pitié filiale, de punir ou de pardonner les écarts dont ses enfans ont pu se rendre coupables envers lui.

Ce n'est point assez.... Ce n'est rien que de livrer les pères à la reconnaissance de leurs enfans..... La reconnaissance!.... Elle est souvent un poids dont on cherche à se dé-

tre II, exige la suppression de ces mots de l'article au n° 2 , *qui a été versé dans la communauté.*

CHAP. III. — SECT. Ire. — Des conventions exclusives de toute com.

114. *Après la dissolution de la communauté*, dites : *après la dissolution du mariage* ; car il n'y a pas de communauté. 1331

TITRE XI.

CHAP. III. — Des choses qui peuvent être vendues.

18. Ajouter : *même de son consentement.* 1600

CHAPITRE IV.

SECT. Ire. — De la délivrance.

38. Il faut disposer qu'il sera fait, suivant l'occurrence, raison des intérêts ou des fruits, à partir de l'époque où la délivrance devait être effectuée. 1617

SECT. II. — DIST. II. — De la garantie des défauts de la chose vendue.

62. *Et autres de cette espèce, etc.* Le Code civil doit établir des règles certaines. 1641

Il convient de classer tous les vices rédhibitoires , et de n'admettre que ceux qui seront formellement exprimés. Les usages ne viennent qu'au défaut de la loi; ils la suppléent d'abord , et finissent par la tuer.

69. Fixer le délai de l'action rédhibitoire. Il ne faut laisser régler par l'usage rien de ce qui peut être réglé par la loi. 1648

CHAP. VI. — SECT. Ire. De la faculté de rachat.

80. *En en rendant le prix.* L'article 96, qui suit, rend cette disposition exubérante. 1659

94. Il faut disposer au contraire, si l'on ne veut légitimer, pour les débiteurs de mauvaise foi, un moyen infaillible de frauder leurs créanciers.

CHAP. VIII. — Du transport des créances , etc.

110. Si le titre est public, sera-ce par la remise de l'expédition? Ne conviendrait-il pas mieux que la délivrance s'opérât par la seule convention? Cet article demande explication. 1689

CHAPITRE II.

SECT. Ire. — Quaud et comment la communauté légale se forme.

1599 12. *Elle n'a point lieu*, *etc*. Cette disposition est surabondante.

SECT. II. — De ce qui compose la communauté activement et passivement.

1402 15. Il est plus facile de prouver l'acquêt que le propre. Ne
serait-il pas plus simple d'établir la présomption en faveur
de la qualité de propre ?

SECT. III. — De l'administration de la communauté, et de l'effet, etc.

1422 31. *Sans tradition réelle avec réserve d'usufruit.* Cela doit
être expliqué : ou l'on en a dit trop ou pas assez.

1433 41. Le versement dans la communauté dont il est parlé
doit toujours être présumé en faveur de la femme.

1436 46. La note précédente exige dans cet article une disposition particulière à l'égard de la femme.

SECT. V. — Dist. II. — De la séparation des biens.

1443 58. Ajouter : elle n'a pas besoin d'être soumise à la conciliation (1). »

61. Cet article paraît en contradiction avec l'article 57 ;
il semble, en effet, qu'il implique que la dot soit mise en péril, et qu'il y ait des profits dans la communauté.

SECT. V. — Du droit qu'a la femme d'accepter, etc.

72. Même observation qu'en l'art. 82, sect. Ire, chap. VI,
tit. Ier, liv. III.

1454 73. Déterminer les actes qui caractérisent cette immixtion, et les différencier des actes conservatoires que la veuve
paraît ne pouvoir se dispenser de faire.

SECT. VI. — Dist. I. — Du partage de l'actif.

1475 91. *Voy*ez la note sur l'article 72.

1481 96. Dire en quoi consiste ce deuil de la femme.

SECT. VII. — De l'effet de la renonciation de la, etc.

1493 107. La note de l'article 41, ci-dessus, section III, chapi-

(1) Voy. le 7º de l'art. 49 du Code de procédure.

donc mieux que le fermier retînt son indemnité sur le prix du bail pour l'année, sans aucune supputation des profits des années antérieures ou subséquentes, à moins que le propriétaire ne préférât percevoir lui-même la récolte de l'année du cas fortuit, en déchargeant le fermier pour cette année, du prix du bail, cé qu'il aurait la faculté d'opter dans un délai déterminé, à compter de la demande en indemnité.

73. Fixer un court délai dans lequel le fermier sera tenu de former la demande en indemnité, et de constater le dommage occasioné par cas fortuit. [1771]

74. La coulure ne paraît pas devoir être rangée parmi les cas fortuits. [1773]

TITRE XIV. — CHAPITRE IV.

Des différentes manières dont finit la société.

54. 3°.... Il faudrait dire, d'après les notes : « par la con- [1865] « damnation à des peines afflictives ou infamantes. »
61. Même observation.

TITRE XVI. — CHAPITRE II.

SECT. II.—Des obligations du dépositaire.

23. *Dans un délai suffisant....* Déterminer ce délai. [1938]

TITRE XVII.

CHAP. Ier. — De la nature et de la forme du mandat.

Celui qui a pouvoir de vendre a-t-il le pouvoir de recevoir [avant 1784] le prix, s'il ne lui a été expressement conféré ?

CHAP.V.—Comment le mandat prend fin.

35. *Par la mort naturelle ou civile.* Il faudrait dire : « par [2003] « la condamnation à des peines afflictives ou infamantes. »

Il faudrait disposer que le mandant conserve toujours le pouvoir d'exécuter lui-même le mandat, mais qu'il n'en est pas moins tenu envers le mandataire qui l'aurait exécuté postérieurement, sans avoir eu connaissance de l'exécution qui en aurait été déjà faite.

TITRE XII. — De l'échange.

1706   5. Ne pas admettre la rescision pour cause de lésion dans le contrat d'échange, c'est la supprimer à l'égard du contrat de vente, puisque, dans tous les cas où elle serait à craindre, il suffira de prendre la forme du contrat d'échange ; ce qui se fera très aisément en donnant un immeuble du plus vil prix, sans qu'il soit fait mention d'aucune espèce de soulte.

TITRE XIII.—CHAPITRE Ier.

SECT. Ire. — De la forme et de la durée des...

15. Encore l'usage.... Est-il donc impossible de régler uniformément le temps de la rélocation ! Quelle que soit la règle, on s'y conformera ; mais il en faut une.

1736   19. Même observation qu'en l'art. 15.

SECT. III. — Des obligations du preneur.

1754   43. Même observation qu'en l'art. 15, sect. Ire.

SECT. IV. — De la résolution du louage.

1762   57. Même observation.

1745   59. *Idem.*

1748   61. *Idem.*

SECT. V. — Des règles particulières à la ferme des biens ruraux, etc.

1769   69, 70, 71. La distinction établie dans ces articles n'est point juste : elle dénature, en quelque sorte, le contrat ; car le fermier ne l'a consenti que dans l'espérance de faire des profits. L'assujétir à rendre compte de ces profits, sous quelque prétexte que ce puisse être, c'est le priver d'un bien légitimement acquis, et sur lequel il a dû compter d'autant plus que le bail à ferme se réduit en somme à une vente annuelle des fruits, et qu'il a payé le prix de cette vente ; ainsi tout est consommé à cet égard. D'autre part, la disposition de ces articles ménage, dans chaque bail à ferme, un procès inévitable entre le fermier et le propriétaire ; car un bail à longues années ne s'écoule jamais sans cas fortuit. Il serait

Leur travail est terminé.

En parcourant le projet du Code civil, ils se sont convaincus de la beauté du plan sur lequel il est formé, de la justesse des divisions qu'il renferme, et de la réunion des lumières et des connaissances dont il est le résultat.

Le Gouvernement, en fixant son choix sur les quatre magistrats qui ont rédigé ce projet de Code, a annoncé à la patrie ce qu'elle devait attendre d'une mission aussi honorable : ses espérances n'ont point été trompées.

Nos observations sur quelques-uns des articles qui nous en ont paru susceptibles nous ont été inspirées par notre amour du bien public, et par l'envie naturelle qu'un Code destiné à une grande nation touche à la plus haute perfection dont les ouvrages des hommes sont susceptibles.

Nous ne faisons souvent qu'indiquer les petits changemens que nous croyons devoir être adoptés, sans les appuyer des principes et des règles qui nous ont paru les motiver : nous ne devions point oublier que notre travail passait sous les yeux de grands magistrats et de savans jurisconsultes.

Nous avons cru néanmoins devoir présenter un travail plus étendu sur les titres VII et VIII du projet de Code sur *les lettres de ratification* et *la vente forcée des immeubles.* Ce travail est dans un cahier séparé.

Les dispositions renfermées dans ces deux titres sont si nouvelles, et si étrangères à la jurisprudence et aux lois suivies dans les départemens méridionaux, qu'elles ont dû fixer particulièrement notre attention.

Nous sommes bien persuadés de la nécessité d'établir des règles uniformes dans toute l'étendue de la république. Il est réservé au Gouvernement actuel d'atteindre à ce but, auquel les plus grands magistrats du dernier siècle osaient à peine aspirer.

Si nous présentons sur ces deux titres des observations fondées sur une expérience heureuse, ce n'est point un privilége particulier que nous réclamons; ce sont des matériaux

TITRE XIX. — CHAPITRE II.

DIST. Ire. — Entre quelles personnes il peut avoir lieu.

1154   4. Les personnes qui ont encouru la mort civile doivent être déclarées incapables de toute espèce de contrats.

TITRE XX.

CHAP. II. De la possession.

2252   13. On abuse si souvent des actes de tolérance et de familiarité, qu'il convient de les classer, et de déterminer la manière de les établir....

CHAP. V. SECT. III. — De la prescription de dix et vingt ans.

2268   49. Le moyen d'établir la mauvaise foi ?

Vu par le tribunal d'appel séant à Agen, département de Lot-et-Garonne. A Agen, le 14 prairial an IX de la république française. Signé BERGOGNIÉ, *vice-président.*

N° 2. *Observation du tribunal d'appel séant à* AIX.

OBSERVATIONS PRÉLIMINAIRES.

Les commissaires du tribunal d'appel séant à Aix ont examiné, conformément aux intentions du Gouvernement, le projet de Code civil rédigé par les citoyens *Tronchet*, *Portalis*, *Bigot-Péameneu* et *Maleville*.

Chargés de présenter leurs observations sur les différens articles dont ce Code est composé, ils n'ont pu se dissimuler l'importance de la tâche qui leur était imposée, surtout dans un espace de temps très circonscrit.

Cependant, ne consultant que leur zèle, et voulant seconder les vues du Gouvernement, ils se sont occupés de cet examen, sans interrompre le cours de la justice dans le tribunal où leur présence était absolument nécessaire, attendu le petit nombre de juges dont il est composé.

L'article 21 de la même section veut que, si le condamné ₃₁ par contumace décède avant l'expiration du délai prescrit pour la purger, il meurt dans l'intégrité de ses droits. Cette disposition est juste et favorable ; elle est l'effet de la présomption que le condamné avait intention de se représenter.

La disposition de l'article 27 est juste également, puisque le défaut de représentation de la part du condamné est une preuve qu'il n'a jamais eu l'intention de se représenter. Cependant, comme ces deux dispositions pourraient paraître contradictoires, il semble que l'addition proposée éviterait toute interprétation défavorable, et ne serait point contraire à l'esprit de la loi : elle est, d'ailleurs, le résultat de l'article 5, livre III, titre Ier *des Successions*.

L'article 30 dit que ceux qui ont été condamnés à une ₂₅ peine emportant mort civile, sont privés des avantages du droit civil proprement dit. Il semble que cet article devrait être terminé ainsi : *Ses héritiers naturels sont ses plus proches au jour que la mort civile a été encourue.* Cela est réglé de même par les articles 3 et suivans, au titre *des Successions*.

TITRE II.

Après l'article 54, qui prescrit la peine.... contre l'officier ₅₂ de l'état civil qui, au lieu d'inscrire sur les registres publics un acte de mariage, se serait borné à le dresser sur une feuille volante, il semble qu'on devrait déterminer également une peine contre ce fonctionnaire qui, sans motif légitime, retarderait, ou même refuserait de procéder aux publications de ban et à la prononciation du mariage.

Il paraîtrait également convenable de déterminer par quels moyens on devrait constater ce retard ou ce refus, et devant quels juges la partie plaignante devrait se pourvoir.

L'article 57, section IV, *des règles particulières aux actes de décès*, porte qu'aucune inhumation ne peut être faite sans l'ordonnance de l'officier de l'état civil, et qu'il ne doit

que nous fournissons au génie et au talent pour être employés à l'édifice majestueux qu'on prépare.

Nous soumettons, au surplus, avec confiance ce travail ; et quel que soit le jugement qu'on en porte, notre zèle et nos efforts ne peuvent en être découragés.

LIVRE Ier.

TITRE Ier.

L'article 10, section II du chapitre II du livre Ier, dit, en parlant *des étrangers revêtus d'un caractère représentatif de leur nation,* qu'ils ne peuvent être traduits, ni en matière civile, ni en matière criminelle, devant les tribunaux de France. Cette disposition, contraire à celle de l'article 7 de la Ire section, paraît devoir présenter des inconvéniens : des ambassadeurs, des ministres, des envoyés d'une puissance étrangère, ceux qui composent leur famille et ceux qui sont de leur suite, sont dans le cas de contracter des dettes pour leur nourriture, logement et entretien envers des Français ; faudra-t-il renoncer à toute poursuite contre eux devant les tribunaux de la république ? et peut-il être dans l'intention de la loi, qu'un Français aille poursuivre dans un pays étranger, le paiement d'une obligation qu'on a contractée avec lui en France ? Il paraîtrait que cet article 10 devrait être modifié, et qu'il devrait y être ajouté *si ce n'est pour les obligations par eux contractées en France avec un Français,* ainsi qu'il est dit dans l'article 7 de la précédente section.

27 L'article 27 du *deuxième alinéa* de la section II, porte que, si le condamné n'a point été arrêté, ou ne s'est point représenté dans le délai prescrit pour purger la contumace, la mort civile est encourue du jour de l'exécution par effigie du jugement de condamnation.

Il paraîtrait juste d'ajouter à cet article, *à moins qu'il ne fût prouvé que le condamné est mort dans le délai prescrit.*

Les cosuccessibles ou les parens exclus pourront-ils revenir sur ce qui aura été fait ?

La loi ne dit rien.

La suspension ne paraît pas juste. L'absence n'est point encore caractérisée. Les intéressés ne doivent pas être en souffrance.

Il est de l'intérêt public que les successions ne demeurent pas vacantes et les possessions incertaines.

L'absence une fois caractérisée par le laps de cinq ans sans nouvelles, ainsi que le veut l'article 1er, se reporte naturellement au moment du départ : c'est le principe adopté par les articles précédens.

Ce qui a été fait dans l'intervalle et dans la supposition qu'i n'y avait pas d'absence est le fruit de l'erreur, et doit être réparé.

Il paraît donc qu'on devrait ajouter à l'article 24 une disposition portant que, « si, avant le laps des cinq années men- « tionnées en l'article 1er, l'absent a été admis dans un par- « tage, ou a exclu des parens d'un degré subséquent, les cinq « années expirées, ce qui a été fait sera réformé, et la suc- « cession dévolue ainsi qu'il vient d'être dit. »

Ce cas peut se présenter souvent : quand une succession s'ouvre, les successibles s'empressent d'en disposer.

TITRE V.

Art. 39 de la sect. II. Les héritiers directs ou collatéraux ₁₈₇ ne sont pas recevables à attaquer de nullité le mariage pendant la vie du conjoint dont ils sont parens ; et ils ne le peuvent au décès de ce conjoint, qu'autant qu'ils y ont un intérêt civil et personnel, et que dans les seuls cas où le mariage a été contracté en contravention aux art. 4, 5, 6, 7, 8, 17 et 18.

Il semble qu'il faudrait ajouter également : *en contravention à l'art.* 9, qui porte que toute personne frappée d'une condamnation emportante mort civile ne peut contracter ma-

la délivrer que vingt-quatre heures après le décès. Il parai-
trait nécessaire d'y ajouter ces mots : *à moins que par un*
procès-verbal ou attestation de deux officiers de santé, s'il
s'en trouve autant sur les lieux, il ne conste ou de la putré-
faction du cadavre, ou du danger de différer l'inhumation.

TITRE IV.

120   L'article 9 de la section Ire, *des effets de l'absence,* porte
que, dans le cas où l'absent n'a point laissé de procuration
pour l'administration de ses biens, les parens au degré successif peuvent, après cinq années révolues depuis les dernières nouvelles, se faire envoyer en possession provisoire
des biens qui lui appartenaient au jour de son départ. Pour
éviter toute difficulté; il semble qu'on devrait ajouter que
les parents qui peuvent exercer ce droit sont ceux qui
étaient les héritiers présomptifs de l'absent à l'époque de son
départ, et, en cas de prédécès, leurs représentans, selon
les règles établies pour les successions.

121   L'article 10 porte que, si l'absent a laissé une procuration,
ses parens ne peuvent demander l'envoi provisoire qu'après
dix années révolues depuis les dernières nouvelles. Il semble
qu'on devrait ajouter à cet article que *les parens peuvent*
alors exiger du procureur fondé de l'absent, compte de sa
gestion, à la charge de faire emploi du produit, ainsi qu'il
est dit à l'article 12.

136   La disposition de l'art. 24, sect. II, *des effets de l'absence*
relativement aux droits éventuels qui peuvent compéter à
l'absent, est infiniment juste; mais il peut arriver que la succession s'ouvre dans la première année de l'absence, ou dans
une époque antérieure aux cinq années dont l'art. 1er du
même titre exige la révolution pour caractériser l'absence.
Dans ce cas, que doit-on ordonner?

  Le partage ou la réclamation des parens que l'absent ex-
cluait seront-ils suspendus jusqu'après les cinq années?

Par l'art. 66 de la section Ire *des droits et des devoirs res-* ₂₁₇
pectifs des époux, il est dit que la femme même non commune ou séparée de biens ne peut donner, aliéner, accepter
une succession ou une donation, sans le consentement par
écrit, ou le concours du mari dans l'acte. Il semble, d'après
cette disposition, que le concours et le consentement du mari
l'obligent de veiller à l'emploi des deniers que la femme retire, et le rendent responsable de leur dissipation : il serait
utile que la loi prononçât de même.

TITRE VI.

Les dispositions des articles 34, 35, 36, 37 et 38 de la sec- ₂₆₈
tion II, *des mesures provisoires auxquelles peut donner lieu* ₂₆₉ ₂₇₀ ₂₇₁
la poursuite d'une demande en divorce, paraissent devoir être
déclarées communes aux mari, dans le cas où ce dernier est
pauvre et la femme riche. Il ne paraît pas que l'on puisse
établir de différence à cet égard entre les deux époux.

TITRE VII.

Dans tous les articles du chapitre II, *des preuves de la fi-* ₃₅₄
liation, il n'est point dit si l'enfant naturel reconnu légalement peut prendre le nom de son père, lors surtout qu'il y a
des enfans légitimes.

L'article 34 du chapitre suivant semble le supposer, puisqu'il y est dit que l'enfant d'un ravisseur ne peut prendre son
nom, ni acquérir sur ses biens le droit d'enfant naturel, lorsque le ravisseur refuse de reconnaître l'enfant.

Il serait, ce semble, convenable d'en faire une disposition
expresse.

TITRE VIII.

L'article 15 du chapitre III, *de la disposition officieuse*, aprè
interdit aux pères et mères d'exhéréder leurs enfans. Cette ³⁸⁷
disposition ainsi généralisée ôte aux ascendans une arme que, ₁₀₄₈
jusqu'à présent, la loi avait cru nécessaire de laisser dans
leurs mains. L'usage doit sans doute en être réglé; il convient
même de le restreindre de façon que l'abus en soit impossible:

riage, même pendant la durée du temps qui lui est accordé pour purger la contumace (1).

191- Sur l'art. 40 du chap. III de la section II.
192-
193- Il semble que les intéressés devraient avoir, au décès d'un
199 des conjoints, la faculté de faire prononcer la nullité des mariages auxquels on peut opposer la contravention aux articles 21, 22, 23, 24 et 25, quand ils n'auront pas été réhabilités. Ces mariages sont déclarés nuls par ces articles. Ce qui est nul ne peut produire aucun effet.

Ce sont des espèces de mariages clandestins ou secrets, qui ont été réprouvés de tous les temps.

Les familles peuvent aisément être abusées par ces sortes de mariages, ignorés jusqu'à la mort des époux.

L'officier civil du domicile d'une des parties est le seul ministre de la loi pour la célébration du mariage; il est le seul propre à le constater, suivant l'art. 26 : tout autre officier civil est sans caractère. Les registres du domicile sont les seuls où doivent être consignés les mariages : c'est dans ceux-là seulement qu'on peut les rechercher. La contravention à l'art. 22 emporte toujours contravention à l'art. 26, qui est déclarée nullité absolue par les art. 42 et 43.

Ce n'est pas avec une somme d'argent qu'on doit et qu'on peut acquérir un état.

La contravention à ces articles suppose toujours des vues criminelles dont on doit garantir les familles.

La faculté de réhabiliter, que donne l'art 40, fortifie encore plus ces observations.

197 L'article 44 paraît bien rigoureux, en ce qu'il exige que la posssession d'état soit prouvée par des actes authentiques ou par des actes émanés de ceux qui veulent contester l'état des enfans.

La possession d'état est une sorte de notoriété de fait qui se prouve par la publique renommée, autant et mieux encore que par des titres. *Vicinis et aliis scientibus.*

(1) Voy. l'art. 25.

autant que les circonstances le permettraient, de la moitié des parens de l'estoc du conjoint défunt, et du subrogé tuteur.

Lorsque le conseil de famille est convoqué pour l'objet déterminé dans l'article 10 ci-dessus, il doit toujours être composé, autant que faire se pourra, d'un nombre de parens de l'estoc du défunt égal à celui des autres parens.

Les parens de l'estoc du défunt, voyant avec plus de peine le remariage, se porteront plus difficilement à laisser le mineur sous la tutelle de celui qui se remarie, que les parens de son chef, et dès lors, on aura plus de probabilité que l'avantage du mineur sera le seul motif de la détermination.

Cette délibération est de la plus haute importance pour le mineur, puisqu'il s'agit de le garantir des inconvéniens auxquels sont exposé les enfans d'un premier lit par des secondes noces, et la survenance d'une nouvelle famille, et qu'il doit être privé de l'usufruit de son bien jusqu'à sa majorité ou son émancipation. Il est raisonnable de multiplier les garanties, et de ne négliger aucune des précautions qui peuvent empêcher qu'il ne soit la victime de la complaisance ou des vues intéressées de quelques parens ou amis de celui qui se remarie.

Il semble qu'on devrait ajouter à l'article 26 de la section 406 IV que la convocation d'office ne doit avoir lieu qu'après les dix jours portés par l'article 23 de la même section, *de la tutelle déférée par un conseil de famille.*

L'article 46 de la section V, *des causes qui dispensent de* 427 *la tutelle*, fait mention des fonctionnaires qui sont dispensés de la tutelle. Il semble que les juges des tribunaux d'appel et de première instance, ainsi que les avoués près ces tribunaux, devraient jouir de la même exemption.

Il est de l'intérêt public qu'ils ne soient pas distraits de leurs fonctions par des soins étrangers.

Obligés par devoir et par honneur de consacrer tout leur temps à l'état auquel ils ont été appelés, ils sont souvent

mais le supprimer entièrement, c'est aller trop loin. Quand un enfant s'est, par des méfaits envers l'auteur de ses jours, retranché lui-même de la famille, il faut permettre au père de l'en retrancher absolument, et ne pas l'obliger à laisser un enfant dénaturé partager son patrimoine avec des enfans soumis et reconnaissans.

Quand les causes d'exhérédation seront précisées de manière à ne rien laisser à l'arbitraire,

Quand on exigera la preuve précise du fait sur lequel l'exhérédation sera basée,

On ne peut craindre aucun inconvénient.

Il y en aurait beaucoup à ne la permettre dans aucun cas.

Il y a plus d'enfans ingrats que de pères injustes. Il faut que la crainte de la peine contienne celui qui est sourd à la voix de la nature et de la reconnaissance : c'est un frein de plus que nous opposons à ses passions.

Nulle part l'autorité des parens n'est plus nécessaire que dans les républiques.

Il paraît donc qu'il faudrait dire :

« Les pères et mères peuvent exhéréder leur enfans dans
« les cas seulement qui seront exprimés aux titre *du testa-*
« *ment.* Ils peuvent même, lorsqu'un enfant marié, et qui a
« des descendans, se livre à une dissipation notoire, léguer,
« par une disposition officieuse, aux descendans de leur
« enfant dissipateur, l'entière propriété de sa portion hé-
« réditaire, et réduire ce dernier au simple usufruit de la-
« dite portion. »

TITRE IX.

451   L'article 7 de la section Iʳᵉ porte que le tuteur naturel est tenu de faire procéder à un inventaire. Il paraîtrait convenable d'ajouter : *à moins qu'il n'en ait été dispensé par le prémourant, ou que celui-ci n'ait ordonné de ne faire qu'un inventaire domestique.*

591   On observe sur l'article 10 qu'il paraîtrait nécessaire d'ajouter que, dans ce cas, le conseil de famille serait composé.

tion VIII, *des comptes de tutelle*, « et ce, après le délai de
« trois mois fixé par l'article suivant. »

La même raison qui soumet le tuteur aux intérêts des deniers oisifs qui s'élèvent à la somme de 1,000 francs, et dont
il n'a pas fait emploi dans le délai de trois mois, d'après la
disposition de l'article 95, paraît devoir le soumettre également aux intérêts des intérêts, dès qu'ils s'élèvent à 3,000
francs, et qu'il n'a pas fait l'emploi de la somme qui restait
entre ses mains, lorsqu'il a rendu le compte annuel.

L'article 101 porte que tout traité sur la libération du tuteur, fait amiablement, n'est valable qu'autant qu'il est passé
avec le mineur devenu majeur, sur un compte rendu en la
forme ci-dessus.

Il paraît rigoureux de priver le mineur devenu majeur,
de la faculté précieuse de transiger et de se rendre justice à
lui-même; il faut, sans doute, qu'il ne puise le faire qu'a-
vec connaissance de cause, après avoir eu en son pouvoir
les pièces justificatives. Mais une fois qu'il a été mis à portée de connaître la gestion du tuteur et tous ces détails, il
ne doit pas lui être interdit d'économiser les frais d'un
compte judiciaire. Devenu majeur, il pourrait, sans doute,
disposer de son bien; pourquoi ne pourrait-il pas prévenir
une condamnation, et allouer des dépenses dont il pourrait
donner le montant? Autant la loi doit de protection et de
sollicitude au citoyen que la faiblesse de son âge expose aux
surprise, autant elle doit laisser de liberté à l'homme qui
a atteint l'âge dans lequel elle doit supposer assez de maturité et de raison pour la bonne administration de ses affaires.

Il ne faut point écraser de frais le majeur sortant de sa minorité, pour vouloir trop le protéger.

Il ne faut pas le ruiner, pour prévenir un avantage modique qu'on pourrait prendre sur lui.

L'expérience prouve que les redditions de comptes sont
toujours les procès les plus dispendieux; et rarement présen-

réduits à négliger leurs affaires domestiques : comment sur-
veilleront-ils celles du mineur ?

Dans tous les temps, les magistrats d'un ordre supérieur
ont été exempts de cette charge publique.

La tutelle est une charge publique. La loi organique des
nouveaux tribunaux, du 27 ventose an 8, porte, article 5 : «Les
« juges ne pourront être requis pour aucun autre service pu-
« blic. »

En exigeant un cautionnement des avoués, la loi s'est,
en quelque manière, engagée à ne pas les distraire de leur
état.

440   On observe, sur l'article 53 de la même section, qu'il doit
être réservé au tuteur nommé, dont l'excuse a été réjetée,
d'attaquer cette décision par-devant le tribunal d'appel du
juge de paix, lequel tribunal juge en dernier ressort ; à la
charge, néanmoins, par le tuteur nommé, de gérer provisoirement la tutelle.

Les délibérans dans le conseil de famille sont, en quelque sorte, parties dans la décision qu'il rend, en ce que chacun peut craindre que l'admission de l'excuse ne fasse retomber sur lui-même le fardeau de la tutelle. Souvent, dans de
pareilles assemblées, l'intrigue, les affections ou les haines
particulières, sont plus écoutées que les droits de la justice.
Il serait dangereux, par conséquent, de soustraire leur décision à l'examen de l'autorité supérieure : en l'y soumettant,
on ne fait que prévenir davantage le conseil de famille de ne
se diriger que par des motifs équitables.

L'article 61 de la section VI porte expressément que les
délibérations des conseils de famille peuvent être attaquées
dans les dix jours, devant le tribunal d'appel du juge-de-
paix. Mais cependant il ne paraît point inutile de le rappeler
après l'article 53, ne fût-ce que pour prévenir toute équivoque, et pour obliger le tuteur qui a contre lui la décision
du conseil de famille à gérer provisoirement.

455   Il paraîtrait convenable d'ajouter à l'article 94 de la sec-.

privé. La loi ne peut pas témoigner à celle-là plus de confiance qu'à celle-ci : elle ne doit pas refuser au mineur, contre la famille adoptive, une garantie qu'elle juge nécessaire [483] [494] de lui accorder contre sa famille naturelle.

Le 2ᵉ alinéa de l'article 109 paraît présenter des inconvéniens. Il semble qu'on devrait supprimer ces mots : *ou plusieurs créanciers ;* ils peuvent être chacun de bonne foi.

L'article 108 serait alors un piége contre les créanciers légitimes, ou renfermerait alors une disposition dont le mineur ne pourrait profiter.

On nuit au mineur en trop multipliant les moyens de restitution. On l'isole de ses concitoyens ; et personne ne voudra contracter avec lui.

Il s'agit ici d'obligations privées, et, par conséquent, inconnues au tiers, et sans date à son égard.

Si on ne supprime point cette clause, il paraît qu'il faut au moins la restreindre aux créanciers par acte public ou par acte sous seing privé dûment enregistré ; et alors la restitution ne devrait frapper que les dernières obligations, comme les seules faites en contravention à l'article 108.

Si ces observations sont adoptées, il faudrait alors concevoir différemment cette seconde partie, en ajouter une troisième, et dire :

« Si néanmoins il a contracté, dans la même année, en-
« vers une même personne, plusieurs obligations, dont cha-
« cune n'excède point une année de son revenu, mais qui,
« réunies, excèdent cette mesure, il peut se faire restituer
« contre toutes, s'il n'est pas prouvé que ces obligations ont
« tourné à son profit.

« Dans le même cas, si le mineur a contracté, envers plu-
« sieurs créanciers, diverses obligations par acte public, ou
« par écrit privé dûment enregistré, il peut se faire restituer
« seulement envers les dernières, en remontant de l'une à
« l'autre, jusqu'au concurrent d'une année de son revenu.

« Si partie des obligations est privée et partie publique,

tent-ils, en dernier résultat, un intérêt proportionné aux dépenses qu'ils occasionent.

après
419
Le dernier alinéa de l'article 102 de la même section porte que la responsabilité de ceux qui ont concouru aux délibérations prises par le conseil de famille pendant le cours de la tutelle, ne peut être exercée contre les voisins ou amis.

Si les voisins et les amis qui ont concouru à la tutelle ne sont plus garans du tuteur, il est à craindre que le mineur reste souvent sans garantie. La responsabilité des voisins et des amis est la caution que la loi, a, jusque aujourd'hui, exigé de la pureté de leurs intentions et de leur surveillance. Il y a moins de raison de déclarer les parens responsables que les étrangers : ceux-ci ne tiennent au mineur par aucun lien ; ceux-là, au contraire, y tiennent par le sang, et presque toujours par l'affection. Ces sentimens, pourraient, au besoin, rassurer la société sur leurs intentions ; mais les étrangers ne peuvent offrir à la société d'autre garantie que celle dont, jusqu'à ce jour, leur qualité de nominateurs les a chargés.

Il faut, ou ne point les appeler à la nomination des tuteurs, ou il est nécessaire de les attacher, par leur intérêt personnel, à la bonté du choix.

On a vu, et le tribunal d'appel pourrait en citer un exemple récent, on a vu des étrangers exercer en justice des actions utiles au mineur, qu'ils ne motivaient que sur la responsabilité à laquelle leur qualité de nominateurs les soumettait : actions qu'ils n'eussent pas formées, qu'ils n'eussent eu ni droit ni intérêt à former sans cette responsabilité, et, dès lors, l'intérêt du mineur eut été sacrifié.

Des lois qui tendent toujours à assurer aux citoyens une protection égale sur leurs personnes et sur leurs biens, doivent, au lieu d'augmenter la différence que la nature a mise quelquefois entre eux, chercher à la faire disparaître. Elles offrent, dans les voisins et les amis, une famille nouvelle à l'infortuné auquel la nature n'en a pas laissé d'autre ; il faut que cette famille soit pour lui ce qu'aurait été celle dont il est

un dissipateur, doit fixer l'attention du législateur. Un citoyen qui, d'un état d'aisance et de fortune, passe sur-le-champ dans un état de misère et de dénuement, devient un homme dangereux dans la société : c'est une plante parasite qui lui est à charge. Il paraîtrait donc convenable qu'un conseil de famille pût arrêter un dissipateur et un prodigue au bord du précipice dans lequel il est prêt à se plonger, comme il arrête un imbécile ou un furieux, en lui opposant la barrière de l'interdiction, que les lois lui offrent.

LIVRE II.

TITRE II.

L'article 2 du titre II, *de la pleine propriété*, dit que nul ne peut être contraint de céder sa propriété, si ce n'est pour cause d'utilité publique, et moyennant une juste indemnité. Il paraîtrait convenable d'ajouter ces mots : *préalablement acquittée*. 545

Il est juste qu'un citoyen qui fait le sacrifice de sa propriété à l'utilité publique en reçoive à l'instant l'indemnité. Dans ce cas, ce n'est qu'un échange qu'il fait : dans le cas contraire, il souffre par la perte de sa propriété, tandis que la société en jouit.

TITRE III.

Sur l'article 36 de la sect. II, *des obligations de l'usufruitier*, on observe qu'il paraît présenter des inconveniens graves. 611

D'abord il grève les parties, d'une estimation, source inévitable de frais et de contestations.

Il ne détermine pas la proportion entre le capital qui doit former la contribution de l'usufruitier, et la valeur du fonds soumis à l'usufruit : cette proportion doit-elle être la même que celle qui existe entre la dette et le fonds ?

Quand l'usufruitier ne veut ou ne peut avancer le capital, il oblige le propriétaire foncier à le payer lui-même.

« les obligations privées seront les premières exposées à la
« restitution.

« Et si elles sont toutes privées, aucune d'elles n'y sera
« exposée, pourvu qu'aucune n'excède envers le même
« créancier la mesure ci-dessus. »

TITRE X.

495 Il paraîtrait convenable d'ajouter à l'art. 10 du chap. II,
de l'interdiction, que celui dont on demande l'interdiction
fût entendu dans le conseil de famille, s'il le requérait, et
qu'il ne fût pris avant aucune délibération.

Le simple mot d'*interdiction* entache un citoyen. Il est
juste de ne pas permettre à la famille de le prononcer, avant
d'avoir entendu celui dont on provoque l'interdiction.

Cette audition ne présente aucun inconvénient, et peut
produire de bons effets.

495 L'article 11 porte que les faits de démence sont articulés
par écrit, et que ceux qui poursuivent l'interdiction fournissent les témoins et les pièces.

Cet article peut présenter quelques inconveniens. Le droit
de présenter les témoins et les pièces ne devrait être attribué
qu'à celui des parens que le conseil de famille choisirait à
cet effet, ou, à défaut, au commissaire du Gouvernement.
On peut justement soupçonner quelque motif d'intérêt personnel à celui qui provoque une interdiction ; et, dans le
doute, il est plus naturel que le conseil de famille désigne
celui qui doit la poursuivre et administrer les preuves.

513 Ce chapitre ne roule que sur l'interdiction pour cause
d'imbécillité, de démence ou de fureur ; et il n'est point
parlé de la prodigalité, qui, jusqu'ici, a été regardée comme
un motif valable d'interdiction, lorsqu'elle est suffisamment
prouvée.

La loi veille sur les propriétés et la fortune des citoyens.
Il leur est permis, sans doute, d'en faire usage suivant leur
volonté ; mais ils ne doivent point en abuser. Un prodigue,

« quitte la dette, l'usufruitier lui en sert l'intérêt pendant
« la durée de l'usufruit ; s'il ne l'acquitte pas, l'usufruitier
« a le choix, ou d'en avancer le montant, qui lui est restitué
« à la fin de l'usufruit, ou de souffrir la vente d'une por-
« tion des biens soummis à l'usufruit, et capable d'acquitter
« la dette. »

TITRE IV.

Il semble qu'on devrait ajouter à l'art. 13 du § Ier, *du mur* 654
et du fossé mitoyens : « ou lorsqu'il y aura des ouvertures
« existantes, telles que portes et fenêtres, ou des signes de
« ces anciennes ouvertures. »

31. Il paraît qu'on devrait ajouter à cet article : *dans les* 678
villes, bourgs, villages et hameaux.

Car dans la campagne, on n'est pas obligé d'observer cette
distance ; il suffit que les fenêtres, en s'ouvrant, ne dépassent
pas la perpendiculaire de la ligne divisoire des deux propriétés.

Il paraît qu'on devrait ajouter à l'article 35 du § V ces 682
mots : *et préalablement acquittée.* Si le voisin souffre un
dommage pour donner passage à un autre, l'indemnité doit
être acquittée au moment où ce dommage commence.

Il paraît également qu'on pourrait ajouter à cet article que
le propriétaire dont les fonds sont enclavés peut également
et aux mêmes conditions, réclamer un passage pour la conduite des eaux destinées à l'irrigation de son fonds.

Après l'article 39, il semble qu'on devrait ajouter que les 687
servitudes se divisent d'abord en positives et en négatives.

Les servitudes positives sont ou continues ou discontinues.

Les servitudes discontinues sont assimilées aux servitudes
continues, quand, pour leur exercice, il a été fait des ouvrages à main d'homme dans le fonds servant.

Après l'article 41, on pourrait ajouter : « Les servitudes
« négatives sont toutes celles qui consistent à empêcher un

En attendant ces débats, le créancier pourra faire des exécutions ruineuses, ou éprouvera une suspension préjudiciable.

Que fera-t-on quand le propriétaire ne pourra ou ne voudra pas payer le capital ?

Souvent le domaine frappé d'usufruit universel est tout le patrimoine du propriétaire. Il serait déraisonnable, en ce cas, d'exiger qu'il payât la dette : ce serait vouloir l'impossible.

Quand un créancier impatient ne voudra point attendre l'événement du rapport et la décision des débats entre le propriétaire et l'usufruitier, il poursuivra ses exécutions, fera vendre le fonds ; et ni le propriétaire ni l'usufruitier ne pourront s'y opposer, puisque le créancier n'aura usé que de son droit.

Il arrivera alors précisément ce qui se pratique dans ces départemens. de temps immémorial, et sans inconvénient.

Si le propriétaire veut payer la dette, l'usufruitier lui en sert l'intérêt pendant la durée de son usufruit.

S'il ne le veut pas, l'usufruitier a la facilité de payer ; et, à la fin de l'usufruit, ce capital est restitué à ses héritiers, ou en espèces, ou par l'abandon d'un bien de même valeur.

Enfin, si ni l'une ni l'autre partie ne veulent payer, l'usufruitier est obligé de souffrir qu'on vende une portion des biens affectés à l'usufruit, capable de payer la dette. Par cet expédient, l'intérêt de toutes les parties est rempli sans secousse et sans frais.

L'usufruitier paie sa contribution en perdant la jouissance de la chose vendue.

Le propriétaire acquitte la sienne, en perdant la propriété d'une partie de son fonds.

Il semble, d'après ces observations, qu'on pourrait dire :

« Pour exécuter cette contribution, si le propriétaire ac-

simple, soumet l'héritier à payer indéfiniment toutes les dettes et charges de la succession, sans permettre d'examiner si elles excèdent ou non ses forces. Elle produit un quasi-contrat entre l'héritier et les créanciers ou légataires de la succession. Elle opère confusion et extinction des droits personnels de l'héritier sur la succession.

Cette disposition est dans le vœu de la loi : elle est le résultat de tout ce qu'elle ordonne à cet égard, et notamment dans l'article 108 ci-après.

Il paraît convenable d'exprimer cette disposition comme formant, dans cette matière, un principe général sur lequel porte toute la législation des répudiations et du bénéfice d'inventaire.

A l'article 116, au lieu de ces mots, *s'il y a plusieurs* [808] *créanciers opposans,* il semble qu'on devrait substituer ceux-ci : « S'il y a plusieurs créanciers réclamans, » conformément à ce qui sera dit dans les observations particulières sur les titres VII et VIII, *des lettres de ratification* et *de la vente forcée des immeubles.*

Après l'article 117, il paraît qu'on devrait ajouter que [809] les créanciers doivent avoir le même recours contre ceux d'entre eux qui ont reçu leur paiement au préjudice des réclamans.

Art. 132. Il semble qu'on devrait ajouter à la fin : *soit* [819] *d'office par le juge-de-paix au lieu où la succession a été ouverte.*

Il semble qu'on devrait ajouter à l'article 179 : *dans l'un* [858] *et l'autre cas, on considère la valeur de l'immeuble au moment du rapport.*

202. Cet article refuse aux créanciers de l'héritier le droit [881] de demander la séparation des patrimoines contre les créanciers de la succession. Cette disposition ne paraît pas juste.

Le bénéfice de séparation d'hérédité est un bénéfice commun aux créanciers de la succession et à ceux de l'héritier ; il est pour eux ce qu'est pour celui-ci le bénéfice d'inventaire.

« voisin de faire dans son fonds quelque chose qui peu
« nuire au propriétaire de la servitude, ou diminuer les agré
« mens de son fonds ; par exemple, le droit d'empêcher u[n]
« voisin de bâtir ou d'élever sa maison au-delà de la hauteu[r]
« déterminée. »

Ces sortes de servitudes sont très communes ; elles on[t]
des règles qui leur sont propres, et qu'il serait essentiel d[e]
rappeler.

avant
690

Avant l'article 42, il paraît qu'on devrait énoncer la dis[-]
position suivante :

« Les servitudes négatives ne s'acquièrent pas par le seu[l]
« laps de temps; il faut une prohibition de la part de celui qu[i]
« prétend acquérir la servitude, et le temps de la prescriptio[n]
« ne commence à courir que du jour de cette prohibition. [»]

710

Après l'art 61, il semble qu'on devrait ajouter ces mots [:]
« Tant qu'il subsiste, dans le fonds servant, des ouvrage[s]
« indicatifs de la servitude, elle est imprescriptible. »

LIVRE III.

TITRE Ier.

746

42. *De la succession des ascendans.* Il semble que cet
article devrait poser en principe que les ascendans ne succèdent à leur descendans qu'à défaut absolu de descendans de
la part de ces derniers; et qu'alors les ascendans succèdent
diversement à leur descendans selon que le défunt a laissé ou
n'a pas laissé des frères ou sœurs, ou des descendans de
ceux-ci; le tout ainsi qu'il va être expliqué, etc.

783

Il paraît qu'après l'art. 88, on devrait ajouter ces mots :

777

« L'acceptation d'une succession, à quelque époque qu'elle
« soit faite, se reporte toujours au moment de son ouver-
« ture. »

Cette disposition est une suite de l'article 13, SECT. II, *de
la saisine légale des héritiers.*

L'acceptation expresse ou tacite, quand elle est pure et

Art. 179. Au lieu de ces expressions : *la compensation que* [1195] *celui-ci devait au cédant avant la date de la cession*, il semble qu'on devrait substituer celles-ci : *la compensation qu'il pouvait opposer au cédant avant la date de la cession.*

181. Il semble qu'on devrait ajouter à cet article les dis- [1290] positions suivantes:

« La compensation ne peut avoir lieu au préjudice des [1298] « tiers ; ainsi, celui qui, étant débiteur, est devenu créancier « depuis la saisie, ne peut, au préjudice du saisissant, étein- « dre, par la compensation, sa dette antérieure.

« Mais celui qui, étant créancier, n'est devenu débiteur « que depuis la saisie, compense et éteint cette dette par sa « créance. »

182. Il semble que cet article devrait être ainsi conçu : [1299]

« Celui qui a payé une dette qui était de droit éteinte « par la compensation *peut répéter ce paiement à l'instar du* « *paiement d'une somme non due*, et il ne peut plus exercer « la créance dont il n'a point opéré la compensation au pré- « judice des tiers, etc. »

Il est dit à l'article 194 que l'action en restitution ne dure [13] que dix ans du jour de la convention, ou de la majorité, s'il s'agit d'un mineur. Il semble qu'on devrait ajouter à cet article : *ou du jour que la violence a cessé, s'il s'agit d'un acte auquel on oppose ce moyen de restitution.*

La violence annule le contrat, art. 11 et 13, titre *des conventions.*

Le temps d'en demander la restitution ne peut courir, tant que la violence dure. La même cause qui a déterminé l'acte, impose silence au réclamateur.

Le 1ᵉʳ alinéa de l'article 197 dit que *la moindre lésion suffit quand elle se trouve dans l'acte même.* Cette disposition paraît trop générale et trop étendue. Il faut que la lésion soit au moins du quart, pour qu'elle puisse autoriser la res- titution du mineur.

On ne protège pas le mineur en lui donnant trop de

En priver les créanciers de l'héritier, c'est vouloir qu'une addition postérieure à leur créance puisse nuire à leur droit.

Le droit romain les assimilait, sur ce point, aux créanciers de la succession; et l'on ne sache pas qu'aucune coutume y ait dérogé.

Il faudrait donc concevoir l'article dans un sens inverse, et dire : « Les créanciers de l'héritier sont admis à demander « la séparation des patrimoines contre les créanciers de la « succession. »

TITRE II.

x 5   Art. 13 de la sect. Ire, *du consentement*. Il semble qu'on devrait ajouter que le contrat ne pourra plus être attaqué par la partie qui, depuis que la violence a cessé, a approuvé le contrat, soit expressément, soit tacitement, *en l'exécutant, ou* en laissant passer le temps de la restitution fixé par la loi.

1130   Art. 27. Il semble qu'on devrait ajouter : « les choses « futures peuvent être l'objet d'une obligation *qui est tou-* « *jours subordonnée à l'existence de ce qui en fait l'objet.* »

1155   Art. 51. Il semble qu'au lieu de ces expressions : *forment des capitaux qui peuvent produire des intérêts*, on devrait dire : *qui produisent intérêt du jour de l'échéance.*

Art. 149. 2e alinéa. *Si les dettes sont d'égale nature, l'imputation se fait sur la plus ancienne.* Il paraîtrait convenable d'y ajouter ces expressions : « cependant si l'une est due « avec caution, et l'autre sans caution, l'imputation se fait « sur la première plutôt que sur la seconde. »

1157   Art. 150. Distinction 3, *de la consignation et des offres de paiement*. Il semble qu'on devrait ajouter à cet article un 4e alinéa, qui serait conçu en ces termes :

« Les offres réelles mettent la chose offerte au péril du « créancier, en sorte que, si elle périt avant la consignation, « cette perte est pour le compte du créancier, si les offres « sont d'ailleurs jugées légitimes et exemptes de fraude. »

5° « Le prix des effets mobiliers non payés, s'ils sont en-
« core en la possession du débiteur, soit qu'il ait acheté à
« terme, ou sans terme.

« Si l'achat a été fait sans terme, le vendeur peut les re-
« vendiquer tandis qu'ils sont dans la possession de l'ache-
« teur, et en empêcher la revente, pourvu que la revendi-
« cation soit faite dans la huitaine de la livraison.

« Si l'achat a été fait à terme, le vendeur peut les reven-
« diquer, tant qu'ils sont dans les mains de l'acheteur dans
« le même état dans lequel cette livraison a été faite, ou
« qu'il est facile de les reconnaître et de les distinguer de
« tous autres. »

Article 25 de la section II, *de l'hypothèque légale*. Il
faudrait supprimer le mot *parens*, et se contenter de celui de
nominateurs, si on adopte les observations qui ont été faites
sur l'article 102, au titre *des tutelles*.

Après l'article 26, il semble qu'on devrait faire une disposition précise pour les enfans sur les biens de leurs pères
qui, en vertu de la puissance paternelle, ont joui des biens
desdits enfans. On pourrait dire :

« Les enfans ont, sur les biens de leurs parens, une hy-
« pothèque pour les biens dont ceux-ci ont la jouissance en
« force de la puissance paternelle, du jour où cette jouis-
« sance a commencé. »

L'article 73 ne paraît pas juste. Le délaissement par hypothèque est une annulation de l'acquisition, tellement que,
par l'article 69, le bien est censé n'avoir jamais été dans les
facultés du délaissant.

Les créanciers du débiteur primitif doivent donc le reprendre tel qu'il était dans ses mains, et par conséquent
exempt de toute hypothèque du chef du délaissant.

TITRES VII et VIII.

Les observations sur les titres VII et VIII, *des lettres de*

facilités à se faire restituer ; on ne fait que le frapper d'une sorte d'interdiction : personne ne voudra traiter avec le mineur, et tout commerce lui sera interdit quand on saura que, pour la plus petite lésion, il est dans le cas d'être restitué.

La lésion n'existe pas quand elle est légère : *parum pro nihilo habetur.*

Il semble donc qu'on devrait substituer à cet alinéa ces expressions : « la lésion suffit lorsqu'elle se trouve dans « l'acte même ; elle doit être du tiers au quart pour opérer « la restitution. »

1556 La 3ᵉ condition imposée par l'article 227 n'est praticable que lorsqu'il s'agit d'un acte récent, ou qui a, tout au plus, vingt ans de date.

L'exiger pour des actes plus anciens, c'est exiger l'impossible ; il faudrait donc, ou supprimer la condition, ou la concevoir autrement. On pourrait dire, par exemple :

3° « Que le donataire fasse déposer les témoins instrumen- « taires de l'acte, s'ils existent ; ou, s'il prouve leur décès, « qu'il soutienne la vérité de la copie par d'autres témoi- « gnages capables de compléter la preuve. »

TITRE V.

2056 Article 21 du chapitre III, *de l'extinction du cautionnement.* Il est dit au 2ᵉ alinéa que la caution ne peut opposer les exceptions qui sont personnelles au débiteur. Il paraît qu'on devrait ajouter ces expressions : *quand elle a cautionné sa qualité.*

TITRE VI.

2102 La 5ᵉ partie de l'article 8, section Iʳᵉ *du privilége sur les meubles*, paraît obscure et amphibologique. On ne sait si les ventes et livraisons dont il y est fait mention, sont les premières ventes qui donnent lieu au privilége, ou si ce sont des secondes ventes. On éviterait toute équivoque par la rédaction suivante :

vous aurez de petites propriétés sans valeur, dont les frais d'exploitation absorberont le produit.

. Vous serez forcé de multiplier les servitudes réelles : car il est rare que dans un corps de ferme il y ait pluralité d'objets nécessaires à l'habitation et à l'exploitation. On y trouve rarement plusieurs puits, plusieurs fontaines, plusieurs canaux d'irrigation. Le père de famille s'est attaché à tout concentrer pour sa commodité et son utilité, il faudra tout diviser; et, comme cela sera rarement possible, il faudra asservir un lot aux besoins de l'autre.

L'égalité de division sera elle-même la source de l'inégalité la plus monstrueuse.

Celui dont le lot comprendra les bâtimens construits pour l'exploitation de la totalité de la ferme sera chargé d'un entretien sans proportion avec ses besoins et ses revenus : il aura un capital inutile et onéreux.

Celui qui n'aura pas les édifices dans son lot ne l'exploitera qu'avec peine. La perte du temps, les frais de transport, absorberont une partie considérable du revenu, que le défaut de surveillance diminuera encore.

Tous les deux seraient plus riches, si la ferme était échue à un seul, qui eût compté à l'autre la valeur de son lot.

La raison d'État se réunit ici à la raison d'équité. La France n'est pas seulement agricole, elle est commerçante. Ses institutions doivent tendre vers ces deux sources de richesses. Elles ne doivent pas porter exclusivement les citoyens vers l'une, et les détourner de l'autre.

Les biens ruraux attachent le propriétaire, surtout quand ils ne sont pas considérables. Il ne faut alors rien moins que sa présence assidue pour y trouver sa subsistance.

La division matérielle attache tous les copartageans à la glèbe ; elle les condamne à végéter sur le sol qui les a vu naître.

Le père de famille, qui doit régler l'éducation de ses enfans sur la fortune qui les attend, ne devra plus en faire que

4.

ratification et *de la vente forcée des immeubles*, sont contenues dans un cahier séparé. (*Page* 63 *ci-après.*)

TITRE IX.

932 Article 47. *De la forme des donations entre vifs.* Il semble qu'on devrait ajouter que l'acceptation et la ratification doivent être faites pendant la vie du donateur. Cette disposition, qui ne serait point surabondante, est dans l'esprit de l'ordonnance de 1731 et du titre IX, *des donations entre vifs*, dont il est fait mention dans la section II.

971 L'article 70 n'exige que la présence de deux notaires, ou d'un notaire et deux témoins qui sachent et puissent signer. Ce nombre de témoins ne paraît pas suffisant. Cette disposition s'éloigne un peu trop de celles de l'ordonnance de 1735.

1044 Article 133 de la section III. Après ce mot *conjointement*, qui termine la première partie de l'article, il semble qu'on devrait ajouter cette disposition : *ou lorsqu'un legs est à la charge de l'autre ; en ce cas, le legs qui devrait être pris sur un plus considérable, devenant caduc, accroît au légataire du plus fort legs.*

1075 L'article 138 du chapitre VI. Il paraît qu'on devrait ajouter à cet article la disposition suivante : « soit en fixant la somme « pécuniaire que celui auquel ils assignent les biens hérédi- « taires en nature devra compter à ces copartageans. »

La loi civile, en réglant les droits des particuliers, ne doit pas contrarier leurs convenances réciproques. Elle doit témoigner de la confiance, et laisser toute liberté au père de famille dans le cercle des dispositions qu'elle lui permet de faire.

On a reconnu qu'il était *des fortunes dont le partage a besoin d'être dirigé par la sage destination du père de famille.* (Discours préliminaire, page 64.)

On doit reconnaître également qu'il en est dont le partage matériel et en nature en entraînerait la dégradation.

Divisez une ferme médiocre éloignée de toute habitation ;

c'est celui où un des enfans est atteint d'une maladie de corps ou d'esprit qui ne lui permet pas d'administrer sa fortune, ou de suppléer par son industrie à la modicité des revenus qu'elle lui promet.

Un père de famille a deux enfans ; l'un sain de corps et d'esprit, est propre à toute espèce de travail et d'industrie ; l'autre, infirme ou imbécile, est incapable de rien ajouter par lui-même à ses revenus.

Divisez également sa fortune entre ces deux enfans : le premier vivra dans l'aisance ; le second n'aura pas même de quoi se sustenter.

Un père de famille sage corrige cette inégalité naturelle, en chargeant l'enfant sain d'esprit et de corps d'une pension viagère proportionnée aux besoins de l'infirme.

Il fait l'avantage de celui-ci ; et, si l'autre supporte une charge plus considérable il en est dédommagé par le capital que lui ou ses héritiers gagnent à la mort du pensionnaire.

Cette disposition a toute l'utilité des anciennes substitutions exemplaires, sans en avoir les inconvéniens. L'infirme, ne possédant que du viager, ne peut, à la vérité, disposer de rien ; mais il trouve et reçoit le prix de la propriété dans l'augmentation de son revenu.

C'est un contrat de rente viagère que la nécessité l'obligerait de faire, et qu'il ferait peut-être mal.

Le père de famille le fait pour lui ; et le bénéfice de ce contrat tourne au profit de ses frères, qui sont ses héritiers naturels.

D'après ces observations, on pourrait ajouter à l'art. 138 ces dispositions :

« Ils peuvent même, quand l'un de leurs enfans est atta-
« qué d'une maladie de corps ou d'esprit qui le rend inca-
« pable d'administrer son propre bien, lui assigner sa por-
« tion héréditaire en une pension perpétuelle ou viagère,
« sur ses copartageans. »

Pour que cette assignation soit valable, il faut 1° qu'elle

des agriculteurs. Il les détournera des arts et du commerce, auxquels ils ne pourraient se livrer qu'en abandonnant le patrimoine qu'il leur destine.

En laissant au père de famille la faculté d'assigner à quelques-uns de ses enfans leur portion de son patrimoine en argent, il les prépare à de plus grandes entreprises ; il tourne leurs regards vers l'industrie et le commerce ; il double leur fortune, en dégageant leurs talens des entraves qu'une petite possession rurale y mettrait.

Celui auquel il la destine, s'arrange avec ses frères. Il obtient des délais pour leur paiement. S'il emprunte pour les payer, il est, à la vérité, gêné pendant quelque temps, mais cette gêne diminue d'une année à l'autre. Le besoin de se libérer, le désir de conserver l'intégralité du patrimoine de ses pères, le portent à l'économie, le font redoubler d'efforts, et, après quelque temps, il a tout payé : ainsi deux fortunes honnêtes, fruit de l'industrie de l'un, et de la laborieuse économie de l'autre, ont leur principe dans la liberté laissée au père de famille, et dans la sage prévoyance de la loi.

Tous les enfans doivent, sans doute, avoir une portion égale sur le patrimoine des auteurs de leurs jours ; mais tous ne sont pas propres au même genre de travail. Que la loi laisse donc au père de famille le précieux avantage de consolider cette égalité par une division relative aux facultés intellectuelles, aux goûts et aux convenances de chacun de ses enfans. S'il importe à l'État qu'ils partagent la fortune de leur père, il leur importe à eux de le partager de la manière qui leur est la plus avantageuse, et de l'accroître par les créances ou capitaux, cette troisième espèce de biens qui supplée à la richesse réelle, qui ne fixe nulle part, et qu'on peut posséder et réaliser à volonté.

Il est encore un cas où il devrait être permis au père de famille de substituer une créance sur l'un de ses enfans, ou même une rente viagère, à la portion héréditaire en nature :

Ils ne peuvent même pas considérer ce qui convient le mieux à chaque enfant, relativement à ses goûts, à sa position, à ses habitudes, à ses facultés intellectuelles; ils sont, sur tous ces points, aussi aveugles que le sort qui termine leurs opérations.

Les enfans ont déjà beaucoup gagné par la disposition du père.

Ils ont économisé les frais d'un partage; ils ont conservé l'intelligence et l'harmonie entre eux : il ne faut pas leur permettre de les troubler pour un modique intérêt.

L'union des familles importe plus encore dans un Gouvernement libre que dans tout autre : *c'est par la petite patrie, qui est la famille, que l'on s'attache à la grande.* Entourons d'un saint respect les actes qui cimentent cette union. Ne permettons de les ébranler que quand la lésion est assez forte pour faire craindre qu'il y ait eu plus qu'une erreur.

La sagesse du père de famille peut ne pas lui permettre d'annoncer son intention d'avantager un de ses enfans de la portion disponible. Il peut avoir des motifs de la répartir sur plusieurs, au préjudice d'un seul. Il le fait en paraissant ne céder qu'à des convenances particulières. C'est l'intérêt de ne pas diviser une maison, une ferme; c'est l'avantage pour un enfant de n'avoir pas des fonds éparpillés ; c'est la satisfaction de posséder celui auquel il aura donné plus de soins. Ces motifs ne choquent personne. On sait céder, on cède sans murmure à l'empire des convenances; elles n'irritent pas l'amour-propre.

Pourquoi rejeter de pareils motifs, et obliger un père de famille à manifester une prédilection toujours affligeante pour ceux qui n'en sont pas l'objet ?

N'est-il pas plus raisonnable de supposer au père de famille l'intention que ses dispositions annoncent, et de présumer qu'il a voulu user du droit que la loi lui donne, toutes les fois que, dans le fait, il paraît en avoir usé.

« soit conforme à ce qui est prescrit dans l'art. 16 du cha-
« pitre *de la disposition officieuse;* 2° que le principal de la
« rente égale la portion héréditaire de l'enfant, si elle est
« perpétuelle; qu'elle surpasse notablement le revenu de sa
« portion, si elle est viagère.

« Les dispositious contenues au chapitre *de la disposition*
« *officieuse* s'appliquent au présent chapitre, dans les cas
« qui y sont relatifs. »

1079   Article 144 du même chapitre. Les dispositions renfermées
dans cet article présentent deux inconvénients : 1° elles admettent la rescision pour lésion du tiers au quart envers les
partages faits par les ascendans, ce qui est la même lésion
qui fait rescinder les partages ordinaires; 2° elles exigent de
l'ascendant une déclaration précise de vouloir user du droit
d'avantager un de ses enfans.

Par cela seul que, dans les partages ordinaires, on n'admet que la lésion du tiers au quart, il semble qu'on devrait
en exiger une plus forte contre les partages faits par les ascendans.

Les parties ordinaires peuvent aisément être admises à revenir de leur erreur; mais il faut qu'il y ait plus qu'erreur
pour autoriser les enfans à mépriser l'autorité d'un père.

Le moindre égard qu'ils doivent à la mémoire de l'auteur
de leurs jours est de ne s'élever contre ses dispositions que
quand ils y sont forcés par un intérêt important.

Une différence du quart, fût-elle une erreur, le voile du
respect filial devrait la couvrir.

Un père est présumé chérir également tous ses enfans; il
connaît mieux que personne la valeur intrinsèque de son bien
et de chaque partie de son héritage, ainsi que les convenances
respectives de chacun de ses enfans.

Ses connaissances sont réelles; celles des experts auxquels
on serait obligé de recourir ne peuvent être que conjecturales:
il n'est pas bien certain qu'ils pussent porter un jugement
plus sûr que le père de famille.

Art. 150. « Quand l'exhérédé a des descendans, sa por-
« tion héréditaire leur est dévolue, mais il ne peut en récla-
« mer l'usufruit.

Art. 151. « La réconciliation postérieure au fait sur lequel
« l'exhérédation est fondée, l'annulle ; mais cette annulation
« ne porte aucun préjudice à la disposition que l'ascendant
« peut avoir faite de la quotité disponible ; elle donne seu-
« lement à l'exhérédé le droit de réclamer sa portion héré-
« ditaire, comme si l'exhérédation n'avait pas été faite. »

TITRE XI.

L'article 21 oblige le cohéritier qui acquiert une créance
sur l'hérédité commune, de faire participer ses cohéritiers
au bénéfice de son acquisition.

Cette disposition est de toute justice : elle est conforme
aux décisions des lois romaines ; mais pourquoi ne pas l'é-
tendre à tous les associés ou communistes ? ou plutôt, pourquoi porter une décision particulière dans une hypothèse
susceptible d'une décision générale ? Il y a, pour les uns et
les autres, identité de raisons et de lois. Il paraît donc qu'il
faudrait généraliser l'article, et dire :

« Si l'un des cohéritiers ou des associés prend cession
« d'une créance sur la société ou sur la chose commune,
« avant ou après le partage, et qu'il n'y ait pas eu division
« des dettes, il peut être contraint par ses cohéritiers ou
« associés, d'en faire rapport à la masse, moyennant le rem-
« boursement de ce qu'il a réellement payé. »

Art. 29 de la section Iʳᵉ, *de la délivrance*. Il paraît qu'on [1609]
devrait ajouter à cet article : *si la chose vendue s'y trouve.*
A défaut, elle doit se faire au lieu où cette chose se trouve,
s'il n'en a été autrement convenu.

Il paraît qu'on devrait ajouter à la 3ᵉ disposition de l'art. [1655]
51 , *de la garantie en cas d'éviction :* « et ce, depuis le jour
« qu'il a notifié le trouble au vendeur. »

D'après ces observations, il paraît que l'article 144 pourrait être conçu de la manière suivante :

« Le partage fait par l'ascendant ne peut être attaqué que
« dans le cas où un des copartagés allègue et offre de prou-
« ver qu'il contient, à son préjudice, une lésion du tiers,
« outre la quotité disponible.

« Si le fait est prouvé, ses copartagés seront tenus de
« compléter sa portion héréditaire, déduction faite de la
« quotité disponible, soit en numéraire, soit en nature, à
« leur choix. »

après
1080
  Il faudrait, avant le chapitre VII, en ajouter un qui serait
le VIIᵉ, et qui contiendrait les règles de l'exhérédation. Ce
chapitre pourrait être ainsi conçu :

CHAPITRE VII.

Art. 146. « Les ascendans ne peuvent exhéréder leurs
« descendans que pour les causes déterminées par la loi.
  « Ces causes sont au nombre de quatre :
  1° Si l'enfant a porté sur l'ascendant des mains impies,
« soit qu'il l'ait blessé ou seulement battu ;
  « 2° S'il a entrepris de le déshonorer, par une délation
« capable de faire infliger à l'ascendant une peine afflictive
« ou infamante, ou par des libelles diffamatoires ;
  « 3° S'il a attenté à sa vie par le poison ou autrement ;
  « 4° S'il a eu un commerce criminel avec sa femme.
Art. 147. « L'énonciation de la cause d'exhérédation doit
« être exprimée dans la disposition, à peine de nullité.
Art. 148. « Les enfans qui recueillent la succession au
« préjudice de l'exhérédé sont tenus d'administrer la preuve
« du fait sur lequel l'exhérédation porte, sous la même
« peine.
Art. 149. « Quand une exhérédation est cassée, toutes les
« dispositions de celui qui l'a faite le sont aussi, même pour
« la quotité disponible, et sa succession est divisée par le
« seul ministère de la loi.

« S'il s'agit de vente d'immeubles, le vendeur peut de-
« mander la résolution de la vente. »

Les articles 76 et 77, ainsi restreints aux ventes d'immeubles, sont justes.

Art. 91. Au lieu des dispositions contenues dans cet ar- 1670
ticle, il paraîtrait plus convenable de dire :

« Dans le cas des deux articles précédens, l'acquéreur
« peut exiger que celui qui use de la faculté du rachat, re-
« prenne l'héritage entier. »

Article 104, 1er *alinéa*. Il paraît qu'on devrait ajouter les 1676
dispositions suivantes :

« Quand l'exécution du contrat a trait de temps, la pres-
« cription de quatre ans n'a pas lieu. Il faut examiner la
« lésion ; et, si elle est telle qu'on puisse présumer que les
« parties n'auraient jamais contracté au même prix, on les
« restitue. ».

TITRE XIII.

Art. 10 de la sect. Ier, *de la forme et de la durée des baux.* 1717.
Il paraît qu'on devrait ajouter à cet art. la disposition sui- 1763
vante : « Le colon partiel n'a pas cette faculté, si elle ne lui
« a été expressément concédée par le bail. »

Art. 39 de la sect. III, *des obligations du preneur*. Il paraît
qu'on devrait ajouter à cet article ces mots : *dix jours après
la demande qui lui en sera faite par écrit.*

Article 47 de la même section. Il paraît qu'on devrait 1731
ajouter à cet article les dispositions suivantes :

« Quand la chose louée périt entre les mains du preneur,
« c'est à lui à prouver qu'elle a péri sans sa faute ; autrement,
« il est tenu de la remplacer ou d'en payer la légitime valeur.

« Si elle périt après qu'elle a été rendue au bailleur, c'est
« à celui-ci à prouver que la perte est l'effet de la faute du
« preneur ; autrement, il est privé de tout recours envers
« lui. »

Article 72 de la section V, *des règles particulières à la ferme* 1772.

1654-
1655-
1656 Les art. 75, 76 et 77, ne paraissent pas renfermer des dispositions justes. L'art. 31 du chap. IV, sect. Ire, *de la Délivrance*, donne à l'acquéreur le droit de se désister de la vente, si le meuble vendu ne lui est pas délivré au terme convenu. Pourquoi ne pas donner la même faculté au vendeur non payé du prix au terme convenu? Les chances doivent être égales entre l'un et l'autre. S'il importe à l'acheteur d'avoir le meuble vendu à l'époque promise, il n'importe pas moins au vendeur d'avoir, à la même époque, le prix sur lequel il a compté d'être débarrassé de la chose vendue, ou de pouvoir la transporter à un acheteur plus exact.

Il ne faut, d'ailleurs, pas engager les parties dans des débats judiciaires pour vente de meubles, objet dont la décision est toujours urgente et ne peut pas influer notablement sur les fortunes.

On devrait donc distinguer les choses mobilières et les immeubles. Dans les premières, la vente serait révocable de part et d'autre par le défaut de paiement ou de délivrance au terme.

Dans les secondes, on suivrait, pour leur résolution, les règles prescrites dans les articles que nous examinons.

Nous les concevons de cette manière :

Art. 75. « Si l'acheteur ne paie pas le prix au terme con« venu, il faut distinguer : ou il s'agit de la vente de chose « mobilière, ou il s'agit de la vente d'immeubles.

« Au premier cas, le vendeur a le choix, ou de résoudre « la vente de la chose mobilière qu'il a encore en son pou« voir, et d'en disposer à son gré, ou d'obliger l'acheteur à « exécuter le contrat.

« Il en est de même dans le cas où l'acheteur ne prend « pas délivrance à l'époque promise.

« Si la chose mobilière a été délivrée à l'acheteur, le « vendeur n'a que le droit de le contraindre au paiement du « prix.

risent un excédant de fruits sur les intérêts; quand cet excédant n'est pas considérable, il doit être regardé comme la juste compensation du risque.

Il faudrait donc, si ces observations sont adoptées, refondre le titre XVIII, et le concevoir ainsi :

Article 1er. « Le contrat du gage et du nantissement est [2071] « celui par lequel un débiteur remet une chose à son créan_ « cier pour sûreté de la dette.

« Quand la chose remise est un immeuble dont il est con- « venu que le créancier jouira en compensation des intérêts « de sa créance, ce contrat s'appelle *antichrèse*.

« Il s'appelle *gage* ou *nantissement* quand la chose remise « est un effet mobilier. »

CHAPITRE Ier. — Du gage et du nantissement.

(Tous les articles tels qu'ils sont dans le titre XVIII.)

CHAPITRE II. — De l'antichrèse.

« L'antichrèse ne peut avoir lieu pour sûreté d'une créance [2085] « non encore contractée; ni pour une créance qui ne porte « pas intérêt, si ce n'est à la charge d'imputer annuellement « les fruits sur la créance.

« L'antichrèse ne nuit pas aux hypothèques antérieures, [2091] « et ne donne au créancier aucune préférence sur l'im- « meuble.

« Le créancier est obligé, malgré tout pacte contraire, [2086] « de payer les contributions et les charges annuelles de l'im- « meuble qu'il tient en antichrèse.

« Les articles 2, 9, 10, 12 et 13 du chapitre précédent, [2085. 2087. 2088. « s'appliquent à l'antichrèse.

« Il en est de même du 11e article. Néanmoins, si l'im- [2090] « meuble donné à antichrèse est une maison que le créan- « cier occupe lui-même sans la sous-louer en tout ou en « partie, il ne se fait jamais d'imputation des loyers sur le « sort principal; ils sont compensés avec les intérêts, à « quelque somme que les uns ou les autres montent.

des biens ruraux. Il semble qu'on pourrait ajouter la disposition suivante :

« Il ne peut également en demander lorsque la cause du
« dommage était existante et connue à l'époque où le bail
« a été passé. »

Après l'article 75, qui suit, il semble qu'on devrait ajouter
la disposition suivante :

« Le fermier ne peut demander un rabais, s'il n'a dénoncé
« au bailleur le dommage ou le trouble dans le mois, à
« compter du jour où il a eu lieu, et s'il n'a formé en même
« temps sa demande en remise de ferme. »

TITRE XVI.

1962   Il paraît qu'on devrait ajouter à l'article 45 de la distinction 1ʳᵉ, *du dépôt ou de la garde des meubles saisis*, les
dispositions suivantes :

« L'établissement de gardiens forme, en outre, une obli-
« gation entre le saisissant et le saisi. Il oblige celui-là à
« répondre de la solvabilité et de la bonne conduite du gar-
« dien, qui est réputé l'homme et le mandataire du saisis-
« sant, même lorsque le gardien est nommé d'office par le
« juge, ainsi qu'il va être dit. »

TITRE XVIII.

1071   Le titre XVIII ne parle que *du gage et du nantissement
des choses mobilières.* Il est une autre sorte de nantissement
dont il paraît convenable de déterminer les principes et les
effets : c'est le nantissement des immeubles connu sous le
nom d'*antichrèse.*

Ce contrat facilite la circulation de l'argent ; il empêche
que le débiteur se laisse arrérager, et assure au créancier
l'exactitude du paiement des intérêts sans molester le débiteur, puisqu'il se paie de ses mains.

L'incertitude des récoltes, l'instabilité de la valeur des
fruits, le danger de perdre les frais d'exploitation, auto-

« Celle des maîtres de pension contre leurs élèves, ou
« *leurs parens ou tuteurs*, pour le prix de cette pension, et
« des autres maîtres contre leurs apprentis pour leur ap-
« prentissage. »

DISPOSITION GÉNÉRALE.

Il est dit qu'à compter du jour de la publication du Code,
les lois romaines, les ordonnances, les coutumes générales
ou locales, les statuts, les réglemens, cesseront d'avoir force
de lois générale ou particulière dans les matières qui sont
l'objet du présent Code, conformément à ce qui est expliqué
dans le livre préliminaire.

Cette disposition est conforme aux articles 1, 2 et 3 du
titre VI du livre préliminaire *du Droit et des Lois*. Elle ne
fait cependant aucune mention des lois de la république qui
ont été et seront promulguées avant la publication du Code.
Il semble qu'on devrait en faire une mention expresse, pour
éviter tout doute à cet égard.

Observations sur les titres VII *et* VIII *du* Livre III.

TITRE VII.

Ce titre détermine l'effet des lettres de ratifications, la
procédure à suivre pour les obtenir, les précautions que doivent prendre les créanciers pour n'être pas privés de leur
hypothèque.

L'effet des lettres est de purger les priviléges et hypothèques pour lesquels il n'a point été formé d'opposition
légale avant le sceau des lettres seulement.

La procédure emporte au moins six mois de délai, puisqu'il faut joindre les délais déterminés par les articles 46,
48, 61, 66, 68, 80 et suivans.

Les précautions sont communes à tous les créanciers;
les femmes, les mineurs et les interdits n'en sont pas ex-

« Il n'y a également jamais lieu à l'imputation, lorsqu'à
« l'époque du contrat il y avait un égal risque de perdre ou
« de gagner en prenant les fruits en paiement des intérêts,
« ni lorsqu'en faisant une année commune de toute la durée
« de l'engagement, la valeur des fruits n'excède pas le taux
« de l'intérêt de plus du quart. »

Article 12. Il paraît qu'on devrait ajouter à cet article la
disposition suivante :

« Il peut la réclamer en tout temps, en payant la créance,
« nonobstant tout pacte contraire. »

TITRE XIX.

1670 Article 16 de la distinction 2, *des conditions requises pour
la validité du contrat*. Il paraît qu'on devrait ajouter la disposition suivante :

« Il en est de même lorsque la rente viagère n'excède que
« de peu de chose la valeur locative de l'immeuble dont elle
« est le prix. »

1983 Article 25. Il semble qu'on doit dire : le propriétaire d'une
rente *viagère*, au lieu du mot *constituée*, qui paraît être une
faute d'impression.

TITRE XX.

2186 Article 35, section II, *des causes qui suspendent le cours de
la prescription*. Il semble qu'on devrait ajouter à cet article
une troisième disposition, conçue en ces termes :

« 3° Dans tous les cas où le recours de la femme contre
« son mari serait infructueux par son insolvabilité, ou exclu
« par défaut de connaissances, de la part du mari, du droit
« qui aurait été prescrit, ou autrement. »

2272 Article 53, section IV, *des autres prescriptions*. Il paraît
qu'on devrait ajouter au 3e alinéa dudit article 53, les mots,
ou leurs parens ou tuteurs, et que cet alinéa devrait être
ainsi conçu :

Il est d'abord une idée qui saisit par sa justice et sa simplicité, c'est qu'un immeuble frappé d'un privilége ou d'une hypothèque ne peut en être purgé que par le paiement effectif ou par le laps de temps qui le fait supposer.

Ce principe, appuyé sur la foi des contrats, n'a besoin que d'être énoncé.

Chercher à soustraire cet immeuble à l'hypothèque qui le grève, autrement que par le paiement de la créance, c'est donc évidemment chercher à faire tort au créancier, que la loi doit cependant protéger comme tout propriétaire; c'est enfreindre la loi du contrat qui lie le débiteur au créancier; c'est nuire à l'un et à l'autre.

Si la valeur de l'immeuble n'était pas inférieure au montant des hypothèques, rien ne serait plus simple et plus facile que la solution du problême proposé: il suffirait de la disposition de l'article 49 du titre VI, et ce ne serait point la peine de chercher à donner à l'acquéreur le moyen de payer plus tôt; il saurait bien, s'il le voulait, offrir le montant de la créance, et, en cas de refus, le déposer.

La difficulté vient donc de ce qu'on suppose, 1° que toutes les hypothèques peuvent n'être pas connues de l'acquéreur; 2° que le prix de la vente n'en égale pas le montant.

Pour obvier au premier inconvénient, on assujétit les créanciers à des formalités capables de les faire connaître, mais dont l'omission entraîne la perte de leur hypothèque.

On croit remédier au second en ouvrant des enchères.

C'est pallier l'injustice de l'institution, mais ce n'est point l'en purger.

L'hypothèque est une propriété qui se conserve par elle-même sans le secours des formalités : le créancier la possède comme il possède une maison, ou mieux encore une servitude; imagina-t-on jamais d'obliger le possesseur d'une maison ou d'une servitude à faire des déclarations tous les cinq ans pour en conserver la jouissance ?

III.   5

ceptés; rien ne saurait les relever de la déchéance, p[...]
même l'insolvabilité ou l'igorance de leurs maris ou de leu[...]
administrateurs.

Elles exigent des formalités rigoureuses, dont l'inobse[...]
vance entraîne la perte de l'hypothèque (art. 25), et q[...]
doivent être renouvelées tous les cinq ans, à peine de d[...]
chéance (art. 14).

Elles aboutissent à des enchères, dans lesquelles les o[...]
posans sont seuls admis à enchérir, et qui laissent le créa[...]
cier sans espoir et sans ressource.

Toutes ces procédures, tous les frais qu'elles occasio[...]
nent, retombent sur le débiteur, ou plutôt sur l'immeubl[...]
qui était le gage de l'acquéreur et des créanciers, et n'a[...]
boutissent qu'à diminuer d'autant leur sûreté. C'est en effe[...]
une chose remarquable, que l'acquéreur n'a intérêt à rap[...]
porter des lettres de ratification, et, par conséquent, n'e[...]
rapportera, que lorsque le vendeur ne présentera pas dan[...]
les immeubles qui lui restent libres, une responsio[...]
suffisante des créances qui affectent l'immeuble aliéné : car
si les biens restants suffisent, l'acquéreur dont le contra[...]
porte hypothèque, l'acquéreur qui, par le seul fait d[...]
paiement, est subrogé aux droits des créanciers, et qui peu[...]
les obliger à une discussion préalable, l'acquéreur n'aur[...]
aucun intérêt à demander des lettres de ratification; so[...]
acquisition sera toute consolidée par un recours utile su[...]
le vendeur.

C'est sans doute une idée séduisante, que de présenter au[...]
acquéreurs un moyen de consolider leur acquisition et de l[...]
purger rapidement de toute hypothèque, sans attendre l[...]
secours lent de la prescription que leur offre la section II du
titre VI.

Mais, sans se laisser éblouir par son éclat, il faut examiner si elle est équitable, si elle procure tous les avantage[...]
qu'on s'en promet, si les moyens d'exécution ne font pas
plus de mal que leur résultat ne peut opérer de bien.

L'acquéreur règle ses démarches sur ses convenances; il peut même choisir astucieusement pour sa procédure le temps le plus inopportun au créancier.

Celui-ci est obligé de veiller en tout temps, d'entasser infructueusement les oppositions; et si, après avoir suivi la procédure, il n'a pas de fonds libres ou suffisans pour surenchérir, il perd son hypothèque.

Il la perd par l'omission de la moindre formalité, comme par l'oubli de l'opposition elle-même. Une opposition irrégulière a certainement suffi pour le faire connaître à l'acquéreur, pour constituer celui-ci en mauvaise foi; n'importe, cette irrégularité est mortelle, elle emporte la déchéance du droit.

La mauvaise foi de l'acquéreur ne diminue rien de la faveur dont il jouit. Sa confiance peut ne plus être dans son titre , dans ses connaissances. La loi l'autorise à la placer dans l'oubli, dans la négligence d'un tiers, dans la distraction d'un officier ministériel (art. 25).

Ici la peine n'est plus relative au délit; l'effet n'est plus proportionné à la cause; la mauvaise foi triomphe, et l'inattention devient un crime.

Ce n'est point la solidité des acquisitions que la loi considère, puisque l'acquéreur reste exposé à toutes les oppositions postérieures, pourvu qu'elles précèdent le sceau des lettres de ratification.

Avant l'acte qui le lie, l'acquéreur n'a aucun moyen de s'assurer que le fonds qu'il veut acquérir est franc d'hypothèque, ou qu'il n'en est affecté que jusqu'au concurrent d'une somme déterminée; il n'a de ressource que dans les informations que son intérêt ne lui laisse jamais négliger.

Après la publication du Code, tous les acquéreurs de la république seront ce qu'étaient autrefois ceux de la ci-devant Provence, et l'expérience de plusieurs siècles démontre que la loi peut être sans inquiétude sur l'efficacité de cette ressource.

En créant des moyens de conserver l'hypothèque, on crée nécessairement les moyens de l'anéantir : il était l'ennemi des hypothèques, celui qui, le premier, eut l'idée d'en établir les conservateurs.

Ce qu'on exige du créancier, on l'exige sous peine de la perte de son hypothèque.

Ce n'est cependant pas pour son intérêt qu'on l'exige, c'est uniquement pour l'intérêt de l'acquéreur ; mais est-il bien juste d'accabler l'un de frais, de l'exposer à perdre sa propriété, pour améliorer la condition de l'autre ?

Il existe une infinité de petites créances qui font la richesse du peuple ; les frais d'opposition en absorberont le revenu : il en est telle dont le revenu sera même insuffisant.

Est-ce donc contre les créanciers que la loi doit soutenir les acquéreurs ? Ils méritent protection, sans doute ; mais elle doit être dirigée contre les vendeurs coupables de dissimulation, et non contre des créanciers à qui on ne peut reprocher que leur confiance et leur facilité à obliger.

Si le créancier ou l'acquéreur doivent être en souffrance, ne vaut-il pas mieux que ce soit le dernier contractant, qui pouvait ne pas acquérir, ou prendre des informations exactes, plutôt que le créancier, qui a dû se reposer sur la foi et sur l'antériorité de son contrat ?

Quelle différence cependant entre la position où l'on place l'acquéreur et celle où l'on met le créancier !

Le premier a la faculté de purger les hypothèques, ou de ne pas les purger.

Si son intérêt ou ses fantaisies lui font négliger la faculté que la loi lui offre, il ne perd qu'un avantage, et non une propriété, et un avantage injuste, puisqu'il aboutit à libérer son fonds sans payer les dettes.

Le second est irrévocablement condamné à former opposition tous les cinq ans ; et s'il l'oublie, il est puni par la perte du droit le plus juste et le plus respectable, celui de son hypothèque.

vancer de quelques années le terme que la loi a déterminé pour l'affranchissement de son fonds.

Quel est donc cet avantage si important? Jugeons-en par la nature de la charge dont il délivre.

Quel est le droit du créancier sur le fonds hypothéqué? Celui d'obliger l'acquéreur à le payer ou à lui délaisser l'immeuble, les réparations préalablement remboursées.

L'acquéreur ne gagne donc, en demandant des lettres de ratification, que la faculté de faire plus tôt ce qu'il craint d'être obligé de faire un jour. Il ne perd, par un éviction tardive, que cet intérêt d'affection qui peut être l'effet de l'habitude prolongée, ou la suite des améliorations faites au fonds ; car il faut ici compter pour rien la perte du prix, puisque par l'action hypothécaire, comme par l'enchère en suite des oppositions, l'acquéreur perd toujours ce qu'il a compté au vendeur.

C'est donc, en dernière analyse, dans la crainte de contrarier un jour un simple intérêt d'affection, qu'on établit une procédure aussi longue que dispendieuse, qu'on soumet le créancier à des formalités gênantes, qu'on l'expose à perdre un droit réel par une fomalité, par un oubli.

Mais cet intérêt d'affection, qui naît bien rarement tant qu'on n'est pas rassuré contre le trouble, cet intérêt d'affection est lui-même la propriété du créancier. Quand il a donné des espèces et qu'on lui a promis de lui rendre des espèces, il a compté sur l'affection du propriétaire ; il s'est dit qu'il aimerait mieux se procurer des espèces que de s'exposer à perdre sa propriété. Il n'est ni juste ni équitable de priver le créancier d'un intérêt sous la foi duquel il a prêté.

Mais si cette anticipation de sûreté est un si grand bien qu'il faille l'acheter à tout prix, ne valait-il pas mieux abréger la durée de l'action hypothécaire ? On aurait du moins évité la contradiction qu'implique la disposition qui donne dix, vingt ou trente ans de durée à l'action hypothécaire, et celle qui en limite l'existence à cinq ans, faute d'opposition.

Les évictions n'étaient pas plus fréquente en Provence, où il n'y avait jamais eu de conservateurs; les hypothèques n'étaient pas moins assurées, les mutations, moins solides et moins multipliées que dans les autres provinces.

Ainsi, avant l'acquisition, nul avantage pour l'acquéreur dans les oppositions qu'on exige des créanciers.

Après l'acquisition il peut y trouver un avantage.

Mais si on le fait consister à purger l'hypothèque sans payer la créance, c'est l'avantage de l'usurpateur, que la loi ne peut sanctionner.

Si on le fait consister à ne pas laisser l'acquéreur pendant dix ou vingt ans dans la crainte d'être dépossédé par un créancier inconnu, cet avantage perdra quelque chose de la défaveur que le poursuit; mais il ne pourra devenir entièrement légitime qu'en changeant le système de la loi.

C'est contre le créancier qu'elle est dirigée, puisque c'est lui qui est obligé de faire et renouveler l'opposition, de la faire dans telle ou telle forme, à peine de déchéance de son hypothèque.

C'est sur le créancier que retombent en définitif et les frais qu'il est obligé de faire pour conserver son hypothèque, et les frais de toute la procédure, puisque ces frais sont à la charge du débiteur, ou plutôt de l'immeuble, qui est le gage du créancier, ainsi qu'on l'a dit en commençant.

C'est le créancier qui est obligé de surenchérir, s'il veut conserver son hypothèque.

Tout est dirigé contre lui. Il mérite cependant la protection de la loi. Peut-être ses fonds ont sustenté la famille de son débiteur, favorisé l'agriculture, conservé ou augmenté ce même immeuble dont on lui envie le gage. A coup sur, il a voulu rendre service; il a été utile à l'État, en mettant en circulation des fonds qu'il pouvait conserver dans ses coffres.

Tout est dirigé contre le créancier pour ménager à l'acquéreur la simple faculté de fixer son incertitude, et de de-

L'hypothèque attachée au fonds est-elle moins qu'une charge, un accessoire du fonds?

Est-elle moins favorable que les servitudes réelles, qui ne se perdent que par trente ans de non-usage (art. 57, *des Servitudes*), quelque effort que fasse le propriétaire du fonds pour s'en affranchir, s'il ne délie les cordons de sa bourse?

Pourquoi donner à l'acquéreur le moyen de purger par anticipation l'hypothèque, quand on lui refuse, avec raison, celui d'éteindre par anticipation les servitudes?

Pourquoi, surtout, lui donner ce moyen aux dépens du créancier, comme à son préjudice?

C'est l'acquéreur qui demande les lettres de ratification; c'est pour lui, et pour lui seulement, que toute la procédure est faite; c'est par conséquent lui, et lui seul, qui doit en payer les frais.

Le vendeur n'y a aucun intérêt : ou il a déclaré les hypothèques, ou il les a dissimulées.

Au premier cas, on n'a rien à lui reprocher. Ces hypothèques, les inconvéniens et les risques auxquels elles exposent l'acquéreur, ont été pris en considération lors du traité. *Prudens et sciens emit vitiosum, dicta sibi lex est.* La voie des lettres de ratification devrait alors lui être interdite.

Au second cas, ce ne sont pas des dépens qu'il faudrait adjuger contre le vendeur, ce sont des dommages-intérêts qui devraient être la peine d'une dissimulation frauduleuse.

Mais, dépens ou dommages-intérêts, l'insolvabilité du vendeur rend, ainsi qu'on l'a dit, toute condamnation inutile contre lui, et la ferait retomber sur le créancier, en la rejetant sur le fonds soumis à son hypothèque.

Le créancier ne peut que perdre par cette procédure; il n'est pas juste qu'il en paie les frais.

Ses droits ne sont pas sacrifiés seulement par le risque qu'on lui fait courir de perdre sa créance par un oubli ou par l'omission de la plus légère formalité, par les frais dont on le grève; ils le sont encore par l'enchère qu'on

Pourquoi dire au créancier , « à compter du jour de l'alié-
« nation vous aurez dix ans pour agir sur l'immeuble, »
puisqu'on devait lui dire, quelques pages après : « vous
« n'aurez que cinq ans, s'il plaît à l'acquéreur de prendre
« des lettres de ratification ; et si cet acquéreur a la finesse de
« ne faire des démarches qu'après les cinq ans de votre op-
« position, vous perdrez votre droit, si vous ne l'avez pré-
« venu par une nouvelle opposition ; car il est remarquable
« que l'acquéreur peut prendre ses lettres quand il lui plaît,
« et que le créancier est obligé de renouveller son opposition
« tous les cinq ans, à peine de déchéance ? »

On a senti, avec raison, l'inconvénient qu'il y aurait eu à
circonscrire la durée de l'hypothèque, vis-à-vis du tiers,
dans des bornes trop étroites : c'eut été nous priver d'une
richesse factice qui supplée à la richesse réelle, qui forme
parmi nous une troisième espèce de bien, d'autant plus précieuse que c'est à elle, et à elle seule, que doivent leur
prospérité et leur existence les départemens dont le sol, tel
que celui de la ci-devant Provence, couvert de montagnes
stériles ou coupé par des torrens, n'offre aucune production
spontanée, et trompe souvent l'espoir du cultivateur : c'eût
été rendre infiniment rares les emprunts, qui vivifient l'agriculture, et diriger vers le commerce des fonds dont il n'a pas
besoin.

On a senti qu'il ne devait pas y avoir de différence entre
des possessions analogues, et que la fortune conservatrice
ne méritait pas moins de protection que la fortune conservée.

On a établi que l'action hypothécaire ne se prescrivait *à*
l'égard du tiers détenteur que dans le même cas et sous les
mêmes conditions que la propriété se prescrit (art. 79, tit. VI).

Mais alors , pourquoi donner à ce même tiers détenteur,
qui, quoiqu'il fasse, reste, quand il s'agit de la propriété,
sous l'empire de la précription pendant tout le temps de sa
durée, la faculté de l'abréger quand il s'agit de l'hypothèque,
ou plutôt la faculté de se débarrasser de l'hypothèque sans
payer la créance?

Toujours libre de l'abandonner, il dépendra de lui de se retirer du combat qu'il aura indiscrètement engagé. Il obtiendra encore de l'adjudicataire le remboursement des sommes par lui déboursées (art. 62), soit en achetant inconsidérément, soit en provoquant une sorte d'instance de discussion qui, sans lui, n'eût peut-être jamais vu le jour.

Dans la lutte qu'on lui donne la faculté d'ouvrir, tout devrait être égal. L'acquéreur, par son impatience à rendre son acquisition libre, fait courir aux créanciers le risque de perdre leurs créances, augmentées des frais qui ne sont faits que pour son intérêt. Il faudrait, au moins, qu'il courût le même risque, et qu'une fois engagé dans sa procédure, il y restât pour conserver son acquisition telle qu'il la désire, et payer les créances. La certitude qu'auraient alors les créanciers de ne rien perdre les dédommagerait de la nécessité d'entretenir par des oppositions un droit qui, comme tout autre, existe par lui-même, et qu'on ne soumet à des formalités coûteuses que pour l'intérêt de l'acquéreur.

Mais il n'est point nécessaire de lui offrir des moyens de frustrer les créanciers, et d'éluder la loi qui fixe la durée de l'hypothèque ; il suffit de ne pas favoriser sa négligence.

Laissez subsister l'intérêt et le besoin de prendre des informations avant d'acquérir, et, pour un acheteur évincé, vous en trouverez mille qui ne le seront pas : la Provence en a fait une heureuse expérience pendant plusieurs siècles.

Ne craignez pas que la peur d'un éviction possible dans le cours de dix années nuise à l'agriculture, en détournant des spéculations utiles, des réparations avantageuses. Un nouvel acquéreur est toujours pressé de jouir, et, par conséquent, d'améliorer. Il se flatte le plus souvent de n'avoir rien à craindre ; quelquefois même il aperçoit, dans les améliorations dont il est assuré d'obtenir le dédommagement, une augmentation de sûreté : plus on a à lui rembourser, moins il est facile de le dépouiller ; et la loi, protectrice de l'hypothèque, tourne ainsi doublement en faveur de l'agriculture, et

ouvre quand l'acquéreur refuse de payer tous les créanciers.

Celui qui a omis de faire son opposition, ou qui ne l'a pas faite régulièrement, n'est pas même reçu à enchérir, et son hypothèque est irrévoquablement perdue.

On écarte également les étrangers et les créanciers en sous-ordre. Il semble que la loi craigne qu'un trop grand concours n'élève trop le prix de l'immeuble.

L'enchère est reçue au greffe. Elle est précédée du dépôt du contrat d'acquisition relaté dans un registre particulier, notifié au vendeur, et d'une affiche dans l'auditoire ; elle est suivie d'un certificat constatant l'adjudication et l'observance des formalités précédentes. Quand l'adjudicataire est un enchérisseur, il doit donner caution : un procès-verbal de réception de caution devient alors nécessaire. Il faut notifier ce certificat et ce verbal au conservateur, pour en recevoir le *visa* ; puis, après dix jours, les lettres de ratification. Ces lettres sont rapportées au tribunal, qui les scelle à des jours déterminés.

Tout n'est point encore fini. Il faut recevoir du conservateur un certificat détaillé des oppositions, les dénoncer au vendeur, qui a quarante jours pour payer les opposans. Après ce délai, commence une procédure d'ordre et distribution du prix, dont les règles sont indiquées au titre *de la vente forcée.*

Tous ces actes, toute cette procédure, ne seront sans doute pas faits gratuitement : ils ne seront pas sur papier libre, ils ne seront pas affranchis de la formalité et des droits de l'enregistrement. Les voyages, les séjours que les parties seront forcées de faire près le tribunal d'arrondissement, les avoués qu'elles seront obligées d'employer, ajouteront à la dépense ; et tout cela se prendra directement ou indirectement sur un immeuble déjà insuffisant pour acquitter les créances dont les hypothèques le frappent. Tout retombera donc sur les créanciers, et l'acquéreur aura diminué leur gage, pour purger une acquisition qu'il ne conserve pas.

Il ne faut pas tout sacrifier au désir de protéger l'incurie du créancier. La citation à cri public, telle que nous la proposons, donne aussi bien l'éveil aux créanciers que l'affiche de la saisie dans l'auditoire du tribunal et autres lieux désignés dans la section II du chapitre IV du titre VIII. C'est la même formalité exigée de l'acquéreur qui veut purger les hypothèques, et du créancier saisissant, par ce que, dans l'un et l'autre cas, elle est destinée à produire le même effet. Il n'y a d'autre différence qu'en ce que, dans notre projet, elle est facultative, et n'a lieu que quand l'acquéreur ou le créancier saisissant veulent purger leur acquisition ; au lieu que, dans le projet de Code, elle est forcée dans tous les cas, même dans celui où il n'y a point de créanciers.

Les créanciers appelés doivent déposer au greffe du tribunal des déclarations suffisantes pour faire connaître la nature de leur hypothèque et le montant de leur créance.

Cette disposition simple dispense de créer, auprès de chaque tribunal d'arrondissement, des conservateurs, dont les fonctions deviennent inutiles.

C'est une charge de moins pour le peuple, une diminution d'embarras pour les plaideurs.

Il ne s'agit que de donner connaissance à l'acquéreur de tous les prétendans-droit sur l'immeuble, et de mettre ces prétendans-droit à portée de se connaître entre eux.

Cette connaissance respective se fait au greffe des tribunaux, avec autant de sûreté et bien moins de frais que chez un conservateur.

Elle y est même plus complète, puisqu'au greffe toutes les parties connaissent la date, la nature et le montant de l'hypothèque de chaque créancier ; elles y apprennent tout ce qu'il importe à chacune de savoir : au lieu que chez le conservateur elles ne connaissent que l'existence de l'opposition ; elles ignorent tout le reste, puisque l'article 27 dispense dénoncer dans l'opposition le titre et le montant de la créance.

par la facilité des emprunts qu'elle encourage, et par les améliorations que le désir de lui échaper provoque : c'est l'effet
de toutes les lois essentiellement bonnes. Il n'est pas jusqu'aux
moyens qu'on imagine pour les éluder, qui ne soient un avantage pour la société. Nous attestons encore ici l'expérience de
nos pères. Ils ont vu, nous avons vu comme eux, reprocher
à des acquéreurs d'avoir fait frauduleusement des réparations,
pour rendre plus difficile une éviction imminente ; jamais on
n'a vu leur reprocher d'avoir négligé la culture du fonds,
dans la crainte d'une éviction éventuelle.

Malgré les leçons de l'expérience la plus constante, per-
siste-t-on à vouloir donner aux acquéreurs un moyen de purger leur acquisition dans un bref délai ? à la bonne heure.
Mais que ce moyen soit simple, qu'il respire la justice et la
candeur, qu'il ne coûte qu'à celui qui doit en profiter, qu'il
ne compromette les intérêts de personne.

Dans nos contrées, il se présente comme de lui-même.

L'acquéreur est censé ne pas connaître les créanciers hy-
thécaires ou privilégiés du vendeur, puisqu'il n'y a plus
d'inscription d'hypothèque, et que l'opposition qui la supplée produit autant d'effet, quand elle est postérieure à l'aliénation, que quand elle lui est antérieure : il suffit qu'elle de-
vance le sceau des lettres de ratification.

Il faut donc, quand l'acquéreur veut purger l'hypothèque
qu'il se conduise vis-à-vis des créanciers comme on se conduit dans toutes les occasions où l'on est obligé de citer des
gens dont on ne connaît ni la personne ni le domicile ; c'est-
à-dire, qu'il cite les créanciers hypothécaires à cri public.

On doit ajouter, à cette citation, des précautions plus am-
ples que dans les autres, afin d'augmenter la certitude qu'elle
recevra toute publicité.

Il est des personnes qui ne trouvent pas cette précaution
suffisante ; mais d'abord elle est unique, à moins de rétablir
par des inscriptions la publicité des hypothèques, qui tue le
crédit, et rend cette espèce de biens chancelante.

La fixation des droits des créanciers faite provisoirement par un verbal sommaire au greffe, peut devenir un sujet de litige qui n'intéresse qu'eux.

Ce litige doit être vidé dans des formes expéditives, pour que la possession de l'immeuble ne soit pas longtemps incertaine, et qu'un séquestre n'en dévore pas les fruits.

La vraie valeur de l'immeuble ne peut être connue par les enchères : c'est aujourd'hui parmi nous une vérité démontrée. Elles sont en usage dans les départemens remplaçant la ci-devant Provence, depuis la loi du 11 brumaire an 7 ; il est constant qu'il ne s'y est pas vendu un seul immeuble aux trois quarts de sa valeur.

N'en cherchons point la cause ; quelle qu'elle soit, c'est le résultat qui doit fixer l'attention du législateur.

La voie de l'estimation par experts, autrefois pratiquée parmi nous, est sujète à bien des inconvéniens : elle entraîne des longueurs éternelles, elle engage dans des recours, dans des incidens que la chicane et la mauvaise foi multiplient ; son moindre vice est d'être incertaine et dispendieuse.

Substituons-lui une route plus sûre, moins coûteuse et plus expéditive ; nous la trouvons dans le droit d'offrir.

Quel est le but de la procédure depuis que l'acquéreur a abandonné l'immeuble ? Ce but n'est pas de connaître sa valeur intrinsèque et absolue ; il est seulement de payer avec lui le plus de créanciers possible, de les mettre tous à portée de prendre sur l'immeuble la portion correspondante à leur créance, et de laisser sans regret et sans excuse ceux que l'immeuble ne peut pas payer.

Tous les créanciers ont droit sur lui ; mais leur droit n'est pas égal : leur hypothèque, leurs priviléges, sont entre eux dans le rapport des dates et des causes ; leurs actions sur l'immeuble ne peuvent pas suivre d'ordre différent.

De là nécessité de n'admettre l'action des créanciers que suivant le rang qui leur est assigné par le jugement d'ordre.

Au greffe, les parties n'ont à payer que la transcription sur le registre de la déclaration qu'elles signent : chez le conservateur, il faut payer une transcription sur le registre, et les frais de l'exploit, dont il est laissé copie au conservateur.

Pourquoi créer ainsi un nouveau fonctionnaire, pour faire, à plus grands frais et moins parfaitement, ce qu'un fonctionnaire établi fait mieux et avec plus d'économie?

Les art. 90 et 91 du titre VIII, *de la vente forcée*, admettent les déclarations dans la forme que nous indiquons, en matière de saisie réelle. Pourquoi en exigerait-on d'autres, quand il s'agit de lettres de ratification ? L'acquéreur qui les demande n'est, à l'égard des créanciers, rien de plus que le saisissant d'un immeuble : il a été volontairement saisi par le vendeur, comme le saisissant l'a été par la justice ; l'un et l'autre tendent au même but, celui d'avoir l'immeuble franc d'hypothèque. L'intérêt des créanciers est le même à l'égard de l'un et de l'autre ; il consiste toujours au maintien de leurs droits, ou à leur paiement.

L'acquéreur, instruit par les déclarations faites au greffe, a le choix de maintenir son contrat ou de l'abandonner.

S'il le maintient, il doit payer toutes les créances ; ce n'est qu'à ce prix qu'il peut affranchir son acquisition.

Il ne peut pas s'en plaindre. S'il a été prudent, il n'aura rien compté à son vendeur : il est alors reporté au moment de son acquisition même ; il a la faculté d'acquérir ou de ne pas acquérir.

S'il a commis une imprudence, c'est sa faute ; il ne doit pas en punir les créanciers, qui n'en sont pas les auteurs.

En lui laissant la faculté du choix, on est juste envers tous : la liberté et la stabilité des contrats sont maintenus.

Ce n'est que lorsque l'acquéreur a déclaré délaisser l'immeuble, qu'il importe, d'un coté, de fixer les droits respectifs des créanciers ; et de l'autre, de connaître le véritable prix de l'immeuble pour éteindre avec lui le plus de créances possible.

postérieurs. Cette charge pourrait excéder ses facultés ; son privilége lui serait alors nuisible.

Il ne peut prendre sur l'immeuble que sa créance ; ses obligations ne doivent pas être plus étendues que ses droits.

D'un autre côté, le morcellement de l'immeuble peut le trop déprécier et nuire aux créanciers subséquens.

On sauve ces inconvéniens en permettant au premier créancier de s'en tenir à son hypothèque, quand elle ne s'élève pas au quart du prix de l'immeuble, et en n'obligeant le créancier à prendre de l'immeuble qu'une portion correspondante à sa créance, quand elle n'en égale pas les trois quarts.

Ce morcellement est une suite de la pluralité des hypothèques. Plusieurs prêtant sur le même fonds doivent s'y attendre ; chacun n'a pu compter sur la totalité quand il ne prêtait qu'une portion de sa valeur.

Les créanciers postérieurs ne souffrent pas de cette facilité ; ils en jouissent à leur tour : ils peuvent même réclamer la totalité, si leur intérêt l'exige.

Il n'est qu'un cas où cette faculté de réclamer la totalité peut légitimement leur être interdite : c'est celui où il aurait été vendu par le même contrat plusieurs immeubles distincts et séparés.

TITRE VIII.

Les observations faites sur le septième titre annoncent celles qui vont être présentées sur le huitième.

Dans le premier titre, il était question d'assurer la possession de l'acheteur, de le tranquilliser, et de nuire le moins possible aux créanciers.

Dans celui-ci, il s'agit de payer le créancier dont le titre est exécutoire et la créance exigible, et de le prémunir contre les recherches des autres créanciers du débiteur.

Le problème est ici double : payer le créancier avec le

Chacun a droit sur la totalité de l'immeuble ; mais chacun n'y a de droit qu'à concurrence de sa créance. Il faut donc qu'en se chargeant de la totalité, il compte l'excédant du prix aux créanciers qui le suivent.

Il est possible que cet excédant ne remplisse pas ceux-ci de leur créance. L'immeuble peut cependant valoir plus qu'il n'a été vendu ou apprécié par l'acquéreur, il peut être à la convenance d'un des créanciers qui resterait en perte de son dû : en offrant de se mettre à la place des créanciers antérieurs, celui qui est exposé à perdre évite ce danger, il remplit l'intérêt légitime de ceux - ci. Ils ne peuvent prétendre qu'à leur paiement, et il le leur offre dans les termes et les délais portés dans l'acte constitutif.

Il est tel immeuble dont la possesion est plus précieuse pour un créancier que pour l'autre ; sa situation, la proximité d'un corps de ferme ou d'une habitation, les projets d'un créancier, peuvent lui en faire désirer la possession. Eh bien ! ces circonstances, tout étrangères qu'elles sont à la valeur absolue de l'immeuble, tournent encore à l'avantage du débiteur et des créanciers. Celui d'eux à qui il convient le mieux est assuré de le conserver, s'il est postérieur, en payant tous les créanciers antérieurs à lui qui ont déclaré vouloir se payer sur l'immeuble; s'il est antérieur, en payant les postérieurs qui veulent l'en priver, en le remboursant lui-même.

C'est ainsi que sans frais, et par la procédure la plus simple, on conserve le droit de tous, et l'on obtient sur l'immeuble tout ce qu'il est possible d'en obtenir.

La loi doit justice et protection à tout le monde ; ses bienfaits ne doivent jamais tourner au préjudice de celui qui en est l'objet. Une créance modique en comparaison de la totalité de l'immeuble peut être rangée au premier rang d'ordre; il ne serait pas juste de mettre le créancier dans l'alternative de la perdre, ou de compter le restant-prix aux créanciers

Partout les formalités sont entassées pour donner à la procédure un caractère de publicité qui légitime l'effet qu'elle doit produire.

Mais ces précautions même sont funestes à toutes les parties.

Elles occasionent des frais qui diminuent le gage des créanciers, et augmentent leur perte : elles retombent sur ceux mêmes pour qui on les établit.

Elles ruinent un débiteur qui peut n'avoir pas du comptant pour acquitter une dette, mais dont les immeubles seraient, avec une procédure plus simple, plus que suffisans pour remplir ses engagemens.

En prolongeant la procédure, elles perpétuent le séquestre; elles rendent indispensables les baux judiciaires; elles nuisent à l'agriculture autant qu'aux particuliers.

Dans nos contrées, on ne donnait pas, à beaucoup près, autant de publicité aux saisies: il est à naître qu'elles aient été ignorées des créanciers, et cette prétendue ignorance ait donné lieu à des inconvéniens.

Chaque créancier surveille et doit surveiller son débiteur et ses affaires : comptons un peu sur cette sollicitude.

N'écrasons pas un débiteur de frais, pour entretenir ses créanciers dans l'insouciance.

La surveillance est aux capitaux ce que la surveillance et la culture sont aux biens ruraux.

Chaque qualité de biens a ses avantages et ses inconvéniens : ne veuillons pas être plus sages que la nature, ne cherchons pas à les en séparer.

Pourquoi soumettre le propriétaire à des réclamations dans un délai déterminé ? Le créancier saisissant est-il quelque chose de plus qu'un acquéreur forcé ? Comme l'acquéreur volontaire, ne doit-il pas, avant de saisir, s'enquérir de la propriété de son débiteur ? Il est obligé de saisir; mais il a été libre de prêter : avant de livrer ses deniers, il a dû s'informer des facultés de l'emprunteur;

moins de préjudice pour le débiteur ; le payer sans faire tort aux autres créanciers.

L'intérêt du débiteur est lié à celui du créancier. Les droits de l'un et de l'autre sont réciproques sans être contraires : celui-là ne trouverait plus d'emprunts, si celui-ci ne trouvait pas promptitude et sûreté dans son paiement.

Quelquefois le débiteur est de mauvaise foi ; le plus souvent il n'est que malheureux : dans le doute, il vaut mieux le plaindre que de le punir.

La mauvaise foi échappe le plus souvent à la rigueur de la loi ; le malheur est toujours aggravé par elle.

Occupons-nous de soulager l'infortune : quelques précautions que nous prenions, il restera encore assez de frais pour punir la mauvaise foi.

Le titre *de la vente forcée* a pour objet principal de purger de toute hypothèque l'immeuble que le créancier fait vendre.

En prononçant des déchéances, en déclarant qu'après la délivrance l'immeuble serait libre de toutes les charges qui n'auraient pas été conservées on a senti qu'on prenait sur le droit de propriété : on a tempéré cette rigueur, en s'entourant de précautions, en provoquant les oppositions et les contestations.

Ici on presse le débiteur d'attaquer la procédure. Il faut faire rendre des jugemens qui le déclarent déchu de ce droit, faute de l'exercer dans un temps déterminé.

On plaide sur le point de savoir si la saisie sera attaquée, en attendant de plaider sur la validité.

N'est-il pas plus simple de fixer un délai, passé lequel la saisie ne peut plus être arguée de nullité par le débiteur ?

Là on soumet le propriétaire à des oppositions dont l'oubli interdit toute revendication, quoiqu'on ait consacré dans l'article 4 du titre VII le principe que le droit de propriété ne peut être purgé par des enchères ni par un décret d'adjudication.

de plus qu'un acquéreur qui veut purger son acquisition : les procédures prescrites vis-à-vis de celui-ci doivent être les mêmes vis-à-vis de celui-là.

Notre projet a l'avantage de présenter l'uniformité de marche dans deux procédures qui ont uniformité d'objet.

Ne gênons ni la liberté ni les spéculations des citoyens.

Le créancier saisissant peut avoir intérêt à purger les hypothèques ; il peut l'avoir à ne pas s'engager dans cette procédure.

Que lui importeraient les hypothèques, si les immeubles qu'il ne saisit pas, si l'industrie ou les ressources de son débiteur, lui offraient une responsion suffisante ?

Déterminons la procédure de manière à pouvoir se prêter aux convenances du créancier.

Quand il a des craintes sur la stabilité de son paiement, il doit trouver dans la loi des moyens de les dissiper.

Nous les lui avons offerts sur le titre précédent, en traçant à l'acquéreur le moyen de consolider son acquisition.

Les longueurs, les frais de cette procédure, sont le prix de la sûreté qu'elle procure.

Le créancier ne peut pas s'en plaindre ; il a dépendu de lui de les épargner.

Il y a cependant une différence à faire entre le créancier et l'acquéreur : celui-ci, s'étant engagé librement dans la procédure, doit en supporter les frais ; celui-là, agissant forcément, doit trouver son remboursement sur l'immeuble affecté à sa créance, dont les frais sont un accessoire.

Cette procédure retombe alors sur le débiteur ; mais c'est l'effet naturel de l'infortune d'inspirer la défiance : il ne peut accuser ni le créancier ni la loi.

Quand le saisissant ne veut pas purger les hypothèques, les autres créanciers n'ont point à souffrir de sa procédure : il est inutile de s'occuper de leur intérêt. Elle ne peut plus compromettre que l'intérêt du saisissant et celui du

il n'a pas pu prêter sur la garantie des fonds qui ne lui appartenaient pas.

Le propriétaire qui voit son fonds saisi, a sans doute le droit de faire casser une saisie attentatoire à sa propriété.

Mais il y a deux inconvéniens graves à forcer sa réclamation.

Le premier est la déchéance que le défaut d'opposition entraîne ; déchéance qui prend essentiellement sur le droit de propriété, puisqu'elle rétrécit, dans l'espace de quelques mois la durée d'un droit qui, de sa nature, dure trente ans.

La loi lui garantit qu'il ne peut être dépouillé que par trente ans de dépossession ; et cependant, si, à son insu, son fonds était saisi, ce droit sacré que trente ans suffisent à peine pour éteindre serait emporté dans quelques mois.

Le second est la cumulation des procédures et des frais que chaque saisie entraînera. Ce seront toujours des instances générales, qui lassent les tribunaux, et ruinent les parties.

C'est bien assez, sans doute, qu'on ne puisse les prévenir dans tous les cas : la loi ne doit pas les provoquer, en les rendant indispensables dans toutes les occasions.

Il en est de même de l'opposition à fin de charge : chaque chose passe avec sa charge. Le créancier n'a prêté sur l'immeuble que tel que le débiteur le possédait ; il ne peut pas le prendre différemment : il ne faut pas molester le propriétaire pour favoriser l'incurie du créancier. *La loi doit nous protéger contre la fraude d'autrui, mais non pas nous dispenser de faire usage de notre propre raison, etc.* Disc. prélim. page 57.

Quant à l'opposition à fin de conserver, elle n'est que l'action du créancier hypothécaire pour être payé sur l'immeuble : les régles et les formes de cette action ont été déterminées sous le titre précédent. Le saisissant n'est rien

liorations, qui lui seraient d'ailleurs toujours remboursées.

On permet au vendeur de le stipuler pour dix ans ; pourquoi la justice, qui, dans ses procédures, remplace le vendeur, ne pourrait elle pas, stipulant pour lui, le réserver
pour une seule année ?

Le rachat stipulé pour dix ans par le vendeur est-il moins
préjudiciel à l'agriculture que le rachat ordonné pour un
an par la loi ?

Dans le premier cas il fait partie du prix, dira-t-on.

Il le fera dans le second, si l'immeuble est adjugé aux
enchères.

Il a déjà fait partie de l'engagement du débiteur et du
créancier, si celui-ci est colloqué ; car celui qui prête sait
qu'à défaut de paiement, il ne prend l'immeuble soumis à
sa créance, qu'à la charge de le rendre dans un an, si le débiteur peut la lui rembourser.

En tout temps, dans tous les pays, on a accordé la faculté
du rachat au débiteur saisi.

Dans les pays de décret, il avait le rabattement, qui durait dix années.

Dans les pays de collocation, il avait le rachat, qui ne
durait qu'un an.

Ne lui refusons pas ce secours au sortir d'une révolution
qui a fait à l'agriculture des plaies que toute la sagesse du
gouvernement actuel ne cicatrisera que lentement. Ten-
dons une main secourable au propriétaire ; excitons son
émulation et son industrie ; en lui conservant l'espoir de
rentrer dans la possession de ses pères. Si le rachat n'avait
jamais été établi, il faudrait le créer aujourd'hui plutôt
que l'abroger.

Il reste à répondre à une difficulté : à défaut d'enchérisseurs, le créancier qui a donné de l'argent sera obligé
de prendre des immeubles dont la possession peut ne pas
être à sa convenance.

débiteur : la loi ne doit donc plus chercher qu'à les concilier.

L'un et l'autre sollicitent une procédure expéditive et par conséquent dégagé d'entraves : n'y trouvassent-ils que l'avantage d'éviter un bail judiciaire et d'abréger la durée de la séquestration, ce serait déjà un grand bienfait.

L'objet du créancier est d'être payé le plus tôt possible.

Le devoir et l'intérêt du débiteur sont d'accélérer ce paiement, et de ne pas abandonner l'immeuble pour un prix inférieur à sa valeur.

Ici, il ne peut y avoir de base que dans l'évaluation de la matrice du rôle de la contribution foncière : cette mète a un but politique, elle remplit suffisamment l'intérêt des particuliers.

Une fois établie, chacun aura intérêt à faire porter dans la matrice du rôle ses immeubles à leur vraie valeur ; c'est une garantie de plus qu'aura le Gouvernement sur les évaluations du rôle.

Elle économise les frais d'expertise et les procès auxquels elle donnait lieu ; et si elle offre quelque avantage au créancier, le débiteur en est dédommagé par l'économie de ces frais, et par celle du quint en sus que les pays de collocation accordaient au créancier obligé de se colloquer.

Enfin, la perte qu'elle peut donner au débiteur, n'est pas irréparable. D'un côté, il peut procurer des offrans, et alors il trouve dans les enchères sommaires la plus haute valeur de l'immeuble.

De l'autre, il a un an pour le revendiquer en remboursant le créancier.

Ce rachat, que le projet de Code lui refuse, est de toute justice.

Limité dans le terme d'une année, il ne peut nuire a l'agriculture.

A peine le créancier aura-t-il fait une récolte ; il n'aura pas même eu le temps de concevoir et préparer ses amé-

Nos collocations ne feront que répandre dans les autres départemens les bienfaits qu'elles répandaient sur nous depuis des siècles.

Les ventes forcées des autres départemens nous écraseraient ; nous ne sommes pas assez forts pour les supporter.

TITRE VII.—*Des lettres de ratification.*

Art. 1ᵉʳ. Les lettres de ratification sont un acte émané du tribunal dans le ressort duquel les immeubles aliénés sont situés, par lequel il ratifie les contrats d'aliénation, en déclarant la propriété purgée de tous priviléges et hypothèques.

CHAP. 1ᵉʳ. —De l'effet des lettres de ratification, et sur quels contrats elles peuvent être obtenues.

2. Tous propriétaires d'immeubles, soit en pleine ou nue propriété, soit en usufruit, par acquisition, échange ou autres actes volontaires translatifs de propriété à titre onéreux ou gratuit, qui veulent purger les priviléges et hypothèques dont ces immeubles sont grêvés, sont tenus de prendre, à chaque mutation, des lettres de ratification.

3. Ceux qui ont pris de semblables lettres ne sont pas tenus des dettes des précédens propriétaires, en quelque sorte et sous quelque prétexte que ce soit, lorsque les créanciers ont négligé de faire leur déclaration dans la forme légale avant le sceau de ces lettres.

4. L'effet des lettres de ratification se borne à purger les priviléges et hypothèques.

Elles n'effacent point le droit de propriété, les charges et servitudes réelles.

Elles ne couvrent point les vices et les nullités du contrat.

5. On peut prendre des lettres de ratification sur une vente faite avec faculté de rachat ou sous toute autre condition résolutoire, et néanmoins les priviléges et hypothèques

Qu'on ne s'en étonne point, cette obligation est écrite dans son titre ; elle dérive de sa volonté.

Il n'a prêté à un propriétaire d'immeuble, il n'en a exigé l'affectation, que pour s'y payer, en cas qu'il ne lui fût pas rendu des espèces.

Si telle n'avait point été sa volonté, il eût versé ses fonds dans le commerce. En lui offrant des immeubles, on lui offre une des branches de l'alternative qu'il a voulu se ménager.

Le moyen de paiement que nous indiquons est en usage dans la ci-devant Provence depuis un temps immémorial ; une expérience constante l'a fait envisager comme un des plus grands bienfaits de la législation qui la régissait.

Nous n'avons fait qu'élaguer de la procédure ce qui l'embarrassait ou la rendait onéreuse aux parties ; nous y avons adapté tout ce qui, dans les institutions nouvelles, pouvait concourir à l'améliorer.

Dans des pays riches, on peut négliger ces petites économies, qu'on est forcé de considérer dans des régions moins favorisées.

Ici nous avons la beauté du climat, mais nous n'avons rien de plus.

Ailleurs on a la fécondité du sol.

Il est peut être permis de voir ailleurs la mauvaise foi dans le défaut de paiement d'un créancier, et de traiter avec rigueur le débiteur qui ne donne pas les espèces promises.

Ici la rigueur serait une barbarie ; le malheur est si fréquent, qu'il exclut le soupçon de mauvaise foi.

Une même nation doit sans doute être régie par les mêmes lois ; mais cette uniformité serait une calamité pour les régions peu fortunées, si la législation consultait moins leurs convenances que celles des régions qui le sont davantage.

Le régime que le faible peut supporter ne saurait nuire au plus fort ; mais le régime de celui-ci serait mortel pour celui-là.

Elle est visée par le juge-de-paix de chacun de ces lieux.

Elle est affichée à la porte de chaque administration municipale, et aux lieux les plus apparens et accoutumés de chaque commune, ainsi que dans l'auditoire du tribunal saisi de la demande, et dans celui du tribunal d'appel auquel il ressortit.

14. Elle contient les noms, prénoms, domicile et profession du vendeur et du poursuivant ; la désignation de l'immeuble par sa nature, qualité, ses tenans et aboutissans ; l'énonciation sommaire de la date, du prix et des conditions de l'acte translatif de propriété, et sommation à tous les créanciers prétendant privilége ou hypothèque, de comparaître au greffe du tribunal dans le délai ci-après, et d'élire un avoué auquel toutes les communications puissent être faites.

15. Le délai de la citation ne peut être moindre de deux mois, ni plus long de soixante-dix jours.

16. Si le contrat n'est pas à titre onéreux, ou si le prix n'y est pas fixé et liquidé, le poursuivant, ou son fondé de procuration spéciale et authentique, fait dans la même citation une déclaration du prix auquel il évalue l'immeuble. Dans tous les cas, il signe la citation sur l'original et sur toutes les copies.

17. Si le contrat porte aliénation de plusieurs immeubles, ou de meubles avec l'immeuble sans distinction de prix, l'acquéreur fait dans la citation une déclaration de la division qu'il entend faire du prix de chaque fonds.

18. Si le contrat porte des immeubles situés en plusieurs arrondissemens, l'acquéreur est obligé de faire la même procédure par-devant les tribunaux d'arrondissement de la situation de chacun de ces immeubles, à moins qu'ils ne dépendent tous du même corps de ferme ; auquel cas il suffit de s'adresser au tribunal dans l'arrondissement duquel est situé le principal manoir.

19. S'il y a eu plusieurs ventes successives, le dernier acquéreur qui veut purger toutes les hypothèques, doit com-

non éteints par le paiement reprennent leur force si la faculté de réméré est exercée, ou si les clauses résolutoires ont leur effet.

6. On ne peut prendre des lettres de ratification sur une aliénation faite sous condition suspensive.

7. L'acquéreur ne peut prendre des lettres de ratification, si la faculté lui en a été interdite par le contrat d'aliénation.

8. Celui qui a revendu ne peut plus prendre des lettres de ratification sur son acquisition.

9. Le successeur à titre universel ne peut en prendre, sauf à celui dont le titre universel ne l'oblige qu'à raison de l'émolument, à suivre les voies de droit pour parvenir à sa libération.

10. La licitation entre héritiers, et le partage n'opérant point un changement de propriété dont ils ne sont que déclaratif, le cohéritier ou la veuve commune ne peuvent prendre sur ces titres de lettres de ratification.

11. L'acquéreur des droits successifs, entrant au lieu et place de son vendeur, ne peut se libérer des dettes de la succession dont il se trouve chargé, que dans les cas et de la même manière que le pourrait son vendeur.

Les lettres de ratification qu'il prend ne peuvent purger que les dettes personnelles de son vendeur sur les immeubles auxquels ces lettres sont appliquées.

CHAP. II. — De la demande de lettres de ratification.

12. L'acquéreur qui veut purger les priviléges et hypothéques dont l'immeuble acquis est grêvé est tenu de faire citer son vendeur et les créanciers indiqués dans son acte, à domicile, et tous les autres à cri public, par-devant le tribunal de la situation de l'immeuble.

13. La citation est faite à cri public au principal marché, et dans tous les autres lieux accoutumés du siége du tribunal du domicile du vendeur et de la commune où l'immeuble est situé.

actes passés en forme authentique par le déclarant, ses successeurs ou ayans-cause, ses tuteurs, ou autres ayant l'administration actuelle de ses biens, ou par ceux qui sont chargés de procuration par-devant notaire, avec pouvoir général ou spécial de donner main-levée.

28. A l'égard des main-levées obtenues en justice, si elles ont été prononcées par jugement rendu en dernier ressort avec le déclarant ou ses représentans, le jugement doit lui être signifié en la personne de son avoué ; et l'exploit de signification est représenté au greffier avant que la déclaration puisse être rayée.

29. Si le jugement n'a été rendu que par défaut, celui qui veut faire rayer la déclaration est tenu de joindre aux actes de signification prescrits par l'article précédent, un certificat de l'avoué qui a occupé pour le demandeur en main-levée, portant que dans le délai fixé par le code de la procédure civile, il ne lui a été signifié aucune opposition au jugement, et que depuis ce délai il n'en est survenu aucune.

30. Ce qui vient d'être dit dans les deux derniers articles à l'égard des jugemens en dernier ressort s'applique aux jugemens sujets à appel.

Dans ce dernier cas, le créancier contre lequel la radiation est poursuivie doit dénoncer au greffier, dans le délai d'un mois, à dater de la signification du jugement, l'appel qu'il en a interjeté ; faute de quoi sa déclaration sera rayée, sur la représentation dudit jugement et de sa signification.

31. Les frais relatifs aux déclarations, main-levées et radiations, sont à la charge de la partie qui succombe. S'il n'y a point eu de contestation, ils deviennent accessoires de la créance.

32. La dénonciation du décès du déclarant ne suspend point les procédures, qui sont continuées vis-à-vis de l'avoué sous le nom du défunt qui l'avait constitué, tant qu'il n'y a point de reprise au nom de l'héritier ou ses représentans.

prendre dans une citation les noms et qualités des précédens propriétaires.

20. A l'échéance de la citation, et dans les dix jours qui la suivent, sans expectative, le poursuivant obtient, sur simple requête, un jugement qui ordonne de procéder à l'ordre, et commet un des juges pour en dresser procès-verbal suivant les règles indiquées au chapitre *de l'ordre*, au titre VIII.

CHAP. III. — Des déclarations des créanciers, et de leur radiation.

21. Les créanciers cités à domicile ou à cri public sont tenus de se présenter au greffe dans le délai de la citation, et d'y faire par eux-mêmes, ou par un fondé de pouvoir, la déclaration signée, 1° de l'avoué dont ils ont fait choix, 2° de la date et de la nature de leur créance, 3° de sa quotité en principal et intérêts.

22. Ces déclarations sont reçues sur un registre qui est clôturé par le commissaire nommé pour procéder à l'ordre, avant de commencer son procès-verbal, ainsi qu'il sera dit ci-après.

23. L'acquéreur qui a reçu l'immeuble en paiement de sa créance personnelle, ou qui a compté le prix de son acquisition à des créanciers hypothécaires ou privilégiés, n'est point tenu de faire de déclaration particulière : il est, de droit, rangé dans ce procès-verbal.

Il est de même du vendeur, pour la conservation de ce qui lui est dû par le contrat de vente.

24. Les déclarations peuvent être attaquées par l'acquéreur et par chaque créancier, ainsi que par le vendeur.

25. Quand l'acquéreur veut faire rayer quelques déclarations, il le déclare dans le verbal d'ordre, et il lui est concédé acte de cette déclaration.

26. Les déclarations des créanciers ne peuvent être rayées que du consentement de ceux qui les ont formées, ou en vertu de main-levée obtenue en justice.

27. Le consentement ne peut être donné que par des

n'y a pas eu de déclaration dans les trois jours , ou (s'il y a eu déclaration) une attestation du receveur de l'enregistrement , constatant que dans les quatre jours suivans il n'a enregistré aucun exploit de notification.

39. Si le poursuivant opte pour le délaissement , et le notifie , ainsi qu'il vient d'être dit , il cite , par le même exploit , tous les créanciers à l'audience , qui ne peut être éloignée de plus de quinze jours , et où l'on ne peut admettre d'autres réclamations que celles constatées au procès-verbal.

40. Le poursuivant , quand il n'a pas critiqué les déclarations des créanciers , n'est dans la cause que pour obtenir contre celui des créanciers qui succombera , ou contre le vendeur , s'il est condamné , le remboursement des frais des sommations et citations relatives à l'ordre ; tous les autres frais par lui faits , même ceux de la notification du délaissement , restent à sa charge.

41. En attendant le jugment définitif de l'instance d'ordre , l'acquéreur conserve l'immeuble , à la charge de compter des fruits à qui il sera dit. Mais si l'instance n'est pas définitivement vidée dans trois mois , il peut faire ordonner le séquestre de l'immeuble.

Il est ensuite procédé à l'ordre entre les créanciers et à leur paiement , ainsi et de la matière qui sera expliquée ci-après, chapitre *de l'ordre et de l'option entre les créanciers.*

TITRE VIII. —· *Du paiement des créanciers.*

Dispositions générales.

Art. 1er. Le créancier peut choisir pour son paiement tel 1104 immeuble appartenant à son débiteur que bon lui semble.

2. Il peut porter ses exécutions sur l'usufruit des immeubles et sur leurs accessoires réputés immeubles.

3. Il peut également les porter sur les meubles et effets mobiliers du débiteur.

4. Quand le créancier a une hypothèque générale ou spéciale , il ne peut agir sur l'immeuble qui en est affecté , s'il

33. Si l'avoué du déclarant meurt, les **procédures** sont continuées au domicile qu'avait cet avoué, et ensuite à celui de son successeur.

CHAP. IV. — De l'option de l'acquéreur.

34. Dans les trois jours du renvoi à l'audience, prononcé par le commissaire-nommé pour procéder à l'ordre, ou lorsque le poursuivant a critiqué les déclarations des créanciers dans la décade de la signification du jugement s'il n'y en a point d'appel, et dans celle de là prononciation du jugement d'appel, le poursuivant fait au greffe et signe la déclaration de vouloir conserver l'immeuble, ou de le laisser aux créanciers.

35. Au premier cas il est tenu de payer tous les créanciers dont les déclarations n'ont pas été radiées conformément à leurs titres, et il n'y a plus lieu de poursuivre sur le renvoi à l'audience.

36. Le lendemain, au plus tard dans les trois jours, le poursuivant obtient sur sa requête, à laquelle il joint sa déclaration, un jugement qui lui en concède acte et déclare, au moyen de ce, l'immeuble libre et affranchi de tout privilège ou hypothèque, autres que ceux mentionnés dans les déclarations que le jugement énumère.

Le poursuivant fait intimer ce jugement à chacun des créanciers dont les droits ont été maintenus.

37. Si le poursuivant déclare délaisser l'immeuble aux créanciers, il le leur notifie dans les trois jours de la déclaration.

38. Faute de déclaration et de notification dans les délais ci dessus, le poursuivant est déchu de l'option, et demeure soumis à l'acquittement des créances déclarées.

Le plus diligent des créanciers fait rendre un jugement conforme à celui dont il vient d'être parlé.

Ce jugement est rendu sur une simple requête, à laquelle le créancier joint une attestation du greffier, portant qu'il

3°. Si les poursuites avaient été commencées contre un majeur ou avant l'interdiction.

11. L'adjudication prononcée sans discussion du mobilier du mineur ou de l'interdit n'est pas nulle, à moins qu'il ne soit prouvé que le mineur ou l'interdit avait, lors de la collocation, des meubles ou des deniers suffisans pour acquitter la dette.

Cette action, en ce qui concerne le mineur, ne peut être exercée après l'an depuis sa majorité.

12. La collocation sur des immeubles conquêts de com- 2108 munauté peut, pendant le mariage, être poursuivie sur le mari seul, quoique la femme se soit obligée à la dette.

S'il s'agit de biens propres de la femme, la poursuite est faite contre le mari et la femme; et en cas de refus du mari de procéder conjointement avec sa femme, elle peut être, à cet égard, autorisée par la justice à la poursuite de ses droits.

Si la femme et le mari sont mineurs, il doit être nommé à la femme, par la famille, un tuteur *ad hoc*, contre lequel le créancier poursuivra.

Il en est de même si la femme seule est mineure, et que le mari majeur refuse de procéder conjointement avec elle.

CHAP. II. — Sur quels titres et pour quelles dettes on peut saisir réellement.

13. On ne peut saisir qu'en vertu d'un titre authentique et 2113 exécutoire, pour une dette certaine et liquide.

Néanmoins, si la dette est en espèces non liquidées, la saisie réelle est valable, pourvu que la liquidation en soit faite avant la collocation.

14. On ne peut saisir sur l'héritier ou sur la veuve commune, qu'après avoir fait déclarer exécutoire contre eux le titre émané du défunt ou du mari.

15. Le titre cédé ou transporté par le créancier, est exé- 2114 cutoire au profit du cessionnaire, comme il l'était au profit

est hors de la main du débiteur, qu'après avoir discuté les
biens qui lui restent.

CHAP. Ier. — Sur qui la saisie peut être faite.

5. La saisie réelle ne peut être faite que sur le débiteur.

Néanmoins, le créancier peut procéder contre le tiers
détenteur de l'immeuble hypothéqué à la dette, ainsi qu'il
est expliqué au titre *des privilèges et hypothèques*.

6. Toute saisie réelle est nulle, si elle n'est faite sur le vrai
propriétaire.

7. Elle peut être faite sur celui qui a la pleine propriété, et
sur celui qui n'a que la nue propriété ou l'usufruit, chacun
selon son droit.

2205   8. On ne peut pas saisir réellement la part indivise d'un
cohéritier dans les immeubles de la succession ; sauf au créancier à provoquer le partage ou la licitation du chef de son
débiteur.

2206   9. Le créancier qui a saisi réellement l'immeuble d'un
mineur ou d'un interdit ne peut s'y colloquer qu'après avoir
discuté le mobilier dans les formes prescrites par les art. 88
et 89 du titre *des tutelles*.

Si le compte de tutelle ou le compte d'instruction n'ont
pas été fournis dans le délai indiqué par le tribunal, ou si
les meubles et les deniers formant le reliquat liquide de ce
compte, que le créancier n'est pas tenu de débattre, sont
insuffisans pour acquitter la dette, le créancier est autorisé,
par une simple ordonnance sur requête, à poursuivre sa collocation.

10. Le créancier n'est point tenu de discuter le mobilier
dans les cas suivans:

1°. Si le mineur est hors de tutelle par l'émancipation ;

2207   2°. Si l'immeuble saisi est possédé par indivis entre un
majeur et un mineur ou un interdit ; et que ce soit une dette
commune ;

22. Dans les délais réglés par ces expressions, *depuis* ou *à compter*, le jour dont on part n'est pas compté ; et si le jour de l'échéance est férié, elle est au jour suivant.

23. Lorsque le saisi a constitué un avoué, et l'a dénoncé à l'avoué du poursuivant, toutes les significations qui doivent être faites au saisi, à personne ou domicile, le sont aussi à son avoué, par qui l'original des exploits doit être visé.

24. Les nullités de forme ne vicient que les actes qui en sont affectés et ceux qui s'en sont suivis.

25. L'appel, dans les cas ou il est admis, n'est recevable qu'autant que l'acte d'appel contient la citation au tribunal d'appel, au jour indiqué par la loi.

26. Dans tous les cas où la loi refuse aux parties le recours en cassation, le commissaire du Gouvernement près le tribunal de cassation peut requérir, s'il y a lieu, pour l'intérêt de la loi, que la nullité des jugemens soit prononcée.

27. Le débiteur peut en tout temps faire cesser la procédure, en payant le créancier en principal, intérêt et dépens.

CHAP. IV.— De là saisie réelle.

28. La saisie réelle est précédée d'un commandement de payer, fait à la personne du débiteur ou à son domicile, par le ministère d'un huissier.

L'original de cet exploit doit être visé gratuitement, dans les vingt-quatre heures, par le juge-de-paix du lieu où il aura été signifié, ou par l'un des assesseurs. Il en est laissé une copie à celui qui donne le *visa*.

En tête du commandement est la copie des titres de la créance ; et il y est déclaré que, faute par le débiteur de payer, il y sera contraint par la saisie réelle de ses immeubles.

29. Huit jours au plus tôt, et trois mois au plus tard, depuis le jour du commandement, il est procédé à la saisie réelle.

III.

7

du cédant, pourvu que la signification de l'acte de cession ou transport ait été faite au débiteur.

16. On peut saisir réellement en vertu d'un jugement rendu par provision, ou d'un jugement définitif exécutoire par provision ; mais, dans l'un et l'autre cas, la collocation ne peut être faite que quand il est intervenu un jugement définitif passé en force de chose jugée, ou rendu en dernier ressort.

17. Un créancier peut, soit en vertu d'un jugement, soit en vertu d'un acte authentique et exécutoire, dûment légalisé, s'il y a lieu, saisir réellement un immeuble, en quelque partie du territoire de la république qu'il soit situé.

18. Il n'est pas permis de procéder par saisie réelle, si la créance n'est que d'une somme de 200 francs et au-dessous.

19. Encore que la dette soit suffisante pour saisir réellement, le juge peut suspendre la procédure, si le débiteur consent à faire vendre les fruits de ses immeubles pour trois ans, et s'il en offre la délégation au créancier ; sauf à ce dernier à reprendre ses poursuites, s'il survient quelque saisie-arrêt.

20. La saisie réelle n'est pas nulle, quoique le créancier l'ait poursuivie pour une somme plus forte que celle qui lui est due, pourvu néanmoins que la dette excède 200 francs.

CHAP. III. — Dispositions communes à toute la procédure en collocation.

21. Toutes les procédures, soit principales, soit incidentes, sur la saisie réelle, doivent être sommaires tant en première instance qu'en dernier ressort, et les jugemens être prononcés à l'échéance des citations, ou aux audiences qui suivent immédiatement, sans attendre le tour de rôle, et sans qu'il soit besoin de les faire précéder de citation au bureau de conciliation.

de terre sans bâtimens d'exploitation, soit bois, forêts ou étangs, et tous autres terrains, de quelque nature que ce soit, sont désignés en exprimant la nature et la contenance réelle ou approximative de chaque pièce de terre, les tenans et aboutissans, les noms de celui ou de ceux par qui elles sont exploitées, le nom de la commune et de l'arrondissement où elles sont situées.

34. Le même procès-verbal doit comprendre la désignation de tous les objets saisis réellement, encore qu'ils soient situés dans le ressort de plusieurs tribunaux soit de première instance, soit d'appel.

35. Le procès-verbal de saisie réelle est visé gratuitement par chaque juge-de-paix dans l'arrondissement duquel sont situés les immeubles, ou par l'un de ses assesseurs, dans les vingt-quatre heures du jour où il aura été dressé dans cet arrondissement.

36. Le procès-verbal de saisie réelle est en entier signifié au saisi dans les huit jours, depuis et non compris celui de la date de sa cloture; et dans le cas ou le saisi demeure à la distance de plus de cinq myriamètres des biens saisis, il est ajouté à ce délai un jour par cinq myriamètres.

A compter du jour de cette signification, il ne peut plus recevoir les fruits et revenus; il ne peut plus vendre volontairement que du consentement du poursuivant, à moins que la vente ne soit à un prix suffisant pour le payer, et qu'il ne l'indique dans le contrat de vente.

37. Si, depuis la signification de la saisie réelle, le saisi cesse de demeurer dans la même commune, il est tenu de dénoncer au poursuivant ce changement de domicile, et, par le même exploit, de constituer, en la commune du tribunal où se fait la poursuite, un avoué, auquel sont faites toutes les significations; à faute de ce faire, tous exploits lui sont signifiés au domicile auquel la saisie réelle a été signifiée.

38. Dans le cas où elle a été signifiée au dernier domicile

7·

30. La saisie réelle doit être poursuivie devant le tribunal civil de première instance dans le ressort duquel est le domicile actuel de la partie saisie, ou son dernier domicile connu, encore que les biens ne soient pas, en tout ou en partie, situés dans le ressort de ce tribunal.

Si on saisit, pour une dette de succession, des immeubles non encore partagés, la saisie réelle se poursuit au tribunal du lieu de l'ouverture de la succession.

Si la saisie est sur des débiteurs copropriétaires, elle se poursuit au tribunal du domicile de l'un des copropriétaires, au choix du saisissant.

Les tribunaux ci-dessus désignés sont seuls compétens lors même que la saisie se fait en exécution d'un jugement rendu par un autre tribunal.

31. L'huissier se tranporte sur les lieux où sont situés les immeubles.

Il y dresse le procès-verbal de la saisie réelle, qui doit contenir,

1° L'année, le mois et le jour où il est dressé ;

2° Les noms et demeures du saisissant et du saisi, leur état s'ils en ont ;

3° Le nom du tribunal où sera portée la saisie réelle, et où l'adjudication sera faite;

4° L'élection de domicile par le saisissant, en la demeure d'un avoué qu'il déclare constituer à l'effet de poursuivre et de recevoir la signification de tous les actes relatifs à la saisie réelle ;

5° La somme due, et l'énonciation du titre en vertu duquel se fait la saisie ;

6° La désignation des immeubles saisis.

32. Si c'est une maison d'habitation, elle est désignée en exprimant le nom de l'arrondissement, de la commune et de la rue où elle est située, son numéro dans les communes où les maisons sont numérotées, ses tenans et aboutissans.

33. Tous les biens ruraux, soit corps de ferme, soit pièces

ditionnelle, et pour les autres biens, seulement, que ceux qui sont compris dans la première, les formalités prescrites dans les articles précédens.

47. Les saisies additionnelles ne suspendent point les délais des formalités et des procédures sur la première.

48. Si le second saisissant ne renonce pas à tout droit sur l'immeuble saisi par le premier, la saisie additionnelle est jointe à la première ; les procédures sont continuées par le premier saisissant, qui somme les postérieurs de faire, dans la décade, au greffe, les déclarations mentionnées dans le chapitre III du titre précédent.

Cette sommation doit contenir l'évaluation des immeubles saisis, à une somme qui ne peut être moindre que quinze fois le revenu net auquel ils sont évaluées dans la matrice du rôle de la contribution foncière.

49. Dix jours après le terme de cette sommation, sans expectative, le premier saisissant fait rendre le jugement mentionné dans l'article 131 du chapitre *de l'ordre entre créanciers*. La préférence entre les saisissans est réglée ainsi et dans les formes déterminées dans ce chapitre ; et le mode de leur paiement est réglé par ce qui est dit au chapitre : *de l'option et du droit d'offrir*.

50. S'il y a plus de trois créanciers saisissans, le poursuivant est tenu de faire citer tous les créanciers et prétendans droit sur les immeubles du débiteur commun, et de se conformer à ce qui est prescrit au titre *des lettres de ratification*.

51. Le premier saisissant n'est tenu de poursuivre que jusqu'au verbal d'ordre dressé au greffe, ainsi qu'il est prescrit, article..... chapitre *de l'ordre entre les créanciers*.

Il signifie ce verbal au créancier rangé au premier degré, qui, à compter de cette signification, est tenu de faire toutes les poursuites.

CHAP. V. — Du séquestre et des baux

52. Il est nommé un séquestre d'office par le tribunal,

connu, toutes les autres significations sont faites à domicile ; à moins que le saisi ne dénonce au poursuivant le choix qu'il aurait fait d'un autre domicile dans la même commune, ou à moins qu'en se conformant à l'article précédent il n'ait constitué un avoué chez lequel il ait élu domicile.

39. Une copie de l'exploit de dénonciation, prescrite par les deux articles précédens, doit être, dans les vingt-quatre heures, déposée au greffe du tribunal où se poursuit la saisie réelle, et l'original est visé par le greffier.

40. L'original du procès-verbal de saisie réelle, doit, dans les cinq jours de la date de sa clôture, être transcrit au registre de l'enregistrement, à peine de nullité.

Dans le cas où les biens saisis sont éloignés du bureau d'enregistrement de plus de cinq myriamètres, il est accordé outre le délai ci-dessus, celui d'un jour par cinq myriamètres.

41. Faute par le débiteur saisi d'avoir fait signifier ses moyens de cassation au poursuivant, dans les dix jours qui suivent les trente depuis la signification du procès-verbal de saisie, il est irrévocablement déchu. d'en proposer, et la saisie est à couvert de toute attaque.

42. La cassation d'une première saisie ne nuit pas aux saisies subséquentes, qui subsistent, si elles ne sont attaquées dans le délai ci-dessus, ou si l'étant elles sont confirmées.

43. La demande en cassation d'une saisie, ni l'appel du jugement qui la confirme, ne suspendent ni le bail judiciaire, ni la continuation des formalités et procédures.

44. Si plusieurs créanciers ont fait saisir réellement des immeubles de leur débiteur commun, celui qui le premier a fait enregistrer le procès-verbal de saisie demeure poursuivant.

45. Si depuis cet enregistrement un autre créancier fait une plus ample saisie ou saisit d'autres biens, cette saisie ne vaut que pour les biens non compris dans la première, et sauf la jonction dont est mention dans l'article ci-après.

46. Le second saisissant remplit, à l'égard de la saisie ad-

à ce commis, sans qu'il puisse y avoir contre cet arrêté aucun recours ni appel ; sauf néanmoins le recours devant le même juge, en cas d'omission, double emploi ou erreurs de calcul.

58. Une copie du procès-verbal de saisie réelle est remise par le poursuivant au séquestre, dans les vingt-quatre heures de sa nomination : celui-ci, dans les dix jours suivans, en notifie un extrait à chaque fermier ; cet extrait contient les noms, l'état s'ils en ont, la demeure du poursuivant, du saisi et du séquestre, et la désignation de l'immeuble que tient le locataire ou le fermier.

59. Cette signification faite à chaque fermier ou locataire a, pour les sommes qu'il peut devoir, l'effet d'une saisie-arrêt, et le soumet aux obligations résultant des baux judiciaires, pour le temps qui en reste à expirer : ils ne peuvent plus se libérer du prix échu ou à échoir de leur bail, qu'en le versant aux mains du séquestre, ainsi qu'ils étaient tenus vis-à-vis du saisi.

60. En réponse à cette signification, et au plus tard dans les vingt-quatre heures, le fermier ou locataire à qui elle est faite, doit déclarer s'il est redevable, envers le saisi, de sommes échues, et leur montant, s'il en avait payé par anticipation, et en présenter les quittances ; si le bail est verbal, sous seing privé ou devant notaire, quel en est le prix en argent ou autrement.

Si le bail est sous signature privée, il doit aussi être représenté à l'huissier.

Cette déclaration est annexée par le séquestre à son compte.

61. Faute de faire cette déclaration, ou en cas qu'elle soit infidelle, le fermier ou locataire est tenu de payer la totalité du prix de la ferme, ou du loyer échu jusqu'alors depuis l'entrée en jouissance ; à moins que les paiemens ne fussent constatés par des quittances ayant une date certaine.

62. S'il s'agit de biens ruraux non affermés, le séquestre

sur la requête du poursuivant, dans la huitaine de l'enregistrement.

Si les biens sont éloignés les uns des autres, et dans le
ressort de plusieurs tribunaux de première instance, il peut
être nommé plusieurs séquestres, l'un par le tribunal où se
poursuit la saisie réelle, et les autres par les tribunaux dans
le ressort desquels sont situés les biens, sur la commission
rogatoire qui leur en est donnée.

53. Le séquestre perçoit les loyers ou fermages depuis
l'enregistrement de la saisie réelle au greffe du tribunal, à
compter duquel jour ils sont immobilisés.

54. Le tribunal lui fait prêter serment de se conformer
dans ses fonctions aux obligations qui lui sont imposées dans
les dispositions de la présente section.

Il lui attribue un droit de recette, suivant l'usage des lieux
et les circonstances, et sans qu'il puisse exiger des frais de
voyage.

55. Le séquestre ne peut être pris parmi les personnes
attachées au tribunal, au poursuivant ou au saisi. Il est défendu à ce dernier, qui ne peut être séquestre, de troubler
dans ses fonctions celui qui est nommé, sous peine d'emprisonnement de huit jours au moins et de trois mois au plus,
à la diligence soit du séquestre, soit du poursuivant, soit du
ministère public, sur la dénonciation qui lui est faite, et
devant le tribunal compétent.

56. Le séquestre dépose au greffe du tribunal où se poursuit la saisie réelle, pour subvenir aux frais, les deniers à
mesure de la perception, et charges déduites : il rend compte
après l'adjudication.

57. Ce compte est sommaire ; le séquestre le produit avec
les pièces au soutien. Il dénonce cette production au poursuivant et au saisi, qui, pendant les huit jours suivans, peuvent en prendre communication sans déplacer, et faire, s'ils
en ont, leurs observations sommaires ; passé lequel délai,
le compte est définitivement arrêté par un juge du tribunal.

d'habitation pour deux ans, et des biens ruraux pour trois ans. L'adjudicataire de l'immeuble est tenu de les continuer, ainsi que les baux conventionnels existans lors de la saisie.

69. S'il y a des réparations nécessaires et indispensables, le séquestre les fait sans formalités, lorsqu'elles n'excèdent pas 150 fr.

Dans le cas où elles excèdent cette somme, elles sont préalablement constatées par le juge-de-paix du lieu de la situation, lequel peut se faire assister d'un expert par lui choisi d'office ; elles sont reçues et estimées en la même forme ; le séquestre en acquitte le montant.

70. S'il est intervenu quelque jugement qui surseoit provisoirement à l'adjudication, il doit être dénoncé au juge-de-paix du lieu en la personne de son greffier, avant l'adjudication du bail ; faute de quoi cette adjudication a tout son effet.

71. Si, lors de la saisie, il y avait des saisies-arrêts entre les mains des locataires ou fermiers, les droits de ceux qui les ont saisis sont conservés sur les loyers, fermages ou fruits échus ou perçus antérieurement à la saisie.

72. S'il y a plusieurs saisissans sur lesdits fermages ou fruits, la préférence se règle entre eux par la date des saisies.

73. Les formalités et procédures relatives aux baux judiciaires et à la gestion du séquestre ne suspendent point les délais, ni les formalités ou procédures concernant la poursuite de la saisie réelle.

74. Les nullités relatives à la nomination et gestion du séquestre ne sont, en aucun cas, suffisantes pour faire prononcer la nullité d'une saisie réelle, ni pour en suspendre les formalités ou procédures.

75. S'il n'est pas prouvé que le saisi ait d'autres biens que ceux compris en la saisie réelle, ni d'autres moyens de subsistance, il lui est adjugé, sur sa requête, et contradictoirement avec le poursuivant, une provision : elle

doit, sous sa responsabilité, faire les labours et semences nécessaires jusqu'au temps de l'adjudication du bail, et rendre, sans aucune formalité de justice, les fruits qui seraient pendans par racine.

63. Si les immeubles ne sont pas tenus à ferme ou loyer, et si les baux sont à renouveler, il est, à la diligence du séquestre, procédé à l'adjudication des baux par le juge-de-paix, après trois publications au bruit du tambour, de huitaine en huitaine, aux lieux accoutumés de la commune ou l'immeuble est situé, et de celle où siège la justice de paix. Il est fait mention de ces formalités dans le procès-verbal d'adjudication.

64. S'il s'agit d'un bail à renouveler, la première mise à prix est de trois quarts du prix du précédent bail. S'il s'agit d'un immeuble non loué ou affermé, la première mise à prix est le revenu présumé par la matrice du rôle de contribution.

65. Une des conditions de l'enchère est de donner caution, si mieux n'aime l'adjudicataire payer six mois d'avance, imputables sur le dernier terme; auquel cas il en est fait mention dans le cahier des charges de l'adjudication.

La caution est reçue par le juge-de-paix, contradictoirement avec le séquestre, et en la manière accoutumée.

66. S'il ne se trouve personne pour enchérir au-dessus de la mise à prix, l'adjudication est renvoyée par le juge-de-paix à un délai suffisant pour renouveler la publication; et s'il n'est pas alors fait d'enchères au-dessus de la mise à prix, l'adjudication peut être faite à un prix inférieur, qui néaumoins ne pourrait être au dessous de moitié de la mise à prix.

67. Les baux sont renouvelés six mois avant leur expiration, quant aux maisons d'habitation; et un an, quant aux biens de campagne.

68. Les baux judiciaires se font, savoir: des maisons

80. La revendication du tiers ne suspend ni les procédures ni les délais; elle n'arrête même pas la collocation du créancier. Mais s'il veut purger l'immeuble des hypothèques, il ne peut suivre la procédure déterminée dans le titre précédent, qu'après qu'il a été définitivement statué sur la revendication.

81. Si la revendication n'est intentée qu'après la collocation, elle constitue alors une action principale soummise aux règles et aux formes déterminées pour les actions ordinaires.

CHAP. VII. — Des collocations et enchères.

82. Trois mois après la date de l'enregistrement de la saisie, et au plus tard dans les dix jours qui suivent l'expiration des trois mois, le saisissant fait rendre, sur simple requête, un jugement portant que, faute par le débiteur d'avoir rédimé la saisie, il sera procédé par un des juges à la liquidation de ce qui est dû aux créanciers en principal, intérêts et dépens.

83. Si le saisissant ne présente pas sa requête dans le délai ci-dessus, toute la procédure antérieure tombe, et le débiteur reprend la libre disposition du bien saisi. Il se fait rendre compte par le séquestre, ainsi qu'il a été dit ci-dessus ; et tous les frais de saisie et de séquestration restent à la charge du saisissant.

Le débiteur est néanmoins obligé d'entretenir le bail judiciaire pendant toute sa durée.

84. Cependant, dans les cas où il y a plusieurs saisies, la négligence du créancier à présenter sa requête dans les dix jours qui suivent l'expiration des trois mois, ne nuit qu'à lui seul. Le second créancier peut, en présentant sa requête dans la décade suivante, conserver sa saisie, et faire procéder à la liquidation de sa créance.

85. Le débiteur est réintégré dans sa possession par un jugement rendu sur sa seule requête, à laquelle il joint

est à l'arbitrage des juges ; elle se règle d'après le produit des biens saisis, l'état alors connu des dettes, la famille plus ou moins nombreuse du saisi.

76. En cas de prévarication de la part du séquestre dans quelques-unes de ses fonctions, il peut être poursuivi à la diligence du commissaire du Gouvernement près le tribunal correctionnel, sur la dénonciation qui lui en a été faite par le saisi ou le poursuivant, et s'il est reconnu coupable, il est condamné aux dommages et intérêts des parties, et en outre à une amende qui ne peut être moindre de cent francs, ni excéder mille francs, et même à un emprisonnement qui ne peut être moindre de huit jours, ni excéder trois mois.

CHAP. VI. — Des revendications.

77. Le tiers qui se prétend propriétaire de la totalité ou de partie des immeubles saisis, peut, en tout état de cause, revendiquer sa propriété, et faire casser la saisie qui en a été faite.

Cette cassation est prononcée, avec ou sans dommages-intérêts, contre le créancier saisissant, suivant que son erreur est plus ou moins excusable, et qu'il est en bonne ou mauvaise foi.

78. Si la revendication est intentée avant le bail judiciaire, le réclamant intervient dans l'instance où se poursuit la saisie réelle, pour faire dire que le bien réclamé ne sera pas compris dans le bail judiciaire.

Le tribunal statue provisoirement, en ordonnant, suivant les circonstances, qu'il sera procédé ou qu'il sera sursis à l'adjudication du bail de la partie réclamée.

79. L'appel du jugement qui ordonne de procéder provisoirement à l'adjudication ne suspend pas l'effet du bail judiciaire, qui s'exécute vis-à-vis même du réclamant pour toute sa durée ; sauf à lui tenir compte de sa portion du prix, s'il y a lieu.

tion à comparaître le dixième jour précisément, devant le tribunal, pour voir ordonner la collocation.

92. Le jour de l'échéance de la citation, le tribunal adjuge, même par défaut, l'immeuble saisi, au créancier, sur le pied de quinze fois le revenu net auquel il est évalué dans la matrice du rôle de la contribution foncière, ou, s'il y a eu une évaluation supérieure, sur le pied de cette évaluation.

93. Si la créance n'égale pas l'évaluation de l'immeuble, le jugement ordonne que par experts convenus ou nommés d'office, il sera désemparé au créancier une portion de l'immeuble correspondante à sa créance, en commençant par une extrémité au choix du créancier, et continuant jusqu'à due concurrence.

94. Les frais de ce rapport, dont il ne peut y avoir de recours, sont joints à la créance, et pris comme elle sur l'immeuble.

95. S'il y a plusieurs saisissans, ou s'ils ont demandé des lettres de ratification, l'adjudication est prononcée en faveur de celui ou de ceux à qui l'immeuble est resté, d'après les règles établies dans le chapitre IV, ci-dessus, et celles qui le seront ci-après, chapitre *de l'option* et *du droit d'offrir*.

96. Il ne peut être déclaré appel de ce jugement.

97. Si, avant l'échéance de la citation, un tiers a fait au greffe soumission signée par lui ou par son fondé de procuration spéciale et authentique, de donner de l'immeuble un prix supérieur à quinze fois l'évaluation dans la matrice de rôle, ou à l'évaluation supérieure qui en a été faite, cette soumission est, à la diligence du débiteur, notifiée au poursuivant, avant le jugement dont il vient d'être parlé.

Si l'offrant ne sait ou ne peut signer, il en est fait mention dans le registre du greffe.

98. Si le poursuivant ne surdit pas, l'adjudication est prononcée ainsi qu'il vient d'être dit, en faveur de l'offrant.

99. Si le poursuivant déclare vouloir surdire, le tribunal

un certificat du greffier, constatant que, dans le délai ci-
dessus, le créancier n'a point fait les diligences déterminées.

86. Il ne peut être déclaré appel ni du jugement qui ordonne la liquidation de la créance, ni de celui qui réintègre
le saisi dans la possession de son immeuble.

87. L'un et l'autre jugement sont signifiés dans les dix jours
de leur date ; le premier l'est avec sommation au débiteur
de comparaître au greffe dans trois jours, pour y voir procéder à la liquidation de la créance.

88. Au jour fixé par la sommation, le juge commis dresse
procès-verbal de la liquidation. Si le débiteur élève des contestations, il les mentionne dans le verbal ; et le juge prononce le renvoi à l'audience, où il est statué contradictoirement entre les parties.

L'audience ne peut être éloignée de plus de quinze jours ;
et l'on ne peut admettre d'autre contestation que celle constatée au procès-verbal.

Il ne peut être appelé de ce jugement qu'après dix jours
de sa signification.

89. L'appel est relevé et poursuivi dans les délais et les
formes ordinaires ; mais la cause est mise au rôle des affaires
urgentes, ou réglées au sommaire.

90. Trois jours après le jugement définitif, le commissaire,
sur la requête de la partie la plus diligente, et sans qu'il
soit besoin d'appeler l'autre, ajoute au verbal de liquidation
ou en retranche les frais qui l'ont suivi, suivant qu'ils ont
été déclarés par le jugement à la charge du débiteur ou du
créancier. Ce nouveau verbal ne peut être attaqué par aucune partie.

91. Dans les dix jours de la clôture du verbal de liquidation, s'il n'y a point eu de contestation, ou s'il y en a eu,
dans les dix jours de la clôture du second verbal, le poursuivant le fait signifier au débiteur, avec commandement d'en
payer le montant dans huit jours, et, à défaut, avec cita-

séquestre, se conformer à ce qui est prescrit au titre *des lettres de ratification.*

Il grossit la créance qu'il énonce dans sa citation, de tous les frais qu'il a faits jusqu'à ce jour, et de tous ceux qu'il fera dans la suite ; sauf les contestations particulières, dont il supporte personnellement les frais.

110. Si le délivrataire veut purger son acquisition, il se conforme également à ce qui est prescrit au titre *des lettres de ratification.*

CHAP. VIII. — De l'ordre entre les créanciers.

Dist. Ire — Règles générales de l'ordre.

111. L'ordre est un acte volontaire ou judiciaire, qui fixe entre les créanciers la classe et le rang dans lequel chacun d'eux doit être payé.

112. Dans la première classe sont les créanciers privilégiés.

Le rang a tenir entre eux est réglé au titre *des priviléges et hypothèques.*

113. Le poursuivant et l'avoué de l'ancien créancier ont privilége sur le prix, pour les frais extraordinaires.

Les frais ordinaires sont à la charge de l'adjudicataire ; ils sont payés suivant la taxe, et ne peuvent être fixés par le cahier des charges.

114. Les frais ordinaires sont ceux de la saisie réelle, de l'établissement du séquestre, et de l'adjudication.

Les frais des baux judiciaires et de la gestion du séquestre, ceux de l'ordre, et tous autres, sont frais extraordinaires.

115. La seconde classe est composée des créanciers hypothécaires.

Ils sont colloqués dans l'ordre de leurs hypothèques.

116. Si les titres emportant hypothèque sont du même jour, celui du matin est préféré à celui du soir.

Si l'un est daté du matin, et l'autre du même jour, sans

renvoie les parties à jour fixe pour faire leurs offres, par-devant le commissaire qu'il nomme à cet effet.

100. Les offres sont reçues au greffe par ce commissaire, dans un verbal qu'il dresse sommairement.

101. Elles doivent porter sur la totalité des immeubles saisis, à moins que le saisissant ne consente à la division.

102. Chacun est reçu à enchérir jusqu'à la clôture du procès-verbal, qui ne peut être faite plus tard de vingt-quatre heures.

103. Toute enchère qui n'est point couverte est irrévocable.

104. Le commissaire renvoie le dernier offrant par-devant le tribunal, pour obtenir l'adjudication.

105. Elle est prononcée par un jugement rendu sur simple requête, trois jours au plus tard après le renvoi, et sans qu'il puisse en être déclaré appel.

106. Dans l'année, à dater de la signification du jugement, ou de celle du rapport de collocation, le débiteur peut racheter l'immeuble, en remboursant le créancier ou l'adjudicataire, de tout ce qui lui est dû, et des améliorations qu'il peut avoir faites.

107. Ce terme est fatal, et ne peut être prorogé sous aucun prétexte; il court contre toute personne, même contre les mineurs et les interdits; sauf leur recours contre leurs administrateurs, s'ils prouvent qu'avant l'expiration du terme, ils avaient des fonds suffisans pour effectuer le rachat.

108. Le créancier ainsi colloqué, ou l'adjudicataire, est soumis à l'action hypothécaire des créanciers, ainsi et de la même manière que tout autre acquéreur.

Il est même exposé au droit d'offrir des créanciers perdans, s'ils le reclament dans l'année.

109. Si le créancier veut purger sa collocation de toute hypothèque, il doit, après la saisie et la nomination du

vient propriétaire chaque année, jusqu'à due concurrence.

Dist. II. — Des formalités de l'ordre.

124. L'ordre est volontaire, lorsque, par suite d'un contrat d'union, les créanciers y ont procédé dans la forme convenue.

Il est rendu exécutoire par l'homologation.

125. Il est procédé à l'ordre en justice dans la forme suivante.

126. A l'échéance de la citation, et dans les dix jours qui la suivent, sans expectative, le poursuivant obtient, sur simple requête, un jugement qui ordonne de procéder à l'ordre, et qui commet un des juges du tribunal pour en dresser procès-verbal.

Il ne peut être interjeté appel de ce jugement.

127. Dans les trois jours qui suivent la nomination du commissaire, il clôture le registre des déclarations, et il dresse de suite le procès-verbal d'ordre sur les déclarations faites au greffe.

128. Une fois le registre clôturé, il ne peut être reçu de déclarations, et toute créance non déclarée perd son privilège ou son hypothèque sur l'immeuble.

129. Le poursuivant dénonce au débiteur et aux créanciers, dans la personne de leurs avoués qui ont fait leur déclaration, la clôture du procès-verbal, dans le délai de huit jours depuis cette clôture, avec sommation d'en prendre au greffe communication sans déplacer, et d'y remettre, dans huitaine, leurs observations.

130. Ce délai expiré, le commissaire ajoute au procès-verbal l'énonciation des réclamations, et ordonne le renvoi à l'audience, où il est procédé, contradictoirement, à l'ordre entre les créanciers.

131. Le poursuivant cite tous les créanciers et le débiteur à l'audience, qui ne peut être éloignée de plus de quinze jours, et où l'on ne peut admettre d'autre réclamation que celles constatées au procès-verbal.

exprimer si c'est soir ou matin, le créancier porteur du titre daté du matin est préféré.

117. La troisième classe est celle des créanciers chirographaires.

Ils sont payés par contribution entre eux, au marc le franc, après les créanciers privilégiés et hypothécaires acquités.

118. Les arrérages ou intérêts, les dommages et intérêts, et les dépens, sont colloqués dans le même ordre que le principal.

119. Si, parmi les créanciers, à colloquer, il s'en trouve dont les créances soient ou à terme, ou conditionnelles, ou causées pour recours en garantie contre le saisi, ou autrement éventuelles, ils n'en sont pas moins colloqués dans l'ordre qui résulte de leurs titres, sauf les explications ci-après.

120. Si les créances sont à terme, ou à rentes, autres que rentes viagères, elles sont colloquées pour être payées conformément au titre.

121. Si les créances sont conditionnelles, ou causées pour recours en garantie, ou autrement éventuelles, il est ordonné que, dans le cas où les porteurs de ces créances viendront en ordre utile, ceux qui les suivent, ou qui sont au même rang, ne pourront être payés qu'à la charge du rapport, en donnant caution, si mieux ils n'aiment consentir à l'emploi.

122. Si les créances consistent en rentes viagères, il leur est assigné un capital capable de produire une rente égale; et il est ordonné que les créanciers qui gardent l'immeuble, supporteront ladite rente, dont le principal sera, lors du décès des rentiers, payés aux créanciers venant en ordre utile et sur lesquels les fonds auront manqué.

123. Si la collocation du créancier de la rente viagère n'est pas suffisante pour le service annuel de la totalité de la rente, il reste chaque année créancier de la somme à laquelle monte le déficit, et qui est reprise sur le capital dont il de-

rement payé de sa créance, contre le créancier antérieur.

143. Il ne peut être exercé qu'en payant à celui qui en est l'objet, ses créances personnelles, et celles dont il s'est lui-même chargé vis-à-vis des créanciers antérieurs.

144. Le créancier qui l'exerce n'est tenu de rembourser les antérieurs qu'aux termes et de la manière stipulées dans leur contrat.

145. Après les créanciers hypothécaires, les chirographaires peuvent l'exercer en concours entre eux.

146. Tout créancier contre lequel le postérieur exerce le droit d'offrir est obligé, s'il veut conserver l'immeuble, de se charger de la créance du demandeur en droit d'offrir, et de le déclarer par une réponse au bas de la notification qui lui est faite, ou dans les vingt-quatre heures de cette notification.

DIST. II. — Des formalités des options, et du droit d'offrir.

147. Dans la décade de la signification du jugement d'ordre, s'il n'y a point d'appel, ou dans la décade de la prononciation du jugement d'appel, le créancier rangé au premier rang fait, sous peine de déchéance, au greffe du tribunal de première instance, la déclaration signée de lui ou de son fondé de pouvoir, de se charger de l'immeuble, ou de le délaisser aux créanciers subséquens.

148. S'il le délaisse, il perd son hypothèque sur l'immeuble.

149. S'il s'en charge, il compense, sur le prix stipulé dans le contrat, ou porté dans la citation, les créances pour lesquelles il a été rangé au premier rang, en principal, intérêts et dépens; et le restant du prix, s'il y en a, est affecté au second créancier, pour lui être payé conformément à son titre.

150. Si la somme due au premier créancier ne va pas, en principal, intérêts et dépens, au quart du prix de l'immeuble, il peut se borner à déclarer insister à son hypothèque, dans quelques mains que passe l'immeuble : et le droit d'option est alors acquis au second créancier, à la charge de payer le premier.

132. S'il y a appel du jugement d'ordre , il est relevé et poursuivi dans les délais et les formes ordinaires : mais la cause est toujours portée au rôle des affaires urgentes ou appointées à mettre dans cinq jours.

133. L'appel du jugement d'ordre ne peut être reçu après dix jours de sa signification.

134. L'ordre définitivement jugé, les créanciers procèdent à leurs options et au droit d'offrir, ainsi qu'il sera dit dans le chapitre suivant.

CHAP. IX. De l'option des créanciers, et du droit d'offrir.

Dist. Ire. — Règles générales.

135. L'option est le droit qu'ont les créanciers d'accepter le délaissement de l'acquéreur ou du saissant, ou de le refuser.

136. Elle doit porter sur la totalité de l'immeuble délaissé.

Cependant, quand la première dette est au-dessous des trois quarts de son prix , le créancier peut déclarer ne vouloir prendre sur l'immeuble qu'une portion correspondante à sa créance.

137. Si plusieurs fonds séparés ont été aliénés ou saisis par le même contrat ou exploit, chaque créancier doit opter sur celui dont le prix approche le plus de la quotité de sa créance.

138. On appelle droit d'offrir, la faculté que la loi donne à tout créancier de retirer l'immeuble des mains d'un créancier antérieur , en le remboursant de tout ce qui lui est dû en principal , intérêts et dépens.

139. Ce droit ne peut être exercé que de la manière et dans les délais qui vont être déterminés.

140. Il doit porter sur la totalité de l'immeuble ou des immeubles qui sont la matière de l'option du créancier vis-à-vis duquel il est exercé.

141. Il peut même s'étendre sur les parties du même immeuble optées par divers créanciers antérieurs.

142. Il ne compète qu'au créancier postérieur non entiè-

à défaut le dernier, peut, dans le délai le concernant, faire son option; et, s'il revendique l'immeuble, il ne demeure grêvé que des hypothèques des créanciers antérieurs qui avaient déclaré, en temps utile, vouloir le retenir, ou insister à leur hypothèque.

157. Si tous les cranciers laissent expirer leur délai sans s'expliquer, ou délaissent l'immeuble, l'abandon de l'acquéreur ou du saisissant est censé non obvenu, et il est réinvesti de droit de la propriété de l'immeuble.

158. Tous les délais ci-dessus emportent autant de quinzaines qu'il y a de créanciers. Ces quinzaines commencent à courir dix jours après la signification du jugement d'ordre, s'il n'y en a point d'appel, ou dix jours après la prononciation du jugement d'appel. Elles ne peuvent être raccourcies par des significations plus promptes, ni prorogées : elles expirent pour chaque créancier, et consomment son droit sans égard aux notifications des créanciers précédens, et sans recours des uns envers les autres.

159. Les déchéances sont encourues par toute personne, même par les femmes, les mineurs ou interdits, sauf leur recours, ainsi que de droit, contre ceux qui sont chargés de l'administration de leurs biens.

160. Trois jours après l'expiration de tous les délais, celui à qui l'immeuble est resté obtient, sur requête, un jugement qui le lui adjuge, et le déclare libre et affranchi de toutes hypothèques autres que celles qui ont été conservées, suivant ce qui a été dit aux articles précédens.

161. Le même jugement prononce la main-levée du séquestre, et adjuge au délivrataire les fruits perçus par l'acquéreur depuis son délaissement.

Les commissaires du tribunal d'appel séant à Aix. Signé.
BAFFIER, *président;* LECLERC, CAPPEAU, *juges.*

151. Cette option doit, à peine de déchéance, être notifiée au second créancier, dans les trois jours de sa date.

152. La déchéance encourue par le défaut d'option ou de notification dans le délai déterminé opère délaissement et abandon de l'hypothèque, et transporte au second créancier le droit d'option compétant au premier.

153. Si le second créancier n'est pas entièrement payé de sa créance par le restant pris, il peut, dans la décade qui suit la notification de l'option du premier créancier, lui offrir de se charger de sa créance conformément à son titre, de lui rembourser les intérêts et les dépens, et réclamer l'immeuble.

154. Le second créancier notifie cette option, dans le délai ci-dessus, au premier créancier, qui est obligé de lui abandonner l'immeuble, ou de se soumettre à lui payer sa créance en totalité.

Il la notifie également, dans le même délai, au troisième créancier, à qui, dans les dix jours de la notification, les mêmes droits compètent vis-à-vis du deuxième ou du premier créancier, s'il a répondu vouloir garder l'immeuble, en observant par lui les mêmes formalités et délais, et sous les mêmes charges.

155. Tout ce qui vient d'être dit des premiers créanciers du jugement d'ordre, s'applique à tous les créanciers aux degrés inférieurs, suivant le rang et ordre qui leur a été assigné, avec les mêmes délais des uns aux autres pour les options et notifications, et sous les mêmes peines ; de façon que le droit d'option compète successivement à tous les créanciers, suivant l'ordre de leur hypothèque, à la charge par le dernier optant, de se charger des créances de tous les antérieurs qui n'auront pas délaissé l'immeuble.

156. Néanmoins, si les créanciers antérieurs, ou quelques-uns des intermédiaires, déclaraient délaisser l'immeuble, ou négligeaient de faire les options et notifications dans les délais à eux accordés, le créancier subséquent, et

LIVRE PREMIER.

DES PERSONNES.

TITRE II. — *Des actes destinés à constater l'état civil.*

Il conviendrait,

D'insérer dans les actes de naissance la commune où sont 34,37 nés les père et mère de l'enfant, pour faciliter la preuve de la généalogie, si souvent nécessaire ;

De prescrire les formes dont l'omission entraîne la nullité de l'acte ;

De pourvoir au cas d'omission d'un acte de l'état civil dans 46 un registre existant ;

D'abréger les délais de publication de mariage dans certains cas urgens. 169

Art. 60. Copie de la déclaration du décès devrait être envoyé au bureau de l'état civil de la commune où résidait habituellement le défunt, pour être transcrite sur les registres. 82

TITRE III. — *Du domicile.*

Art. 5. Fixer le temps nécessaire pour acquérir domicile légal, et déterminer un mode pour le constater. 103

TITRE IV. — *Des absens.*

Art. 3. Ajouter que les parens appelés à recueillir la succession du défunt ne peuvent être témoins dans l'espèce. 116

Art. 6. Cet article est inconciliable avec le 14e. 129

D'après l'article 6, la loi ne présume la mort de l'absent qu'après cent ans révolus ; et suivant la disposition de l'article 14, les héritiers peuvent demander l'envoi en possession définitif.

La commission est d'avis que l'envoi en possession doit toujours être provisoire jusqu'à l'expiration de cent ans, à moins que la mort de l'absent ne soit légalement constatée.

Art. 8. Les présomptions graves établies en cet article 130 sont très souvent sujettes à erreur.

N° 3. *Observations du tribunal d'appel séant à* AJACCIO.

Les membres du tribunal d'appel séant à Ajaccio, chargés de présenter des observations sur le projet de Code civil dans un délai qui à peine pourrait suffire pour en faire une lecture réfléchie, n'ont pu entreprendre cet ouvrage que d'une main tremblante. Examiner un livre assez volumineux, qui renferme ce que l'expérience des siècles et les profondes méditations de ses auteurs ont suggéré d'utile et d'intéressant pour le perfectionnement de la législation civile; en peser et les dispositions et les expressions; relever les inexactitudes qui pourraient s'y trouver, suppléer à ce qui pourrait avoir été omis, ne peut être l'affaire d'un moment, ni le résultat d'un coup-d'œil rapide. Ainsi la commission ne présente pas ce qu'elle désirait, mais seulement le travail de peu d'instans, pas tel qu'il devait et même qu'il pouvait être, mais tel que les circonstances l'ont forcé d'être.

LIVRE PRÉLIMINAIRE.

DU DROIT ET DES LOIS.

TITRE Iᵉʳ. — *Définitions générales.*

Art. 5. Cet article paraît un peu vague. Il conviendrait de fixer la manière de constater la réalité des usages, et d'établir le temps nécessaire pour obtenir vigueur.

Aucun usage *contra jus* ne devrait être admis.

TITRE II. — *De la publication des lois.*

Art. 3. La loi ne peut obliger sans être publique. Son action ne devrait commencer qu'après un temps moral à dater de sa publication au tribunal d'appel, afin qu'elle pût être connue dans tous les arrondissemens.

L'affiche dans toutes les communes ne serait pas inutile.

utiles et nécessaires, le propriétaire du fonds devrait acquitter le prix des matériaux et de la main-d'œuvre, soit qu'il les conserve ou qu'il les supprime.

Si ces constructions, plantations et ouvrages étaient purement somptueux, le propriétaire du fonds devrait avoir l'option de les retenir, en opérant le remboursement de leur valeur ou de vendre le fonds.

Art. 18. Ajouter après les mots : *ou sur la rive opposée*, [559] ceux-ci : *et qu'il soit en état d'être reconnu*.

Art 19. Pourquoi les îles et îlots ne doivent-ils pas ap- [560] partenir aux proprétaires riverains ?

Ces îles et îlots ne se forment-ils pas avec le terrain des propriétaires qui ont leurs fonds limitrophes ?

LIVRE III.

Des différentes manières dont on acquiert la propriété.

DISPOSITIONS GÉNÉRALES.

Art. 1er. 4°. Les quasi-contrats et quasi-délits ne produisant [711] qu'une action en dommages-intérêts, et cette action étant une des manières de conserver la propriété déjà acquise, plutôt qu'une de celles dont on acquiert la propriété qu'on n'a pas, il serait plus régulier de classer cet article sous un autre intitulé, à moins qu'on ne préfère de changer les expressions de l'intitulé du livre.

TITRE Ier. —*Des successions.*

Art. 3. Substituer les mots *prononciation du jugement*, à [17] ceux d'*exécution du jugement* : car à quoi bon différer l'effet des jugemens une fois prononcés contre des contumax, après que toutes les formalités pour les faire comparaître ont été inutilement épuisées ?

Art. 54. Les principes énoncés dans cet article, qui fait [756] la base des suivans, ne sont que de pures fictions légales. Les droits des enfans naturels sur les biens de leur père ont plus de fondement dans la nature et dans l'ordre des choses.

Pourquoi donc leur prêter un caractère de certitude pour dépouiller sans retour un absent de son patrimoine?

120 Art. 9. Ne devrait-on pas établir un curateur pour administrer pendant les cinq premières années, et défendre les droits attaqués de l'absent, au cas qu'il n'y eût aucun fondé de pouvoir?

117 Art. 13. L'absent de retour devrait au moins retirer la moitié de son revenu, puisque l'autre moitié serait plus que suffisante pour dédommager l'administrateur.

TITRE VIII. — *De la puissance paternelle.*

1048 Art. 15. Substituer à ce mot *usufruit* celui-ci, *alimens*, afin que les enfans du dissipateur soient à l'abri du besoin pendant la vie de leur père.

Art. 18. N'accorder au prodigue que le simple usufruit de ses biens, et conserver la propriété d'iceux aux héritiers de sang.

TITRE X. — *De la majorité et de l'interdiction.*

513 Art. 4. Ajouter aux causes d'interdiction celle de la prodigalité notoire.

Cette addition paraît d'autant plus essentielle, que la prodigalité, d'après l'article 15, titre VIII, est cause valable d'exhérédation.

LIVRE II.

Des biens et des différentes modifications de la propriété.

TITRE II. — *De la pleine propriété.*

560 Art. 7. Ajouter ces mots : *à moins que l'erreur ou le vice ne soit à la connaissance du possesseur.*

555 Art. 12. Ajouter à ces mots : *ou d'obliger celui qui les a faites de les retirer ou de les démolir*, ceux-ci : *au cas qu'il y ait eu de la mauvaise foi.*

555 Art. 13. Si les constructions, plantations et ouvrages faits par erreur ou de bonne foi sur le sol d'autrui sont trouvés

qui n'a pu en jouir, uniquement parce qu'il a ignoré le fait de l'ouverture de la succession.

Art. 104. Supprimer cet article. Dire plutôt : « L'héritier [800] « appelé qui aura laissé expirer le délai ci-dessus fixé, sans « avoir fait inventaire, ne pourra plus accepter la succes- « sion que comme héritier pur et simple à moins qu'il « ne justifie d'avoir été légalement empéché de procéder « à l'inventaire dans ledit délai. »

Le bénéfice de l'inventaire étant un moyen établi pour empêcher la soustraction des biens des successions, au pré- judice des créanciers d'icelles, et une faveur accordée aux héritiers de les accepter sans s'assujétir à des charges que les successions à eux dévolues ne peuvent supporter, il paraît qu'il faut établir un terme de rigueur pour user de ce béné- fice ; car, en accordant un terme indéfini, on risquerait de laisser indéfiniment les successions comme vacantes ; ce qui ne peut arriver sans préjudice des successions mêmes. Il est néanmoins juste que ce terme ne coure pas contre ceux qui justifieraient d'avoir été dans l'impossibilité de procéder à cette opération.

TITRE II.—*Des contrats et des obligations conventionnelles en général.*

Art. 21, *dernier alinéa*. Dire : « Et généralement tous [1124] « ceux qui sont habituellement ou momentanément inca- « pables de délibérer et de consentir ainsi que tous ceux « auxquels la loi a interdit, etc. »

L'addition de ces expressions générales paraît d'autant plus utile, qu'en les omettant on paraîtrait regarder tacitement comme capables de contracter, les imbéciles non encore déclarés tels, ceux qui, par suite d'un excès d'ivrognerie ou de toute autre cause semblable, se trouveraient contracter dans un moment d'aliénation d'esprit, ceux dont on extor- querait le consentement par violence, etc.

Art. 27, *dernier alinéa*. Ajouter : « Ni disposer d'aucun [11-30] « des objets qui en dépendraient. »

On ne peut se dissimuler que l'existence des enfans naturels est un bienfait de la nature. La cité paraît méconnaître ce bienfait toutes les fois qu'elle se fait voir courroucée contre eux, qui, en naissant, n'ont pas violé ses lois : elle paraît en quelque manière attenter à l'existence de ces êtres précieux, dès que par ses institutions elle la leur rend plus pénible et plus difficile ; ce qui arrive visiblement dès qu'on les prive de l'avantage de succéder dans les biens de leur père. On peut pardonner aux nations soi-disant policées qui punissaient les enfans pour les torts de leur père, d'avoir adopté à ce sujet une jurisprudence désavouée par l'humanité et par la justice.

Dès qu'on interdit aux enfans naturels toute preuve de leur état, hormis celle qui résulte de la reconnaissance de leur père, il y a lieu de croire que les trois quarts de ces enfants seront entièrement abandonnés à la pitié nationale ; car on ne doit pas beaucoup compter sur la vertu de ceux qui s'abandonnent à des conjonctions illicites.

La commission, d'après ces réflexions, pense qu'il conviendrait d'adopter pour les enfans naturels reconnus par les auteurs de leurs jours, des dispositions moins dures et plus favorables aux intérêts de ces enfans.

788   Art. 93. Dire : « Les créanciers de celui qui renonce en « fraude *où* au préjudice de leurs droits, etc. » Il paraît plus exact d'employer ici la particule disjonctive que la copulative insérée dans le projet : car, d'une part, la fraude seule de la part du renonçant doit exciter l'indignation du législateur ; et il doit suffire, d'autre part, qu'il résulte que la renonciation est réellement préjudiciable aux droits du créancier, pour autoriser celui-ci à s'indemniser par l'exercice des droits que le débiteur abandonne.

795   Art. 101. Dire : « L'héritier a trois mois pour faire in-« ventaire, à compter du jour *qu'il a connaissance de l'ou-« verture* de la succession. » Cette modification paraît essentielle pour ne pas priver du bénéfice de l'inventaire l'héritier

sent aujourd'hui la république française : mais il est impòssible de tout prévoir ; et voici les réfléxions que la commission croit devoir au Gouvernement, pour répondre à la confiance dont elle est honorée.

LIVRE PRÉLIMINAIRE.

TITRE Iᵉʳ.

4. Les coutumes non écrites ne pouvant faire loi sans donner lieu à une variation continuelle de jurisprudence, il faut supprimer les quatorze derniers mots de l'article 4.

5. Par les mêmes raisons, supprimer l'article 5.

TITRE III.

3. Cet article est plus que sévère. Le refus seul doit donner lieu à la peine, et le refus doit être constant.

De plus, les tribunaux de première instance du ressort doivent être informés du jour de la publication. Il faut donc rédiger ainsi cet article :

« Cette publication doit être faite sur la réquisition du « commissaire du Gouvernement, à l'audience qui suit im- « médiatement la réception. Le greffier en dresse sur-le- « champ, et sur un registre particulier, un procès-verbal « signé de lui, du commissaire, et du juge qui a présidé « l'audience.

« Extrait de ce procès-verbal est envoyé, toutes les dé- « cades, par le commissaire, à tous les tribunaux du ressort, « qui en font tenir registre par leur greffier.

« Les juges d'appel qui ont tenu l'audience encourent la « peine de forfaiture, par le refus de faire cette publication « dès qu'elle est requise. »

TITRE IV.

4. Pour éviter la contradiction apparente avec un des articles subséquens, il faut ajouter : « sauf l'exception portée « en l'article 9 du titre Iᵉʳ, du liv. Iᵉʳ, *des personnes*. »

ɔɪ95   Art. 88. 2ᵉ *alinéa*. Ajouter : « Si toutes deux périssent en
« même temps, le débiteur est libéré, à moins qu'il ne soit
« en demeure de délivrer l'une d'icelles, ou qu'elles ne soient
« péries par suite de sa faute ou de son dol. »

Arrêté par les commissaires et adjoints soussignés, ce 18
prairial an IX, de la République française, une et indivi-
sible. BERTORA, GIACOBBI, CATTANEO ; H. DELACROIX,
greffier, commissaire-adjoint.

Nº 4. *Observations du tribunal d'appel séant* à AMIENS.

  La commission nommée par délibération du tribunal d'appel séant à Amiens, du 15 germinal an 9, d'après la lettre
du ministre de la justice du 12 du même mois, s'est livrée
sans relâche à l'examen du projet de Code civil dont le ministre lui a transmis des exemplaires.

  Le discours préliminaire n'étant que l'exposé des motifs
et des moyens des auteurs du projet, et ne devant pas faire
partie de la loi, la commission n'a pas cru devoir s'en occuper.

  Passant tout d'un coup à la distribution de l'ouvrage, elle
a reconnu que l'ordre des matières n'était point parfaitement
distribué ; que plusieurs étaient confondues, même transpor-
tées d'un livre à un autre ; et elle a cru devoir arrêter le
nouvel ordre de distribution qu'elle propose au Gouvernement.

  L'étude que la commission a faite du projet en lui même, l'a
convaincue que les jurisconsultes chargés de cet important
ouvrage n'avaient rien négligé pour remplir d'une manière
digne de la nation les vues bienfaisantes d'un gouvernement
sage et réparateur. Ils ont puisé dans les sources fécondes
des lois anciennes et de la jurisprudence ; ils en ont extrait
ce qu'ils ont pensé pouvoir être le mieux assorti aux mœurs
actuelles et aux habitudes des différents peuples qui compo-

dernière expression ne s'applique qu'à celui qui n'a point passé au jury d'accusation.

22. Cet article doit être supprimé comme inutile, 1° parce que l'art. 21 suffit à l'égard des contumax; 2° à l'égard des condamnés contradictoirement, par les raisons expliquées sur les articles suivans.

24. Cet article doit être ainsi conçu : *la mort civile commence du jour du jugement contradictoire qui a été suivi d'exécution.*

Cette disposition, que le projet établit dans le cas de l'article 28, est-elle moins juste ici? La loi doit être la même pour tous.

25. La disposition ci-dessus rend cet article inutile.

30. Si, comme le propose l'art. 30, les condamnés sont incapables de transmettre, à titre de succession, les biens qu'ils laissent à leur décès, et de faire aucune disposition à cause de mort, que deviendront leurs biens, s'ils n'en ont pas disposé entre vifs? Ou il y a ici lacune, ou c'est admettre indirectement la confiscation, que l'art. 35 rejète.

TITRE II.

11. Ajouter : « le tout sans préjudice des dommages-intérêts des parties. »

35. *Huit jours,* dire, *huit jours francs.*

41. *De ce qu'il* dire, *constatant qu'il.*

48. Il doit être placé après l'article 50.

Le jour doit être indiqué ; les parties doivent se rendre au jour indiqué, avant que le mariage soit célébré.

Si les parties ne pouvaient pas se rendre devant l'officier du domicile, soit à cause du trop grand éloignement du lieu de la résidence, soit pour toute autre raison, l'officier du domicile ne peut-il pas donner la permission de se marier ailleurs ?

53. Ne conviendrait-il pas de faire annexer à l'acte toutes les pièces y énoncées?

TITRE V.

Ce titre fait partie d'un livre qui contient des notions générales également appliquables aux juges et aux administrateurs. Si on veut, dans ce titre ne parler que des juges, il faut que l'article 1ᵉʳ contienne la transition.

Il ne faut pas non plus mêler ce qui a rapport à l'application avec ce qui est relatif à l'interprétation. Ainsi il convient de rediger ainsi le cinquième titre :

« 1. Des magistrats sont chargés d'appliquer les lois ; ils « doivent le faire avec discernement et fidélité.

« Les juges sont spécialement chargés de l'application des « lois civiles, criminelles et de police. »

Pour être plus clair et plus méthodique, il faut placer, après l'article 1ᵉʳ, les articles 4, 5, 6, 7, 8, 9 et 10 ; mettre ensuite les articles 2, 3, 11, 12 et 13.

2. Quant à l'article 2, devenu le 9ᵉ, au lieu du mot *souvent,* il faut mettre celui *quelquefois* ; car, il serait à souhaiter que les juges ne fussent jamais dans la nécessité d'interpréter.

LIVRE PREMIER.

Des Personnes.

TITRE PREMIER.

7. Ajouter : « Il doit y être traduit pour les immeubles « qu'il possède en France » : c'est l'effet nécessaire de l'action réelle.

10. Ajouter : « sauf pour les immeubles qu'ils y possèdent. »

Avant l'article 11, il faut dire comment les droits civils se perdent, et ajouter un article ainsi conçu :

« Les droits civils se perdent, soit par l'abdication volon-« taire, soit par une condamnation judiciaire. »

12. Il est plus exact de dire : *celui qui a perdu la qualité de Français et les droits de citoyen.....*

18, 19 et 20. Substituer le mot *accusé* au mot *prévenu :* cette

10. En cas de divorce, le dissentiment ne doit-il pas être 148
soumis au conseil de famille?

17. Il faut transporter les mots *et réciproquement* à la fin 161
de la première partie de l'article.

20. Avant l'article 20, il faut ajouter : « Le mariage entre
« le tuteur ou ses enfans et les pupilles est nul, dans les cas
« exprimés aux articles 112 et 113 du titre IX, livre Ier. »

Cette disposition est bonne entre majeurs; mais il faut
prononcer la nullité dès qu'il y a un mineur.

27. Il convient d'étendre aux descendans, en cas de pré- 170
décès, la faculté que cet article accorde au Français qui
rentre dans sa patrie.

CHAPITRE III.

Ce chapitre doit commencer par un article ainsi conçu :
« Il ne peut être formé opposition au mariage que par les
« personnes désignées aux trois articles suivans. »

40. Rédiger ainsi cet article :   191-
                                                            192-
« L'inobservation des formalités prescrites par les arti- 193
cles 21, 22, 23, 24, et 25, n'est qu'une irrégularité qui donne
« seulement lieu à la réhabilitation, soit à la réquisition des
« époux, soit. . . . . » et le reste.

65. A la fin de cet article ajouter : « même de simple 216
« police. »

74. Ajouter : « sauf dans le cas de la disposition officieuse. » 216

77. Ajouter : « sauf les limitations portées au livre III. »

TITRE VI.

37. Au lieu de *meubles*, mettre *biens*.
38. Mettre également *biens* au lieu d'*immeubles*.   270
                                                             71

Pour rendre cet article plus clair, il faut ajouter, après la
première phrase : « *Dans l'un et l'autre cas*, le divorce sera
« annulé. »

TITRE VII.

2. Ajouter à la première partie : « Il est appelé enfant 311
« légitime. »

III.   9

31 54. L'emprisonnement est une peine correctionnelle ; il faut dire ici, *détention*.

77 57. Ajouter : « sauf le cas de nécessité constatée. »

106 73. Ajouter : « à moins qu'il n'ait été rendu sur la réqui-
« sition du père et de la mère. »

TITRE III.

108 6. Quel sera le domicile du mineur émancipé?

106·
107 9. Le fonctionnaire public doit avoir son domicile au lieu où il exerce ses fonctions.

En conséquence, après le mot *révocable*, il faut ajouter :
« est censé transporter son domicile au lieu de sa résidence ,
« à moins qu'il n'ait déclaré le contraire dans les deux muni-
« cipalités. »

Le surplus de l'article subsistant.

TITRE IV.

116 2. Il faut supprimer , *ou dans la distance de deux myriamètres*, et y substituer ces termes , *ou dans les plus voisines*,
parce que la distance paraît trop étendue pour pouvoir connaître les individus absens.

129 14. Mettre *depuis*, au lieu de *après l'envoi provisoire*.
Comme il s'agit de dépouiller le vrai propriétaire, le terme
ne saurait être trop long ; en conséquence, on propose de le
porter au moins à quarante ans, au lieu de trente.

118 22. Après cet article il convient d'ajouter une disposition :
« Les jugemens d'envoi provisoire ou définitif sont assu-
« jétis aux mêmes formalités relatives à la publicité, que
« ceux d'interdiction , séparation et autres ; jusque là ils ne
« peuvent produire aucun effet. »

236 24. Cette disposition paraît exclure les enfans de l'absent ;
ils doivent cependant le représenter dans tous les cas où la
représentation a lieu.

TITRE V.

146 7. Il faudrait indiquer ces formes , qui ne se trouvent
nulle part.

70, 71. Faute de vente, même peine.

74. A la fin de la première partie, ajouter : « et sans 467 « remplir les formalités ci-après prescrites. »

80. *Par-devant notaires*, mettre : *dev ant le tribunal de* 466 *première instance, à la charge de l'appel s'il y a lieu.*

L'intérêt du mineur exige cette précaution.

82. Entre cet art. 82 et le 83, placer l'art. 104.

84. Même observation qu'à l'art. 80.   469

94. *Trois mille francs.* Cette somme doit être proportionnée 455 au revenu du mineur : trop forte pour les uns, trop faible pour les autres, il doit être pris une mesure relative.

100. Le compte de tutelle et la procédure qu'il entraîne 471 doivent être portés au tribunal de première instance, à 473 charge d'appel. Ces comptes présentent des intérêts assez considérables, des questions assez importantes, pour les attribuer aux tribunaux ordinaires.

105. Cet article doit être placé après la première partie 468 de l'article 65.

TITRE X.

13. Comme il n'y a plus d'assesseurs en justice de paix, 496 supprimer les treize derniers mots de l'article.

25. Substituer *individu* à *interdit.*   504

29. Ajouter : en tant que son jugement n'a pour objet que 507 « la simple administration.

LIVRE II.

Des biens.

TITRE PREMIER.

3. Il faut commencer l'article par une définition ainsi 517 conçue : « Les biens immeubles sont ceux qui ont une situation fixe. »

5. *Les animaux destinés à la culture.* Pour éclaircir cette 514 disposition, ajouter : *et à l'exploitation des terres.*

TITRE VIII.

572   1er. Supprimer les cinq derniers mots de l'article, et les remplacer par ceux-ci : « *L'administration des biens leur est* « *ôtée par l'émancipation des mineurs.* »

576   4. La *détention* étant une peine, il faut y substituer *emprisonnement*, qui n'est qu'une simple correction.

5. Même observation.

6. Il convient de donner, en cas de prédécès des père et mère, le même droit aux ascendans qu'à la mère, et aux mêmes conditions.

TITRE IX.

594   9. Ajouter : « et dans ce cas elle est privée de la jouissance « des biens des mineurs. »

10. Entre l'art. 10 et l'art. 11, il convient d'intercaler l'art. 14.

598   17. L'article 16 donne l'alternative entre le juge de paix et le notaire. L'article 17 semble tout cumuler : c'est dans ce dernier un vice de rédaction à corriger.

24. La responsabilité doit être solidaire entre les parens du même degré puisqu'un degré n'est tenu que dans le cas d'insolvabilité du précédent.

607   27. Il convient de borner le conseil de famille à dix ou douze parens au plus.

415   28. En cas de non-comparution des parens, quelle sera la peine?

447   46. Pourquoi les juges ne seraient-ils pas dispensés, puisqu'ils sont tenus à un service journalier qui exige tout leur temps ?

448   61. Au lieu de *tribunal d'appel du juge-de-paix*, dire : *tribunal de première instance.*

65. Après la première partie de cet article, placer l'article 105.

452   69. Faute de vendre, il doit y avoir une peine du tiers ou quart en sus de l'estimation.

11. Pourquoi les obligations qui doivent être réglées par 651 le Code rural ne sont-elles pas indiquées? Pourquoi le Code rural, en tout ce qui n'est point de police, n'est-il pas compris au Code civil?

Avant l'article 12, ajouter au titre, *des haies et des arbres.* avant 653

15. En changer ainsi la rédaction : « Les copropriétaires 656-« des murs mitoyens peuvent se dispenser de contribuer à 665 « leurs réparations, en abandonnant leur droit de mitoyen-« neté ; excepté dans les villes et communes dont la popula-« tion excède trois mille ames. »

17. Au lieu du mot *usage*, mettre *la valeur.* 658

19. Ajouter : « et la moitié de l'excédant d'épaisseur, s'il 660 « y en a. »

26. Après cet article, on a omis de parler des haies et des arbres, qui font autant partie du Code civil que les fossés.

En conséquence, ajouter : « Toute haie qui sépare des 670 « héritages en état de clôture est réputée mitoyenne, s'il « n'y a titre ou possession ancienne contraire. Une haie 671 « mitoyenne doit être plantée sur la ligne de séparation, à « la distance d'un mètre, ou au moins quatre-vingt-quatre « centimètres, de l'alignement séparatif.

« Toutes les fois que la pousse s'étend au-delà de la limite, 672 « elle doit être émondée et réduite.

« Il n'est permis de planter des arbres de haute-futaie qu'à 673 « deux mètres de distance de la ligne séparative.

« Quand il en existe au-delà de cette ligne, le voisin 673 « peut exiger qu'ils soient élagués, sans que l'autre puisse « lui opposer la prescription ; si mieux n'aime profiter des « fruits.

« S'ils sont enveloppés et incorporés dans la haie mi- 673 « toyenne, ils sont mitoyens comme elle, et chacun a le « droit de requérir qu'ils soient abattus. »

27. Le Code civil doit fixer la distance, et déterminer les 674 ouvrages à faire, pour que la même règle soit exactement observée partout.

Les pressoirs, cuves et tonnes. Ajouter : *quand ils ne peuvent être déplacés sans être mis en pièces.*

Les pailles, foins et engrais Dire : *les pailles, fumiers
et engrais.*

339   26. Supprimer les mots : *ou dont les successions sont abandonnées* : car les successions auxquelles les héritiers apparens
renoncent ne sont pas des successions abandonnées, mais
des successions vacantes, auxquelles on nomme curateur,
conformément aux articles 121 et 124 du titre Ier du
livre III.

Cet article doit être placé entre les art. 24 et 25.

541   28. Ne serait-il pas à désirer que ces objets fussent abandonnés aux communes, à la charge par elles de les planter,
mettre en culture, ou autrement utiliser ?

TITRE II.

545   2. Ajouter : *et préalable.* Il faut que celui que l'intérêt ou
l'avantage général force de céder sa chose en ait du moins
reçu l'équivalent avant d'en être privé.

552   9. Ajouter : *et au tourbage.*

TITRE III.

598   17. Ajouter : *Il ne peut non plus tourber aucun terrain* ;
le tourbage étant considéré comme détérioration.

27. Cet article ne paraît guère conciliable avec l'art. 14.

TITRE IV.

641   3. Ajouter : « pourvu qu'il ne nuise point à autrui. »

647   4. Pourquoi cette restriction, *qui n'est pas dans le domaine public ?*

Le domaine public doit, comme le domaine privé, contribuer au bien général et particulier. On ne doit excepter
que les rivières navigables et flottables.

645   5. Il faut dire quel est le tribunal compétent.

663   6. Ajouter : « même de contraindre son voisin à y con-
« tribuer dans les cas de l'art. 12 ci-après. »

36. Ne serait-il pas juste d'étendre cette représentation 742
jusqu'aux enfans des neveux et nièces?

38. Il est plus exact de dire : « On ne représente que 744
« les personnes qui sont' mortes naturellement ou civile-
« ment. »

39. Il est plus clair de dire dans la seconde partie : « Ils 745
« succèdent par égales portions et par têtes au premier degré ;
« et dans tous les autres degrés, par souches, encore qu'ils
« soient issus de différens mariages. »

55. Ajouter à cet article : Néanmoins, si le père ou la 758
« mère ne laisse aucun héritier ni conjoint survivant, l'en-
« fant naturel lui succède, à l'exclusion de la république. »

76. Cet article doit être placé après l'article 77, qui est le 768
« développement de l'art. 75, et le 78e du 76e. »

78. Cet envoi en possession ne devient définitif qu'après le 770
laps de trente ans.

112. Ajouter : « Mais s'il ne les représente pas, il en doit 805
« payer le prix sur le pied de l'estimation portée en l'inven-
« taire, et le quart en sus. »

141. Ajouter : « à moins qu'il n'y ait des mineurs inté- 827
« ressés. »

142. Ajouter : « ou s'il y a des mineurs. »

164. *Le don fait à son père.* Ajouter : « qui n'aurait pas 845
« été héritier du donateur. »

165. Supprimer les dix derniers mots, et y substituer 848
ceux-ci : *Lorsqu'il a accepté la succession de son père.*

191. Pourquoi les biens provenant de la réduction se- 870
raient-ils affranchis de la contribution aux dettes ?

TITRE II.

11. Ajouter : *ou son conjoint, ou sur ses enfans ou sur* 1113
ses descendans, après ces mots, *sur la partie contractante.*

30. Changer la seconde partie en ces termes : « La con- 1133
« vention n'est point valable, si la cause n'en est exprimée
« au moins implicitement. »

LIVRE III.

Dispositions générales.

710   1er. 1° *Par la puissance paternelle.* La propriété des biens ne s'acquiert point par la puissance paternelle, qui ne donne que la jouissance momentanée des biens des mineurs. En conséquence, cette disposition est à rayer.

711   4° *Par les obligations, etc, quasi-contrats ou quasi-délits.* Les quasi-contrats ou quasi-délits ne peuvent produire que l'obligation de faire ou de réparer : d'où résulte seulement une action en dommages-intérêts, et non un droit de propriété. Ainsi, rayé.

712   2. *Simple occupation.* Les immeubles s'acquièrent par la prescription. La prescription est le résultat de la possession ; et la possession n'est qu'une occupation continuée.

En matière de meubles, la possession seule constitue même la propriété ; à moins que le contraire ne soit prouvé.

Ainsi, retrancher cette première partie de l'article, et dire au contraire : « La propriété des biens s'acquiert par « l'occupation. »

TITRE Ier.

713   3. *A l'époque du jugement.* Substituer : *à cette époque.*

La mort civile n'étant encourue que du jour de l'exécution, la succession ne peut être ouverte que du même jour.

4. *Que du jour de l'exécution de ce second jugement.* Substituer : *que du même jour.*

17. *Aux héritiers avec lesquels ils auraient pu concourir.* Les enfans du condamné doivent le représenter dans les successions qui lui échoient, toutes les fois qu'il y a lieu à la représentation.

18. Pareilles observations qu'aux articles 3 et 4.

716   21. Sauf ce que les lois politiques peuvent statuer de contraire.

59. Ajouter : « Si c'est un mineur, un interdit ou un tu- ¹¹⁷¹
« teur, le délaissement ne peut être fait que de l'avis du
« conseil de famille. »

TITRE VIII.

21. Il faut contraindre l'avoué refusant à mettre le *visa*.
Ainsi ajouter : *à peine de cent francs d'amende contre l'a-*
voué refusant.

26. Mettre *suppléans* au lieu d'*assesseurs.*

33. Comme au 26ᵐᵉ.

47. *Idem.*

55. Mettre : « devant le tribunal civil saisi.

57. La dernière partie paraît devoir être rédigée ainsi :
« Passé lequel délai le compte est arrêté par un juge du
« tribunal à ce commis. Les parties se retirent devant le
« même juge en cas d'omission, double emploi ou erreur de
« calcul. S'il s'élève des difficultés, elles sont réglées som-
« mairement par le tribunal, à la charge de l'appel, s'il y a
« lieu. »

63. Supprimer ces mots, *sans aucune formalité de justice,*
et ajouter à l'article : « Au plus offrant et dernier enchéris-
« seur devant le juge-de-paix, après une affiche et publi-
« cation, faite au moins treize jours avant. »

71. Au lieu de *peuvent,* mettre *doivent.*

97. L'opposition à fin de distraire ayant pour objet de
faire retirer de la saisie réelle un immeuble qui n'appartient
point au saisi, même raison de décider que pour l'opposition
à fin d'annuler. Ainsi, supprimer les vingt-trois derniers mots
de la première partie de l'article.

99. D'après la rectification proposée sur l'art. 97, supprimer les trois premières parties de l'article 99; conserver la
quatrième et la cinquième, en y ajoutant : « Il en est de
« même de l'opposant à fin de distraire. »

124. Le jugement d'adjudication, pouvant être infecté de
nullité et autres vices qui compromettent la fortune d'aucune

1152   49. Les conventions doivent être respectées : ainsi, si le juge ne peut augmenter, il ne doit pas pouvoir modérer.

1160   55. Cet article est au moins inutile : il tend à introduire dans les actes, sous prétexte de l'usage, des clauses non stipulées ; et ce qu'il contient de plus est expliqué par les autres articles de la section.

1168   83. Ajouter : *hypothécaire*.

1190   85. Ajouter : « Ce choix une fois fait soit par le débiteur, « soit par le créancier, ne peut plus être révoqué. »

1205   100. Les dommages-intérêts doivent être solidaires comme la dette principale, sauf le recours des codébiteurs entre eux.

SECTION V.

av—   Il serait plus intelligible de l'intituler : *Des obligations*
1217 *divisibles et indivisibles.*

  123. Même observation qu'à l'article 49 de ce titre.

1247   140. Ajoutez après la seconde partie : « A moins qu'il ne « s'agisse d'arrérages de rentes ou fermages, qui seront « toujours payés au domicile qu'avait le créancier lors du « contrat. »

1284   169. *La remise du titre.* Ajouter : *en brevet ou minute.*

1325   215. Après la seconde partie, mettre : *à peine de nullité.*

TITRE IV.

2066   4. Dire : « contre les femmes mariées, les veuves et les « filles. »

TITRE VI.

2105   10. *Les créanciers*, etc.

  1° Le créancier de rente foncière, pour les arrérages échus, et le droit de rentrer dans l'héritage ;

  2° Le vendeur ;

  3° Ceux qui ont fourni ;

  4° Les cohéritiers ;

  5° Les architectes.

2123   31. Ajouter : *apposée sur la minute.*

« Ceux faits au-delà ne lient pas la femme ou ses héritiers
« pour plus de neuf ans ; ils peuvent en demander la nullité
« pour l'excédant, à moins que la dixième ou la dix-neu-
« vième année ne soit commencée, s'il s'agit d'un bail de
« dix-huit ou de vingt-sept ans. »

141. Après ces mots : *soit depuis*, ajouter : « déduction 1514
« faite des dettes antérieures au mariage, contractées par
« acte authentique, et payées par le mari, quand même la
« clause de séparation de dettes aurait été omise ; elle est de
« droit étroit » : et le reste de l'article.

TITRE XI.

30. Il doit y avoir des dommages-intérêts dans tous 1610
les cas.

32. Pour éviter toute ambiguité, mettre : « dans les cas 1611
« des articles 30 et 31. »

62. Rayer : *les usages des lieux.* 1641

65. La seconde partie doit être ainsi réformée : « ou de la 1644
« garder en payant le prix entier. »

68. Il exige une nouvelle rédaction en ces termes : « Dans 1647
« le cas des deux articles précédens, si la chose a péri par
« cas fortuit ou par suite de sa mauvaise qualité, la perte est
« pour le vendeur ; et il n'en sera pas moins tenu, envers
« l'acheteur, à la restitution du prix, et aux autres dédom-
« magemens y expliqués. »

69. Supprimer *l'usage*, et fixer le délai. 1648

73. Au lieu de la conjonctive *et*, mettre la disjonctive *ou*. 1651

76. Ajouter : « sans préjudice des dommages-intérêts. » 1655

91. Ajouter : « Si la majorité est d'avis du rachat, elle 1670
« sera tenue de reprendre la totalité. »

TITRE XII.

4. *A le choix.* Au lieu de ces mots et du reste de l'article, 1705
dire : « a le droit de répéter sa chose et des dommages-intérêts. »

des parties intéressées , doit pouvoir être attaqué, sauf l'exécution provisoire.

168. *En cas de non paiement*; par l'adjudicataire, bon. Mais que faire en cas de consignation? si le consignataire refuse, il est nécessaire d'indiquer la voie et les formes de contrainte.

175. Même observation qu'à l'article 124.

178. Ajouter : « sauf à l'adjudicataire à prendre, si bon lui semble, lettre de ratification. »

TITRE IX.

901 4. Le dol et la fraude sont des moyens d'annulation contre tous les actes ; pourquoi rejeter absolument la suggestion e la captation, qui ne sont en elles-mêmes que dol et fraude?

916 16. Ayant déjà proposé d'étendre la représentation aux petits-neveux et petites-nièces, il y a aussi lieu de les comprendre dans cet article, comme ayant droit à la réduction

911 36. Le projet permettant de donner à son héritier présomptif, il n'y a pas lieu à nullité dans le cas de cet article, mais simplement à réduction; il y a aussi lieu à la restitution des fruits de l'excédant.

938 54. Ajouter : « en ce qui concerne les meubles. »

915 60. Ajouter : « 3° S'il lui refuse des secours. »

957 63. Au lieu de la disjonctive *ou*, mettre la conjonctive *et*, pour que la dernière partie de l'article ne contrarie point la première.

972 70. Deuxième partie : *elle est écrite*. Ajouter : *par l'un des notaires*.

1046 134. Au lieu de ces mots : *les mêmes causes*, mettre : *les deux premières causes* ; la troisième qu'on a proposé d'ajouter ne pouvant ici recevoir d'application.

TITRE X.

1429 38. La deuxième partie de cet article, pour être conséquente , doit être rédigée ainsi :

TITRE XVI.

25. *Si le dépôt a été fait à un tuteur, à un mari ou à un autre* 1941 *administrateur*, mettre, *par un tuteur*, etc., au lieu de à.....

TITRE XIX.

1er. Substituer à la définition que contient la première 1944 partie de cet article, celle qu'en donne *Pothier*, Traité des obligations, partie 1re, chapitre 1er, section 1re, article 2, n° 13, édition in-4° de 1781.

TITRE XX.

58. Que les arrérages de rentes, les intérêts des sommes 1177 prêtées, les prestations de pensions alimentaires se prescrivent par cinq ans, à la bonne heure : mais cette prescription, à l'égard des fermages et loyers, ne doit courir que de la cessation de jouissance. Cependant, on ne peut jamais exiger que vingt-neuf années.

60. Le terme de trois ans, fixé par cet article, est trop 1179 long ; la possession annale doit suffire.

DISPOSITION GÉNÉRALE.

L'intention des auteurs du projet a-t-elle été d'abroger les lois et coutumes dans les matières qui sont l'objet du Code, et dans les cas imprévus comme dans les cas prévus? Il est nécessaire de le dire d'une manière positive, et de ne laisser, à cet égard aucune incertitude (a).

OBSERVATIONS.

Il n'est point question dans le projet, des rentes foncières, 1881 qui sont une manière de disposer et d'acquérir. *Cambacérès* en avait fait le titre IV du livre II de son projet. Cet ouvrage contient toutes les définitions et règles qu'on peut désirer à cet égard. On croit ne pouvoir rien proposer de mieux que d'adopter tous les articles qui composent ce titre, sauf les modifications ci-après :

(a) Loi du 21 mars 1804.

TITRE XIII.

15. Au lieu de ces termes : *suivant l'usage des lieux* dire ; *eu égard à l'importance de la maison louée.*

1736 19. Il convient d'établir des termes fixes, autrement, comme autrefois, il y aurait autant d'*usages* que de tribunaux.

1776 25. Au lieu de : *fixé par l'usage des lieux*, mettre : *fixé par les articles* 19 *et* 20.

1727 36. Pour accorder le principe posé par l'article, avec ce qui en est la suite, il faut retrancher les vingt-huit derniers mots.

39. Ajouter : « un an après l'échéance du terme. »

En permettant d'expulser le fermier, il est juste de lui donner un temps suffisant ou pour se libérer, ou pour se pourvoir d'un autre emploi.

1754 43. Mettre : *et autres de même nature ;* et supprimer, *l'usage des lieux.*

1762 57. Comme à l'article 19.

1745 59. Rayer, *suivant l'usage des lieux.*

1746 60. L'indemnité ne doit pas être estimée par experts (il y a trop d'inconvénient), mais fixée à une quotité déterminée des redevances à échoir, telle que, de trois années une, outre les impenses.

1748 61. Au lieu de ces mots : *usité dans le lieu,* mettre celui *fixé.*

1778 66. Supprimer les dix derniers mots de l'article, et les remplacer par ceux-ci :

« A moins qu'il soit prouvé par le bail qu'il n'en a point « reçu lors de son entrée en jouissance. »

75. Supprimer le mot *toujours ;* et ajouter à l'article, *si l'empêchement provient d'une cause qui soit relative à la propriété.*

114. Effacer les vingt-un derniers mots de l'article, attendu qu'il est dû une indemnité à celui qui a été renvoyé sans cause grave.

Il semblerait convenable d'ajouter : « à faute de quoi, ils « seront réputés les avoir pris en bon état. »

Art. 18. On suppose que l'envoi n'ait pas été fait au profit 129 de celui qui était successible au jour de la disparition, il faudra donc revenir à un nouveau partage après cent ans, ce qui entraînera les plus graves inconvéniens. On proposerait de statuer que, dans tous les cas, l'absent ne sera réputé mort qu'à l'époque de cinq années révolues : plusieurs coutumes le décident ainsi, cela lèverait toutes les difficultés.

Art. 22. Après ces mots *lesquels*, il faudrait répéter le 134 mot *droits* pour éviter l'obscurité qui résulte de ce que le mot *poursuivis* semble, à la première lecture, s'appliquer aux *créanciers*.

Art. 30. La mère exerce ici les droits de la paternité en 141 général, et sans conseil de famille : dans ce cas de viduité elle doit recourir au conseil de famille ; les raisons, fondées sur la faiblesse du sexe, qui ont déterminé cette loi dans le cas de viduité, militent également pour le cas de l'absence. D'ailleurs, de quel jour commencera cette autorité illimitée de la mère ? est-ce du jour de la disparition ? Cela entraînerait trop d'abus : d'ailleurs, en ce cas, quelle sera la forme de constater cette disparition ? Est-ce du jour des cinq ans révolus ? du jour de l'envoi en possession des successibles ? La loi ne s'explique pas.

TITRE V.

Art. 10. Les enfans, jusqu'à ce qu'ils aient accompli l'âge 148 de vingt-cinq ans, ne peuvent contracter mariage sans le consentement de leurs père et mère.

Les anciennes lois avaient fait une distinction entre les fils et les filles, quant à l'âge où le mariage pouvait avoir lieu sans le consentement des père et mère.

On propose de fixer l'âge de vingt-un ans pour les filles.

Art. 15. On propose, pour lever toute difficulté, d'ajouter, 160

490. *Plus de cinq années.* Mettre : *plus de trois années.*

493. Le délai entre l'avertissement et l'abandon doit être d'un an pour les usines comme pour les fonds ruraux, et de six mois pour les maisons.

494. *En abandonnant ce qui peut en rester.*

498. La retenue sur les rentes étant du cinquième, mettre *le cinquième* au lieu du *dixième.*

503. L'offre doit toujours être faite au domicile du créancier, sauf les conventions contraires.

AUTRE OBSERVATION.

Ne conviendrait-il pas encore de s'occuper des rentes créées au profit des ci-devant seigneurs, pour le prix des immeubles dont ils se sont dépouillés, en prenant le soin d'écarter tout ce qui peut tenir à la féodalité ?

AUTRE OBSERVATION.

343
et
suiv.
Les auteurs du projet ont sans doute eu l'intention d'abolir l'adoption : comme tout ce qui n'est pas défendu par la loi est permis, que, d'ailleurs, l'adoption a été légalement établie, il est nécessaire de dire, comme pour les substitutions : *la loi n'admet plus l'adoption.*

Fait et arrêté par nous, commissaires. A Amiens, *le 10 prairial an IX de la République. Signé* VARLET, DUVAL, MARGERIN.

———————————

N° 5. *Observations présentées au Gouvernement par les commissaires du tribunal d'appel séant à* ANGERS.

LIVRE PREMIER.

TITRE IV.

116 Art. 12. Les héritiers de l'absent sont autorisés à faire constater les réparations et valeur des immeubles par experts.

ticle 31, on voit qu'il demeure capable de tous les actes qui sont du droit naturel, qu'il peut acheter, vendre, etc.

On propose, pour lever toute espèce de doute, de rédiger ainsi le commencement dudit article 31 : « Ils sont capables « pour l'avenir..... »

TITRE VIII.

Art. 2. « Le père, ou la mère lorsqu'elle est survivante, 371 « qui a des sujets de mécontentement très graves sur la ᵉᵗ. ᵘⁱᵛ. « conduite d'un enfant dont il n'a pu réprimer les écarts, « peut le faire détenir dans une maison de correction. »

On peut prévoir une erreur dans laquelle le père se trouverait entraîné par des impressions étrangères : si le jeune homme était né sensible, il se croirait avili, et cette idée deviendrait nuisible au développement de ses qualités morales.

On propose d'ajouter qu'avant de présenter la réquisition à l'officier de police judiciaire, le père sera tenu de la soumettre au *visa* du président du tribunal de première instance, lequel pourra, soit le refuser, soit renvoyer dans un délai.

Art. 12. « Le père, constant le mariage, a jusqu'à la 384. « majorité de ses enfans *non émancipés* l'administration et « la jouissance, etc. ».

Des dispositions insérées dans le livre Ier, titre IX, chap. Ier, article 2, et dans le chap. III du même titre, art. 106, il paraît résulter que l'émancipation aurait lieu de plein droit à dix-huit ans accomplis, ou dans le cas de mariage.

Si l'émancipation avait lieu de plein droit, on ne pourrait pas dire que le père aurait l'administration jusqu'à la majorité de ses enfans *non émancipés*, puisqu'ils le seraient toujours et nécessairement à l'âge de dix-huit ans.

TITRE IX.

Art 5. « Après la dissolution du mariage par le décès 389

1er *alinéa*, ce qui suit : « Si la famille ne s'explique pas, il
« sera passé outre. »

175   Art. 28. « Les père et mère, et à leur défaut, les aïeul
« et aïeule, peuvent former opposition au mariage de leurs
« enfans et descendans, encore que ceux-ci aient vingt cinq
« ans accomplis. »

Le projet ne détermine pas les causes d'après lesquelles
cette opposition pourrait être reçue, si ce sont les mêmes
pour raison desquelles les père et mère peuvent demander la
nullité du mariage, en vertu du 2e alinéa de l'article 38 ; il
serait utile de le dire pour ne laisser aucune incertitude.

Art. 63. Cet article paraît absolument inutile, au moyen
de l'article 19.

TITRE VI.

Art. 29, 2e *alinéa*. Souvent il n'y a point de parens dans
l'arrondissement, ou il peut arriver qu'il y en ait sans qu'on
en soit instruit. *Quid juris ?*

196.   Art. 50. On pense que le délai devrait être plus long,
197 lorsqu'il existe des enfans mineurs, les seconds mariages étant
toujours préjudiciables à leur éducation.

28   (Liv. Ier, tit. Ier, art. 30.) « Ceux qui ont été condamnés
« à une autre peine emportant mort civile sont privés
« des avantages du droit civil proprement dit. Ainsi, par
« exemple, leur contrat civil du mariage est dissous : ils sont
« incapables d'en contracter un nouveau. »

298.   Liv. III, tit. XIX, art. 24. « La rente viagère ne s'éteint
« point par la mort civile du propriétaire ; les arrérages en
« doivent être continués au profit de ces héritiers pendant
« toute sa vie naturelle. »

De ces deux dispositions réunies il paraît résulter que celui
qui est mort civilement n'a plus le droit de profiter des contrats qu'il a faits, tellement que les arrérages d'une rente
viagère dont il serait propriétaire devraient être constitués
au profit de ses héritiers ; et cependant, dans l'ar-

toute nécessité que la loi détermine un dernier moyen de rigueur à employer dans les cas extrêmes qui se rencontrent tous les jours, surtout dans les campagnes.

Art. 41. Ainsi, un voisin convoqué pour la forme pourra être nommé tuteur lorsqu'il y aura des parens ; car la loi ne statue pas qu'on choisira ces derniers à l'exclusion d'un voisin appelé en remplacement : cela ne paraît pas équitable.

Art. 60. On propose d'ajouter à cet article, que les motifs 447 énoncés ne pourront, dans aucun cas, donner lieu à l'action en injure contre les membres du conseil de famille : autrement, il arrivera que plus le tuteur sera indigne d'avoir la garde des enfans, moins les parens oseront s'expliquer.

Il conviendrait aussi que, dans le cas de l'art. 61, le tri- 448 bunal statuât à la chambre du conseil, comme pour le divorce.

Art. 65. Sur la section VII, on a généralement remarqué 450 que l'on assemble trop souvent le conseil de famille : cela paraît bon en théorie ; mais il en résultera une foule d'inconvéniens dans la pratique, vu le peu d'intérêt que certains parens apportent aux affaires qui ne leur sont pas personnelles.

Art. 90. *Compte annuel à deux parens.* Ces comptes an- 470 nuels entraîneront bien des abus. Les deux parens, pour terminer promptement, et peut-être pour éviter une corvée annuelle, en viendront, après quelques années, à signer de confiance tout ce que leur présentera le tuteur. Cependant, ces comptes annuels devant servir de base au compte général, le compte définitif ne pourra plus être impugné avec autant d'efficacité qu'il l'a toujours été d'après les lois actuelles. Il faudrait, du moins, dire que les comptes annuels ne serviraient au plus que de renseignemens et pièces d'instruction.

Art. 101. Après le premier alinéa, on propose d'ajouter : 471 « ce qui a lieu alors même que le mineur est émancipé,

« de l'un des époux, les enfans mineurs et non émancipés
« demeurent sous la garde du père ou de la mère survi-
« vant, auquel appartiennent le gouvernement de leur
« personne et l'administration de leurs biens, *des revenus*
« *desquels il jouit,* sous la seule charge de fournir aux frais
« de leur entretien et éducation. »

385   Aux mots *des revenus desquels il jouit,* on demande comment cet article s'appliquera aux pères ou mères, tuteurs
actuels de leurs enfans, et dont l'administration doit se
prolonger long-temps encore après la promulgation du
Code.

Autre observation. Le père jouit ici du revenu de son
fils mineur ; mais suivant l'art. 10 du chap. *du Mariage*,
le fils mineur ne peut se marier sans le consentement du
père : n'est-il pas à craindre que le père ne se prête qu'avec
répugnance à consentir un mariage qui va le dépouiller ?
C'est un inconvénient dans la loi de placer le père entre
son intérêt personnel et celui de son fils.

Il est possible qu'un père ne soit pas assez éclairé pour
connaître le genre d'instruction nécessaire à ses enfans, et
qu'il se borne à leur donner une éducation bien inférieure
à celle à laquelle ils auraient pu prétendre à raison de
leurs moyens de fortune ; il paraîtrait convenable de donner
en cette partie, le droit de surveillance, soit à la famille,
soit à un subrogé tuteur.

406   ART. 23. L'expression *tous ceux de ses parens* paraît trop
vague dans une disposition rigoureuse ; on pense qu'il faudrait déterminer le degré.

412   Art. 28. Les parents doivent se rendre lorsqu'ils sont
413
convoqués ; cependant la loi ne prononce contre eux aucune peine en cas qu'ils y manquent, puisque l'article 30
porte simplement qu'ils seront remplacés par des voisins ;
et si les voisins refusent à leur tour d'obéir à l'appel qui leur
est fait, ainsi que cela arrivera le plus souvent, voilà
toutes les opérations du juge-de-paix arrêtées. Il est de

ou des nièces, *enfans du premier degré de frère ou de sœur.*

Pour prévenir les doutes qui pourraient naître de la rédaction de l'art. 46, on propose d'y ajouter les mêmes mots de l'art. 36 : *enfans du premier degré.*

Art. 61, 2ᵉ *alinéa.* « Les frais sont avancés par l'enfant « naturel. » L'enfant naturel est supposé ne rien avoir, il ne peut faire aucunes avances ; l'enfant légitime qui, en définitif, devra une portion quelconque ne court aucun risque en avançant les frais, qu'il retiendra, s'il y a lieu, sur la portion du fils naturel.

TITRE II.

Au chapitre *des obligations conditionnelles*, on propose d'ajouter une règle de droit tirée de *Cujas*, et très utile dans la pratique : « *Modus contrahit, conditio suspendit.* » (Développement au Journal du palais ; tome 1ᵉʳ, p. 808.)

Art. 143. Après cet article, on propose l'article suivant :

Le créancier hypothécaire qui paie un autre créancier antérieur en hypothèque est subrogé de plein droit dans les droits, priviléges et hypothèques résultant de la créance qu'il a acquittée. (*Voy.* de Renusson, *de la subrogation*, pag. 98, à l'art. 1ᵉʳ, form. in-4°.)

TITRE IV.

Art. 7. Une caution déchargée par jugement en dernier ressort peut-elle se trouver réengagée, s'il y a requête civile admise ? (*Voy.* Journal du palais, *tome* 1ᵉʳ, *p.* 148.)

TITRE VI.

Art. 8, n° 3. « Pour une année seulement, *y compris le* « *terme courant.* » On propose de substituer aux mots *y compris*, ceux-ci : *et le terme courant* (conformément à ce qui s'est toujours pratiqué).

Même article, à l'alinéa qui commence par ces mots : « Néanmoins, les sommes dues pour les semences et pour

« et que le compte ne présente que des intérêts mobiliers à
« discuter. »

444 Art. 109. Ainsi un mineur trouvera le moyen de frustrer
ses créanciers, en multipliant ses dettes ; et c'est la loi elle-
même qui lui en fournit le moyen. On pense que dans ce cas,
le mineur doit être tenu d'abandonner à tous ses créanciers
l'année de revenu à concurrence de laquelle il peut s'obliger,
sans que les créanciers puissent rien prétendre sur le surplus
des biens.

444 Art. 110. Après ces mots : *ne peut aliéner, hypothéquer,*
on propose d'ajouter : *ni compromettre sur iceux.*

LIVRE II.

TITRE Ier.

444 Art. 10, 1er *et* 2e *alinéa.* On observe que dans le département de Maine-et-Loire, et beaucoup d'autres *métayer* et
fermier présentent absolument la même idée : on y appelle
colon partiaire le fermier avec qui le maître partage les
fruits. On propose de substituer les mots de *colon partiaire*
à celui de *métayer*, ce qui lèvera toute apparence de contradiction.

TITRE II.

444 Art. 6. On propose d'ajouter : « ou rembourser aussi au
« possesseur de bonne foi, les améliorations qui ont aug-
« menté la valeur de l'héritage. » (Denisart. *Verbo* ÉVICTION,
n° 7, *ubique passim.*)

LIVRE III.

TITRE Ier.

744 Art. 46. « La succession se divise en deux portions éga-
« les..... et l'autre moitié est déférée aux frères ou sœurs,
« *ou aux descendans de ceux-ci.* »

Dans la section II du même chapitre, article 36, on
voit que la représentation n'est admise que dans le cas
où le défunt laisse des frères ou sœurs, et des neveux

« peut être faite en tout ou en partie, même en faveur des
« enfans, et autres successibles du donateur. Cette donation
« n'est pas rapportable par le donataire venant à succession,
« pourvu qu'elle ait été faite expressément à titre de pré-
« ciput et hors part. »

Art. 138 et 144. « Les père et mère, et autres ascendans 1078
« peuvent faire entre leurs enfans et descendans, la distri-
« bution et partage de leurs biens, etc. »

« Le partage fait par l'ascendant ne peut être attaqué que 1079
« dans le seul cas où l'un des copartagés allègue et offre de
« prouver qu'il contient une lésion du tiers au quart à son
« préjudice. »

On observe en général que la faculté d'avantager un successible, peut devenir une cause de discussion dans les
familles : on voit d'ailleurs que les dispositions du projet
peuvent donner lieu à des avantages tellement excessifs,
qu'un successible pourrait avoir jusqu'aux deux tiers de la
succession.

Que l'on suppose, en effet, un père de famille ayant deux
enfans, et une fortune de quatre-vingt-seize mille francs ; il
peut d'abord, en vertu de la section Ire du chapitre II,
donner à l'un de ses enfans, par préciput, le quart de cette
fortune, savoir, vingt-quatre mille francs ; il fera ensuite,
en vertu des dispositions du chapitre VI, le partage du surplus, montant à soixante-douze mille francs, en prenant soin
d'avantager le même enfant, de manière cependant que son
lot n'excède pas de plus d'un quart la valeur de l'autre lot,
afin qu'il n'y ait pas lieu à réclamation pour cause de lésion :
ainsi, sur les soixante-douze mille francs restans, l'enfant
déjà avantagé pourra avoir quarante mille francs, tandis que
l'autre sera réduit à trente-deux, sans pouvoir se plaindre,
parce qu'il n'y aura pas lésion de plus du quart. L'enfant
avantagé aura donc, d'une part, vingt-quatre mille francs,
et quarante de l'autre. Total, soixante-quatre mille francs
formant les deux tiers du bien du père.

« les frais de toutes récoltes..... » on pense qu'il faudrait ajouter : *de l'année.*

2119   Art. 16. « Les meubles n'ont pas de suite par hypothèque. »

Lorsqu'il ne sagit pas d'exercer un droit de suite entre les mains d'un tiers, mais bien seulement de régler l'ordre de distribution dans une saisie mobilière, il pourrait rester de l'incertitude sur la question de savoir si cette distribution devrait être réglée suivant l'ordre des hypothèques.

On propose de rédiger ainsi l'article :

« Les meubles ne sont pas susceptibles d'hypothèque. »

2180   Art. 81. On désirerait que la loi s'expliquât sur la question de savoir si un acquéreur qui jouit en vertu d'un acte privé, mais revêtu de la formalité de l'enregistrement, peut prescrire l'hypothèque et les autres droits fonciers appartenant à des tiers : ce cas est très fréquent.

TITRE VII.

2185   Chap. IV. Il serait convenable de commencer ce chapitre par un article qui proclamât le principe général qui donne droit aux créanciers de surenchérir. Le premier article de ce chapitre n'est qu'une conséquence de ce principe, qui n'a pas été posé. D'ailleurs, l'enchère peut-elle avoir lieu, s'il y a de quoi payer tous les créanciers ?

2188   Art. 62, 1er *alinéa.* Déterminer le délai dans lequel la caution doit être fournie : pareille observation à l'égard de la remise qui doit être faite au conservateur, du procès-verbal de la réception de caution. (Art 63.)

L'art. 69 ne paraît qu'une répétition surabondante de l'art. 3.

TITRE VIII.

Après l'art. 14. *Quid* si le jugement est cassé par l'effet du pourvoi en cassation, et si les héritages se trouvent changés *de nature?*

TITRE IX.

919   Art. 18 et 19. « La donation de la quotité disponible

et, dès lors, le bien passera nécessairement à des étrangers.

On propose d'ajouter cette disposition : « que la nullité « ne pourrait être invoquée par les autres successibles, « lorsqu'après que le contrat leur aurait été notifié avec « offre de les admettre à participer, ils n'auraient point « accepté lesdites offres dans le délai de trois mois, du jour « de la notification, sauf néanmoins le cas de fraude. »

Art. 158. « L'époux mineur ne peut, pendant le mariage, « donner à l'autre époux que ce que la loi permet au mi- « neur émancipé de donner à un étranger. »

Un mineur ne pouvant contracter mariage que du consentement de ses père et mère, ou de la famille, on doit présumer qu'il a été éclairé dans son choix, et qu'il a trouvé dans cette union tous les avantages moraux qu'il pouvait espérer : il n'y aurait donc pas d'inconvénient à lui laisser toute la latitude que peut avoir un majeur pour tester en faveur de l'autre époux.

TITRE X.

Art. 122. On demande *quid juris*, lorsqu'au cas de cet article une femme fera des acquisitions pendant le mariage : lui appartiendront-elles en entier exclusivement au mari ? Cette question est très-importante, surtout depuis la révolution, vu le grand nombre de séparations judiciaires qui ont été provoquées par des femmes d'émigrés, lesquelles ont fait ensuite des acquisitions considérables en leurs noms, avec les deniers de la communauté.

Vid. Denisart, *verbo* FEMME, n° 26 et suivant.

TITRE XI.

Art. 75. L'article est juste dans le cas où la vente est faite à terme, parce qu'alors la chose est acquise à l'acquéreur au moment du contrat, et si se dernier ne paie pas, il faut au vendeur un nouveau titre pour rentrer en possession; mais si la vente est faite à la charge de payer

Art. 22, 4ᵉ *alinéa.* « Si dans l'une, etc. Si, par exemple,
« il se trouve dans la même ligne un oncle du défunt et un
« neveu de ce même défunt qui concourent comme étant en
« égal degré. » Ceci paraît contraire à l'art. 33, *des succes-*
sions : l'oncle, étant au troisième degré, ne peut concourir
avec le neveu, qui se trouve au second degré par la représentation de son père. Art. 36, *des successions.*

Chapitre *des dispositions réprouvées par la loi* en donations. Après l'art. 34, on propose l'article suivant :

Une donation entre vifs, à la charge de payer les dettes
que le donateur aura au jour de sa mort, est nulle. (Jugé
au tribunal de cassation. *Voyez* le Journal du palais, commencé depuis la révolution, nᵒ 14, page 464.)

Art. 36. « Toute donation à charge de rente viagère,
« toute vente à fonds perdu ou avec réserve d'usufruit, faite
« à l'un des héritiers présomptifs en ligne directe ou colla-
« térale, est nulle, si l'objet ainsi aliéné, estimé d'après sa
« valeur en pleine propriété, se trouve excéder la quotité
« disponible. »

Les articles 176 et 177 du titre *des successions* autorisent
les conventions avec les successibles, lorsqu'au moment où
elles ont été faites elles ne présentaient aucun bénéfice réel et
actuel ; et on y voit que la prohibition d'avantager l'héritier présomptif n'interdit point, entre lui et celui auquel
il doit succéder, des actes à titre onéreux, sauf le cas de
fraude.

Une rente à fonds perdu, même avec réserve d'usufruit,
peut avoir réellement le caractère d'un acte à titre onéreux,
d'après le prix déterminé pour la valeur de la nue propriété.
Que l'on suppose un propriétaire décidé à vendre de cette
manière : avant de proposer ce marché à des étrangers, il
l'offre à sa famille ; parmi les membres qui la composent
il ne s'en trouve qu'un seul qui ait les moyens suffisans
pour faire l'acquisition, il sera obligé de s'en abstenir,
parce que l'article 36, dont il s'agit, prononce la nullité ;

On ne voit pas l'utilité de cet article, qu'on propose de retrancher, comme pouvant servir d'arme à la chicane.

Art. 35. *Observation au dernier alinéa.* La prescription ne court point dès que l'action réfléchit contre le mari. *Au commencement de l'article.....* Elle court quoiqu'elle réfléchisse, puisque la femme exerce seulement son recours contre le mari. Cela ne paraît pas expliqué suffisamment.

Art. 46. « Celui qui acquiert, de bonne foi, et, par juste « titre, un immeuble, en prescrit la propriété par dix « ans, etc. » Il conviendrait de rédiger ainsi : *par dix ans de possession paisible.*

Arrêté à Angers, *le 5 prairial an IX, de la République française, une et indivisible. Signé* Milscent, *président;* Menard-la-Groye, *vice-président;* Dandenac, *commissaire.*

Nº 6. *Observations du tribunal d'appel séant à* BESANÇON.

Le tribunal d'appel séant à Besançon, pénétré des obligations que lui impose la marque de confiance que les consuls de la République ont bien voulu lui donner, en demandant ses observations sur le projet du Code civil, dont le ministre de la justice lui a fait parvenir quatre exemplaires, s'est empressé de nommer une commission de trois membres pour en faire l'examen ; et, sur le rapport fait au nom de cette commission, le tribunal d'appel a arrêté qu'il serait adressé aux consuls de la république les observations suivantes.

Un besoin vivement senti par la commission, et partagé par tous les membres du tribunal, a été de présenter l'hommage de leur reconnaissance et de leur admiration aux rédacteurs du projet de Code civil. Ils ont remarqué dans l'ensemble de cet ouvrage, un respect religieux pour les

comptant, la chose n'est acquise à l'acquéreur qu'en satisfaisant à cette condition essentielle, et dès lors le vendeur n'étant point censé avoir perdu la propriété, n'est pas tenu de demander la résolution faute de ce : c'est *distractus causâ non secutâ*. Journal du palais, tome 1ᵉʳ, pag. 209, *ubi fusiùs explanatur*.

TITRE XIII.

Au titre *du cheptel*, on propose d'ajouter un article relatif aux droits des créanciers du bailleur, lesquels droits doivent se réduire à saisir et faire vendre à leur profit la part du croît, le produit du cheptel appartenant au bailleur leur débiteur, ou à vendre le droit de bailleur seulement, sans préjudicier à celui du preneur.

TITRE XX.

588 Art. 21. « Les arrérages d'une rente viagère sont un fruit « civil qui appartient à l'usufruitier, lequel les consume à son « profit sans être obligé de les restituer, après la cessation de « l'usufruit, au propriétaire ni à ses héritiers. »

Quid dans le cas où pendant le mariage le bien a été vendu à rente viagère?

Suivant la jurisprudence actuelle, lorsque l'un des conjoints a aliéné son héritage propre pour une rente viagère, il y a lieu à la reprise de la somme, dont les arrérages de la rente viagère, courus depuis l'aliénation de l'héritage jusqu'à la dissolution de la communauté, excèdent les revenus dudit héritage.

Cette jurisprudence sera-t-elle maintenue? Dans le cas où elle serait, il paraîtrait nécessaire de rappeller ici le principe, pour prévenir les doutes qui pourraient naître de l'article 21 dont il s'agit.

2254 Art. 16. « La possession actuelle ne fait point présumer l'ancienne..... » Le principe ne paraît pas exacte. Dès que je suis en possession, il faut que celui qui m'attaque prouve contre moi, suivant la maxime, *melior est causa possidentis*.

matière ; les distinctions multipliées et souvent abstraites sont la source des procès, que la législation doit prévenir. Le principe établi par l'article 24 paraît suffisant.

TITRE II.

SECTION 1re.

Art. 25, 64, 65 et 66. Quoique les précautions prises par ces différens articles pour constater les naissances et décès, paraissent suffisantes au premier coup-d'œil, le décès des parens du nouveau-né dans le bas-âge de celui-ci, la perte de leurs papiers, l'ignorance où des parens peuvent être de l'arrivée d'un vaisseau à tel port, de l'embarquement de leur parent sur ce vaisseau, du sort d'un homme mort en état d'accusation, ou ensuite de condamnation, surtout à une grande distance ou après un long temps, peuvent rendre très difficile et souvent infructueuse la recherche des actes probatifs d'événemens de ce genre, que la loi a cependant pour objet de constater. Ne serait-il pas prudent, pour prévenir les inconvéniens, d'obliger l'officier de l'état civil du lieu où aborde un vaisseau, où se fait une exécution, où un accusé vient à mourir, d'adresser, dans un délai fixé, un extrait en forme de son registre, à l'officier de l'état civil du lieu du domicile des parens du nouveau-né ou du défunt, en imposant à ce dernier officier l'obligation de porter cet acte sur ses registres ?

TITRE IV. — CHAPITRE II.

SECTION III.

Art. 27 et 28. Lorsque la loi défend, tout acte fait contre sa prohibition est essentiellement nul. Ce principe vrai est retracé sous l'article 9, titre IV, livre prélim.

On doit donc être étonné, après avoir lu l'article 27, qui défend à l'épouse de contracter mariage, dans le cas d'absence de son époux, sans rapporter la preuve positive du décès de ce dernier, de rencontrer dans l'article qui suit im-

mœurs, sans lesquelles les meilleures lois deviennent un bienfait insuffisant ; une attention scrupuleuse à maintenir les
droits de la propriété, base primordiale de l'ordre social ;
des idées sages sur le droit de disposer de ses biens à titre
gratuit, également éloignées et d'une liberté indéfinie, qui
offenserait les lois de la nature, et d'une gêne monastique,
qui ne permettrait pas à l'homme de satisfaire aux plus doux
penchant de son cœur. Après avoir rendu cet hommage aussi
vivement senti que justement mérité, aux idées libérales,
aux maximes tutélaires, aux principes conservateurs que présente ce projet, il ne reste à proposer que quelques observations de détail, dont quelques-unes pourront paraître mi-
nutieuses, mais que cependant le tribunal croit devoir proposer au Gouvernement, qui les pèsera dans sa sagesse.

LIVRE PRÉLIMINAIRE.

TITRE III.

Art. 3. La peine de forfaiture paraît excessive pour un
retard que la négligence d'un greffier, ou un cas fortuit,
pourrait occasioner ; mais elle serait juste en cas de refus.

TITRE IV.

Art. 9. Ne conviendrait-il pas d'ajouter : *lorsque toutefois
une autre peine n'est pas imposée à la contravention*; ou bien,
*sans préjudice des autres peines qui pourraient être pro-
noncées ?*

LIVRE Ier.

TITRE Ier. — CHAPITRE III.

SECTION II. § II.

16.17   Art. 24, 25, 26, 27, 28. Les articles 25 et 28 paraissent
en contradiction avec les autres, puisqu'ils supposent que la
mort civile peut être encourue par le jugement, tandis que,
suivant les autres, elle ne l'est que par l'exécution. D'ailleurs,
il paraît peu nécessaire d'établir des distinctions en cette

sesse survenue depuis sa demande , est une preuve de réconciliation qu'elle ne pourrait écarter sans alléguer sa propre
turpitude ; mais lorsque le mari est lui-même demandeur en
divorce , fondé sur une des causes exprimées en l'article 3 ,
chap. Ier, tit. VI, suffira-t-il à la femme, pour se ménager
une fin de non-recevoir contre son mari , de lui faire un
nouvel outrage ? Une grossesse qui ne serait souvent que
la suite d'un nouveau crime suffirait-elle pour couvrir les
crimes précédens ? Pour écarter cette fin de non recevoir, le
mari serait-il tenu de prouver l'adultère de sa femme ? On
sait combien la preuve de ce crime est difficile. Ne conviendrait-il pas d'admettre la distinction portée en l'article 49 ?

Si les époux habitaient ensemble à l'époque de la conception, on peut tirer de la grossesse une preuve de réconciliation ; si les époux étaient séparés d'habitation , la grossesse
opérerait une fin de non-recevoir insurmontable lorsque la
femme serait demanderesse en divorce : mais lorsque le mari
est demandeur en divorce , la circonstance de la grossesse ,
sans aucune autre preuve de réconciliation , doit paraître insuffisante, et les juges doivent avoir une grande latitude de
pouvoirs pour l'admettre ou la rejeter.

Art. 45. Les mots : *si le demandeur* doivent être remplacés par ceux *si le défendeur*.

TITRE VIII.

Art. 1er et 12.

TITRE IX.

Art. 5 , 6 , 106 et 107. Comme la puissance paternelle et
l'émancipation produisent des effets différens dans les pays
de droit écrit et dans les pays coutumiers ; que les effets va-
rient même d'une coutume à l'autre , pour ramener d'une
manière sûre et prompte à une législation uniforme , les
dispositions relatives à ces matières doivent être tellement
claires, qu'elles ne présentent pas le moindre doute.

Les articles 106 et 107, concernant l'émancipation , ont

médiatement, une disposition qui valide le mariage ainsi contracté jusqu'au moment où l'époux absent se représente ou réclame.

Les articles 28, 29 et 3o, liv. Ier, tit. IV, chap. II, sect. Ire, autorisant le divorce pour cause d'absence, le mariage contracté par l'époux qui n'a pas fait divorce, doit être déclaré nul, ou bien il faut modifier l'article 27, en permettant dans certains cas, et après un temps fixé, à l'époux abandonné, de contracter mariage, sans même faire prononcer le divorce : autrement la loi serait en opposition avec elle-même, elle validerait par une disposition ce qu'elle a défendu par une autre, et déclaré nul en principe ; ce qui serait contraire à sa dignité, au respect et à la soumission qui lui sont dus.

TITRE V. — CHAPITRE II.

168-
167-
168

Art. 25. Sans doute il est essentiel de donner la plus grande authenticité aux contrats de ce genre, et la nécessité des publications exigées par cet article est prouvée pour les citoyens qui peuvent avoir un lieu de résidence autre que celui de leur domicile, tels que les fonctionnaires publics. Mais à l'égard des personnes qui n'ont d'autre domicile que le lieu où elles résident, sera-t-il nécessaire de faire la publication dans le lieu de leur ancien domicile, lors même qu'elles l'auraient quitté depuis plus de vingt ans? Il le paraît, d'après la disposition de cet article. Cependant la précaution est excessive, et peut apporter des entraves à un acte civil qu'il est de l'intérêt de la société de favoriser.

CHAP. IV. — SECT. Ire.

117

Art. 66. Ne convient-il pas d'ajouter : *que la ratification du mari doit avoir lieu pendant la vie de la femme?*

TITRE VI. — CHAPITRE III.

171

Art. 42 et 48. Les dispositions de ces deux articles paraissent trop générales ; elles sont sages sans aucune restriction. Lors que la femme est demanderesse en divorce, la gros-

Il paraîtrait donc convenable, pour faire cesser les doutes et les contradictions, de donner plus de développement aux articles qui règlent les effets de la puissance paternelle, de distinguer les différentes émancipations et leurs effets ; peut-être même conviendrait-il d'en retarder l'époque.

Art. 1er des titres IX et X. La majorité paraîtrait devoir être fixée à *vingt-cinq* et non à *vingt-un ans*. L'âge de vingt-un ans est celui de la vivacité des passions ; d'ailleurs, plus la civilisation est avancée, plus les rapports sont multipliés et difficiles à apprécier.

CHAPITRE II.

SECTION IV.

Art. 27. La distance de six myriamètres paraît trop forte.

Art. 41. Les plus proches parents non dispensés ni récusables ne devraient-ils pas être nommés plus tôt que les plus éloignés?

SECTION VII.

Art. 75.

Livre III, titre Ier, chap. VI. sect. III, art. 107. Pourquoi assujétir un mineur aux frais, aux délais et aux inconvénients d'une acceptation par bénéfice d'inventaire, lorsque la succession est notoirement avantageuse? Ne devrait-on pas s'en rapporter à la délibération qui serait prise à cet égard par le conseil de famille?

Lors même qu'il y aurait du doute sur l'article de la succession, on pourrait accorder le bénéfice de restitution contre l'acceptation qui aurait été faite en minorité : le remède serait généralement plus avantageux, comparativement ; car les frais du bénéfice d'inventaire absorberont la majeure partie des successions des gens de campagne, ordinairement peu riches ; en sorte que la précaution prise pour prévenir la ruine des mineurs conduira elle-même à ce résultat.

SECTION VIII.

Art. 102. Il paraît trop rigoureux de rendre les parens

III.   11

incontestablement ce mérite, si on les considère isolément et dégagés de tous rapports avec la puissance paternelle ; mais si on en compare les dispositions aux articles qui règlent les effets de cette puissance, on voit avec peine l'article 107 confondre dans leurs effets les deux modes d'émancipation, quoiqu'ils en produisent de différens.

Les articles propres à la puissance paternelle peuvent aussi donner lieu à des systèmes opposés, ce qu'il est sage de prévenir.

Il paraît résulter en effet de l'article 1er du titre VIII que le père ou la mère ne perdront l'administration des biens de leurs enfans, que lorsque ceux-ci seront émancipés par mariage, mais qu'ils la conserveront jusqu'à leur majorité, nonobstant l'émancipation par l'âge.

Ces mots *pendant le mariage*, qui se trouvent dans l'article 12, donnent lieu de penser que le père ne conserverait jusqu'à la majorité de ses enfans non émancipés, l'administration et la jouissance de leurs biens, qu'autant que le mariage duquel sont provenus les enfans subsisterait jusqu'à cette époque, puisque, par l'article 5, où il est parlé de la dissolution du mariage arrivée par le décès de l'un des époux, l'administration et la jouissance, réservées au survivant, ne peuvent plus s'exercer que sur les biens des mineurs non émancipés : d'où il suit qu'il y aurait contradiction entre ces deux articles et le premier ; que, du moins, ils pourraient prêter à différentes interprétations. Comment, d'ailleurs, devra-t-on entendre les mots *non émancipés*, qui se trouvent dans l'article 12? Faudra-t-il les prendre dans un sens indéfini, ou les resserrer dans celui de l'article 1er.

D'un autre côté, il est établi que, dans certains cas, l'administration et la jouissance sont réservées au père et à la mère jusqu'à la majorité de leurs enfans, nonobstant leur émancipation par l'âge ; cependant, l'article 107 accorde aux mineurs émancipés, sans distinction, la pleine administration de leurs biens.

tés depuis la loi qui décrétait l'adoption en principe, c'est-à-dire, de décider si une telle adoption produira des effets, et quels ils seront.

LIVRE II.

TITRE Iᵉʳ.—CHAPITRE II.

Le fonds de boutique sera-t-il réputé meuble ou immeuble?

TITRE II.—Sect. 1ʳᵉ.

Art. 7. Au lieu de *erroné* ou *vicieux*, il paraîtrait préféra- 550 ble d'ajouter : *affecté d'une erreur ou d'un vice qu'il ignorait.*

TITRE III.—CHAP. 1ᵉʳ.—Sect. III.

Art. 41. Ne conviendrait-il pas d'expliquer si l'usufruit 610 accordé, même par acte entre vifs, pour un temps déterminé, finira par la mort de l'usufruitier arrivée avant ce délai?

TITRE IV.

CHAP. II. — SECT. II.

§ II. Il conviendrait de fixer la distance à laquelle on 670 doit planter les arbres, les haies vives ou sèches, creuser les et suiv. fossés, construire une maison, un mur, etc.

§ V. Art. 35. L'indemnité ne devrait être due que pour un 682 passage devenu nécessaire, et non pour celui qui l'a toujours été, et dont le droit actif est actuellement prescrit par une possession immémoriale. La loi 12, ff., livre XI, titre VII, n'a jamais été autrement interprétée dans la pratique; un système contraire occasionnerait subitement une foule de procès et de demandes en indemnité.

CHAP. III. — SECT. II.

Art. 42. Comme il est des pays où les servitudes discon- 691 tinues s'acquièrent sans titres par la seule possession immémoriale, ne conviendrait-il pas de déterminer un mode

et alliés responsables de l'insolvabilité survenue depuis la nomination.

TITRE X.

CHAPITRE II.

L'interdiction pour cause de prodigalité étant abolie par le nouveau projet, quel sera le sort de ceux qui, jusqu'à présent, ont été interdits pour une telle cause?

Art. 25. Le commencement de l'article, comparé avec sa fin, fait penser qu'il s'y est glissé une erreur typographique, et qu'au lieu de ces mots : *après la mort d'un interdit*, il faudrait mettre ceux-ci : *après la mort d'un citoyen.*

CHAPITRE III.

Art. 40. On pourrait former des doutes raisonnables sur l'utilité de la nouvelle espèce d'interdiction introduite par cet article sous le nom de *conseil volontaire*. L'article ne décide pas si le citoyen qui s'est imposé le lien purement volontaire dans son principe, peut aussi s'en affranchir par un acte de sa volonté : cela paraît résulter de la nature même de cette interdiction ; mais alors cette nouvelle espèce d'interdiction paraît absolument inutile. La séduction sur l'homme faible, qui, pour se garantir des surprises, se la sera imposée, aura pour premier effet de l'engager à s'en débarrasser : il conviendrait donc de déclarer que cette espèce d'interdiction ne pourra cesser que de l'avis ou du conseil choisi, ou des parens, ou qu'après des formalités qui garantiront que la demande d'être affranchi de ce conseil n'est pas un effet de la séduction, et une nouvelle preuve du besoin de ce conseil pour celui qui voudrait s'en débarrasser.

LIVRE Ier.

Dans ce livre, qui traite *des personnes*, ni même dans aucun autre du projet, il n'est parlé de l'adoption ; cependant, il paraît nécessaire de régler le sort de ceux qui ont été adop-

connaissances suffisantes pour faire eux-mêmes la division des biens soumis au partage ; d'ailleurs, celui d'entre eux que le sort désignera pour faire cette opération, peut s'y refuser ; et la loi n'indique pas de moyens pour l'y contraindre. Ce mode d'opérer ne peut donc avoir d'avantage qu'autant qu'il sera libre aux intéressés de l'employer ; et il serait bon de leur laisser la faculté de confier cette opération à des amis ou à des experts.

SECTION II. — DIST. Iʳᵉ.

Art. 159. Le rapport en ligne collatérale, dans les pays de droit écrit, aura-t-il lieu relativement aux donations antérieures à la publication du nouveau Code, lorsque la succession n'aura été ouverte qu'après cette époque ? 843

L'affirmative pourrait paraître renfermer une disposition rétroactive.

Art. 166. Le commencement de l'article paraît plus clair que l'explication qui le suit ; cette explication est donc superflue.

SECTION III.

Art. 194. Cet article est-il applicable à des poursuites qui pourront avoir lieu contre des héritiers qui, même depuis long-temps, ont reconnu la dette en en acquittant les intérêts ? 877

En général, cette nécessité de faire déclarer les titres exécutoires, d'obtenir contre les héritiers un titre-nouvel, ne sert qu'à occasioner des frais, à multiplier les procès, et à fournir aux débiteurs de mauvaise foi, des exceptions de forme pour éluder le paiement.

TITRE II.

CHAP. Iᵉʳ. — SECT. II.

Art. 22.

CHAP. III. — SECT. Iʳᵉ.

DIST. Iʳᵉ.

Art. 67. Il est utile d'expliquer dans la seconde partie de cet article, que la condition seule est nulle, et non la disposition. 172

et fixer un délai pour faire constater les servitudes de ce genre qui auront été régulièrement prescrites avant la publication du nouveau Code ? Le silence de la loi sur ce point présenterait un double inconvénient ; il pourrait laisser penser, ou que les servitudes déjà acquises ne sont pas conservées, ou que la preuve de la prescription d'une servitude discontinue pourrait encore être admise pendant un temps indéfini, lorsqu'on articulerait qu'elle a été acquise avant la publication du Code ; ce qui donnerait lieu à une multitude de difficultés qu'il est de la sagesse du législateur de prévenir.

LIVRE III.

716   Au lieu de renvoyer à un réglement particulier les règles relatives au trésor trouvé, ne vaut-il pas mieux les déterminer conformément aux articles 517, 518 et 519 du projet rédigé en l'an 4 ?

718   Il serait utile aussi de donner les principes généraux relatifs au mode d'acquérir par la chasse et par la pêche.

TITRE Ier.

CHAP. Ier. — SECT. Ire.

732   Art. 10. Le mot *à peu-près* laisse trop à l'arbitraire ; il serait préférable de fixer la différence d'âge à *une année*, ou à *un autre terme désigné.*

CHAP. III. — SECT. V.

750   Art 49. Le mot *germain*, qui se lit dans cet article, doit être retranché, puisque le double lien n'a plus le privilège d'exclure ; autrement, cet article serait en contradiction avec le suivant.

CHAPITRE VII.

SECTION Ire.

819   Art. 132. L'apposition des scellés paraît inutile, lorsque les mineurs sont émancipés.

834   Art. 150. Il arrive souvent que des héritiers n'ont pas des

par la novation parfaite, il faut l'exprimer, pour lever toute équivoque.

SECT. IX.

Art. 203. Le paiement énoncé en l'art. 22, s'il était partiel, opérerait-il la ratification de l'acte, et obligerait-il au paiement du surplus?

CHAP. V. — SECT. Iʳᵉ. — DIST. IV.

Art. 227. N'est-il pas trop rigoureux d'exiger la reproduction du répertoire du notaire, surtout lorsqu'il est constant que toutes les minutes sont perdues? La cause qui aura fait disparaître les minutes aura très souvent produit le même effet sur le répertoire; car, si la perte provient d'un incendie, cause ordinaire et la plus fréquente de ces sortes d'accidens, on n'a pas lieu d'espérer que le répertoire soit conservé.

TITRE III. — SECT. II.

Art. 21. L'article paraîtrait plus exact, en y ajoutant ces mots : *s'il était ou pouvait être connu du propriétaire.*

TITRE V. — CHAPITRE IV.

Art. 25. Il paraît suffisant que la caution soit domiciliée dans le ressort de l'arrondissement : quelquefois il serait impossible d'en trouver dans le lieu.

TITRE VI.

CHAP. II. — SECT. III.

Art. 36. Le titre-nouvel ou le jugement doit du moins ne pas être nécessaire; et l'hypothèque sur les biens de l'héritier doit même dater dès le contrat primitif, si le débiteur y a obligé ses héritiers.

CHAPITRE III.

Art. 51. La mise aux affiches ayant pour objet de pur-

Il n'est rien dit dans ce chapitre, ni dans tout le projet, des conditions négatives apposées soit dans les contrats, soit dans les dispositions de dernière volonté.

La caution mutienne aura-t-elle encore lieu?

Dist. II.

Art. 113. Il faut ajouter sous cet article une cinquième exception au principe déclaré sous l'article 112; savoir, lorsqu'il s'agit d'une dette pour laquelle ceux qui ont stipulé se sont obligés eux et leurs héritiers sous la clause solidaire : ou bien il faut prohiber cette stipulation par une disposition formelle, si l'intention du Gouvernement est qu'elle ne puisse produire d'effet à l'avenir; car, le silence de la loi sur ce point pourrait être interprété diversement. A supposer enfin que la solidarité ne puisse plus avoir lieu entre des héritiers par l'effet de la convention de leur auteur, il est nécessaire de prononcer sur le sort des obligations de ce genre antérieures à la loi.

CHAP. IV.

SECT. Ire. — Dist. Ire.

Le paiement d'un capital fait au mari ou à un autre usufruitier, d'une créance portant intérêt, libérera-t-il le débiteur?

SECTION III.

Art. 165 et 166. Ces deux articles peuvent présenter une contradiction, ou donner lieu à une équivoque qu'il est prudent de faire disparaître. En effet, d'après l'article 165, la novation n'est opérée que lorsque le créancier a *expressément* déclaré qu'il entendait décharger son débiteur. Il résulte de l'art. 166 que la seule acceptation que le créancier a fait du débiteur qui lui a été délégué opère une novation parfaite, puisqu'il n'a plus aucun recours à exercer contre le déléguant; et cependant, dans ce cas, il n'existe qu'une décharge tacite.

Si ce dernier article n'est qu'explicatif des effets produits

TITRE VII.

CHAPITRE Ier.

Art. 4, § 2. Il paraît juste d'ajouter : *lorsque les servitudes ne sont pas occultes.*

CHAPITRE IV.

Art. 54. La disposition de cet article est juste ; mais il paraît qu'il devrait contenir des règles pour parvenir au partage de l'adjudication conjointe faite aux deux enchérisseurs, dans le cas où ils ne s'accorderaient pas entre eux sur ce partage.

La déclaration faite par l'article, que les deux enchérisseurs sont adjudicataires conjointement, paraît décider que chacun d'eux a un intérêt et un droit égal à la totalité des immeubles compris dans l'adjudication ; cependant ne serait-il pas juste de donner, avant tout partage, à chacun des enchérisseurs, l'immeuble sur lequel a porté son enchère, et de partager entre eux les immeubles sur lesquels il n'y a point eu d'enchères, à proportion de la valeur de l'immeuble sur lequel chacun d'eux avait porté son enchère?

TITRE VIII.

CHAPITRE III.

Art. 21. Il paraît que, dans le cas de cet article, la signification à l'avoué du saisi ne dispense pas de la signification à la personne ou au domicile du saisi ; cependant, cette dernière signification paraît surabondante, surtout au moyen de la précaution prise d'obliger l'avoué à viser l'original des exploits. On pourrait d'autant plus facilement supprimer cette signification à personne ou domicile, et la remplacer par celle faite à l'avoué constitué, que les articles 35 et 36 n'exigent que la signification à l'avoué, et dispensent de celle à personne ou domicile.

CHAP. V. — SECT. Ire.— DIST. II.

Art. 93. Cet article décide expressément que la vente

ger les hypothèques, la loi prohibe, avec raison, dans ce cas, l'action en déclaration d'hypothèque, qui peut être efficacement remplacée par l'opposition du créancier. Mais, comme les lettres de ratification seules lient le tiers détenteur envers les créanciers, aux fins de lui faire rapporter le prix de son acquisition, qu'aucun article n'impose la nécessité de lever les lettres de ratification après la mise aux affiches, il arrivera souvent ce qui arrivait sous l'empire de l'édit de 1771, que le tiers-détenteur qui aura payé le prix de son acquisition tentera la mise aux affiches; qu'il ne prendra des lettres de ratification qu'autant qu'il ne rencontrera point d'opposans, et qu'il ne prendra pas de lettres lorsqu'il craindra d'être tenu à un rapport. Cependant, pendant le cours de trois mois d'exposion aux affiches, la prescription de l'action en déclaration d'hypothèque pourra s'acquérir contre le créancier empêché d'agir, puisqu'aucun article ne suspend le cours de la prescription à son égard. Ne serait-il pas juste, soit d'obliger le tiers d'étenteur qui a mis aux affiches, à lever des lettres de ratification, soit de suspendre le cours de la prescription en faveur du créancier qui aurait formé son opposition?

Art. 56. Pourra-t-on renoncer, dans le contrat, au bénéfice de discussion?

Pourra-t-on aussi renoncer au bénéfice de division entre ses héritiers?

CHAPITRE IV.

SECTION Ire.

218. Art. 76. Il est utile d'ajouter à la fin : *et de ses ayans-droit.*

SECTION II.

Art. 80. La demande en déclaration d'hypothèque paraît inutile.

tions que l'expérience prouverait être nécessaires, que de faire entrer des dispositions de ce genre dans un Code civil, qui doit renfermer surtout des principes immuables, et qui ne peut que perdre de la considération qu'il doit obtenir, si on le grossit par des dispositions variables.

TITRE VII et VIII.

Il est nécessaire d'y expliquer si ceux qui, en conformité de la loi du 11 brumaire an 7, ont fait transcrire leurs contrats d'acquisition et inscrire leurs titres de créance, continueront d'être préférés aux créanciers antérieurs qui ont omis cette formalité dans le délai qui se trouve expiré.

S'il en est ainsi, surtout relativement à l'inscription, le nouveau Code ne remédiera point aux abus qui se trouveraient irrévocablement résulter de l'effet rétroactif que cette loi du 11 brumaire a sanctionné.

TITRE IX.
CHAP. II. — SECT. Ire et II.

Les biens anciennement compris dans une donation ou dans une institution contractuelle s'imputeront-ils sur la quotité disponible? ou bien cette quotité ne portera-t-elle que sur les biens réservés? Cette dernière disposition paraîtrait d'autant plus juste qu'à l'époque où les lois ont restreint la liberté de disposer les biens donnés ne faisaient plus partie du patrimoine du donateur; que celui qui ne pouvait prévoir l'avenir n'avait pas entendu se priver de la faculté de disposer encore de ce qui lui restait; et que, s'il en était autrement, la loi renfermerait à son égard une espèce d'effet rétroactif.

CHAPITRE III.

Art. 36. En prononçant la nullité des donations à charge 911 de rente viagère, de vente à fonds perdu ou avec réserve d'usufruit, faites à l'un des héritiers présomptifs, lorsque l'objet aliéné excède la portion disponible, cet article paraît

forcée purge même la propriété, lorsqu'il n'y a pas eu d'opposition à fin d'annuler ou de distraire. Cette disposition peut paraître sévère, peut-être même injuste. Qu'un créancier, pour conserver son hypothèque, soit tenu de s'opposer à la vente de l'immeuble qui lui est hypothéqué ; que, faute de l'avoir fait, il soit privé de son hypothèque ; ainsi le veut l'intérêt public, la justice ne s'y oppose pas : *Jura vigilantibus subveniunt.* Mais qu'un propriétaire perde sa propriété parce qu'il n'a pas été instruit à temps qu'on la poursuivait comme appartenant ou faisant partie de la propriété d'un autre, cela paraît infiniment dur. Il faudra donc que tout propriétaire s'informe soigneusement de toutes les ventes forcées qui se poursuivront, pour s'assurer qu'elles ne renferment aucune de ses propriétés. La maxime ancienne, que le décret purgeait les hypothèques, et non la propriété, paraît plus conforme au respect dû à la propriété.

Au surplus, si l'intérêt public fait admettre la maxime consacrée par l'article 93, comme l'opposition à fin de distraire est aussi favorable que celle à fin d'annuler, qu'elle repose également sur le droit de propriété, il paraîtrait convenable de l'admettre jusqu'au jour de l'adjudication.

CHAPITRE VI.

Art. 151. La gradation établie par cet article paraît trop brusque ; il serait juste et utile d'établir des échelons intermédiaires entre *cinq francs* et *cinquante*, et entre *cinquante* et *cent francs*.

Au surplus, on observera que tout le titre VIII paraît plutôt devoir faire la matière d'un réglement particulier qu'entrer dans le plan d'un Code civil. Les tribunaux sont bien convaincus de la nécessité de réformer la loi sur les expropriations forcées ; mais il serait plus prudent de le faire par une loi particulière, qui pourrait recevoir les modifica-

SECTION V.

Art. 72. Cet article paraît inutile, puisqu'il est pourvu au cas qui est prévu, par des dispositions plus justes, sous l'article 91.

Art. 79. Il serait utile de s'expliquer sur le cas où la sous- 1460 traction aurait lieu pendant la dernière maladie du mari.

CHAP. III.—SECT. II.—Dist. I⁰.

Art. 130. Ne serait-il pas convenable de modifier cet ar- 1504 ticle, relativement à la femme, qui, n'ayant l'administration ni des biens de la communauté, ni de ses biens dotaux, ne peut remplir la formalité prescrite? le défaut d'inventaire, dans cette hypothèse, pourrait être l'effet du dol du mari, qui en profiterait.

CHAP. VI. — SECT. II.

La rescision aura-t-elle lieu,

1° Dans les ventes dont la majeure partie du prix consiste en une rente viagère;

2° Dans celles faites avec réserve d'usufruit;

3° Dans celles qui se font d'autorité de justice. 1684

Il est à désirer que la loi fixe la jurisprudence sur ces points.

La lésion énormissime, c'est-à-dire, lorsque le vendeur 1691 n'a reçu que le quart du juste prix, a passé jusqu'à présent pour tellement vicier le contrat, que l'acheteur doit rendre les fruits et levées dès le jour de sa possession, et qu'il ne conserve pas la faculté de suppléer le juste prix.

Ce moyen est-il aboli par le projet?

TITRE XIII. — CHAP. Iᵉʳ. — SECT. III.

Art. 39. Il est à propos de fixer le temps après lequel le 1728 défaut de paiement opère la résolution du bail.

Le débiteur sera-t-il admis à purger la demeure?

TITRE IV. — CHAP. Iᵉʳ.

Art. 5. Cet article est-il prohibitif de la société tacite qui 1834

en contradiction avec l'article 20, chap. II, sect. II du même titre, qui, dans le cas d'excès, prononce seulement la réduction des donations, soit entre vifs, soit testamentaires, et avec l'art. 16, titre XIX, chap. II, dist. II, qui, dans le même cas, se borne à prononcer la réduction des ventes à fonds perdu qui sont réputés dons indirectes.

Dans la supposition où la peine de nullité ne serait portée par cet article, qu'à raison de ce que la disposition est faite en faveur d'un héritier présomptif, il serait bon d'expliquer si le consentement des cohéritiers validerait l'acte.

CHAP. V.— SECT. Iʳᵉ.

981   Art. 78. Après le mot *commissaire*, à la dernière ligne, ne faut-il pas ajouter les mots *ou officiers* ?

TITRE X.

CHAPITRE Iᵉʳ.

1398   Art. 2. La qualité de mari donnant des droits réels auxquels on peut déroger par le contrat, ne serait-il pas convenable d'ajouter après les mots *aux droits*, le mot *personnels* ?

CHAPITRE II.

SECTION II.

1410   Art. 23. Suivant la seconde partie de cet article, la femme pourrait s'obliger, sans autorisation, au moyen d'un acte antidaté.

D'ailleurs cette seconde partie est en contradiction avec la troisième; car si l'acte n'est pas nul, et que le créancier puisse poursuivre son paiement sur la nue propriété des biens de la femme, pourquoi le mari qui, en payant le créancier, aurait prévenu la discussion des biens de sa femme, lui aurait conservé un immeuble, et évité des frais considérables, serait-il privé du recouvrement de ce qu'il aurait payé ?

Le tribunal a été surpris de ne pas trouver au nombre _{530.}
des contrats dont le projet du Code civil trace les règles, le _{1582 et suiv.}
bail emphytéotique et le bail à rente foncière : il a pensé
que sous le prétexte d'anéantir même les traces de la féodalité, les lois révolutionnaires étaient allées au-delà du but
en annullant ces sortes de contrats, qui étaient connus dans
le droit romain, quoique absolument étranger aux maximes
féodales. Il ne peut s'empêcher de présenter aux consuls
de la république le vœu du rétablissement de cet ancien
contrat, en y mettant toutes les modifications que le progrès des lumières et l'intérêt général rendent nécessaires.
Ainsi, en rendant aux baux emphytéotiques ou à cens
leur ancienne vigueur, que l'on annulle toutes les conditions tenant à la féodalité dont ils ont pu être souillés, cela
paraît juste.

Que l'on déclare rachetables les rentes foncières et cens ₅₅₀
emphytéotiques qui de leur nature étaient perpétuels,
l'intérêt de l'agriculture paraît le solliciter, et cet intérêt
se lie en ce point à l'intérêt général.

Mais que l'on supprime sans indemnité, des cens, rentes
foncières ou canons de baux emphytéotiques, sous prétexte
que l'acte constitutif est mélangé de féodalité ; que surtout,
d'après le décret connu sous le nom de décret du *Pipelet*,
on anéantisse le prix de la concession d'un fonds, sur le seul
motif que le cédant était un ci-devant seigneur ; une telle
législation paraît subversive du droit de propriété. Le but
principal du Code civil paraît devoir être de raffermir ce
droit, première base de la société, sur ses antiques fonde-
mens : il était digne de ses auteurs de rappeler et renouveler les principes en cette matière ; et, quoique le tribunal
partage le sentiment de confiance en la sagesse du Gouvernement, sur lequel les auteurs du Code civil ont motivé leur
silence sur cette matière importante, il ne peut cependant
dissimuler le désir qu'elle eût trouvé et rempli la place que
la nature même des choses lui assignait dans un ouvrage fait

a lieu entre des parens communiers? La nécessité de rédiger par écrit toute société d'une valeur excédant cent cinquante francs donne lieu de le penser ; cependant ce serait un bien de favoriser cette espèce de société, qui se forme, pour ainsi dire, mutuellement entre des personnes liées par le sang, par le besoin de réunir leurs travaux pour leur avantage commun, et qui ont peu l'usage des lettres : une exception en leur faveur paraîtrait juste ; l'intérêt même de l'agriculture la solliciterait.

TITRE XV. — CHAP. III.

1909 Art. 38. Si le Gouvernement pensait qu'il fût utile de favoriser les contrats de constitution de rente, il faudrait en porter le taux de l'intérêt plus haut que celui du simple prêt, au moyen duquel le créancier conserve la disposition de son capital, qui se trouve aliéné dans l'autre hypothèse ; autrement le contrat de constitution n'aura jamais lieu.

TITRE XX.

CHAP. IV. — SECT. Ire.

2249 Art. 31. Ne conviendrait-il pas d'ajouter à la fin du second paragraphe de cet article, cette exception : *ou solidaire entre les héritiers.*

CHAP. V. — SECT. II.

2281 Combien faudra-t-il encore de temps pour prescrire, à celui qui, par exemple, aurait depuis huit ans la possession d'un objet qui ne se prescrirait que par trente ans, et qui, après la publication du nouveau Code, se prescrira par dix années ?

Il paraît que le temps antérieur ne peut compter que proportionnellement.

2044 et suiv. Le nouveau projet ne dit rien des transactions sur procès.

ou des modifications ; d'autres méritent d'être éclaircies ou développées. Il paraît enfin nécessaire de suppléer quelques omissions importantes.

Ce sont ces imperfections de détail que le tribunal d'appel de Bordeaux se propose d'indiquer au Gouvernement, en suivant l'ordre des matières adopté dans le projet.

Le tribunal ne doute pas qu'épuré par les méditations des magistrats et par les nouvelles réflexions des jurisconsultes célèbres auxquels le Gouvernement a confié cette tâche importante, le nouveau Code civil ne devienne un des plus grands bienfaits de la révolution, ne paraisse le plus beau présent que le génie de la liberté pût offrir au peuple français.

LIVRE PRÉLIMINAIRE.

TITRE III.

L'article 2 de ce titre porte que les lois, dont l'application appartient aux tribunaux, seront exécutoires, dans chaque partie du territoire de la république, du jour de leur publication par le tribunal d'appel.

Les variations que présente notre législation nouvelle sur la manière de publier les lois prouvent combien il est difficile de trouver un mode qui concilie leur prompte exécution avec la connaissance que doivent avoir de leurs dispositions les citoyens obligés de s'y soumettre.

Le mode qu'on propose est celui qui offre le moins d'inconvéniens ; mais il en laisse encore subsister quelques-uns, qu'on éviterait en déclarant que les lois ne seraient exécutoires que *dix jours* après celui où elles auraient été publiées par le tribunal d'appel.

Et, pour que les tribunaux inférieurs puissent connaître avec certitude le jour de la publication faite par le tribunal d'appel auquel ils ressortissent, il serait utile de rétablir l'usage d'un bulletin décadaire de publication, bulletin

— pour présenter les principes qui doivent régir toutes les transactions sociales.

Arrêté à la séance du tribunal d'appel séant à Besançon, présidée par le citoyen LESCOT, *et à laquelle ont assisté les citoyens* LOUVOT, VIOLAND, BONOT, GIRONDET, ROUX, LÉCUREL, DÉCOMBLES, COURVILLE *et* POURCY, *juges; le commissaire du Gouvernement présent.*

Pour extrait conforme, *signé* LESCOT, *président;* BILLON, *greffier.*

_____

Nº 7. *Observations proposées par le tribunal d'appel séant à* BORDEAUX.

Le projet de Code civil soumis à l'examen des tribunaux d'appel répond aux espérances qu'en avait conçues le Gouvernement, et va faire jouir la France d'un avantage qu'appelaient depuis si long-temps les vœux de tous les hommes éclairés, celui d'être régie par une législation simple et uniforme.

Il était difficile de resserrer dans un cadre plus étroit les principes fondamentaux de la législation civile, de les présenter avec plus de méthode et de clarté.

En respectant les usages dont une longue expérience a démontré la sagesse, les auteurs du projet ont su les améliorer par des innovations heureuses qui en généralisent l'application et tarissent dans leur source un grand nombre de procès.

L'ensemble et le plan de ce Code paraissent bien conçus, et l'on pense qu'ils ne sont susceptibles d'aucune réforme utile.

Mais parmi les dispositions particulières dont le projet se compose, il en est quelques-unes qu'on ne peut rallier aux principes de l'équité, sans leur faire subir des changemens

LIVRE PREMIER.

TITRE 1ᵉʳ.

31. L'intention de la loi est bonne ; mais la manière dont elle est exprimée la rend équivoque.

On a sans doute entendu limiter la faculté de *vendre*, d'*échanger*, de *donner entre vif*, que cet article accorde à l'homme frappé de mort civile, aux biens qu'il acquerra postérieurement à sa condamnation.

On ne peut se méprendre sur cette intention, lorsqu'on rapproche cet article des dispositions de l'article 24 du titre XIX du livre III, qui porte que la rente viagère ne s'éteint point par la mort civile du propriétaire, mais que les arrérages doivent en être continués au profit de ses héritiers pendant toute sa vie naturelle.

Néanmoins, d'après le sens indéterminé que présentent les termes de l'article 31, on pourrait croire que le condamné civilement conserve la faculté de disposer par *vente*, *échange* ou *donation entre vif*, tant des biens qu'il possédait au jour du jugement de condamnation, que de ceux qu'il a pu acquérir depuis.

Pour lever toute équivoque, il faudrait exprimer d'une manière précise, qu'il perd tous ses droits sur la première espèce de biens, et ne conserve la disposition que des biens qu'il acquiert depuis que la mort civile l'a retranché du sein de la société.

L'article 35 du même titre, en abrogeant la confiscation des biens, la maintient pour les cas où elle est prononcée par la loi politique.

L'abus que l'on a déjà fait de la confiscation, en la colorant du prétexte de la raison politique, avertit qu'il serait prudent d'établir comme règle fondamentale, que la confiscation des biens n'aura lieu désormais qu'en un seul cas · ce

que le commissaire près le tribunal d'appel serait chargé de transmettre régulièrement aux commissaires près les tribunaux de première intance.

Ce délai de dix jours donnerait à chaque citoyen la facilité de s'instruire des lois qui doivent régir ses actions ou régler l'usage de ses propriétés. Personne désormais n'aurait à craindre de se voir condamner pour n'avoir pu exécuter une loi qu'il lui était physiquement impossible de connaître.

Il conviendrait de fixer le même délai pour l'exécution des lois adressées aux autorités administratives dont il est parlé dans l'article 4 du même titre.

TITRE V.

2. La définition que donne cet article, de l'interprétation par voie de doctrine, est exacte; et tout ce qu'on a dit à cet égard dans le discours préliminaire, infiniment judicieux. Ce mode d'interpréter les lois va devenir d'un usage plus fréquent et plus indispensable encore, du moment où le nouveau Code aura été mis en vigueur.

Mais, afin de lui conserver toute son utilité, il faudrait supprimer la voie du recours en cassation pour fausse interprétation des lois. Comme on ne peut assujétir cette interprétation à des règles fixes, il est à craindre que tous les jugemens dans lesquels le silence ou l'obscurité des lois aura forcé les magistrats d'y recourir ne soient réformés sous ce prétexte par le tribunal de cassation.

On se plaint déjà, et ce n'est peut-être pas à tort, que ce tribunal, établi pour veiller à l'observation des formes, au lieu de se renfermer dans les bornes de son institution, s'érige en tribunal d'appel de tous les tribunaux supérieurs.

C'est surtout dans les departemens éloignés de la capitale qu'on s'aperçoit combien la facilité avec laquelle on admet les demandes en cassation rend les procès interminables et ruineux pour les plaideurs.

voyer en possession provisoire des biens qui lui appartenaient
au jour de son départ.

De quels parens successibles a-t-on entendu parler dans
cet article?

Est-ce de ceux qui se trouvaient les plus proches en degré
au moment de la disparition de l'absent, ou de ceux qui sont
les plus rapprochés au moment où la possession provisoire
est demandée ?

Cette question a souvent partagé les tribunaux.

Pour prévenir toute incertitude, il eût fallu désigner lequel de ces deux ordres d'héritiers devait être mis en possession provisoire.

Selon nous, il serait juste d'accorder la préférence à ceux
qui auraient hérité de l'absent au moment de son départ. Cette
disposition ferait concorder l'article 9 avec l'article 18 de
la même section, lequel fait dater la présomption de la
mort de l'absent, du jour de sa disparition, et veut que sa
succession soit irrévocablement acquise aux parens qui étaient
ses héritiers présomptifs à cette époque.

En partant de ce principe, il faudrait ordonner que, dans
tous ces cas, l'envoi en possession provisoire serait accordé
aux parens qui se trouveraient les plus habiles à succéder au
moment de la disparition de l'absent, lorsqu'ils se présente-
raient en concours avec des parens plus éloignés.

Que si un parent plus reculé avait obtenu cette possession
provisoire, il serait obligé de la remettre à tout parent plus
proche qui viendrait la réclamer par la suite, sauf à indemniser le premier, en lui attribuant une portion des fruits.

L'article 13 de la même section veut que si l'absent ne
reparaît qu'après dix années révolues de l'envoi en possession
de ses héritiers présomptifs, ceux-ci soient déchargés de
l'obligation de lui rendre compte des fruits échus pendant
leur jouissance.

Nous ne saurions approuver une pareille disposition.

Il peut arriver que des causes de force majeure, des ob-

cas serait celui de l'émigration exécutée dans le dessein de porter les armes contre la patrie (*).

TITRE II.

9, 60 et 61

25. Cet article prescrit des précautions très-sages pour constater la naissance d'un enfant qui voit le jour pendant un voyage sur mer.

Il doit en être dressé, dans les vingt-quatre heures, un double acte, dont l'un est consigné sur le livre-journal du bâtiment; l'autre, écrit sur une feuille volante, reste dans les mains du capitaine, lequel il est tenu de remettre dans les vingt-quatre heures de l'arrivée du navire en France, à l'officier de l'état civil du lieu où le navire aborde.

Il peut arriver que, dans le cours du voyage, et après la naissance de l'enfant, le navire touche, en passant, dans un port étranger, et qu'il périsse ensuite dans le trajet de ce port à un port de France.

Cet accident, qui peut se réaliser, compromettrait la preuve de l'état de l'enfant.

Il semble qu'on remédierait à cet inconvénient, en obligeant le capitaine à déposer une première expédition de l'acte de naissance dans le premier port étranger où il aborderait, et d'en remettre une seconde au lieu de l'arrivée du navire en France.

Comme on ne saurait même prendre trop de précautions pour assurer l'état d'un enfant, il conviendrait d'ordonner que l'acte de naissance de l'enfant serait envoyé en expédition au lieu du domicile de ses père et mère, pour y être également inscrit sur les registres de l'état civil.

TITRE IV.

110

9, 13, 14, 18. Dans le cas prévu par l'article 9, les parens de l'absent *au degré successif*, est-il dit, peuvent, après cinq années révolues depuis les dernières nouvelles, se faire en-

_____

(*) Art. 66 de la Charte, la confiscation est abolie.

l'incertitude, l'analogie tirée du laps de temps détérminé pour acquérir la prescription, ne peuvent balancer à nos yeux l'injustice de dépouiller de ses propriétés un homme que la loi répute vivant, de le réduire à la mendicité pour une négligence qui paraîtrait à nos yeux assez punie par la perte de ses revenus arréragés.

Il faut, pour rendre la loi conséquente avec elle-même, ou déclarer que l'absent est réputé mort au bout do trente ans, qu'à partir de cette époque ses biens seront irrévocablement acquis aux héritiers présomptifs qui en auront obtenu la possession provisoire, ou laisser à l'absent la perspective de rentrer dans ses biens pendant les cent années auxquelles la loi étend la présomption de sa vie.

Dans ce dernier cas toutefois, il serait convenable d'établir en principe, qu'au bout de trente ans d'absence, l'absent ne pourrait recueillir aucune succession. Lui conserver sa fortune acquise est un principe d'équité naturelle ; mais comme le droit de succéder dérive de la loi civile, le législateur peut déterminer l'époque après laquelle ce droit cessera de s'ouvrir en faveur d'un absent.

21. Lorsque les héritiers présomptifs, dit l'art. 21, ont obtenu l'envoi en possession provisoire des biens de l'absent, *ses légataires, ses donataires, etc.*, peuvent exercer provisoirement leurs droits, etc.

Mais si l'absent est présumé vivre cent ans, ses légataires ne peuvent être connus qu'à cette époque. On suppose que l'absent ait fait un testament sous signature privée, dont l'usage est maintenu par le présent Code (liv. III, tit. IX, art. 71); se permettra-t-on de l'ouvrir avant l'expiration des cent ans? devancera-t-on la même époque pour faire exécuter le testament de l'absent contenu dans un acte public?

Plus on combine ensemble les différentes dispositions de ce titre, plus on est étonné de les voir établir et détruire tour à tour la présomption qui leur sert de base commune ;

stacles invincibles, empêchent un absent de donner de ses nouvelles pendant dix années.

Le priver à son retour de tous les fruits qui auraient été recueillis pendant son absence, ce serait quelquefois le priver de tout secours au moment où il reparaît dénué de tout : ce serait le plus souvent lui ôter les moyens d'obtenir justice, contre des parens qui abuseraient da sa position pour se perpétuer dans la jouissance de ses biens.

L'équité paraît exiger que les fruits recueillis pendant la durée de l'absence soient divisés par moitié : l'une serait attribuée aux parens à titre de dédommagement des soins que leur a coûté la conservation des biens ; l'autre serait restituée à l'absent, et lui offrirait une ressource qui, dans les premiers momens de son retour, pourrait être indispensable à sa subsistance.

129 L'article 14 veut qu'après trente ans, à dater du jour de l'envoi provisoire, les parens puissent demander l'envoi en possession définitif, et soient rendus propriétaires incommutables, en vertu du jugement qui le leur accorde.

Cette décision ne peut se concilier avec la fiction de droit consacrée par l'article 18, qui fait présumer la vie de l'absent jusqu'à sa centième année.

Si l'absent est présumé vivre jusqu'à cent ans, pourquoi le dépouiller irrévocablement de ses propriétés au bout de trente ?

127 On pense que, pendant les dix premières années de l'absence, les héritiers mis un possession provisoire devraient gagner la moitié des fruits : depuis dix ans jusqu'à trente, la totalité des fruits devrait leur être abandonnée.

132 Mais, quant à la propriété, il serait injuste de priver l'absent du droit d'y rentrer en quelque temps qu'il se représente ; il faudrait même lui accorder, au bout de trente ans, une modique provision sur les fruits échus, pour lui aider à se procurer les premiers besoins.

Le danger de laisser trop long-temps les propriétés dans

dant qu'il restera la plus légère incertitude sur la vie ou la mort de l'époux absent.

TITRE V.

Art. 15. Le délai de trois mois pendant lequel il doit être sursis au mariage des personnes qui n'ont pas vingt-cinq ans accomplis, si la famille refuse son consentement, est beaucoup trop court.

L'ivresse d'une forte passion n'est pas toujours dissipée dans un intervalle aussi rapproché. En portant ce délai à six mois ou un an, on serait plus assuré d'épargner à une jeunesse sans expérience, des regrets tardifs, et souvent inutiles.

19. C'est avec raison que cet article prive des effets civils les mariages contractés à l'extrémité de la vie.

Mais il conviendrait de ne pas les considérer comme tels, lorsqu'il serait prouvé par écrit, ou du moins établi par un commencement de preuve écrite, que, dans le temps où il jouissait de sa santé et du libre exercice de sa raison, l'époux décédé a voulu contracter le mariage, et qu'il en a été empêché par des obstacles invincibles, qui subsistaient encore au moment où il s'est vu atteint de sa dernière maladie. Cette exception aux édits de 1639 et 1697, avait été établie par la jurisprudence, adoptée par les jurisconsultes, et nous paraît d'une justice évidente.

TITRE VI.

45. Si le demandeur en divorce, porte cet article, néglige d'opposer l'exception de la réconciliation résultant de la grossesse, tout citoyen, *parent* ou *non parent* des époux, peut la dénoncer au commissaire.

Une pareille dénonciation peut être accueillie dans la bouche d'un citoyen parent des époux.

Mais il nous paraît contraire aux bonnes mœurs, de l'admettre de la part d'un étranger.

présenter toujours l'absent comme s'il vivait encore, et le dépouiller d'avance comme s'il était mort.

154 L'article 22 dispense les créanciers qui ont des droits à réclamer contre un absent, de la nécessité de lui faire nommer un curateur.

Cette précaution peut paraître superflue, lorsque les héritiers présomptifs de l'absent ont déjà été mis en possession de ses biens.

Mais, si les biens sont vacans, si aucun héritier présomptif ne se présente pour les défendre, on ne voit pas quel motif engagerait à dispenser les créanciers de l'absent de remplir la formalité facile et peu dispendieuse de le faire pourvoir d'un curateur.

SECTION III.

239 27 et 28. Les deux premiers articles de cette section contiennent des dispositions qui ne paraissent pas s'accorder l'une avec l'autre:

Le premier n'autorise l'époux d'un absent à contracter un nouveau mariage que sur la preuve positive du décès de l'autre.

Le second (art. 28) suppose néanmoins qu'il ait été contracté un nouveau mariage, et décide que cette seconde union ne peut être dissoute sous le prétexte de l'incertitude de la vie ou de la mort de l'absent.

Laisser entrevoir que l'époux demeuré dans sa patrie, peut, dans un seul cas, passer à de nouveaux liens sans preuves positives du décès de l'époux absent, n'est-ce pas l'inviter à chercher les moyens d'enfreindre la loi?

Il est si facile de séduire des témoins, ou de mettre en défaut la sagacité d'un officier de l'état civil!

Pour assurer l'observation rigoureuse du principe, il faut établir qu'en aucun cas l'époux présent ne pourra former de nouveaux nœuds, si la preuve du décès de l'autre n'est légalement établie, et déclarer nul tout mariage contracté pen-

serait convenable de l'exprimer d'une manière plus claire.

TITRE VIII.

16. Cet article porte que la cause de la disposition offi-cieuse doit être spécialement exprimée.

On ne peut qu'approuver la sagesse de cette mesure.

Mais il ajoute que la même *cause doit être juste ;* qu'elle doit être encore subsistante à l'époque de la mort du père ou de la mère disposant.

Cette seconde partie de l'article nous paraît immorale, dangereuse, propre à consacrer en principe la violation de la loi.

Elle est immorale ; car elle invite les petits-fils, au pro-fit desquels doit tourner la disposition officieuse, à traduire leurs pères devant les tribunaux, pour faire prononcer que la cause en est juste ; c'est-à-dire, à plaider contre leurs pères pour les faire déclarer dissipateurs.

Elle favorisera la violation de la loi : un fils dissipateur, instruit que son père a fait ou se propose de faire à son pré-judice une disposition officieuse, feindra de changer de con-duite, ou prendra des précautions pour cacher ses prodiga-lités.

La cause ne paraîtra plus subsister au moment où son père mourra. Une fois investi de la propriété de ses biens, le fils jettera le masque, et se livrera désormais sans contrainte à son goût pour la dissipation.

Ne vaudrait-il pas mieux s'en rapporter, sur la justice *de la cause*, à la prudence des pères, que de fomenter des dis-sensions scandaleuses entre les enfans et les petits-enfans, ou de rendre une loi qu'il sera si facile d'éluder.

TITRE IX.

Art. 1er. Les auteurs du projet ont cru devoir fixer la ma-jorité à vingt-un ans ; et, cependant, ils ont prorogé jus-qu'à vingt-cinq, la nécessité de rapporter le consentement paternel pour le mariage.

Quelque favorable que soit le rapprochement des époux divorcés, il ne doit avoir lieu que sous les auspices de la famille, ou de l'autorité publique. Le concours des étrangers peut souvent mettre la pudeur aux prises avec la méchanceté, la curiosité indiscrète, le plus scandaleux espionnage.

TITRE VII.

171 Art. 9. Cet article nous paraît renfermer une disposition odieuse. Le droit de désavouer un enfant né pendant le mariage ne doit appartenir qu'au père. L'injure est personnelle au mari : s'il meurt sans avoir formé sa plainte, personne ne doit être admis à contester la légitimité d'un enfant dont le père a reconnu l'état par son silence.

313 14. La disposition de cet article donne à tout enfant qu'on voudra introduire dans une famille étrangère une facilité dangereuse de faire réussir cette usurpation.

Malgré toutes les précautions que peut prendre le législateur, les registres de l'état civil sont souvent tenus avec beaucoup de négligence.

Il suffira que le décès d'un enfant dont la naissance est prouvée n'y soit pas constaté, pour que le premier venu aspire à prendre sa place : on le présentera comme un enfant exposé, abandonné, ou dont on a supprimé l'état; et le silence du registre lui fournira un commencement de preuve par écrit, à l'aide duquel il forcera les tribunaux d'admettre l'offre d'une preuve testimoniale.

On pense que pour autoriser, de la part d'un enfant, une pareille demande, il faut d'abord l'obliger de prouver qu'il a été *exposé* ou *abandonné*. Ce premier fait, qui sert de base à son action, une fois établi, le silence du registre sur le décès d'un enfant du même âge que lui peut être invoqué comme un commencement de preuve écrite, qui doit plus aisément faire accueillir les autres preuves de la suppression de son état.

Si c'étaient là les intentions des rédacteurs du projet, il

On espère que cette omission sera réparée dans la révision que va subir le projet de Code.

L'article 107 renferme une disposition très dangereuse 48, pour les mineurs émancipés ; c'est celle qui leur permet de recevoir un capital mobilier, et d'en donner décharge.

Cette disposition paraît inconciliable avec celle qui précède, et avec celle de l'article 108, qui la suit immédiatement. La première réduit le mineur aux actes de pure administration ; la seconde ne lui permet de s'obliger qu'à concurrence d'une année de ses revenus.

Il peut arriver que toute la fortune d'un mineur émancipé consiste en capitaux mobiliers. L'autorisation de les recevoir et d'en donner échange, lui donne la funeste facilité de dissiper son patrimoine.

Nous pensons que pour garantir ses intérêts, et pour concilier ensemble toutes les parties de la loi, la faculté accordée au mineur émancipé, de recevoir ses capitaux et d'en donner quittance, devrait être subordonnée à la nécessité de faire emploi.

Cette obligation imposée au mineur pourra quelquefois être gênante pour lui ; mais elle lui deviendra plus souvent avantageuse, en le préservant du danger de consommer imprudemment sa fortune.

LIVRE III.

TITRE PREMIER.

165. Cet article est obscure, et mérite d'être un peu plus 845 développé.

On ne conçoit pas, au premier coup d'œil, comment le fils peut venir, par représentation de son père, à la succession de l'aïeul, en même temps qu'il répudie la succession de son père.

S'il vient par représentation de son père, il ne recueille

Les raisons qu'ils donnent dans le discours préliminaire , pour justifier cette innovation , sont ingénieuses ; mais elles ne nous paraissent pas également solides.

Si, d'un côté , l'esprit de société et d'industrie donne aux ames un ressort qui supplée aux leçons de l'expérience , il est certain aussi qu'aujourd'hui l'éducation des jeunes gens est plus négligée , l'instruction publique à peu près anéantie , la corruption des mœurs plus générale.

Toutes ces causes, qui multiplient contre la jeunesse les chances de séduction et d'imprudence, disparaîtront un jour, nous osons l'espérer, par les soins d'un Gouvernement qui a la volonté et le pouvoir de cicatriser les plaies de la France.

Mais elles subsistent et subsisteront quelque temps encore.

Et, comme les lois doivent d'abord être appropriées aux besoins de la génération présente , nous pensons qu'il est plus nécessaire que jamais de fixer la majorité à vingt-cinq ans , pour les autres actes de la vie civile , comme elle l'est pour le mariage.

427   46. Dans le nombre des fonctionnaires publics que la loi dispense de la tutelle , on est étonné de ne pas trouver les juges des tribunaux de première instance et ceux des tribunaux d'appel.

Les juges de première instance , quoiqu'ils ne soient pas sujets à s'écarter beaucoup de leurs foyers , voient tout leur temps rempli par des occupations multipliées. Mais les motifs qui doivent faire exempter de cette charge les juges des tribunaux d'appel sont plus puissans encore.

Le ressort de ces tribunaux étant formé par la réunion de plusieurs départemens , un très grand nombre de juges d'appel sont obligés d'abandonner leur domicile pour aller résider dans les villes où siégent les tribunaux auxquels ils sont attachés.

L'assiduité qu'exigent leurs fonctions ne leur permet pas de s'occuper des détails d'une tutelle , de gérer des biens éloignés , de suivre des affaires qui souvent les appelleraient hors du lieu où leur devoir les attache.

Nous pensons qu'il serait plus juste d'établir que, dans tous les cas, la peine conventionnelle serait rigoureusement exigible.

Laisser à l'arbitrage du juge le droit de la modérer en quelque cas que ce soit, c'est la rendre illusoire dans tous, ou du moins encourager les procès sur toutes les obligations qui contiendront des conventions de ce genre.

Les contrats sont une loi que les parties se sont volontairement imposée ; on en pèsera les clauses avec plus de précaution, lorsqu'on saura que rien ne peut dispenser de les exécuter à la lettre.

La même remarque s'applique à l'article 123, où l'on trouve la même disposition érigée en principe.

136. Le paiement, suivant cet article, est valable à l'égard du créancier, et ne peut être répété contre lui par le débiteur, quoiqu'il ait été fait au préjudice d'une saisie ou d'une opposition.

Ce principe est juste dans le cas où le débiteur n'a pas été obligé de payer une seconde fois au créancier de son créancier, en vertu de l'opposition ou de la saisie.

Dans le cas contraire, il blesse tous les principes de l'équité.

Ce second paiement que le débiteur s'est vu forcé de faire à l'auteur de la saisie ou de l'opposition n'en libère pas moins le créancier, qui, vis-à-vis de ce dernier, se trouvait lui-même débiteur. Il nous paraît injuste de refuser au débiteur son recours de garantie contre le créancier qui a reçu son dû, malgré l'opposition.

Ce débiteur a commis une imprudence, sans doute ; mais cette imprudence n'est-elle pas assez punie par l'obligation qu'on lui impose de commencer par acquitter une seconde fois la même somme dans les mains de celui qui a fait l'opposition ou la saisie, en lui laissant le soin de se faire rembourser comme il pourra par le créancier ? C'est le traiter avec une rigueur outrée, que d'ajouter à cette première

que comme héritier de celui-ci ; et renonçant à la succession de son père, il répudie nécessairement celle de l'aïeul, qui se trouve confondue avec l'autre.

L'application de cet article ne peut se réaliser que dans un seul cas ; c'est celui où le père est mort après que la succession de l'aïeul s'est ouverte en sa faveur, mais avant de l'avoir acceptée. Le petit-fils alors vient par représentation du degré de son père ; il peut en même temps renoncer à l'hérédité du père, et accepter celle de l'aïeul.

C'est ce qu'il conviendrait d'expliquer d'une manière plus claire, afin de prévenir les fausses interprétations dont l'obscurité de cet article le rend susceptible.

880 L'article 200, après avoir posé en principe que le droit de demander la séparation du patrimoine du défunt d'avec celui de l'héritier se prescrit par trois ans relativement aux meubles, ajoute que cette action ne peut s'exercer, même dans ce délai, *si les créanciers ont laissé confondre les meubles du défunt avec ceux de l'héritier.*

Cette partie de l'article paraît obscure, et demande une explication.

Comment, en effet, des créanciers pourront-ils empêcher la confusion que fait des meubles du défunt avec les siens propres un homme qui s'est porté héritier pur et simple ? Quel moyen la loi les autorise-t-elle à prendre pour prévenir cette confusion ?

L'article n'en indique aucun. On ne trouve aucune disposition relative à cet objet dans le projet de Code.

Il faudrait suppléer à ce silence, et déterminer les précautions qu'auront à prendre les créanciers pour empêcher cette confusion de la part d'un héritier pur et simple.

TITRE II.

1152 49. On permet au juge de modérer la peine stipulée en cas d'inexécution d'une convention, si elle excède évidemment le dommage effectif.

ciable au créancier, et favoriser, au profit du débiteur, l'insertion frauduleuse d'une note portant libération.

Après la mort d'un créancier, par exemple, le débiteur ou quelqu'autre personne agissant dans son intérêt peut abuser de la confiance des gens qui habitent la maison où se trouvent les détenteurs des titres du créancier, insérer furtivement à la suite, en marge ou au dos d'un écrit sous seing privé, une fausse quittance; et quoiqu'elle ne soit ni datée, ni signée du créancier, cette note fera foi contre lui, et prouvera la libération d'un débiteur.

Il est aisé de faire une foule d'autres suppositions dans lesquelles la même fraude peut se réaliser pendant la vie du créancier et à son insu.

Ses héritiers ou lui se verront, par le fait d'un tiers, exposés à perdre une créance dont il n'ont jamais reçu le montant.

Le cas inverse, prévu dans la dernière partie de l'article, offre une chance plus favorable encore à la mauvaise foi. Il suffira au débiteur de faire écrire au dos du double d'un titre ou d'une quittance, qu'il a payé une somme, pour être dispensé de l'acquitter.

Quelque favorable que soit la libération, le législateur ne doit jamais la placer sous l'égide de la fraude.

Que le titre sous seing privé soit demeuré au pouvoir du créancier, ou qu'il se trouve dans les mains du débiteur, nous pensons que toute note mise à la suite, en marge ou au dos du titre, ne doit jamais constater la libération, si elle n'est écrite de la main du créancier, ou du moins signée par lui.

TITRE IV.

8. Cet article permet d'exécuter provisoirement, en donnant caution, tout jugement qui prononce la contrainte par corps, dans le cas même où le jugement est attaqué par la voie de l'opposition ou de l'appel.

III. 13

peine celle de la perte de la somme, pour en faire profiter un créancier qui n'est pas lui-même exempt de reproche, puisque son inexactitude à payer ce qu'il devait a rendu des saisies ou des oppositions nécessaires contre lui.

1273   159. La novation, dit cet article, ne se présume point ; mais il faut que la volonté de l'opérer résulte clairement de l'acte.

Nous préférerions à cette disposition celle de la loi romaine, qui exigeait que la volonté d'opérer la novation fût littéralement exprimée dans l'acte.

L'expression littérale de la novation tranche toutes les difficultés : partout où elle ne se rencontre pas, il n'existe point de novation. Mais les discussions renaîtront sans cesse, lorsqu'on pourra la faire ressortir de l'acte par voie d'interprétation. Tout homme qui aura intérêt à invoquer la novation, lira clairement dans le contrat la volonté de l'opérer, tandis que l'autre en verra résulter avec la même évidence l'intention opposée.

1509   201. Que le mineur, dans le cas prévu par cet article, ne soit point restituable contre les conventions portées dans le contrat de mariage *au profit de l'autre conjoint*, rien de plus juste : c'est sous la foi de ces conventions que deux familles se sont unies ; elles doivent être inaltérables comme l'union qui leur a servi de base.

Mais on insère souvent dans les contrats de mariage, des conventions relatives à des étrangers, à des frères ou sœurs des conjoints, par exemple. La disposition de cet article favoriserait toutes les déceptions qu'on pourrait imaginer au préjudice d'un époux mineur, si, pour lui interdire le droit de les attaquer, il suffisait de les insérer dans son contrat de mariage.

Nous pensons que cette inviolabilité doit être restreinte aux conventions qui concernent purement l'un ou l'autre des conjoints.

1552   223. La disposition de cet article peut devenir très préjudi-

mauvaise foi reçoive l'argent que je lui avance pour les frais, compose avec le débiteur, ou s'entende avec lui pour le laisser à l'écart, revienne contre moi, et me force à payer, n'est-il pas évident que, d'après la loi projetée, je n'ai aucun moyen de me défendre de cette collusion frauduleuse ?

M'indiquera-t-on, comme un préservatif, la faculté que me donne l'article 18 d'agir, même avant d'avoir payé, contre le débiteur, pour me faire indemniser par lui ?

Je réponds que, si je dois commencer par exiger mon paiement du débiteur, le bénéfice de la discussion me devient inutile ; et si cette faveur de la loi n'est pas un piége qu'elle me tend, elle doit me mettre à l'abri des poursuites du créancier, jusqu'à ce qu'il ait discuté le débiteur, ou constaté l'insuffisance des biens que je lui ai désignés.

L'ancienne législation nous paraît plus conséquente et plus juste. Le créancier auquel on oppose la discussion, et qui peut l'exercer utilement, doit dabord épuiser les facultés du débiteur principal : les biens indiqués se trouvent-ils trop modiques pour le remplir de sa créance, c'est alors, mais alors seulement, qu'il est autorisé à revenir contre la caution.

TITRE VI.

30. Cet article contient une omission importante.

Supposons que le premier juge ait refusé d'accorder une hypothèque, et que le juge d'appel l'accorde en définitif, à quel jour fera-t-on remonter l'hypothèque ? sera-ce au jour du jugement de première instance, ou ne la fera-t-on dater que du jour du jugement d'appel ?

Nous pensons qu'il est juste de faire partir l'hypothèque du jour où le premier jugement a été rendu, et qu'il faut ajouter à l'art. 30 une disposition sur ce point.

31. Cet article est juste ; mais, comme, dans beaucoup de tribunaux, on n'est pas dans l'usage de retenir des notes des ordonnances d'exécution, il faudrait ordonner qu'elles se-

On peut reprocher à cette disposition, de compromettre un peu trop légèrement la liberté des citoyens. L'inadvertance d'un avoué peut laisser obtenir contre son client un jugement par défaut. Quelque éclairés que soient les tribunaux de première instance, le petit nombre de juges dont ils sont composés offre moins de garantie contre l'erreur.

Un bail de caution ne dédommagera pas une partie qui aura obtenu gain de cause sur son opposition ou sur son appel, de l'humiliation et des inconvéniens d'une incarcération précipitée.

On ne saurait mettre trop de circonspection lorsqu'il s'agit de prononcer sur un objet aussi délicat que la liberté des citoyens.

La justice et l'humanité nous paraissent exiger impérieusement qu'on ne permette d'exercer la contrainte par corps en matière civile, qu'en vertu d'un jugement passé en force de chose jugée.

TITRE V.

1024
2032   Les articles 11 et 18 de ce titre ne tendent qu'à rendre souvent illusoire le bénéfice de discussion.

Le premier accorde au créancier qui a négligé de discuter les biens qui lui ont été indiqués le privilége de poursuivre la caution, sous prétexte que la caution pouvait prévenir l'insolvabilité du débiteur, en usant du bénéfice de l'article 18, c'est-à-dire, en agissant, même avant d'avoir payé, contre le débiteur, pour se faire indemniser par lui.

Il semble que, lorsque j'ai indiqué des biens au créancier, lorsque je lui ai avancé les fonds nécessaires pour fournir à la discussion, ce créancier est seul blâmable de n'avoir pas discuté les biens que je lui avais désignés : le bénéfice de discussion ne deviendra pour moi qu'un avantage imaginaire, si, lorsque j'ai rempli toutes les conditions sous lesquelles la loi permettait de m'y admettre, il dépend du créancier de m'en faire perdre le fruit. Qu'un créancier de

indispensable de lui laisser, dans ce cas, la faculté de résilier le contrat.

On peut induire de l'article 57 que cette faculté doit lui être réservée; mais, pour écarter les doutes qu'on pourrait élever sur ce point, il eût été à propos de renvoyer à ce dernier article.

TITRE VIII.

146 et 164. Ces deux articles attribuent aux tribunaux de première instance le pouvoir de prononcer, en dernier ressort, sur les ventes forcées des immeubles : ils interdisent et l'appel et le recours en cassation.

Le souvenir des longueurs interminables qu'entraînaient autrefois les procédures décrétales a suggéré aux auteurs du projet l'idée de cette procédure expéditive.

Mais, en voulant éviter un mal, on est tombé dans l'excès contraire. Quelque soin qu'on ait pris de simplifier les formalités des ventes forcées des immeubles, elles sont encore très compliquées. Comment s'assurera-t-on que les tribunaux de première instance ne les ont pas violées, si leurs jugemens ne sont sujets à aucune révision ? Est-il bien conséquent de soumettre à l'appel les jugements de première instance, qui statuent sur un objet excédant mille francs, et de leur attribuer une autorité souveraine dans une matière où peuvent s'agiter des intérêts infiniment plus considérables?

Il n'est pas de débiteur qui ne doive trembler sur le sort de ses propriétés, s'il peut en être dépouillé, et dépouillé irrévocablement, par l'opinion de deux hommes, que leur petit nombre, le défaut de lumières qu'ils puissent appeler au secours des leurs, et surtout la certitude de n'avoir aucune censure à redouter, rendent plus accessibles à l'erreur ou à la prévention.

Qu'on prenne des mesures propres à concilier les intérêts du débiteur saisi avec la prompte expédition de la justice ; qu'on fixe aux tribunaux d'appel un délai très court pour

raient consignées au greffe dans un registre particulier, à mesure qu'elles seraient délivrées.

2125   L'article 34 présente une faute d'impression ou un sens louche.

L'hypothèque, est-il dit, pour supplément du prix d'une vente *ordonnée par jugement*, n'a lieu qu'en vertu d'un jugement.

Est-ce la vente qui est *ordonnée* par jugement ? Point de doute que l'hypothèque ne doive avoir lieu qu'en vertu de ce jugement. Il paraissait inutile d'en faire le sujet d'une décision.

A-t-on voulu dire que, lorsqu'un supplément de prix de vente est accordé par jugement, c'est du jugement seul que résulte l'hypothèque, et non pas du contrat de vente originaire ? Cette difficulté mérite d'être résolue par le législateur.

Mais l'expression *ordonnée* est impropre : en y substituant le mot *adjugé* ou *accordé*, on ferait évanouir l'équivoque.

TITRE VII.

36. La disposition de cet article peut devenir très préjudiciable à l'acquéreur, et n'est propre qu'à décourager le commerce des immeubles.

2192   L'article 53 permet à l'acquéreur de se refuser à la division du contrat, lorsque les immeubles sont situés dans le même arrondissement. Pourquoi, lorsqu'ils sont dans des arrondissement différens, l'oblige-t-on à souffrir cette division ?

Il peut arriver que l'immeuble sur lequel porteront les enchères soit précisément celui que l'acquéreur affectionne le plus, et sans lequel il n'eût pas acheté les autres.

Cet article autorise à le dépouiller de l'objet auquel il attache le plus de prix, et le laisse chargé de ceux qu'il se souciait le moins de conserver.

Nous pensons que pour être juste envers l'acquéreur, il est

femme, par l'article 57, que dans cas où *sa dot est mise en péril* par la mauvaise conduite du mari.

Cependant, une femme qui n'a point apporté de dot peut avoir une industrie qui lui en tienne lieu. N'est-il pas aussi fâcheux pour elle de voir les produits de cette industrie servir d'aliment aux débauches du mari, ou devenir la proie de ses créanciers ?

Nous pensons qu'une femme placée dans cette position devrait être admise à demander la séparation des biens. Cette opinion est celle de *Pothier* (*), et d'une foule d'autres jurisconsultes recommandables.

65. Cet article donne aux créanciers du mari la faculté 1447 d'intervenir dans l'instance sur la demande en séparation de biens, et de la contester, si elle est provoquée en fraude de leurs droits.

Cette disposition est sage ; mais elle ne nous paraît pas suffisante : il faudrait obliger la femme d'appeler dans l'instance en séparation, les créanciers poursuivants, s'il y en a, ou s'il n'y a pas de poursuites commencées, quelques-uns des principaux créanciers. Cet usage, introduit dans la jurisprudence de quelques tribunaux supérieurs, a produit les plus heureux effets.

67. La femme qui a obtenu sa séparation de biens peut, 1443 d'après cet article, disposer de son mobilier, et l'aliéner.

Il est possible, toutefois, qu'elle n'ait apporté qu'une dot pécuniaire, dot qu'elle sera libre de dissiper aux termes de cet article.

La prudence, et l'intérêt des femmes, exigent que celles dont la dot consiste en une somme d'argent ou en effets mobiliers ne puissent la recevoir, après la séparation de biens, qu'à la charge d'en faire emploi.

TITRE XI.

44. S'il a été vendu deux fonds par le même contrat, dit 1615

(*) *Voyez* les notes sur l'art. 1443, dans mon Pothier analysé.

statuer sur les affaires de cette nature ; qu'on permette, si l'on veut, de continuer provisoirement la procédure sur l'adjudication, sauf à prononcer sur les appels des jugemens interlocutoires, lorsqu'on s'occupera de celui du jugement définitif, nous applaudirons à la sagesse de ces précautions.

Mais nous regardons comme une innovation aussi injuste que dangereuse le projet de soustraire à la surveillance des tribunaux d'appel les jugemens que rendront ceux de première instance dans une matière aussi importante.

TITRE IX.

855 60. Aux deux causes de révocation des donations pour cause d'ingratitude, exprimées dans cet article, il nous paraît convenable d'en ajouter une troisième : c'est le refus des alimens fait par le donataire au donateur tombé dans l'indigence.

971 70. Deux notaires, aux termes de cet article, peuvent recevoir un testament par acte public.

Cette formalité suffisait dans les pays coutumiers : elle est autorisée par l'ordonnance de 1735 ; mais elle ne nous en paraît pas moins dangereuse.

Dans presque tous les pays où les notaires sont autorisés à recevoir les actes publics au nombre de deux, il est d'usage que l'acte soit reçu par un seul notaire, qui le fait signer, après coup, par un de ses confrères ; et celui-ci n'en prend jamais lecture.

Ainsi, dans le fait, un seul notaire pourra faire le testament d'un homme, à l'insu de ce dernier, et sans qu'il s'en doute.

Un acte aussi important doit être garanti par des formes plus rassurantes et moins faciles à contrefaire. On proposerait, pour écarter ce danger, d'établir que la donation testamentaire faite par acte public sera reçue par deux notaires *présens* et assistés de deux témoins, ou par un notaire assisté 974 de quatre témoins, dont deux au moins devront savoir signer.

TITRE X.

1445 57. La demande en séparation de biens n'est permise à la

reur poursuivi en *desistat* se laissera condamner sans appeler son vendeur, il sera irrévocablement déchu de l'action en garantie.

C'est le vrai moyen de rendre les acheteurs plus circonspects, et d'éviter toutes contestations entre eux et les vendeurs. Au lieu de deux procès auxquels peut donner lieu l'action en *desistat*, elle n'en fera jamais naître qu'un seul : la demande en délaissement et celle en garantie seront toujours terminées par un seul et même jugement.

Du principe consacré par les derniers termes de cet article, il peut résulter un inconvénient très grave : c'est que le même tribunal se voie forcé de rendre sur la même affaire deux jugemens directement contraires l'un à l'autre.

Un acquéreur attaqué en délaissement se sera mal défendu ; il aura été condamné.

Il reviendra par action en garantie contre son vendeur. Celui-ci prouvera que l'acquéreur a négligé des moyens de droit suffisans, pour faire rejeter la demande. Il développera ses moyens ; le tribunal, subjugué par leur évidence, ne pourra se dispenser de les accueillir. On verra les mêmes juges décider, souvent dans un intervalle très rapproché, qu'une même demande, entre les mêmes parties, est et n'est pas fondée ; que le délaissement devait et ne devait pas être ordonné.

Ne peut-il pas même être dangereux quelquefois de placer des juges entre le sacrifice de leur conscience et celui de leur amour-propre.

69. Il paraîtrait plus convenable de fixer un délai pour 1649 exercer l'action résultant des vices redhibitoires, que d'en subordonner la durée à la nature du vice et à l'usage des lieux.

74. Cet article rappelle une omission qui doit être sup- 1655 pléée, parce que le cas se présente souvent.

On suppose que l'acquéreur ne soit pas encore évincé, mais qu'il se voie menacé de l'être par une cause qu'il ne connaissait pas au moment du contrat.

cet article, avec l'expression de la mesure de chacun, et qu'il s'en trouve moins en l'un et plus en l'autre, on fait compensation à concurrence, etc.

Est-ce la compensation des *mesures*, ou la compensation des *valeurs*, qui doit se faire à concurrence?

La première pourrait être très désavantageuse à l'acheteur; car on peut avoir vendu, par le même contrat, deux fonds d'une valeur fort inégale.

La compensation des valeurs est évidemment la seule qui ménage également les intérêts du vendeur et ceux de l'acheteur : c'est ce que l'article ne dit pas, et ce qu'il devrait dire.

1637 58. Cet article porte que si, dans le cas de l'éviction de partie de la chose, la vente n'est pas résiliée, la valeur de la partie évincée est remboursée à l'acquéreur *suivant son estimation à l'époque de l'éviction*, et non proportionnellement au prix total de la vente.

Rien n'est plus juste dans le cas où, depuis la vente, les fonds ont augmenté de valeur.

Mais, s'ils ont diminué depuis cette époque, la justice exige que le fonds évincé soit remboursé à l'acquéreur, non pas suivant sa valeur actuelle, mais proportionellement à celle qu'il avait au moment du contrat.

On ne peut invoquer ici le principe d'équité, qui veut que les risques de gain et de perte soient également partagés par le vendeur et par l'acheteur.

Le vendeur est toujours coupable de mauvaise foi de m'avoir vendu une chose qui ne lui appartenait pas, ou dont le prix était absorbé par des dettes hypothécaires. S'il y a de la perte, elle doit toujours retomber sur lui. Or, l'acquéreur seul se verrait exposé à perdre, si, lorsque la valeur des fonds a diminué, on lui remboursait la partie évincée à un prix moindre que celui pour lequel elle était entrée dans la vente du total.

1640 61. Il faudrait retrancher la dernière partie de cet'article, et décider en principe que toutes les fois que l'acqué-

Mais on connaît, dans une partie de la France, et particulièrement dans les pays régis par le droit écrit, le nantissement des immeubles : c'est le contrat qu'on désigne sous le nom d'*antichrèse*.

Ce contrat, quoiqu'il ne soit pas en usage à Paris, a cependant été maintenu ailleurs, à cause des facilités qu'il offre au débiteur qui ne possède que des immeubles, de se libérer en les cédant en gage au créancier, lequel se paie sur les revenus. On invite les auteurs du projet à peser les avantages et les inconvéniens de ce contrat.

S'ils croient devoir en généraliser l'usage, il faut en tracer les règles : s'ils persistent à penser qu'il doit être aboli, il serait nécessaire de décider, en principe, que les immeubles ne peuvent être donnés en gage ou en nantissement.

TITRE XX.

21. « Ceux à qui les fermiers, dépositaires et autres dé- 2259
« tenteurs précaires ont transmis la chose par un titre trans-
« latif de propriété peuvent la prescrire. »

Il faudrait ajouter, *pourvu qu'ils aient ignoré le titre du vendeur :* car, s'ils ont su que le vendeur ne possédait qu'à titre précaire, ils sont acheteurs de mauvaise foi, et ne doivent pas être admis à prescrire.

57. Les juges et avoués, est-il dit, sont déchargés des 2276
pièces cinq ans après les jugemens des procès.

Il est on ne peut pas plus inconvenant de rendre les juges responsables des procédures dont ils ont été chargés de faire le rapport.

Cette responsabilité, qu'on n'avait jamais imaginé de faire peser sur leur tête, ne peut que les mettre en butte aux tracasseries des plaideurs qu'ils auront été forcés de condamner, et avilir la magistrature.

L'avoué qui aura égaré les pièces d'une procédure après le jugement ne manquera jamais, pour se disculper aux yeux de la partie, de diriger ses soupçons sur le rapporteur.

Pourra-t-il intenter l'action en garantie contre le vendeur, s'il lui a déjà payé le prix de son acquisition ; suspendre le paiement, s'il n'est pas encore effectué, ou forcer le vendeur à donner caution ?

Cette question est diversement jugée par les différens tribunaux : elle mérite d'être résolue par une loi positive.

94. Les créanciers du vendeur, est-il dit, ne peuvent user de la faculté de réméré qu'il s'est réservée.

Lorsque le vendeur n'a pas d'autre bien, nous pensons qu'il serait juste d'autoriser à user de la faculté de réméré que le vendeur s'est réservée les créanciers *porteurs d'un titre antérieur à la vente et qui aurait une date certaine.*

TITRE XIII.

90, 91 et 92. La revendication accordée par ces trois articles au propriétaire du cheptel est conforme à la justice.

Mais il faudrait fixer le délai pendant lequel il serait admis à l'exercer.

TITRE XVI.

1961   43. Il serait utile de rappeler ici, et de placer au rang des cas dans lesquels le juge peut ordonner le dépôt judiciaire le privilége du propriétaire sur les meubles qui garnissaient sa maison ou sa ferme, lorsqu'ils ont été déplacés sans son consentement.

TITRE XVII.

7. Il faudrait obliger le porteur d'une procuration en blanc à la remplir de son nom avant d'en faire usage.

Sans cette précaution, le porteur peut, après la consommation de l'acte, remplir la procuration du nom d'une autre, et fournir au mandant un prétexte de quereller la validité du contrat, comme ayant été souscrit par un homme sans pouvoir.

TITRE XVIII.

2071-
2072   Ce titre ne parle que du gage ou du nantissement des choses mobilières.

tipliés que le nouveau Code n'a pas prévus, au hasard des conjectures et au vague de l'arbitraire.

Les Codes des peuples, a-t-on dit, avec beaucoup de raison, dans le discours préliminaire, se font avec le temps; mais, à proprement parler, on ne les fait pas.

Il faut donc attendre que le temps et l'expérience aient indiqué les changemens dont celui-ci est susceptible, les améliorations qui peuvent le perfectionner, pour l'élever seul au milieu des ruines de la législation ancienne.

Jusque là il est imprudent d'étendre exclusivement son empire au-delà des dispositions qu'il renferme, et des consé-quences que la raison et l'équité peuvent en déduire.

OMISSIONS A SUPPLÉER.

Nous avons remarqué dans ce projet de Code, plusieurs omisssons importantes qu'il nous paraît essentiel d'indiquer :

1° Il n'y est point parlé des transactions, matière intéres- ₂₀₄₄ sante, et qui semblait devoir obtenir une place dans la partie qui traite des conventions;

2° Le projet de Code est également muet sur l'arbi-trage (*) : il semble, toutefois, que les principes de cette ju-ridiction amiable doivent faire partie du Code civil, et qu'ils y seraient plus convenablement placés que dans le Code judi-ciaire, dont l'objet principal sera de régler les formalités de la procédure;

3° D'après le projet (livre Ier, tit. VII, art. 1er), la loi ne reconnaît que deux sortes de filiation :

Celle des enfans nés dans le mariage;

Celle des enfans nés hors le mariage.

Cependant, des lois faites dans le cours de la révolution en établissaient une troisième espèce : c'est l'adoption, dont le principe devait être consacré, le mode et les effets réglés par le Code civil.

Sur la foi de ces lois, plusieurs adoptions ont été faites;

(*) *Voyez* l'art. 1013 et suiv. du Code de procédure.

Jusqu'ici les procureurs ou les avoués étaient seuls chargés de la garde des procédures ; seuls, ils étaient tenus de les représenter aux parties : les juges n'étaient obligés que de faire constater sur les registres du greffe, le jour où ils les en avaient retirées et celui où ils les y avaient fait rétablir,

Nous pensons qu'il faut maintenir cet usage, et rayer le mot *juges* de l'article 57.

DISPOSITIONS GÉNÉRALES.

Par la disposition générale qui termine le projet de Code, on abolit les lois romaines, les ordonnances, les coutumes générales ou locales, les statuts, les réglemens, *dans les matières qui sont l'objet du présent Code*; conformément, est-il dit, à ce qui est expliqué dans le discours préliminaire.

Pour justifier cette abrogation générale de tous les Codes en vigueur jusqu'à ce jour, il faudrait que celui-ci pût seul suppléer à tous les autres ; qu'il décidât, sinon tous les cas qui peuvent se présenter, du moins le plus grand nombre, et ceux qui s'offrent plus fréquemment.

Cependant, on ne peut se le dissimuler, quelque précis, quelque méthodique que soit le projet qu'on vient d'examiner, il offre plutôt un excellent abrégé du droit civil, qu'un Code complet.

Le discours préliminaire indique, comme devant servir de supplément au Code, l'usage établi, la jurisprudence, les règles de l'équité.

Mais l'usage, la jurisprudence, ne sont que le développement ou l'explication des lois positives qui nous ont gouvernés jusqu'à présent.

Abroger tout d'un coup et d'un seul trait toutes ces lois antérieures, non pas uniquement sur les points décidés par le nouveau Code, mais sur des matières qui s'y trouvent traitées, c'est ôter à l'usage, à la jurisprudence, leur plus solide appui ; c'est épaissir les ténèbres dont notre législation civile était enveloppée, en livrant les cas extrêmement mul-

coutumes bizarres et presque toujours opposées, des arrêts versatiles, des auteurs qui se contredisaient : tel était notre droit civil. Mais comment rompre les habitudes, les préjugés d'une foule de pays et de peuples soumis à des usages divers? Quel homme, quelle puissance eût osé essayer de refondre ce chaos immense, informe, et le réduire au petit nombre de principes et de règles que la nature et l'étude peuvent offrir dans ce genre! Les essais tentés depuis près d'un siècle attestent la difficulté de l'ouvrage : il a fallu le concert de volontés que la révolution a produit, pour concevoir la possibilité d'un changement absolu; il a fallu le courage de la commission pour l'entreprendre : honneur au Gouvernement qui en a conçu le projet; honneur aux hommes qui l'ont exécuté! Non pas que cet ouvrage soit tout-à-fait ce qu'il doit être; l'homme atteint rarement la perfection, du premier effort : mais il n'en est pas moins un monument précieux du génie, de la sagesse et du travail. Le premier et presque le seul sentiment qu'ait éprouvé le tribunal à la lecture du projet, était de porter à la commission le tribu de son estime; mais, puisque les invitations réitérées du gouvernement appellent sur cet ouvrage les recherches et les réflexions de tous, le tribunal va proposer les observations qu'un examen approfondi lui suggère.

Il en est une qui s'applique au projet considéré dans son ensemble; c'est le mélange presque continu de principes et de mesures d'exécution. Un Code ne devrait être que le recueil des principes et des règles sur chaque matière; le mode d'exécution est l'objet des lois réglementaires. Ce mélange ôte beaucoup à la dignité de l'ouvrage.

D'un autre côté, il est impossible que, dans un temps peut-être assez prochain, il n'y ait pas quelques changemens dans ces dispositions réglementaires. Cette atteinte portée à l'ouvrage en affaiblit la considération : ce n'est plus alors cette arche sacrée qui devait rester intacte et survivre au temps; chacun croira pouvoir lui porter quelque coup.

et le silence du Code laisse encore dans l'incertitude l'état et les droits des enfans adoptifs.

345 et suiv

Il conviendrait que le Code civil se prononçât sur cette matière; qu'il autorisât ou proscrivît expressément l'usage de cette paternité fictive;

A moins que l'intention du Gouvernement ne fût de faire statuer par des lois particulières sur toutes ces innovations de circonstance qui n'ont que trop, jusqu'ici, bouleversé le repos des familles, et que nos affections et nos mœurs s'accordent également à repousser.

4° Cette résolution, si elle a été prise par le Gouvernement, nous interdit toute remarque sur une autre omission non moins importante, et qu'on s'attendait à voir réparer par le Code civil.

Nous voulons parler des enfans naturels dont les pères sont morts, ou mourront dans l'espace intermédiaire entre la promulgation de la loi du 12 brumaire an 2 et celle du Code civil. L'article 10 de cette loi tient en suspens l'état et les droits de ces enfans naturels; il est temps de les fixer ou par une disposition du Code, ou par une loi séparée (*).

Fait au tribunal, à Bordeaux, le 23 prairial an IX de la république. Signé BRESETS, *président.* Par le tribunal : *signé* MICHEL, *greffier.*

N° 8. *Observations du tribunal d'appel séant à* BOURGES.

Depuis long-temps les bons esprits sentaient le besoin d'un Code civil en France; il était affligeant qu'un État, simple dans son gouvernement, fût aussi compliqué dans sa législation. Quelques ordonnances isolées, une multitude de

(*) Le Code civil règle l'État et les droits des enfans naturels pour les successions ouvertes depuis la loi du 12 brumaire (Cassat. 10 vendémiaire an xii).

TITRE IV. — *Des absens.*

Art. 13. « Si l'absent ne reparaît qu'après dix ans d'envoi [127] « en possession, les héritiers ne rendent pas les fruits ; seu- « lement le tribunal peut lui accorder une somme conve- « nable pour subvenir aux premiers besoins. »

La somme convenable dépend des circonstances, de la qualité de l'absent, des dépenses auxquelles il aura été forcé, quelquefois même de la faveur plus ou moins grande qu'il mérite.

Ces mots, *premiers besoins*, resserrent trop ; d'un autre côté, une latitude trop grande a ses dangers.

On propose que la somme ne puisse être au-dessous de deux années de revenu, ni au-dessus de cinq.

Art. 14. « L'envoi en possession définitif rend, après [129.] « trente ans révolus de l'envoi en possession provisoire, [132] « propriétaire incommutable..... »

Comment concilier cet article avec le sixième du même titre, suivant lequel la mort ou l'existence de l'absent sont incertaines jusqu'à cent ans révolus du jour de sa naissance ; et avec le dix-huitième, suivant lequel ce n'est qu'après cent ans que la succession est irrévocablement acquise aux parens ?

La précaution de solliciter un envoi définitif ne peut pré- valoir contre le principe sur la durée présumable de la vie de l'absent, ni contre l'équité, qui réclame perpétuellement pour le propriétaire : c'est assez qu'il perde les fruits. L'envoi en possession ne doit jamais être que provisoire.

Art. 16. « Si les enfans que l'absent avait emmenés avec [133] lui..... ».

Il résulterait du sens grammatical de cet article que, si les enfans et descendans de l'absent se présentaient après les trente ans, lors même qu'il n'y aurait pas d'envoi définitif, ils seraient exclus. Cette doctrine serait une étrange erreur. La possession continue au même titre qu'elle a commencé,

Le tribunal avait d'abord conçu l'idée de séparer les dispositions réglementaires, et de réduire le Code au petit nombre de principes et de règles qui doivent constituer notre législation : mais c'était un travail immense, et pour lequel ne pouvait suffire le peu de temps donné pour l'examiner.

D'ailleurs, il a semblé que les observations demandées portaient plus sur les détails que sur l'ensemble. Le tribunal s'est donc contenté de suivre l'ouvrage tel qu'il est, et d'y faire les remarques dont il lui a paru être susceptible.

Quelques-unes ne tiennent qu'à des fautes d'impression, des vices de rédaction. Ces détails sont minutieux, sans doute ; le tribunal n'a pas cru qu'il dût les dédaigner ; il n'a écouté que son devoir, et le désir de voir cet ouvrage porté au point de perfection dont il est digne.

LIVRE PREMIER. — *Des personnes.*

TITRE Ier. — *De la mort civile.*

Art. 28. « La mort civile n'est encourue que du jour du « jugement.... »

La loi présume toujours que, jusqu'à l'exécution, il peut survenir des preuves favorables au condamné. De là est venue la règle que la mort civile est encourue seulement du jour de l'exécution réelle ou par effigie ; et que si le condamné meurt auparavant, il meurt *integrè status.* Il conviendrait donc de rédiger ainsi : *La mort civile n'est encourue que du jour de l'exécution du jugement.*

TITRE II. — *Actes de l'état civil.*

Art. 73. « Appel dans les dix jours...... »

Le délai est trop court. Les personnes appelées ou seulement intéressées peuvent être absentes ; elles seraient ainsi privées des moyens de se faire rendre et d'éclairer la justice. Sans doute, un long retard pourrait devenir dangereux : on concilierait tous les intérêts en fixant le délai à un mois.

« aïeule les remplacent ; et, s'il y a dissentiment entre eux ,
« la majorité des voix l'emporte. »

Il y a ici faute d'impression; il faut dire les *aïeuls et aïeules*,
autrement le cas de majorité ne se trouverait jamais.

Art. 17. « Le mariage est prohibé en ligne directe entre ₁₆₁
« les ascendans et les descendans, et réciproquement. »

Le mot *réciproquement* est superflu , puisqu'on ne peut
jamais trouver en ligne directe que des ascendans et des descendans.

CHAPITRE II.

Art. 25. « Les publications de mariage seront faites dans ₁₆₈
« la commune.... »

On n'a pas prévu le cas où les parties contractantes, ou
l'une d'elles , seraient en tutelle ; ainsi il convient d'ajouter
« que dans ce cas la publication sera faite au domicile du
« tuteur. »

Art. 31. « L'opposition doit être signifiée aux parties. » 66

Pour éviter les surprises, il faudrait que l'original fût visé
par l'officier public.

Art. 40. « Le défaut de réhabilitation de tels mariages ₁₉₂
« n'autorise ni les époux ni les tiers à en demander la nul- ¹⁹⁵
« lité.... »

Il y a contradiction avec l'article 21 , qui déclare formellement ces mariages nuls. L'ordre public exige que cette
nullité soit maintenue , les droits de l'époux de bonne foi et
des enfans étant conservés par l'article 50.

Art. 47. « L'officier public qui n'aurait rédigé un acte de ₅₂
« mariage que sur une feuille volante sera poursuivi crimi-
« nellement. »

Le cas s'est présenté dans les tribunaux , d'un mariage
légalement célébré , mais dont l'officier public n'avait pas
porté l'acte sur les registres ; la loi doit prévoir ce cas, et on
propose la rédaction suivante :

« Tout officier public devant lequel un mariage aurait été

or , avant l'envoi définitif, les parens ne jouissent que pro-visoirement ; dès lors, ils n'ont aucun titre à la propriété qu'ils puissent opposer aux enfans.

133   Art. 17. « Si les mêmes enfans ne se présentent qu'après « l'envoi définitif..... »

Pourquoi donc tant de rigueur contre de malheureux en-fans ? et quelle faveur peuvent donc mériter des collatéraux auprès d'eux ? Le système sur l'envoi définitif est injuste et barbare, surtout à l'égard des enfans : si le père a eu tort de s'absenter, eux ont dû le suivre ; où est donc leur crime ? C'est assez qu'ils perdent les fruits. On insiste pour faire retirer tout ce qui a trait à l'envoi définitif.

TITRE V.

CHAPITRE Ier. — Du mariage.

144   Art. 4. « L'homme ne peut se marier avant l'âge de « quinze ans..... et la femme avant celui de treize..... »

La puberté se manifeste rarement à quinze ans pour les hommes et à treize pour les filles ; mais alors même le tem-pérament n'est pas formé , et l'intérêt de l'État exige qu'on interdise les unions précoces. Les Lacédemoniens mariaient leurs enfans à.....

On propose dix-huit ans pour les hommes et quinze pour les filles.

145   Art. 10. « Les enfans, jusqu'à ce qu'ils aient atteint vingt-« cinq ans, ne peuvent contracter mariage..... »

C'est trop tard pour les filles; elles sont formées plus tôt au moral et au physique , et on perdrait inutilement un temps précieux pour la population.

Dans le cas où, à défaut du père, la famille est appelée à donner son avis, l'article 15 décide que si l'enfant a atteint vingt-un ans, on passe outre au mariage : en fixant, quant aux filles, le même âge pour tous les cas, on concilierait l'intérêt public avec les égards dus aux pères et mères.

Art. 13. « Si les père et mère sont morts.... les aïeul et

la publication et l'affiche de la demande en divorce, comme dans le cas de l'interdiction.

CHAPITRE III.

Art. 43. « L'enfant né avant le cent quatre-vingt-sixième « jour.... est présumé être conçu antérieurement.... »

Il résulte de cet article que l'enfant né après le cent quatre-vingt-cinquième jour est présumé conçu depuis le fait ou la demande.

A-t-on bien réfléchi que la femme pourrait toujours, par un adultère, faire présumer la réconciliation : sans doute on doit être sévère sur l'admission des moyens en divorce ; mais quand ils sont tels que la loi l'exige, il ne faut pas laisser à l'une des parties les moyens de les rendre inutiles.

Les naturalistes ont dit que l'enfant pouvait naître viable après le septième mois commencé : mais c'est un prodige ; il ne naît communément qu'à neuf mois; et, quelque défaveur qu'on attache au divorce, il est impossible de substituer la présomption d'un prodige aux règles ordinaires de la nature.

On propose donc de supprimer l'article, et d'y substituer celui-ci :

« L'enfant né dans les neuf mois , à compter de la de-« mande ou du fait qui y donne lieu , est présumé conçu an-« térieurement à ces deux époques. »

Art. 45. « Si le demandeur en divorce néglige d'opposer « la réconciliation..... le commissaire peut..... se pourvoir « en requête civile.... »

On observe que le mot *demandeur* est sans doute une faute d'impression ; on a voulu dire *si le défendeur au divorce, etc.*

On s'afflige du silence du projet sur l'adoption. Est-ce oubli? est-ce à dessein? C'est une consolation pour des époux sans enfans , un moyen de plus offert à l'exercice de tous les sentimens honnêtes, et à la prospérité de l'État.

On propose de permettre l'adoption, et de déterminer les règles pour les cas où elle peut avoir lieu, sa forme , ses effets, etc., etc.

« légalement contracté, et qui n'en aurait pas porté l'acte
« sur les registres, ou qui l'aurait rédigé sur une feuillle vo-
« lante, sera poursuivi criminellement, etc. »

TITRE VI. — *Du divorce*

CHAPITRE Iᵉʳ.

²⁸³   Art. 3. « Les délits qui donnent lieu au divorce sont.....
« l'abandonnement du mari par la femme, ou de la femme
« par le mari. »

On a voulu supprimer le divorce par consentement mutuel ; l'abandonnement en tiendra lieu.

CHAPITRE II.

²⁷⁰   Art. 36. « Lorsque le mari s'oppose aux scellés, ou en
« demande main-levée, le juge-de-paix statue sauf l'appel,
« et sa décision est provisoire. »

Ces mots, *sa décision est provisoire*, veulent dire, sans
doute, qu'elle s'exécute par provision ; mais elle peut être
infirmée sur l'appel, et le mobilier diverti dans l'intervalle.

L'intérêt des parties exige que l'on prévienne les dilapida-
tions qu'un des époux pourrait se permettre.

On propose l'article suivant :

« L'opposition du mari aux scellés n'est pas reçue ; et
« s'il en demande la main-levée, le juge-de-paix statue
« sauf l'appel. Sa décision s'exécute par provision ; mais la
« main-levée provisoire ne pourra être donnée qu'à la
« charge de faire inventaire.

« L'appel est porté, etc. »

²⁷¹   Art. 38. « A compter du jour de la demande en divorce,
« le mari ne peut plus contracter...... ou disposer des im-
« meubles..... »

La demande en divorce n'étant pas affichée, les tiers qui
auraient traité avec le mari comme maître de la communauté,
seraient victimes d'une erreur qu'ils n'auraient pu empêcher.
Le mari étant, dans ce cas, assimilé à l'interdit, on propose

mêmes contre le père. Quelle faveur, en effet, peut-il donc
mériter? Une pareille disposition ne fît-elle que l'empêcher
de se remarier, on aura beaucoup fait pour les enfans.

Art. 46. « La loi dispense de la tutelle, etc. »   427

Cet article ne parle pas des juges. Cependant, comment
concilier les distractions qu'occasionnent la tutelle, avec le
recueillement et l'étude que leur état exige? L'article 27
permet d'appeler des parens hors la distance de six myriamètres, et de les nommer tuteurs. Comment accorder les
travaux, les soins d'une administration éloignée, avec la résidence forcée des juges au lieu où ils exercent.

Enfin, il y a presque toujours dans les tutelles un procès
forcé, celui sur la reddition du compte. Ne doit-on pas
craindre que les juges qui seraient tuteurs n'obtiennent, auprès de leurs collègues, une faveur marquée, lors de la reddition du compte?

On propose de dispenser les juges de la tutelle.

Art. 61. « ..... Les parties intéressées peuvent..... se   448
« pourvoir dans les dix jours. »

Si le tuteur est absent, il lui faut, pour se justifier, le
même délai que pour proposer des excuses. L'article 53 lui
accorde, dans ce cas, quatre décades.

Art. 84. « La vente se fera aux enchères..... devant un   459
« notaire..... »

Il faut une estimation préalable. Comment le notaire sau-
rait-il si le bien est ou non porté à sa valeur? Une estimation
l'éclairerait; l'article 80 l'exige bien pour le cas de partage.

Art. 94 et 95. « ..... Si le tuteur ne fait pas l'emploi   455-
« des deniers, il est comptable des intérêts. »   456

Il est possible que le tuteur ne trouve pas à placer; et,
comme on ne peut le rendre responsable d'un retard qui
n'est pas de son fait, on propose d'ajouter aux deux articles,
« qu'il sera déchargé des intérêts, en déclarant à la famille
« qu'il n'a pu trouver un placement, et la mettant en de-
« meure de lui en indiquer un. »

TITRE VIII. — *De la puissance paternelle.*

CHAPITRE Ier.

375 Art. 3. « Le père seul..... exerce le droit de détention , « et l'officier de police..... délivre l'ordre d'arrêter. »

Souvent la réflexion ramène sur des projets qu'un instant de passion avait formés.

On propose qu'il y ait toujours vingt-quatre heures d'intervalle entre la réquisition et l'ordre d'arrêter.

Art. 5. « La détention ne peut excéder une année. »

376- Quand on réfléchit que ce genre de peine flétrit les faibles, 377 exaspère les forts , et corrompt les uns et les autres, on ne peut lui donner qu'une très courte durée : d'ailleurs elle peut être provoquée de nouveau , si l'enfant retombe. On propose donc qu'elle ne puisse excéder trois mois.

CHAPITRE III.

1048 Art. 18. « Si tous les descendans de l'enfant dissipateur « décèdent avant lui, il rentre....... dans la propriété..... des « immeubles seulement. »

Pourquoi les immeubles seulement ! Le motif qui a fait admettre le retour s'applique à l'universalité des biens qui existent en nature dans les mains du dernier descendant.

On propose de substituer à ces mots , « quant aux immeu- « bles seulement, » ceux-ci, « quant aux biens. »

TITRE IX. — *De la minorité , de la tutelle , et de l'émancipation.*

CHAPITRE II.

395 Art. 10. « Si le père veut se remarier..... le conseil de fa- « mille..... » décide si la tutelle doit lui être conservée.

« Il en est de même de la mère. »

586 Art. 11. « Si le père n'a pas rempli.... il est privé.... de « la jouissance des biens. »

La jouissance doit être ôtée au père , en cas de convol. Les motifs qui ont décidé contre la mère , article 12 , sont les

« cèdent une année de revenu, il peut se faire restituer pour
« toutes. »

Comme le mineur émancipé peut s'engager jusqu'à une
année de revenu, la restitution ne peut avoir lieu que pour
ce qui est au-delà; autrement, il serait mieux traité que si
son obligation était moindre, et il aurait intérêt d'emprunter
le plus possible.

On propose d'ajouter à l'article ces mots : « mais seule-
« ment pour ce qui excède une année de revenu. »

Art. 112. « Le tuteur ne peut marier sa pupille avec son
« fils, ou son pupille avec sa fille, avant qu'ils aient atteint
« vingt-cinq ans. »

On propose de dire : *avant que l'homme ait atteint vingt-
cinq ans, et la femme vingt-un ans*, suivant les observations
fournies sur l'article 10 du titre V.

Art. 113. « Le conseil de famille ne peut autoriser le
« mariage des pupilles avec le tuteur ou ses enfans, que sur
« le vu du compte de tutelle préalablement rendu et apuré. »

Le vœu de la loi est que le mineur, en cet état, ne soit
dans aucune dépendance à l'égard du tuteur; il y serait cependant, si le reliquat n'était pas payé.

On propose d'ajouter à la fin de l'article, ces mots : « et
« le reliquat soldé. »

TITRE X. — *De la majorité et de l'interdiction.*

CHAPITRE Ier.

Art. 1 et 2. « La majorité est fixée à vingt-un ans accomplis.

« Le majeur ne peut contracter mariage qu'à vingt-cinq
« ans. »

1° Pourquoi deux temps? Si la disposition de la personne
est un objet plus important, la conservation des biens exige
des soins infinis, pour se défendre des piéges tendus autour
de nous : qui peut, sans effroi, voir un jeune homme de
vingt-un ans maître absolu de sa fortune, lorsque ses pas-

473   Art. 100. « Le tribunal de première instance connaît en
« dernier ressort de l'appel des justices de paix , relative-
« ment aux redditions de comptes tutélaires. »

La compétence des juges-de-paix est fixée à cinquante
francs en dernier ressort, et à cent francs à la charge de
l'appel ; au-delà , ils ne sont que conciliateurs : ainsi , on ne
trouve plus les deux degrés de juridiction.

Sans doute la loi peut leur conférer un nouveau pouvoir ;
mais elle gradue l'autorité sur l'étendue présumée des moyens,
et certes, il serait dangereux de confier à leurs connaissances
l'examen d'un compte important.

On propose de borner leur ministère à dresser procès-
verbal du compte rendu par le tuteur, et de laisser aux parties
les deux degrés de juridiction ordinaires.

Art. 102. « Les parens qui ont concouru aux délibéra-
« tions..... sont responsables de l'insolvabilité du tuteur. »

Cette disposition , très sévère, ne doit pas au moins avoir
lieu au cas où l'insolvabilité du tuteur procéderait de cas fortuits ou force majeure ; car les parens ne pouvaient ni la
prévoir ni l'empêcher. On propose, en conséquence, d'a-
jouter à l'article ces mots : « excepté que l'insolvabilité eût
« été causée par cas fortuits ou force majeure. »

468   Art. 105. « Le tuteur..... peut provoquer la réclusion.....»

Il convient d'en fixer la durée à trois mois au plus , conformément aux observations sur l'article 5 du titre VIII.

CHAP. III.—De l'émancipation.

476.   Art. 106. « Le mineur est émancipé quand il a atteint dix-
477.
478. « huit ans accomplis. »
480

Il convient d'ajouter qu'*alors les parens lui nomment un
curateur aux causes, dans la forme indiquée pour les tutelles:*
l'article 39 du titre X suppose qu'il est nommé au moment
de l'émancipation.

484   Art. 309. « Si le mineur émancipé a contracté dans la
« même année..... plusieurs obligations..... qui, réunies, ex-

la demande, celui qu'on veut interdire jouit de la plénitude de son état : la société ne doit pas souffrir du retard que les parens ont mis à provoquer l'interdiction ; eux-mêmes ne peuvent s'en plaindre, puisque c'est leur propre fait. S'il en résulte quelques inconvéniens, ils sont bien moins graves que ceux qui résulteraient de la proposition que l'on combat.

Art. 38. « La main-levée ne peut être prononcée qu'avec 512 « les mêmes formes que l'interdiction. »

Cet article ne paraît pas assez développé. Quelques-uns pourraient croire qu'il se borne aux avis de parens, audition des témoins, interrogatoire de l'interdit : mais comme il importe de détruire l'impression qu'a faite dans le public le jugement d'interdiction, on propose d'ajouter à l'article ces mots : « le jugement sera affiché dans la forme prescrite « par l'article 20. »

LIVRE II. — *Des biens.*

TITRE Ier.—*De la distinction des biens.*—CHAP. 1er.

Art. 10. « Les bestiaux que le propriétaire livre à son 522 métayer...... sont immeubles ; ceux qu'il livre au fermier..... « sont meubles. »

Les mots *fermier* et *métayer* ne sont pas entendus partout dans le même sens : leur signification varie suivant les lieux.

Souvent le simple colon partage avec le propriétaire la récolte bonne ou mauvaise. Quelquefois il lui rend une portion déterminée de fruits. Ici il lui donne partie blé, partie argent ; ailleurs il ne paie qu'en argent. Ainsi, dans une foule de circonstances, le colon est véritablement fermier. Cependant, dans beaucoup d'endroits, on ne donne le nom de *fermier* qu'à ceux placés entre le propriétaire et le colon ; et on appelle *métayer* celui qui cultive par ses mains, soit comme partiaire, soit moyennant une rétribution fixe.

La loi ne doit pas laisser de doutes sur le sens qu'elle

sions, son inexpérience et la corruption qui l'entourent
se réunissent pour l'égarer? L'usage de tous les peuples po-
licés a fixé la majorité à vingt-cinq ans : sommes-nous plus
sages qu'eux!

On propose de rétablir la majorité à vingt-cinq ans.

2° On a établi, sur l'article 10 du titre V, la nécessité
de ne pas retarder le mariage des filles au-delà de vingt un
ans. Si cette observation est adoptée, il faut expliquer ici
que la défense de se marier avant vingt-cinq ans, est personnelle aux mâles.

CHAPITRE II.

496 Art. 13..... « Ce commissaire est tenu de se faire assister
     « du juge-de-paix.... et d'un assesseur, ou de deux asses-
     « seurs. »

Les juges de paix n'ont plus d'assesseurs, mais seulement
des suppléans, qui ne les assistent pas. Il faut changer cet
article, et dire « que le commissaire sera assisté du juge-de-
« paix, ou de l'un des suppléans. »

502 Art. 23. Tous les actes passés par l'interdit dans l'in-
     « tervalle..... sont nuls. »

La demande à fin d'interdiction produisant le même effet
que l'interdition elle-même, le public a besoin de la connaître, pour n'être pas induit en erreur sur l'incapacité
provisoire de l'interdit.

On en propose la publication et l'affiche.

503. Art. 24..... « Les actes antérieurs seront annulés, si la
504   « cause en existait à l'époque où ils ont été faits. »

La démence n'arrive pas tout-à-coup; presque toujours
elle vient progressivement. Or, comment fixer le moment
où elle aura commencé? Cet article donnerait lieu à mille
procès.

A-t-on bien réfléchi d'ailleurs sur les conséquences funestes qu'entraînerait la facilité d'attaquer des actes passés
dix ans, vingt ans auparavant? A la vue de pareils dangers,
il vaut mieux s'en tenir au principe, suivant lequel, avant

mencé le lendemain et fini la veille, n'a rien du tout, à la différence d'une rente dont les fruits se partagent à proportion de la durée.

Il serait temps de secouer le joug de l'habitude, et de consulter un peu la justice. Ce système est fondé sur ce que les fruits naturels ne se récoltent qu'une fois l'an. Mais les loyers, les rentes, ne se paient aussi qu'une fois l'an; on ne peut rien demander au locataire avant le terme, pas plus qu'à la nature avant la récolte. C'est donc par une supposition toute gratuite qu'on a dit que les fruits civils échéaient tous les jours. S'il en est ainsi, pourquoi n'en dirait-on pas autant des fermages? La récolte, comme le loyer, est le prix d'une année d'attente; et comme les fruits, soit naturels, soit civils, sont destinés à subvenir aux besoins de l'année entière, il convient que tous également se divisent entre le propriétaire et l'usufruitier.

2° *Fructus non intelligantur nisi deductis impensis.* Ces dépenses sont donc hors des revenus : dès lors elles doivent être rendues à celui qui en a fait l'avance. On a voulu éviter les discussions; mais, avant tout, il faut être juste.

En conséquence, au lieu des articles 9, 10, 11, 12, 15 et 16, on propose l'article suivant :

« Les fruits naturels ou civils se partagent entre le pro-
« priétaire et l'usufruitier, en proportion de la durée de
« l'usufruit; à la charge, quant aux premiers, de se faire
« respectivement raison des frais de labour et semence. »

Art 33. « L'usufruitier est tenu.... de toutes les charges...., 608
« censées charge des fruits. »

Les rentes foncières sont charge annuelle des fruits; quelques-unes sont si considérables, qu'elles les absorbent à peu près. Si l'usufruitier doit les payer, cela vaut la peine d'être dit.

TITRE IV. — *Des servitudes.* — CHAP. II.

Art. 19. « Le voisin..... pourra acquérir la mitoyenneté.... 660
« en payant moitié..... »

exprime ; on propose d'ajouter à l'article ces mots : « Le
« métayer est le simple colon partiaire; le fermier, celui
« qui tient à prix fixe, en argent, grains ou travaux, soit
« qu'il cultive par ses mains ou par celles d'autrui. »

TITRE II.

557 Art. 16. « Le propriétaire de la rive..... profite de l'al-
« luvion...... sans que le riverain du côté opposé puisse
« réclamer le terrain qu'il a perdu. »

On propose d'ajouter : « pourvu que celui qui profite de
« l'alluvion ne l'ait pas provoquée par faude. »

563 Art. 22. « Si une rivière navigable abandonne son ancien
« lit.... les propriétaires du fonds qu'elle occupe reprennent
« l'ancien lit..... »

Art. 23. « Si c'est une rivière non navigable, le lit aban-
« donné appartient aux riverains, et ne peut être réclamé
« par ceux dont elle a couvert les propriétés. »

Le principe est le même, la décision doit être la même ;
et partout le propriétaire du lit nouveau doit avoir pour indemnité le lit abandonné.

On propose de supprimer l'article 23, et de rédiger ainsi
le 22e : « Si une rivière navigable ou non abandonne, etc.

TITRE III.

585-
586-
590- Art. 9, 10, 11, 12, 15 et 16. « Tous les fruits..... appar-
591 « tiennent à l'usufruitier.

« Tous ceux..... où l'usufruit finit appartiennent au pro-
« priétaire. »

On fera ici deux observations importantes : 1° Le droit
romain, et, à son exemple, notre droit français, ont dis-
tingué entre les fruits civils et naturels : les premier s'acquièrent jour par jour, les seconds à une seule époque de
l'année. Ce système produit des conséquences fatales : il en
résulte, en effet, que l'usufruit d'une vigne ou d'un bois
taillis, commence la veille de la vendange ou de la coupe,
et finit le lendemain, a toute la récolte ; et que celui com-

LIVRE III. — *Des moyens d'acquérir la proprieté.*

TITRE Ier. — *Des successions.*

Art. 3. « Si l'individu condamné n'a point été arrêté ou ₇₁₉
« ne s'est pas représenté.... ses parens lui succèdent à
« compter du jour du jugement. »

La mort civile n'étant encourue que du jour de l'exécution,
c'est de ce jour seulement que la succession est ouverte :
ainsi les biens ne doivent être restitués qu'aux parens qui
étaient habiles à succéder au jour de l'exécution. L'article 4
y est conforme.

Art. 4. « Si le condamné est arrêté....., la mort civile n'est ₇₁₉
« encourue que du jour du second jugement. »

Même inattention qu'à l'article précédent ; il faut dire :
« que du jour de l'exécution de ce second jugement. »

Art. 15. « Sont incapables de succéder ceux..... celui qui ₇₃₅
« n'est point né ni conçu à l'époque de l'ouverture de la suc-
« cession. »

Le mot *né* est une erreur, puisque, quand la femme est enceinte, on crée un curateur au ventre. On propose de le
retrancher.

Art. 18. Même observation que sur les articles précé- ₇₁₉
dens.

Art. 25. « Les enfans de l'indigne venant à la succession ₇₃₀
« de leur chef ne sont point exclus par la faute de leur
« père. »

Si les enfans de l'indigne ne peuvent venir par représentation, ils seront écartés par un héritier au même degré de
leur père : ainsi, les fautes cesseront d'être personnelles, et
le fils sera puni de celles de son père : la justice ne le permet pas.

Opposera-t-on l'article 92, qui exclut les enfans du renonçant du droit de le représenter ? Mais cette renoncia-

Suivant l'article 18, quand un mur mitoyen n'est pas assez fort pour supporter l'exhaussement, celui qui veut l'exhausser doit le reconstruire, et prendre sur son sol l'excédent dépaisseur. Le sol de cet excédant n'appartenant qu'à lui seul, son voisin ne peut en acquérir la mitoyenneté qu'en payant.

On propose d'ajouter à l'article ces mots : « même la « moitié du sol que le voisin aura pu fournir pour l'excé- « dant d'épaisseur. »

678
679
680
Art. 31, 32 et 33. « On ne peut avoir de vues droites.......
« On ne peut avoir de vues obliques..... La distance....... se « compte depuis le parement intérieur..... »

1° Quand un voisin acquiert la mitoyenneté d'un mur, il paie la moitié de sa valeur et du sol ; ses droits sont donc les mêmes que si le mur eût été mitoyen de tout temps : ainsi, dans l'un et dans l'autre cas, les six pieds doivent se compter jusqu'à la moitié du mur mitoyen, et il faut retrancher ces mots, *ou si, n'étant pas mitoyen dans le principe, il l'est devenu depuis.*

2° Le mot *intérieur*, qui termine l'article, fait naître des doutes : si le mur auquel il s'applique appartient à celui qui veut faire l'ouverture, ce mot *intérieur* est exact.

Mais si, comme on le présume, ce mur appartient au voisin, le mot *intérieur* est un défaut d'attention ou d'impression ; en effet, la distance doit être fournie en entier par celui qui veut ouvrir un jour : si donc le mur qui lui est opposé n'est pas mitoyen, l'intervalle doit se compter jusqu'à son parement extérieur ; autrement il ne fournirait pas toute la distance ; le propriétaire qui souffre le jour, y contribuerait de l'épaisseur de son mur.

On propose, en conséquence, de laisser subsister la première partie de l'article 33, et de substituer à sa dernière, celle-ci : « Si ce dernier appartient en entier au voisin, « l'intervalle doit se compter jusqu'à son parement exté- « rieur. »

riter moins que les autres enfans naturels? C'est bien assez que le vice de sa naissance le prive des avantages de la légitimité, sans exercer contre lui des rigueurs nouvelles, et qu'aucune raison ne justifie.

On propose le rejet de l'article.

Art. 66. « Les alimens...... ne peuvent excéder le sixième 763 « du revenu....., ni être moindres du douzième...... »

Pour éviter tous les doutes, on propose d'ajouter ces mots : *quel que soit leur nombre.*

Art. 67. «L'enfant adultérin..... ne peut demander un sup- 764 « plément.... »

Cet article offrant les mêmes inconvéniens que le 58ᵉ, on en propose également le rejet.

Art. 68. « Les dispositions ci-dessus ne s'appliquent qu'au « cas ou l'enfant adultérin.... a été légalement reconnu, et « dans le cas où il peut l'être. »

La loi ne dit pas quels sont les cas où un enfant adultérin ne peut pas être reconnu ; il convient de les fixer.

Art. 77. « L'époux survivant qui prétend succéder à l'é- 770- « poux prédécédé...... est renvoyé en possession, à la charge 771 « de donner caution ou faire emploi du mobilier.... Après « trois ans la caution est déchargée. »

Il serait bon de dire qu'en cas de survenance d'héritiers, l'époux envoyé en possession ne doit pas rendre les fruits.

Art. 78. « La régie....., au cas de deshérence, donnera 770 « pétition..... et sera envoyée en possession de l'hérédité.»

Il convient de fixer l'époque avant laquelle cette action ne pourra pas être formée, et de statuer que si les héritiers se présentent dans les trente ans, à compter du jugement d'envoi en possession, la république devra restituer l'hérédité, mais qu'elle gagne les fruits.

CHAPITRE VI.

Art. 85. « L'acceptation est tacite.... toutes les fois que 775 « l'héritier.... manifeste l'intention d'h.. ..er.

tion est volontaire ; on doit présumer que le père l'a jugée
avantageuse.

Sans doute, la rigueur des principes résiste à ce qu'un
homme vivant soit représenté ; mais la loi peut, par une fiction équitable, venir au secours de l'innocent, et, supposant que le père ne peut s'expliquer, permettre aux enfans
de se mettre à sa place.

CHAPITRE IV.

757 Art. 55. « Lorsque le père ou la mère laisse des enfans.....
« ou ascendans, la portion de l'enfant naturel est du tiers
« d'une portion héréditaire..... Elle est du quart, s'il n'y a
« ni ascendans ni descendans légitimes. En quelque nombre
« que soient les enfans naturels, ils n'ont ensemble que le
« quart..... »

Un homme a un enfant légitime et six naturels ; il meurt
laissant 21,000 francs : la portion des enfans naturels sera
de 6,000 francs, ce qui fait pour chacun 1,000 francs.

Cet homme avait six enfans naturels, mais ni ascendans
ni descendans légitimes ; il meurt laissant 21,000 francs : le
quart pour les six enfans est de 5,250 francs, ce qui fait pour
chacun 875 francs. Ainsi dans ce dernier cas, qui est le plus
favorable aux enfans naturels, ils auraient moins ; la
règle est donc fautive. Pour l'honneur des mœurs, il faut
croire que le cas d'une pareille multitude d'enfans naturels
sera très rare ; mais il suffit qu'il soit possible, pour que la
loi doive le prévoir.

On propose de laisser la première partie de l'article, et
de substituer aux deux autres la disposition suivante :

« Si le père ou la mère ne laisse ni descendans légitimes
« ni ascendans, les enfans naturels quel que soit leur nom-
« bre, auront le quart s'ils sont quatre et au-dessous ; le tiers
« jusqu'à sept, et au-dessus la moitié. »

701 Art. 58. « L'enfant naturel est obligé de se contenter..... »
Pourquoi donc aurait-il moins ? en quoi cesse-t-il de mé-

n'est pas celui dans l'arrondissement duquel la succession est ouverte, l'éloignement du curateur lui rendrait l'administration impossible.

D'un autre côté, si le défunt plaidait en divers tribunaux, on nommerait donc plusieurs curateurs : que deviendrait l'administration entre eux tous?

Il ne faut qu'un seul curateur, et il convient qu'il soit pris dans le lieu où la succession s'est ouverte. L'article 122 en contient une disposition précise.

Ainsi on propose le rejet de l'article 123.

CHAP. VII. — Du partage et des rapports.

Art. 167. « Lorsqu'il a été fait un don à l'un des deux 849 « époux....., le rapport n'a lieu que provisoirement. »

« Si la communauté est encore subsistante au moment de « l'ouverture de la succession, et qu'il soit incertain si l'é- « poux successible profitera du don , par la faculté qu'il a « d'accepter la communauté ou d'y renoncer, le rapport n'a « lieu que provisoirement. »

Si cet époux renonce ensuite, le rapport ne devant pas avoir lieu, faudra-t-il un nouveau partage?

Chacun des cohéritiers peut avoir construit, augmenté, amélioré sa portion, ou même disposé de la totalité des biens.

Ce nouveau partage serait donc impossible, ou au moins embarrassant et onéreux : une simple indemnité pécuniaire prévient toutes les difficultés et désintéresse le donataire.

On propose d'ajouter à l'article, ces mots : « Et si ensuite « l'époux successible ne profite pas, il ne pourra provoquer « un nouveau partage, mais répéter contre chacun des cohé- « ritiers une indemnité proportionnée au bénéfice que chacun « d'eux a retiré du rapport provisoire. »

Art. 176. « Il n'y a pas lieu au rapport des profits..... » 854- 853

Art. 177. « Il en est de même des associations..... »

Le bénéfice d'un centime suffirait donc pour faire annuler.

779-
780
« Les actes..... ne sont pas des preuves d'addition d'hé-
« rédité. »

Il y a ici un vague bien dangereux. On excipera de cet
article, pour faire des baux, percevoir les revenus, exercer
les actions possessoires, même pétitoires, poursuivre un
débiteur, faire saisir et vendre, saisir, arrêter, prendre in_
scriptions hypothécaires, etc. Cette disposition serait une
mine féconde d'abus et de procès; il serait à désirer que l'on
pût préciser les actes que l'héritier pourra faire impunément.

787
Art. 92. « On ne vient jamais par représentation de l'hé-
« ritier renonçant.....; les enfans viennent de leur chef rem-
« placer..... »

Le mot *remplacer* pourrait faire douter si le partage entre
eux devra se faire par souche ou par têtes : il convient de
fixer ce point.

Art. 120. « Le bénéfice d'inventaire ne peut être opposé
« à la république..... »

La république ne peut avoir plus de droits que les particuliers ; et s'il est un cas favorable à l'héritier bénéficiaire,
c'est sans doute celui où il lui est si difficile de juger les
forces de la succession : au surplus, l'héritier est comptable ;
tous les biens, tous les fruits seront remis à la république ;
de quoi peut-elle se plaindre? Si elle craint l'abus, elle peut
demander caution (article 114). Voudrait-on lui donner une
sûreté nouvelle dans la personne de l'héritier? mais dans le
principe elle s'est contentée de celle que lui offraient les biens
du comptable. *Certat igitur de lucro captando;* l'héritier
bénéficiaire, *à damno vitando.*

On propose le rejet de l'article.

812
Art. 123. « S'il y a contestation....., le tribunal peut
« nommer un curateur à la succession vacante. »

Les fonctions d'un tel curateur ne sont pas seulement de
représenter la succession dans les tribunaux, mais encore
d'en administrer les biens ; si donc le tribunal qui le nomme

l'acte contre le tiers qui traite avec un mineur ; mais la manière dont elle est conçue ne pourrait-elle pas faire naître l'idée que les tuteurs, curateurs et maris ne sont point admis à réclamer ? Sans doute, cette difficulté serait mal accueillie; mais il est plus simple de la prévenir.

On propose d'ajouter aux mots : *ne peuvent être attaqués que par eux*, ceux-ci : *leurs tuteurs, curateurs ou maris.*

La fin de l'article a besoin d'une meilleure rédaction.

CHAPITRE II.

Art. 36. « Le débiteur n'est réputé en demeure que lors- 1159 « qu'il a été sommé..... »

Dans l'usage, on appelle des *interpellations judiciaires* les assignations en justice; on appelle *extrajudiciaires*, les sommations, commandemens et autres actes hors l'instruction : c'est sans doute de ces derniers que l'article a voulu parler.

On propose de le rédiger ainsi : « Le débiteur n'est réputé « en demeure qu'après une sommation de livrer. »

CHAPITRE III.

Art. 67. « Toute condition d'une chose impossible...... 1172 « rend la condition nulle..... Il en est autrement dans les 900 « dispositions testamentaires. »

Pourquoi tolérer ici ce qu'on défend là ? Les Romains, jaloux à l'excès de la liberté de tester, avaient admis cette disposition, de peur qu'un homme ne mourût *intestat :* nous devons être assez sages pour n'admettre que ce que la raison peut approuver. Or, celui qui, dans son testament, impose de telles conditions est évidemment fou ou dépravé, et dès lors ne merite pas la protection de la loi.

On propose de retrancher de la seconde partie de l'article, ces mots : *il en est autrement*, et d'y substituer ceux-ci : *il en est de même, etc.*

Art. 100. « Si la chose due a péri par la faute..... d'un des 120: « débiteurs solidaires...., le créancier ne peut répéter de « dommages-intérêts que contre celui qui y donne lieu. »

Ces mots, *si elle ne présente aucun bénéfice actuel,* seront la source de mille procès; on voudra tout faire estimer, et le bienfait de la loi deviendrait l'occasion de la ruine des enfans.

La loi n'a pas voulu interdire les rapports du père aux enfans, mais seulement prévenir les fraudes qui tendraient à avantager l'un au préjudice de l'autre. Ainsi, sans entrer dans aucun détail, il suffirait d'excepter les cas de fraude.

On propose de supprimer l'article 176, et de ne laisser subsister du 17 ,e que la dernière partie, ainsi conçue : « La « prohibition d'avantager l'héritier présomptif, n'interdit « pas, entre lui et celui auquel il doit succéder les actes à « titre onéreux ; sauf le cas de fraude. »

880   Art. 200. « L'action en séparation de patrimoine, quant.... « aux immeubles, peut être exercée....., tant qu'ils sont dans « la main de l'héritier. »

L'action principale se prescrit par trente ans; celle en séparation de patrimoine ne doit pas durer davantage. Chez les Romains même, elle devait être formée dans les cinq ans.

On propose d'ajouter à l'article, ces mots : « sans pouvoir « néanmoins durer plus de trente ans. »

881   Art. 202. « Les créanciers de l'héritier ne sont pas admis... « contre les créanciers de la succession. »

Cette question a été souvent controversée. Mais comme le créancier ne peut empêcher son débiteur d'accepter une succession onéreuse, il a évidemment intérêt à demander la séparation du patrimoine. Notre jurisprudence française y est conforme.

On propose en conséquence de dire : « les créanciers de « l'héritier sont admis à demander..... »

TITRE II. — *Des contrats..... en général.*

CHAPITRE 1er.

1125   Art. 22. « Les engagemens contractés par les mineurs..... « ne peuvent être attaqués que par eux..... »

Cette disposition a pour objet de maintenir l'exécution de

Qu'ils ne fassent pas foi pour celui qui a écrit, rien de plus juste : on ne peut pas se faire un titre à soi même ; mais, s'ils annonçaient un ou plusieurs paiemens à compte faits à celui qui a écrit, ils doivent faire foi entière, soit par la faveur de la libération, soit par la présomption, si forte, qu'il n'eût pas écrit, s'il n'avait pas reçu.

On propose la rédaction suivante : « Les registres et pa- « piers domestiques ne font pas foi pour celui qui les a « écrits ; ils feront foi contre lui, des paiemens par lui reçus : « s'ils énoncent une obligation à sa charge, ils ne feront foi « qu'autant qu'ils contiendront la mention expresse que la « note a été faite..... »

Art. 227. « La copie d'une donation transcrite sur les ₁₃₅₆ « registres..... ne peut servir..... »

Si tout cela ne fait que commencement de preuve par écrit, que faut-il donc pour la preuve entière ? Quand toutes les circonstances sont réunies, la preuve est faite ; car on ne pourrait rien ajouter de plus : autrement, ce serait dire qu'on interdit la preuve.

On propose la rédaction suivante : La copie d'une dona- « tion transcrite sur le registre des donations ne fera preuve « de l'existence de l'acte, qu'autant qu'il est constant que « toutes les minutes, etc.

« 2° Qu'il existe, etc.

« 3° Que la donation puisse faire, etc. »

Art. 228. « Les actes récognitifs ne dispensent pas de ₁₃₅₇ « la représentation du titre primordial..... »

Il est aujourd'hui peu de reconnaissances qui relatent la teneur du titre primordial ; celles qui les suivront ne peuvent pas être plus développées, si ce titre n'existe plus. Il serait donc injuste de leur appliquer cette disposition.

On propose d'ajouter que *cette règle n'aura lieu que pour les titres primordiaux à faire à l'avenir.*

Art. 229, 230 et 231. « L'acte confirmatif suppose..... » ₁₃₅₈. ₁₃₅₉

On ne conçoit pas, 1° sur quoi peut être fondée cette

L'accessoire suit nécessairement le principal. Tous les codébiteurs étaient tenus de livrer ; tous sont donc tenus de veiller pour la conservation de la chose : la peine de négligence peut donc être réclamée contre tous, sauf leur recours contre celui qui a fait la faute : exemple tiré de l'article 126; la clause pénale dont il parle représente les dommages-intérêts dont il est ici question.

On propose de supprimer de l'article, ces mots : *mais ils ne sont pas tenus, etc.*

1109 Art. 103. « Lorsque l'un des débiteurs devient l'héritier « unique du créancier..... »

La première idée que fait naître cet article est que le débiteur devenu héritier n'est pas tenu du surplus : la solidarité pour ce surplus existe cependant à son égard, comme pour les autres codébiteurs ; il n'est quitte que de sa portion. Il convient de l'exprimer bien clairement, et on propose d'ajouter : « sans préjudice de son obligation solidaire pour « le surplus.

1130 Art. 124. « La peine n'est encourue que quand le débiteur « a été mis en demeure par une interpellation judiciaire. »

Même observation qu'à l'article 36 du présent titre ; on propose de retirer ces mots : *interpellation judiciaire*, et d'y substituer celui de *sommation.*

CHAPITRE IV.

1159 Art. 152. « Il n'est pas nécessaire pour la validité de la « consignation..... »

La consignation pouvant être faite dans le jour même, on exposerait le créancier qui pourrait être absent à payer des droits qu'un léger retard aurait empêchés.

On propose donc qu'il y ait au moins trois jours d'intervalle entre les offres et la consignation.

CHAPITRE V.

1331 Art. 222. « Les registres et papiers domestiques ne font « foi ni pour ni contre..... »

cuter le jugement; une citation prévient tous les inconvéniens.

On propose de retirer de ce paragraphe toute la seconde partie, commençant par ces mots : « Ce second jugement « est rendu...... »

TITRE V. — *Du cautionnement.*

CHAPITRE II.

Art. 12. « Lorsque plusieurs personnes se sont rendues « cautions..... »

Art. 13. « Le créancier ne peut plus revenir pour le « tout..... »

Il y a ici contradiction, puisqu'après avoir décidé qu'une caution est obligée pour le tout, on lui donne les moyens de n'être poursuivie que pour sa part.

La solidarité ne se présume pas ; il faut qu'elle soit expressément stipulée (liv. III, tit. II, art. 96); et il n'y a pas plus de différence entre plusieurs cautions pour une même dette, qu'entre plusieurs débiteurs de la même somme ; chacun ne doit être tenu que pour sa part, si la solidarité n'est exprimée.

On propose de supprimer les deux articles 12 et 13, et d'y substituer celui-ci :

« Lorsque plusieurs personnes se sont rendues cautions « d'un même débiteur pour une même dette, chacun n'est « obligé que pour sa part, si la solidarité n'est stipulée. »

CHAPITRE III.

Art 24. « La prorogation du terme accordée par le « créancier au débiteur principal ne décharge pas la cau- « tion, qui peut, en ce cas, poursuivre le débiteur pour le « forcer au paiement. »

Le cautionnement est presque toujours un acte de complaisance : il répugne que celui qui a rendu un service d'ami soit chargé d'une exécution rigoureuse.

On propose de supprimer l'article et d'y substituer celui-

différence entre la confirmation et la ratification, si toute
deux ne sont, en effet, qu'un acte postérieur fait à dessein
d'assurer l'exécution du premier. La distinction qu'on veut
établir n'est donc qu'une véritable subtilité : la loi doit être
simple et claire ; et il faut en écarter avec soin tout ce qui
ne serait pas facilement entendu ;

2° Que signifie l'effet donné à la ratification du donateur,
s'il est obligé de renouveler la donation dans une forme légale ? Il est évident que la dernière disposition vaut seule ;
qu'ainsi la ratification de la première ne produit aucun effet.

Ce qui est nul dans son principe ne peut jamais produire
d'effet.

On propose de substituer aux articles 229, 230 et 231,
cette disposition : « L'acte radicalement nul ne peut être va-
« lidé par aucune disposition postérieure, la confirmation ou
« ratification qui peuvent survenir ensuite ne valent que
« comme acte nouveau, s'il est fait dans les formes lé-
« gales. »

1348 Art. 238. « Elles..... reçoivent exception, quand il n'a
« pas été possible au créancier de se procurer une preuve
« littérale, comme dans..... le cas d'incendie, tumulte, ruine
« ou naufrage..... »

Il faut ajouter ceux faits par le voyageur à son hôtelier,
comme à l'article 35 du titre XVI.

TITRE IV. — De la contrainte par corps.

2059
et
suiv.

Art. 1er. « La contrainte par corps n'a lieu, en matière
« civile, que dans les cas ci-après :

« . . . .

« . . . .

2061 « 3° Contre ceux qui..... refusent de délaisser..... Dans ce
« cas..... »

On ne peut pas condamner quelqu'un sans l'entendre, surtout quand il s'agit d'infliger une peine aussi grave. Il a pu,
d'ailleurs, arriver telle circonstance qui ait empêché d'exé-

Ces mots, *suivant les usages des lieux*, se retrouvent dans plusieurs endroits du projet : si on les conserve, la France va se couvrir encore de coutumes et d'usages différens. A ce premier inconvénient se joignent encore la certitude d'une foule de procès, et l'instabilité de la jurisprudence. Une législation uniforme prévient tous ces dangers. Le terme pour les congés devra être gradué sur la population des villes et l'importance des objets affermés.

Le délai de dix jours est beaucoup trop court. Pour peu que le propriétaire soit éloigné, il n'aurait pu être instruit de ce déplacement; ainsi, ce droit de suite deviendrait illusoire.

On propose de fixer le délai à deux décades pour les maisons de ville, et quatre pour les biens ruraux.

Idem, § 9. « Le privilége sur les meubles a lieu pour les ¹¹⁰¹ « salaires des six derniers mois dus aux gens de service. »

Comment réduire le privilége à six mois, lorsque l'usage ne fixe le payement qu'à un an ?

On propose de dire : « pour les salaires d'une année. »

Art. 11. « Les priviléges qui s'étendent sur les meubles ¹¹⁰¹ « et les immeubles sont ceux.... pour les gages des gens « de service, pendant les six derniers mois. »

Même observation et même proposition qu'à l'article précédent.

CHAPITRE II.

Art. 23. Les mineurs et interdits ont hypothèque........ ¹¹²¹· ¹¹³⁵ « jusqu'à la clôture et apurement du compte. »

Les mots *jusqu'à la clôture et apurement du compte* sont inutiles, puisque l'hypothèque, une fois acquise, subsiste jusqu'au paiement. Ils font même dans l'article cet effet singulier, qu'il semblerait qu'après la clôture il n'y a pas d'hypothèque.

On propose de les retrancher.

Si on croit devoir les conserver pour exprimer que l'hypothèque a lieu pour tous les actes d'administration, on pro-

ci : « La prorogation de terme ne peut être accordée que
« du consentement de la caution ; sans cela, elle est dé-
« chargée. »

2040 Art. 25. « Toutes les fois qu'une personne est obligée.....
« de fournir caution, la caution doit être..... domiciliée dans
« le lieu.... »

1° Il serait souvent impossible de trouver une caution sur
le lieu même ; il faut plus de latitude, pourvu que le créancier ne soit pas trop gêné pour l'atteindre ;

2° Que le cautionnement soit judiciaire ou non, la caution ne doit être susceptible de la contrainte par corps que
quand il s'agit d'une obligation qui y donne lieu.

On propose de retrancher ces mots : *domiciliée dans le lieu*,
et tout le reste de l'article, et d'y substituer ceux-ci : « do-
« miciliée dans l'arrondissement du tribunal de première
« instance du lieu où elle doit être donnée, et, en outre,
« susceptible de la contrainte par corps, lorsque l'obligation
« principal y donnera lieu. »

2019 Art. 26. « Pour la solvabilité d'une caution..... on n'a
« point égard aux immeubles litigieux...... »

Les termes de cet article sont trop vagues ; il importe de
les fixer : l'article 10 du présent titre pose une règle bien
sage sur la mesure de l'éloignement ; elle peut s'appliquer
au cas présent.

On propose de supprimer la dernière partie de l'article,
et d'y substituer celle-ci : « hors de l'arrondissement du tri-
« bunal d'appel du domicile de la caution. »

TITRE IV. — *Des priviléges et hypothèques.*

CHAPITRE Ier.

2101 Art. 8, § 3. « Le privilége du propriétaire sur tout ce
« qui garnit..... a lieu pendant le temps nécessaire, suivant
« les usages des lieux.

« Il peut suivre les meubles..... pourvu qu'il en fasse la
« revendication dans le jour. »

« détenteur n'a pas droit de requérir la discussion préalable
« des autres biens du principal obligé. »

Art. 68. « L'immeuble délaissé est ensuite saisi réelle- *174
« ment..... »

Cette expression *saisi réellement* devra être supprimée,
si on adopte le mode de vente forcée qu'on proposera au
titre VIII, au lieu de la saisie réelle.

TITRE VII. — *Des lettres de ratification.*

CHAPITRE II.

Art. 33. « Si le jugement qui prononce la main-levée
« est par défaut..... »

Art. 34. « La même formalité aura lieu si... le jugement...
« est sujet à appel. »

Cette mesure est insuffisante, soit parce que la copie de
l'opposition a pu ne pas parvenir à l'avoué du demandeur,
soit surtout parce que cette opposition a pu être formée par
acte extrajudiciaire au domicile de la partie, et ainsi n'être
pas connue de l'avoué.

L'article 35 prescrit une formalité plus efficace, et qui
prévient tous les abus : à la vérité, elle n'est indiquée que
pour les cas d'appel ; mais elle convient également pour celui
de l'opposition à un défaut.

On propose de fondre les articles 33, 34 et 35 en un seul,
ainsi conçu :

« Si le jugement est susceptible d'opposition ou d'appel,
« celui contre lequel il a été rendu est tenu de dénoncer
« au conservateur des hypothèques, dans le délai qui sera
« fixé par le Code judiciaire pour les oppositions ou appels,
« l'opposition ou l'appel qu'il aura formé, et, faute de le
« faire, son opposition sera rayée, d'après la dénonciation
« qui aura été faite au conservateur des hypothèques, dudit
« jugement, et de la signification d'icelui par la partie au
« profit de laquelle il a été rendu. »

pose , du moins, d'ajouter à la fin ces mots : *et paiement du reliquat ;* car c'est alors seulement que le tuteur est libéré.

Art. 25. Cette hypothèque ne s'étend pas aux biens des « parens nominateurs.... »

Le subrogé tuteur ne voudra jamais prendre sur lui le soin de prouver que le tuteur était solvable lors de sa nomination. Ainsi, dans la possibilité d'une hypothèque éventuelle, il prendra inscription sur les biens des parens nominateurs : il en résulterait donc pour eux une gêne extraordinaire pendant longues années. La responsabilité de tous ces parens nominateurs assurait les droits du mineur ; il conviendrait de réduire le recours contre eux à une simple action.

On propose de supprimer de l'article ces mots : *si ce n'est dans le cas ,* etc.

CHAPITRE III.

2170   Art. 52. « Le tiers détenteur peut requérir que le créancier soit tenu de discuter préalablement les autres biens... « du principal obligé.... »

Pourquoi cette discussion préalable ? Tous les biens du débiteur sont également obligés envers le créancier : de quel droit peut-on l'empêcher d'attaquer celui qu'il choisit? Si les autres sont indivis ou éloignés, si la vente en est difficile, dans tous ces cas la discussion préalable fatigue le créancier, éloigne son paiement, affaiblit enfin l'exercice de ses droits : on opposerait en vain l'exemple du cautionnement, puisque la caution n'est obligée que subsidiairement ; au lieu que l'hypothèque grève également tous les biens du débiteur.

D'ailleurs, le créancier était partie au contrat de cautionnement, au lieu que la vente par le débiteur à un tiers est un acte étranger au créancier, et qui dès lors ne peut lui nuire.

On propose de supprimer les articles 52, 53, 54, 55, 56 et 57, et d'y substituer la disposition suivante : « Le tiers

III. Enfin, il convient de dire si l'inscription prise par les créanciers, et subsistant au temps de la publication du Code, vaudra comme opposition au sceau?

TITRE VIII. — *De la vente forcée des immeubles.*

OBSERVATIONS SUR CE TITRE.

La procédure établie par ce titre sur la vente forcée des immeubles est longue, compliquée à l'excès, et ruineuse pour le saisissant et le saisi; elle n'offre d'autre utilité qu'un immense aliment aux officiers ministériels.

On propose de la rejeter en entier. A la vérité, le chapitre VIII, *de la vente sur simples publications*, pourrait s'appliquer aux biens de toutes valeurs; mais il admet encore la saisie réelle, qui est un acte inutile et coûteux. Qu'importe en effet à la publicité de la vente qu'un huissier aille parcourir isolément les héritages? La loi ne doit admettre que les formalités strictement nécessaires pour atteindre le but qu'elle se propose.

D'un autre côté, il laisse l'adjudicataire exposé aux revendications des tiers, et, parconséquent, sa propriété incertaine; cependant il a traité avec la justice, et la foi qui lui est due ne doit pas être trompée.

Sans doute, la loi du 11 brumaire an 7, sur les expropriations forcées, a des imperfections; mais, si on les faisait disparaître, elle concilierait les intérêts de tous.

La plus grande, sans doute, c'est la célérité avec laquelle on vend : en deux mois tout peut être terminé. Cependant, la faveur qu'inspire le saisi, l'intérêt des tiers qui auraient à revendiquer, l'avantage d'appeler un plus grand nombre d'enchérisseurs; tout commande un plus long délai : on remédierait à ces inconvéniens, en exigeant trois enchères, à trois audiences différentes, de mois en mois, avant l'adjudication.

Un autre vice, c'est de laisser l'adjudicataire exposé, après le paiement de son prix, aux poursuites des tiers qui

CHAPITRE V.

Art. 68. « Les lettres de ratification doivent être scellé‹
« les 9, 18 et 27 de chaque mois.

« Lorsque l'un de ces jours est férié, les lettres so
« scellées la veille. »

1° On a élevé, dans divers tribunaux, la question ‹
savoir si le délai pour l'affiche court et si l'on peut sceller e
vacations. Quoique ce doute ne soit pas fondé, il serait pru
dent de le prévenir.

2° Pourquoi sceller la veille du jour férié ? On peut bie
allonger le délai, mais non l'abréger. Dans toutes les autr‹
affaires, on remet au lendemain.

On propose de rédiger ainsi : « Les lettres de ratificatio
« doivent être scellées les 9, 18 et 27 de chaque mois, mêm
« pendant les vacations. Lorsqu'un des jours est férié, ell‹
« sont scellées le lendemain. »

OBSERVATIONS CIRCONSTANCIELLES ET TRANSITOIRES.

2134 Ire. Aux termes du projet de Code, l'hypothèque résult
d'un titre authentique. Mais la loi du 11 brumaire an 7 n'ac
cordait l'hypothèque qu'en cas d'inscription : si donc il s
trouve des actes authentiques passés depuis sa publication
mais non inscrits, on pourrait douter à quelle date leur hypo
thèque remontera : mais, comme la loi du 11 brumaire doi
seule être exécutée jusqu'à une contraire, et que le Code n‹
peut avoir d'effet rétroactif, il conviendrait de dire que tel‹
actes n'emporteront hypothèque qu'à la date du Code.

2134 II. Cette loi obligeait à faire inscrire les actes ancien‹
dans un temps déterminé, à peine de déchéance.

Elle décidait que l'inscription d'un titre ancien, après l‹
délai fatal, ne donnait hypothèque que du jour où elle avait
été faite.

Ceux donc qui n'ont pas été inscrits, ou ne l'ont été qu'a-
près le délai, reprendront-ils leur hypothèque ancienne?
l'auront-ils à la date du Code pour les premiers, et du jour
de l'inscription pour les seconds ?

CHAPITRE IV.

Art. 47. « L'acceptation peut être faite par un acte pos-⁹³¹ « térieur. »

Le contrat n'est parfait que par l'acceptation : il faut donc qu'elle soit faite du vivant du donateur.

On propose cette addition à l'article.

Art. 55. « Les donations d'immeubles.... doivent être in-⁹³⁹ « sinuées.... Il en doit être de même de la donation d'une « somme spécialement affectée sur un ou plusieurs immeu- « bles. »

1° Il faut dire dans quel délai. Si cette formalité n'avait pour objet que d'instruire le public, le donataire ayant seul intérêt de n'être pas tenu des dettes que le donateur contracterait dans l'intervalle, il serait bien le maître d'en courir les risques en différant l'insinuation. Mais le défaut de cette formalité entraîne la nullité de l'acte (article 58.) ; et il faut bien donner au donateur, pour l'insinuation, un délai raisonnable avant lequel la nullité ne puisse pas être demandée.

2° Que l'affectation soit spéciale ou que l'hypothèque soit générale, la fortune du donateur est également grévée ; et il importe que sa position soit connue, soit par ceux qui pourraient lui prêter ensuite, soit par les héritiers qu'il laissera.

On propose de déterminer le délai dans lequel l'insinuation sera faite, et de retrancher ces mots, *avec affectation spéciale sur un ou plusieurs immeubles.*

Art. 64. « La révocation pour cause d'ingratitude ne pré-⁹⁵⁵ « judicie... jusqu'au jour de la demande en révocation. »

Si cette demande n'a pas une grande publicité, les tiers qui traiteraient dans l'intervalle seraient victime d'une erreur involontaire.

Art. 68. « La survenance d'enfans n'opère plus la révoca-⁹⁶⁰ « tion des donations, mais seulement leur réduction à la « quotité disponible. »

Quand le père a des enfans au moment de la donation, il

n'auraient pas revendiqué avant la vente : il disparaîtrait, en décidant que, si la revendication n'est pas formée avant l'adjudication, la propriété est purgée, et que le droit du tiers se borne au paiement de la valeur ; sur le prix, s'il n'est pas encore distribué, ou (après la distribution) par les créanciers derniers, utilement colloqués dans l'ordre.

TITRE IX. — *Des donations et testamens.*

CHAPITRE Ier.

901   Art. 4, § 2. « La preuve, par témoins, de la démence, « n'est admise que..... »

La dernière disposition de ce paragraphe deviendrait une source féconde de procès. Quand la demande en interdiction n'a pas été provoquée du vivant du donateur, il meurt *integri statûs*. Les parens ne peuvent s'en plaindre, puisque c'est leur propre fait (Voir l'observation faite sur l'article 24 du titre X du livre Ier).

On propose de retrancher de l'article ces mots : « ou quand, « celui-ci n'ayant survécu que six mois, il existe un com- « mencement de preuve par écrit. »

907   Art. 6. « Le mineur, même devenu majeur, ne peut « donner à son tuteur, si le compte..... n'a été rendu et « apuré. »

Ce mot *apuré*, qu'on trouve partout, ferait croire qu'on lui a donné le sens de *soldé* : c'est sans doute inattention.

Jusqu'au paiement du reliquat, le mineur, même devenu majeur, est toujours dans une sorte de dépendance de son *tuteur*.

On propose d'ajouter à l'article, *et le reliquat payé*.

CHAPITRE II.

930   Art. 29. « L'action en réduction peut être exercée..... con- « tre le donateur. »

C'est sans doute par erreur qu'on a dit à la fin de l'article : *contre le donateur*, au lieu de : *contre le donataire lui-même.*

quel la licitation n'est qu'un partage. Or, quand le mari
procède au partage des biens de sa femme, il ne peut jamais
y stipuler pour son intérêt personnel, mais seulement pour
celui de sa femme.

On propose de retirer la seconde partie de cet article depuis ces mots, *néanmoins l'immeuble acquis*, etc.

Art. 23. « La communauté n'est pas tenue des dettes 1410
« mobilières contractées avant le mariage, s'il ne résulte
« d'un acte..... ayant reçu date certaine par l'enregistre-
« ment. »

On propose d'ajouter, à la fin de l'article, ces mots : « ou
« par la mort d'un de ceux qui l'ont souscrit..... » (Liv. III,
tit. II, art. 219).

Art. 27. « Si la succession..... est acceptée par la femme.... 1413
« les créanciers ne peuvent..... »

Outre la nue propriété des biens personnels de la femme,
les créanciers ont pour gages les immeubles de la succession.
La rédaction de cette dernière partie de l'article laisse donc
quelque chose à désirer, et on propose de dire : « Les créan-
« ciers peuvent, en cas d'insuffisance des immeubles de
« la succession, suivre leur paiement sur la nue propriété
« des biens personnels de la femme. »

Art. 31. « Le mari ne peut..... même faire une donation 1422
« entrevifs. »

Le sens de l'article est sans doute que la donation est nulle,
si le mari reste, n'importe à quel titre, en possession des
objets donnés.

On désirerait que la rédaction fût un peu plus claire.

Art. 73. « La femme survivante qui s'est immiscée dans 1454
« les biens de la communauté ne peut plus y renoncer. »

On a dit dans l'article 85 du titre 1er du livre III, que les
actes purement conservatoires, de surveillance et d'administration, ne sont pas des actes d'addition d'hérédité, si on
n'y a pas pris la qualité d'héritier. Il en doit être de même
pour l'immixtion de la femme en communauté ; et comme

a balancé les motifs qui pouvaient déterminer ou empêcher
la disposition ; il a voulu donner : la simple réduction suffit
donc en ce cas.

Mais quand il donne sans enfans, rien n'arrête les mouvemens de son cœur. Or, comme l'amour paternel l'emporte sur
des affections étrangères, on doit penser qu'il n'eût pas donné,
s'il avait présumé avoir des enfans ; il y aurait trop de dureté
à laisser dans des mains étrangères, des biens que la loi et
son cœur destinaient à ses enfans. Notre jurisprudence actuelle est bien plus équitable.

Cependant elle pèche en ce sens, que la révocation s'o-
père de plein droit. Le père, quoiqu'il ait des enfans, peut
vouloir donner à un étranger ; et s'il ne révoque pas, c'est
qu'il persévère dans sa disposition.

On propose de rédiger ainsi l'article : « Si le donateur
« n'avait pas d'enfans quand il a donné, la survenance d'en-
« fans l'autorise à révoquer la donation. »

TITRE X. — *Du contrat de mariage, et des droits des*
époux.

CHAPITRE II.

1407   Art. 20. « L'immeuble échangé pendant le mariage..... »
Le caractère des contrats mixtes se détermine par la convention qui y prédomine. Si donc la soulte est plus considérable que l'objet donné avec elle, ce n'est plus échange,
mais vente.

On propose d'ajouter à l'article : « mais si cette soulte est
« plus considérable que l'objet donné avec elle, l'immeuble
« acquis est conquêt de communauté. »

1408   Art. 21. « L'immeuble acquis par licitation..... ne forme
« pas un conquêt.....

« Néanmoins il tombe en communauté si la femme..... »
Que le mari et la femme procèdent conjointement, ou la
femme seule ; qu'elle soit, dans ce cas, autorisée par lui-même
ou par la justice, cela ne peut nuire au principe suivant le-

« pourra prétendre qu'à une certaine somme pour tous
« droits de communauté. »

On a bien senti que cette clause ne pouvait être obligatoire pour la femme, puisqu'elle a droit de renoncer. Aussi,
après avoir généralisé la proposition aux deux époux, on l'a
particuliarisée à l'un d'eux. Ce mode offre le double inconvénient d'une rédaction incohérente, et de laisser presque
douter si la femme peut se dispenser d'exécuter la clause.

On propose de rédiger ainsi : « La clause est un forfait qui
« oblige l'époux survivant ou ses héritiers à payer à l'autre
« époux ou ses héritiers.... »

Et d'ajouter, à la fin de l'article, ces mots : « sans préju-
« dice au droit qu'ont la femme et ses héritiers de renon-
« cer. »

Art. 156. « Les époux peuvent établir, par contrat de ma- 1516
« riage, une communauté universelle..... excepté dans le
« cas ou l'époux divorcé ne peut donner à son second
« époux. »

On ne trouve dans le Code aucune disposition qui interdise aux époux divorcés, de rien donner à leur second
époux.

TITRE XI. — *De la vente.*

CHAPITRE Ier.

Art. 6. « La vente du vin, de l'huile, et des autres li- 1587
« quides ou fluides qu'on est dans l'usage de goûter avant
« d'en faire l'achat..... »

Ce ne sont pas seulement les fluides ou liquides qu'on
goûte avant d'acheter.

On propose donc de retrancher ces mots, et d'y substituer ceux-ci, et des autres choses qu'on est dans l'u-
« sage, etc. »

Art. 15. « Les juges, les commissaires..... les défenseurs 1597
« et avoués ne peuvent acquérir.... »

L'intervention des gens de loi dans les affaires a tou-

ces expressions sont trop vagues, on propose de préciser le actes que la femme pourra faire impunément, comme on l'a demandé sur l'article ci-dessus rappelé.

CHAPITRE III.

1830   Art. 114 et suivans, jusques et compris le 124ᵉ.

Ces articles contiennent les diverses conventions exclusives de toute communauté.

La communauté est de droit entre les époux. Il importe donc de connaître toutes les clauses qui l'excluent : sans cette connaissance, le public pourrait être, à chaque instant, trompé dans ses rapports avec les époux.

On propose d'ajouter après le 124ᵉ article, une disposition semblable à celle portée en l'article 60, et qui serait ainsi conçue :

« Les clauses exclusives de toute communauté doivent être
« affichées dans l'auditoire du tribunal de première instance
« du domicile du mari; et si le mari est marchand, banquier
« ou commerçant, elles doivent être en outre publiées et
« affichées à l'audience du tribunal de commerce du même
« domicile. »

2804   Art. 130. « Le mobilier qui échoit à chacun..... doit être
« constaté......; faute de quoi..... »

La dernière disposition de cet article est bonne contre le mari, mais non contre la femme; car, comme elle ne peut pas forcer le mari à faire inventaire, elle se trouverait presque toujours dans l'impossibilité de justifier par titres. L'article 26 permet, dans ce cas, la preuve par commune renommée : c'est la seule ressource qui puisse rester à la femme.

On propose de rédiger la dernière partie de cet article, de cette manière : «...... sont admis à faire preuve, savoir,
« le mari par titres, et la femme par commune renom-
« mée, etc. »

1822·
1824   Art. 152. « Lorsqu'il est stipulé que l'un des époux.... ne

« être intentée dans un bref délai, suivant..... et l'usage du
« lieu où la vente a été faite. »

Il y a beaucoup moins d'inconvéniens à fixer un délai uniforme, qu'à suivre l'usage des lieux. Si on ne fait justice de
ces mots répétés si souvent, les coutumes locales renaîtront
comme par le passé.

Art. 73. « L'acheteur doit l'intérêt du prix de la vente, [1662]
« jusqu'au paiement du capital....., s'il a été sommé judi-
« ciairement : dans ce dernier cas, l'intérêt ne court que
« du jour de l'interpellation judiciaire. »

On a confondu, dans plusieurs endroits du Code, la sommation connue jusqu'à présent sous le nom d'*acte extrajudiciaire*, avec l'assignation connue sous celui d'*interpellation
judiciaire*.

D'un autre côté, l'intérêt pouvant être stipulé dans le
simple prêt à terme, il doit courir du jour de la simple sommation.

On propose de rédiger ainsi les deux dernières parties de
l'article : s'il a été sommé de payer : « dans ce dernier cas,
« l'intérêt ne court que depuis la sommation. »

CHAPITRE VI.

Art. 89 et 90. Ces articles décident que « quand plusieurs [1665-1669-1670]
« personnes vendent conjointement un héritage commun
« avec faculté de réméré, chacune d'elles ne peut exercer
« ce droit que pour sa part, et que l'acquéreur peut exiger
« que tous ses covendeurs soient mis en cause, afin de se
« concilier sur la reprise de l'héritage entier; faute de quoi,
« il sera renvoyé de la demande.

Les ventes à réméré sont ordinairement dictées par la
nécessité, et par conséquent faites à vil prix : or, il est
possible qu'un des vendeurs ne soit pas en état de rentrer ;
on peut craindre que l'acquéreur ne paie la résistance de
l'un d'eux. Si donc il faut le concours de tous, un contrat
évidemment onéreux subsisterait souvent malgré le vœu de
la justice et des parties.

jours l'effet de fatiguer excessivement leurs adversaires, d'embarrasser les voies de la justice, et quelquefois de l'égarer. Il serait très moral de ne donner aucune borne à la prohibition.

On propose la rédaction suivante : « Les juges, les com-
« missaires du Gouvernemeut, les défenseurs et avoués, ne
« peuvent prendre cession des procès, droits et actions qui
« se poursuivent devant quelque tribunal que ce soit. »

CHAPITRE IV.

1630   Art. 51. « Lorsque la garantie a été promise, ou qu'il n'a
« rien été stipulé à ce sujet, l'acquéreur, s'il est évincé, a
« droit de demander....

« 4° Les dommages-intérêts, lorsqu'il en a souffert au-
« delà du prix qu'il a payé..... »

Ces mots : *au-delà du prix qu'il a payé* donnent un peu
de louche à l'article, sans rien ajouter à l'effet de la clause.

On propose de les retrancher.

1641   Art. 62. « Le vendeur est tenu de garantir les qualités
« nuisibles de la chose qu'il vend.....; le tout suivant les cir-
« constances et l'usage des lieux. »

L'article, en citant quelques exemples, laisse à l'arbitrage
du juge les autres de même espèce, suivant les circonstances.
Ces mots, *et les usages des lieux,* sont donc surabondans. Ils
pourraient devenir dangereux, par la facilité de se procurer
des certificats, de faire entendre des témoins, etc.

On propose de les retirer de l'article.

1644   Art. 65. « L'acheteur a le droit de rendre la chose....., ou
« de la garder et de se faire rendre une partie du prix. »

Le vendeur n'a vendu que dans l'espérance du prix convenu. Le prix change, il n'y a plus de convention ; l'acquéreur ne peut se plaindre, puisqu'il reçoit son argent, et
même des dommages-intérêts dans certains cas.

On propose de retirer l'article.

1645   Art. 69. « L'action résultant des vices redhibitoires doit

2° Le congé devra être donné par acte extrajudiciaire, et la preuve par témoins n'en doit pas être admise.

Art. 26. « Si le locataire..... continue sa jouissance..... , [1738] « il ne pourra être expulsé qu'après un congé donné de la « manière prescrite en l'article 21. »

Le dernier mot est une faute d'impression : on a voulu dire l'article 19; car il est le seul qui parle du délai pour les congés.

Art. 43. « Les réparations, etc. » [1754]

Il y a ici une petite faute d'impression. L'article précédent parle des réparations locatives, celui-ci les détermine ; au lieu de la particule *les*, qui généralise, il faut dire *ces*, pour annoncer la corélation avec l'article précédent.

Art. 53. « Le bail passé par l'usufruitier finit avec l'usu- [595] « fruit. »

On pourrait rigoureusement conclure de cet article que le locataire peut quitter ou être expulsé dès le lendemain ; mais son intérêt et celui du propriétaire s'opposent à une sortie aussi brusque.

On propose d'ajouter à cette disposition : « néanmoins le « locataire continuera sa jouissance jusqu'à la fin du terme « courant. »

Art. 66. « . . . . . Il doit aussi laisser les pailles et engrais [1777] « de l'année, s'il les a reçus lors de son entrée en jouis- « sance. »

Les coutumes des pays agricoles obligent le fermier, dans le cas même où il n'aurait reçu ni pailles ni engrais lors de son entrée, à les laisser par estimation à sa sortie, si le propriétaire l'exige. L'intérêt de l'agriculture commande l'adoption de cette mesure. Quant au fermier, il est sans intérêt, puisqu'il reçoit le prix. Ce prix doit être fixé par experts, autrement, le fermier pourrait rendre inutile la disposition de la loi, en demandant un prix exagéré.

On propose d'ajouter à l'article ces mots : « et si le fer-

Sans doute l'acquéreur ne peut être forcé de garder une propriété démembrée : mais il peut exiger que celui qui use de la faculté de rachat, reprenne tout l'héritage ; et ce moyen remédie à tout.

On propose donc de rédiger l'article ainsi qu'il suit : « Dans « ces deux cas, l'acquéreur peut exiger que le covendeur « qui use de la faculté du rachat, reprenne l'héritage en en- « tier ; faute de quoi, il sera renvoyé de sa demande. »

TITRE XIII. — *Du louage.*

CHAPITRE Iᵉʳ.

1717- 1765   Art. 12. « S'il s'agit d'un bien rural ou d'une usine, la « clause prohibitive doit être exécutée..... : le preneur ne « peut pas même sous-louer. »

Il conviendrait de fixer le droit du propriétaire en cas de contravention. L'article 14 le dit bien pour les maisons ; mais la disposition manque pour les biens ruraux et les usines.

On propose d'ajouter à l'article ces mots : « En cas de con- « travention, le propriétaire a droit de rentrer, et le preneur « est condamné à payer le prix du bail pendant le temps né- « cessaire pour la relocation, et en outre, aux dommages- « intérêts du bailleur. »

1760   Art. 15. « Si le propriétaire préfère la résiliation, le « locataire est condamné à payer...... suivant l'usage des « lieux. »

1736   Art. 19. « S'il s'agit d'une maison....., le congé doit être « donné au temps d'avance et de la manière établie par les « usages des lieux. »

1° Cet usage varie de lieu à lieu ; il y a même des villes où il n'est pas constant ; en le laissant pour règle, on tombe dans la confusion : une législation uniforme est la base qu'on doit admettre.

Le délai pour donner congé devra être gradué sur la population des lieux, la nature de l'objet et l'importance du prix ;

Cet intérêt doit courir du jour de la première sommation extrajudiciaire; car il est le prix du retard, et le retard commence là.

Art. 40. « Le débiteur d'une rente constituée peut être 1911 « contraint au rachat..... »

Un usage s'est introduit dans les tribunaux, de regarder plusieurs dispositions légales comme simplement comminatoires; cependant, la loi ne doit rien ordonner en vain, ou bien son autorité est illusoire : on doit prévenir cet abus; l'art. 77 du tit. XI y autorise.

On propose d'ajouter à l'article ces mots : « Quand l'ac « tion en rachat aura été formée en justice, l'offre d'exécu « ter l'obligation ne dispense plus le débiteur du rem « boursement. »

TITRE XVI. — *Du dépôt et du séquestre.* — CHAP. II.

Art. 21. « Si la chose déposée..... 1036

« Le dépositaire de l'argent ne doit aucun intérêt de celui « qu'il n'a pas pu...... »

Ces mots *qu'il n'a pas pu* sont inconvenans, puisque le dé positaire ne peut jamais se servir, pour son usage, de la chose qui lui a été confiée : ce mot est, sans doute, pour le cas où la permission lui en aurait été donnée par le dépo sant; il conviendrait de le dire plus clairement.

On propose de substituer à cette expression : *qu'il n'a pas pu,* celle-ci : *qu'il n'a pas été autorisé, etc.*

Art. 27. « Si le contrat n'indique pas le lieu auquel le 1943 « dépôt doit être rendu, la restitution en doit être faite au « lieu où le dépôt en a été fait. »

Il est possible que le dépositaire ait changé de domicile, et qu'il ait emporté la chose avec lui. Faudra-t il qu'il la renvoie? Non, sans doute, puisque le dépôt est un contrat gratuit, et que le dépositaire ne peut être tenu des risques et de la dépense du renvoi; le cas de fraude est le seul où cette décision ne devrait pas être suivie.

« mier ne les a pas reçus, le propriétaire peut les retenir, en
« les payant suivant l'estimation. »

CHAPITRE III.

1796   Art. 132. « Dans le cas où le propriétaire..... mais le pro
« priétaire est tenu de payer à la succession de l'entrepre-
« neur les ouvrages faits et matériaux préparés, dans le cas
« seulement où lesdits ouvrages et matériaux peuvent lui
« être utiles. »

Il résulterait de l'article que, si un propriétaire avait
conçu l'idée d'une construction bizarre, folle, ruineuse, l'ar-
chitecte venant à mourir quand les travaux sont commencés,
les héritiers seraient exposés à perdre, sous prétexte que
l'ouvrage n'est pas utile. Et qu'importe qu'il soit utile ou
non, si l'entrepreneur a suivi fidèlement le plan convenu?

Il en est de même quant aux matériaux, s'ils étaient tels que
l'exige la construction à faire. L'ouvrier, en les préparant,
n'a fait qu'exécuter la convention.

Ce n'est pas la faute de l'ouvrier s'il n'achève pas ; mais
le contrat de l'ouvrage embrassant et les matériaux et la
main-d'œuvre, il doit recevoir le prix de ce qu'il a fourni.

On propose de retirer ces mots : *dans le cas seulement*,
jusqu'à la fin.

TITRE XIV. — *Des sociétés.* — CHAP. II.

1857   Art. 8. « La loi prohibe la société de tous biens présens
« et à venir. »

On pourrait douter si elle est permise, au moins des biens
présens. Il faut prévenir les mauvaises interprétations ; et
comme cette règle a pour objet d'empêcher qu'on ne dispose
indirectement de toute sa fortune, on propose d'ajouter à
l'article ces mots : « même pour les biens présens. »

TITRE XV. — *Du prêt.* — CHAP. II.

1904   Art. 30. « Si l'emprunteur ne rend pas la chose prêtée.....
« il en doit l'intérêt..... »

On propose de dire : « que le risque dont elle charge
« l'autre partie. »

CHAPITRE II.

Art. 4. « Le contrat de rente viagère.... : néanmoins les
« communes et les établissemens publics qui n'ont pas la
« capacité..... »

On ne trouve dans le projet du Code rien qui ait trait
à cette capacité, si ce n'est en cas de prescription (liv. III,
tit. XX, art. 8). Sans doute il y aura une loi particulière,
mais il semble que c'était ici sa place.

Art. 9. « La rente viagère peut être constituée au profit
« d'un tiers..... : dans ce dernier cas..... elle n'est point assu-
« jétie aux formes requises pour les donations. »

L'insinuation est une des formalités requises pour les donations ; elle a lieu quand la chose donnée est susceptible
d'hypothèques. Sans doute elle n'est pas nécessaire au cas
de l'article, si le prix est d'une chose mobilière ; mais s'il
est d'un immeuble cédé, ou d'une obligation contractée au
profit de celui qui crée la rente, l'insinuation est nécessaire.

Opposerait-on que les ventes d'immeubles, constitutions
de rentes, et obligations payables à terme, n'ont pas besoin
d'être insinuées ? la raison est que ces contrats sont à titre
onéreux, et que celui qui les consent, reçoit la valeur de
ce qu'il fournit. Mais, dans l'espèce, la disposition est gratuite ; et le public a intérêt de connaître les changemens qui
s'opèrent dans les fortunes.

On propose d'ajouter après ces mots : *aux formes requises
pour la donation*, ceux-ci, « cependant, si le prix est un im-
« meuble cédé, ou une obligation contractée, l'acte doit
« être insinué. »

TITRE XX. — *De la prescription.*

CHAPITRE III.

Art. 20. « Ceux qui sont désignés..... peuvent prescrire.....

On propose d'ajouter à l'article ces mots : « Mais si la
« chose déposée a été transportée ailleurs, sans fraude, la
« restitution sera faite au lieu où elle est. »

TITRE XVII. — *Du mandat.*

CHAPITRE Ier.

1984 Art. 13. « On peut donner mandat pour gérer l'affaire
« d'un tiers. Dans ce cas, le mandant s'oblige envers..... à
« les dédommager des frais de la procuration. »

Ces mots *frais de la procuration* ne peuvent s'entendre
que des dépenses du mandataire, et des pertes qu'une mauvaise gestion a pu causer au tiers ; mais ce sens n'est pas
assez développé.

On propose de rédiger ainsi la seconde partie de l'article : « Dans ce cas, le mandant s'oblige envers le manda-
« taire, à le dédommager de ses frais ; et envers le tiers,
« aux pertes qui résulteraient d'une mauvaise gestion. »

CHAPITRE III.

1994 Art. 24. « Le mandataire qui avait le pouvoir de substituer
« répond de la personne qu'il s'est substituée, si elle est no-
« toirement incapable ou suspecte. »

Ce mot *suspect* est bien vague : d'un autre côté il est inutile ; car le mandataire est responsable de sa faute.

On propose de le retirer.

TITRE XIX. — *Des contrats aléatoires.*

1964 Art. 1er. « Le contrat aléatoire est celui par lequel cha-
« cune des parties contractantes s'engage à donner ou faire
« une chose, et ne reçoit en équivalent de ce qu'elle donne
« que le risque dont elle s'est chargée..... »

On croit voir ici un vice de rédaction. En effet, dans les
contrats aléatoires, celui qui donne n'est pas chargé du
risque, mais bien celui qui reçoit. Si je fais assurer un vaisseau, la prime que je paie est le prix du risque que court
l'assureur.

On propose de substituer à l'article cette disposition : « La bonne foi doit durer pendant tout le cours de cette « prescription. »

Nota. Dans la nomenclature des actes qui ont actuellement force de loi, on a omis les décrets.

Fait et arrêté en la chambre du conseil du tribunal d'appel séant à Bourges, sur le rapport de la commission, ce 15 prairial an 9. Signé : SALLÉ, BALLARD, DUMOUTET, SAUTEREAULT, GUILLERAULT, DELAMÉTHÉRIE ; DUMONT-VERVILLE, MORIN, PEPIN, POYA ; FOREST, *Commissaire.*

N° 9. *Observations du tribunal d'appel séant à* BRUXELLES.

Les membre de la commission nommée par le tribunal d'appel séant à Bruxelles, pour faire, sur le projet de Code civil, les observations dont il leur paraîtrait susceptible, n'ayant pu jusqu'à présent terminer leur travail sur toutes les matières renfermées dans le projet, ont rédigé séparément les remarques qui leur ont été suggérées par l'examen du premier livre, ainsi qu'il suit :

LIVRE PRÉLIMINAIRE.

TITRE III. — *De la publication des lois.*

Art. 3. Une simple lecture de la loi, faite au tribunal, d'appel, ne semble pas comporter une publicité suffisante.

En tout cas, la loi ne devrait être obligatoire qu'après un temps moral, à dater de la publication ; autrement, les tribunaux de première instance se trouveraient dans le cas d'appliquer des lois abrogées, ou de contrevenir à des lois rendues obligatoires avant d'en avoir eu connaissance.

« si le titre..... est interverti, soit par une cause venant d'un
« tiers..... »

Ces mots *une cause venant d'un tiers* auraient besoin
d'être un peu développés.

CHAPITRE IV.

1145 Art. 27. « La citation en conciliation..... donnée dans la
« huitaine. »

Le calcul décimal étant ordonné par une loi, on propose
de dire : *dans la décade.*

CHAPITRE V.

1166 Art. 47. « Si le véritable maître habite partie du temps
« dans le ressort et partie hors..... il faut, pour compléter la
« prescription, ajouter...... »

Ce calcul sera sujet à beaucoup d'inconvéniens, souvent
même impossible, surtout si on réunit les divers temps
d'absence : d'un autre côté, celui qui ne fait que des absences
courtes ne perd pas ses affaires de vue. Ne serait-il pas plus
prudent de dire que si l'absence dure moins de deux ans con-
sécutifs, la prescription s'opérera par dix ans, et qu'il en
faudra vingt si elle est de deux ans et au-dessus ? On opposerait en vain les règles sur la prescription : le législateur qui
seul fixe sa durée, peut la modifier à son gré, et il est bien
important de prévenir les procès.

1169 Art. 50. « Il suffit que la bonne foi ait existé au moment
« de l'acquisition. »

Cette règle vient des lois romaines, mais n'en vaut pas
mieux. Dans les prescriptions de dix ans, le temps n'est
abrégé qu'en faveur du titre coloré, et surtout de la bonne foi.

Mais si la cause cesse, l'effet doit cesser. Quant au titre, il
ne peut que donner un droit apparent; mais la simple possession produit le même effet.

Si donc la bonne foi manque, il n'y a plus de différence
entre le porteur d'un titre et le simple possesseur, à qui la
loi ne permet de prescrire que par trente ans.

Art. 42, 43, 44 et 45. On a pensé que ces articles pré- 70-71 et 72 senteraient *souvent* de grandes difficultés, et que leur obser- vation ne mènerait point au but que la loi se propose ; car le plus communément les témoins n'auraient pas connais- sance des faits qu'ils seraient dans le cas d'attester.

Ne serait-il pas plus simple de remplacer ces quatre ar- ticles par les deux dispositions suivantes :

« Celui qui déclare ne pouvoir se procurer son acte
« de naissance, motive sa déclaration dans une requête
« adressée au tribunal civil de l'arrondissement de sa rési-
« dence actuelle. Le tribunal, après avoir entendu le com-
« missaire du Gouvernement, l'autorise à se marier.

« Si néanmoins les causes alléguées paraissent trop lé-
« gères, le tribunal refuse l'autorisation, ou prescrit au
« requérant ce qu'il doit faire pour l'obtenir. »

Art. 54. La peine est trop forte ; elle ne serait jamais 52 appliquée, parce que le jury aurait de la répugnance à émettre une déclaration de laquelle résulterait un empri- sonnement de cinq années, pour un fait de cette nature : ce serait, en quelque sorte, consacrer l'impunité. Une peine correctionnelle de six mois d'emprisonnement paraît suf- fisante.

TITRE IV.

Art. 8. Ne convient-il pas d'ajouter cet alinéa : 109

« Cependant ceux qui sont mariés, et qui ont une habi-
« tation particulière pour leurs épouses ou leurs enfans,
« conservent leur domicile dans le lieu où est leur ménage. »

On pourrait aussi leur assigner un double domicile.

Art. 17. La preuve du décès deviendrait quelquefois im- 133 possible ; il serait injuste de l'exiger.

Les enfans et descendans doivent sans doute être admis à réclamer, en justifiant de leur qualité.

TITRE V.

Art. 10, 12, 13, 14 et 15. La nature a mis une diffé- 148-160

Il en résulterait aussi des inconvéniens pour les contrat entre individus.

Il ne peut exister des lois dont les dispositions soient entiè rement étrangères aux tribunaux, quel que soit d'ailleurs l'objet de la matière ; elles devraient donc leur être adressée sans distinction.

TITRE V.

Art. 13. Cet article paraît appartenir au Code criminel.

TITRE VI.

Art. 3, *troisième alinéa*. La rédaction serait plus précise s l'on disait : « Elle est tacite en ce que la nouvelle loi ren- « ferme des dispositions contraires à celles des lois anté « rieures. »

LIVRE PREMIER.— *Des personnes.*

TITRE II.

Art. 17. Au mot *papier timbré*. Tout ce qui est relatif à un impôt qui peut varier ou disparaître ne devrait pas être énoncé dans le Code civil.

Art. 19. Si les registres sont perdus, ou qu'il n'y en ait jamais eu, il conviendrait d'y ajouter : « ou s'ils ne sont pas revêtus de toutes les formalités requises. » La raison en est qu'il arrivera très fréquemment, surtout dans les pays où l'idiôme n'est pas familier, que les officiers de l'état civil ne rempliront pas ponctuellement les dispositions prescrites par la loi.

SECTION 1re.

Art. 21. Quelle sera la peine de la contravention ?

SECTION II.

Art. 35. Cet article laisse en doute si chaque publication doit contenir un intervalle franc de dix jours, et dans ce cas le mariage ne pourrait se célébrer que le vingt-huitième jour, terme qui paraît trop long ; ou si, au contraire, c'est le huitième jour après celui de la seconde publication.

En tout cas, les effets civils, quant aux enfans, devraient dépendre de l'examen et de l'arbitrage des tribunaux, qui décideraient suivant la nature et les circonstances des faits.

Tout bien pesé, il vaudrait mieux supprimer l'article.

Art. 27. Les habitans des pays frontières pourraient abuser des dispositions de cet article pour éviter la célébration du mariage devant les officiers de l'état civil. ₁₇₀₋₁₇₁

D'ailleurs, l'article ne déterminant ni le temps ni les circonstances d'après lesquels le mariage des Français peut se contracter en pays étranger, on en conclurait qu'il peut s'y contracter dans tous les cas, tandis qu'en France même il n'est valablement contracté que dans la commune où l'un des époux a un domicile de six mois.

Ces observations conduisent à demander qu'il soit ajouté à l'article 27 : « et pourvu, si les deux époux sont Français, « que l'un d'eux ait cessé de résider en France depuis six « mois. »

On pense aussi que le droit d'enregistrement, étant un impôt dont l'existence est incertaine, ne doit pas être énoncé dans le Code civil.

CHAPITRE III.

Art. 31. Ajouter : « et de motiver son opposition. » 176

Art. 37. La demande en nullité de la part du mari qui avait atteint l'âge requis ne doit pas être admise ; il pourrait abuser de cette faculté. Il faudrait ne l'accorder qu'à la femme. 184

Art. 38, *second membre*. L'article 34 n'établit point d'exception ; il est inutile de le rappeler dans le second membre de l'art. 38. 182

Art. 39. Il serait dangereux de laisser aux collatéraux une aussi grande latitude d'attaquer des mariages qui ont été respectés des époux et de leurs père et mère. 187

Le droit de réclamer de la part des collatéraux devrait être limité au seul cas où les mœurs ont été offensées, c'est-à-dire, lorsque le mariage a été contracté avant la dissolu-

rence remarquable par rapport aux deux sexes, dans les progrès et la durée d'un certain âge.

D'un autre côté, les femmes passent sous la puissance de leurs maris, et ceux-ci deviennent les administrateurs des biens de leurs épouses et les chefs de la communauté ; on doit donc exiger plus d'expérience et de maturité dans les hommes que dans les femmes.

A vingt-un ans, les femmes sont formées pour remplir tous les devoirs que la société leur demande dans l'état du mariage.

A vingt-un ans, l'homme n'a communément point d'état ; son éducation est à peine achevée ; il a besoin d'acquérir l'usage des affaires, avant de pouvoir être constitué l'arbitre de ses intérêts et de ceux de la communauté conjugale.

On estime donc, d'après ces observations, qu'à l'âge de vingt-un ans accomplis, les filles peuvent être dispensées de tout consentement.

On pense aussi qu'il faudrait ajouter la disposition suivante :

« L'époux ou l'épouse devenus veufs, se remarient sans « le consentement de leurs père ou mère et de leurs parens. »

161   Art. 17. Cet article porte que « le mariage est prohibé « en ligne directe entre les ascendans et descendans d'eux, « et réciproquement. »

On propose d'étendre la prohibition aux alliés en ligne directe, afin de garantir les mœurs du danger d'une demeure commune.

Art. 19. Une foule de circonstances pourraient rendre très-injuste l'application de cet article : les inconvéniens qui en résultent, sont supérieurs aux considérations qui le feraient admettre.

Un tel mariage a souvent pour objet d'acquitter un engagement, de conserver l'honneur d'un des époux, et de légitimer un enfant conçu ou né sur la foi de l'union conjugale.

tion légale d'un mariage précédent, ou entre personnes au degré prohibé.

202 Il paraît encore équitable que, dans ces deux cas, la nullité ne puisse avoir d'effet que contre l'époux de mauvaise foi, et non contre les enfans.

52 Art. 47. Mêmes observations que sur l'art. 54, titre II.

CHAPITRE IV.

204 Art. 51. Le second membre de cet article dit « que l'enfant n'a point d'action contre ses père et mère pour un établissement par mariage ou autrement. » Mais, établi par mariage, aura-t-il une action pour se faire doter?

La dot étant regardée comme une obligation naturelle des père et mère, en tant qu'ils doivent des alimens à leurs enfans, il paraît équitable de ne pas refuser à ceux-ci une action dont le mérite est toujours apprécié par le juge.

331 Art. 60. Il a paru qu'il y aurait moins d'inconvéniens à supprimer cet article, en laissant aux père et mère la faculté de reconnaître, tant que le mariage subsiste, les enfans qu'ils déclarent être nés d'eux.

Art. 63. Les dispositions contenues dans cet article sont de nature à provoquer des discussions scandaleuses, et dans lesquelles il serait difficile d'arriver à un résultat certain. Si l'on pèse cet inconvénient à côté des avantages que reçoit la société par la légitimation des enfans, on se détermine à demander la suppression de l'article.

215-217 Art. 65 et 66. La séparation de biens prononcée en justice étant essentiellement fondée sur l'inconduite ou la mauvaise administration du mari, ne serait-il pas plus simple de rendre à la femme l'exercice de tous les droits qui concernent ses biens, sans recours à l'assistance de son mari, soit pour ester en jugement, soit pour contracter? on préviendrait ainsi des formalités qui sont souvent des sujets de discussion entre les époux, et qui entraînent toujours des frais.

En tout cas, la femme séparée devrait avoir, par elle-même et sans l'assistance de son mari, l'exercice des actions mobilières et l'administration de ses biens.

Art. 69 et 70. Pour éviter la multiplicité des formes et des frais que l'exécution de ces articles pourrait entraîner, le tribunal de l'arrondissement pourrait accorder, sur le vu des jugemens de condamnation ou d'interdiction, l'autorisation d'ester ou de contracter pendant toute la durée des effets des jugemens. 221-222

TITRE VI. — *Du divorce.*

CHAPITRE Ier.

Art. 3, § 2. L'objet de l'article n'est pas assez développé; il serait susceptible d'être diversement entendu. 231

Même article, *dernier paragraphe.* La suppression de ce paragraphe. 229-230

Quand l'adultère de l'un ou de l'autre des époux ne serait point accompagné des circonstances exigées par cette disposition, il devrait sans doute suffire; mais comme la preuve de l'adultère est presque toujours impossible; que néanmoins celle du déréglement des mœurs peut facilement s'acquérir et doit être une cause suffisante, il semble plus moral de rédiger le même paragraphe en ces termes :

« L'adultère ou le déréglement notoire des mœurs de l'un
« ou de l'autre des époux. »

CHAPITRE II.

Art. 32. Ajouter : « à moins que le juge ne décide autre- « ment, en connaissance de cause. » 267

CHAPITRE III.

On remarque de très-graves inconvéniens dans l'admissibilité d'une réconciliation uniquement fondée sur des présomptions. 272

La réconciliation ne doit résulter que de la cessation libre des poursuites pendant un temps déterminé, ou du désistement de la demande.

Dans cette hypothèse, il ne s'agirait que de coordonner la légitimité ou l'intérêt des enfans, d'après les nouvelles dispositions dont on croirait ce chapitre susceptible.

TITRE VII.

CHAPITRE II.

320   Art. 12. Les registres manqueront souvent de quelques-unes des formalités prescrites, surtout dans les pays où l'idiome de la langue française n'est pas familier. Ne serait-il pas nécessaire de rédiger l'article ainsi : « Si les registres « civils sont perdus, s'il n'en a point été tenu, ou si ceux « qui ont été tenus ne sont pas revêtus de toutes les forma- « lités prescrites, la possession de l'enfant, etc. »

CHAPITRE III.

Art. 28. La suppression de la seconde partie de l'article, par la raison qu'il importe d'assurer, autant qu'il est possible, l'état et le sort des enfans.

TITRE VIII.

CHAPITRE Ier.

375 et suiv. Le père pourrait abuser du droit absolu de faire détenir son enfant.

380-382 Les suggestions d'une seconde femme, des motifs d'intérêt personnel, et la seule différence des opinions, mettraient dans ses mains un pouvoir dangereux.

Il paraît plus prudent de subordonner l'exercice de ce droit à l'examen et à la décision d'un conseil de famille, ainsi qu'il est réglé à l'égard de la mère et des autres parens ;

382 D'assurer dans tous les cas la voie de réclamation en faveur du détenu, ainsi que le moyen de la faire entendre.

CHAPITRE III.

liv. 1er fin du tit. 9- art. 1048 Les dispositions officieuses qui seront faites en vertu du Code civil ne pourront être opposées aux créanciers qui auront contracté avant sa publication, par acte dont la date sera certaine à l'époque de ladite publication.

TITRE IX.

CHAPITRE I.ᵉʳ.

Art. 2. La division établie par cet article ne paraît pas 388 nécessaire, dès que la majorité est acquise à vingt-un ans; elle pourrait être utile, si la majorité était fixée à un âge plus reculé.

CHAPITRE II.

Art. 7. Déterminer le délai dans lequel le tuteur naturel 451 fera procéder à l'inventaire; en cas de négligence, le priver des revenus des biens du mineur.

Le subrogé tuteur sera pris, autant que possible, parmi 423 les parens de l'époux décédé.

Art. 10 et 11 On mettrait ainsi le père et la mère dans la 395 dépendance des parens; c'est porter atteinte à la liberté des secondes noces; et cependant le but de la société doit être de favoriser les mariages.

Si le père ou la mère remariés ne remplissent pas les devoirs de la tutelle, elle peut leur être ôtée par le conseil de famille, sauf la voie de l'appel.

SECTION III.

La communion d'intérêts et l'éducation des enfans com- 390- mandent l'exception en faveur de la mère. Hors ce cas, au- 442 cune femme ne doit être appelée à la tutelle.

SECTION IV.

Art. 23. On a des exemples journaliers de l'indolence des 406 parens, surtout dans les campagnes. Il faudrait charger le maire d'avertir le juge-de-paix, dans le délai de trois jours, de l'événement qui donne ouverture à la tutelle.

Art. 27. Réduire le nombre, qui pourrait être excessif. 407

SECTION VII.

Art. 70. Pour éviter les frais, les parens seront tenus, 452 lors de la nomination du tuteur, de délibérer sur la vente des meubles, à moins qu'ils ne déclarent ne pouvoir prendre de résolution qu'après avoir vu l'inventaire.

Ils pourront aussi autoriser la vente après une seule affiche, quand les meubles seront d'une valeur modique.

SECTION VIII.

455
456

Art. 94 et 95. Ces articles ne trouveraient pas une juste application au cas où la fortune du mineur est modique : cependant, comme tout doit rester dans les proportions, le mineur serait lésé si on laissait oisives des sommes inférieures à celles qui sont fixées. Il semble donc que cet objet doit être abandonné à la prudence du conseil de famille, qui réglerait l'emploi des deniers et le cas où ils produiraient intérêt.

468

Art. 105. Réserver la voie de réclamation et les moyens de la faire entendre, conformément à l'observation qui a été faite au chapitre *de la puissance paternelle*.

Observations générales sur le chapitre des tutelles et sur les comptes.

L'examen du chapitre relatif à la tutelle et aux comptes qui en dérivent a fait remarquer que les formalités sont trop multipliées, que l'exécution en deviendrait ruineuse, et qu'à force de vouloir conserver, la fortune des mineurs s'évanouirait en frais.

Si quelques tutelles comportent, par leur objet, toutes les formalités prescrites par le chapitre dont il s'agit, il faut convenir que les trois quarts sont hors d'état de subvenir aux frais qu'elles entraînent, si l'on considère surtout l'impôt du papier timbré et de l'enregistrement.

On demanderait donc un mode plus simple et moins dispendieux, sauf aux conseils de famille à prendre les mesures qu'ils croiront convenables pour les tutelles d'une importance majeure.

L'émancipation de droit à l'âge de dix-huit ans est sujète à beaucoup d'inconvéniens, principalement dans les pays de commerce, où la fortune de l'émancipé consiste en capitaux mobiliers.

· En rapprochant la majorité à vingt-un ans, l'émancipa- 476-
477
tion devient inutile, et pourrait souvent être funeste : ainsi ,
on penche à croire que l'émancipation doit être restreinte
au seul cas du mariage contracté avant la majorité, ou
seulement accordée par le conseil de famille avec con- 478
naissance de cause.

Dans ce dernier cas, le conseil de famille déterminera 481
l'objet de l'émancipation, le pouvoir qui en résulte , et
nommera un curateur à l'émancipé.

L'émancipation qui résulte du mariage donne la pleine
administration des biens et l'exercice des actions mobilières.

*Fait et arrêté le 23 prairial an 9, par les membres de la com-
mission soussignés. Signé* LATTEUR, WAUTELÉE , FOUR-
NIER.

LIVRE II.

TITRE Ier. — *De la distinction des biens.*

Art. 2. Ne conviendrait-il pas de déterminer la propriété 552
des mines, laquelle ne tombe qu'imparfaitement dans la
deuxième partie de l'art. 2 ?

Art. 5. On doit ranger dans la classe des choses stipulées 524
immeubles :

1º Les chaudières, cuves et tonnes de brasserie , les alam-
bics et cuves à l'usage de la distillation d'eau-de-vie ;

2º Les ustensiles nécessaires à l'exploitation des grandes
usines, comme forges et papeteries.

Art. 24. La rédaction de cet article pourrait inspirer des
inquiétudes aux acquéreurs de domaines nationaux. Ne
serait-il pas prudent de le modifier ainsi :

« Cette disposition ne s'applique point aux domaines na-
« tionaux vendus en vertu des lois portées depuis 1790,
« et dont les acquéreurs n'ont point encouru la déchéance. »

Art. 25. Supprimer : *les rues et places publiques ;* et au lieu 538
de *chemins publics* , mettre *les grandes routes.*

541   Art. 28. *Mais les villes ou particuliers.* Terminer l'article
en y ajoutant : « qu'ils n'en pourront plus être évincés qu'au
« moyen d'une juste indemnité. »

TITRE II. — SECT. II. — DIST. Iʳᵉ.

563   Art. 23. A moins que le changement ne provienne du
fait du propriétaire gagnant.

TITRE III. — CHAP. Iᵉʳ.

586   Art. 11 et 12. Cette fiction a constamment donné lieu à
une multitude de procès, dans lesquels les frais absorbent
les prétentions des parties intéressées.

Il est plus simple d'assimiler les fermages aux fruits civils
qui s'acquièrent jour par jour.

594   Art. 18, 2ᵉ *alinéa.* On dit : « Il n'est pas tenu de rem-
« placer de même ceux qui sont arrachés ou brisés par un
« accident. » Dans ce cas lui appartiennent-ils ?

On pense qu'ils ne doivent pas lui appartenir, parce que
souvent il dépendrait de l'usufruitier de faire naître les accidens ; et que, d'ailleurs, l'arbre qui ne produit plus est
hors de l'usufruit.

On ôterait toute équivoque, en ajoutant : *mais ils'appartiennent au propriétaire.*

606   Art. 31. Au lieu du mot *entières,* qui serait susceptible
d'être diversement entendu, il vaudrait peut-être mieux
mettre : « le rétablissement à neuf des poutres et des cou-
« vertures. »

621   Art. 42. Cette disposition est trop subtile ; il serait facile
d'abuser d'une personne simple. Un usufruitier consent quelquefois à la vente pour un avantage commun, mais dans
l'intention de jouir de l'intérêt du prix.

Ainsi, pour prévenir toute surprise, il est convenable
d'ajouter : « mais il la conserve sur l'intérêt du prix, à
« moins qu'il n'y ait renoncé. »

TITRE IV. — CHAP. II. — SECT. II.

Art. 12 et 13. Les présomptions d'après lesquelles le 653-654 projet de Code civil répute mitoyens on non mitoyens les murs de séparation ne s'entendent pas des murs bâtis avant la publication du Code ; mais il ne serait pas inutile de l'exprimer.

Cette modification pourrait faire la matière d'un troisième alinéa, en suite de l'article 13, ainsi conçu :

« A l'égard des murs bâtis avant la publication du pré-
« sent Code, la présomption de non-mitoyenneté se déter-
« minera par les marques précédemment usitées dans chaque
« lieu. »

Art. 16. Le mur mitoyen étant une propriété com- 657 mune, aucun des propriétaires ne doit avoir le droit d'y placer poutres ou solives au-delà de la moitié de l'épaisseur. On prévient encore par là le danger de la communication des incendies.

L'épaisseur des murs mitoyens devrait faire un objet de police dans chaque lieu, relativement aux édifices servant d'habitation : elle était réglée par les municipalités dans la plupart des communes des départemens réunis. Cette surveillance est propre à prévenir les accidens. Il faudrait la maintenir et l'étendre à toutes les villes et villages de la république, en accordant aux municipalités le pouvoir de faire des réglemens de police sur la construction ou reconstruction des bâtimens, notamment pour éviter les incendies.

L'article 29 de la loi du 19 juillet 1791 a maintenu provisoirement les réglemens relatifs à la voirie et à la construction des bâtimens, etc. Mais, outre qu'on ne connaissait guère de telles dispositions que dans les grandes villes de France, et que leur conservation n'est que provisoire, ce serait ici le lieu de dire ce qui sera fait sur cette matière par une mesure générale.

LIVRE III.

TITRE Ier.

CHAPITRE II.

726   Art. 21. Le droit d'aubaine paraît incompatible avec les principes du Gouvernement français. Mais l'admission des étrangers à recueillir les successions ouvertes en France serait nuisible à l'Etat, s'il n'y avait pas de réciprocité, parce qu'elle exporterait une partie des richesses sans compensation. On devrait donc terminer l'article par la condition de la réciprocité.

727   Art. 22, 3e *partie*. Ajouter : « à moins qu'il n'ait été dans « le cas de l'ignorer, ou que la justice n'ait été informée par « une autre voie avant qu'il ait pu dénoncer lui-même. »

730   Art. 25. Les fautes étant personnelles, les enfans de l'indigne devraient lui être substitués par la loi. La peine du père consisterait dans la privation de la jouissance des biens que ses enfans recueilleraient à sa place.

CHAP. III. — SECT. II.

742   Art. 36. Il y a souvent une très-grande disproportion d'âge entre des frères et sœurs. Les petits-enfans des aînés se trouveraient placés dans une condition trop défavorable ; ce serait les accabler d'une double privation, que de les exclure du droit de représenter les parens qu'ils ont eu le malheur de perdre, dans une succession que ces mêmes parens auraient recueillie s'ils avaient encore existé.

On propose donc d'étendre aux petits-neveux le bénéfice de représentation, c'est-à-dire, de le porter jusqu'au sixième degré, suivant la computation du droit civil.

CHAPITRE IV.

757   Art. 55. A ne consulter que le vœu de la nature, les enfans nés hors mariage et reconnus ont le même titre à la succession de leurs pères et mères que les enfans légitimes. Ce n'est donc que par respect pour les mœurs, et par

la faveur que l'intérêt social doit au mariage, que la loi civile admet une distinction entre les droits des uns et des autres.

Cette considération fait penser que la quotité limitée au quart est trop modique, lorsque le père ou la mère ne laisse point de descendans légitimes; il semble que, dans ce cas, l'enfant naturel ne doit être privé que d'une portion assez sensible pour qu'il ne soit pas traité avec la même faveur que les enfans légitimes.

La portion de chaque enfant naturel devrait s'élever aux deux tiers, ou au moins à la moitié de la part qu'il aurait eu le droit de prendre, s'il était né en mariage, dans la succession de ses père et mère qui ne laissent point d'enfans légitimes.

Art 61. Obliger l'enfant naturel à faire l'avance des frais, c'est le réduire à l'impuissance de faire valoir ses prétentions; parce que le plus communément l'enfant naturel est sans ressource, il ne faut pas que la loi lui refuse d'une main ce qu'elle lui accorde de l'autre.

L'enfant doit rester dans les termes du droit commun pour l'exercice de ses droits.

La seconde série de l'article 61 paraît donc devoir être supprimée.

Art. 65. On propose de rayer le mot *qualité*, qui semble rappeler une distinction.

CHAP. V. — SECT. II.

Art. 78. L'héritier conserve son droit jusqu'à ce que la république ait prescrit. Cependant l'article porte qu'après trois publications, de quinzaine en quinzaine, elle sera déclarée héritière : on pourrait induire de là qu'après les trois publications le véritable héritier serait non recevable à réclamer ; ce qui serait injuste.

Pour prévenir cette difficulté, il convient de rayer ces mots, *sera déclarée héritière*, et de réduire le droit de la république à la mise en possession.

CHAPITRE VI.

782   Art. 82. En cas de dissentiment entre les héritiers majeurs, la part du renonçant accroît à celui qui accepte.

La faculté d'examiner ce qui aurait été le plus avantageux au défunt ne doit être laissée qu'à ceux des héritiers qui ne sont pas capables de s'obliger.

778   Art. 85. On pense qu'il ne faut pas juger l'intention, mais que l'acceptation tacite résulte de la nature du fait.

Ainsi, on donnerait moins de prise à l'arbitraire, si l'on rédigeait l'article, en disant : « L'acceptation est tacite, « toutes les fois que l'héritier fait un acte qu'il n'a droit de « faire qu'en qualité d'héritier. »

Art. 123. Les intérêts d'une succession vacante ne peuvent être utilement défendus que par la personne qui a les pièces et les renseignemens nécessaires : il serait dangereux de les confier isolément à autant d'individus que l'hérédité vacante pourrait avoir de contestations dans différens tribunaux.

Le curateur nommé en exécution de l'article 121 doit demeurer chargé de représenter la succession vacante partout où il s'agit de la défense de ses intérêts.

On pourrait donc supprimer l'art. 123.

CHAPITRE VII.

819   Art. 132. On désire que l'article indique le juge qui sera chargé d'apposer le scellé.

Pour éviter les inconvéniens de la négligence des héritiers majeurs, et de la connaissance tardive que pourrait acquérir le commissaire du Gouvernement, il faudrait charger le maire du lieu d'avertir l'officier tenu d'apposer les scellés : sans cette précaution, il arrivera rarement que l'opération obtienne l'effet que la loi veut lui donner.

843-
844   Art. 157 et 158. Les dispositions contenues dans ces articles sont liées à la matière et au titre *des donations*, où il s'agira d'examiner jusqu'à quel point il peut être juste et

politique de les autoriser à l'égard des immeubles, surtout en ligne directe descendante.

Art. 164. Le père et le fils sont considérés comme une même personne ; le fils qui vient de son chef à une succession a pour titre sa descendance du donataire. 848

En l'admettant au partage sans obligation de rapporter, lors même qu'il a accepté la succession de son père, c'est réunir sur la tête d'une même personne des avantages illimités, et tels qu'en résultat la quotité soit passible de la presque totalité de la succession.

Ainsi, le fils qui a accepté la succession de son père ne doit pas être dispensé de rapporter à l'hérédité à laquelle il vient de son chef les donations faites au premier par le défunt.

Du moins, la dispense du rapport ne doit avoir lieu que jusqu'à concurrence de la quotité disponible par préciput, et hors part, lorsque le donateur l'a ainsi ordonné, et qu'il ne s'agit pas d'une succession en ligne directe descendante.

Art. 167. D'après cet article, il serait trop facile de tromper la prévoyance de la loi sur la fixation de la quotité disponible, en divisant entre les époux, dont l'un seulement est successible, l'objet de la donation, ou en l'appliquant au profit de celui qui n'est pas héritier présomptif. 849

Les dispositions de cet article doivent se combiner avec les titres *des donations* et *des droits des époux*, de manière qu'elles ne présentent pas trop de latitude à faire indirectement des avantages que la loi entend prohiber.

Art. 186. Cet article suppose l'adoption du système des hypothèques tel qu'il est établi dans le projet de Code civil, ainsi que la tradition par le seul effet de l'acte. On reviendra sur ces deux points, dans les observations à faire sur la matière des hypothèques et de la tradition de la propriété. 865

TITRE II.

CHAP. Ier. — SECT. IV.

Art. 30. Une convention dont la cause n'est point ex- 1132

primée n'a quelquefois pour fondement qu'une cause illicite : elle peut être aussi l'effet du dol et de la surprise.

Lorsque de fortes présomptions s'élèvent sur l'illégitimité d'une convention non causée, le juge peut charger le créancier, ou celui qui fait usage de la pièce, de prouver la cause.

Cet amendement paraît nécessaire pour ne pas mettre le juge dans la nécessité de sanctionner une convention dont la cause est suspecte.

CHAP. II. — SECT. Iʳᵉ.

1140 Art. 38. Dans les départemens réunis, et dans une partie assez notable de l'ancien territoire de la république, l'expropriation, à l'égard des tiers, ne s'opère que par les œuvres de loi ; jusque là la propriété est censée résider en la personne du vendeur, ou de celui qui aliène, sauf quelques exceptions relatives aux contrats de mariage, à la communauté conjugale, aux successions testamentaires et *ab intestat*. Ces œuvres de loi consistent dans la déclaration faite sur un registre public, ou livre de mutations, par laquelle l'un se dessaisit de la propriété de l'immeuble dans la main de l'autre, qui accepte.

On tenait ci-devant des livres de mutations dans chaque juridiction particulière. Depuis la publication de la loi du..... 1791, les œuvres de loi ont été remplacées par la seule formalité de l'inscription sur le registre du greffe du tribunal civil de l'arrondissement. Cette loi avait donc conservé le principe, en changeant la forme : il subsiste encore, au moins par rapport aux hypothèques, dans la loi du 11 brumaire an 7 ; mais l'article dont il s'agit le détruit entièrement, et porterait une atteinte mortelle au crédit public.

C'est dans la certitude du moment où la propriété peut être acquise, liée au système de la spécialité des hypothèques, que l'on trouve la pleine sécurité de l'acheteur et du prêteur. Tous les ci-devant Pays-Bas, tant français qu'autrichiens, doivent à cette partie de leur législation, l'état de prospérité où les habitans de ces provinces avaient porté le commerce et l'agriculture, parce qu'elle y était la base du crédit public.

On propose donc de la conserver d'après les dispositions de la loi du......... 1791, et même de l'appliquer à toutes les parties de la république, attendu qu'il importe que toutes les mutations soient connues, et qu'elles ne puissent avoir d'effet, par rapport à un tiers, que du jour où l'inscription en aura été faite sur un registre tenu au greffe du tribunal de l'arrondissement dans lequel les immeubles sont situés.

CHAP. IV. — SECT. Ire. — DIST. III.

Art. 150. Il semble, d'après la seconde série de cet ar- 1257 ticle, que les frais de consignation sont à la charge du débiteur dans tous les cas.

Cependant, lorsque les offres réelles ont été refusées, et 1260 qu'elles sont déclarées suffisantes, les frais postérieurs devraient être supportés par les créanciers. Il faudrait donc ajouter : « Dans le cas où les offres réelles seront déclarées « suffisantes, les frais postérieurs sont à la charge du « créancier. »

CHAPITRE V.

Art. 220. On propose de supprimer le mot *bourgeois*, et 1329 de le remplacer par ceux-ci, *contre les individus non marchands*, afin de ne pas laisser subsister l'équivoque dans l'acception du terme par rapport aux habitans des campagnes.

Art. 233. Les dommages-intérêts sont un accessoire du 1342 principal, qui seul doit entrer dans le calcul de la quotité à laquelle est fixée l'admission de la preuve par témoins.

Art. 236. Toute demande qui a pour objet une cause in- 1345-1346 dépendante est une action particulière. Si elle était formée isolément, et qu'elle n'excédât pas 150 livres, la preuve serait admise : on ne voit pas de motifs suffisans pour la refuser lorsqu'elle fait partie d'une instance dans laquelle plusieurs chefs élèvent la somme au-delà de 150 francs.

La disposition de l'article tendrait même à multiplier les instances pour se ménager l'admission de la preuve testimoniale, en faisant autant de procès particuliers qu'il y aurait de chefs de demandes.

On pense qu'il est plus convenable de supprimer cet article.

TITRE IV.

2062   Art. 1er, 8e *série*. La stipulation de la contrainte par corps contre les fermiers répugne à la nature du contrat, qui est l'effet d'une confiance réciproque entre le bailleur et le preneur.

Elle est injurieuse à la classe des cultivateurs, et repoussée par l'opinion, surtout dans les pays où les fermiers ont constamment joui de l'estime due à l'état le plus utile de la société.

Elle est inutile, parce que la loi assure suffisamment, d'ailleurs, le privilége du propriétaire.

Elle est inique, en ce qu'il n'y a pas de réciprocité contre le bailleur qui manquerait à ses engagemens.

On pense donc que la huitième série de l'article doit être supprimée.

TITRE V. — CHAPITRE II.

2023   Art. 10. Les dispositions de cet article sont subordonnées au système des hypothèques et de la vente forcée, sur lequel il sera fait des observations aux titres où la matière est traitée.

2024   Art. 11. Il semble que cet article rende illusoires les dispositions des articles 8 et 9 de la même section.

Lorsque la caution a requis la discussion du débiteur principal, indiqué les biens, et avancé les deniers nécessaires, la demeure du créancier doit opérer contre lui une fin de non recevoir : autrement, les démarches de la caution deviennent frustratoires ; car on lui reprend d'un côté le bénéfice qu'on lui accorde de l'autre.

On propose donc de rayer l'art. 11.

Art. 19. Si l'une des cautions paie et retire le titre, 2033 elle a recours contre les autres, chacune pour sa part et portion.

Ce recours doit être assuré, quand même elle aurait acquitté la créance sans qu'elle fût poursuivie. Pourquoi n'aurait-elle pas la faculté de prévenir des frais qui souvent sont considérables par le droit d'enregistrement?

En payant avant aucune poursuite, elle a veillé à l'intérêt des autres cautions, qui peuvent la rembourser sans frais.

Ces observations déterminent à demander la suppression de la seconde partie de l'article 19.

TITRE VI. — CHAP. 1er. — SECT. 1re.

Art. 8, 3e *série*. L'authenticité du bail n'empêcherait 2102 point l'abus que l'on pourrait faire de cet article, pour ab- 1° sorber, par des fermages acquittés depuis long-temps, les droits des autres créanciers. On tromperait souvent la bonne foi de ceux qui auraient contracté avec le fermier.

La distinction entre le bail authentique et celui qui ne l'est pas est hors de la nature du contrat et de ses effets : c'est la qualité de propriétaire et le caractère de la dette qui donnent le privilége sur les meubles.

Ce privilége ne doit être ni trop restreint, ni trop étendu ; et l'on pense qu'en le fixant, dans tous les cas, à une année d'arrérages et à la courante, ce terme suffit pour assurer le droit du propriétaire et prévenir les abus d'une trop longue extension.

On estime aussi qu'il est dangereux d'accorder un privilége pour les semences, à moins de soumettre celui qui les vend ou les fournit au fermier, à des formalités telles, qu'à l'aide d'une stipulation simulée on ne puisse pas ruiner la masse au préjudice du propriétaire et des autres créanciers.

2 101
4° 9ᵉ *série*. D'après l'usage le plus généralement reçu, les gens de service s'engagent pour une année, et ne reçoivent leur salaire qu'à l'expiration du terme. C'est une raison de leur accorder le privilége pour une année de salaire.

Cette série donne encore lieu à une autre remarque. Le privilége des gens de service, et surtout des gens qui servent chez les laboureurs, paraît trop reculé.

On propose de classer le privilége de leur salaire, immédiatement après les frais funéraires.

TITRES VI, VII et VIII. — *Des hypothèques, lettres de ratification et ventes forcées.*

Ces titres sont l'objet d'un travail particulier.

TITRE IX.
CHAPITRE Iᵉʳ.

909 Art. 14. Ajouter : « ni à celui qui le dirige comme ministre d'un culte. »

CHAP. II. — SECT. Iʳᵉ.

913-
914-
915-
916. Art. 16. Quoique l'on ait peu à craindre de l'abus des dispositions d'un donateur qui laisse des enfans ou descendans, néanmoins la quotité du quart est trop considérable. L'expérience a démontré que les opinions s'étaient souvent divisées dans une même famille : cette diversité de sentimens peut produire de longs souvenirs, et causer des injustices.

Les frères et sœurs tiennent immédiatement leur patrimoine d'une source commune ; la faculté de se priver respectivement de la moitié de leur succession doit être restreinte.

L'oncle aurait également trop de latitude à l'égard de ses neveux ; et, puisque l'équité réclame le bénéfice de la représentation en faveur des petits-neveux jusqu'au sixième degré, ainsi qu'on l'a observé au titre *des successions*, il faudrait limiter le pouvoir de l'oncle donateur à la même quotité pour les petits-neveux que pour les neveux.

D'un autre côté, si l'oncle est tenu de laisser une quotité quelconque à ses neveux, ceux-ci, par réciprocité, devraient être subordonnés à une même disposition ; ce qui s'entend aussi des petits-neveux.

D'après cela, on demande que l'article soit ainsi conçu :

« Les donations, soit entre vifs, soit à cause de mort, ne « peuvent excéder le sixième des biens du donateur, s'il « laisse, à son décès, des enfans ou descendans ; le tiers, « s'il laisse des ascendans ou des frères et sœurs ; la moitié, « s'il laisse des neveux ou nièces, petits-neveux ou petites- « nièces, oncles ou tantes jusqu'au sixième degré, suivant la « computation civile. »

Art. 19. Si l'on peut dire que les successions sont du domaine du droit civil, on se défend avec peine d'un sentiment contraire, quand il s'agit des successions des pères et mères ou aïeuls envers leurs enfans et descendans.

L'égalité entre les enfans est dans le vœu de la nature. Il semble qu'on doive ôter aux ascendans jusqu'au pouvoir de blesser, même le plus légèrement, un droit qui dérive d'une source aussi sacrée : par là on leur évite le malheur d'être injustes, et de troubler par des dissentions entre leurs enfans, la paix qu'ils doivent leur laisser comme le premier de tous les patrimoines. Si un descendant a mérité quelque récompense par des services rendus, il est juste qu'il l'obtienne ; mais ce n'est plus dans sa naissance qu'il trouve son titre, c'est dans le fait de ses services, et alors la cause en doit être loyalement exprimée, afin qu'ayant la vérité pour base, elle reçoive l'hommage de la justice, si elle était témérairement censurée : qui sait, d'ailleurs, si dans l'état actuel des choses, des familles malheureusement encore pleines de préjugés, n'abuseraient point d'une faculté aussi étendue pour prolonger le droit d'aînesse?

On est donc d'avis que le descendant ne puisse jamais être dispensé du rapport de ce qu'il a reçu à titre gratuit.

Il peut être récompensé des services rendus, lorsque la cause en est exprimée et conforme à la vérité.

CHAPITRE III.

910   Art. 33. Il vaudrait mieux spécifier les établissemens d'utilité publique, pour ne pas laisser des idées trop générales sur la chose.

CHAPITRE IV.

948   Art. 41. Ajouter : « Elle est encore nulle, nonobstant « la tradition réelle et l'état estimatif, si elle n'a précédé de « dix jours au moins la faillite ou déconfiture du donateur. »

939   Art. 55. Cet article suppose des bureaux particuliers d'insinuations.

L'insinuation peut se faire au greffe du tribunal de l'arrondissement, ce qui évite un établissement particulier.

957   Art. 63. On pense qu'il y a lieu à supprimer ces mots : *à moins que dans ce dernier cas.*

CHAP. V. — SECT. Ire.

Art. 76. La rédaction n'est pas d'une intelligence assez facile ; on croit qu'elle serait moins susceptible de doute, si elle était rendue ainsi :

« Le défaut de survie ne peut être opposé, lorsque la « mort du donateur a été subite, ou causée par quelque « accident. »

CHAPITRE VI.

1079   Art. 144. En laissant aux ascendans le pouvoir de faire les partages, il faut se prémunir contre le sentiment de prédilection qui pourrait les porter à commettre des injustices. Un partage entre les descendans est un acte dans lequel on doit trouver une égalité aussi rapprochée que possible.

D'un autre côté, la seconde partie de l'article suppose que l'ascendant peut avantager un de ses descendans, avec dispense de rapport : nous nous référons sur ce point aux observations qui ont été faites à l'article 19, chap. II, sect. Ire du liv. III.

Il est peut-être bon d'ajouter qu'en combinant les deux dispositions, telles qu'elles sont présentées dans le projet de Code civil, on remarque que l'un des ascendans pourrait emporter, en certains cas, au-delà des trois quarts de la succession, et que, dans toutes les hypothèses, s'il recevait par préciput un quart sans obligation de rapporter, et que, par l'effet du partage, il fût encore loti d'une portion surpassant en valeur, de près du tiers au quart, celle de ses cosuccessibles, il s'ensuivrait un avantage tellement énorme, que l'on y verrait renaître les anciens statuts, qui sacrifiaient à un seul tous les autres enfans des mêmes père et mère.

Ainsi, la lésion du sixième paraît suffisante pour fonder la demande en rescision du partage fait par l'ascendant. Quant à la seconde partie de l'article, elle doit être supprimée, attendu que la donation est sujète à rapport.

CHAPITRE VII.

Art. 148. La disponibilité laissée dans la main du donateur est contraire à la nature des donations. [1083]

Une donation faite dans un contrat de mariage, et sur la foi de laquelle le mariage est contracté, ne doit pas être illusoire.

On propose de supprimer les dispositions renfermées sous cet article.

CHAPITRE VIII.

Art. 161. C'est limiter trop étroitement le pouvoir de l'époux qui convole à de secondes noces, et le réduire à la nécessité ou de conserver la viduité, ce qui n'est ni politique ni moral, ou de se remarier désavantageusement, et par là, de nuire à l'éducation des enfans du premier lit. [1098]

On pense que l'on doit permettre la donation d'une part

d'enfant en propriété, et supprimer la fin de l'article portant : *et en usufruit seulement.*

CHAPITRE IX.

Art. 166. L'article suppose un droit de fiscalité qui ne doit pas être énoncé dans le Code civil.

TITRE X.

CHAPITRE Iᵉʳ.

1408 Art. 21. L'immeuble acquis par licitation sur une succession échue à l'un des conjoints appartient à l'époux, à concurrence de la quotité dont il était propriétaire par indivis. Le surplus devient conquêt.

1410 Art. 23. Excepté le cas où la femme aurait été négociante ou marchande avant son mariage ; car alors la bonne foi dans le commerce exige que ses dettes soient payées, même sur la communauté, quand même le titre ne serait pas authentique, pourvu que la créance dérive du fait de son commerce.

1422 Art. 31. Le mari ne peut donner entre vifs au-delà de sa part dans la communauté, et il doit réserver l'usufruit.

1443 Art. 57. On voit tous les jours des mariages se faire sans constitution de dot et sans conventions matrimoniales.

On voit aussi des communautés modiques dans leur origine s'améliorer par le travail et les économies des époux, et même quelquefois par la seule intelligence et les soins particuliers de la femme.

Cependant, à ne consulter que la lettre de l'article, l'inconduite et le désordre du mari n'autoriseraient la demande en séparation de biens, que quand il y aurait une dot, ou que les droits de la femme seraient stipulés par un acte particulier.

On pense que les causes de séparation devant tenir à un principe général, l'article 57 ne peut pas être limité à des espèces particulières.

La femme peut pendant le mariage former contre le mari une demande en séparation de biens, toutes les fois que la mauvaise conduite de celui-ci ou le désordre de ses affaires peuvent entraîner la ruine de la communauté ou compromettre les droits de la femme.

Art. 72. Si les héritiers de la femme sont tous capables de s'obliger, la part de celui qui renonce accroît à celui qui accepte. On ne pense pas qu'il y ait lieu, à leur égard, d'examiner ce qui était le plus utile à la défunte, parce que nul n'est héritier qui ne veut.

Si tous héritent, ils ont le bénéfice d'inventaire. On croit donc que l'article doit être supprimé.

Art. 101. Les dispositions de cet article sont subordonnées au régime hypothécaire et aux formalités des mutations. 2121-2135.

CHAPITRE III. — SECT. II.

DISTINCTION IV. Le mari étant constitué l'arbitre et le modérateur de la communauté, l'équité ne permet pas que la femme soit nécessairement victime de la mauvaise administration de son mari ; de là la faculté de renoncer. 1514

Cette exception n'est elle-même qu'un remède, une exception à la règle générale du contrat de société ; mais la faculté de renoncer et de reprendre détruit totalement le principe, en ce que les choses mises en communauté ne peuvent plus en être séparées que par l'effet d'un partage, et que la renonciation exclut toute idée de partage.

Ainsi, toutes les dispositions de la quatrième distinction paraissent devoir être supprimées. Elles sont d'ailleurs de nature à tromper la bonne foi des personnes tierces.

Art. 145. La femme n'a point droit au préciput, lorsqu'elle renonce : dès que les effets mobiliers ont fait partie de la communauté, ils doivent en subir la loi. 1515

Art. 149. Le préciput n'étant point une indemnité, mais une assurance de prendre avant partage, l'accorder à la 1519

femme renonçante, même au préjudice des créanciers,
c'est tendre un piége à la confiance publique, et compromettre la loyauté du commerce par des clauses inusitées
jusqu'alors dans les pays où il a prospéré par la sévérité
des lois contre les renonciations.

TITRE XI.
CHAPITRE Ier.

1590 Art. 9. Lorsque la promesse de vendre aura été faite
verbalement avec des arrhes qui n'excèderont pas 150 fr.,
la preuve de la délivrance des arrhes pourra être admise par
témoins, pour mettre celui qui les a données dans le cas
de les perdre, et celui qui les a reçues dans le cas de restituer le double, sans que de la preuve faite relativement
aux arrhes puisse résulter l'obligation d'exécuter la vente.

CHAPITRE IV. — SECT. Ire.

1605 Art. 25. On se réfère aux observations faites sur l'art. 38,
sect. Ire, chap. II, tit. II du livre III, au sujet des formalités nécessaires pour rendre les mutations valables à l'égard
des tierces personnes.

TITRE XIII. — CHAP. Ier. — SECT. II.

1724 Art. 33. Pour ôter tout prétexte de chicane, il paraît
convenable d'ajouter à la seconde partie de l'article, *sans
déduction des quatre décades.*

TITRE XIV. — CHAP. IV.

1865 Art. 59. Il y a des sociétés qui, par leur nature et leur
objet, ne sont point dans le cas de se dissoudre par la mort
d'un des associés. Telles sont celles qui se forment pour des
exploitations de mines : elles ne peuvent avoir de terme que
par la consommation de l'objet, il faut donc faire une exception à l'article.

*Ainsi fait et arrêté, le 24 messidor an 9; par les membres com-
posant la commission. Signé* LATTEUR, G. VAUTELÉE,
FOURNIER.

Observations particulières de la commission du tribunal d'appel séant à Bruxelles, sur les titres VI, VII et VIII du livre III, auxquelles se trouve joint un travail complet sur la matière, rédigé par le citoyen BEYTS, *commissaire du Gouvernement près le même tribunal.*

La commission n'a pas cru devoir entrer dans l'examen des différens articles qui composent les titres VI, VII et VIII du livre III du projet de Code civil ; elle a remarqué que toutes les dispositions de cette partie du Code sont liées à un système vicieux dans son intégralité : c'est donc le système proposé qui doit faire l'objet de ses observations ; et, sous ce point de vue, tout se réduit aux trois questions suivantes : [Liv.3, lit.18, ch. 3.]

Peut-il exister un véritable crédit public là où les contrats civils ne reposent sur aucune garantie certaine?

Trouve-t-on cette garantie dans le système proposé par le projet de Code civil?

Quel est le moyen d'établir une garantie solide, et, par conséquent, de faire naître ou de maintenir le crédit public?

Les transactions ont quelquefois pour fondement la confiance personnelle : la moralité de l'individu, sa réputation, son industrie, établissent son crédit jusqu'à un certain degré ; mais cette espèce de garantie est souvent illusoire ; on ne contracte avec sécurité que lorsque les engagemens réciproques sont assis sur un gage solide. A défaut de ce moyen, les transactions commerciales ne se font qu'avec inquiétude : tout dégénère en agiotage, ou se passe en conventions usuraires. L'homme honnête cherche un territoire où l'empire des lois assure l'exécution de son contrat ; il exporte ses fonds : ainsi point de véritable crédit public là où il n'y a point de garantie certaine.

La seule garantie réelle réside dans les propriétés foncières des contractans ; c'est donc là qu'il faut l'établir : la chose est facile. La trouve-t-on dans le projet de Code civil?

Les rédacteurs du projet proposent le rétablissement du

régime hypothécaire tel qu'il existait dans une grande partie de la république avant la loi du 11 brumaire an VII ; ainsi, plus d'inscriptions, plus de transcriptions ; l'hypothèque résulterait ou de la loi, ou de la convention des parties reçue des notaires, ou d'un jugement ; elle affecterait la généralité des immeubles du débiteur ; et les mutations des propriétés foncières seraient consommées, même au préjudice des tiers, par le seul effet du contrat.

Dès que l'hypothèque est générale, dès qu'elle peut s'acquérir dans les ténèbres, il est impossible qu'aucune confiance existe.

En effet, quelle que soit la fortune immobilière d'un individu, il n'est aucun moyen de savoir si elle n'est pas déjà grevée au-delà de sa valeur, puisque ses obligations reposent dans des registres secrets, et peuvent être reçues dans les études d'un grand nombre de notaires disséminés sur divers points de la république.

Or, si celui qui contracte sur l'apparence de cette fortune est déjà primé par d'autres créanciers pour une valeur égale aux immeubles, il perd tout, excepté l'attente d'être enveloppé dans la procédure d'une vente forcée, et de supporter ses frais.

D'ailleurs, quelle certitude a-t-il que les propriétés sur lesquelles il fonde son gage sont encore dans les mains de son débiteur ? Si celui-ci les avait aliénées la veille de son contrat, le pacte seul aurait opéré la pleine tradition au profit de l'acquéreur. Le dernier engagement n'imprimerait plus aucune hypothèque sur des immeubles échappés clandestinement du domaine du débiteur.

Il est donc vrai de dire que, dans le système du projet de Code civil, les transactions n'ont aucune garantie certaine, puisqu'il n'en offre point dans les immeubles, seule espèce de biens qui soit propre à fixer la sécurité des contractans. Il ne laisse donc que la confiance personnelle, dont le danger augmente en raison des gages fallacieux qu'elle présente, ce qui peut faire dire, avec vérité, que plus un individu a d'immeubles, plus il a de facilité de faire des dupes.

En se demandant quel serait le moyen d'établir une garantie solide, et par conséquent de faire naître ou de maintenir le crédit public, la commission a pensé qu'elle se demandait en même temps quel était le meilleur régime hypothécaire.

La confiance fréquemment trompée sollicitait depuis long-temps la réforme des abus de l'ancienne législation sur les hypothèques, dans les provinces qui n'étaient pas soumises aux principes du nantissement ; mais on sait combien toute amélioration devenait difficile lorsqu'elle blessait tant soit peu les intérêts de quelques personnages puissans. L'abus subsista, au préjudice de l'intérêt public.

L'édit de 1771 introduisit un mode particulier de purger les hypothèques. Il résulta de l'exécution de cette loi moins de saisies réelles et plus de sécurité pour les acquéreurs ; mais qu'a-t-elle fait pour les créanciers, sinon de les exposer à des devoirs actifs et dispendieux, et même au risque de perdre leurs créances, s'ils laissaient échapper la mesure utile de former opposition ?

C'est cependant cette loi qu'on refond dans le projet de Code civil, comme un faible remède appliqué à une partie du vice qui affecte tous les organes. Pourquoi donc ne pas attaquer le mal dans son principe ?

Mais ce qu'on avait inutilement conçu dans l'ancien régime s'est exécuté en l'an VII. La loi du 11 brumaire anéantit le système de la généralité et de la clandestinité des hypothèques ; elle le rétablit dans ses élémens, qui sont la publicité, la spécialité ; ou, pour mieux dire, la loi du 11 brumaire fait de toute la France un pays de nantissement, à l'exemple des peuples voisins, chez lesquels cette législation a créé un véritable crédit public.

Or, en quoi consiste cette législation? Dans un inventaire public et permanent des propriétés foncières, au point que

chaque immeuble porte avec lui-même son propre bilan. Il
ne s'agit que de la tenue de deux registres, dont l'un destiné
à l'inscription des actes hypothécaires et des priviléges, et
l'autre à la transcription des actes translatifs de propriété.

Cette législation, simple dans son principe, facile dans son
exécution, ouvre à chaque propriétaire un crédit réel ; elle
en restreint la possibilité illusoire et dangereuse ; le capitaliste place ses fonds avec sécurité ; l'acquéreur est à couvert
de toute inquiétude ; le stellionat est méconnu ; nul n'est
trompé, s'il ne veut l'être.

Quand on contracte avec un gage assuré, les capitaux ne
restent pas oisifs : les fonds circulent, les transactions commerciales se multiplient ; toute la richesse de la société est en
action.

Souvent un homme a de l'industrie et des propriétés foncières, mais l'argent lui manque. Veut-il établir un commerce, une manufacture, occuper des bras, le bilan de ses
immeubles appelle les capitaux. Les ressources ne s'éloignent
jamais de celui qui présente une garantie infaillible. Il emprunte à des conditions favorables, parce que, quel que soit
l'événement, celui qui a fourni les fonds ne court aucun
risque ; ce qui se fait, au surplus, dans ses relations commerciales est pur objet de confiance personnelle, et ne
rentre plus directement dans l'objet du régime hypothécaire,
d'où dérive primitivement la mise du numéraire en circulation.

Que la commission examine les effets de l'hypothèque générale contractée devant notaire, ou résultant d'un jugement, elle remarque :

1º Qu'elle ne présente aucun point de garantie solide,
puisque, quels que soient les immeubles d'un individu, il ne
peut jamais être démontré qu'il lui reste un seul morceau de
terre libre, tandis que, dans la spécialité et la publicité, toutes
les ressources sont en évidence ;

2º Que si les apparences d'une grande fortune immobilière dont les charges sont inconnues peuvent quelquefois augmenter le crédit individuel, même au-delà de la valeur réelle des biens, c'est un moyen de tromper, et non un titre à la confiance publique, qui ne doit s'asseoir que sur des bases certaines, et non sur des illusions ;

3° Qu'il doit arriver fréquemment que l'homme dont tous les domaines sont libres éprouve de grandes difficultés dans ses transactions, parce qu'il est hors d'état de prouver sa situation, et qu'il est réduit à en être cru sur parole ; or, rencontre-t-il cet inconvénient dans le régime qui consacre la spécialité et la publicité ?

4° Que des charges modiques affectent toutes les propriétés du débiteur, lorsqu'une légère portion pourrait assurer le paiement de ses dettes ; veut-il en aliéner la moindre partie, ses créanciers forment opposition, même lorsque le terme des obligations n'est pas échu ; il ne jouit ni du bénéfice du crédit ni de la libre disposition de ses biens : le voilà en faillite dans le sein de l'opulence ;

5° Que de la généralité et clandestinité des hypothèques naissent les formalités effrayantes et ruineuses des saisies réelles et ventes forcées.

En effet, toutes les fois que les charges sont inconnues et que la généralité est affectée, il faut bien que tous les intéressés soient avertis, afin que nul ne soit judiciairement dépouillé de ses droits : la conséquence nécessaire de l'appel des créanciers est que, dans un grand concours d'opposans, il y ait beaucoup de contestations et de frais. En résultat, le timbre, l'enregistrement, le greffe, les hommes de loi, les avocats et les huissiers, rongent le produit de la vente ; la plupart des créanciers ne sont pas utilement colloqués, et la ruine du débiteur en est infailliblement consommée.

En fait d'hypothèque spéciale et publique, l'expropriation peut se réduire aux termes d'une vente sur simples affiches.

D'abord le livre des mutations indique le propriétaire, et le livre des inscriptions, les charges dont la propriété est grevée : il ne s'agit que d'une saisie réelle, et d'appeler les créanciers, toujours connus, pour faire ordonner la vente. La distribution du prix est facile, dès que la nature et la date des créances sont constatées par le certificat d'inscription. On n'a saisi que la propriété hypothéquée ; on ne vend que cette propriété, ordinairement plus que suffisante pour éteindre les charges, vu que, quand elle se trouve affectée aux deux tiers de sa valeur, il est rare qu'elle fonde un plus grand crédit.

De ces observations il suit évidemment que, hors la publicité et la spécialité, l'hypothèque n'est qu'une chance, jamais un gage sans sollicitude pour le créancier. Or, est-il possible qu'une garantie périlleuse soit la base du crédit public ?

Que la force d'une longue habitude, que des intérêts personnels, et le défaut de connaître le mieux, aient perpétué, pendant des siècles, une législation aussi pernicieuse que celle de l'hypothèque générale et occulte, c'est ce qui se conçoit sans de grands efforts ; mais ramener toute la France sous l'empire d'un abus démontré et détruit, arracher aux pays de nantissement les principes de leur prospérité : voilà ce qui résiste au sentiment de l'homme attaché aux intérêts de sa patrie. A-t-on bien réfléchi à toutes les conséquences ?

La commission observe que la majeure partie du nord de la république a constamment existé sous le régime salutaire de la spécialité et de la publicité des hypothèques. Là, toute tradition de propriété foncière, toute création de charges sur immeubles, ne s'opéraient que par les œuvres de loi, c'est-à-dire, par la déclaration des parties contractantes faite devant les hommes de loi. Leur déclaration était consignée sur un registre ouvert au public ; rien ne prenait date que du jour de cette formalité ; l'hypothèque ne s'imprimait que sur les biens désignés : ainsi, on n'engageait

que la portion nécessaire pour assurer le paiement de l'o-
bligation; mais aussi le gage ne laissait aucune inquiétude.

La loi du 11 brumaire an 7 avait adopté les mêmes principes; aujourd'hui que le projet de Code civil les détruit
entièrement, quelle serait la conséquence, si, par impossible, le système de l'hypothèque générale était rétabli,
et même appliqué aux pays de nantissement?

1º L'inertie des capitaux, ou leur fuite à l'étranger : il
n'y aurait de mouvemens de fonds dans l'intérieur de la
partie du nord français, que pour des actes usuraires sur
gages de meubles, à un intérêt scandaleux; là où les propriétés foncières ont le plus de valeur, elles auraient le
moins de crédit;

2º Tous les absens qui ont emporté des fonds les laisseraient en pays étranger; ces capitaux seraient perdus
pour le commerce français;

3º Puisque le sol cesserait de fournir un gage certain,
les capitalistes étrangers cesseraient aussi d'y placer des
fonds; ils s'empresseraient même de retirer leurs capitaux.
C'est dessécher l'unique source qui pourrait ramener l'intérêt à un taux favorable au commerce et arrêter les
progrès de l'immoralité.

La commission a été frappée de l'impression affligeante
que la seule proposition émise au projet de Code a déjà
faite dans les départemens du ressort du tribunal.

Avant cette époque, les propriétaires se procuraient
encore des fonds à des conditions avantageuses; depuis
lors, les bourses ne s'ouvrent plus qu'à l'usure. Les capitalistes, les rentiers, se transforment en prêteurs sur
gages de meubles. Les appartemens, les salons du riche
se remplissent des dépouilles du malheureux, qui offre
inutilement en hypothèque sa maison, ses terres ou celles
de sa caution, tant est forte la crainte du nouveau système!

En un mot, la commission est forcée de le dire, si la
subversion du principe de la publicité et de la spécialité

est un malheur pour toute la France, c'est une calamité publique dans les départemens où ce principe avait été consacré, et à la foi duquel ils doivent l'état florissant de leur commerce et de leur agriculture. Qu'il serait douloureux d'y voir périr une si belle fortune!

On a dit que le régime hypothécaire adopté par la loi du 11 brumaire an 7 avait été conçu dans un esprit de fiscalité; mais, parce qu'on aurait mis le chandelier sous le boisseau, serait-ce une raison de se plaindre du défaut de la lumière? Rien de plus simple que la réponse.

Il est vrai que les droits sur les inscriptions et transcriptions, et plus encore ceux d'enregistrement, paralysent les transactions. Eh bien! le remède est dans la réduction des droits.

La commission pense aussi que la nécessité de renouveler l'inscription chaque dix années est une disposition trop onéreuse; qu'il suffit de le faire avant que la prescription ne soit acquise, c'est-à-dire, dans le cours de la trentième année;

Qu'à l'égard de l'hypothèque judiciaire, il faut accorder à celui qui a obtenu condamnation, ou dont le titre est reconnu, la faculté d'une inscription provisoire sur le certificat du greffier du tribunal où la sentence a été rendue, à charge de représenter, dans un délai moral, l'expédition du jugement définitif, auquel cas l'hypothèque a pour date l'inscription provisoire; ou de faire rayer, à ses frais, l'inscription provisoire, si la sentence est infirmée.

Cette disposition paraît nécessaire pour prévenir l'effet des chicanes du débiteur de mauvaise foi, qui, en retardant la condamnation par des incidens, pourrait compromettre les droits de son créancier.

La commission est également d'avis que la tenue des registres d'inscriptions et de transcriptions doit être confiée aux greffiers des tribunaux d'arrondissement, en exigeant d'eux les sûretés convenables;

Enfin, que le titre *des saisies réelles et ventes d'immeubles* est déplacé dans le Code civil; et, comme il consiste principalement en formes de procédures, il appartient naturellement au Code judiciaire, où il doit être reporté à la suite des saisies-exécutions et ventes de meubles, en le simplifiant d'après le système de la spécialité et de la publicité des hypothèques.

En conséquence de ces réflexions, la commission demande :

1° Le maintien du principe de la spécialité et de la publicité de l'hypothèque, consacrées dans la loi du 11 brumaire an 7, ainsi que de toutes les dispositions relatives aux mêmes principes ; *Liv.3- tit. 18- ch. 10 et 2129*

2° Que la tenue des registres servant, l'un à inscrire les titres qui constituent l'hypothèque ou le privilége, et l'autre à transcrire les actes translatifs de propriété d'immeubles, soit confiée aux greffiers des tribunaux d'arrondissement ; *2148- 2181*

3° Que les inscriptions conservent l'hypothèque et le privilége pendant trente ans ; *2154*

4° La suppression ou réduction des droits qui se perçoivent sur les inscriptions et transcriptions, et la modération des droits d'enregistrement ;

5° Que le créancier dont le titre a été judiciairement reconnu, ou qui a obtenu condamnation, ait la faculté de faire une inscription provisoire sur le certificat du greffier du tribunal où la sentence a été rendue, à la charge de l'inscription du jugement définitif; auquel cas, l'hypothèque remonte à la date de l'inscription provisoire ; ou de faire rayer, à ses frais, ladite inscription provisoire, si la sentence est infirmée ; *2123*

6° Que le titre *des saisies réelles et ventes d'immeubles* soit rendu à la simplicité des formes strictement nécessaires, en l'appropriant aux principes de la spécialité et de la publicité; et qu'il soit distrait du Code civil pour faire partie du Code judiciaire.

Tel est le vœu de la commission, qui n'est ici que l'organe des réclamations universelles des habitans du ressort du tribunal. Elle prie le ministre de la justice de ne point séparer son travail de celui du commissaire du Gouvernement, vu qu'il contient le développement des principes que la commission n'a fait qu'analyser.

Bruxelles, le 2 fructidor an 9. LATTEUR, *présdient;* FOURNIER, G. WAUTELÉE.

Observations particulières sur le projet de systême hypothécaire formant les titres VI, VII et VIII, du livre III.

IDÉES PRÉLIMINAIRES.

I. La législation actuelle qui régit la république française en matière de priviléges et d'hypothèques, ainsi qu'en matière d'expropriations forcées, est contenue dans les deux lois du 11 brumaire an 7 (*Bulletin,* n° 238), rendues après dix-huit mois de discussion dans les comités des deux conseils législatifs, après trois ou quatre rejets pour des négligences de rédaction, et finalement approuvées par le conseil des anciens, après une discussion prolongée et solennelle dans les deux conseils, suivie sur les trois lectures alors constitutionnelles.

II. La première de ces deux lois, sur les priviléges et les hypothèques, contient cinquante-huit articles.

La seconde, sur les expropriations forcées, les distributions des prix et l'ordre entre les créanciers, contient trente-six articles : en tout, quatre-vingt-quatorze articles renfermés en vingt-quatre pages *in-8°* du Bulletin des Lois. Toutes les autres lois sur cette matière se trouvent abrogées; et cette législation renfermait déjà, par avance, un code complet et compendieux de droit civil sur les propriétés foncières, les priviléges et hypothèques, ainsi qu'une instruction très-simple et très-facile pour les tribunaux, pour les hommes de loi, et pour tous les gens d'affaires, les propriétaires et les commerçans.

III. En voyant dans le projet de Code civil les titres VI, VII et VIII, livre III, traiter les mêmes objets, le tribunal d'appel séant à Bruxelles a été frappé d'abord du nombre immense d'articles qui forment ces titres; le titre VI en contenant quatre-vingt-cinq, le titre VII encore quatre-vingt-cinq, et le titre VIII cent soixante-dix-neuf; en tout trois cent quarante-neuf articles, lesquels occupent cinquante-trois pages du projet *in-4°* de Code civil: il n'a pu se refuser au pressentiment obscur que la multitude de distinctions, de formalités et de dispositions réglementaires dont le projet de nouvelle législation est surchargé, pourrait devenir ruineuse pour les malheureux plaideurs, destructive de tout crédit public et particulier, génératrice d'un nombre infini de procès inutiles; et qu'en un mot, la nécessité de ce grand nombre de développemens, d'exceptions et de distinctions, pourrait bien décéler le vice du premier principe sur lequel le projet de Code serait basé en cette partie, ainsi que la faiblesse du raisonnement qui aurait été fait pour prouver la convenance de s'écarter des lois du 11 brumaire an 7. Tout homme impartial, tout comité délibérant, tout corps constitué qui voudra se faire lire les lois du 11 brumaire an 7, et les trois titres VI, VII et VIII, livre III, du Code civil projeté, ne pourra se défendre des mêmes impressions; il est impossible qu'il n'éprouve un sentiment pénible en voyant ouvrir devant lui le labyrinthe inextricable des anciennes formes, et tous les abus, toutes les imperfections que trois siècles d'intrigues dans une cour corrompue, joints aux dissensions civiles, aux troubles et aux usurpations parlementaires, avaient accumulés successivement dans cette partie de la législation.

IV. Le tribunal s'est défié cependant de ce qui n'était chez lui que sentiment. Peu accoutumé à former ses opinions d'après les mouvemens de son cœur, il a voulu soumettre à un examen réfléchi les deux systêmes de législation foncière; celui proposé dans le projet de Code, et celui du 11 brumaire an 7, actuellement existant: il a trouvé bon que son opinion raisonnée fût consignée dans ces observations isolées, la matière étant trop importante et trop longue pour être susceptible d'être traitée transitoirement par forme d'observations particulières sur chaque article du projet de Code.

Idées sur la différence fondamentale des deux systémes.

V. Presque toutes les nations du nord de l'Europe avaient *un état civil pour les biens-fonds*, entretenu depuis plusieurs siècles.

Leur idée fondamentale à cet égard avait été de diviser leur territoire en certaines circonscriptions, d'établir un registre public pour chaque arrondissement, et d'inscrire dans ce registre toutes les propriétés foncières qui s'y trouvaient, avec le nom du propriétaire.

Chaque mutation de propriété fut chez eux transcrite sur ce registre; et, bientôt après, il passa en maxime que le contrat de vente, même authentique, n'était pas translatif *du droit réel de la propriété* (a), mais qu'il ne conférait que le *jus ad rem* (b), l'action *empti venditi*, contre le vendeur, tendant à se faire délivrer la chose vendue, selon l'engagement qui en avait été pris par lui. Cette action était purement personnelle contre lui, et ne s'étendait pas contre la chose elle-même ni contre le tiers possesseur.

Mais aussitôt que la *transcription* du contrat de vente était faite dans le registre public de l'arrondissement, la propriété, le droit réel, le *jus in re*, passait sur la tête de l'acquéreur comme nouveau propriétaire (c); sans son fait, nul ne pouvait le déplacer de là; aucun événement ne pouvait porter préjudice à ses droits; il n'avait aucun devoir actif à

(a) *Traditionibus.... dominia rerum, non nudis pactis transferuntur.* Lex 20. a. ff *de pactis.*

(b) Le projet de Code adopte lui-même cette idée, liv. III, tit. II, art. 1, où il dit : « La vente « est une convention par laquelle l'un s'oblige à livrer une chose, et l'autre à la payer. » Mais au liv. III, tit. II, art. 25, il décline de rechef de cette définition, et il dit : « La tradition des im « meubles s'opère par l'acte seul qui en transfère la propriété. » Mais quel est l'acte qui la transfère ? Pour être conséquent, il eût fallu dire : les Œuvres de lui.

(c) Comme la tradition des meubles se fait de main à main.

remplir pour leur conservation; et ses droits (comme les gens de loi s'énoncent) étaient conservés en dormant.

De cette législation jouissaient et jouissent encore le Danemarck et la Suède, la Prusse, et tout le nord de l'Allemagne; elle a toujours existé et existe encore en Hollande, dans la ci-devant Belgique et dans le nord de l'ancienne France, dont elle a régi à peu près la cinquième partie du territoire, située au nord de la Seine. — C'est ce qu'on appelait en France *pays de nantissement*. La transcription des ventes sur le registre public s'appelait *œuvres de loi, adhéritance, saisine, vest, mise de fait, investissement, tradition réelle*, etc., selon les usages particuliers des différentes localités.

Ces différens peuples crurent obtenir de grands avantages par cet établissement, et ils les obtinrent en effet.

1º. Chez eux le stellionat ne fut pas connu. Il était métaphysiquement impossible qu'un homme vendît une ferme qui ne lui appartenait point : la première demande de tout acheteur était l'exhibition de l'extrait du registre public qui contastât que lui, vendeur, en était effectivement le propriétaire. Les officiers publics chargés de tenir les livres hypothécaires étaient dans l'obligation rigoureuse de délivrer ces certificats de propriété, et ils étaient responsables soit de l'inexactitude de ces extraits, soit du refus ou du retard par lequel ils occasionneraient injustement des dommages et intérêts à la partie requérante.

2º Il était de même impossible qu'un homme vendît deux fois sa propriété : autre genre de stellionat, car le premier acheteur se faisait transcrire. Après cette formalité, le vendeur ne pouvait plus obtenir un certificat de propriété; et s'il en avait fabriqué un faux, le second acquéreur s'en serait encore aperçu avant de compter le prix d'achat; car, recourant à son tour au registre public pour s'y faire transcrire nouvel acquéreur, il aurait vu qu'un autre que son prétendu vendeur était le véritable propriétaire du bien-fonds qui était l'objet de son contrat.

Ainsi, ces peuples eurent la sagesse de préférer le parti de rendre impossibles tous les crimes de stellionat, à celui de chercher les moyens de les punir quand ils auraient été commis.

3° Les revendications étaient chez eux fort rares et d'une facile décision. Ces procès n'avaient pas un caractère ruineux par les preuves testimoniales, et toujours équivoques, sur les actes de possession, que dans toute autre législation l'on doit admettre.

Ceci est évident; car, si toutes les propriétés se trouvent inaltérablement annotées, avec les noms de leurs propriétaires, dans des livres publics ouverts à tout le monde, il est évident que cette écriture, tenue régulièrement, fait retrouver en tout temps le propriétaire; qu'elle lève tous les doutes, et qu'elle décide le procès de revendication avant qu'il commence. Tout au moins elle fournit une base extrêmement solide aux décisions des tribunaux. Des tables alphabétiques et des index facilitent les recherches des différentes propriétés.

4° Cet établissement augmentait, dans l'ame de ces peuples, la sécurité et la confiance, ainsi que le respect pour la propriété, par la seule inaltérabilité des registres qui en étaient l'image; et il imprima peut-être à leur caractère moral, cette prudence, cet amour de l'économie et de l'ordre, cette franchise et cette loyauté qui les distinguent encore aujourd'hui d'une façon très-remarquable.

VI. Mais cette institution ne resta pas dans les termes de sa primitive simplicité : on sentit bientôt que l'on pouvait étendre facilement sa bienfaisante influence (a). On voulut, presque en même temps, que tout privilége ou hypothèque, ou tout *autre droit réel sur un bien-fonds* (les servituts (b) seules, et dans quelques endroits les contrats de mariage et les successions, exceptés), ne pût s'acquérir que par l'in-

(a) Article 24 de l'édit perpétuel en Belgique, rendu en 1611 : « Nul *droit réel* ès biens immeubles, soit en tout par vente ou donation, soit en partie *par hypothèques*, ne se peut acquérir, sinon par les œuvres de loi à ce statuées, etc. »

(b) Encore y a-t-il grand nombre de Coutumes où les servituts et les contrats de mariage suivent la règle générale.

scription sur le registre public de *l'arrondissement de la situation du bien*, et sur la feuille où serait mentionnée la propriété elle-même soumise à ce droit réel, ainsi que son propriétaire.

Les officiers publics teneurs de ces livres furent de même forcés de mentionner, dans leurs certificats de propriétés ou extraits, toutes les *charges réelles, droits réels, priviléges* ou *hypothèques inscrits.* Ils furent rendus personnellement responsables (et sur leur cautionnement réel) pour leurs omissions et pour les dommages-intérêts des parties ; ils le furent encore pour leur refus ou pour leur retard.

Outre les avantages détaillés plus haut, ces peuples en trouvèrent plusieurs autres encore dans la nouvelle extension de leur idée primitive.

Car 1º les transactions hypothécaires y gagnèrent une grande stabilité, une grande liquidité, une solide confiance ;

2' Le stellionat hypothécaire fut de même rendu impossible ; car on ne prête dans ces pays à rente hypothéquée sur des biens-fonds, qu'après avoir examiné le certificat des inscriptions et visité le registre public, afin de connaître les charges réelles préexistantes. — Le stellionat hypothécaire consiste :

1º A emprunter une, deux, trois fois en différentes villes, devant différens notaires, sur le même bien-fonds, et de faire banqueroute, en laissant les créanciers, qui tous se croyaient naturellement les premiers prêteurs, s'entredisputer la préférence sur ce bien ;

2º Ou de vendre un bien-fonds *comme libre,* en recélant les charges hypothécaires ;

3º Ou de l'hypothéquer encore après que, devant notaire, on l'a déjà vendu sans faire la déclaration de la vente.

Tous ces différens crimes sont impossibles dans le système de cette législation.

3º Les droits réels, ceux de privilége et d'hypothèque, se conservèrent *en dormant :* ce qui fit une grande sécurité pour les citoyens, auxquels aucun devoir actif ne fut imposé. Ils ne purent déchoir de leurs droits pour n'avoir pas fait une telle opposition devant tel magistrat, en tel temps, d'après telle forme, ni parce que le propriétaire avait vendu à leur insu le bien hypothéqué ;

4° Dans les faillites, l'ordre était extrêmement facile à établir entre les créanciers hypothécaires. Chacun doit être colloqué de plein droit sur le prix de chaque bien-fonds, selon l'ordre des dates des inscriptions existantes sur ce même bien dans le registre public. Dix jours avant la faillite, les inscriptions prises ne sont pas valables, et ce pour obvier aux fraudes ;

5° Tout acheteur sut, au premier coup-d'œil, de combien d'inscriptions était chargé le bien-fonds qu'il avait envie d'acheter. Il put s'arranger pour ses sûretés sur le prix, de manière à ne pas courir le danger de payer deux fois, ou à ne se pas laisser évincer par les créanciers hypothécaires inscrits sur le bien vendu antérieurement à l'aliénation.

Le tout sans qu'il fût besoin d'une purge publique de dépôt du contrat, d'affixions, de lettres de ratification, ni du dépôt du prix chez le notaire, ni de toutes les incertitudes, délais ou complications dont cette procédure est souvent accompagnée.

Ainsi, dans ces pays, le malheureux axiome si connu et tant répété en France, *Ne paie jamais trop chèrement celui qui achète sûrement*, n'était seulement pas connu. Les jurisconsultes eux-mêmes, habitués à cette législation, et qui n'avaient pas approfondi celle de l'édit de 1771 en France, ne savaient pas trop ce qu'il signifiait, et quelle pouvait être sa force. Tant il était certain et trivial dans ces pays que quiconque y voulait acquérir un bien-fonds, pourvu qu'il voulût ouvrir les yeux, y pouvait acheter, ou même prêter sur hypothèque, avec une entière sécurité.

VII. C'est ce système hypothécaire que la première loi du 11 brumaire an VII a rendu commun à l'intégralité du territoire de la république, en l'appropriant, par diverses

modifications, à toutes les autres parties de sa législation civile, et en tempérant sa première introduction par *un titre
entier de dispositions transitoires*, toutes tendant à ce but
unique, *à ce que pas un citoyen ne fût privé de ses droits acquis,
ni lésé dans iceux*, pour les parties du territoire à l'égard desquelles cette loi introduisait un droit nouveau.

Plusieurs orateurs des deux conseils appelèrent ce système,
à juste titre, *l'état civil des propriétés foncières*.

VIII. Il est temps à présent de donner l'idée en grand du
système hypothécaire que les titres VI, VII et VIII du projet
de Code civil proposent de substituer à celui qui précède. Il
est presque conforme à ce qu'on suivait dans plusieurs parties
de la France régies par l'édit de 1771; car il faut transitoirement observer ici que la pratique, l'usage et la jurisprudence (a) ont varié selon les temps et les lieux, et qu'ils n'ont
pas même été uniformes dans les diverses provinces après l'é-
dit de 1771, cet édit n'ayant pas été enregistré dans certains
Parlemens (tels que celui de Flandre, dans le conseil pro-
vincial d'Artois), et ayant reçu différentes restrictions et
modifications lors de son enregistrement dans d'autres Parlemens (par exemple, dans celui de Toulouse, etc.).

IX. Revenons aux trois titres du projet de Code. Ils tendent
d'abord à uniformiser ces différences de jurisprudence; ils
abrogent les anciennes formes dans les pays de nantissement,
en rapportant la loi du 11 brumaire an VII, laquelle (aussi
pour uniformiser de son côté) avait, au contraire, généralisé
les formes de nantissement pour toute la république.

X. Dans le système proposé au Code, il n'y a plus de registres publics pour chaque arrondissement destinés à transcrire les propriétés et les mutations des propriétaires, ni
pour inscrire, *lors du contrat*, les priviléges, les hypothèques
ou les autres droits réels sur les biens, à la réquisition des
créanciers de ces droits.

(a) *Voyez* les Coutumes du Cambrésis, du Boulonnais, de Ponthieu, de Chauny, de Reims
et tout le Vermandais, celles de la Picardie, celles de Senlis, qui exigent la formalité des
nantissemens.

(Projet, tit. **VI**, art. 13.) Ici *l'hypothèque conventionnelle est celle que la loi fait dépendre de la forme extérieure des contrats et actes.*

2129 (*Ibid.* art. 14.) *Elle s'étend sur tous les biens immeubles présens et futurs du débiteur, à moins qu'il n'y ait convention contraire.*

2127 (*Ibid.* art. 40.) *L'hypothèque ne peut résulter que d'un contrat passé en forme authentique.*

Et elle en résulte (moralement) toujours ; car à l'article suivant on statue :

2134 (*Ibid.* art. 41.) *Il* (le contrat authentique) *emporte hypothèque du jour de sa date sur tous les immeubles situés dans le territoire de la république et pays en dépendans, pourvu qu'il soit passé dans le ressort où les notaires qui l'auront reçu sont immatriculés, quoique les contractans n'aient pas leur demeure dans ce ressort.*

Et sans doute aussi, quoique les biens ne soient pas situés dans le ressort où les contractans se rendent pour passer l'acte, et frauder ainsi la vigilance de leurs créanciers.

XI. Ici on voit que, moralement, toutes les hypothèques conventionnelles seront générales *sur tous les biens présens et futurs* du contractant par-devant un notaire, et ce à raison seulement de l'authenticité du contrat.

(*Ibid.* art. 41.) La priorité d'hypothèque est assurée à la première date authentique, laquelle les tribunaux peuvent facilement *retrouver après coup.*

Mais, *au moment même du contrat*, nulle possibilité au créancier prêteur de savoir ou de vérifier si c'est la première ou la dixième hypothèque générale que le débiteur consent ainsi sur tous ses biens présens et futurs ; car le prêteur ne peut pas compulser toutes les minutes de tous les notaires de la France entière : et ceux-ci seraient légalement autorisés à lui en refuser l'exhibition et la recherche. Cependant, nulle part ailleurs que dans ces minutes, il n'existe des traces des conventions ou des hypothèques antérieures sur les biens du débiteur.

XII. Ici nous croyons voir que ce système a un désavantage marqué et très-essentiel en comparaison du système de la loi du 11 brumaire an 7. Ce désavantage consiste dans le *défaut de publicité des hypothèques*, et de tous les moyens de connaître, *lors du contrat*, l'existence et la hauteur des hypothèques préexistantes.

Ceci sera plus amplement discuté ci-après.

XIII. Nous croyons voir encore un second désavantage, en ce que presque toutes les hypothèques conventionnelles sont générales sur tous les *biens-fonds présens et futurs*. Dans le système de la loi du 11 brumaire an 7, l'hypothèque conventionnelle est presque toujours *spéciale* sur tel bien déterminé, dont *l'espèce et la situation sont indiquées dans le registre public*, et lequel bien-fonds a expressément *été assigné et donné en gage* par le débiteur contractant, à son créancier prêteur, *pour sûreté et pour caution réelle, et spéciale de sa créance*.

C'est la deuxième différence essentielle des deux systèmes : nous la discuterons sous le paragraphe qui traitera *de la spécialité des hypothèques*.

XIV. Il convient, avant de relever les autres désavantages du système hypothécaire dont le projet de Code propose l'établissement, de continuer à développer l'idée qu'il faut s'en former.

On vient de voir que dans le système proposé au projet de Code, il y aura presque toujours *concours de plusieurs hypothèques générales sur l'intégralité de la fortune immobilière de chaque citoyen*; et même, ordinairement, autant d'hypothèques générales qu'il aura jamais contracté d'obligations personnelles en forme authentique.

Il est certain que, pour un pays comme la France, où les transactions authentiques sont infiniment multipliées et extrêmement fréquentes, où la preuve exclusive par écrit est obligatoire pour tout ce qui excède la valeur de cent francs (ordonnance de 1667), cet immense concours d'hypothèques générales sur toute la fortune de chaque citoyen devait être la source d'une horrible confusion, non-seulement quant à la classification, l'ordre, le rang et la priorité des priviléges et des hypothèques ainsi généralisés, mais encore par rapport aux aliénations que les débiteurs voudraient faire d'un ou de plusieurs de leurs immeubles particuliers.

XV. Admettait-on la puissance absolue d'aliéner, en faveur de la liberté naturelle à chacun de disposer de sa propriété ; c'en était fait des hypothèques générales, et des droits des privilégiés.

Admettait-on, au contraire, dans un sens absolu, et pour conserver les actions hypothécaires et privilégiées, que le tiers détenteur, acheteur du bien vendu, pouvait en être évincé par les créanciers du vendeur ; adieu la puissance d'aliéner de la presque totalité des propriétaires de la France, et les voilà tous placés dans une perpétuelle minorité.

Il est à observer que presque tous les propriétaires sont en même temps débiteurs par titre authentique ; et comme les hypothèques sont générales sur toute leur fortune immobilière, aucune parcelle de cette fortune, quelque petite qu'elle fût, n'échappait à l'hypothèque, aucune ne pouvant être vendue sans obtenir *le consentement unanime de tous les créanciers hypothécaires y intéressés.* On sait combien eussent été insupportables des tuteurs de cette espèce. Nul d'entre eux n'eût consenti à la moindre aliénation, que sous la condition de *son paiement intégral;* et le malheureux propriétaire, pour pouvoir vendre avantageusement un bien valant 10,000 francs, eût été souvent forcé à payer, par des moyens onéreux, 100,000 ou 200,000 francs de ses dettes ou plus, si leur totalité eût monté plus haut encore.

Dans le défilé étroit où le législateur se trouvait réduit par le dilemme qui précède, il a dû naturellement chercher un sentier extraordinaire pour en sortir.

Il s'est dit: *Je ne veux pas que* quelques dettes reconnues authentiquement *soient la cause d'une impuissance absolue d'aliéner dans la personne du débiteur.*

Je ne veux pas le placer sous la tutelle insupportable de l'universalité de ses créanciers authentiques.

Qu'il vende donc une partie de sa fortune, si cela convient à ses intérêts, même sans que les créanciers puissent l'en empêcher, à raison de leurs hypothèques.

Mais comme je ne veux pas que les créanciers hypothécaires soient frustrés de leurs droits par cette diminution du patrimoine du débiteur, *qu'ils soient à l'instant forcés tous à déduire, à individuer et à articuler leurs droits en justice* (Projet, tit. VII, art. 3). *Qu'ils partagent le prix provenu de la vente, selon l'ordre de la priorité de leurs contrats; ou bien, si la vente* est faite à trop bon marché, *qu'ils offrent sur-le-champ un prix plus favorable pour forcer l'acquéreur à souffrir que l'on vende le bien par enchère publique.* (Ibid. art. 43).

Je veux encore que tout cela se passe devant le juge, qui aplanira les difficultés incidentes, et qui finira par ratifier la vente. (Ibid., art. 1er.)

Je défère ainsi aux tribunaux l'espèce de curatelle qui est nécessaire ici pour la conservation des droits de tous; et sans le consentement supplétif et ratihabitif du tribunal compétent, aucun contrat d'aliénation ne pourra effectivement et irrévocablement aliéner l'objet. (Ibid., art. 2.)

Je veux encore que, lorsqu'un juge aura affiché dans son auditoire les noms du vendeur et de l'acheteur, et la désignation de l'immeuble vendu par un contrat déposé à son greffe, tous les privilégiés, tous les créanciers hypothécaires du vendeur, viennent y déduire leurs droits en quatre-vingt-dix jours, sous peine de déchéance, quels qu'ils soient (Ibid.; art. 48), *majeurs ou mineurs, ou absens, ou interdits, ou femmes en puissance de mari, ou administrateurs d'hospices ou de communes, ou préposés enfin, ou agens du Gouvernement.* (Ibid., art. 17.)

Je veux qu'à chaque mutation d'une propriété immeuble, il y ait une procédure d'ordre entre les créanciers privilégiés ou hypothécaires du vendeur, sans quoi point de lettres de ratification. *Je veux que ces lettres expriment textuellement à quels créanciers privilégiés ou hypothécaires ayant fait des oppositions en temps utile, il faut que l'acheteur distribue le prix d'achat, et qu'elles déclarent la propriété purgée des priviléges et hypothèques non déduites en justice par la voie d'opposition, et de celles qui n'ont pu être utilement colloquées, par l'insuffisance du prix d'achat.*

Le fonctionnaire public qui doit tenir note des oppositions faites utilement sera ici de même responsable, en son propre et privé nom, des omissions qu'il aurait faites dans son certificat, jusqu'à concurrence de ce que l'opposant oublié aurait reçu du prix d'achat, s'il y eût été utilement colloqué, selon l'ordre où il avait droit.

XVI. Voilà le remède extraordinaire que le législateur a cherché au mal. Nous croyons voir que ce remède lui-même est un désavantage du système, et couvre mal l'inutile complication du premier principe qui forme la base de cette législation; nous croyons mal vu de mettre en concours tant d'hypothèques générales sur l'intégralité d'une seule fortune, sauf à les liquider judiciairement, en dirigeant *une poursuite d'ordre entre les créanciers du vendeur, à chaque mutation de propriété;* nous croyons qu'il eût été bien plus simple d'assigner, *dès le moment du contrat de l'emprunt sur un immeuble,* chaque bien-fonds en gage réel et spécial à chaque créance particulière, et d'inscrire ces affectations réelles dans un ordre invariable sur un registre public, où, sans aucune procédure, tout intéressé aurait pu les retrouver au besoin, et ce, au moment de chaque aliénation ou de chaque engagement hypohécaire.

Alors, la provocation d'une collocation d'ordre entre les créanciers ne se rencontre que dans les faillites complètes, et nullement à chaque mutation de propriété d'un bien-fonds

particulier. Enfin, les citoyens y jouissent de la plénitude de
leurs droits naturels ; ils ne sont pas soumis, pour les transactions les plus simples de la vie (les ventes), *à la ratification des tribunaux :* l'intervention de l'ordre judiciaire dans
une matière purement transactionnelle et administrative des
fortunes particulières est absolument inutile et superflue.
Nous craignons même cette procédure comme frayeuse,
dangereuse, et comme provocatrice de procès multipliés
entre les citoyens, lesquels, sans cette intervention, n'eussent probablement jamais eu d'existence. Ici se découvre le
troisième désavantage de ce système.

XVII. Maintenant que l'exposition de la différence fondamentale entre les deux systêmes est achevée, il faut articuler de suite et rapidement les autres inconvéniens majeurs
du système hypothécaire proposé aux titres VI, VII et VIII,
liv. III du projet de Code.

XVIII. *Il renverse le crédit particulier des citoyens, surtout
dans les pays habitués à prêter sur hypothèque publique et
spéciale;* car il met les emprunteurs hors d'état de montrer *à nu* aucun gage spécial et libre à ceux qui auraient
l'intention de leur confier leurs fonds; il met les emprunteurs dans l'impossibilité de vérifier qu'ils ne sont pas déjà
liés par plusieurs hypothèques antérieures, il contraint les
prêteurs à se confier plutôt à la fidélité de la personne du
débiteur qu'à la suffisance et à la solidité de l'immeuble
qui leur est offert en gage réel; et il force ainsi ceux
d'entre les prêteurs qui ne sont pas contens de ces entraves, à chercher un placement plus sûr dans les pays
régis par une meilleure législation : c'est ainsi que ce système
tend à chasser les capitaux du sol de la France, qui est
d'ailleurs si éminemment favorisée par la nature, par le
génie, et par l'industrie de ses habitans.

XIX. Une cinquième raison se joint aux désavantages précédens, *c'est la nullité ou tout au moins l'insuffisance des motifs allégués pour rapporter la loi existante du 11 brumaire an VII,*

et pour donner ainsi un exemple de plus, un exemple terrible de l'éternelle vacillation de la législation française dans les matières les plus importantes et qui tiennent fondamentalement à la prospérité de l'État et au maintien de toutes les fortunes particulières.

XX. Enfin, le vice le plus important du projet proposé dans le Code est *qu'il donne et doit donner un effet rétroactif à plusieurs de ses articles, et qu'ainsi il ravirait des droits acquis à une foule de citoyens.*

Position de la question précise qu'il faut examiner.

XXI. Déjà, par l'exposé des bases des deux systêmes, on a vu qu'il s'agit de choisir ou celle de la première loi du 11 brumaire an VII, qui est l'hypothèque réelle, publique, spéciale, inscrite dans des registres,

Ou celle du projet de Code, qui est l'hypothèque personnelle, secrète, générale, ne laissant nulle part des traces de son existence, jusqu'à ce qu'une vente d'un bien-fonds particulier du patrimoine du débiteur, et la provocation judiciaire à l'ordre entre les créanciers, la fassent venir au jour par la voie de leurs oppositions en justice, et par la contestation sur leur préférence respective.

XXII. Mais on a déjà vu aussi que tout l'exposé qui précède n'est relatif qu'aux hypothèques conventionnelles.

Pourquoi n'y est-il pas dit un mot des hypothèques légales et des hypothèques judiciaires ?

C'est que la doctrine sur ces hypothèques est, à quelques nuances très-légères près, la même, ou du moins très-conciliable dans les deux systêmes opposés.

Car, dans celui du 11 brumaire an VII, on présuppose que ces hypothèques peuvent être indéterminées et indéfinies, parce que, de leur nature, elles ne peuvent être spéciales, quoiqu'il eût mieux valu les abroger.

Cette loi s'est donc contentée de *rendre le concours de plusieurs hypothèques générales et indéterminées le moins fréquent qu'il est possible, et de liquider, par une exacte détermination, lors du contrat, toutes les hypothèques qui, par leur nature, en étaient susceptibles.* La presque universalité des hypothèques qui existent est de cette dernière catégorie, et peut être très-facilement spécialisée.

Ainsi, la loi du 11 brumaire an VII avait déjà réglé ce qui était relatif aux hypothèques légales et judiciaires; et on peut essayer d'améliorer ses dispositions, car ici les deux systêmes ne se heurtent point dans leur principe fondamental.

L'unique différence majeure des deux systêmes, relative aux hypothèques légales et judiciaires, est que la loi du 11 brumaire an VII exige *leur publicité* et *leur inscription*, et qu'elle n'accorde la priorité qu'à la date de l'inscription, conformément à son principe général;

Tandis que le projet de Code n'exige point d'inscription ni de publicité pour ces hypothèques, et accorde la priorité selon la date de l'acte, lorsqu'ensuite, par voie d'opposition, ou par une provocation à l'ordre, il est produit en justice.

On voit que le projet de Code insiste de son côté sur la marche tracée par sa base fondamentale.

Cette unique différence essentielle, quant aux hypothèques légales et judiciaires, permet de considérer les deux systêmes comme identiques, en ce qui regarde ces deux classes d'hypothèques; on peut encore les considérer comme identiques, en ce qui regarde les formes à observer dans les expropriations forcées ou dans les saisies réelles. Il est certain que le législateur peut approprier aussi bien à l'un qu'à l'autre systême, une suite plus ou moins prudente ou plus ou moins rapide de formalités à remplir pour les saisies réelles et les ventes forcées, selon que son humanité lui conseillera d'incliner plus favorablement pour le débiteur, ou selon que le rétablissement du crédit public et particulier le forcera de ménager les créanciers, ou plutôt enfin selon que sa justice lui fera trouver une conciliation équitable des ménagemens qui sont dûs à tous les deux.

Il nous est donc permis de simplifier la question, en la posant ainsi qu'il suit :

« Pour les priviléges et pour les hypothèques convention-
« nelles, faut-il maintenir la base fondamentale de la pre-
« mière loi du 11 brumaire an 7, ou faut-il abroger cette
« loi, et adopter la base proposée par les titres VI et VII,
« livre III du projet de Code ? »

XXIII. Nous avons donné, dans l'exposition précédente, six raisons majeures qui déterminent notre opinion en fa-veur du maintien du principe fondamental de la loi exis-tante, savoir :

1º Les avantages de la publicité des hypothèques conven-tionnelles ;

º Ceux de leur spécialité ;

3º L'inutilité de l'intervention de l'ordre judiciaire dans les ventes particulières; les procès et les frais qui en résultent ;

4º Le renversement du crédit, l'appauvrissement de la France, si le projet des trois titres du Code est adopté ;

5º La nullité des motifs pour rappeler les lois exis-tantes ;

6º L'effet rétroactif dont les trois titres VI, VII, VIII, livre III du projet de Code, sont viciés.

Cet écrit est destiné à développer plus en détail les six points qui précèdent, et à les démontrer jusqu'à l'évidence ; c'est pourquoi nous le diviserons en six paragraphes diffé-rens.

§ Iᵉʳ.

Avantages de la publicité des hypothèques conventionnelles,
désavantages de leur non publicité.

XXIV. Le discours préliminaire des estimables rédacteurs du Code civil proposé fournit lui-même la meilleure intro-duction à la démonstration que nous avons à faire dans ce paragraphe.

XXV. « Dans le commerce, disent-il, où les plus grandes
« fortunes sont souvent invisibles, on suit plutôt la per-
« sonne que les biens. De là le gage, l'hypothèque, sont
« des choses presque inconnues au commerce. Mais dans les
« matières civiles, où l'on suit *plutôt les biens que la per-*
« *sonne*, il faut des lois hypothécaires, c'est-à-dire, des
« lois qui puissent *donner sur les biens toute la sûreté que l'on*
« *cherche.* »

Et plus bas : « Sans doute il ne faut pas que les hommes
« puissent se tromper mutuellement en traitant ensemble ;
« mais il faut laisser quelque latitude à la confiance et à la
« bonne foi. »

Et ailleurs encore : « L'office de la loi est de nous pro-
« téger contre les fraudes d'autrui, mais non pas de nous
« dispenser de faire usage de notre propre raison... Un
« homme qui traite avec un autre homme doit être attentif
« et sage ; il doit veiller à son intérêt, prendre les informa-
« tions convenables, et ne pas négliger ce qui est utile. »

XXVI. Pour peu que le législateur veuille à son tour
faire usage de sa raison, et chercher avec bonne foi quel est
le moyen le plus simple et le plus court de faire cette loi
qui protège les citoyens contre les fraudes d'autrui, qui empêche les hommes de se tromper mutuellement en traitant
ensemble, qui donne aux citoyens attentifs et veillant à
leurs intérêts, des informations *toujours exactes et toujours*
infaillibles ; pour peu que le législateur enfin veuille ne pas
négliger ce qui est utile, il retombera, dès le premier effort
de son esprit, sur l'établissement de registres *publics*, contenant la mention individuelle des propriétés foncières, et
celle des hypothèques inscrites sur chacune d'elles.—Il ima-
ginera en premier lieu l'établissement de l'*état civil des pro-*
priétés foncières.

XXVII. Il se dira : Je vois qu'il existe dans chaque commune un registre public qui constate l'état civil des citoyens ;
je vois que l'on y annote que Pierre est le fils de Paul, né

tel jour, qu'il est l'époux de Marie , qu'il s'est divorcé d'elle,
et puis, qu'il est décédé à tel autre date.

Pourquoi donc personne n'a-t-il pensé à introduire
l'état civil des propriétés immobilières? pourquoi ne pas
établir des registres publics de ces propriétés, arrondissement par arrondissement? pourquoi ne pas y annoter
de même que Pierre a acquis tel jour la propriété A de
Paul; que Pierre, propriétaire, a hypothéqué et donné en
gage l'immeuble A à Marie, sa créancière, pour telle
somme ; que Pierre a remboursé cette somme, et a fait
casser tel jour l'affectation réelle, la vinculation, le droit
réel qui grevait sa propriété A ; enfin que Pierre a revendu
l'immeuble A à André, et qu'il a cessé ainsi, à telle date,
d'en être le propriétaire?

XXVIII. Le législateur se dira : Si tout le monde est
d'accord de l'utilité, de la nécessité des registres de l'état
civil des personnes, par quelle raison pourra-t-on me prouver le vice de l'établissement de l'état civil des biens-fonds ?

XXIX. On objecte que l'état des personnes doit être
irrévocablement fixé par des écrits publics ; qu'il s'agit ici
de régler les successions et l'exercice de tous les droits et
des devoirs personnels ;

Qu'on ne peut pas laisser une *relation aussi fondamentale
que celle de la paternité* flotter aux incertitudes des témoi-
gnages oraux, des fréquentations de la mère, ou des ca-
resses prodiguées à l'enfant, ou enfin aux conjectures et
aux preuves toujours plus ou moins équivoques d'une possession d'état de l'enfant, etc.

Je l'avoue, mais je réponds à l'objection,

Qu'il est également utile et fondamental de fixer irrévocablement, et par des écrits publics, l'état civil des biens-
fonds ; qu'il s'agit, dans cette seconde partie d'un Code
civil, de régler toutes les transmissions des propriétés foncières, ainsi que l'exercice de tous les droits réels et de
toutes les charges réelles qui pèsent sur les choses ;

Qu'on ne peut pas non plus laisser *une relation aussi fon-*
damentale que celle qui subsiste *entre les hommes et les pro-*
priétés foncières flotter au gré des passions, l'exposer aux
incertitudes d'une preuve testimoniale sur des actes de possession, ni à l'équivocité des conjectures opposées auxquelles ces actes donnent lieu ; qu'on ne peut non plus se
passer de fournir aux propriétaires des moyens sûrs et infaillibles de vérifier, lors d'un emprunt, à ceux qui ont envie de leur avancer des fonds, que tel bien faisant partie
de leur patrimoine immeuble *n'est point impliqué*, non plus
que leur personne, *dans des hypothèques antérieures;* qu'il
faut qu'ils puissent chasser ainsi une défiance injuste ; qu'on
ne peut se dispenser de rétablir le crédit particulier (assez
abattu) sur une solide base, en donnant au créancier
prêteur, *dès le moment du prêt,* l'entière certitude que personne ne pourra jamais, sur l'objet de son gage, *le primer*
en hypothèque, que ceux dont il aura lu les noms dans le
registre public, et pour les sommes y portées ; enfin, qu'il
faut l'assurer que des hypothèques générales et secrètes,
antérieures à la sienne, et dont il ne peut vérifier l'existence, pas plus que l'emprunteur ne peut en faire voir la
non-existence, ne viendront pas lui ravir l'objet qu'on
lui aura *donné en gage,* et sur lequel l'emprunteur lui avait
assigné sa sécurité.

XXX. Ces importans résultats ne peuvent s'obtenir que
par l'établissement des registres publics, tels que les établit
la loi du 11 brumaire an 7. Il faut donc adopter la publicité
de l'état civil des propriétés foncières, et des droits réels
inhérens à icelles ; c'est-à-dire, *la publicité des priviléges et*
des hypothèques : c'était ce que nous avions à démontrer.

XXXI. Je vois m'objecter une difficulté : *Des formes in-*
quiétantes, me dit-on, *et indiscrètes perdent le crédit sans étein-*
dre les fraudes ; elles accablent sans protéger.

Je réponds : *Des formes loyales et ouvertes rétablissent seules*
le crédit, et le maintiennent ; seules elles rendent impossible le

succès de l'intrigue, de l'escroquerie et de la fraude; il n'y a qu'elles seules qui protègent efficacement : toutes les autres accablent par des frais et par des procédures d'ordre, sans produire le but désiré, qui est la sécurité entière du créancier par le gage foncier qui lui est donné.

Quant à l'inquiétude des citoyens et à l'indiscrétion des formes, pourquoi Pierre trouvera-t-il plus inquiétant et plus indiscret qu'on écrive dans un registre qu'il est propriétaire de la ferme A, qu'il l'a hypothéquée, qu'il l'a vendue, qu'il ne trouve inquiétant ou indiscret qu'on écrive dans un autre registre public, que lui Pierre a un fils qui se nomme Paul, que lui Pierre est l'époux de Marie, qu'il s'est divorcé de cette femme? J'avoue que j'ai de la peine à le voir et à le comprendre.

XXXII. On me répond : C'est parce que les citoyens ne veulent pas que *leur fortune soit connue ainsi dans un registre public*. En général, ils vous permettront de les écrire propriétaires d'autant de ferme A, B, C, que vous voudrez; mais ils ne veulent pas que vous les écriviez *débiteurs de leurs dettes*; cela diminue trop leur crédit : voilà la raison pourquoi il ne faut pas l'écrire, quand même cela pourrait être utile. Quant aux circonstances d'être père de Paul, époux divorcé de Marie, il leur est parfaitement égal que vous l'écriviez ou que vous ne l'écriviez pas; et c'est justement pourquoi ici il faut l'écrire, parce que cela est très-utile en général; sans affliger les citoyens en particulier.

XXXIII. J'ai tâché de rédiger l'objection dans sa plus haute force; voici la solution :

S'il existait une loi qui ordonnât d'ouvrir *à domicile un registre* alphabétique de tous les citoyens d'une commune, et d'y inscrire à parties doubles, d'un côté l'évaluation de l'intégralité de la fortune de chacun d'eux, de l'autre, le montant de toutes ses dettes passives; si cette loi ordonnait que ce registre fût public, je la croirais insensée; il faudrait l'abolir sur-le-champ.

Mais telle n'est pas la loi du 11 brumaire an 7, ni dans ses dispositions, ni dans ses résultats.

On a donc créé une chimère pour la combattre.

Parlons d'abord des résultats de cette loi ; car l'argument tiré de l'expérience est le plus concluant de tous.

A-t-on vainement la simplicité de croire, à Paris, que l'on évalue et qu'on établit la fortune exacte de chaque citoyen à Amsterdam et à Bruxelles? ceux qui insistent sur l'objection le croient-ils eux-mêmes?

Cependant, il y a cinq cents ans que la Hollande et la ci-devant Belgique jouissent d'un régime hypothécaire et foncier analogue à celui de la loi du 11 brumaire an 7 : et qu'il soit permis d'observer, en passant, que leur prospérité agricole et industrielle a prouvé qu'elles ne s'en sont pas mal trouvées.

Au surplus, il y a près de trois ans que la loi du 11 brumaire an 7 existe en France : y connaît-on mieux la hauteur des fortunes particulières qu'il y a trois ans?

Puisqu'il est donc évident que la publicité de la hauteur des fortunes (le seul résultat que l'on craint) n'est pas, d'après ce que confirme l'expérience, l'effet de la loi du 11 brumaire an 7, il faut qu'il y ait dans ses dispositions quelque chose qui empêche ce résultat d'exister. Le voici :

La loi n'a pas voulu *un seul registre* de la fortune personnelle et de toutes les dettes personnelles d'un citoyen ;

Mais seulement l'annotation des propriétés, arrondissement par arrondissement, et *sans évaluation de chaque bien*.

Elle a voulu *l'inscription sur ce bien particulier*, d'une *seule dette hypothécaire* du propriétaire, lorsqu'il *a assigné et donné ce bien particulier en gage*, et qu'il a diminué d'autant sa libre disposition sur ce même immeuble.

Quant aux biens mobiliers, au produit d'une industrie ou d'un commerce, quant aux *engagemens personnels* du débiteur, fussent-ils notariés, fussent-ils commerciaux et résultant de lettres-de-change, ils ne sont inscrits nulle part :

ces dettes ne sont pas hypothécaires ; on a suivi *le crédit de la personne*, et non celui de *tel bien-fonds*. Cependant, cette sorte de biens et de dettes forme une grande partie aliquote de la fortune de la majorité des citoyens.

C'est la complication de toutes ces circonstances qui empêche que l'on ne puisse calculer la fortune intégrale de qui que ce soit.

XXXIV. J'ai une maison à Paris que vous estimez valoir 80,000 fr. ; vous consultez le registre foncier, et vous la trouvez chargée de 60,000 francs d'inscriptions hypothécaires.

Vous en concluez que *toute* ma fortune consiste en 20,000 francs ?

Mais vous concluez visiblement mal.

Saviez-vous que j'avais une ferme sise à Versailles, et pour laquelle je suis inscrit propriétaire à Versailles ?

Saviez-vous que j'avais cinquante hectares de terre à Saint-Denis, et que j'en suis connu propriétaire à Saint-Denis ?

On voit ainsi que c'est l'inscription *à la situation de chaque immeuble*, et non *à domicile et sur la personne du débiteur*, qui empêche que l'on ne fasse le calcul de l'avoir d'un propriétaire quelconque, ou même celui de la partie immobilière de sa fortune.

Or, toutes les fortunes sont disséminées en divers arrondissemens hypothécaires.

Et s'il en est quelques-unes, en petit nombre, comprises en une seule circonscription, ou qui ne consistent qu'en un seul et unique objet, alors elles sont tellement connues sur les lieux et par les voisins, que, soit que vous les inscriviez ou que vous ne les inscriviez pas au registre du lieu de la situation, cela n'en augmente ni n'en recèle à personne la connaissance. Il n'y a donc nul danger, en ce cas, de les y inscrire.

XXXV. Quant aux dettes hypothécaires, comme nulle

part leur totalité ne se trouve inscrite dans un seul registre, sur un seul bien, mais que la delte hypothécaire de 60,000 fr. se trouve mentionnée à Paris sur ma maison, sans l'être à Versailles sur ma ferme, ni à Saint-Denis sur mes hectares, on voit que la dissémination des diverses inscriptions selon la situation différente des gages assignés, renvoie à différens registres, dont personne ne peut faire un relevé exact.

Car personne ne peut faire le tour de tous les registres de France, pour vérifier tous ceux où son débiteur peut avoir des biens-fonds en propriété, et des inscriptions à sa charge.

C'est le propriétaire seul qui sait en combien de registres il est annoté propriétaire, et dans'lesquels ; lui seul sait à combien montent toutes les inscriptions à sa charge ; lui seul tient la clef de sa fortune, et cette clef il ne la passera pas facilement en d'autres mains.

Et supposons que, d'après ma première indication, vous couriez à Versailles et à Saint-Denis pour prendre note des inscriptions qui peuvent y être à ma charge, croirez-vous connaître alors ma fortune ?

Vous raisonnerez mal encore.

Vous ai-je dit tous les registres où j'ai des biens et des inscriptions?

Ainsi, l'objection tirée du danger *de la connaissance de l'intégralité des fortunes* des citoyens est entièrement écartée.

XXXVI. On me dira que c'est encore très-fâcheux et très-dur qu'en voulant montrer qu'on est propriétaire d'une maison de 80,000 fr. à Paris, on doive, par le même certificat, faire voir qu'il y a sur cette propriété une rente hypothéquée antérieure de 60,000 fr., qu'ainsi cette maison ne procure plus un crédit solide que de 20,000 fr., tandis que si la loi du 11 brumaire an 7 n'existait pas, on aurait pu faire emploi de la propriété de cette maison pour une valeur de 80,000 fr.; qu'ainsi la loi du 11 brumaire an 7 *est destructive du crédit particulier.*

XXXVII. Oui, elle est destructive *du faux crédit* particulier, *du crédit factice et imaginaire*, je l'avoue ; et elle est faite pour atteindre ce but. Mais elle établit *le vrai crédit*, *le crédit solide*.

. Dans un pays où toute moralité a reçu récemment des atteintes si violentes, et où les lois ne donneraient point de moyens de distinguer les objets du vrai crédit d'avec les valeurs imaginaires, il ne peut point y avoir de crédit véritable ; il ne peut s'y trouver de prêteurs que des insensés, ou des usuriers, ou des dupes ; il ne peut s'y trouver d'emprunteurs que des fripons, des spéculateurs d'entreprises téméraires avec l'argent et aux risques de leurs créanciers, et enfin des banqueroutiers frauduleux. Il faut une loi du 11 brumaire an 7 pour couper la racine à tant de maux.

XXXVIII. Et pour venir à la réponse directe aux plaintes du propriétaire sur ce que sa maison chargée de 60,000 fr. ne peut plus lui donner l'apparence d'une richesse pour toute sa valeur, je lui demande : A quelle fin voudriez-vous avoir un certificat de propriété de cette maison, sans mention de la charge ? quel usage en feriez-vous ?

1° Est-ce pour contracter une dette personnelle ?

2° Est-ce pour offrir cette maison en gage et en hypothèque réelle à celui qui aurait envie de prêter ses fonds *sur cette maison*, et qui ne vous confierait pas ses deniers sur votre crédit personnel ?

Dans le premier cas, vous n'avez pas besoin du certificat de propriété ; vous savez que la base du crédit personnel et commercial est votre probité connue, la régularité de votre conduite, le bon ordre de votre maison, la rigoureuse exactitude avec laquelle vous remplissez tous vos engagemens, la sagesse habituelle de vos spéculations, la confiance enfin du créancier dans la moralité de votre caractère. Eh bien ! il doit répugner à votre honneur, à votre délicatesse, de commettre un indigne abus de la confiance de votre créancier au moment même où il vous accorde toute la sienne : c'est presque un délit, que de lui faire parade d'une fausse solvabilité pour 80,000 fr. sur un objet que vous savez fort bien ne pouvoir jamais lui assurer 20,000 fr. de recouvremens. Vous n'avez donc pas besoin du certificat de propriété libre : la demande que vous en faites est immorale, puisque votre prêteur *veut bien* se confier à votre personne, *à votre honneur*, et qu'il ne demande pas de vous *un gage spécial sur un immeuble*.

Dans le deuxième cas, votre demande et votre plainte sont injustes. Quoi! vous voudriez que la loi fût toute pour vous, et rien pour votre créancier? D'après notre supposition, il ne se confie pas à vos qualités personnelles; il ne veut prêter ses fonds qu'au gage immeuble que vous dites pouvoir lui offrir : ce n'est que sous une sécurité réelle, immeuble et foncière, qu'il veut se dessaisir de son argent, certain de son recouvrement sur cet immeuble, si vous manquez à vos engagemens aux termes convenus. Et vous voudriez que la loi fût votre complice dans votre projet de le tromper en montrant dans vos mains un objet libre de 80,000 fr., tandis que, dans la vérité du fait, les trois quarts de cette valeur sont déjà passés dans les mains des autres ? Non : des lois basées sur un tel principe ne peuvent être fondées sur le bon sens et sur la justice.

XXXIX. *Etre juste* est le premier devoir du législateur. Fort de cette arme invincible, il foule aux pieds les petites considérations; il se dit : Si le propriétaire A d'une maison de 80,000 fr. chargée de 60,000 fr., n'a plus sur cet objet que 20,000 fr. de crédit, à cause de la publicité de l'inscription, je gagnerai au contraire que le propriétaire B d'une autre maison de 80,000 fr. non chargée, trouvera avec certitude 80,000 fr. de crédit, parce qu'il peut fournir au prêteur un certificat de non-inscription, ce qui est la preuve *positive*, *directe* et *irréfragable*, que ce bien n'est impliqué d'aucune hypothèque préexistante. B gagnera donc en crédit ce que perdra A par la publicité des hypothèques, tandis que, si elles étaient secrètes et générales, B courrait risque

de ne pas plus trouver de crédit que A , parce qu'il ne pour
rait ôter au prêteur sa défiance naturelle , n'ayant qu'une
nue assertion à lui offrir qu'il est sans dettes hypothécaires
antérieures : ce dont il est impossible de fournir la preuve
dans ce système , puisqu'*elle est alors entièrement négative.*

C'est ainsi que tous les propriétaires français , même solides et exempts de dettes hypothéquées, pourraient partager
la défaveur du discrédit général où une trentaine d'hommes
de mauvaise foi plongeraient la France par de folles spéculations aux risques de leurs créanciers, et par des banqueroutes frauduleuses ; et il ne resterait aux hommes probes
aucun moyen de vérifier *infailliblement* qu'ils appartiennent
à une classe plus solvable et plus loyale ! Et le Code civil
favoriserait une si horrible confusion ! Cette idée est épou-
vantable.

XL. On punira les escrocs , dira quelqu'un.

Oui : les lois de la police correctionnelle permettent de
punir par une courte détention ceux qui escroquent quelques
sommes aux citoyens *à la faveur d'un crédit imaginaire :* c'est
le texte de la loi.

Mais quand même les lois pénales aggraveraient cette
peine, qui est-ce qui rendra aux citoyens les sommes qui
leur auront été frauduleusement extorquées ?

Ne vaut-il pas infiniment mieux que la loi rende impossibles les succès d'un crédit imaginaire ? n'est-ce pas détruire
le crime, que de l'empêcher de naître ? ce parti n'est-il pas
meilleur que celui de chercher à punir des hommes qu'on
n'est pas sûr d'atteindre ? et n'est-ce pas efficacement protéger la fortune des citoyens honnêtes, que de faire en sorte
que les fripons ne puissent l'entamer ? doit-on se mettre dans
l'impossibilité de réparer les pertes , lorsque malheureusement , et trop tard , elles existent ?

XLI. Il y a plus : c'est que sans la publicité des hypothèques , et même sans leur spécialité, l'immeuble sur lequel
l'hypothèque frappe n'est pas proprement *le gage* de la

créance. C'est confondre toutes les notions claires de l'esprit humain, que de définir l'immeuble hypothéqué *le gage de la créance*, si l'on adopte la législation proposée au Code civil; cependant l'hypothèque sur immeuble doit être un *gage* donné, et elle ne doit être que cela. Elle le fut selon le droit romain; elle l'est selon les lois modernes de presque toutes les nations. C'est une erreur particulière au droit ancien qui a régi la majeure partie de la France, que d'avoir converti l'hypothèque en une *simple faveur attachée aux actes notariés*, en tant que notariés; faveur qui consistait dans le droit du créancier hypothécaire de soutenir une collocation par préférence sur d'autres créanciers chirographaires ou de date postérieure, soit dans la faillite du débiteur, ou sur le prix d'achat d'un immeuble quelconque par lui vendu.

XLII. Nous nous réservons la déduction de cette vérité au paragraphe suivant, parce qu'elle est plus relative à la spécialité qu'à la publicité des hypothèques. Là on verra que nulle obscurité, nulle distinction, nul mal-entendu, ne découlent de cette confusion fondamentale des premières notions; et les trois cent quarante-neuf articles projetés au Code en fournissent la preuve irréfragable à qui veut, sans prévention, en prendre seulement la lecture.

XLIII. Nous croyons donc avoir démontré que la *publicité* et l'*inscription* des hypothèques sont une idée *grande*, *simple*, *fondamentale*, et que le législateur ne peut convenablement s'en écarter.

XLIV. Récapitulons-en les avantages.

1º Les cinq genres de stellionat sont rendus impossibles, savoir:

Premièrement, nul ne peut frauduleusement vendre une ferme qui ne lui appartient point;

Deuxièmement, nul ne peut frauduleusement vendre deux fois un bien-fonds lui appartenant, ni en toucher deux fois le prix;

Troisièmement, nul ne peut frauduleusement contracter

une, deux, trois..... dix hypothèques ignorées sur un bien-fonds ;

Quatrièmement, nul ne peut frauduleusement vendre comme libre un bien-fonds, en recélant les charges hypothécaires ;

Cinquièmement, nul ne peut frauduleusement hypothéquer son bien après qu'il l'a déjà aliéné, et en recélant la vente.

2° Les revendications sont fort rares, et leur décision est facile, comme basée sur des preuves par écrit, et nullement sur l'équivocité de certains actes de possession ;

3° Nul devoir actif n'est requis du propriétaire ni du créancier hypothécaire inscrit : ses droits se conservent en dormant.

4° De là le respect pour les propriétés est augmenté dans l'ame de tous les citoyens ;

5° Ainsi que la confiance et la sécurité dans l'ame des créanciers hypothécaires, que nul événement, nulle intrigue, nulle omission d'une opposition, nul vice de forme d'une procédure, ne peuvent déranger ni déplacer de l'ordre qui leur est acquis par l'inscription ;

6° De là encore l'augmentation de stabilité, de liquidité et de solidité dans les transactions sociales hypothécaires ;

7° Et, par conséquent, l'établissement du véritable crédit particulier ;

8° Proscription du crédit imaginaire, des moyens fictifs de propriété, des entreprises folles et téméraires aux dépens et aux risques des créanciers, et enfin impossibilité de faire usage des moyens les plus chéris par les banqueroutiers frauduleux ;

9° Grande influence sur le caractère moral de la nation, à qui l'habitude de pareils résultats doit inspirer de plus en plus de la loyauté, de la franchise, l'amour de l'ordre, de l'économie et du travail, la prudence et la sagesse dans les spéculations, et enfin la passion pour la justice ;

10° Facilité de la régulative d'ordre entre les créanciers dans les faillites ; peu de frais de ces procédures ;

11° Possibilité de faire des acquisitions avec une entière sécurité ;

12° Possibilité aux prêteurs de placer leurs fonds, sans craindre des hypothèques ignorées et préexistantes ;

13° Possibilité aux emprunteurs de vérifier, par une preuve positive (pour la vérité de laquelle un fonctionnaire public est responsable sur son cautionnement et sur sa fortune), qu'ils ne sont chargés d'aucune hypothèque inconnue ; et possibilité pour eux de trouver toujours des fonds ;

14° Enfin l'établissement public de l'état civil des propriétés foncières ; établissement qui peut être utile sous le rapport de l'établissement des banques territoriales, et prêter une grande et solide base à des combinaisons heureuses, qui peuvent tendre à augmenter et à consolider la gloire et la prospérité nationales.

XLV. Si quelqu'un désirait plus d'avantages encore, et de plus importans ou de plus étendus, pour être convaincu de l'utilité d'un seul article d'une loi, nous ignorons quels argumens il faudrait pour convaincre son esprit. Il est cependant évident que tous ces bienfaits découlent du seul art. 2 de la loi du 11 brumaire an 7, ainsi conçu :

« L'hypothèque ne prend rang et les priviléges sur les « immeubles n'ont d'effet que par leur inscription dans les « registres publics à ce destinés. »

XLVI. Voici maintenant la récapitulation des désavantages du système proposé au Code, sous le rapport de l'hypothèque secrète :

1 Ce n'est pas une véritable hypothèque, puisque ce n'est pas un véritable gage. Confusion des idées fondamentales ; fausses conséquences ; procès ;

2 Insuffisance des lois purement pénales ou correctionnelles pour réprimer les cinq genres de stellionat et les banqueroutes frauduleuses ;

3° Plus ou moins d'incertitude dans les propriétés foncières, surtout quand les titres d'acquisition en sont égarés :

III.   21

4° Divers actifs exigés du créancier hypothécaire pour *la conservation de ses droits*; sa déchéance, quelle que soit la liquidité de son droit. Possibilité des surprises contre le créancier, lorsque les vacances des tribunaux s'approchent, lorsque le débiteur saisit le moment de son absence, lorsque le créancier est mineur, imbécille, interdit;

5° Nécessité de provoquer judiciairement à l'ordre entre les créanciers, à chaque mutation particulière d'une propriété. Enrichissement des gens de justice par les frais de cette procédure;

6° Naissance de discussions et procès à l'infini qui n'eussent jamais existé entre les citoyens, si les gens de loi n'avaient pas dû se mêler de provoquer l'ordre sur chaque vente particulière;

7° Incongruité de la *ratification* de chaque aliénation particulière par les tribunaux, comme si tout le peuple français était en une minorité perpétuelle, et comme s'il était incapable d'user de la plénitude de ses droits civils;

8° Discrédit des propriétaires qui ne doivent rien : il se fonde sur ce qu'ils ne peuvent pas démontrer leur liberté de toute hypothèque, lors d'un emprunt à faire : juste défiance des prêteurs contre eux;

9° Renversement du crédit particulier dans les parties de la république habituées à l'hypothèque publique et spéciale :

10° Exportation de capitaux, et leur placement hors de la république, surtout dans les départemens frontières de la Hollande;

11° Trop fréquent concours de beaucoup d'hypothèques également *générales*; confusion qui en résulte nécessairement, et sans aucune utilité pour les citoyens;

12° Et de la part des acquéreurs, nécessité de la purge à chaque achat, pour n'avoir point d'éviction à craindre;

13° Nécessité morale de déposer le prix d'achat chez le notaire pendant la poursuite des lettres de ratification; inutilité de cette mesure onéreuse; son danger si l'homme de loi fait naître des incidens, directement ou indirectement, pour prolonger la procédure ;

14° Impossibilité de purger par les lettres de ratification les douaires et autres droits matrimoniaux non ouverts, les reliquats éventuels des comptables des communes et établissemens publics, lorsqu'ils sont encore en exercice, etc., des tuteurs, de ceux qui se sont immiscés dans l'administration des biens des mineurs et interdits ; en un mot, de toutes les hypothèques tacites et légales ;

15° Complication inutile de la législation ; complication plus grande encore dans la jurisprudence qui en résulte.

Pendant trois siècles, la France entière a élevé sa voix trop haut contre les abus dans l'ordre, soit en cas de faillite, soit en cas de vente, contre les saisies réelles, contre les séquestres judiciaires, contre les décrets forcés, contre les décrets volontaires, et contre tout l'attirail des formes y relatives, pour ne pas s'effrayer d'en voir proposer l'établissement après qu'elles avaient été si solennellement abrogées ;

16° Rétroactivité, en ce qu'elle change une priorité *acquise aux citoyens* à la date de leur inscription, en une autre priorité selon la date du premier titre notarié ; ce qui peut, du tout au tout, changer leur ordre respectif, et les ruiner sans leur faute ;

17° Multiplicité des exceptions, auxquelles le principe de la priorité selon la date des titres est lui-même soumis, savoir :

1° L'hypothèque du titre est primée par *six différens priviléges*, qui ont aussi leurs sous-amendemens (Projet, tit. VI, art. 10 et 11) ;

2° Six autres exceptions aux principes des dates des titres dans les hypothèques tacites :

Premièrement. Pour la femme commune, c'est la date du 2135 jour du mariage, avec un sous-amendement pour le cas de la faillite du mari (*Ibid.* art. 19 et 20) ;

Deuxièmement. Pour la femme séparée, du jour que son 2135

mari a vendu ou a contracté une obligation, du chef de laquelle elle doit être indemnisée (Projet, tit. VI, art. 19);

2135   Troisièmement. Pour les mineurs, du jour de l'acte de tutelle contre leurs tuteurs et contre les subrogés tuteurs, ou
en un seul cas, contre les nominateurs mêmes de ces tuteur
(*Ibid.* art. 23 et 24);

Quatrièmement. Contre leurs *negotiorum gestores*, du jou
du premier acte d'administration par eux entreprise (*Ibid*
art. 26);

Cinquièmement. Contre un survivant dans la mortuaire,
depuis le jour de la clôture de l'inventaire des biens de la communauté (*Ibid.* art. 27);

Sixièmement. Contre les comptables publics, du jour qu'il
sont entrés en fonctions (*Ibid.* art. 28);

3° Huit autres exceptions encore au principe de la date des
titres dans les hypothèques judiciaires :

2134   Premièrement. Pour les jugemens définitifs et contradictoires, la priorité se règle par la date de leur prononciation
(*Ibid.* art. 29);

Deuxièmement. Pour ceux par défaut, par la date de leur
signification (*Ibid.* art. 30) :

Le tout avec un sous-amendement pour les appels et les
oppositions, et selon que le premier jugement est confirmé
ou infirmé, soit pour le tout, ou seulement en partie ;

Troisièmement. Pour les sentences arbitrales, depuis le
jour qu'elles sont rendues exécutoires (*Ibid.* art. 31);

Quatrièmement. Pour les cautions judiciaires, seulement
du jour qu'elles sont reçues (*Ibid.* art. 32);

Cinquièmement. Pour les intérêts et dépens adjugés, ou
pour dommages-intérêts quoique non stipulés dans l'acte authentique principal, du jour de cet acte même, et non du jour
du jugement (*Ibid.* art. 33);

Sixièmement. Du jour de la date d'un écrit *privé*, ensuite
avoué en justice : et, s'il est nié et ensuite prouvé, du jour de
la réception, et non du jour de sa date ; et, s'il y a jugement

par défaut, du jour de la signification de ce jugement (Projet, tit. VI, art. 35);

Septièmement. Si le condamné est mort, l'hypothèque ne se règle à charge de l'héritier, que du jour que le jugement est déclaré contre lui exécutoire. J'ignore s'il faut ici sous-distinguer encore les cas où c'est par défaut ou contradictoirement que l'on obtient l'exécution contre l'héritier (*Ibid.* art. 36);

Huitièmement. Les jugemens étrangers, du jour qu'ils sont complétemment déclarés exécutoires en France (*Ibid.* art. 37);

4° Et encore six autres exceptions pour les hypothèques conventionnelles (*Ibid.* art. 41):

Premièrement. Si le contrat n'est pas passé dans le ressort où les notaires qui l'ont reçu sont immatriculés.

Ceci est-il relatif à tous les notaires du plat-pays, qui, par abus, résident dans les villes? De quel ressort parle-t-on? est-ce de celui du notaire, ou de celui d'un tribunal? et de quel tribunal?

Deuxièmement. Les testamens authentiques, du jour du décès du testateur (*Ibid.* art. 42);

Troisièmement. Les contrats authentiques des mineurs, ratifiés par eux en majorité, ou jugés valides, ou prescrits contre eux, depuis la date de l'acte primitif, et non depuis celle de la ratification;

Quatrièmement. Les contrats stipulés sous une condition qui est potestative pour les deux parties ou pour l'une d'elles, du jour de l'accomplissement de la condition (*Ibid.* article 44);

Cinquièmement. Les contre-lettres notariées n'ont point de jour d'hypothèque à l'égard des tiers, à moins qu'il n'y ait concours cumulatif de trois circonstances pour établir leur date (*Ibid.* art. 45);

Sixièmement. Pour les prorogations des baux et d'autres contrats, du jour de la prorogation.

Voilà en tout vingt-six exceptions au *principe des dates des actes;* et nous sommes persuadés que chacune d'elles peut avoir un motif raisonnable.

Mais cela même prouve la faiblesse du principe d'où l'on est parti.

XLVII. On voit trop ici l'ouvrage des légistes; on n'y trouve point assez la pensée mâle et profonde d'un législateur.

D'un seul mot, le législateur renverse tout cet échafaudage.

XLVIII. Il dit : Eh! citoyens, venez donc inscrire vos droits réels au registre public de l'état civil des propriétés foncières; je vous conserverai à tous l'ordre invariable de priorité, selon la date de vos inscriptions, pour les sommes que vous vous y êtes portés, et sur chaque bien-fonds que vous en aurez frappé.

Il le dit. Et cela est ainsi; et l'ordre naît du chaos; et le principe inflexible et sans exception de la *publicité des hypothèques* sort du combat avec les honneurs du triomphe. Il est inaltérable et éternel comme la nature et comme l'essence même des choses (1re loi du 11 brumaire an VII, art. 2).

§ II.

Avantages de la spécialité des hypothèques conventionnelles; désavantages de leur généralité.

XLIX. Dans toutes les transactions sociales, celui qui est créancier ou se confie purement *aux personnes* du débiteur et à celles de ses cautions,

Ou bien il ne se confie qu'à la sécurité que lui donnent les *choses*.

Quelquefois il veut cumuler les deux sécurités.

La première espèce de transactions donne ouverture aux actions *personnelles*. Ce n'est pas d'elles qu'il s'agit dans cet écrit.

La seconde espèce donne naissance aux *actions réelles*, à charge de la chose et de son tiers-possesseur.

Et la cumulation des deux sortes d'actions par un seul contrat n'est pas une troisième espèce; ce n'est qu'une jonction des deux voies précédentes; et chacun de ces deux moyens de recouvrement a ses règles particulières : la division bi-membre est donc complète.

Voyons la nature des sécurités sur *les choses.*

Ou l'objet de la sécurité est un bien mobilier, et il s'appelle *le gage ;*

Ou il est immeuble, et il s'appelle *l'hypothèque,* comme qui dirait *un bien-fonds posé sous la dette,* et sur lequel elle pèse : telle est l'étymologie du mot *hypothèque.*

L. Nous croyons que le principe fondamental de la législation doit être pareil, qu'il doit être un et identique *sur le gage* et *sur l'hypothèque.* Attribuer à ces deux mots une signification disparate, un autre concept, y introduire d'autres différences que celles qui tiennent à la nature du meuble et de l'immeuble, c'est inutilement compliquer la législation ; c'est obscurcir les idées, sans autre fruit qu'une multitude de procès inintelligibles entre les citoyens; c'est réintroduire dans la jurisprudence la mystérieuse obscurité qui finit par faire de la connaissance des lois l'apanage exclusif de quelques adeptes ignorans ; c'est priver la masse du peuple de la connaissance sentie de ses droits et de ses devoirs.

Ainsi, selon notre doctrine, *le gage* est une *hypothèque mobilière ;* l'hypothèque, au contraire, est un *gage immeuble* (a).

L'un et l'autre *est un objet mis entre les mains du créancier, pour sûreté du recouvrement de sa créance* (b).

Toute législation qui ne s'accorde pas avec cette première base est dès lors viciée d'une *inutile complication de principes.* C'est un défaut qu'un bon législateur doit éviter toutes les fois que cela est possible.

LI. Or, voyons ce qu'exige ici l'identité du principe fon-

(a) Notre doctrine en ce point est d'accord avec le droit romain. *Marcianus* dit, liv. V, § 1. ff. *de pignorib. et hypot. :* « Inter *pignus* autem et *hypothecam* tantùm nominis sonus differt. »

(b) Cette définition est celle donnée au *Répertoire de Jurisprudence,* au mot *Gage.*

damental que l'hypothèque n'est qu'un *gage immeuble*, et rien de plus.

Il paraît incontestable que cette idée de gage en renferme deux autres plus simples qu'elle :

1° La *désignation spéciale* de l'objet que l'emprunteur veut *donner ou assigner en gage* à son créancier ;

2° *La main-mise du créancier sur cet objet*, pour lui servir de sécurité.

Et observons que cette main-mise n'est pas une possession du créancier, ni une jouissance des fruits de la chose ; ce n'est qu'une nue détention, pour lui assurer, au besoin, le recouvrement de sa créance.

LII. Un exemple rendra cela plus clair ; et nous commencerons par supposer que le gage est un objet mobilier.

Titius vient me demander cent louis à titre d'emprunt ; mais comme je ne le connais pas assez personnellement, ni l'état de ses affaires, il me dit qu'il a des objets mobiliers à me donner en gage pour ma sécurité éventuelle.

Je suis disposé à lui faire ce plaisir, à raison de ma sécurité sur le gage qu'il veut bien m'offrir.

N'est-il pas certain que ma première demande sera : quel est le gage qu'il me donnera, et où est ce gage ?

Voilà la *spécialité*.

Si *Titius* me répond qu'il ne veut spécifier aucun de ses meubles, ni me dire où ils sont, je croirai que *Titius* m'a plaisanté, lorsqu'il m'a offert des gages.

A la vérité, *Titius* me dit qu'il est content de laisser *écrire*, *dans la reconnaissance du prêt*, « que ses meubles et ses ac- « tions actives me seront en gage pour les cent louis. »

Mais ce n'est pas là ce qui s'appelle *donner à gage*. S'il dispose de ses meubles, adieu ma sécurité. Non, il n'aura pas mes cent louis.

Voilà cependant *la généralité*.

Enfin, *Titius*, pressé, me *spécialise* le gage mobilier qu'il veut m'assigner ; il m'informe qu'il se propose d'emprunter les cent louis sur une inscription ou rente, sur le grand-livre, de 6,000 francs de capital.

A la bonne heure; je lui compte les cent louis.

Et je lui demande qu'il me remette en mains l'inscription ou la rente de 6,000 francs, afin qu'il n'aille pas la vendre à la bourse.

Voilà *la main-mise* du créancier, seconde condition requise pour le gage.

Titius n'entend pas cela ainsi: il veut emporter et les cent louis et la rente; et il me soutient que, par la nue convention que la rente sera mon gage, je dois être content de lui.

Mais c'est encore là une plaisanterie; car, de grace! où est ma sécurité?

Titius peut avoir fait déjà d'autres prêts antérieurs de cent louis sur la même rente; il peut finir par la vendre: et Dieu sait avec qui je me trouverai engagé en des querelles de priorité!

Voilà encore la généralité.

Mais, si *Titius* me remet enfin la rente entre les mains, voilà le *gage* bien certainement établi; maintenant, je comprends que j'ai une sécurité sur la chose.

Je sais que je n'ai que la nue détention, et non la jouissance ni la possession de la rente; les intérêts en courent au profit de *Titius*, et non pas au mien.

Je sais aussi que je ne puis jamais en prescrire la propriété contre *Titius;* mais ma détention n'est pas moins le fondement de ma pleine et entière sécurité.

Faisons une autre supposition: si *Titius*, ayant reçu mes cent louis, s'était enfui tout à coup sans me remettre la rente qu'il m'assignait en gage, que me resterait-il à faire?

Je me souviendrais que la trésorerie tient un registre alphabétique et chronologique de toutes les rentes inscrites sur le grand-livre de la nation; que *Titius* ne peut pas vendre son inscription à *Mævius*, sans faire sur les registres de la trésorerie un *transfert* de ses droits sur la tête de *Mævius;* que, sans ce *transfert*, la propriété de la rente est toujours à *Titius*, non à *Mœvius*, cette inscription fût-elle vendue même devant notaire, et fût-elle payée par *Mœvius*.

Cela étant, j'irai vite à la trésorerie faire une *opposition au transfert* que pourrait faire *Titius* de cette inscription, au préjudice de mes cent louis.

La trésorerie reçoit et enregistre mon opposition; elle la respecte; elle ne transférera point la rente dont il s'agit, de la tête de *Titius* sur celle de *Mœvius*, sans qu'on lui vérifie de mon consentement par acte authentique, ou sans qu'on dépose le jugement qui aurait prononcé contre moi la main-levée de mon opposition (a).

Ici je conçois de nouveau que j'ai un gage; si la rente n'est pas dans mes mains, la libre disposition d'icelle n'est pas dans celles de *Titius* : c'est comme si la trésorerie la gardait et pour lui et pour moi; dès lors je suis content; j'ai une sécurité, et je sais sur quoi elle repose.

LIII. Voilà exactement le passage à une bonne législation sur les *gages immeubles*; voilà tout juste les principes fondamentaux des deux lois du 11 brumaire an VII.

La tradition des immeubles ne peut se faire de main en main comme celle des meubles.

Il a fallu régler cette tradition par écrit, *par les œuvres de loi*, comme la trésorerie règle les siennes *par les transferts*.

La *transcription* de la mutation d'un immeuble est le *transfert* de cet immeuble. Chaque bureau hypothécaire tient ainsi le registre des propriétés de l'arrondissement, comme la trésorerie tient le grand-livre des rentes dues par la république.

Une opposition au transfert d'une telle rente faite à la trésorerie est tout juste *une inscription hypothécaire faite* sur une *telle propriété* au bureau des hypothèques.

C'est là l'acte et *l'œuvre de loi* qui met *dans la main* du

_____

(a) Tel est aussi l'ordre établi pour les inscriptions hypothécaires. *Voyez* la première loi du 11 brumaire an VII, art. 25, *sur les radiations des hypothèques.*

créancier un *droit réel* sur cet immeuble: voilà *la main-mise du créancier*, car l'œuvre de la loi équivaut à tradition, Seconde condition ci-dessus.

Elle *doit être spéciale* (a), parce qu'on ne peut faire la tradition que d'une *chose déterminée, individuelle* et *connue*. Première condition ci-dessus.

Et jamais le teneur des livres hypothécaires ne transcrira une vente de *Titius* sur *Mœvius*, au préjudice de mon *inscription hypothécaire*. Je suis donc parfaitement tranquille, et j'ai lieu, en effet, de l'être.

Mais, si je n'avais pas fait faire mon inscription hypothécaire sur tel bien de *Titius*, rien ne gênerait le libre *transfert* que *Titius* pourrait en faire sur *Mœvius*, sur les registres des propriétés foncières : rien n'autoriserait le conservateur à se refuser à faire ce transfert, étant requis ; rien n'avertirait *Mœvius* qu'il ne faut pas qu'il achète ce bien de *Titius*. Ni le conservateur, ni *Mœvius*, ne pourraient jamais savoir que, devant notaire, j'ai prêté cent louis à *Titius* : ils ne peuvent être responsables de ce qu'ils ont ignoré d'une ignorance invincible, et de ce que je pouvais si aisément leur faire savoir.

La date de mes droits réels contre des tiers, ainsi que leur ordre et leur priorité, doivent donc se régler sur *celles des inscriptions publiques que j'ai prises*, et non sur *la date du prêt*.

Ainsi, la première loi du 11 brumaire an VII, article 14, paragraphe 4, a fort bien ordonné et réglé la priorité dans les faillites :

« Les créanciers hypothécaires, selon l'ordre de leur inscription. »

(a) L'institution de la spécialité est nouvelle ; les Romains ne la connaissaient pas : témoin les deux lois qui suivent :

1re loi. *Pignus contrahitur non solâ traditione, sed etiam nudâ conventione, etsi non traditum est.* L. 1, ff. de pign. act.

2e loi. *Propriè pignus dicimus quod ad creditorem transit, hypothecam, cùm non transit, nec possessio ad creditorem.* L. 9, § 2, ff. de pignerat. act.

Mais, néanmoins, la spécialité est une amélioration de la législation romaine, introduite par plusieurs nations modernes.

Et à l'art. 26, parlant de la nécessité de la transcription des mutations de propriété pour assurer les droits réels à l'acquéreur, elle statue fort bien :

« Jusque là, ils ne peuvent (les titres secrets, quoique au-
« thentiques et indubitables) être opposés aux tiers qui au-
« raient contracté avec le vendeur, et qui se seraient con-
« formés aux dispositions de la présente. »

Elle a encore fort bien statué, art. 27 :

« La transcription transmet à l'acquéreur les droits que
« le vendeur avait à la propriété de l'immeuble, *mais avec*
« *les dettes et les hypothèques dont cet immeuble est grevé.* »

Et à l'article 15 :

« La vente, soit volontaire, soit forcée, de l'immeuble
« grevé, ne rend point exigibles les capitaux aliénés, ni les
« autres créances non échues.

« En conséquence, l'acquéreur et l'adjudicataire jouiront
« des mêmes termes et délais qu'avaient les précédens pro-
« priétaires de l'immeuble, pour acquitter les charges et les
« dettes hypothécaires inscrites. »

Immense et sublime avantage du système de la spécialité ! il favorise ainsi la circulation des immeubles, quoiqu'ils soient grevés ; il ne faut point d'aussi grands capitaux pour les acquérir, et cela favorise tous les genres de commerce, de manufactures et d'industrie.

Au lieu que, dans le système de généralité proposé au Code, la simple mutation de propriété d'un seul immeuble rend exigibles toutes les rentes et dettes hypothécaires dont les termes ne sont point échus. Elle provoque même tous les créanciers à l'ordre ; et l'on peut dire que, dans ce dernier système, une simple vente particulière occasionne les trois quarts et demi d'une faillite *en procédures, en frais, en dis-crédit.*

LIV. J'ai prouvé (numéros XLIX, L, LI, LII, LIII) que le système du 11 brumaire an VII donne aux créanciers *un véritable gage,* et ce, principalement en vertu *de la spécialité.*

J'ai dit (N° XLVI, § 1) que, dans le système de la *généralité* proposé au Code, ce qu'on appelle *l'hypothèque* n'est pas *un véritable gage*, un bien-fonds *posé sous une dette*, et sur lequel elle pèse.

Il est temps de démontrer cette assertion assez extraordinaire, et de faire voir l'infériorité du système qu'on veut substituer à celui qui existe, et lequel nous croyons meilleur sous ce nouveau rapport encore.

Un homme vient m'emprunter cent mille francs : il veut me donner une hypothèque, dit-il, sur ses immeubles, *par cela seul que l'acte sera authentique* (Projet, titre VI, article 41).

Mais il ne veut pas me dire quels sont ces immeubles, ni où ils sont situés.

N'est-ce pas là *Titius* qui me demande cent louis sur des objets meubles qu'il ne veut pas individuer ?

Nous avons vu que, dans la supposition de meubles, il n'y avait point de gage :

Donc, il n'y en a pas non plus, si ce sont des immeubles.

Cette conséquence est mathématiquement exacte.

C'est la première des conditions requises pour un gage qui manque ici, savoir, *la désignation du gage :* elle n'est rien que la *spécialité* elle-même de l'hypothèque.

Si je prête mes cent mille francs à cet homme, rien ne l'empêche de vendre ses immeubles le lendemain, car *il les a dans sa main*. N'est-ce pas là *Titius* qui veut emporter tout à la fois mes cent louis et l'objet du gage ?

On voit que la deuxième condition manque aussi pour que le *gage immeuble*, la véritable *hypothèque*, existe, savoir, *la main-mise du créancier.*

En effet, il est évident que, dans le système proposé au Code, je n'ai aucunement *sous la main* aucun des immeubles de mon débiteur. Si j'ignorais qu'il fût propriétaire d'une ferme éloignée, il la vendrait facilement ; j'ignorerais le dépôt au greffe , et l'affiche du contrat au tribunal de la situation ; et la vente y serait *ratifiée à mon insu et à défaut de mon opposition*. Il est donc faux que *j'avais la main sur cet immeuble-là ;* donc, il est faux que *j'y avais un gage immeuble*, dans la signification propre et exacte de ce mot.

Ainsi, mon homme n'aura pas mes cent mille francs, s'il ne veut pas me *spécialiser* un gage, et me *le mettre sous la main*.

Voilà la conséquence naturelle de la généralité des hypothèques ; et il est vrai de dire que j'ai raison de ne pas prêter , puisque je n'ai pas de *véritable gage*. Je suppose toujours que je ne veuille traiter que *sur les choses* , et non pas sur la simple confiance *en la personne de mon débiteur*.

LV. On croirait du moins que , dans le système proposé au Code , l'on permet aux contractans *d'assigner et de donner un gage spécial immeuble* , et qu'alors cet immeuble spécial serait engagé, *avant toute autre hypothèque générale* , au créancier spécial à qui le débiteur l'aurait assigné ;

Qu'ainsi l'emprunteur et le prêteur auraient la possibilité de s'arranger ensemble , et qu'ils auraient l'option entre *la généralité* et *la spécialité* , soit pour contracter sous une sécurité quelconque générale sur toute la fortune , soit sur un gage particulier , spécialement désigné , et mis sous la main du créancier, *avec la clause que , sur cet immeuble-là , personne ne primerait le prêteur en hypothèque*.

Mais non , le Code proscrit cette option pour la presque universalité des citoyens ; et , qui plus est , il doit la proscrire par une conséquence malheureusement trop nécessaire de son principe fondamental , lequel ne permet pas que le fonds des hypothèques générales préexistantes soit diminué au préjudice des premiers créanciers , par les engagemens postérieurs du débiteur ; voici ses dispositions :

« L'hypothèque spéciale n'emporte pas de plus grands « droits que l'hypothèque générale , et n'y déroge point , ni « l'hypothèque générale à la spéciale » (Projet , titre VI , art. 43).

D'après une telle disposition, quelle idée concevoir de l'hypothèque spéciale ? qu'est-elle ? quel sens faut-il y attacher, si les parties contractantes en ont stipulé une dans un acte authentique ? Dès lors que l'un de ces deux genres d'hypothèques n'éteint ni ne restreint pas l'autre, et réciproquement, elles sont donc coïncidentes ; il n'y a donc rien de fait à cet égard. Voilà à quelles conséquences bizarres entraîne un faux système : il a fallu annuler, anéantir, neutraliser, éluder la volonté écrite, expresse, des deux parties ; volonté qui, d'ailleurs, est très-raisonnable, et n'a rien de contraire à l'honnêteté ni à l'ordre public. Le législateur a dû ici rendre *impossibles les contrats authentiques sur un gage particulier :* et cela nous paraît fort contraire à la liberté naturelle de l'esprit humain, qui doit, en contractant, jouir de la plus grande latitude qu'il est possible de lui conserver.

LVI. Dans l'ancien droit français (a), la spécialisation de l'hypothèque avait cet effet, qu'elle obligeait le créancier de commencer la discussion de son débiteur par l'immeuble qui lui avait été spécialement désigné, avant d'attaquer les autres immeubles.

On voit que quelques jurisprudences locales avaient adopté cette interprétation, tout exprès pour sauver ce principe de droit : *il faut que la volonté écrite des parties ait au moins un effet quelconque.*

Oui, certes ; mais, en leur assignant un effet, il ne faut pas qu'il soit diamétralement contraire à cette volonté.

En *donnant et désignant un gage*, le débiteur et le créancier ont évidemment voulu *augmenter* les droits et la *sécurité* de ce dernier.

Et, dans l'interprétation de l'ancien droit français, donner un gage immeuble spécial, c'était *restreindre* les droits du créancier, et l'empêcher de commencer son action par où il l'aurait pu, si rien de spécial n'avait été stipulé.

Ainsi, celui qui s'était stipulé un gage particulier immeu-

(a) *Répertoire de jurisprudence*, au mot *Hypothèque*.

ble , était de pire condition que celui qui n'avait rien stipulé du tout : conséquence extrêmement inattendue , et
qui prouve le vice du système de la généralité des hypothèques.

Le Code civil a vu cette inconséquence ; il n'a trouvé
d'autre remède que d'annuler tout-à-fait la stipulation des
contractans ; et ce parti était, en effet, le moins mauvais.

Il a dit, art. 43 :

« Le créancier n'est pas tenu de commencer par discuter
« l'immeuble soumis à l'hypothèque spéciale ; le tout s'il
« n'y a convention contraire. »

Ainsi , la convention expresse d'une hypothèque spéciale
sur un gage immeuble qu'un débiteur assigne au créancier
sera comme nulle et comme non écrite pour opérer l'effet
que personne ne puisse primer ce créancier sur cet immeuble. Un système qui mène à des conséquences si ab-
surdes peut-il être mathématiquement exact dans ses bases
fondamentales ?

On m'objectera que la dernière ligne de l'art. 43 dit :
« le tout s'il n'y a convention contraire ; » qu'ainsi les parties n'ont qu'à dire, en termes exprès, que l'hypothèque spéciale emportera de plus grands droits que la générale , et
qu'elle y dérogera ; qu'ainsi il y aura *hypothèque* sur un seul
immeuble , et non pas sur tous les autres.

Je réponds que l'on est bien le maître d'appeler *hypo-*
thèque le droit quelconque qui prendra ainsi naissance ;
mais *le véritable gage immeuble* n'existera point encore , le
créancier ne sera pas encore certain *que personne ne le pri-*
mera sur l'immeuble spécialisé, et la presque universalité des
citoyens ne pourra faire usage avec fruit de la stipulation.

Car, pour peu qu'ils aient antérieurement passé un contrat quelconque devant notaire , toute leur fortune est déjà
impliquée dans les hypothèques générales préexistantes ; et
ce cas est celui de tout le monde.

Comment donc pourront-ils, au préjudice de leurs créanciers, stipuler que l'hypothèque spéciale de ce moment dérogera aux hypothèques générales qui existent déjà? Les tribunaux n'accueilleraient pas cet effet de la stipulation.

Donc, il n'est pas certain que le créancier spécial actuel sera le *premier sur son gage*, et que personne ne le primera.

Donc, *il n'a pas de gage*; il n'a pas de *sécurité spéciale* sur cet immeuble individuellement désigné.

Ainsi, la convention écrite d'un gage immeuble déterminé donné par le débiteur au créancier est toujours impossible *pour l'effet précité*, à l'égard de la presque universalité des citoyens, comme nous l'avons observé au n° LV; et ce nonobstant la clause : « le tout s'il n'y a convention « contraire, » insérée au 43ᵉ article, tit. VI, liv. III du projet du Code.

LVII. Quelqu'un dira : « Soyons d'accord. Le *droit d'hypothèque*, tel qu'il est dans le Code, n'est pas un *gage immeuble*.

« Mais ce droit indique quelque chose. Le Code n'a pas « pu faire trois titres sur un mot qui ne signifierait rien. « On sait, d'ailleurs, que le *droit d'hypothèque* est un *droit* « *très-réel* et *très-connu* dans la jurisprudence française. »

LVIII. Avant de répondre, nous prenons avantage de l'aveu que contient cette objection, que l'hypothèque n'est pas un *gage immeuble*.

Au n° L, nous avions démontré que l'hypothèque doit être cela, et qu'elle ne peut être que cela, pour être législativement bien constituée.

Qu'importe à présent qu'elle soit *autre chose* que ce qu'elle devait être? cela sauvera-t-il le projet de loi d'une imperfection fondamentale?

Et certes, nous n'avons pas mis en avant que le droit d'hypothèque réglé par les titres VI, VII et VIII du projet de Code n'était rien du tout ; si cela était, nous ne nous serions pas donné la peine de le combattre : nous avons dit seulement que l'hypothèque, telle qu'on la propose au Code, n'y est pas ce qu'elle doit être, *un gage immeuble;* et que *l'idée d'hypothèque* sans *publicité* et sans *spécialité* implique contradiction.

LIX. Mais qu'est-elle enfin l'hypothèque dans le système proposé ?

Nous répondons par le texte même du projet de Code. L'hypothèque est,

1° *Une cause légitime* (un droit) *de préférence* (Projet, titre VI, art. 3);

2° *Indivisible, subsistant en entier sur tous et chacun des im meubles* (du débiteur) *et sur chaque portion d'iceux, suivant l'immeuble en quelques mains qu'il passe* (Ibid. art. 12);

3° *Résultante de la forme extérieure des contrats et actes, savoir, de leur seule authenticité* (Ibid. art. 13 et 40) ;

4° Dont l'effet est,

1° *Ou de forcer le tiers-acquéreur d'un des immeubles de la fortune du débiteur de payer le créancier, ou de délaisser l'im meuble pour être vendu judiciairement, si le contrat n'est point déposé et affiché* (Ibid. art. 49 et 51) ;

2° *Ou bien, s'il l'est déjà, de demander juridiquement, après opposition faite à la ratification, d'être payé sur le prix de la vente, ou de conclure à fin d'ordre entre les créanciers, et de distribution du même prix en justice* (Tit. VII, art. 81);

3° Ou enfin, si le prix de la vente est fort modique,

De surenchérir le bien immeuble en justice, et de forcer ainsi l'acquéreur de le laisser vendre publiquement au plus haut prix (Ibid. art. 49 et 62);

Voilà ce que, dans le Code civil, *est le droit d'hypothèque* envisagé *dans son rapport aux citoyens.*

Voyons ce qu'il est *dans son rapport avec les notaires :*

« Un privilége exclusif en leur faveur, dans toutes les af-
« faires conventionnelles. »

Car *l'authenticité seule donne ce singulier droit de préférence* (Ibid. art. 40);

Et *le contrat est en forme authentique, lorsqu'il est passé avec minute devant deux notaires ou deux témoins;*

Pourvu, cependant, *qu'il soit passé dans le ressort où les notaires qui l'auront passé, sont immatriculés* (Ibid. art. 41).

Et pourquoi cette exception-là, puisque l'hypothèque n'est pas bornée aux biens situés dans ce même ressort d'immatriculation ?

. Imaginons-nous les notaires assemblés projetant ces articles, discutant le rétablissement de leur privilége ; et si cela était,

Peu leur importerait que toutes les fortunes des citoyens fussent embrouillées, et qu'il n'y eût que les notaires eux-mêmes qui sussent les débrouiller ;

Peu leur importerait qu'un débiteur de Paris eût la faculté de se soustraire à la vigilance de ses créanciers, et de courir à Lyon pour y vendre en fraude, des biens-fonds qui lui appartiennent à Marseille ;

Peu leur importerait que personne ne pût retrouver la trace de ces actes, et que le crédit de l'aliénant fût resté entier à Paris ;

Peu leur importerait la contradiction dans les lois, qui consisterait en ce que *légalement il ne pourrait plus être créé d'hypothèque postérieurement à la vente* (titre VI, art. 39), et que, cependant, les lois laisseraient à celui qui a vendu tous les moyens physiques pour prendre encore cinq ou six prêteurs pour dupes ;

Peu leur importerait que toutes les ventes particulières fussent entravées, que chacune d'elles rendît exigibles tous les capitaux aliénés, ainsi que les dettes à long terme ; peu leur importerait qu'il fût nécessaire de provoquer à l'ordre entre tous les créanciers, ainsi qu'à la distribution du prix à chaque mutation de propriété particulière ; peu leur importerait que nul citoyen ne pût montrer *à nu* un seul immeuble dans toute sa fortune qui fût infailliblement *franc et quitte* de toutes charges réelles préexistantes, etc.

Ce qui importerait aux notaires de Paris, ce serait de prévenir que leurs confrères de Lyon n'eussent pas la faculté de venir à Paris, *où ils ne sont pas immatriculés*, recevoir et passer des actes authentiques. Non, ces actes ne devraient point engendrer hypothèque! et c'est ainsi que perce l'esprit de privilége et de corporation.

Ainsi, l'hypothèque est *un droit de préférence dû à une créance*, en récompense de ce qu'elle est *passée devant un notaire dans le ressort où il est immatriculé* : voilà l'exacte définition de ce singulier droit.

Et qu'on ne s'y trompe pas, en croyant que c'est à raison *de la certitude de la dette* que la *récompense de préférence* est attachée à la créance notariée sur celle chirographaire ; cette dernière pouvant être antidatée, etc.; fausse, etc.

Non, cette certitude n'est pour rien dans le Code, qui fait absolument dépendre la préférence d'hypothèque, *de* la *forme extérieure de l'acte*, et qui n'a aucun article pour les actes chirographaires, lorsqu'ils sont certains.

On s'est demandé, dans l'ancienne jurisprudence française (a), si un contrat sous seing privé *bien certain* et quant à son contenu et quant à sa date,

Par exemple, *par l'enregistrement au contrôle*,

Ou *par la mort de l'écrivain ou signataire de l'acte, dès le lendemain du contrat* ;

On s'est demandé, dis-je, si ce contrat, à raison de la certitude absolue de son existence, et quand la fraude n'est pas à craindre, ne donne pas également hypothèque sur les biens du signataire, à dater, dans le premier cas, du jour de l'enregistrement de l'acte ; et dans le second, du jour de la mort du contractant débiteur.

La résolution est que non, et le Répertoire de jurisprudence (b) y ajoute *qu'il n'est pas aisé d'en rendre la raison;* il semble insinuer que cela eût dû être autrement.

Nous croyons en voir la raison. C'est qu'il ne s'agit pas ici de la *certitude du contrat*, mais de *l'intégrité du privilége*

(a) *Répertoire de jurisprudence*, au mot *Hypothèque*.

(b) Au mot *Hypothèque*. p. 10, édition de Paris, 1779, in-8°.

des notaires; et, dans tous les temps, ils ont su le défendre avec beaucoup d'adresse.

On voit dans le même Répertoire de jurisprudence (a), que l'hypothèque, telle qu'on veut à présent la rétablir, précéda de beaucoup l'établissement du contrôle. On voit qu'anciennement les contractans se retiraient devant les tribunaux, pour faire dresser leurs contrats; qu'enfin les juges commirent pour ce les notaires. De là la ressemblance des actes notariés avec les grosses de jugemens; de là la force exécutoire donnée aux actes notariés; de là leur hypothèque comme celle des jugemens; de là l'assimilation des notaires aux greffiers des tribunaux; de là enfin l'esprit financier qui s'empara des notariats : les voilà déclarés dépendance du domaine; voilà *Philippe-le-Bel,* qui, en 1302, interdit aux baillis et sénéchaux d'en créer; voilà qu'on les afferme; voilà qu'on les vend; voilà qu'on en crée, pour de l'argent, un si grand nombre, qu'en 1510 *Louis XII* est obligé de les réduire; voilà des querelles entre le roi et les seigneurs; voilà *François Ier*, qui, par son ordonnance de 1535, article V, *déclare nuls tous les traités concernant immeubles qui ne seraient pas reçus par des notaires royaux.*

Voilà les notaires des justices seigneuriales aux abois : que vont-ils faire?

Ce qu'ils vont faire? ils soutiendront que le roi n'a pas ce droit-là; que le roi n'est rien que *seigneur* dans les terres de son domaine, et que les seigneurs sont rois dans les leurs : ils continueront tranquillement à recevoir les mêmes actes, comme si l'ordonnance de 1535 n'eût pas existé : et le roi changera sa législation; il confirmera au contraire, en 1542, aux seigneurs, le droit de tabellionage et de sceau dans l'étendue de leur justice.

C'est ainsi que la vénalité des charges des notaires, en France, rendait impossible toute amélioration dans la législation foncière. Toute loi qui eût changé le moindre point

(a) Au mot *Hypothèque*, pag. 21. édition de Paris, 1779, in-8º.

établi eût fait crier les notaires *à la violation de leurs propriétés.*

Et le projet de Code civil peut accueillir ainsi, sans discernement, ce qui tient évidemment à la simple considération du maintien d'un ancien privilége! et dix ans de révolu-
tions et de malheurs, et la suppression solennelle de ce privilége odieux, et la liquidation des offices n'auraient pas mis
les citoyens à l'abri du danger de le voir rétablir! et l'on ou-
tragerait à ce point la raison humaine jusqu'à adopter, dans
le Code civil d'un grand peuple, des choses dont il est avoué
qu'on ne peut rendre raison! Grand Dieu! de combien de
siècles allons-nous donc rétrograder?

Il est évident, dans le Code civil, qu'un chirographe,
quoique certain par l'enregistrement ou par la mort du débiteur,
n'aura pas le pouvoir d'engendrer *de même* un droit de préférence.

Et l'on propose cela sans en savoir la raison! et *l'immatriculation* du notaire sera comptée pour le tout! et *la certitude
de l'existence du contrat* entre les parties ne sera comptée
pour rien! Raison humaine, quels sont donc sur nous tes
droits!

LX. Il sera curieux de voir l'artifice du raisonnement
qu'on aura fait pour motiver cette législation, sans avoir l'air
de proposer le rétablissement d'un privilége. Il est étonnant
que la bonne foi des rédacteurs du projet de Code s'y soit
laissé prendre : on verra que le tout n'est fondé que sur
une *simple métaphore,* employée dans l'énoncé du principe
fondamental de toute cette législation.

Une métaphore est une figure de rhétorique ; elle consiste
en une comparaison plus ou moins complète. Jamais une
métaphore n'a pu servir de base à un système de législation.

Cependant l'ordre de cet écrit me défend d'anticiper : ceci
tient à la nullité des raisons législatives alléguées pour rapporter les lois du 11 brumaire an VII. Cet objet se traitera au

§ V de cet écrit, et je renvoie, dès à présent, au nº XC le développement de cette vérité, aussi étonnante que singulière.

LXI. Contentons-nous, pour le présent, d'observer que le Code civil propose d'attacher une récompense à la forme extérieure de l'acte, à sa seule authenticité, et qu'il propose le rétablissement évident d'un ancien privilége en faveur des notaires, là où ils sont immatriculés;

Que le Code ne propose pas *la même récompense* en faveur des dettes indubitablement aussi certaines que celles authentiques, si elles ne sont que chirographaires, quoiqu'elles soient enregistrées ou certaines par la mort du débiteur;

Que cette *récompense*, appelée *hypothèque*, consiste dans le droit de préférence sur toute la fortune du débiteur, et d'être payé en entier avant que le créancier chirographaire ait touché un sou.

Mais cette préférence, cette hypothèque, cette récompense de la forme extérieure d'un contrat, est injuste, arbitraire; il n'y a aucune bonne raison législative pour l'établir sur ce pied, en excluant d'autres créances tout aussi certaines de la même faveur. Et cette seule faveur est d'une telle importance pour le créancier, qu'elle seule suffit du tout au tout, ou pour être payé en entier, ou pour tout perdre.

Cette législation blesse en ceci la justice; et c'est encore un de ses désavantages en comparaison du systême de la spécialité. C'est donc à la spécialité qu'il faut se tenir.

LXII. Récapitulons les avantages de la spécialité des hypothèques qui découlent de ce paragraphe :

1º La spécialité fait que tel immeuble soit *un véritable gage*. De là, clarté et précision dans les idées, et impossibilité de la naissance de mille procès, de mille obscurités insolubles entre les citoyens. Dans le systême de Code, l'hypothèque n'est pas un véritable *gage immeuble*, quoiqu'elle n'eût dû être que cela; elle n'est qu'une préférence tendant à être payé le premier;

2° Inutile complication des principes législatifs dans le sys-tème du Code ;

3° Restriction peu nécessaire de la liberté de l'esprit hu-main en contractant ; annulation de la volonté des contrac-tans qui opteraient de contracter sur un *gage immeuble spécial* ;

4° Rétablissement d'un ancien privilége, sans motif suffi-sant ;

5° Injustice criante de la préférence et priorité de paie-ment aux créances en récompense de leur forme authentique, lorsqu'on refuse absolument *la même récompense* à des créan-ces chirographaires qui, par événement, sont *aussi certaines* et aussi *indubitables* que si elles étaient en forme authentique ;

6° La spécialité donne aux propriétaires l'insigne faveur de montrer *à nu*, à leurs prêteurs, que tel immeuble n'est point impliqué d'hypothèques générales préexistantes, et qu'ils peuvent être sûrs d'être les premiers sur leur gage ;

7° Dans l'hypothèse de la généralité, l'on ne sait pas trop sur quoi l'on prête, et l'on n'est jamais certain de n'être pas primé en hypothèque (en préférence) par d'autres créanciers *inconnus lors du contrat ;*

8° Le créancier a l'immeuble fictivement *sous la main,* dans le système de la spécialité ; tous ses droits sont liquides et déterminés lors du prêt. Dans la généralité des hypothè-ques, tout est obscur, incertain, conditionnel, illiquide ; tout dépend de l'événement, et d'un appel à l'ordre à chaque mu-tation particulière de la propriété ;

9° A chaque mutation particulière, toutes les rentes dues par le débiteur, toutes les dettes, même à long terme devien-nent exigibles à concurrence de l'absorption du prix d'achat. Dans la spécialité, les immeubles ont l'avantage de circuler avec les charges dont ils sont grevés : rien ne devient exi-gible qu'aux termes primitivement convenus. Il n'y a point continuellement ouverture à l'intervention de la justice, à l'appel à l'ordre, à la surenchère, à la collocation en ordre de tous les créanciers, et à la régulative de la distribution du prix. C'est l'objet du paragraphe suivant. On verra que, sous le rapport de la simplification des transactions immobilières et des procédures, le système de la spécialité a un éminent avantage sur celui proposé au Code.

§ III.

Le système du Code provoque l'intervention de la justice (Projet, tit. VII, art. 1, 2, 38, 39, 40, 41, 43, 44, 45, 46, 47, 48, et les chap. IV et V tout entiers) *dans une infinité de cas non contentieux et simplement transactionnels ; il provoque une procédure d'ordre* (tit. VII, art. 42, 70, 81) *entre les créanciers, là où il n'y a pas de faillite, et souvent pas de danger de perte, et il surcharge la matière des aliénations foncières, même volontaires, d'une infinité de distinctions* (tit VIII, art. 88), *de formalités* (tit. VII, art. 25, 26, 27 et 28), *de devoirs actifs* (tit. VIII, art. 89), *de procédures* (tit. VIII, art. 4, 104, 105, et depuis 88 jusqu'à 111 ; tit. VII, art. 25 et 26), *et de frais, tous aussi inutiles que dangereux.*

LXIII. Quiconque voudra seulement lire les trois titres VI, VII et VIII, livre III, du projet du Code, ne doutera pas un seul instant de la vérité de l'énoncé de ce paragraphe. Nous avouons que nous n'avons pas de moyens pour persuader ceux qui ne voudraient pas se donner la peine de les lire.

Nous avons mis des citations à côté de l'énoncé du paragraphe ; on peut y recourir : sans cela, nous nous trouverions presque obligés de transcrire ici les trois titres du projet.

LXIV. Voyons d'abord combien cette intempérance de l'intervention de la justice est *inconvenante* et *irrégulière.*

Les tribunaux sont établis pour juger les contestations et les différens entre les citoyens.

Là doivent se borner les attributions de l'ordre judicaire dans un État bien organisé.

Faire administrer, faire surveiller par les tribunaux, c'est changer leur destination, c'est les rendre actifs, de passifs et impartiaux qu'ils doivent être.

Dès lors, point de séquestres ni de baux judiciaires (a), ni de gestions, ni de tutelles entre les mains des tribunaux, comme tels.

Point de ratifications non plus sur les ventes particulières : tout cela n'est pas juger, c'est administrer la fortune des citoyens : cela suppose leur incapacité de la gérer eux-mêmes.

Je veux vendre un bien-fonds à mon ami, et ce bien m'appartient.

Il n'y a là et il ne doit y avoir rien de contentieux, surtout si je suis solvable, et qu'il n'y ait pas apparence de faillite.

C'est moi, moi seul qui suis juge du prix, et juge de la convenance pour moi de vendre.

Je n'ai point affaire aux tribunaux ; je ne veux point avoir affaire à eux : je suis majeur, je fais ma volonté.

Je fais honneur à toutes mes dettes à leur échéance respective. A présent qu'aucune n'est échue, je destine le prix qui proviendra de cette vente à une entreprise commerciale.

LXV. Rien de tout cela ne sera ainsi dans le système du Code.

Là, l'acquéreur demandera la ratification du tribunal, sans laquelle mon contrat de vente et *ma volonté n'ont pas l'effet de le rendre propriétaire incommutable* (Projet, tit. VII, art. 2).

Suis-je donc en minorité, et le tribunal est-il mon tuteur ? Première inconvenance, lorsqu'on traite ainsi, d'un seul trait de plume, trente millions d'hommes.

Ce n'est pas tout. Le tribunal va afficher mon contrat de vente : ce qui équivaut à crier à tous mes créanciers, soit que les créances soient *échues ou non, simples ou conditionnelles* (Ibid. art. 24), et, par conséquent, incertaines : *Venez tous faire opposition à cette vente en quatre-vingt-dix jours* (Ibid.

(a) Le projet de Code civil, tit. VIII, sect. III, contient vingt-six articles sur les séquestres et les baux judiciaires.

art. 38, 48 et 65), sans quoi je *la ratifierai*, et j'excluerai des *droits particuliers* (Ibid. art. 70) qu'ils peuvent avoir sur le bien-fonds ceux d'entre vous qui n'auront pas parlé : et ceux-là n'auront rien dans le prix de l'achat.

L'éveil est général parmi mes créanciers. Tous craignent de perdre quelques droits, qui d'ailleurs ne sont pas trop liquides sous leur rapport de la *réalisation hypothécaire* sur le bien-fonds vendu, toutes les hypothèques étant générales. Plusieurs créanciers conçoivent une véritable alarme; tous ont *des devoirs actifs* à remplir, *sous peine de déchéance* (Ibid. art. 17); tous consultent des hommes de loi; tous ont des oppositions à faire (a), et beaucoup de formes à observer.

Tous veulent être payés sur-le-champ, et sur le prix; les termes de mes dettes non échus *sont sensés échus* (Projet, tit. VII, art. 24). Un des créanciers fait un *appel à l'ordre et à la distribution du prix* (Ibid. art. 81 et 82); *je n'en toucherai pas une obole*, et mon projet commercial a disparu. L'acheteur consigne le prix; *la justice en reste nantie* (Ibid. art. 82 et 85).

Grand vacarme entre mes créanciers, à qui obtiendra la priorité. Cent actes notariés, anciens et modernes, sont cherchés dans la poussière des archives des notaires, pour s'assurer une priorité de date; cent articles du Code sont cités pour s'assurer la préférence; et puis les créanciers de mes créanciers embrouillent encore la régulative d'ordre par des oppositions en *sous-ordre*. Qui est-ce qui débrouillera maintenant ce chaos?

N'est-il pas certain que ce procès n'existe entre tous ces individus que par l'intervention de la justice, qui l'a provoqué, et qu'elle en est la cause immédiate, ainsi que de cent autres procès qui prendront peut-être naissance dans le premier?

(a) *Voyez* entre autres, le titre VII, art. 25, 26, 27 et 28 do projet de Code, et encore le tit. 8, art. 88 et vingt-quatre articles suivans, où l'on distingue quatre autres genres d'oppositions, outre les oppositions hypothécaires.

N'est-il pas certain que, sur ce pied-là, ce n'est pas moi qui suis le maître de ma fortune; que de telles lois ne me laissent aucune latitude pour une spéculation commerciale ou industrieuse; et qu'au contraire, dans un tel ordre de choses, les lois, les tribunaux et mes créanciers prennent à tâche de me discréditer, et de me traiter comme un homme qui est en faillite ouverte ?

LXVI. Et tout cela résulte de l'intervention de la justice dans les ventes particulières! Quel est le peuple de la terre qui n'aimerait pas à être affranchi d'une pareille entrave ?

Eh! mes créanciers, laissez-moi le juge de mes affaires: vous serez payés, chacun de vous à son échéance; jusque là, laissez-moi mon inestimable liberté et mon indépendance transactionnelle. Si, à l'échéance, je manque à l'un de mes engagemens, il y a des tribunaux pour *alors m'y contraindre* (a); c'est *alors*, et après la condamnation, que la justice, si je ne paie pas, *mettra la main* (par une inscription hypothécaire) sur le premier de mes immeubles qu'elle pourra trouver; son huissier m'en expropriera: et c'est alors qu'il pourra y avoir ouverture à l'enchère en justice, à l'appel à l'ordre entre mes créanciers, et à la distribution du prix.

C'est ainsi que l'on découvre l'idée fondamentale et la naissance de *l'hypothèque judiciaire* du droit français, et celles du *pignus prætorium* chez les Romains, qui s'exprimaient, dans ce cas : *Si captum est pignus*, etc.; au lieu que, dans l'hypothèque conventionnelle, ils s'exprimaient par : *Si acceptum est pignus*, etc.

Cette base de l'hypothèque judiciaire consiste en ce que, si un homme condamné ne veut pas payer, la justice *prend* un ou plusieurs de ses biens; *elle met la main dessus;* elle l'en exproprie; elle le vend, pour contraindre le débiteur à satisfaire à la condamnation.

Et c'est ici que l'on voit qu'il faut aussi une certaine *spécialité*, *une publicité*, *une inscription hypothécaire*, dans ce cas-

(a) Tel est l'ordre de la 2e loi du 11 brumaire an vii sur les expropriations forcées.

là, en exécution commencée du jugement : ce qui est la véritable *main-mise de la justice sur le bien*, l'expropriation du débiteur, et l'époque à laquelle il devient impuissant, pour en disposer.

C'est donc à dater du jour de l'inscription hypothécaire (a), et non du jour du jugement, que doit dater et prendre rang l'hypothèque judiciaire, la prise du *pignus prætorium*.

Ici, cependant, nous proposerons un léger sous-amendement à l'article 17 de la première loi du 11 brumaire an VII. (Voyez nos *Conclusions*.)

LXVII. Après cette digression utile, revenons aux ratifications.

Nous avons déjà dit, au n° LIX, que, dans les temps fort anciens, et avant l'institution des notaires civils en France, les contractans faisaient dresser leurs contrats en entier par les tribunaux. La ratification des ventes est visiblement un reste de l'antique barbarie de nos aïeux.

Le tiers-état ne savait que labourer la terre et exercer les arts manuels ; la noblesse ne savait que se battre : nul ne savait lire ou écrire. Il fallait bien que les gens de loi et les prêtres se mêlassent de dresser par écrit les contrats et les volontés des citoyens.

Maintenant que tout le monde sait écrire et gérer bien ou mal ses affaires, il faut d'autres lois. Nous ne pensons pas qu'il y ait plus de motifs pour remettre en vigueur les ratifications des tribunaux sur les contrats de ventes, que pour rétablir les protonotaires apostoliques que nommait la cour de Rome. L'un et l'autre abus vient de la même source ; ils doivent être proscrits ensemble : l'influence de la robe n'a pas un privilége de rétablissement sur l'influence du clergé, en tout ce qui ne concerne pas son attribution directe, et en ce qui tient aux droits civils et domestiques des citoyens.

(a) Ceci est conforme au texte de la 1re loi du 11 brumaire an VII, et contraire au projet de Code.

LXVIII. Concluons de tout ce qui précède que c'est une inconvenance et une grande irrégularité dans la législation de faire intervenir les tribunaux dans des cas non contentieux et simplement transactionnels ; de ce chef, il faut rejeter encore tout le titre VII du projet de Code, intitulé *Lettres de ratification.*

LXIX. Mais cette intervention des tribunaux n'est pas seulement inconvenante et irrégulière dans cette matière, étrangère à leurs attributions naturelles ; nous croyons voir et pouvoir démontrer qu'elle est encore dangereuse, de quatre différens chefs :

1° Par les devoirs actifs qu'elle impose aux citoyens, sous peine de déchéance de leurs droits ;

2° Par la multitude de distinctions, de formalités et de procédures dont elle hérisse la matière des aliénations, même volontaires ;

3° Par la multitude des procès dont elle est la créatrice, la cause ou l'occasion ;

4° Par l'immensité des frais qu'elle engendre.

Ce sont certes là des défauts et des vices qui suffisent pour faire rejeter le projet d'une telle législation.

LXX. Voyons, le projet de Code à la main, si ces vices s'y rencontrent.

Je commence par les devoirs actifs exigés des citoyens.

Le Code dit, tit. VIII, art. 89 : « Nul ne peut être « dispensé de former opposition, sous quelque prétexte que « ce soit, et encore que ce fussent des mineurs, des inter- « dits, des femmes mariées communes ou séparées de biens, « *ou tous autres;* sauf le recours ainsi que de droit. »

Et à l'article 88, même titre, il introduit quatre genres d'oppositions.

« Elle est *à fin d'annuler* (a), quand un tiers prétend que « la totalité de l'immeuble saisi lui appartient.

_____

(a) Déchéance si elle n'est faite avant l'adjudication de l'immeuble saisi sur le non proprié- taire (Projet, tit. VIII, art. 93).

« Elle est *à fin de distraire* (a), quand un tiers prétend
« que l'immeuble qui lui appartient fait partie de ceux saisis
« réellement.

« Elle est *à fin de charge*, quand un tiers prétend que le
« bien saisi est grevé envers lui de quelque charge réelle.

« Elle est *à fin de conserver* (b) de deux espèces :

« *Directe*, lorsque le créancier du saisi s'oppose pour
« être payé de ce qui lui est dû sur le prix qui lui proviendra
« de l'adjudication, et pour être conservé en tous ses droits,
« priviléges et hypothèques.

« *Indirecte*, ou en sous ordre, lorsqu'elle est faite par
« un créancier du créancier du saisi. »

LXXI. Outre l'inutilité de ces distinctions, et de la diversité des articles réglementaires qui prescrivent les formes
appropriées à chaque distinction, on voit, au premier
coup-d'œil, que tout concourt à établir ce seul principe
que le défaut d'opposition *déchoit le propriétaire de son droit
de propriété, et le créancier hypothécaire de son hypothèque*
(Projet, tit. VIII, art. 88 jusqu'à 111).

Cela est vicieux et contraire à la stabilité inaltérable des
propriétés ; cela force l'homme probe d'être toujours aux
aguets pour la conservation de sa propriété, et lui donne,
pour le maintien de ses droits, une juste inquiétude ; cela
échauffe le génie de l'homme fripon, éveille l'intrigue, et
la fait rêver aux moyens de surprendre la bonne foi en défaut.

Un propriétaire doit faire une assez longue absence : un
autre homme a la raison aliénée, et sa famille ou le magistrat ne lui a pas encore donné un curateur.

Le moment est bon ! vite, deux intrigans qui s'entendent,
font, l'un sur l'autre, *une saisie réelle* sur les biens de ce
tiers-propriétaire, comme s'ils appartenaient à la personne
du saisi : nulle opposition en justice. Et bien ! le tiers-pro—

(a) Déchéance si elle n'est faite avant le congé d'adjuger (Projet, tit. VIII, art. 93).

(b) Déchéance si elle n'est pas faite en dedans quatre-vingt-dix jours de l'exposition , et accompagnée des titres justificatifs (*Ibid.* art. 104 et 105).

priétaire étant de retour dans son pays, se trouve irrévocablement exproprié (Projet, tit. VIII, art. 93, 104 et 105); l'interdit n'a plus d'alimentation : il ne leur reste que des yeux pour pleurer.

Ils ont *leur recours ainsi que de droit* (Ibid. art. 89), direz-vous?

Et contre qui, s'il vous plaît? car, à coup sûr, ce n'est pas contre le tribunal, lequel a exécuté la loi à la lettre, et telle qu'elle a été rendue.

LXXII. Mais nous croyons que les surprises contre les propriétaires et contre les créanciers hypothécaires peuvent devenir très-fréquentes, ainsi que leurs déchéances, pour n'avoir pas observé toutes les formalités voulues pour une opposition valable, et qu'il ne faut pas un concours de circonstances bien extraordinaires pour réaliser contre eux une véritable spoliation.

D'abord, les mineurs, les absens, les interdits, les femmes communes en biens, les hôpitaux, les communes, la république, peuvent avoir des curateurs, des époux, des administrateurs ou des agens peu surveillans, ou peu éclairés, ou peu habitués à la triture des affaires.

Une opposition est négligée, ou n'est pas faite à temps, ou est faite sans les formalités requises; la propriété, les droits hypothécaires de ces personnes si dignes de la protection spéciale de la loi, sont, *ipso jure et facto*, en déchéance (Projet, tit. VII, art. 17, et tit. VIII, art. 4 et 89).

Nul moyen de relièvement et de restitution en entier ne peut les y réintégrer.

Et ce cas arrivera tous les jours; et très-souvent le recours du mineur contre son tuteur, après sa majorité, sera inutile, ainsi que celui de l'épouse commune en biens, contre son mari.

Mais encore entre majeurs, il existe de grandes facilités pour la surprise.

Un acheteur fait afficher son contrat ou une saisie réelle dans un tribunal, le 10, 12 ou 14 fructidor.

Le 15 fructidor commencent les vacances des tribunaux jusqu'au 15 brumaire : alors, les audiences de la chambre de vacations sont peu fréquentées par le public.

Aucune connaissance ne parviendra au créancier hypothécaire de cette exposition du contrat ; ni au tiers propriétaire, de la fausse saisie réelle. Il nous est permis de le supposer.

Cependant, les quatre-vingt-dix jours sont expirés le 5, 7 ou 9 frimaire, c'est-à-dire, deux décades à peu près après la rentrée des tribunaux, et lorsqu'à peine ils ont pleinement repris leur assiette habituelle.

Est-il juste, est-il utile qu'un propriétaire se trouve ainsi spolié de ses biens-fonds ? est-il raisonnable qu'un créancier hypothécaire soit ainsi déchu de son hypothèque acquise, liquide, certaine, incontestable ?

LXXIII. Mais, outre ces inconvéniens, il existe mille déchéances pour des erreurs dans la forme de l'opposition ; erreurs qui rendent l'opposition elle-même nulle et comme non interposée (Loi du 4 germinal an 2, art. 2).

Ainsi le propriétaire et le créancier seront,

1° Déchus, si l'opposition n'est pas faite dans le délai préfixé par le Code pour chaque genre d'opposition (Projet, tit. VIII, art. 93, 104 et 105) ;

2° Déchus, si elle n'est pas faite devant le tribunal qui était compétent (on peut errer dans différens cas sur la compétence, surtout quand plusieurs immeubles sont vendus par le même contrat : sur quoi on doit voir l'art. 84, titre VII du Code, ainsi que les articles 42, 43, 44 et 45 du même titre) ;

3° Déchus, si l'opposition du créancier hypothécaire n'est pas faite *aux mains* (a) du conservateur des hypothèques, ou celle du tiers-propriétaire au greffe du tribunal, (*Ibid.* tit. VII, art. 25, et tit. VIII., art. 90) ;

_____

(a) *Quid juris* si l'huissier laisse l'exploit d'opposition à domicile du conservateur, et non en ses mains ?

4° **Déchus**, si l'opposition n'est pas faite par un huissier, ou si l'huissier n'était pas compétent dans le lieu où il a fait l'exploit (*Ibid.* tit. VII, art. 25, et titre VIII, art. 90 et 91);

5° **Déchus**, si l'exploit ne contient pas les prénom et nom de l'opposant;

6° **Déchus**, si l'exploit ne contient pas sa demeure;

7° **Déchus**, s'il ne contient pas son état, s'il en a un;

8° **Déchus**, s'il ne contient pas élection de domicile dans la commune où est le bureau du conservateur;

9° **Enfin**, l'exploit doit aussi contenir le nom et la demeure du débiteur, et son état, s'il en a un (*Ibid.* tit. VII, article 26);

10° **Les** tiers propriétaires opposans sont encore déchus, s'ils n'énoncent dans l'exploit la cause de l'opposition, si l'opposition n'est signée de l'avoué de l'opposant, et du greffier, sur le cahier à ce destiné (*Ibid.* tit. VIII, art. 90 et 91);

11° **Déchus**, s'ils n'y énoncent le titre sur lequel elle est fondée (*Ibid.* art. 91);

12° **Déchus**, si l'exploit n'énonce la date de ce titre, et celle de l'hypothèque qu'on entend conserver (*Ibid.* art. 91);

13° **Déchus**, si on n'énonce les intérêts qui peuvent être dus;

14° **Déchus**, s'il n'y a élection de domicile chez l'avoué pour toutes les opérations relatives à la saisie réelle, jusques et compris la distribution du prix;

15° **Déchus**, si on ne signifie pas les copies des titres justificatifs de l'opposition au poursuivant et au saisi (*Ibid.* titre VIII, art. 94 et 104);

16° **Déchus**, s'il n'y a pas dans l'exploit citation pour les faire comparaître, dans les dix jours au plus tard, à l'audience (*Ibid.* art. 104);

Et requête contenant sommairement les moyens de l'opposition, et les conclusions (*Ibid.* art. 105).

La loi du 4 germinal an 2, rendue sur la matière de cassation, ayant statué que tout ce qui est requis en matière de forme civile par les lois nouvelles depuis 1789 l'est *sous peine de nullité*, nul doute que l'opposition serait nulle par le défaut d'une seule des formalités ci-dessus, et que, par conséquent, la déchéance ne soit encourue ; et le Code lui-même exige textuellement *ces formalités sous les peines de déchéance et de nullité* (*Ibid.* tit. VII, art. 25 et tit. VIII, art. 89, 104 et 105).

On s'abstient de toute réflexion sur un système aussi spoliateur. Les douloureuses sensations qui assiègent l'ame, à la simple vue d'un pareil système, font tomber la plume, et ne laissent plus la force de douter, à qui que ce soit, de la supériorité du système dans lequel les citoyens conservent leurs droits en dormant, sur celui où la même conservation est dépendante de tant de subtilités et de tant de conditions.

En démontrant ce premier chef du danger de ce système, nous avons entamé déjà le second, qui concerne la multitude inutile de distinctions, de formalités et de procédures dont est surchargée la matière des aliénations, même volontaires.

On vient de voir déjà cinq genres d'oppositions : les diverses subdivisions du projet de Code règlent chacune d'elles, et le temps en dedans lequel il faut les interjeter (*Ibid.* section 1re ; dist. 1, 2, 3 et 4).

Il y a en outre un chapitre entier, en dix articles, qui règle les formalités du projet du contrat de vente volontaire, au greffe, et son affiche (*Ibid.* tit. VII, ch. 3).

Il y a, encore, tout un chapitre, en treize articles, pour régler les enchères et les surenchères des créanciers dans les ventes volontaires (*Ibid.* chap. 4).

Un autre chapitre, en huit articles, pour régler l'expédition et le sceau des lettres de ratification (*Ibid.* chap. 5).

Je passe un autre chapitre qui détermine les fonctions et la responsabilité des conservateurs, parce que ce chapitre

23.

est utile et nécessaire, quel que soit le système hypothécaire qu'on embrasse (Projet, tit. VII, chap. 6).

Mais je trouve un autre chapitre inutile, en huit articles,
pour régler l'ordre entre les créanciers sur le prix d'achat
dans le cas des ventes volontaires (*Ibid.* chap. 7).

Or, c'est fort mauvais et fort dangereux d'introduire une
procédure d'ordre sur chaque mutation particulière et volontaire de propriété.

Pour les ventes forcées, c'est bien plus réglementaire encore.

Je vois d'abord tout un chapitre, en huit articles, pour
régler sur qui la saisie réelle peut être faite (*Ibid.* tit. VIII,
chap. 1).

Un autre chapitre, en huit articles, pour régler sur quels
titres et pour quelles dettes on peut saisir réellement (*Ibid.*
chap. 2).

Un troisième chapitre, en sept articles, contenant des
dispositions communes à toute procédure sur vente forcée
(*Ibid.* chap. 3).

Un autre chapitre, en soixante articles, pour régler les
formalités de la saisie réelle. Il est subdivisé en quatre sections: une du procès-verbal de saisie ; une sur son enregistrement, sa publication et son affiche ; une sur le séquestre et
les baux judiciaires ; une pour le jugement sur la validité de
la saisie réelle (*Ibid.* chap. 4).

Vient ensuite, en quarante-sept articles, le chapitre des
oppositions, en quatre distinctions, dont nous avons déjà
parlé, et de l'ordre (*Ibid.* chap. 5).

La première section, des oppositions, en vingt-trois articles ; nous en avons, par forme d'exemple, analysé l'effet et
les déchéances ;

La section deuxième, de l'ordre, contient deux distinctions;
l'une, contenant les règles générales de l'ordre, en treize
articles ;

L'autre, contenant les formalités de l'ordre, en onze
articles ;

Je trouve ensuite encore un chapitre pour réglementer *le congé d'adjuger* et l'adjudication, en vingt-sept articles (*Ibid.* chap. 6).

Et un chapitre en quatre articles pour régler la forme du paiement du prix de l'adjudication (*Ibid.* chap. 7).

Et puis un autre chapitre fort inutile (si la grande forme de la saisie réelle elle-même ne l'est pas), traitant de la vente sur simples publications, en onze articles (*Ibid.* ch. 8).

Car, ou bien les formes *sur simples publications* sont suffisamment protectrices, et alors il faut abolir les grandes et coûteuses formes des saisies réelles : c'est ce qu'a fait la deuxième loi du 11 brumaire an VII;

Ou bien les formes de la saisie réelle sont essentiellement nécessaires, et alors il faut effacer ce dernier chapitre.

Car je ne vois pas qu'il faille traiter le pauvre avec moins de solennité que le riche ; et, parce que son bien ne vaut que 4000 fr., il ne faut pas, ce me semble, négliger la protection qui lui est due. Cela ressemble trop aux distinctions qu'on mettait autrefois entre les funérailles des riches et celles des pauvres.

LXXIV. En général, l'esprit est fatigué, affaissé, anéanti sous cette lourde immensité de formes; et cependant nous n'avons indiqué que les rubriques des différens chapitres. Qu'eût-ce été si nous étions entrés dans des détails sur chacun d'eux ?

LXXV. C'est bien ici qu'on peut appliquer au projet de Code ce que ses rédacteurs disent de la jurisprudence :

« Le peuple ne peut, dans ce dédale, démêler ce qu'il « doit éviter ou ce qu'il doit faire pour avoir la sûreté de ses « possessions et de ses droits » (Projet, discours préliminaire).

C'est ici que se rétorque contre le projet de Code ce que le rédacteur du discours préliminaire écrit contre les lois du 11 brumaire an VII : au lieu d'écrire contre ces deux lois, il écrit pour elles ; il prononce l'anathème contre la partie du projet de Code qu'on veut substituer à ces deux lois; ce qu'on ne peut attribuer qu'à l'une de ces trois causes :

1º Ou à une simple inadvertance ;

2º Ou parce que l'homme éclairé qui a écrit le discours préliminaire ne s'est pas chargé de la rédaction des trois titres sur les hypothèques, et y avait peu concouru;

3º Ou, enfin, parce que ce rédacteur, dont on connaît les talens, était lui-même partisan du maintien des lois du 11 brumaire an VII, et ne doit que relire ces deux lois et les trois titres, actuellement proposés pour se prononcer.

Quoi qu'il en soit ; écoutons-le :

« Il ne faut pas outrer les précautions ; nos dernières lois
« sur cet objet sont extrêmes, dit-il (mais c'est le Code qui
« l'est en effet), et le bien politique, comme le bien moral,
« se trouve toujours entre deux limites.

« *On gouverne mal quand on gouverne trop*........... La vie des
« hommes ne serait qu'une longue et honteuse minorité, et
« cette surveillance (celle de la loi : par exemple, la ratifi-
« cation des ventes par les tribunaux, et l'ordre entre les
« créanciers à chaque mutation) *dégénérerait elle-même en*
« *inquisition*.

« C'est un autre principe que les lois faites pour prévenir
« ou pour réprimer la méchanceté des hommes doivent
« montrer une certaine franchise (y a-t-il une loi possible
« plus franche et plus ouverte que celle du 11 brumaire
« an VII ?), une certaine candeur. Si l'on part de l'idée qu'il
« faut parer à tout le mal et à tous les abus dont quelques
« personnes sont capables, *tout est perdu*. (Et c'est justement de cette idée-là que part le Code : il pose d'abord
un principe vicieux, et il accumule ensuite chapitres sur
chapitres, réglemens sur réglemens, pour empêcher que
personne n'abuse du vice de son principe ; et ce but, il ne
peut pas l'atteindre). « On multipliera les formes à l'infini ;
« on n'accordera qu'une protection ruineuse aux citoyens
« (c'est là le Code); et le remède deviendra pire que le mal

« (c'est encore lui). Quelques hommes sont si méchans,
« que, pour gouverner le reste avec sagesse, il faut suppo-
« ser les plus mauvais d'entre les hommes, meilleurs qu'ils
« ne sont. » (Et, ce qui vaut encore mieux, il faut, sans
rien supposer sur leur bonté ou sur leur méchanceté, les *empêcher* tous de se tromper et de se nuire, si l'on en a le
moyen ; et ce moyen est la première loi du 11 brumaire
an VII).

Et plus bas : « Les formes......... accablent sans protéger.
« (C'est encore là l'effet du Code.) Nous nous sommes con-
« vaincus que nos dernières lois sur cette matière ne pou-
« vaient contribuer qu'à paralyser toutes les affaires de la so-
« ciété (c'est encore le Code ; *voyez* ci-après, § IV), à fati-
« guer toutes les parties intéressées par des procédures rui-
« neuses (c'est encore là la plus forte objection contre le
« Code) ; et qu'avec le *but apparent de conserver l'hypothèque,*
« *elles n'étaient propres qu'à la compromettre* » (Or, dans le
Code, l'hypothèque n'est pas un véritable *gage immeuble*).

C'est ainsi que le discours préliminaire, croyant tonner
contre les lois du 11 brumaire an VII, plaide pour elles, et
foudroie le système du Code.

LXXVI. Et, pour terminer ce paragraphe, nous dirons
qu'il ne peut rester à personne aucun doute raisonnable sur
le danger des trois titres du Code, sous le rapport des procès
aussi multipliés que pointilleux qu'ils doivent créer entre les
citoyens ; sur les peines cuisantes qu'ils doivent occasioner
à ceux qui, pour l'omission d'une misérable forme, se trouveront déchus de leur propriété et de leurs droits liquides et
certains ; sur les passions haineuses qui doivent en résulter ;
et finalement sur les frais immenses de procédures que cette
complication des lois engendrera nécessairement. Ils sont
tels, que souvent on a vu s'éclipser entre les mains des gens
de loi la valeur de l'objet d'une saisie réelle, le prix entier
d'achat sur lequel on réclamait une collocation d'ordre, ou
enfin la masse entière délaissée aux créanciers dans le cas

d'une faillite ; le tout sans voir jamais arriver la fin des discussions et des procédures.

§ IV.

Le projet de Code, titres VII, VIII et IX, liv. III, renverse le crédit particulier, surtout dans les pays habitués à prêter sur hypothèque publique et spéciale. Il appauvrit la France.

LXXVII. Nous voilà enfin arrivés, dans ce paragraphe, aux effets politiques de cette législation : il nous est permis de quitter un moment le ton aride du jurisconsulte, et de nous élever à la hauteur des conceptions législatives qui doivent diriger l'homme d'Etat lorsqu'il médite les grands résultats qu'une loi peut avoir sur l'ordre social.

LXXVIII. Nous sommes flattés de nous rencontrer, dans nos idées politiques, avec un des génies les plus sublimes, un des plus grands hommes que la France ait vus au ministère, avec l'illustre *Colbert* (a).

On sait que la publicité et la spécialité des hypothèques furent proposées en 1581, sous Henri III ; en 1606, sous Henri IV ; et, en 1673, sous Louis XIV. Alors, un édit fut porté pour les établir sur ce pied.

Colbert atteste, dans son Testament politique, adressé au roi, que « l'édit fut retiré par les brigues et par les cabales « du parlement » : ce sont ses termes.

« Il (le parlement) voyait, dit *Colbert*, que l'hydre des « procès allait perdre ses cent têtes, dont il tire sa sub- « stance.

« Il remontra que toute la fortune des plus grands de la « cour allait s'anéantir par là ; qu'ayant pour la plupart « plus de dettes que de biens, ils ne trouveraient plus de « ressources d'abord que leurs affaires seraient découvertes. « Il s'associa plusieurs seigneurs puissans (dit *Colbert*) ; et

(a) On peut consulter le Testament politique de ce grand homme, où il se prononce ouvertement pour l'inscription hypothécaire et pour l'établissement des greffes d'inscription, arrondissement par arrondissement. C'est absolument là la publicité et la spécialité des hypothèques.

« tous ensemble cabalèrent si bien , que votre majesté re-
« tira l'édit. »

Et *Colbert* réclame hautement la publicité, la spécialité
des hypothèques, et l'établissement des greffes d'inscription.

LXXIX. Est-ce là une raison d'Etat valable pour le
systême hypothécaire, consacré plus tard, en 1771, et re-
produit au Code? Opprimer injustement les petits pour que
les grands de la cour aient plus de facilité à faire des dupes !
Et c'est dans une république, et c'est pour un peuple régé-
néré et triomphateur des autres peuples, que l'on propose
des lois dont le principe est aussi immoral !

Ce n'est pas sans raison que nous nous sommes récriés,
au commencement de cet écrit, contre la corruption de l'ancienne cour, les intrigues du parlement, et la faiblesse des
rois durant les anciens troubles civils, et que nous avons
attribué à ces causes l'imperfection où la législation hypothécaire est restée en France pendant plusieurs siècles.

Nous le répétons, les trois titres VII, VIII et IX , liv III
du Code, n'auront et ne peuvent avoir pour effet que le
dilemme suivant :

« Ou bien des emprunteurs de mauvaise foi feront encore
« de nouvelles dupes ;

« Ou bien, s'ils n'en trouvent pas le moyen, c'est que le
« danger d'être dupe aura tué tout *crédit*. Alors, le prêteur
« n'aura pas de confiance dans l'homme probe, *parce qu'il*
« *le croira plus obéré qu'il ne l'est.* »

Qui dit *crédit* dit *confiance;* qui établit la défiance établit
le discrédit : point de milieu.

Or, la loi ouverte et franche du 11 brumaire an VII commande la confiance et la sécurité.

Le systême entortillé des trois titres du Code n'établit rien
que de secret, d'obscur, d'incertain, de mystérieux ; il commande aux citoyens une juste défiance.

C'est au législateur à choisir.

LXXX. Ces déplorables effets se feront plus vivement sentir dans les pays habitués à l'hypothèque publique et spéciale, c'est-à-dire, dans la cinquième partie de l'ancienne France, et dans treize nouveaux départemens réunis : ce qui forme à présent le tiers du territoire intégral de la république.

Nous sommes sur les lieux ; nous connaissons les habitudes de ces peuples ; nous connaissons l'influence qu'a sur les départemens frontières le voisinage de l'Allemagne, et surtout celui de la Batavie.

Ces peuples ne prêtent pas sur hypothèque immeuble sans savoir précisément sur quel bien-fonds ; et ils veulent être certains, mais très-certains, de n'être primés par personne sur l'immeuble qu'on leur assigne libre et en gage de leur créance.

Otez-leur ces conditions, les bourses sont fermées :

Il n'y a plus d'argent à trouver.

J'entends sur hypothèques de biens-fonds ; car, dans ces pays, le crédit commercial sur lettres-de-change s'accorde beaucoup : alors, la confiance est dans la personne du débiteur, et non sur les immeubles. Mais ce n'est pas du crédit personnel qu'il s'agit en cet écrit ; il faut être négociant connu pour en user : nous parlons du *crédit réel* sur les choses ; et c'est de celui-là qu'ont besoin tous les propriétaires.

LXXXI. Je suppose que des malheurs dans les propriétés foncières, un incendie, une grêle, une inondation, une épizootie, une suite de mauvaises récoltes, les impôts, les améliorations, accablent les propriétaires : ils doivent trouver les fonds ; et ils ne le peuvent, ou bien ils doivent faire des sacrifices usuraires : la guerre est déclarée entre les propriétaires et les capitalistes. Ainsi, la terre restera sans engrais, sans améliorations, sans culture ; les maisons s'encombreront : tout languira, tout ira droit à la stérilité, au dépérissement, à la mort.

D'un autre côté, le capitaliste exportera en Hollande ses capitaux; aucune barrière, aucune douane, aucune loi n'est assez puissante pour l'en empêcher; il n'aura qu'à faire tirer sur lui quelques lettres-de-change pour éluder ces misérables obstacles.

Le fera-t-il? oui: il ne trouvera pas dans son pays la sécurité pour ses fonds, telle qu'il la désire; il la trouvera telle en Hollande: c'est donc là que tout ce qui n'est pas agioteur ou usurier placera ses fonds.

Et de là un appauvrissement désastreux du sol de la France en capitaux; et de là une langueur mortelle dans toutes les spéculations d'industrie, dans l'établissement ou dans le perfectionnement de toutes les manufactures.

LXXXII. Autant ces résultats sont effrayans, autant nous paraissent-ils infaillibles dans les parties du nord de la France républicaine, si les trois titres du Code sont adoptés. Et en effet, sans *crédit réel*, que peut-on entreprendre?

LXXXIII. Et quel moment a-t-on choisi pour proposer ces trois titres?

Le moment même où tout le monde ne parle et ne respire que *respect*, *stabilité des propriétés*.

Et ces titres introduisent une vingtaine de déchéances de telles ou telles propriétés, pour n'avoir pas fait tel ou tel devoir, en tel ou tel temps, devant tel ou tel juge, et d'après telle ou telle forme? Et ces déchéances sont inconnues dans les lois actuellement existantes!

C'est au moment encore où toute la France appelle à grands cris le rétablissement du crédit, de l'industrie et du commerce; où tout le monde appelle des lois efficaces contre le scandale des banqueroutes frauduleuses.

Et ces titres établissent la législation la moins défavorable à l'intrigue, à la fraude, à la mauvaise foi et aux banqueroutes frauduleuses, qui ait jamais existé sur la terre!

On a dit, pour colorer ces titres de l'apparence d'un avantage politique, que tel citoyen qui a tout perdu peut, avec des facilités pour emprunter, rétablir encore ses affaires, et gagner des millions.

Mais ne peut-il pas, avec plus de probabilité, après avoir perdu sa fortune personnelle, perdre encore celle de mille autres individus, et les entraîner dans le même abîme ?

Qu'il joue sa fortune, qu'il se ruine, à la bonne heure : mais qu'il joue la fortune d'autres pères de familles et qu'il les ruine de même pour prix de leur amitié, de leur parenté avec lui, ou de leur confiance; non : la justice et l'humanité s'y opposent.

Une telle loi est immorale ; elle ne peut créer qu'un peuple d'agioteurs et d'usuriers, d'un côté; et d'entrepreneurs en spéculations imaginaires, d'intrigans et de banqueroutiers frauduleux, de l'autre.

On a dit encore : Parce qu'il y a quelques fripons, faut-il que tout le monde tienne livre ouvert de sa fortune ?

Nous répondrons : Non pas tout le monde; mais il faut que ceux qui demandent à emprunter fassent voir clair dans leurs affaires. Nous avons démontré d'ailleurs, aux numéros XXXIII, XXXIV, XXXV, XXXVI, XXXVII, XXXVIII, XXXIX de cet écrit, que, d'après la loi du 11 brumaire an VII, l'emprunteur ne doit pas faire voir toute sa fortune, mais la liberté, la liquidité d'un seul bien-fonds : de celui sur lequel il veut emprunter, de celui qu'il veut donner en gage; la consistance du reste de sa fortune, et celle de tous les citoyens non emprunteurs, n'en resteront pas moins enveloppés du plus profond mystère.

LXXXIV. Les raisons politiques qui ont été données pour les trois titres du Code sont donc absolument nulles; il ne leur reste plus que la difformité antique de leur origine, et la physionomie de l'intrigue, de la mauvaise foi, de la corruption, qui les firent dicter autrefois sous l'influence immorale des courtisans de nos vieux rois. On nous dit que cependant, par le laps des siècles, les gens de loi, les gens d'affaires, se sont habitués à cette législation. Cela peut être ; mais nous croyons que ce n'est pas une raison valable pour souiller de cette criminelle oppression de l'ancienne cour des rois les plus belles pages de notre législation républicaine, ni pour troubler la législation fondamentale et les idées reçues des autres peuples que le peuple français a réunis à lui, surtout quand les lois de ces peuples ont pour elles, tout à la fois, et le bon sens et la raison, et la justice et l'humanité.

Nous omettons de parler de plusieurs avantages politiques qui doivent résulter successivement du maintien de la loi du 11 brumaire an VII. Telles sont l'admirable facilité avec laquelle on peut combiner les bases de cette loi avec l'établissement d'une *banque* vraiment *nationale,* ou d'une banque uniquement *territoriale;* la connaissance qu'elle procure des propriétaires, ce qui aide et rectifie les matrices des rôles, et l'établissement, l'égalisation et le recouvrement de l'impôt foncier ; enfin, elle finira par procurer au Gouvernement la connaissance et le cadastre de toutes les propriétés immobilières.

Nous laisserons développer par des mains plus habiles tous ces avantages, qui tiennent absolument à l'aspect financier.

§ V.

Nullité, ou tout au moins insuffisance des motifs allégués pour le rapport de la loi du 11 brumaire an VII, actuellement existante.

LXXXV. Non-seulement la comparaison faite jusqu'ici entre les deux lois du 11 brumaire an VII et le système proposé aux trois titres du Code, donne un état favorable aux premières ; mais l'avantage fût-il égal de part et d'autre, il nous semble au moins que, s'il n'y a pas de raison pour changer de législation, il faudrait se tenir à celle qui existe, par cela seul qu'elle existe, parce qu'il ne faut pas changer de lois tous les jours.

LXXXVI. Nous sommes trop faciles à rapporter nos lois existantes.

Ce serait, ce nous semble, une belle régulative de gouvernement et de législation à adapter à la Constitution de l'an VIII, si le Conseil-d'État, voulant lui-même, par sagesse, modérer l'activité de son initiative des lois et la rapidité de sa délibération sur leur rapport, prenait une résolution générale, par laquelle il statuerait comme réglement intérieur, *qu'il ne proposera jamais le rapport d'une loi, sans avoir eu un sénatus-consulte du sénat-conservateur sur les motifs qui militent pour le maintien de la loi existante.*

Ainsi, le sénat-conservateur ne serait pas uniquement le conservateur de la Constitution, mais *il serait encore le défenseur né de la stabilité des lois existantes*, et son institution serait ainsi d'une double utilité.

Le tribunat discuterait ensuite, avec plus de connaissance de cause, les avantages ou les désavantages de la loi nouvelle.

Nous abandonnons cette vue à la méditation supérieure de ceux qui sont chargés de régler le sort de l'État, et pour qui la prospérité et la stabilité de la république sont notoirement l'objet de leurs efforts les plus constans.

LXXXVII. Dans ce paragraphe, nous avons à démontrer la nullité, ou du moins l'insuffisance des motifs allégués pour le rapport des lois du 11 brumaire an VII.

Déjà, les avantages de ces deux lois, démontrés dans cet écrit, et les désavantages du système hypothécaire proposé au Code, ont fourni la preuve la plus irréfragable qu'il ne peut pas exister de motifs valables pour rapporter les deux lois du 11 brumaire an VII, et pour leur substituer le système hypothécaire du Code.

Car, ces motifs devraient établir qu'il faut abolir une loi moins imparfaite, pour y en substituer une autre qui est beaucoup plus imparfaite encore, ce qui est impossible. Donc ces motifs n'existent pas, et ils ne peuvent exister.

LXXXVIII. Mais, s'il n'existe pas de bonnes raisons, il

faut au moins examiner celles qui ont été alléguées, autant qu'on peut les connaître et les recueillir.

Nous ne parlons pas ici de la partie du discours préliminaire au Code civil, qui a trait au régime hypothécaire.

Nous l'avons transcrite presque en entier aux n°s XXIV et LXXV de cet écrit (a). Nous louons la sagesse et la vérité des principes qui y sont consignés ; nous admirons la facilité, l'éloquence et le talent du rédacteur dans l'énoncé de ces vérités ; mais tous ces principes ne s'appliquent pas avec justesse, lorsqu'on en veut tirer la conclusion qu'il faut rapporter la loi du 11 brumaire an VII, et adopter le système du Code.

Au contraire, la conclusion qu'il faudrait tirer du discours préliminaire, d'après les principes législatifs y consignés, serait qu'il faudrait abroger le système du Code, s'il était la loi existante, et qu'il faudrait adopter la loi du 11 brumaire an VII, si elle n'existait pas.

Car les vices dont parle le discours préliminaire sont dans le projet de Code, et ne se trouvent pas dans les lois du 11 brumaire an VII ;

Et les avantages que le discours préliminaire attribue au Code ne s'y trouvent pas, et sont, au contraire, dans la loi du 11 brumaire an VII.

Ce n'est donc qu'une erreur dans l'application des principes. Ce n'est qu'une erreur de fait, et non de droit, qui a occasioné la préférence qu'on donne au système du Code, dans ce même discours préliminaire.

Il suit de là que ce n'est pas dans ce discours qu'il faut chercher les motifs du rapport des lois du 11 brumaire an VII, sauf l'argument tiré de la fiscalité, dont nous parlerons plus bas dans ce paragraphe, n° XCV.

(a) Au n° XXXI de cet écrit, on a réfuté l'argument tiré de l'indiscrétion des formes publiques, et de l'inquiétude des citoyens. Au n° LXXV, nous avons rétorqué contre le Code les objections du défaut de franchise, de la multiplication des formes, de la protection plus ruineuse que réelle, des frais de procédure, de compromettre l'hypothèque en semblant la conserver, celui de trop gouverner, trop réglementer, etc. Et c'est en effet dans le Code, et non dans la loi du 11 brumaire an VII, que l'on peut voir tous ces inconvéniens.

LXXXIX. Cherchons donc dans le texte lui-même du Code, si nous y découvrons le motif pour lequel on rapporterait le système du 11 brumaire an VII. C'est ici que nous allons rencontrer l'étrange paradoxe que nous avons avancé au n° LX de cet écrit, savoir, que la base fondamentale de la législation des trois titres du Code repose sur une métaphore de rhétorique : c'est ici qu'il faut montrer la vérité de ce que nous avons dit à cet égard.

XC. Voici le raisonnement fondamental des trois titres du Code :

« Quiconque s'est obligé personnellement est tenu de « remplir ses engagemens *sur tous* ses biens mobiliers et im- « mobiliers, *présens et à venir* (Projet, tit. VI, art. 1er).

« Lorsque la même personne a plusieurs créanciers, *tous* « *ses biens sont leur gage commun* (Ibid. art. 2).

« Et leur prix se distribue au marc le franc, à moins qu'il « n'y ait, entre les créanciers, des causes légitimes de pré- « férence. »

Les causes légitimes de préférence sont les priviléges et les hypothèques.

Et sur ce fondement, le Code bâtit le système des hypothèques générales, assises en concours sur toute la fortune du débiteur, sur tous et chacun de ses biens présens et à venir, et prenant rang selon la priorité de date des contrats authentiques.

XCI. Analysons en toute rigueur la valeur de ces énonciations ; car il faut beaucoup de rigueur lorsque l'on discute un principe fondamental de tout un système de législation.

Certes, quiconque s'est obligé personnellement est tenu de remplir ses engagemens : ceci est rigoureusement exact.

Sur tous ses biens présens et à venir, dit le Code. Ici il commence à être obscur, et j'ai quelque défiance sur le sens de cette assertion.

Un homme est tenu.....

Je comprends cela.

Un homme est tenu *sur ses biens présens et à venir.*

Que veut-on dire par là ?

1° Veut-on dire que ses biens présens et à venir sont *d'avance aliénés* au créancier pour l'import de la dette ?

En ce sens le principe n'est pas vrai, parce qu'évidemment,

1° Autre chose est *aliéner son bien*, autre chose est *devoir une somme d'argent*. Dans le premier cas, on me force à la tradition déterminée du bien aliéné ; dans le second, on me force à m'acquitter, n'importe d'où je prends l'argent ;

2° Le débiteur, n'étant pas propriétaire des biens futurs, ne peut pas les aliéner ; car ils ne sont pas à lui d'avance (a). Donc le principe, *qui doit, doit sur ses biens présens et à venir,* ne peut signifier une aliénation de ses biens faite par anticipation ; et, s'il le signifie, il n'est pas exact.

2° Ce même principe veut-il dire :

« Tout homme qui doit, par cela seul qu'il doit, *a donné* « *en gage* à son créancier tous ses biens présens et à venir. »

C'est la signification qu'y attache en effet le Code. Mais en ce cas le principe n'est pas vrai non plus, et il est arbitrairement posé, et très-gratuitement avancé sans la moindre preuve.

1° On sait que, pour *un gage* proprement dit, il faut deux conditions : *la désignation du gage, et la main-mise du créancier sur l'objet qu'on donne en gage.*

L'une et l'autre manquent ici : donc, à parler dans le sens propre du mot *gage,* un homme n'a pas toujours donné en gage tous et chacun de ses biens meubles et immeubles, présens et à venir, par cela seul qu'il doit une misérable et petite somme d'argent.

2° Nul ne peut donner en gage un bien dont il n'est pas

(a) Le projet de Code liv. III, tit. XI, art. 17, dit : « La vente de la chose d'autrui et qualifiée telle est *nulle*, et n'est point obligatoire. » Et même titre, art. 18 : « On ne peut vendre la succession d'une personne vivante. Ainsi, les *biens à venir* ne peuvent, en général, ni être aliénés ni être engagés d'avance.

propriétaire ou, tout au moins, possesseur (a) ; or, les biens *à venir*, par cela même qu'ils sont *à venir*, ne sont ni dans la propriété ni dans la possession du débiteur : il est donc impossible qu'il les ait donnés en gage.

3 Et ce qui prouve qu'il est faux, en général, *que quiconque doit doit sur gage* est qu'il vient très-souvent dans l'esprit des hommes d'exiger et de donner un gage particulier et proprement dit.

3° Le principe ne peut pas non plus signifier que le débiteur, *en payant une dette, la paie sur son bien*, et le diminue d'autant. Ce serait là l'énoncé d'un fait matériel, et non d'un principe de droit. Le principe conçu ainsi ne signifierait rien ; il serait pareil à cet énoncé-ci : *Quiconque veut payer cent louis comptant doit les tirer de sa bourse.* Ce n'est pas là un principe ; c'est un fait qui ne prouve rien, et ne peut fournir aucune bonne conséquence : car enfin il ne faut pas oublier qu'il s'agit de tirer du principe quelques droits acquis au créancier sur les biens du débiteur.

4° Voyons enfin le quatrième et le dernier sens possible de ce principe, en apparence assez clair : *Quiconque doit, doit sur ses biens présens et futurs.* Nous allons voir que cette quatrième signification est la seule raisonnable et la seule possible.

Ce principe peut signifier : Quiconque doit, *doit remplir ses engagemens.*

S'il ne les remplit pas, *il doit y être condamné par le juge.*

Si, nonobstant la condamnation, il ne veut pas les remplir encore, la justice, par le ministère de ses huissiers, et sur la réquisition du créancier, *doit l'y contraindre par la force.*

Et pour y parvenir, la justice peut *prendre* tous et chacun des biens meubles ou immeubles qu'elle peut trouver et qui lui appartiennent.

C'est ainsi que, par son obligation pure et simple (et

(a) Le titre VI, art. 38, liv. III du projet, dit : « Les immeubles ne peuvent être hypothéqués « que par ceux *qui ont capacité de les aliéner.* » Combinez cela avec les art. 17 et 18, tit. XI.

personnelle), ses biens présens peuvent se trouver, *par la suite, compromis;* c'est ainsi qu'on peut dire, dès à présent, qu'il *doit sur tous ses biens présens.*

Il est possible que le condamné n'ait pas assez de biens présens pour satisfaire la condamnation.

Qu'il survienne plus tard à ce débiteur non libéré, des donations, des testamens, des successions, des gains inespérés; eh bien! le créancier peut poursuivre l'exécution de son jugement; la justice mettra la main encore sur les biens survenus. C'est ainsi que, par suite de son obligation pure, simple et personnelle, *ses biens à venir peuvent se trouver compromis.* On peut donc dire, en certaine façon, que quiconque doit, *doit aussi sur ses biens à venir.*

Oui : mais c'est justement alors que de ce principe, ainsi posé, ainsi expliqué, ainsi compris, on ne peut plus tirer le systême des trois titres du Code ; mais on en tire alors, tout au contraire, le systême des deux lois du 11 brumaire an 7, ainsi que nous l'avons exposé, quant aux hypothèques judiciaires, dans le n° LXVI de cet écrit.

Ce n'est certes pas alors à la date du contrat, à raison de son authenticité, que l'hypothèque doit prendre naissance sur les biens présens, et surtout sur ceux à venir ; c'est à la date de la main-mise de la justice sur les biens saisis.

Ce n'est pas sur toute la fortune qu'une hypothèque ou une préférence générale doit peser ; c'est seulement sur le bien que la justice a pris dans sa main.

Ainsi, le principe *Quiconque doit, doit sur ses biens,* bien entendu ne convertit pas toutes les obligations *personnelles* en obligations *réelles; il ne les affecte pas sur tous les biens,* comme s'ils en étaient *le gage dès le moment du contrat.*

Car on a vu que les biens ne se trouvent *compromis qu'a-près coup, par suite de l'exécution,* et comme *moyen de contrainte.*

Or, l'erreur du Code consiste précisément dans cette transformation des obligations personnelles en obligations réelles ;

24.

des obligations *pures et simples* en *obligations modifiées ;* et il opère cette conversion en thèse générale , et quant à toutes obligations indistinctement.

Les obligations personnelles ne peuvent avoir relation aux biens du débiteur qu'après la condamnation et dans l'exécution. Elles *n'affectent point ses biens dès le moment du contrat*, elles ne donnent par elles-mêmes point *de priorité ;* elles n'aliènent pas , elles ne constituent *pas de gage* proprement dit sur ces biens. Telle est leur nature ; et c'est pourquoi elles *sont personnelles.*

Des obligations *réelles* donnent un droit réel *sur la chose*, dès le moment de la tradition ; elles engendrent *sur la chose une priorité*. Là est *le gage*.

Abolir toutes les obligations *personnelles* , et établir que toutes seront désormais *réelles* , c'est confondre toutes les saines notions de droit et de législation ; c'est embrouiller les hommes , sans pouvoir articuler aucun but d'utilité : pourquoi cette étrange confusion serait-elle convenable ou nécessaire ?

Nous avons suffisamment prouvé que cette confusion , loin d'être utile , sera au contraire très-nuisible et très-dangereuse.

XCII. Du reste, on ne peut pas disconvenir que les actions personnelles , par l'occasion qu'elles donnent aux condamnations et à l'exécution sur les biens du débiteur, ne donnent au créancier une certaine *sécurité d'ame* à raison des biens.

. Si mon débiteur est millionnaire , je suis *plus tranquille* sur mon recouvrement que s'il ne possédait rien : cependant, on ne peut pas dire par cette raison que mon débiteur m'a donné son million en *gage*.

Cette certitude de la suffisance des moyens du recouvrement, a souvent été appelée *gage*, dans la langue française : mais le mot *gage* n'est ici qu'une métaphore ; c'est une locution indirecte et vulgaire, qui ne peut pas servir de fondement à un bon système de législation.

C'est ainsi que, dans les temps de la chevalerie, celui qui jetait le gant était dit avoir donné le *gage* du combat ; les dames donnaient aux combattans, des cheveux, des portraits ou des rubans, *en gage* de leur amour ; et le vainqueur qui épousait sa belle devant les autels, lui donnait un anneau pour *gage* de sa fidélité.

Le mot *gage* veut ici dire sensiblement *signe* ou *certitude et sécurité*. C'est une véritable métaphore, et non pas une idée d'un gage judiciaire, d'une hypothèque que cet usage du mot a voulu introduire.

XCIII. Et ce ne peut être que par métaphore que le Code a dit :

« Lorsque la même personne a plusieurs créanciers, tous « ses biens sont *leur gage commun.* »

Cela veut dire uniquement que la totalité de ses biens est le fondement *de la sécurité d'ame* de ses créanciers, dans la suffisance des moyens exécutoires de recouvrement ;

Mais non pas que c'est un *gage* juridique proprement dit, ce qui est impossible ; car le bien-fonds n'est pas déterminé, et aucun des créanciers n'a la main sur le prétendu gage.

Le Code ajoute : « Et leur prix (des biens) se distribue « au marc le franc, à moins qu'il n'y ait, entre les créan- « ciers, des causes légitimes de préférence. »

Le Code ne distingue pas s'il y a faillite, ou seulement vente volontaire d'un seul bien-fonds. Sa doctrine est la même dans les deux cas.

Nous n'accordons pas qu'il y ait raisonnablement ouverture à l'ordre et à la distribution du prix, lorsqu'il n'y a qu'une vente volontaire. Posons donc le cas de faillite pour être d'accord dans une espèce voulue par le Code, et voyons sa doctrine ; on va voir clairement que le mot *gage* n'est employé qu'au figuré.

Le Code dit donc : « En cas de faillite, tous les biens du « débiteur sont le *gage commun* des créanciers, etc. »

Mais cela n'est pas vrai dans le sens propre.

Ces biens ne sont pas le *gage commun*, ils sont la *propriété commune* des créanciers y ayant droit, propriété qui leur est dévolue par l'abandon, la fuite, la cession, la banqueroute du débiteur ; et il ne s'agit, pour parvenir à régler une masse délaissée, que d'exercer l'action commune *dividundo*, et de faire assigner sa part à chaque créancier, selon son droit.

· Mais il y aurait contradiction dans les termes, que ces biens seraient tout à la fois *la propriété* et *le gage* commun des créanciers dans la signification rigoureuse du mot. Nul n'a un gage sur son propre bien.

Ainsi, quand le Code a dit en ce cas : « Tous les biens « sont *le gage commun* des créanciers, » il a parlé par métaphore ; il a voulu dire : *Tous les biens sont le moyen commun de recouvrement, en faveur des créanciers, chacun selon son droit.*

Mais, de cette vérité il s'ensuit que, quand il n'y a pas encore ouverture au recouvrement, soit qu'il n'y ait pas de faillite, soit que les créances ne soient pas encore échues, le Code n'a pas pu dire que tous les biens *étaient le gage commun* des créanciers, depuis le jour des contrats respectifs, à moins de vouloir dire uniquement que les biens *fondaient leur sécurité commune, leur tranquillité*, et rien de plus.

XCIV. C'est cependant sur d'aussi misérables subtilités, et sur un pur abus de mots, que le Code a basé sa législation, et qu'il propose de renverser celle existante du 11 brumaire an VII.

Car, à peine ce principe est-il posé : *Quiconque doit, doit sur ses biens;* s'il a plusieurs créanciers, *tous ses biens sont leur gage commun*, que le Code traite ce *gage prétendu* comme un véritable *gage* proprement dit, comme une hypothèque véritable ; il impose un *lien général*, une *affectation générale* sur toute la fortune du débiteur en faveur du premier créancier avec qui il a contracté ; il ne veut plus que *ce lien* ni la fortune elle-même, soit *diminué, changé* ou *modifié* par un second contrat, et ainsi de suite : et c'est pourquoi il donne continuellement au premier contractant la préférence d'être payé avant le second, et au second, celle de l'être avant le troisième, etc.; cette préférence, il l'appelle *hypothèque,* et dès lors la signification propre des mots *gage, gage immeuble, hypothèque,* a disparu.

C'est ainsi que le Code statue de suite, à l'art. 12, tit. VI :

« L'hypothèque est, de sa nature, indivisible; *elle subsiste*
« *en entier sur tous et chacun des immeubles affectés, et sur*
« *chaque portion d'iceux.* »

Et quels sont ces biens *affectés ?*

L'art. 14, tit. VI, dit : *Sur tous les biens immeubles situés dans le territoire de la république et pays en dépendans.*

Certes, rien de plus clair, ni de plus étendu, ni de plus général.

Et cependant, le Code définit l'hypothèque, article 12, titre VI :

« L'hypothèque est un droit *réel* sur les immeubles *affectés*
« au paiement d'une dette. »

Définition transcrite, par inadvertance, de l'art. 1er de la loi du 11 brumaire an VII (a); loi dans laquelle l'hypothèque est vraiment un droit *réel* sur tel et tel immeuble connu; loi où il y a vraiment une *affectation* de cet immeuble au paiement de l'obligation, ce que, dans les pays de nantissement, on appelle *la réalisation.*

Mais un *droit réel,* une *affectation d'immeubles* sans savoir lesquels, qui s'étend aussi loin que la république et pays en dépendans, partout où on pourra les découvrir, et tout cela sans que le créancier sache ou puisse savoir s'il est bien la première, seconde, troisième..... dixième personne à qui on les a *affectés comme cela;* voilà l'idée bizarre, gigantesque, obscure, que le Code se propose de réaliser : il a mal réussi à la réglementer dans ses trois cent quarante-neuf articles

(a) « L'hypothèque est un droit *réel* sur les immeubles *affectés* au paiement d'une obligation.

de développemens ; indépendamment des difficultés non-prévues qui exigeront des interprétations après que le système sera introduit.

L'esprit se confond en méditant sur un objet aussi vaste et aussi mal conçu que mal *défini;* il succombe sous le nombre des difficultés auxquelles l'exécution d'une idée aussi extraordinaire doit donner lieu.

Nous croyons voir même que l'auteur du Code *ne pouvait pas réussir.* Le vice n'est pas dans l'homme, il est dans le système ; et ce système, tant qu'il reposera sur la même base, n'est pas susceptible de pouvoir être rendu sociable, quelques modifications que l'on y fasse. Voici pourquoi.

Dans aucun système hypothécaire proposable, nul ne tient le bilan des fortunes; nul ne connaît la totalité de l'actif et la totalité du passif des citoyens: il faut partir de là, car c'est une première vérité.

Il est donc évident que beaucoup de citoyens seront assez adroits à trouver les moyens de crédit pour faire plus de contrats que pour la valeur de leur fortune ; cela est même assez ordinaire.

Or, on veut, dans le système du Code, *lier*, *affecter*, *engager* la première partie liquide de la fortune du débiteur à son premier contrat authentique, la seconde partie au second contrat, et ainsi de suite jusqu'à l'épuisement des biens, comme si le débiteur avait ainsi successivement et partiellement aliéné et épuisé sa fortune en faveur de ses créanciers successifs dans leur ordre de priorité, et sans qu'il soit besoin d'individuer la partie immeuble sur laquelle cette priorité repose : voilà l'idée du Code.

Mais cette idée est impossible dans son exécution ; elle est injuste.

On demande ce que deviendront les créanciers de bonne foi qui ont contracté avec le débiteur, lorsque les obligations résultant des contrats préexistans étaient de telle nature, que leur acquittement pouvait déjà épuiser sa fortune.

Ici commence le nœud que doit résoudre un système hypothécaire quel qu'il soit.

Il ne s'offre que trois moyens :

1º Ou de permettre que le contrat postérieur diminue au marc le franc l'affectation des contrats préexistans, pour que ce dernier créancier puisse avoir ainsi quelque chose dans la masse ;

Mais alors on détruit le système lui-même, l'affectation, et la préférence, et l'hypothèque ;

2º Ou bien de permettre aux hommes de faire des dupes, et de leur laisser les moyens physiques pour y parvenir (a). Alors on n'assigne rien au dernier créancier, et on lui dit sans difficulté : tant pis pour vous si vous avez contracté avec un homme qui, d'après la loi, était réputé n'avoir plus rien à lui.

Sur quoi le créancier répond à juste titre : il fallait que la loi me donnât aussi les moyens de savoir que la fortune brillante que je voyais dans les mains de mon débiteur n'était pas légalement censée lui appartenir.

Or, il est impossible, dans le système du Code, d'établir les formes pour *savoir cela lors du contrat*, sans entraver et rendre impossibles toutes les transactions sociales ;

3º Ou bien il fallait établir un mode tel, qu'il fût impossible aux citoyens d'excéder par leurs contrats hypothécaires le total de leur fortune, et empêcher ainsi que le cas dont il s'agit n'eût jamais lieu.

Or, ceci est encore impossible dans le système du Code ; il n'a pas rempli cette condition ; et nous croyons que personne, dans ce système, n'est capable de la remplir.

C'est le troisième moyen qu'a choisi heureusement la loi du 11 brumaire an VII, lorsqu'elle a dit aux citoyens : « *In-*

(a) Comment concilier ce système du Code avec cet autre principe fondamental du même Code, tit. II, art. 60, où il est dit : « Les conventions n'ont d'effet qu'entre les parties contrac-
« tantes : elles ne profitent ni ne nuisent au tiers. » Et voilà un tiers ruiné, parce qu'il y avait des *contrats secrets* antérieurs! et le malheureux n'en savait rien ; et il ne pouvait, par la nature de la chose, rien en savoir !

« *scrivez chaque hypothèque sur chaque immeuble déterminé*, et
« au village de la situation du bien-fonds.

« Nul ne pourra faire le relevé de votre fortune, et cepen-
« dant vous ne pourrez pas parvenir à affecter hypothécai-
« rement *au-delà de la portée de vos biens immeubles.* »

XCV. Il est donc évident, par toutes les démonstrations
qui précèdent, qu'il y a aussi une nullité parfaite de motifs
dans le texte du Code pour le rapport des lois du 11 brumaire
an VII, et qu'au contraire la métaphysique de la loi du 11
brumaire an VII est de beaucoup supérieure à celle des trois
titres du Code.

XCVI. Il nous reste à parler de l'objection tirée de la fiscalité, qui a été reprochée au Code hypothécaire dans le discours préliminaire, et que toute la France a répétée.

Ici nous joignons notre voix à celle de l'éloquent auteur
du discours, et nous disons :

« Nous savons que la finance peut faire une sage alliance
« avec la législation, et que l'intérêt du fisc peut être utile-
« ment combiné avec celui de la police.

« Mais, prenons-y garde, craignons toujours que, dans
« ces combinaisons, l'intérêt de la législation ou de la police
« ne soit sacrifié à celui du fisc. L'enregistrement, par exem-
« ple, est une de ces institutions fiscales qui offrent à la fois
« et le bien de la finance et celui des citoyens ; il assure la vé-
« rité des contrats et des actes entre particuliers : mais *il*
« *cesse d'être utile, il devient même funeste, quand il devient ex-*
« *cessif* (a). L'excès des droits fait que les hommes, toujours
« plus frappés d'un bénéfice présent que *d'un danger à venir,*
« *deviennent confians par avarice, et compromettent leur sûreté*
« *par des conventions verbales ou cachées, qui sont incapables de*
« *les garantir.* C'est un grand mal encore, quand les droits
« d'enregistrement, indépendamment de leur modération ou

(a) Pour un contrat de vente, on paie quatre pour cent pour l'enregistrement, et un et demi
pour cent de transcription ; ce qui, avec la subvention de guerre, va entre six et sept pour cent
en *droits proportionnels ;* sans les timbres, *droits fixes,* et salaires d'écritures. Quand on y va sur
ce pied, on peut tuer tous les Codes hypothécaires.

« de leur excès, sont perçus d'une manière trop conten-
« tieuse ; c'est-à-dire, quand la levée de ces droits est liée
« aux questions les plus épineuses de la jurisprudence, et
« que le régisseur peut, à la faveur de cette mystérieuse
« obscurité, exercer le plus dangereux de tous les pouvoirs. »

(Nous y ajoutons : Ou quand il refuse absolument de remplir les obligations que lui impose la loi, par la peur de
compromettre sa responsabilité en cas d'erreur ou omission.)

« Ce que nous disons de l'enregistrement s'applique au
« Code hypothécaire. » (L'auteur se trompe s'il parle de la
loi hypothécaire du 11 brumaire an VII, que nous défendons
ici ; mais ses observations frappent à plomb sur la loi toute
fiscale du 21 ventose an VII, art. 20 et 25, et art. 1er de
la loi du 6 prairial an VII, *subvention.*) « Dans toutes ces
« institutions, évitons les subtilités, ne multiplions pas les
« précautions onéreuses ; cherchons à concilier l'intérêt du
« fisc avec celui de la législation. L'expérience démontre
« que, dans les matières dont il s'agit, l'excès des droits en
« diminue la perception, et que le fisc ne peut faire le pré-
« judice du citoyen sans faire le sien propre. »

D'après ces motifs impérieux, nous demandons avec les
auteurs du Code civil :

1° Le rapport des articles 1, 3, § 2, 4, 6, 12 et 13
de la loi du 21 ventose an VII ; 15, § 1, 19, 20, 21, 22,
§ 1 et 2, 25 et 26 ; et article 1er, loi du 6 prairial, subvention de guerre, portant établissement des droits proportionnels sur les transcriptions et sur les inscriptions hypothécaires ;

2° La réduction du droit d'enregistrement à trois pour
cent ;

3° Que l'attribution de la tenue des registres hypothécaires
soit donnée aux greffes des tribunaux des arrondissemens de
première instance, vu qu'il n'y aura plus de perception hypothécaire et fiscale à faire, et vu que les greffiers seront

sous les yeux de leurs tribunaux et des commissaires près d'eux, et qu'ils peuvent être soumis aux mêmes cautionnemens.

XCVII. Nous avons demandé le rapport des articles susmentionnés de la loi du 21 ventose an VII, et nous avons demandé le maintien des deux lois du 11 brumaire an VII, parce que c'est effectivement celle du 21 ventose an VII qui est fiscale, et que celles du 11 brumaire an VII sont purement civiles d'un bout à l'autre; on n'y rencontre pas un seul article bursal. La loi du 21 ventose fut faite et outrée par ceux précisément qui étaient les antagonistes du système du 11 brumaire an VII, et ils n'ont que trop réussi à rendre odieux les droits exorbitans qu'ils ont fait établir.

Supposons qu'une loi extravagante eût établi des droits exorbitans sur les actes de l'état civil des personnes, par exemple, 10 francs pour une présentation d'enfant, 100 francs pour un acte de mariage, 1,000 francs pour un acte de divorce, et 5o francs pour une annotation de décès:

Toute la France élèverait la voix, avec justice et avec raison, contre une pareille folie.

Mais la France demanderait la suppression des droits ou leur modération, et non pas la suppression absolue de l'établissement des actes de l'état civil des personnes.

Par quelle fatalité demanderait-elle donc aujourd'hui la suppression de l'état civil des propriétés foncières, proclamé par la loi du 11 brumaire an VII, au lieu de demander la suppression des articles bursaux de la loi du 21 ventose an VII, et la modération des droits d'enregistrement sur les ventes? Par quelle fatalité les rédacteurs du Code civil donnent-ils aussi dans l'erreur vulgaire, et laquelle, sur la foi d'un littérateur, ils partagent avec la presque totalité de la France, celle de croire que la loi purement civile du 11 brumaire an VII est une loi financière, et d'attribuer à cette même loi tous les odieux effets qu'a produits celle du 21 ventose an VII? C'est cette dernière qui est absolument fiscale; et, bien loin de tenir essentiellement à la première, elle n'a été rendue et n'a servi qu'à l'assassiner dès le premier moment de son existence.

« Nous ne pouvons (disent-ils, discours préliminaire)
« nous faire illusion sur la véritable origine des lois rela-
« tives à la conservation des hypothèques : cette origine est
« toute fiscale, comme celle des lois du contrôle ou de l'en-
« registrement des divers actes civils. »

XCVIII. Si ce reproche est adressé, comme il le paraît, aux deux lois du 11 brumaire an VII, il est injuste ; c'est de quoi sera convaincu tout homme impartial qui lira ces deux lois.

XCIX. Sans doute qu'à l'époque du 21 ventose an VII, le génie fiscal a pu s'emparer de cet établissement, et l'a pu convertir en matière imposable pour l'assiette de certains droits trop excessifs.

Mais qui ne voit que rien n'empêche un financier de proposer une loi qui transforme en matière imposable tous les actes de l'état civil des personnes, et d'asseoir des droits sur les actes de naissance, de mariage, de divorce et de décès? serait-il juste d'en conclure que l'origine de ces actes est aussi toute fiscale, et qu'il faut désormais les supprimer ?

C. Concluons donc qu'il faut abroger les droits hypothécaires, et modérer ceux de l'enregistrement ; et qu'il n'existe cependant point de motifs raisonnables pour rapporter les deux lois hypothécaires du 11 brumaire an VII, surtout quand on n'a rien de meilleur à y substituer, et quand, à coup sûr, les trois titres du Code ne les valent pas.

C'était la tâche que nous avions à remplir dans le présent paragraphe.

§ VI.

Le système hypothécaire proposé au projet de Code est vicié par l'effet rétroactif qu'il donne et qu'il doit donner à ses articles, il ravira ainsi des droits irrévocablement acquis à une foule de citoyens ; il peut ruiner des centaines de familles.

CI. *Jean-Jacques Rousseau* est le premier philosophe que

nous sachions qui ait osé mettre en question cet énoncé extraordinaire, *Si la volonté générale peut errer* (a). Comme s'il pouvait y avoir une autorité infaillible sur la terre !

En vain *Jean-Jacques* commence-t-il son chapitre par établir que *la volonté générale est toujours droite, et tend toujours à l'utilité publique; que le peuple veut toujours son bien, quoiqu'il ne le voie pas toujours; que jamais on ne corrompt le peuple, mais qu'on le trompe souvent, etc.*

L'histoire des siècles passés, celle du XVIIIe, l'expérience de tous les jours, déposent contre les distinctions subtiles de cet auteur, et réclament contre ses paradoxes.

Il n'y a personne qui ne sache que *Jean-Jacques Rousseau* a tiré la majeure partie de son Contrat social, d'un livre publié, avant 1690, par l'immortel *Locke,* et qui a pour titre : *du Gouvernement civil.*

Précisément, dans ces thèses extraordinaires, *Jean-Jacques* est un disciple qui s'écarte des leçons de son maître ; et c'est en s'en écartant qu'il se trompe.

Dans le chapitre *de l'étendue du pouvoir législatif* (b), *Locke* établit, au contraire, que le pouvoir législatif dans un Etat, quoiqu'il soit le pouvoir suprême, peut errer, peut être injuste, et peut excéder ses limites.

Cet homme célèbre écrivit au milieu des dissentions civiles qui agitèrent son pays; d'une main hardie, il osa poser quatre bornes au pouvoir législatif, indépendantes des restrictions stipulées dans le mandat constitutionnel ; il les déduisit de la nature même des choses, et dicta ainsi des lois à tous les peuples et à tous les siècles.

« En premier lieu, dit-il, le pouvoir législatif n'est et ne « peut être absolument arbitraire sur la vie *et les biens* du « peuple ; car, ce pouvoir n'étant autre chose que le pouvoir « de chaque membre de la société réuni à cette personne ou « à cette assemblée, qui est le législateur, ne saurait être

---

(a) Contrat social, liv. II, chap. III.

(b) *Locke,* du Gouvernement civil, chap. X.

« plus grand que celui que toutes ces différentes personnes
« avaient dans l'état de nature, avant qu'ils entrassent en so-
« ciété, et eussent remis leurs pouvoirs à la communauté
« qu'ils formèrent ensuite. Car enfin, personne ne peut con-
« férer à un autre plus de pouvoir qu'il n'en a lui-même ;
« or, personne n'a un pouvoir absolu et arbitraire sur soi-
« même ou sur un autre pour s'ôter la vie, ou pour la ravir
« à qui que ce soit, ou lui ravir aucun bien qui lui appar-
« tienne en propre, etc..... Ainsi, les lois de la nature sub-
« sistent toujours comme des règles éternelles pour tous les
« hommes, pour les législateurs aussi bien que pour les au-
« tres, etc.

« En second lieu, l'autorité législative ou suprême n'a
« point le droit d'agir par des décrets arbitraires et formés
« sur-le-champ (dans les cas particuliers), mais est tenue
« de dispenser la justice, et de décider des droits des sujets
« par des lois publiées et établies, et par les juges connus et
« autorisés ; car.... autrement, chacun se trouverait juge,
« interprète et exécuteur dans sa propre cause ;.... et les
« biens d'un chacun seraient toujours dans la même incerti-
« tude, et dans les mêmes dangers que s'ils étaient dans l'état
« de nature, etc.

« En troisième lieu, la suprême puissance n'a point le
« droit de se saisir d'*aucune partie des biens propres d'un par-*
« *ticulier sans son consentement ;* car, la conservation de ce
« qui appartient en propre à chacun étant la fin du gouver-
« nement et ce pourquoi l'on entre en société, cela sup-
« pose nécessairement que les biens propres du peuple doi-
« vent être sacrés et inviolables.... Car, à dire vrai, je ne
« suis pas le propriétaire de ce qu'un autre est en droit de me
« prendre quand il lui plaira. Un général d'armée, qui peut
« condamner un soldat à mort pour avoir déserté, pour avoir
« quitté un poste, pour n'avoir pas voulu exécuter quelque
« ordre infiniment périlleux,... qui peut lui commander de
« marcher pour s'aller mettre devant la bouche du canon,

« ou de se tenir à la brêche, où ce soldat est presque assuré
« de périr, ne peut pourtant, avec tout son pouvoir de vie
« et de mort, disposer d'un liard du bien de ce soldat, ni se
« saisir de ce qui lui appartient : la raison de cela est que
« cette obéissance aveugle est nécessaire pour la fin pour la-
« quelle un général a reçu un si grand pouvoir, c'est-à-
« dire, pour le salut et l'avantage de l'armée et de l'Etat ;
« et que disposer d'une manière abitraire des biens et de l'ar-
« gent des soldats, cela n'a nul rapport à cette fin.

« En quatrième lieu, l'autorité législàtive ne peut re-
« mettre en d'autres mains le pouvoir de faire des lois ; car,
« cette autorité n'étant qu'une autorité commise par le peu-
« ple, ceux qui l'ont reçue n'ont pas le droit de la remettre
« à d'autres. Le peuple seul peut établir la forme de l'Etat,
« c'est-à-dire, faire résider le pouvoir législatif dans les per-
« sonnes qu'il lui plaît, et de la manière qu'il lui plaît.

« Ce sont là les bornes et les restrictions que la confiance
« qu'une société a prise en ceux qui gouvernent, et les lois
« de Dieu et de la nature, ont mises au pouvoir législatif de
« chaque Etat, quelque forme de gouvernement qui y soit
« établie. »

CII. Nous n'avons pu nous refuser à nous abandonner un
moment aux élans de ce génie sublime, qui, l'un des premiers, osa penser, et apprit à penser au genre humain.

Il suit des trois premières restrictions par lui posées que
nulle loi viciée d'un effet rétroactif sur les biens ou sur les
droits acquis des citoyens ne peut être adoptée ; elle serait
tout à la fois *particulière dans son objet, arbitraire dans son émanation, et violatrice de la propriété.*

CIII. Il nous paraît inutile d'insister davantage sur cette
maxime. Les principes du droit public ont fait trop de progrès en France, pour qu'elle puisse encore être révoquée en
doute ; et depuis quatre ans, les législateurs français ont
non-seulement évité avec scrupule de porter aucune loi qui
pût donner lieu à une application rétroactive, mais encore

ils se sont soigneusement attachés à faire disparaître par des lois nouvelles toutes les traces des effets rétroactifs qu'avaient laissées encore plusieurs lois antérieures.

Ce principe posé, examinons les différentes espèces où le projet de Code *ravira en effet des droits acquis à une foule de citoyens*, et arrêtons-nous à celles qui seront les plus fréquentes, et qui auront l'effet le plus étendu.

Ire ESPÈCE.

Perte d'un bien immeuble.

CIV. Sous la législation actuelle du 11 brumaire an VII (art. 4), *Titius* doit 600,000 fr. par des contrats notariés ne portant aucun consentement d'hypothèque conventionnelle, et par conséquent non inscrits sur les registres hypothécaires, ni susceptibles de l'être.

J'examine les registres; et, trouvant à *Titius* un bien-fonds de 300,000 fr. et quitte de toute hypothèque (art. 51, même loi), je l'achète, et je le lui paie, sans faire transcrire mon acquisition, parce que les droits sont encore trop excessifs.

Postérieurement à cette transaction, le système du Code est publié; et, aussitôt après cette publication, tous les créanciers de *Titius* m'attaquent en déclaration d'hypothèque (tit. VI, art. 39 du Projet), et pour que je leur paie six cent mille francs, si mieux je n'aime délaisser l'immeuble.

J'étais à l'abri de leurs coups; le Code m'y soumet de nouveau; le Code me fait perdre un bien-fonds de cent mille écus.

Et cela, parce que les créanciers me prouveront que, sans distinction d'époques, selon le Code,

1° Tous les contrats notariés portent hypothèque *du jour de leur date*, sur tous et chacun des immeubles du débiteur (tit. VI, art. 41);

2° Qu'au préjudice des hypothèques de 600,000 fr. créées par le Code à des dates antérieures à mon acquisition, *Titius* ne pouvait pas valablement aliéner.

Cela est évidemment rétroactif.... Ainsi, si le jugement déclarait les créanciers non recevables, il serait littéralement contradictoire avec le texte du Code ; et si le jugement était d'accord avec le Code, il serait évidemment contraire à la justice.

Donc le systême du Code ne peut pas être adopté, et il serait excessivement difficile, pour ne pas dire impossible, d'y porter un amendement, surtout dans les ordres entre les créanciers, et dans les faillites, comme on le verra dans la troisième espèce ci-après.

2ᵉ ESPÈCE.

Perte de mon gage acquis, de mon hypothèque et de l'import de ma créance.

CV. Sous la législation actuelle du 11 brumaire an VII, *Titius* doit 600,000 fr. par des contrats notariés *ne portant aucune stipulation d'hypothèque conventionnelle, et par conséquent* non inscrits aux registres hypothécaires, ni susceptibles de l'être.

Postérieurement à la date des contrats précédens (que j'ygnorais), je savais que je n'avais rien, absolument rien à risquer du chef de dettes secrètes.

J'ai répondu à *Titius* que je lui prêterais les 300,000 fr., pourvu que ce fût sur *un immeuble franc et quitte de toute hypothèque*, et sur lequel mon inscription hypothécaire serait absolument la *première*.

Titius m'a apporté en effet un certificat de propriété du conservateur des hypothèques, avec l'énoncé, en toutes lettres, qu'il n'existe aucune inscription hypothécaire sur le bien immeuble (article 51 de la loi du 11 brumaire an VII).

Je savais que le conservateur est responsable en sa personne, en sa fortune, et sur son cautionnement, pour la vérité et l'exactitude de ce certificat de non-inscription (art. 52, même loi).

J'ai prêté les cent mille écus, et je me suis fait sur-le-champ inscrire le premier sur cet immeuble.

J'étais sûr de mon fait : d'autres hypothèques ou privilèges ne pouvaient jamais *prendre rang* (art. 2, même loi) *ni avoir effet* que par leur inscription sur le même registre ; elles devaient être, de toute nécessité, postérieures à la mienne ; j'étais certain de n'être primé sur ce bien-fonds par personne : tel est mon droit irrévocablement acquis, et pour la conservation duquel je ne suis tenu à aucun devoir actif, ni exposé à aucune déchéance.

La carte change : on publie le Code. Le Code me coûte cent mille écus.

Les créanciers non inscrits, mais antérieurs par la date de leur contrat authentique, viennent me demander leur priorité en hypothèque sur ce même bien-fonds ; leur contrat et l'art. 41, tit. VI du Code, à la main, ils absorbent l'immeuble pour leur six cent mille francs ; et malgré toutes mes précautions, malgré ma scrupuleuse conformation à toutes les lois, malgré mon *droit véritablement acquis*, je n'aurai rien. Une hypothèque plus fraîchement créée par le Code (art. 41, tit. VI), mais référée à une certaine date *rétroactive*, m'enlève et me ravit impitoyablement ma juste priorité, si solennellement garantie par la législation, sur la foi de laquelle j'ai contracté.

Cette espèce et la précédente sont extrêmement fréquentes ; ce sont les cas où se trouve tout le monde : ce ne sera donc pas seulement à un, à dix, à cent citoyens isolés qu'on enlèvera leurs droits et leur fortune (quoique cela seul suffît pour le rejet du système), mais on bouleversera les droits de classes entières de la société, ceux de la presque totalité des capitalistes et des propriétaires.

Cela est si vrai, que la proposition seule du système du Code est de nature à fermer les bourses et à paralyser les spéculations.

Mœvius me demande aujourd'hui cent mille francs : croit-

25.

on que je les lui prêterai, même sur hypothèque spéciale et selon la loi du 11 brumaire an 7? Non, certes : je ne suis pas sûr de conserver mes droits.

C'est ainsi que la discussion seule d'une mauvaise loi, la seule possibilité de son adoption, peut produire un dérangement incalculable sur le thermomètre mobile du crédit, et sur les transactions sociales dans un pays industrieux.

3ᵉ ESPÈCE

Dans les faillites et les ordres entre les créanciers.

CVI. Nous croyons voir, par une suite évidente du cas qui précède, et lequel se rencontrera dans toutes les faillites, dans toutes les régulatives d'ordre entre les créanciers sur le prix de la vente volontaire d'un bien immeuble particulier, qu'il sera impossible *d'éviter l'effet rétroactif* dans les collocations de priorité entre les créanciers, si le système du Code civil est adopté, quelques amendemens que l'on y fasse.

Sur quoi il faut observer que, dans le système actuellement existant, toutes les priorités entre les créanciers d'un débiteur sont *fixes* et *invariables*. Elles sont *écrites* d'avance dans les registres publics hypothécaires : leur ordre, *déjà connu, déjà légal par la promesse irrévocable de la loi existante,* n'attend pas une ouverture de faillite du débiteur, n'attend pas une aliénation d'un de ses immeubles, n'attend pas une *classification à faire par un tribunal,* pour être ce qu'il est, savoir, une priorité écrite loyalement, assurée par la loi à tel créancier, sur tel immeuble ou gage particulier, un *droit acquis* à ce créancier, une de ses *propriétés* enfin, de la perte de laquelle peut dépendre sa ruine.

On ne peut donc pas, actuellement que l'argent *est prêté sous la foi d'une telle priorité,* actuellement que *l'affaire n'est plus en son entier,* enlever aujourd'hui ces droits de priorité *vraiment acquis,* pour les établir dans un autre *ordre absolument arbitraire,* lequel ne dépend que du bon plaisir de celui qui fait la loi, et lequel n'a certes pas et n'aura jamais l'acquiescement des parties y intéressées.

C'est comme si on proposait par une loi, d'ordonner à tous les *lombards publiquement autorisés*, de rendre sur-le-champ, sans restitution du prêt, *tous les gages qu'ils ont dans leurs mains, et sur lesquels ils ont prêté.*

Le législateur dirait aux prêteurs : Cherchez vos emprunteurs, et vous concourrez avec leurs autres créanciers, selon l'ordre des dates de votre prêt, et celles des autres contrats. Cela suffirait-il ? ne répondraient-ils pas : Mais vous nous enlevez *notre gage ;* notre gage est notre *droit acquis*, sans lequel nous n'eussions pas prêté notre argent.

Et voilà ce que les trois titres du Code proposent de faire en grand ! et *les gages* qu'il veut enlever sont de cent mille, de deux cent mille francs, d'un million ! et, sans *ces gages*, le créancier n'eût pas souvent confié ses immenses capitaux ! et sur la foi de ces gages, il s'est tellement abandonné, qu'il y va maintenant de toute sa fortune.

Il est donc clair qu'on ne peut, sans encourir le vice d'effet rétroactif, troubler ni renverser les priorités actuellement établies, dans tout ce qui s'est fait et transigé avant le Code civil.

CVII. Maintenant arrive l'insoluble difficulté dans tout son jour.

Nous demandons aux estimables rédacteurs du Code, comment ils ont entendu, dans leurs articles 113, 116, tit. VIII, liv. III du Code, qu'il faudra régler l'ordre entre les créanciers, dans une faillite *ouverte postérieurement au Code*, lorsqu'il y a aussi des créances contractées antérieurement au Code.

Vont-ils nous répondre qu'il ne faut établir aucune distinction entre les créances contractées avant le Code et celles contractées depuis le Code, comme ils l'ont effectivement rédigé ? diront-ils qu'il suffit que la faillite se soit ouverte ou que la poursuite d'ordre ait commencé en justice

depuis l'émanation du Code? Nous leur observerons que c'est
là justement enlever les gages acquis, troubler les priorités
telles qu'actuellement elles existent et sur lesquelles reposent
les fortunes des citoyens: ce qui n'est pas permis, car on
renverserait de fond en comble toutes les fortunes, toutes
les spéculations, toutes les propriétés.

Cependant le Code se donne cet effet rétroactif, aux articles 116, tit. VIII, et 29, 25, 37, 4, etc. tit. VI, en enle-
vant la priorité spéciale acquise par inscription sur tel immeuble, du temps où existait la loi du 11 brumaire an VII,
et en attribuant cette priorité à d'autres actes authentiques
selon leurs dates.

On ne justifie pas ces articles par la circonstance que la
faillite n'est ouverte que depuis le Code.

Car mon contrat et mon inscription avaient réglé ma
priorité avant que le Code existât. Cet ordre m'appartenait
par ma stipulation et par la loi avant le Code ; ce qui fut volontaire avant le commencement, est devenu nécessaire et
obligatoire du jour où j'ai accompli mon inscription hypothécaire.

Il est donc vrai que *j'avais ce droit*, quoiqu'il ne fût pas encore déduit par action en justice. C'est mon contrat qui m'acquiert mon droit, et non le jour où j'intente mon procès devant les tribunaux : or, la provocation à l'ordre est-elle autre chose que déduire en jugement les priorités auxquelles on
avait déjà droit antérieurement?

Ainsi, le jour où la faillite s'est ouverte, et celui où la
provocation à l'ordre a été faite, n'y changent rien : le
Code n'en est pas moins vicié par un effet rétroactif ef-
froyable.

CVIII. Les rédacteurs éclairés du Code vont-ils, au contraire, renoncer à leur premier projet, et répondre qu'il
faut accueillir ici une distinction, et que l'ordre entre les
créanciers, dans les faillites postérieures au Code, sera réglé
sur le pied du Code *pour les créances résultant de transactions et*

de contrats passés et consentis authentiquement depuis le Code seulement, et non quant aux transactions antérieures ?

Que l'ordre réglé par la loi du 11 brumaire an VII sera observé entre toutes les créances contractées et inscrites depuis le 11 brumaire an VII jusqu'au Code ?

Et que quant aux créances résultant de contrats plus anciens que du 11 brumaire an VII, on suivra l'ordre et les formes des anciennes coutumes des œuvres de loi dans les pays appelés autrefois *pays de nantissement,* et qu'on suivra l'ordre prescrit par l'édit de 1771 pour les autres pays ?

Ainsi, pour cent ans encore quatre différentes législations seront cumulées dans les faillites ! Cela est très-facile à dire, mais impossible à effectuer.

Nul avocat, nul homme de loi ne pourra se retirer d'un pareil chaos.

CIX. Plusieurs priviléges priment avant toutes hypothèques selon telle législation, et ne priment pas selon telle autre : existeront ils ? n'existeront-ils pas ? ou bien sont-ils considérés tout à la fois sous une existence relative à quelques hypothèques et sous une non-existence relative aux autres hypothèques ? Fera-t-on contribuer au marc la livre les premières catégories d'hypothèques à l'existence des priviléges qui les priment ? et en exemptera-t-on la seconde catégorie des hypothèques ? Quel est le *Newton* qui exécutera sans erreur de pareils calculs ? et à quoi bon se jeter dans une telle complication ?

CX. Plus encore : les déchéances encourues des anciennes hypothèques, depuis la loi du 11 brumaire an VII, pour non-inscription ou pour inscription tardive, tiendront-elles, ou en relèvera-t-on pour revenir au principe de la date des actes ? Il est clair qu'il faudrait rediscuter de nouveau, article par article, tout le titre transitoire III de la loi du 11 brumaire an VII, pour savoir si on peut, selon les cas, enlever une priorité déjà acquise à un autre créancier, et si on peut ici user indéfiniment de la voie d'une restitution en en-

lier , commune à presque tous les Français , le, tout sans en prévoir les conséquences. L'esprit s'effraie en y pensant.

Il faudra peut-être encore cent ou deux cents articles transitoires pour régler tous ces droits , tels qu'ils se trouveront croisés ; et puis il faudra encore mille interprétations sur des cas non prévus.

CXI. Nous croyons avoir démontré dans ce paragraphe, que le projet de Code est vicié par des effets rétroactifs d'une grande étendue et d'une haute importance. Nous avons prouvé en outre qu'il est , sinon absolument impossible , au moins d'une difficulté presque insurmontable , de l'en dégager ; et nous croyons franchement que le passage du système hypothécaire spécial au système général , *sans blesser aucun droit acquis* , est un problème de législation dont la solution surpasse de beaucoup les forces humaines dans l'état actuel de nos connaissances.

CXII. La loi du 11 brumaire an VII n'a pas eu les mêmes obstacles à vaincre dans le passage du système général au système spécial, dans le passage du système obscur au système lucide.

Car tous les droits généraux exigeaient par leur nature *une opposition de la part du créancier pour leur maintien* , en certaines circonstances : ils exigeaient un *devoir actif* de la part du créancier , lequel , faute de ce , *était en déchéance.*

Cette opposition , ce devoir actif, devaient se faire au bureau de la conservation des hypothèques en soixante jours depuis l'affixion d'un contrat de vente , ou après le moindre appel à l'ordre de la part d'un des créanciers ; et il fallait de suite passer à la liquidation , à la fixation , à la spécialisation de ces droits restés jusqu'alors généraux et illiquides.

La loi du 11 brumaire an VII a pu faire cet appel ; elle a donc pu dire aux créanciers : Venez tous en dedans quatre-vingt-dix jours (au lieu de soixante) liquider vos droits acquis ; *je les maintiendrai tous ;* tous vos droits seront spécifiquement inscrits sur les registres hypothécaires , tout de

même comme si vous aviez fait utilement votre opposition.
—Certes, l'inscription et l'opposition sont presque la même chose.

CXIII. C'est ce parti sage que la loi du 11 brumaire an VII a pris au tit. III, qui contient les dispositions transitoires.

Ainsi elle n'a pas renversé des droits acquis; elle les a tous fait venir au jour ; elle les a tous liquidés ; elle a fixé l'ordre de la priorité de tous ces droits entre eux, en conservant à tous *l'ordre de leurs dates* anciennes.

C'est à compter de cette première opération, de cette liquidation des anciennes créances, que l'ordre spécial pour le futur a pris sa première exécution.

Mais s'il est facile de rendre clairs des droits qui étaient obscurs, il n'est pas aussi facile de rendre obscurs ceux qui sont clairs, sans en effet les ravir aux citoyens.

CONCLUSION.

CXIV. D'après toutes les considérations développées dans cet écrit, et après mûre délibération ,

Nous estimons ,

1º Qu'il convient d'effacer entièrement les titres VI, VII et VIII , livre III du projet du Code civil ;

2º De maintenir, telle qu'elle est, la première loi du 11 brumaire an VII, tout au moins de maintenir le principe de la publicité et de la spécialité des hypothèques ;

3º De faire un léger sous-amendement à l'article 17 de cette loi , qui consisterait en ce que «l'hypothèque judi-
« ciaire pourrait être *sur-le-champ* inscrite au bureau des hy-
« pothèques , après la prononciation du jugement , sur sim-
« ple *saisie par l'huissier*, et sans représentation de l'expédi-
« tion du jugement »

4º De prendre pour canevas et pour premier essai de rédaction, sur les ventes forcées et sur les enchérés en justice , la seconde loi du 11 brumaire an VII, intitulée *des expropriations forcées;*

Et, comme cette loi est susceptible de changemens et d'a-
méliorations dans ses détails et dans les formes qu'elle prescrit, il conviendrait de la réviser, article par article, pour
y porter les amendemens et sous-amendemens qui peuvent
la rendre plus parfaite, soit en accélérant davantage soit en
retardant l'expropriation forcée, selon les vues actuelles du
législateur;

5° Qu'après ces perfectionnemens des deux lois du 11 brumaire an VII, la première de ces deux lois soit insérée dans
le projet de Code civil, au liv. III, à la place des titres VI,
VII et VIII,

Et que la seconde de ces deux lois soit renvoyée et insérée
dans *le Code de la procédure civile;*

6° Que les art. 1, 3, § 2, 4, 6, 12, 13, 15, § 1, 19, 20,
21, 22, § 1 et 2, 25 et 26 de la loi du 21 ventose an VII
et l'article 1er de la loi du 6 prairial an VII, soient expressément rapportés par une loi particulière, et qu'ainsi les
droits d'hypothèque soient totalement supprimés;

7° Que, par une autre loi, les droits d'enregistrement sur
les ventes soient réduits à trois pour cent de droit propor-
tionnel, sans aucune subvention de guerre;

8° Que la tenue des registres hypothécaires soit ôtée à la
régie de l'enregistrement, et remise, en chaque arrondissement, au greffier du tribunal de première instance, moyennant le même cautionnement et sous la même responsabilité,
et qu'ils soient placés sous la surveillance de chaque tribunal
et du commissaire du Gouvernement près de lui.

Le tribunal d'appel des départemens de la Dyle, de la
Lys, de l'Escaut, de Jemmape et des Deux-Nèthes, séant
à Bruxelles, les trois sections réunies, ayant chargé de ce
travail le soussigné, commissaire du Gouvernement près
de lui, l'écrit ci-dessus a été proposé à la commission
formée par le même tribunal pour l'examen du Code civil,

à Bruxelles, le 28 thermidor an IX. *Signé* BEYTS, *commissaire.*

Lu en séance de la commission du Code civil, le 28 thermidor an IX. Signé LATTEUR, *président;* FOURNIER, P. WAUTELÉE.

Lu et approuvé en assemblée générale du tribunal d'appel séant à Bruxelles, les trois sections réunies, pour être envoyé au Ministre de la justice, et faire partie des observations du tribunal sur le Code civil. Bruxelles, ce 11 fructidor an IX de la république. Signé LATTEUR, *président;* P. J. FEIGNEAUX, *greffier.*

N° 10. *Observations présentées par le tribunal d'appel séant à* CAEN.

Le tribunal d'appel séant à Caen, au désir de la lettre du ministre de la justice, a formé une commission composée des citoyens *Lemenuet,* président, *Cailly,* vice-président, et *Delangle,* juge. La commission a soumis son travail au tribunal par le rapport suivant :

CITOYENS,

Vous nous avez chargés de l'examen du projet de Code civil; nous venons vous présenter le résultat de nos observations, et recueillir celles que vos méditations particulières auront fait naître.

Un Code civil est depuis long-temps l'objet des vœux des Français. Tandis que toutes les parties des connaissances s'élevaient au plus haut degré de perfection, la science de la législation restait seule dans une sorte d'état de dégradation; et malgré les lumières répandues de toutes parts, il semblait que la formation d'un corps de lois civiles surpassait les efforts de l'esprit humain.

Nous avons donc l'espoir de voir le chaos de nos lois disparaître, l'ordre succéder à la confusion; la bizarrerie, l'incohérence et la contradiction des Coutumes, remplacées par l'uniformité.

Le projet présente le plan le plus étendu qui ait été conçu; les objets y sont classés dans leur ordre naturel: cependant il semblerait que, pour rendre plus parfaite la marche des idées que les rédacteurs ont suivie, on devrait placer le titre des donations et du testament après les successions.

liv. 3,
titr. 1
et 2.

Ces deux objets ont des rapports immédiats, une liaison et des rapprochemens indispensables; leurs dispositions se correspondent: les idées sont donc liées, et, en quelque sorte, dépendantes; il nous paraît donc nécessaire de les faire se succéder.

liv. 3,
tit. 18.

Les hypothèques, qui prennent naissance et dérivent de toute espèce d'engagement soit légal, judiciaire ou conventionnel, et de toute espèce de contrats, devraient être placées après tous les contrats, et former l'avant-dernier titre.

liv. 3,
tit. 6.

Les rédacteurs n'ont point voulu prendre sur eux de parler des rentes foncières. Le dernier projet du consul *Cambacérès* contenait un titre exprès; nous ne voyons pas pourquoi ce contrat, si utile et si fréquent, serait omis dans notre Code. Serait-ce parce qu'on l'avait assimilé aux rentes féodales? Cette erreur ne pouvait s'être formée que dans un temps où toutes les idées s'obscurcissaient.

Il nous paraît indispensable de rétablir des dispositions sur cet objet important.

La licitation est souvent indispensable entre cohéritiers; pourquoi le cohéritier qui ne peut avoir une partie de l'héritage serait-il privé d'avoir une rente représentative des fonds, et pourquoi cette rente ne serait-elle pas considérée comme l'immeuble dont elle tient la place?

Pourquoi l'individu que ses occupations ou la distance mettent dans l'impossibilité de veiller sur sa propriété ne pourrait-il l'échanger contre une rente foncière?

Un autre avantage, pour les progrès de l'agriculture, c'est

que celui à qui les facultés ne permettent pas d'acquérir peut prendre des fonds à rente foncière, et les mettre en valeur.

Si l'on croit nécessaire aux progrès de l'agriculture de rendre ces rentes rachetables, on pourrait employer la stipulation de non-rachat, et la fixer, non pas à dix ans, comme dans le projet de Cambacérès, mais à vingt ou trente ans. 53σ

Après ces réflexions sur l'ensemble, nous allons vous présenter celles que la discussion de chaque article a fait naître.

P. S. Nous observerons encore qu'on a oublié de parler des transactions, qui sont d'un usage si fréquent dans l'ordre social, et qui ont toujours mérité l'attention du législateur. Cet objet mériterait un chapitre au titre *des Conventions.* On y réglerait : 1º qui peut transiger ; 2º sur quels objets ; 3º les actes de partages faits par transaction, sont-ils sujets à restitution ? On peut voir, sur cet article, l'excellent Traité des Conventions. liv. 3, tit. 15

LIVRE PRÉLIMINAIRE.
TITRE III.

Art. 2. Les dispositions de cet article paraissent entraîner de grands inconvéniens. Le ressort des tribunaux d'appel est trop étendu pour que la loi soit réputée connue de tous les citoyens et même des juges inférieurs chargés de l'appliquer, du jour de sa publication au tribunal d'appel. Il serait préférable de ne la rendre exécutoire, pour chaque tribunal, que du jour où elle aurait été reçue et publiée par lui : c'était aussi l'ancien usage. 1

Nota. Le tribunal a cru que l'observation devait être retirée, et a préféré le mode établi par l'article.

Art. 3. La peine prononcée par cet article est sans objet. Le commissaire du Gouvernement est chargé de requérir l'enregistrement des lois. La peine de forfaiture ne pourrait être encourue par les juges, que dans le cas seulement où ils refuseraient de prononcer sur les conclusions du commissaire, et d'ordonner l'enregistrement. Dans aucun cas, ils ne peuvent être coupables de négligence, et le simple retard ne peut être imputé qu'au commissaire, ou à celui des juges qui, en son absence, serait chargé d'en faire les fonctions.

LIVRE PREMIER.

TITRE Ier. — § III.

26-
27

Art. 29. L'époque de laquelle doit dater la mort civile de celui qui est dans le cas de cet article n'est pas précisée ; il serait à désirer qu'on dît : *Sont réputés morts par la loi, du jour de l'exécution par effigie.*

TITRE II. — SECT. II.

70

Art. 43. Il paraîtrait plus naturel que le juge-de-paix du lieu de la naissance fût chargé de la délivrance de l'acte de notoriété requis dans le cas prévu par cet article ; ses connaissances personnelles, ou celles qu'il pourrait recueillir sur les lieux, le mettraient à portée de rendre compte des causes qui empêchent de se procurer l'acte de naissance. Il serait même souvent impossible à des habitans d'un point éloigné de la république d'en parler en connaissance de cause. Cela serait d'ailleurs sujet à de très-grands inconvéniens.

50-
192

Art. 53. Il serait bon d'infliger à l'officier de l'état civil qui négligerait de remplir les formalités prescrites par l'article 53, la peine portée en l'article 40 de la même section, pour éviter les abus qui pourraient résulter d'une complaisance souvent criminelle de sa part, et qui peut, par la suite, donner ouverture à la demande en nullité du mariage. On pourrait en faire un article séparé, qui se placerait entre les articles 53 et 54.

TITRE IV.

CHAPITRE Ier.

Art. 3. Pour écarter l'intérêt personnel, il paraît juste que les héritiers présomptifs ne puissent être entendus en genre de témoins sur le fait de l'absence. Nous proposons d'ajouter à ces mots : *parmi les parens de l'absent*, ceux-ci : *autres, toutefois, que ceux qui pourraient profiter des effets de l'absence.*

CHAPITRE II.

Art. 14 et 18. Les dispositions de ces deux articles sont 129 disparates. Par l'article 18, l'absent n'est réputé mort qu'après cent ans révolus ; et par l'article 14, il pourrait être irrévocablement privé de la propriété de ses biens après trente années du jour de l'envoi en possession provisoire ; de sorte qu'en réunissant à ces trente années les cinq qui suffisent pour que l'absence soit réputée constante, et donne lieu à l'envoi en possession provisoire, il ne faut qu'un laps de trente-cinq ans pour que l'absent de retour, que mille causes peuvent avoir retenu éloigné et dans l'impossibilité de donner de ses nouvelles, soit irrévocablement privé d'une partie des avantages de la vie civile, tandis que la présomption de sa mort n'est acquise au bénéfice de ses héritiers qu'après cent années. L'envoi en propriété incommutable semble ne devoir être autorisé, à l'égard de l'absent, qu'après le même laps de temps.

L'art. 18 est encore incomplet. La succession de l'absent 120 est dévolue à ceux qui étaient ses héritiers présomptifs à l'époque de sa disparition ; et cependant, s'il avait donné de ses nouvelles, sa mort ne pourrait être réputée constante que du jour de ses dernières nouvelles, et sa succession acquise à ceux qui étaient ses héritiers présomptifs à cette époque. Il faudrait donc ajouter à ces mots : *du jour de sa disparution,* ceux-ci : *ou du jour de ses dernières nouvelles.*

Art. 22. Cet article nous paraît trop rigoureux ; la nomination d'un curateur ne peut entraîner ni de longs délais, ni 131 de grands inconvéniens, et le système contraire pourrait être très-préjudiciable à l'intérêt des absens ou de leurs héritiers. Dans l'ancienne législation, le procureur du roi 114 était le curateur né des absens. Un jugement par défaut pourrait passer en force de chose jugée, et ainsi devenir irrévocable, quoique injuste au fond. C'est ainsi que l'avait pensé le chancelier de Lamoignon. Il faudrait au moins donner aux héritiers envoyés en possession provisoire, le droit de revenir, par opposition, contre les jugemens rendus avant l'envoi en possession.

137   Art. 25. Cet article impliquerait contradiction avec les précédens, si on n'ajoutait pas à ces mots : *sans préjudice de l'action en pétition d'hérédité*, ceux-ci : *ouverte avant son départ.*

CHAPITRE III.

112   Art. 33. Cet article devrait être rendu commun à tous les agens civils ou militaires absens pour le service de la république.

TITRE V.

CHAPITRE Ier.

146   Art. 7. Cet article renvoie aux formes prescrites par la loi. De quelle loi entend-on parler? est-ce de la loi de 1792? Elle semble rapportée par la promulgation du Code civil. Est-ce d'une loi particulière non encore faite? Il faut l'exprimer.

160   Art. 15. Il est évident qu'on n'a pas voulu donner à la famille un pouvoir aussi prolongé qu'on l'a donné au père. Cependant, l'expérience nous a prouvé que, s'il se trouve des familles qui, par intérêt ou par préjugé, pourraient apporter des obstacles injustes au mariage d'un mineur de vingt-cinq ans, il est bien plus fréquent de trouver des jeunes gens séduits par une femme adroite contracter des mariages qui les déshonorent, ou, au moins, que la réflexion aurait empêchés. Nous pensons donc qu'il y a beaucoup moins d'inconvénient à prolonger le pouvoir de la famille jusqu'à l'âge de vingt-cinq ans, qu'à abandonner à lui-même un jeune homme de vingt-un ans, âge où les pas-

sions sont à leur plus grand degré d'effervescence : il serait, dans ce cas, utile, pour prévenir les abus, d'écarter du conseil les héritiers présomptifs.

Art. 17. La prohibition portée par cet article doit être 161 plus clairement exprimée pour les enfans issus seulement d'un des conjoints prédécédé ; en sorte qu'il résulte clairement que l'époux survivant ne puisse épouser l'enfant du prédécédé issu d'un autre mariage ou union, et que l'époux divorcé ne puisse aussi se marier à l'enfant de son époux, issu d'un autre mariage ou union. Les lois romaines avaient prévu ce cas.

Art. 20. La rédaction de cet article serait plus exacte si l'on disait : *n'est point obligatoire ; elle peut seulement donner lieu aux dommages et intérêts qui seraient jugés légitimement dus.*

CHAPITRE II.

Art. 25. Il semble que l'on a omis le domicile du tuteur 168 ou du curateur.

Lorsqu'un citoyen n'a pas acquis sa vingt-cinquième année, et qu'il n'a ni père ni mère, ni aïeuls ni aïeules, les publications devraient encore se faire au domicile de son tuteur.

Ce titre étant spécialement destiné à l'instruction des officiers de l'état civil, il serait peut-être bon de rappeler ici la prohibition conditionnelle portée aux articles 112, 113 et 114 du chapitre III du titre IX.

CHAPITRE III.

Art. 31 et 32. Suivant l'article 48 du titre II de l'état civil, 176 le mariage doit être célébré par l'officier de l'état civil du domicile de l'une des parties : elles ont donc, jusqu'au moment du mariage, le droit de choisir entre les deux officiers, dans le cas où elles résideraient dans deux communes différentes. Auquel de ces deux officiers sera signifiée l'opposition ? Il faut qu'elle le soit à tous les deux, ou que l'un ne puisse procéder au mariage, sans qu'il se soit fait représenter un certificat authentique soit de non-opposition, soit de main-levée des oppositions formées entre les mains de l'autre.

177- Attribuer la connaissance des contestations résultant des
178 oppositions au juge-de-paix, sauf l'appel au tribunal d'arrondissement, c'est, ce semble, donner bien peu d'importance à une matière qui en comporte davantage. Le juge-de-paix ne peut connaître d'une contestation dont l'intérêt pécuniaire s'élève au-dessus de cent francs, et on le rend juge de l'état des personnes. On propose, au contraire, d'attribuer cette connaissance au tribunal de première instance dans le ressort duquel sera domicilié celui des futurs conjoints sur lequel portera l'opposition, sauf la voie d'appel. Cette disposition serait plus propre, d'ailleurs, à absorber les petits intérêts particuliers et les passions locales : c'était un vice de la loi de 1792, qu'il faut réformer.

185 Art. 38, 3e *alinéa*. Il y a erreur dans le renvoi aux articles 34 et 35, il faut dire 35 et 36.

ibid. Art. 39, 2e *alinéa*. Même erreur.

194 Art. 42. Cet article semble ne prononcer de nullité radicale qu'à défaut d'acte reçu par un officier de l'état civil : ne doit-on pas prononcer cette nullité lorsque cet acte a été reçu par tout autre officier que celui du domicile de l'une des parties, et indiqué comme seul propre à recevoir cet acte par l'article 22 du chapitre II du titre V, livre Ier ?

Art. 46. Si, dans le cas de cet article, le mariage est renouvelé *in extremis*, produira-t-il des effets civils ou n'en produira-t-il pas d'après les articles 19 et 63 ? Lorsqu'il y a eu mariage précédent, qui n'a été annulé que par vice de forme, il nous paraîtrait que le mariage *in extremis* devrait produire les effets civils.

CHAPITRE IV.

Art. 56. Il faut retrancher de cet article le mot *solidaire-*

mènt, qui se trouve en contradiction avec ces expressions, qui suivent immédiatement : *chacun en ce qui le concerne.*

TITRE VI.

Art. 24. Cet article renvoie aux sections III et IV ci-après. Ces sections n'existent pas.

Art. 45. Au lieu de dire *le demandeur*, il faut dire *le défendeur;* il faut aussi fixer un délai et dire : *après un abandon de six mois.*

Si le commissaire, dans le cas de cet article, a le droit d'attaquer le divorce pour la collusion pouvant résulter de ce que le défendeur n'aurait pas opposé l'exception résultant de la grossesse, etc., ne peut-il pas y avoir collusion dans beaucoup d'autres cas, notamment celui de l'abandonnement? cependant, la loi est muette sur le pouvoir du commissaire dans ces cas : ne devrait-elle pas s'exprimer formellement?

Art. 57. Au lieu de *ou à l'un ou à l'autre*, il doit y avoir 303 *ou à l'un et à l'autre.*

TITRE VIII.

CHAPITRE Ier.

On propose de faire un article additionnel entre les articles 5 et 6, ainsi conçu : 380

« Le père remarié ou celui contre lequel le divorce aura
« été prononcé, encore bien que la famille lui ait confié le
« gouvernement de ses enfans, ne pourra exercer le droit
« qui lui est attribué par les articles précédens, que con-
« formément aux règles ci-après prescrites à l'égard de la
« mère survivante. »

Art. 7. Il paraîtrait convenable de n'admettre d'étrangers 381 qu'autant que les excuses des parens auraient été jugées légitimes.

CHAPITRE II.

Art. 12. Pourquoi priverait-on le père qui a obtenu le di- 384 vorce de l'avantage que cet article donne aux pères? pri-

26.

vation qui résulterait cependant de ces expressions, *constant le mariage*. Il paraît nécessaire que la loi s'explique sur ce cas.

TITRE IX.

CHAPITRE Iᵉʳ.

389-385
Art. 5 et 6. *Sous la seule charge, etc.* On propose d'ajouter: *celles de payer les dettes mobilières, les rentes et charges annuelles, et de tenir en bon état de réparations usufruitières les biens dont il jouit, si mieux il n'aime renoncer au bénéfice de ces deux articles.*

451
Art. 7. Cet article présente une espèce d'inversion ; on propose de le rédiger ainsi :

« Le tuteur naturel est tenu de faire procéder à la nomi-
« nation d'un subrogé tuteur, en présence duquel il fera
« faire inventaire. »

406
Art. 26, 2ᵉ *alinéa.* Il faudrait dire, *il doit*, là où il y a *il peut*, et au contraire, *il peut*, là où il y a *il doit*, puisque la convocation du conseil de famille est une obligation pour lui, et que l'apposition des scellés est une mesure de précaution laissée à sa prudence. Dans tous les cas, il faut mettre, *il doit.*

427
Art. 46. Les juges des tribunaux d'appel et les juges de première instance doivent être compris dans l'exception. Cet état en appelle un grand nombre hors de leur domicile. La suite de leurs fonctions ne leur permet pas d'absence, autrement l'administration de la justice en souffrirait. Cette considération d'intérêt public doit l'emporter sur l'intérêt particulier d'une famille.

439
Art. 53, 2ᵉ *alinéa.* Ces expressions, *par un conseil de famille*, sont équivoques. Il serait mieux de dire : *par le même conseil de famille, etc.*

451
Art. 67. On propose d'ajouter à cet article :

« S'il néglige de se conformer à cet article, le subrog
« tuteur doit requérir lui-même ledit inventaire, à peine d

« répondre , solidairement avec le tuteur, de tous dom-
« mages et intérêts envers le mineur. »

Art. 68. Il faudrait ajouter : *à moins qu'elle ne soit fondée* 451
sur un titre authentique.

Art. 71. Il faudrait ajouter au dernier alinéa : *à moins* 453
qu'il ne soit autorisé par le conseil de famille à les conserver en
tout ou partie. Il est des circonstances où cette vente serait
très-préjudiciable à l'intérêt d'un mineur, surtout s'il était
sur le point d'atteindre sa majorité. Il pourrait y avoir quelques inconvéniens à abandonner l'administration de la personne du mineur à la surveillance du tuteur sans le concours du conseil de famille; son éducation pourrait être négligée, surtout si le tuteur était héritier présomptif. Le réglement des tutelles en Normandie avait une disposition fort
sage que l'on devrait adopter et placer à la suite de l'art. 65.

Voici comme il est conçu :

« Les parens peuvent, lors de l'élection du tuteur, choisir
« le lieu et la personne qu'ils jugeront à propos pour l'édu-
« cation du mineur, lesquels ils peuvent aussi changer pen-
« dant la suite de la tutelle , s'ils avisent que bien soit. »

Art. 74 et 76. Dans les cas prévus par ces articles, il pa- 461-
raîtrait nécessaire d'exclure du conseil de famille ceux des 462
délibérans qui pourraient avoir un intérêt personnel à ce
que la succession fût acceptée ou répudiée au nom du mineur.

Art. 77. L'ordonnance de 1731 , art. 7, tit. II, en dispo- 463
sait autrement; elle permettait au tuteur d'accepter sans
qu'il soit besoin d'avis de parens , et cette disposition était
bonne. Il importe souvent à l'intérêt d'un mineur de ne pas
différer l'acceptation. L'assemblée du conseil de famille
peut éveiller l'intérêt qu'auraient des parens d'empêcher la
donation, lesquels peuvent en détourner le donateur. D'un
autre côté, on convient qu'il ne faut pas que le mineur soit
exposé à faire une acceptation inconsidérée qui pourrait
compromettre ses droits. D'ailleurs , l'art. 50 du titre XIX

du liv. III autorise le tuteur à accepter sans exprimer la condition portée dans cet article, ce qui semble être en contradiction.

465   Art. 79 et 82. On ne voit point sur quoi peut être fondée la dispense de faire délibérer le conseil de famille, quand il s'agit de défendre à une demande en partage ou en licitation.

459   Art. 84. Il semble que cette vente devrait être précédée d'une estimation, au-dessous de laquelle on ne pourrait vendre. C'est une sauve-garde pour le mineur, qui empêche que la vente ne se fasse à vil prix. Les enchères ne le garantissent pas toujours de cet accident. Si quelquefois ces estimations ont mis des entraves à la vente, et ont écarté les enchérisseurs, dans ce cas la justice subvenait aux circonstances en autorisant les licitations. Cette estimation préalable est d'autant plus essentielle, que la vente devant notaire peut offrir plus de facilité au dol et à la fraude que celle qui se faisait en jugement; mais elle évite des frais de vente : dans tous les cas, elle devrait se faire devant le tribunal d'arrondissement de la situation des biens.

Cette estimation est d'autant plus nécessaire, que le mineur ne pourra invoquer d'autre lésion que celle accordée aux majeurs.

CHAPITRE III.

482   Art. 107. Le nouveau Code répute meubles les rentes perpétuelles, expression qui semble comprendre celles créées par bail d'héritages ou à prix d'argent. Il est beaucoup de fortunes qui ne se composent que de cette nature de biens; il est fort dangereux d'en laisser la libre disposition à un jeune homme de dix-huit ans. Il semble qu'on devrait les excepter plutôt que les comprendre dans l'administration qui lui est confiée.

484-1398   Art. 110. Pour que la donation par contrat de mariage fût valable, on devrait assujétir le mineur, quoique émancipé, à se faire assister de ses père, mère, ascendans, ou de son curateur. On l'a supposé par la disposition de l'art. 201, tit. III, au titre *des Conventions*.

TITRE X.

La prodigalité devrait être rangée, comme elle l'a tou- l. 1er, jours été, dans la classe des causes de l'interdiction. Elle est ch. 3. le fruit des passions violentes, qui annoncent, dans ceux qui s'y livrent, une absence de raison assez forte pour ne pas les abandonner à eux-mêmes. Si, dans ces espèces d'hommes, la raison n'est pas obstruée sous tous les rapports, elle l'est au moins sous les plus essentiels, ceux de la subsistance du prodigue et de sa famille. Il paraît d'autant plus essentiel de pourvoir à ce cas, que la loi projetée abroge implicitement toutes les réserves coutumières qui existaient : telles que, dans la Coutume de Paris, le fonds du douaire ; en Normandie, le tiers-coutumier. Si la loi n'offre pas une ressource contre la prodigalité d'un père de famille, ses écarts la réduiront à la mendicité, et lui-même à recourir à d'indignes ressources toujours préjudiciables à l'ordre social. Ces motifs ont été sentis par les législateurs dans leurs dispositions sur la puissance paternelle.

Mais si le père est mort, le sort de la famille d'un prodigue est sans ressource, si on ôte celle de l'interdiction.

Art. 6. Si on admet la prodigalité pour motif d'interdic- 514 tion, le juge-de-paix ne doit être autorisé à la provoquer pour cette cause.

Art. 11. Dans le système proposé, il faudrait ajouter, au 513 mot *démence*, ceux-ci : *et de prodigalité*.

Art. 13. Au lieu d'*assesseurs*, il faut dire maintenant *sup-* 496 *pléans*.

Art. 20. Cet article est mal rédigé ; on a voulu sans doute 501 ne parler que des notaires domiciliés dans l'arrondissement communal du domicile de l'interdit, et il comprend tous les notaires du département, puisqu'ils ont le droit d'exercer concuremment dans toute son étendue. Il faut ajouter que le jugement d'interdiction soit affiché dans l'auditoire du tribunal d'arrondissement.

513   Art. 40. Plusieurs tribunaux souverains avaient adopté, en certains cas, l'usage de donner ce conseil à celui qui, n'étant pas absolument dépourvu de raison, était cependant sujet à des écarts ou à des manies momentanées, qui pouvaient mettre sa fortune en danger ; c'est pour cette classe d'hommes que cet article est fait. Mais il semble que, s'il n'en faisait pas la demande, et que la famille ou quelque parent eût provoqué son interdiction, il serait juste que la loi autorisât le juge à modifier l'action, et à lui nommer un conseil sans l'assistance duquel il ne pourrait aliéner ses immeubles ou les grever d'hypothèques, dans les cas où il verrait que, sans avoir totalement perdu la raison, il y aurait faiblesse d'esprit et de facultés intellectuelles, ou absence instantanée de la raison.

Cette réflexion doit s'étendre au cas de prodigalité, si on ne croyait pas devoir adopter la prodigalité pour cause d'interdiction.

LIVRE II.
TITRE Ier.

529   Art. 4. Il paraîtrait naturel d'ajouter : *et les rentes foncières*, sauf à définir clairement cette espèce de rentes ; ce qui serait l'objet d'un titre particulier.

529   Art. 15. Il faudrait, dans l'esprit de l'observation précédente, excepter les rentes foncières.

538   Art. 25. Les rues, places et promenades publiques, ne peuvent être considérées comme dépendantes du domaine public, mais comme propriété communale, à comprendre dans l'article 29.

539-542   Art. 26. Il serait à désirer que la loi s'expliquât plus clairement à l'égard des landes et marais dont les communes ont la possession, mais dont elles ne pourraient peut-être pas justifier du titre de propriété.

TITRE II.

Art. 2. Il faut ajouter après le mot *juste*, ceux-ci, *et préa-* 545
lable; c'était une disposition de la constitution de 1791.
L'intérêt particulier doit être subordonné à l'intérêt général ;
mais il ne doit pas lui être entièrement sacrifié. On se rappelle les abus qui ont existé en semblables cas ; il faut les
prévenir.

TITRE III.

Art. 13. Les animaux devraient être assimilés aux choses 587
dont on ne peut faire usage sans les détériorer au point de
les consumer en quelque sorte. Un cheval, un bœuf, perdent tellement de leur valeur en vieillissant, qu'ils ne peuvent, après un certain laps de temps, être rendus au propriétaire, sans qu'il en résulte pour celui-ci une perte
considérable. L'usufruitier devrait être tenu d'en rendre
l'estimation à la fin de l'usufruit, d'après la valeur qu'ils
avaient lorsqu'il les a reçus.

Art. 17 et 18. La loi s'explique bien sur les arbres fruitiers 592-
qui meurent, mais ne dit rien des arbres de futaie qui meu- 594
rent également sur pied ; elle ne parle que de ceux qui sont
arrachés ou brisés par accident ; que l'usufruitier ne peut
s'approprier.

Ne devrait-elle pas donner positivement au propriétaire
le droit de disposer à son gré des arbres fruitiers ou autres,
arrachés ou brisés par accident ?

Art. 23. Il faudrait excepter des carrières en général, les 598
carrières de sable, de marne, etc. servant habituellement à
l'engrais des terres, dont elles augmentent considérablement
la valeur annuelle ; celles-ci devraient faire partie nécessaire
de l'usufruit. Il en est autrement des carrières de pierre, que
l'on n'exploite qu'accidentellement ; elles ne doivent pas être
comprises dans l'usufruit.

Art. 36. La proportion dans laquelle l'usufruit doit con- 612
tribuer avec la propriété n'est pas déterminée par cet ar-

ticle ; il serait cependant nécessaire de poser des règles à cet
égard, pour laisser, le moins possible, de latitude à l'arbitraire des experts ou des juges.

618   Art. 39. 5e *alinéa*. Il faut que les dégradations qui donne-
ront lieu à faire cesser l'usufruit soient *considérables*. Le sens
trop absolu de cet article mettrait les juges dans la nécessité
de prononcer la cessation de l'usufruit, pour dégradation,
quelque légère qu'elle fût.

620   Art. 41. Il faut ajouter à ces mots : *l'usufruit accordé à
quelqu'un*, ceux-ci : *par la volonté de l'homme*, afin qu'il ne
s'entende pas de l'usufruit accordé, par la loi, au père ou
à la mère survivant, par les articles 5 et 6, section Ire, chapitre II, titre IX, livre Ier ; car il n'est pas à supposer que
telle soit l'intention du législateur.

TITRE IV. — CHAPITRE II.

654   Art. 13. Il faut ajouter à cet article les autres marques de
non-mitoyenneté consacrées par les usages locaux et les
Coutumes. Suivant l'article 618 de la Coutume de Normandie, les relais ou armoires font marques de propriété du côté
où elles sont faites, si elles sont accompagnées de pierres de
taille traversant tout le mur. L'oubli de ces diverses marques
pourrait donner, pour les anciens murs, ouverture à de
nombreuses contestations.

678   Art. 31. Souvent il arrive qu'une maison se trouve séparée
d'un héritage voisin par une venelle ou ruelle publique, sans
que la séparation soit marquée par la distance déterminée par
cet article, et cependant on ne peut priver un propriétaire du
droit d'ouvrir des jours sur une voie publique. Pour prévenir
toute équivoque, il faudrait dire : *sur l'héritage* IMMÉDIAT *de
son voisin*.

LIVRE III.

liv. 3.   La rédaction du titre est vicieuse. Ce livre ne traite pas
seulement des différentes manières dont on acquiert *la pro-*

priété des biens, mais encore de celles dont on acquiert l'usufruit des biens ; le premier alinéa de l'article 1er en est la preuve. Il faut donc substituer à ce titre celui-ci : *Des différentes manières dont on acquiert les biens.*

Art. 1er. L'observation précédente s'applique à cet article. 711

N° 1er. Au lieu de dire : *par la puissance paternelle*, il faudrait dire : *par la tutelle naturelle.* C'est sur ce titre qu'est fondé le droit d'usufruit accordé au père ou à la mère survivant sur les biens des enfans mineurs.

TITRE Ier.

CHAP. III. — SECT. V.

Art. 49, 50 et 51. Les articles 49 et 50 disposent des successions des frères et sœurs entre eux, lorsqu'ils ne laissent ni descendans, ni père ni mère, soit qu'ils soient germains avec le défunt, soit qu'il s'en rencontre de consanguins ou utérins. L'article 51 règle celles où il ne se rencontre ni frère ni sœur. Mais il est un cas qui ne semble pas suffisamment prévu, c'est celui où le défunt laisse des frères et des sœurs utérins : excluront-ils les parens collatéraux plus éloignés de la ligne paternelle ? ou de même, s'il ne laisse que des frères et sœurs consanguins, excluront-ils les parens collatéraux de la ligne maternelle ? 750-752

On pourrait l'induire de l'art. 51, qui n'appelle les parens collatéraux plus éloignés de chaque ligne, qu'à défaut de frères et sœurs ; mais il serait à propos de l'expliquer d'une manière précise, parce que cette induction pourrait être combattue par un texte précis de la loi, écrit en l'article 27, qui porte que toute succession échue à des ascendans et collatéraux, se divise en deux parts égales, l'une pour la ligne paternelle, l'autre pour la ligne maternelle ; et il ne fait exception que pour les deux cas énoncés aux articles 46 et 47.

Le cousin-germain du défunt, ou autre parent plus éloigné dans la ligne paternelle, dirait au frère utérin : « Nous som-

« mes vous et moi collatéraux, moi dans la ligne paternelle,
« vous dans la ligne maternelle. L'article 37 dit que la fente
« s'opère entre nos deux lignes : cet article n'admet d'excep-
« tion en votre faveur que contre les ascendans ; je ne suis
« point dans cette exception, je prends la moitié affectée à
« la ligne paternelle, prenez celle affectée à votre ligne.
« L'article 51 ne vous défère que ce qui est de votre ligne,
« et non ce qui appartient à l'autre. »

Rendons ces observations sensibles par un exemple.

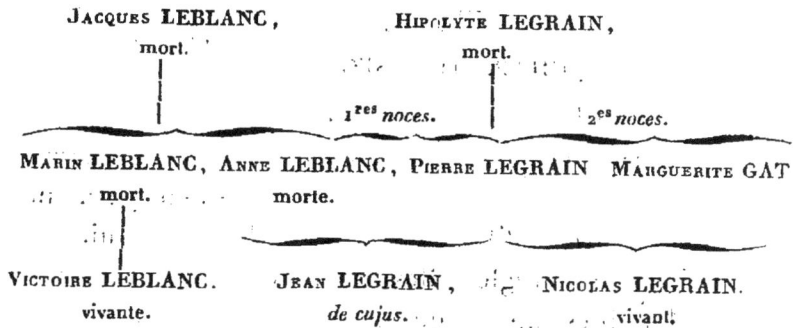

Jacques LEBLANC, mort.		Hipolyte LEGRAIN, mort.	
	1res noces.		2es noces.
Marin LEBLANC, mort.	Anne LEBLANC, morte.	Pierre LEGRAIN	Marguerite GAT
Victoire LEBLANC. vivante.		Jean LEGRAIN, de cujus.	Nicolas LEGRAIN. vivant.

Les plus proches parens du défunt sont, dans la ligne paternelle, *Nicolas Legrain*, et dans la ligne maternelle, *Victoire Leblanc*, cousine-germaine. *Nicolas Legrain* donnera-t-il
l'exclusion à *Victoire Leblanc* ?

Peut-être dira-t-on que la question est résolue par l'article 51, qui ne défère la succession en second ordre aux collatéraux qu'à défaut de frères ou sœurs ou descendans d'eux, et
d'ascendans dans l'une ou l'autre ligne : mais si les rédacteurs
l'ont entendu ainsi, il faut qu'aux exceptions de l'art. 27 sur
la fente en deux lignes, l'on ajoute celle que ferait cet article 51 ; et, pour lever les doutes qu'offre ce dernier article,
il faudrait ajouter aussi à sa rédaction, après ces mots : *à défaut de frères ou sœurs*, ceux-ci : *encore qu'ils ne soient que consanguins ou utérins.*

On dit pour lever les doutes, parce qu'en effet cet article

peut en offrir de graves : il pose deux cas dans lesquels il appelle les collatéraux en second ordre ; le premier, à défaut de frères ou sœurs ou d'ascendans d'eux ; le deuxième, à défaut d'ascendans dans l'une ou l'autre ligne. Dans ce deuxième cas, s'il ne se rencontre des ascendans que dans une ligne, et qu'il ne s'en rencontre pas dans l'autre, les collatéraux de cette dernière ligne viendront avec l'ascendant de l'autre ligne.

Cela résulte du texte de l'article 43 ; mais n'est-il pas à craindre que l'on oppose aux frères et sœurs qui ne seront que consanguins ou utérins, ce qui semble ne devoir s'appliquer qu'aux ascendans ? On leur dira que ces expressions, *de l'une ou de l'autre ligne*, se rapportent aux frères et sœurs comme aux ascendans, et qu'ils ne peuvent donner l'exclusion qu'aux parens plus éloignés de leur ligne ; on rapprochera ce moyen de celui résultant de l'article 27, qui ne les excepte pas de la fente avec les collatéraux d'une autre ligne, et leur droit pourra être regardé comme douteux. Il y a donc nécessité de le rendre clair en leur faveur, en ajoutant aux articles 27 et 51 ce qui est proposé.

Il y a aussi justice, parce que, dans l'ordre de la nature, ils sont plus proches que des cousins-germains, et qu'enfin, si la loi la leur rend par son article 46 contre les ascendans, elle la leur doit contre des collatéraux qui sont moins proches, moins favorables, et qui ne viennent qu'à leur représentation. Si, par exemple, un frère de père exclut l'aïeul maternel aux termes de cet article, comment se ferait-il qu'il ne donnerait pas l'exclusion à des cousins-germains du défunt qui seraient issus de cet aïeul ?

L'article 51 dit encore que, s'il n'y a point d'ascendans dans l'une ou l'autre ligne, les collatéraux en second ordre sont appelés. Cela doit s'entendre des collatéraux de la ligne où il n'y a pas d'ascendans ; car, s'il se rencontre des ascendans dans une ligne, et qu'il ne s'en rencontre pas dans l'autre, les collatéraux de cette dernière ligne viendront avec l'ascendant de ladite ligne : c'est le texte de l'art. 43.

Or, les collatéraux en second ordre, qui contesteront aux frères ou sœurs, soit consanguins, soit utérins, l'exclusion, voudront s'approprier les principes résultant de ces deux articles. Ils diront que ces expressions, *de l'une ou de l'autre ligne*, se rapportent aux frères et sœurs comme aux ascendans : que la particule *ou* est disjonctive ; qu'elle n'exclut que dans un cas et pour la ligne où il se rencontre, soit des ascendans, soit des frères et sœurs, et non pour celle où il ne s'en rencontre pas.

Si, d'ailleurs, on considère que l'article 49 ne défère la succession des frères qu'à leurs frères et sœurs germains, il s'ensuivrait que, lorsqu'il ne se rencontre que des frères et sœurs, ou utérins ou consanguins, la succession ne leur serait déférée que pour la moitié de leur ligne, et que celle de la ligne qui leur serait étrangère, passerait ou aux cousins germains, ou aux collatéraux de cette ligne plus éloignés. La fente en deux parts, établie par l'art. 50, prête encore à cette interprétation.

Enfin, le sort des frères utérins ou consanguins, dans ces deux cas, doit être certain, et cette fente en deux lignes le rend plus que douteux : il importe que, quelque parti qu'on adopte, il soit plus clairement expliqué.

757   Art. 55. Si l'enfant naturel concourt avec un ascendant, il semble qu'il faille expliquer que, dans ce cas, l'ascendant sera considéré dans le partage comme le serait un enfant ou descendant légitime.

Cessant cette addition, l'enfant naturel pourrait prétendre le tiers de la totalité de la succession, en suivant l'expression littérale de l'article.

Quid, s'il se rencontre des ascendans dans une ligne et des collatéraux dans l'autre ? On croit que, malgré la deuxième disposition de l'article 55, il est utile d'en faire un article.

Art. 60. Il peut arriver qu'une succession se compose de peu de meubles, de peu de fonds et de beaucoup de rentes : il serait dur pour les enfans légitimes ou héritiers, qui ne

pourraient donner de l'argent , d'être obligés de délivrer
peut-être le peu de fonds qui existeraient : il semble qu'il devrait leur être permis de s'acquitter aussi en rentes de la succession. En Normandie , cette espèce de biens est très-com-
mune. Cette faculté était accordée au frère pour s'acquitter
du mariage de sa sœur ; et , certes , la créance des enfans naturels n'est pas plus favorable que ne l'était celle des sœurs
nées en légitime mariage. On pense donc qu'à ces mots ,
meubles ou fonds, il faudrait ajouter : *ou rentes de la succession* , et si , comme nous l'avons proposé , on réputait les
rentes foncières immeubles, alors, il faudrait dire : *en meubles
ou en immeubles*, l'expression de *fonds* ne s'entendant que des
fonds de terre.

CHAPITRE V.

Art. 77. Il faut que l'inventaire, pour être légal, soit fait 769
en présence du commissaire du tribunal , ou , si la succession est ouverte hors le lieu ou siège le tribunal, en présence
du maire ou adjoint de la commune.

Art. 78. Nous observerons que le terme d'*héritière* ne 770
nous paraît pas propre , étant appliqué à la république ,
elle n'est point, à proprement parler , héritière.

Cet article pourrait donner à croire qu'après la contumace
prononcée , la république serait irrévocablement envoyée
en possession ; et, quoiqu'il soit évident par différentes dispositions, que les héritiers peuvent se présenter tant que leur
droit n'est pas prescrit, c'est-à-dire avant l'expiration des
trente années , il serait bon, pour éviter toute ambiguité , de
faire une disposition relative à cet objet.

CHAPITRE VI.
SECTION II.

Art. 94. D'après cet article, la faculté d'accepter une 789
succession vacante se prescrirait par le laps de temps requis
pour la prescription la plus longue des droits immobiliers ;
d'où l'on devrait induire qu'après ce laps de temps, l'hé-

ritier présomptif ne pourrait être apte à appréhender la succession.

Cependant, l'article 89 dispose que là renonciation à une
succession n'est jamais présumée. Cette expression, *jamais
présumée*, semble exclusive de l'idée de la prescription de la
faculté d'accepter : cette contradiction, au moins apparente,
pourra faire naître des difficultés ; il paraît qu'on les ferait
cesser en réunissant dans un seul article une partie du 94ᵉ et
une partie du 89ᵉ, et en le rédigeant ainsi :

« La renonciation à une succession ne se présume pas :
« cependant la faculté d'accepter se prescrit par trente
« ans. »

Ce même article 94 dispose que la faculté de répudier une
succession se prescrit par trente ans : si cette faculté est
prescriptible, il arrive donc un moment où l'on devient héritier malgré soi et faute d'avoir fait une renonciation : ce
qui serait contradictoire avec l'article 79, portant que nul
n'est tenu d'accepter la succession qui lui est échue ; il faudrait donc retrancher ce qui est relatif à la prescription de
la faculté de répudier.

Il vaudrait mieux employer des dispositions d'abord pour
autoriser l'héritier en degré subséquent à obliger celui qui
le préfère à prendre une qualité après les trois mois et qua-
790   rante jours déterminés par les articles 101 et 102. En second
lieu, si un héritier qui se croirait habile à succéder prenait
la succession, et disposait de quelque partie, on ne voit dans
le Code aucune disposition relative à la remise des fonds,
dans le cas où il se présenterait un héritier plus proche qui
formerait l'action en répétition d'hérédité. Il serait cependant
nécessaire de déterminer quelle serait la valeur des actes de
celui qui aurait appréhendé de bonne foi la succession, dans
quel état elle doit être remise : il paraît naturel de les maintenir, comme on l'a fait par l'article 96, à l'égard de ceux
faits par le curateur.

790   Art. 95. Peut-être serait-il bon d'exprimer comment doit

s'opérer cette reprise ; car l'immixtion, après la renonciation, est quelquefois réputée acceptation. Les auteurs ont
beaucoup écrit sur cette question ; un article serait nécessaire.

SECTION III.

Réflexion préliminaire sur la qualité d'héritier bénéficiaire.

Celui qui a pris la qualité d'héritier bénéficiaire peut-il
y renoncer, et à ce moyen rendre frustres les diligences qui
lui auraient été adressées, ou les poursuites qui auraient
été dirigées contre lui, comme étant la personne de la succession ? Nous ne le croyons pas : *qui semel hæres semper
hæres.* Cette question a déjà été agitée dans les anciens tribunaux, et jugée conformément à l'opinion que nous émettons.

Nous proposons, pour qu'elle ne se renouvelle pas, d'en
faire une disposition expresse.

Art. 107. On ne voit, en aucun article de cette section, ce
qui doit arriver si dans la succession l'un se porte héritier
pur et simple, l'autre héritier sous bénéfice d'inventaire. Les
Coutumes avaient sur cela des dispositions diverses. Les unes
excluaient l'héritier bénéficiaire, et admettaient uniquement
l'héritier pur et simple ; d'autres faisaient de la différence
entre la ligne directe et la ligne collatérale. Cette question
fut agitée lors des arrêtés de *Lamoignon*, et mérite d'être résolue.

Art. 119. Nous proposons d'ajouter un article à la suite
de celui-ci, et qui serait ainsi conçue :

« Les juges pourront, selon les circonstances, dans les
« procès intentés ou soutenus par un héritier bénéficiaire,
« en cas qu'il succombe, le condamner personnellement aux
« dépens, ou l'autoriser à les employer dans son compte. »

Cet article additionnel ferait cesser l'incertitude de la jurisprudence sur ce point.

SECTION IV.

Art. 123. Il pourrait arriver qu'un homme laissât en

III.   27

mourant plusieurs procès pendans dans des tribunaux différens. Si chaque tribunal saisi, soit en première instance,
soit sur appel, nommait d'office un curateur, il en résulterait une multiplicité de curateurs, que l'on peut éviter en
renvoyant devant le tribunal de l'arrondissement où la succession a été ouverte, pour procéder à cette nomination, si
cela n'a pas encore été fait.

813   **Art. 124.** La sûreté des créanciers exige que la loi assu-
jétisse le curateur à donner caution si elle est requise par
les créanciers. Ce curateur est étranger à la succession, souvent peu solvable et indiqué par celui qui le fait nommer.
L'héritier bénéficiaire y est tenu lui-même en certains cas :
il y a même motif.

CHAPITRE VII.

819   **Art. 127.** On croit nécessaire de déterminer quelle est la
prescription applicable au cas prévu par cet article.

819   **Art. 132.** Le ressort d'un tribunal d'arrondissement est
trop étendu pour que le commissaire soit informé à temps
du décès de la personne sur la succession de laquelle doit
être apposé le scellé. Il paraîtrait plus convenable de charger
le juge-de-paix du canton, de faire cette apposition de
scellé, soit d'office, soit sur la connaissance du décès que
l'officier de l'état civil serait tenu de lui en donner immédiatement.

834   **Art. 150.** Si les lots étaient inégaux et faits en contravention aux règles précédentes, ils pourraient être blâmés;
dans quelle forme seront-ils refaits ? On pourrait les renvoyer aux experts qui, après avoir jugé les blâmes fondés,
feraient de nouveaux lots conformes aux règles.

841   **Art. 156.** Ce droit d'écarter du partage un étranger,
moyennant le remboursement du prix de la cession, appar-
tient-il à la masse des cohéritiers, à une portion et à un seul
au refus des autres? On pense que oui ; mais il est bon de
l'expliquer.

843   **Art. 159.** Il semble qu'il y ait une distinction à faire

entre les successions en ligne directe et les successions collatérales, et que, dans ces dernières, on doive dispenser du rapport les donations rémunératoires, ou à titre onéreux.

En ligne directe, si le père ou la mère tombent dans la détresse, la loi y a pourvu en obligeant les enfans de venir au secours de leurs parens. En ligne collatérale, il n'en est pas ainsi ; il peut arriver qu'un homme obtienne d'un parent de fournir à sa subsistance et de le supporter dans ses infirmités, moyennant le don de sa fortune, si médiocre qu'elle soit, ce qu'il n'obtiendrait pas d'un étranger. Il serait dur de le priver de cette ressource, comme aussi il serait injuste de le mettre dans l'impossibité de payer dans certains cas la dette de la reconnaissance. Le véritable équilibre ne serait pas rompu entre les cohéritiers, quand l'un d'eux recevrait ce qui lui était légitimement dû avant l'ouverture de la succession, sauf à n'exercer sur le reste qu'un droit égal.

D'ailleurs, ce statut en général semble envelopper les héritiers de tous les degrés, ainsi que toutes dispositions ; et l'on pourrait en induire une loi d'égalité parfaite, en quelque degré que les héritiers soient appelés, sauf les exceptions des portions disponibles. Ces exceptions portées aux articles 16, 17, 18 et 19 *des Donations*, n'ont lieu que dans les successions directes ; et en collatérale, uniquement en faveur des frères et neveux.

Hors ces cas, on peut donner même à son héritier (article 16 *des Donations*). Si par l'article 159 du présent titre, il est tenu de rapporter, sa donation sera sans effet, et la loi ne lui réserve même aucune portion disponible à conserver.

Il est vrai qu'il peut s'en tenir au don, en renonçant d'après l'article 160 ; mais, si ce don est inférieur à sa portion héréditaire, pourquoi n'en pourra-t-il rien retenir, et pourquoi la loi d'égalité sera-t-elle plus sévère entre des collatéraux éloignés qu'entre des plus proches, tels que des frères et neveux ?

L'égalité parfaite qu'établit cet article n'est pas d'ailleurs concordante avec les dispositions de l'article 22, qui ne donne pas à tous le droit de réduction, et, par conséquent, celui d'exiger le rapport. On pense donc qu'il faut rayer de cet article les mots : *la loi établissant la même égalité entre tous les héritiers quelconques qui viennent au partage d'une même succession.*

846   **Art. 161.** Si les héritiers en ligne collatérale sont au degré de cousins-germains et autres plus éloignés, le don n'est pas sujet à rapport, nul ne pouvant, aux termes de l'art. 22 du titre *des donations*, en demander la réduction.

Il faut donc restreindre cette règle à la ligne directe ; et en collatérale, au degré des frères et neveux.

849   **Art. 167.** Cet article fera naître une difficulté sur les sommes données en dot à la femme par les père et mère, lorsque le mari est insolvable, et qu'elle renonce à la communauté. Dans le pays de droit écrit et en Normandie, on ne la forçait pas au rapport. Il en était autrement à Paris. La femme pourra-t-elle user de cet article 167 pour dire qu'elle ne profite pas du don, et se refuser au rapport? Cela paraît douteux ; et il semble qu'il est nécessaire d'en faire un article, et de dire que le rapport ne doit avoir lieu en ce cas, le père devant s'imputer d'avoir livré imprudemment la dot. Si cependant il y avait faute de la femme d'avoir agi lorsque le mari était solvable, il serait juste de l'assujétir au rapport.

866   **Art. 181 ou 187.** Il est nécessaire d'ajouter ici une disposition qui détermine comment se fera l'estimation des fonds à rapporter. Il nous semble qu'elle doive être faite par experts, eu égard à leur valeur au moment de l'ouverture de la succession.

868   **Art. 189.** Cet article n'autorise l'estimation par experts que dans le cas seulement où il n'y aurait pas d'état estimatif annexé à l'acte ; mais, si, dans la vue de faire fraude aux autres héritiers présomptifs, cet état était fait à vil prix, ne

serait-il pas juste d'autoriser une nouvelle estimation par experts? Il faudrait alors substituer à cette expression : *sinon , et à défaut d'état estimatif*, *ou dans le cas où il serait contredit comme fait à vil prix , etc.*

Art. 191. On doit comprendre dans cet article le donataire 871 à titre universel, aussi bien que le légataire : il y a même raison de décider pour l'un que pour l'autre.

Il y a erreur dans la citation : au lieu de *section V, distinction* 2, il faut dire *chapitre V, section II.*

Art. 192. Il semble que, pour l'acquit de cette rente, l'on 872 établisse ici une espèce de réalité qui affranchit les autres biens de la contribution à la rente spécialement affectée sur un immeuble, ce qui peut grever les héritiers et faire éluder l'effet de l'article 191.

Le légataire universel des meubles, par exemple, s'en croira affranchi. Il faut donc ajouter à cet article : *sans préjudice de la contribution ci-dessus établie entre les héritiers et autres successeurs à titre universel.*

Art. 194. La disposition de cet article est conforme au 877 droit romain, conforme à un grand nombre de Coutumes; mais il est contraire à quelques-unes , et notamment à celle de Normandie, qui ne contient cependant point de texte précis à cet égard; mais l'art. 546 le dispose implicitement. D'ailleurs, l'art. 129 des placités est formel , et déclare que le titre ou jugement qui était exécutoire contre le défunt l'est aussi contre son héritier.

C'était aussi la disposition de l'ordonnance de 1539 (article 72), qui fut révoquée par la déclaration de 1549.

Dans cette divergence des Coutumes, il faudrait comparer et balancer les avantages et les inconvéniens de l'un et de l'autre système.

On ne peut se dissimuler que l'obligation que l'on impose à un créancier de faire déclarer son titre exécutoire contre les divers héritiers de son débiteur, entraîne et des retards dans le paiement de sa créance, et des faits aggra-

vans pour les héritiers. L'ordonnance de 1539 et l'usage nor-
mand sont bien plus conformes à la saine raison. Comment
un titre exécutoire peut-il cesser de l'être par la mort du débiteur? Pourquoi obliger le créancier à obtenir autant de
nouveaux jugemens qu'il y aura d'héritiers?

Quoi qu'il en soit, et en supposant que la disposition du
projet prévale, soit comme plus générale, soit comme plus
avantageuse, ce que nous sommes éloignés de penser, il faut
au moins maintenir en faveur du créancier l'action de saisie
et poursuite sur les biens de l'hérédité.

Liv.3-
t. 1er-
ch. 6-
sect.5.

SECTION V.

En déterminant les cas où la rescision peut avoir lieu, il
faudrait aussi déterminer le temps durant lequel elle pourrait
être demandée, et après lequel la demande n'en serait plus
recevable.

L'intérêt public et privé réclament un court délai, afin de
faire plus tôt cesser l'incertitude de celui qui possède. Il ne
faut pas non plus compromettre les intérêts opposés de celui
auquel l'expérience pourrait seule faire reconnaître qu'il est
· 1304 lésé. On propose, en conséquence, de déclarer l'action en
rescision prescrite par cinq années du jour du partage.

SECTION VI.

Article 218. Il faut dire, chapitre VI, au lieu de section VI.

TITRE II.— *Conventions en général.*
CHAP. Ier. — SECT. IV.

1132 Art. 30. La disposition de cet article est bonne. Il ne
fallait pas tenir aux subtilités du droit romain sur la nécessité d'exprimer la cause d'une convention ; mais cependant
il faut que cette cause soit constant et licite, et il est à
craindre qu'on n'abuse des expressions trop absolues de cet
article, pour voiler des causes fausses et illicites. Pour éviter
cet inconvénient, il faudrait donc ajouter : *pourvu qu'elle ne*

puisse pas être justifiée être illicite, ou bien faire de cette disposition un article séparé.

CHAPITRE III.

Art. 88. Il semble, par la rédaction de cet article, que l'obligation ne devient pure et simple, que lorsqu'une des deux choses promises vient à périr par la faute du débiteur, d'où l'on doit conclure que, si l'une des deux choses promises périt sans qu'il y ait faute, il n'y aurait plus d'obligation. 1193

On a voulu, sans doute, concilier le principe que l'on avait posé en l'article 36, par lequel on ne chargeait le débiteur de la perte par cas fortuit, que dans le seul cas de demeure de livrer. Cependant, dans la deuxième disposition de l'article 88, on dit que, si toutes deux sont péries successivement, le débiteur doit payer le prix de celle qui a péri la dernière ; et l'on ne dit plus ici si toutes deux ont péri par la faute du débiteur : on s'écarte donc du principe que l'on venait de poser.

Il serait plus convenable, dans le cas où l'une des choses vient à périr, d'obliger le débiteur à livrer la chose qui n'a point péri, soit que ce soit par sa faute ou non.

Art. 95. Lors de cette division, le mari et la femme obligés seront-ils, vis-à-vis du tiers obligé, comptés pour deux débiteurs ? cela ne serait pas juste ; mais il faut que la loi s'en explique, autrement cet article prêterait à une interprétation contraire. 1213

SECTION V. — DIST. Iʳᵉ.

Liv. 3-
tit. 3-
ch. 4-
sec. 5.

Il faut retrancher dans le titre le mot *dividuelle*, ou définir cette espèce d'obligation ; ce qui a été omis.

CHAPITRE IV.

Art. 150. La consignation ne doit être faite que chez le receveur des consignations désigné par la loi; autrement on la ferait chez le premier notaire, ce qui serait abusif. 1257

Art. 168. Dans le cas d'une obligation bilatérale et faite 1282 sous seing privé, la remise du deuxième double entre les mains de l'une des parties contractantes doit lui servir de titre pour soutenir la résiliation du contrat : la loi doit en contenir une disposition; car elle ne s'induirait pas de l'article 168, qui ne semble applicable qu'aux obligations unilatérales.

1287 **Art. 173,** *dernier alinéa.* La remise accordée à l'une des cautions ne libère pas les autres ; cela est bon pour les parts et portions qui pouvaient tomber à leur charge. Les cautions ne peuvent être libérées intégralement sans doute envers le créancier ; mais, lorsque trois individus, par exemple, ont fait un cautionnement, ils ont compté sur le recours de chacun pour une partie de la dette : il ne serait donc pas juste que le créancier, par la remise à l'une des cautions, anéantît le droit des autres ; et l'on doit réduire la remise à la part dont la caution à qui elle est faite aurait été tenue : c'est l'opinion de Pothier, et elle est juste.

1295 **Art. 179.** Cet article est inintelligible ; il y a sans doute erreur typographique, et l'on présume que cet article doit être ainsi conçu :

« Le débiteur qui a accepté purement et simplement la « cession que son créancier a faite de ses droits à un tiers ne « peut plus opposer à ce cessionnaire la compensation de « ce que lui devait le cédant avant la date de la cession. »

Alors l'article aura un sens, tandis qu'il n'en a aucun.

CHAPITRE V.

1327 **Art. 217 et 218.** Ces deux articles s'appliquent-ils aux quittances ? Le 218e est dicté par la faveur due au débiteur : le créancier qui donne une quittance n'obtient pas la même faveur en droit. Sa quittance sera-t-elle restreinte à la somme moindre, ou portée à la somme plus forte ? Il est bon d'en faire un article particulier, ou de rendre celui-ci applicable à la quittance comme à l'obligation.

Art. 254. Les expressions de cet article sont trop générales. Il semblerait que le juge serait obligé d'ordonner le serment dans toute espèce de contestation. Cependant, si l'affirmation tendait à faire déclarer une chose illicite ou contraire aux bonnes mœurs, on ne devrait pas l'admettre ; la demande en serait nulle par la même raison que l'on déclare nulles les obligations dont les causes sont illicites ou contraires aux bonnes mœurs, et l'on ne doit pas donner plus de faveur à l'exception qu'à la cause principale.

Il ne faut pas non plus autoriser la demande en serment *litisdécisoire*, lorsqu'il tend à anéantir une vérité reconnue par un acte, ou lorsque le fait est de sa nature invraisemblable : autrement, les hommes de mauvaise foi ne manqueraient pas d'abuser de cette disposition, pour demander le serment en cause d'appel ou même en première instance, dans la seule vue d'entraver la procédure ou de retarder le jugement définitif. Il serait bon de laisser l'admission de ce serment à l'arbitrage des juges.

TITRE IV.

Art. 1er, n 4. Il faut définir ce qu'on entend par *stellionat*. 2059 Le droit romain lui donnait une plus grande extension que notre droit français.

Certains arrêts ont caractérisé stellionat le défaut d'un remploi stipulé, d'un cautionnement promis, etc. Il ne faut point laisser à l'arbitrage des juges, un point qui intéresse la liberté des citoyens. Il semble que cette dénomination ne doive appartenir qu'à un dol bien caractérisé.

Au surplus, la peine imposée aux juges par l'article doit faire sentir la nécessité d'une loi claire et positive à cet égard.

Art. 5. L'article 25 du titre V établit la contrainte par 2060 corps contre la caution judiciaire. Il faut donc ajouter ce 5° cas à l'art. 1er, ou en faire une exception à l'art. 5.

TITRE V.
CHAPITRE II. — SECT. II.

Art. 18, n° 5. La rente viagère sera-t-elle considérée 2032 5°

comme une obligation ayant un temps déterminé? Quel sera le genre d'indemnité? Entend-on que le débiteur sera tenu d'éteindre la dette, ou seulement de rembourser à la caution ce qu'elle serait condamnée à payer?

CHAPITRE IV.

2040   Art. 25. Le cautionnement judiciaire ne devrait emporter la contrainte par corps qu'autant que le débiteur principal aurait contracté une obligation emportant les mêmes effets.

TITRE VI. — *Des priviléges et hypothèques.*

OBSERVATIONS GÉNÉRALES.

Avant d'examiner les dispositions particulières de ce titre, il est indispensable de faire quelques réflexions sur ce système entier des hypothèques, adopté dans le projet.

Les auteurs du projet ont rejeté le régime hypothécaire actuellement en activité, et ils en ont donné des motifs dans le discours préliminaire. « Il ne faut pas, disent-ils, que les « hommes puissent se tromper mutuellement en traitant en-« semble ; mais il faut laisser quelque latitude à la confiance « et à la bonne foi. Des formes inquiétantes et indiscrètes « perdent le crédit, sans éteindre les fraudes ; elles accablent « sans protéger. Nous sommes effectivement convaincus que « nos dernières lois sur cette matière ne pouvaient contribuer « qu'à paralyser toutes les affaires de la société, à fatiguer « toutes les parties intéressées par des procédures ruineuses, « et qu'avec le but apparent de conserver l'hypothèque, elles « ne tendaient qu'à la compromettre. » Nous sommes surpris que les auteurs du projet n'aient pas aperçu qu'il n'y a pas un des reproches qu'ils font à nos dernières lois qui ne s'applique bien plus directement à leur système.

Déjà, l'opinion publique s'élève avec force contre ce retour de procédure compliquée, désastreuse et dévorante des ventes forcées ; déjà l'on était familiarisé avec cette marche simple des lois actuelles, et la confiance était née de la sûreté des engagemens.

Nous pourrions dire que le projet actuel a été réprouvé par la France entière. Dès 1789, la plupart des cahiers demandaient que l'on substituât aux ventes forcées par saisies-réelles un mode simple et facile ; que l'on anéantît le régime fiscal de l'édit de 1771 ; et nous pouvons assurer que nos dernières lois avaient approché le plus près du but ; il n'était question que de les perfectionner.

Dans le projet, l'hypothèque résultera *d'un contrat passé en forme authentique ;* et l'on donne le titre d'*authentique* au contrat reçu par deux notaires, ou un notaire et deux témoins, lorsqu'il est passé avec minute.

Ainsi, plus de publicité d'hyothèque. Il n'est personne qui ne sache que rien n'est moins authentique qu'un contrat devant notaire, enseveli dans un dépôt, dont la communication n'appartient qu'aux parties contractantes ; le secret en devient l'essence.

L'hypothèque sera générale, et l'hypothèque spéciale ne déroge point à la générale.

L'hypothèque se purgera par les lettres de ratification et par adjudication sur saisie-réelle.

Nous conviendrons que, dans le projet de Code, on n'a pas, comme dans l'édit bursal de 1771, tout sacrifié à l'intérêt des acquéreurs ; mais a-t-on assez ménagé celui des créanciers ?

Fixons d'abord l'hypothèque générale, et démontrons qu'elle n'offre qu'une chimérique espérance au créancier. Celui qui peut donner en même temps à vingt créanciers différens le même gage, en paraissant donner beaucoup, ne donne rien, en effet, à dix-neuf d'entre eux ; les oppositions qu'ils seront obligés de faire ne feront qu'aggraver leur sort, et précipiter leur ruine ; ils seront forcés d'assister à des procédures dispendieuses sans certitude, ou plutôt avec la certitude de dépenser beaucoup pour ne rien obtenir. Croit-on ce système bien propre à ranimer la confiance ? Le prêteur calcule et veut des assurances ; il n'en verra aucune dans le sys-

tême de l'hypothèque générale, dont la confiance sera alté-
rée au lieu d'être vivifiée.

L'Assemblée constituante, si grande dans ses conceptions, avait bien apprécié ce système : Il fallait, disait-elle
(adresse du 28 juillet 1791), pour prendre rang parmi les
créanciers, avoir stipulation d'hypothèque. Cette stipulation se faisait par des actes ignorés de chacun de ceux qui en
avaient de pareils ; elle était toujours générale ; et les créanciers ne sachant pas toujours en quelle province les débiteurs
possédaient des biens, ces biens pouvaient être vendus, et
les lettres de ratification accordées, sans qu'ils en eussent
connaissance...

Que sera-ce si l'on fixe le scandale des saisies-réelles? on
verra renaître ces directions désastreuses, ces ordres ruineux, toutes ces pertes et ces fléaux judiciaires qui ruinent
un Etat, en tarissant les sources de l'industrie ; on verra se
reproduire ces formes tortueuses, dont l'esprit de chicane,
toujours actif, saura tirer si bon parti ; on ne pourrait que
déplorer les funestes effets d'un plan si préjudiciable au débiteur et au créancier. L'Assemblée constituante avait pressenti
les résultats de ces désordres.

L'intérêt du débiteur est de s'acquitter à moins de frais
possible ; celui du créancier, d'être payé le plus tôt que faire
se peut.

Pourquoi celui à qui il n'est dû que 10,000 francs pourrait-
il saisir pour 30,000 francs, même 50,000 francs de biens?

Eh bien! d'après le projet, il sera toujours obligé de le
faire, parce qu'il doit redouter d'autres créanciers inconnus,
parce qu'il ne peut calculer les frais de la vente forcée, et
qu'une nuée d'insectes dévorans dépréciera le fonds saisi.

Prouvons que la publicité et la spécialité sont à la fois favorables au débiteur et au créancier; nous emprunterons ici
le langage du citoyen Lebrun (consul).

« Avec la publicité de l'hypothèque, le propriétaire qui
« emprunte, le capitaliste qui veut placer, traitent ensemble

« au grand jour ; *l'un ne peut exagérer ses risques*, ni l'autre la
« valeur de son gage ; le crédit manque à celui qui n'en mé-
« rite plus, il est assuré pour celui qui a droit d'y prétendre ;
« le caractère national s'épure, la foi publique renaît, et la
« certitude de ne pouvoir être trompé rétablit, dans les re-
« lations sociales, la confiance et l'harmonie (Rapport du
« 16 floréal an VI, page 5). »

Quelle force de couleurs dans ce tableau tracé d'une main
habile en économie politique !

Loin de paralyser la confiance, la publicité la fait renaître,
« puisqu'en donnant aux individus toute l'activité de spécu-
« lation que leur offrent leurs facultés réelles, elle les met
« dans l'heureuse impuissance de tromper ; elle tarit la source
« d'une infinité de dissimulations frauduleuses, de spécula-
« tions fausses, de renversemens de fortunes, de tous les
« malheurs et de tous les crimes qui en sont la suite (Opinion
« de Sedillez, page 8). »

Dedelay-d'Agier regardait la publicité comme *une de ces
idées mères, faites pour attacher.*

« La loyauté l'appelle (dit-il, opinion, page 1); et son
« principe offre au législateur une source si féconde de bien-
« faits privés, qu'il est assez naturel de la préférer. »

Nous pourrions encore ici citer l'opinion d'Arnould, auteur de la Balance du commerce ; mais nous venons à la spécialité : ses avantages ne sont pas moins faciles à sentir.

L'hypothèque générale met en gage, entre les mains du
créancier, toute la fortune de son débiteur ; elle paralyse
tout d'un coup ses ressources, anéantit tous ses moyens.
Rendons ceci sensible. Un individu possède 50,000 francs de
bien-fonds ; il a besoin de 30,000 francs, il les emprunte ;
toute sa propriété est hypothéquée : le créancier forme opposition sur tous les biens ; nous les supposons situés en deux
arrondissemens. Le débiteur, à qui il reste 20,000 francs
disponibles, veut emprunter 10,000 francs ; il ne le pourra,
parce que l'on verra, dans chaque arrondissement, une hy-

pothèque de 30,000 francs : voilà donc le débiteur frappé à mort, son industrie paralysée. Dans l'hypothèque spéciale, au contraire, le créancier ne prend qu'autant de gages qu'il lui en faut pour assurer le recouvrement de sa crédite; il laisse au débiteur tous les moyens d'utiliser le reste de sa fortune. La confiance et l'industrie reprennent toute leur vigueur; l'intérêt de l'Etat, qui se compose du bonheur des individus, s'y rencontre. Il est donc évident que la spécialité a des avantages supérieurs à tout autre système; elle relève le crédit particulier de l'emprunteur; elle le prolonge, en lui laissant l'usage de toutes ses ressources.

Nous ne répéterons point ici tous les raisonnemens que Lebrun et Arnould ont employés pour le démontrer; nous nous bornerons à un court extrait du rapport de Lebrun (page 7) :

« Il est de l'intérêt des débiteurs de ne soumettre à l'exer-
« cice des droits de leurs créanciers, que la portion de leur
« propriété qui peut répondre de leur créance; tout ce qu'ils
« leur abandonnent au-delà ne peut, dans le système de la
« publicité de l'hypothèque, être donné qu'à des craintes
« vagues et à des inquiétudes que le système actuel de la pu-
« blicité ne saurait justifier.

« Dans toutes les conventions libres, point de doute qu'on
« ne puisse et qu'on ne doive appliquer le principe rigou-
« reux de la spécialité. La loi a le droit d'exiger que les par-
« ties déterminent la quantité précise de propriété qui est af-
« fectée à l'exécution de leurs conventions. »

Pour porter la conviction dans les esprits, de la supériorité du régime actuel sur le projet, ce sont les avantages qu'il a produits, la facilité avec laquelle il s'exécute. L'expérience est la preuve la plus solide de la bonté d'une loi. Depuis près de quatorze mois que nous distribuons la justice, à peine avons-nous vu deux procès sur le régime hypothécaire : preuve sensible des avantages de ce système.

Comment a-t-on pu avancer qu'il fatiguait les parties intéressées par des procédures ruineuses? Quelles sont donc ces procédures dans lesquelles les parties sont entraînées? Tout est simple, facile; et le projet pourrait-il soutenir le parallèle? Tout y est compliqué; les formes sont multipliées; tout y est hasardeux pour le créancier. Il semble qu'il n'est rétabli que pour peupler la république d'une nuée de fonctionnaires nouveaux, de conservateurs, de commissaires aux saisies-réelles, de séquestres, et de tant d'êtres dévorateurs de la fortune publique et particulière.

Nous dirons, avec Dedelay-d'Agier : N'a-t-on pas senti les avantages inappréciables de ne pas augmenter le nombre déjà si prodigieux de fonctionnaires publics? Combien d'hommes dérobés à l'agriculture et à l'industrie seront absorbés dans les nouveaux bureaux! Aux dépens de qui vivront tous ces individus? L'idée seule en est affligeante.

Nous sommes assez avancés en lumières sur l'économie politique pour penser que les auteurs du projet ont été séduits par l'apparence d'inconvéniens qui n'existent pas ; ils ont cru que l'on reprendrait facilement d'anciennes formes, avec lesquelles on était familiarisé : ils se sont trompés ; l'esprit humain ne rétrograde pas. On a senti les bienfaits d'un système simple et facile, et l'on s'est alarmé à l'idée seule du retour des formes compliquées et ruineuses des lettres de ratification et des saisies-réelles.

Il y a sans doute quelques imperfections dans le système actuel ; il est possible et facile de le perfectionner.

Pour empêcher qu'un légitime créancier près d'obtenir un jugement ne soit privé, par la vente du fonds, du gage qu'il espérait trouver en prêtant, qu'il soit statué que la transcription de tout acte portant mutation, soit conventionnel ou judiciaire, ne pourra se faire qu'un mois après la vente ou jugement, mais que l'acte de vente ou jugement sera déposé au bureau, et qu'il en sera fait mention.

Les droits des femmes mariées ont toujours fixé l'attention et les soins du législateur. Le projet de Code ordonne sagement que tout contrat de mariage sera passé devant no.. taire. Il est à désirer que la loi porte que les droits des femmes, acquis par le contrat, ou constant le mariage, ne peuvent être perdus par le défaut d'inscription ; c'est une faveur qui prévient le conflit des intérêts du mari et de la femme, d'où pourrait naître la désunion.

La vente par expropriation forcée est peut-être trop rapide ; on pourrait prolonger les délais ; alors on ménagera les intérêts du créancier et du débiteur : l'un ne vend que pour se libérer ; l'autre n'exproprie que pour être payé.

La fiscalité dépare les meilleures lois ; elle nuit à l'activité et à la sûreté des transactions sociales ; elle fait imaginer des moyens de l'éluder. Elle est donc immorale et impolitique.

Fallait-il donc, pour établir un systême hypothécaire, faire revivre le systême fiscal de 1771 et les formes ruineuses des saisies-réelles ? Nous présumons mieux des lumières des auteurs du projet ; ils ne se réduiront pas à une imitation servile des lois anciennes. Quelques corrections qu'ils aient faites, le systême est vicieux dans son essence, désastreux dans ses effets.

Le systême actuel a été reçu avec faveur, il s'exécute avec facilité ; et cette perpétuelle oscillation dans la législation est une calamité réelle. Après ce coup-d'œil et ce point de vue général sur l'ensemble du projet, on sent que notre vœu bien prononcé est de donner la préférence au systême actuel ; nous avons indiqué quelques points d'amélioration.

Nous ne nous dispenserons pas cependant d'examiner les parties du Code que nous désirons voir rejetées.

CHAP. Ier. — SECT. Ire.

2102
4°
Art. 8, n° 5. Le délai de huitaine accordé pour la revendication des effets mobiliers non payés, à dater du jour de la livraison, est trop court, lorsque le vendeur demeure à une distance éloignée de l'acheteur.

CHAPITRE II.

Art. 15. Nous avons déjà émis l'opinion que les rentes 2118
foncières doivent être réputées immeubles. En suivant le
même système, nous proposons de les déclarer susceptibles
d'hypothèques.

Art. 40. L'on ne parle ni dans cette section, ni dans la 2127
précédente, des actes et transactions passés au bureau de
conciliation : ces actes ne sont pas, à proprement parler,
judiciaires ; mais ils sont reçus par des hommes qui ont un
caractère public. Il faudrait donc ajouter à cet article : *ou
devant un bureau de paix.*

CHAPITRE III.

Art. 50. L'acquéreur est, dans ce cas, légalement su— 2169
brogé aux droits du créancier antérieur ; mais il semble que
pour opérer cette subrogation, les formes devraient en être
déterminées ; que le paiement fait au créancier antérieur,
par exemple, devrait être constaté par acte authentique :
autrement il se pratiquera des fraudes (*).

TITRE VII.
CHAPITRE Ier.

Art. 9. Cet article ne doit s'appliquer qu'au titre qui a
transmis à titre universel ; car l'héritier, le successeur à
titre universel d'un acquéreur, ont, à la représentation du
défunt, le droit de faire comme lui tous les actes conservatoires de la propriété qu'il leur a transmise. Pour obvier à
l'abus que l'on pourrait faire de ces expressions, il faut ajouter
après ces mots, *ne peut en prendre,* ceux-ci : *sur l'acte qui lui
a transmis des biens à ce titre.*

CHAPITRE II. — SECT. Ire.

Art. 18. Il faut ajouter : *les interdits.*

Art. 23. Si les rentes foncières sont reconnues immeubles,
l'opposition en sous ordre faite sur le créancier d'une pa-

reille rente devrait avoir sur le capital tout l'effet d'une opposition immobilière, et non pas d'une simple saisie-arrêt. L'effet de l'opposition est de faire distribuer le capital par ordre d'hypothèque, au lieu que la saisie-arrêt ne peut que faire provoquer une distribution au marc le franc.

Art. 27. Il serait plus avantageux d'obliger, ainsi que le prescrit le Code hypothécaire actuel, les créanciers à énoncer dans leur opposition, les titres et le montant de leur créance, comme on l'a fait par l'article 91 pour les oppositions à décret : cela mettrait les vendeurs et les acquéreurs à portée de se liquider plus promptement. Une opposition vague et indéterminée nuit souvent à la vente des biens; pourquoi d'ailleurs la loi n'exigerait-elle pas dans ce cas l'énonciation du titre, lorsqu'elle l'exige pour arrêter et saisir un meuble ?

On convient qu'il est des hypothèques qu'on ne peut déterminer, telles que celles qui résultent de l'action en garantie, celles des femmes, des mineurs, des interdits; mais au moins elles dérivent d'un titre, et l'énonciation de ce titre mettrait l'acquéreur en état de calculer les risques. Cette exception n'atténue pas le mérite du principe général.

Si les anciens décrets étaient autrefois le patrimoine des praticiens, ces oppositions en étaient le plus bel apanage.

L'intérêt du débiteur, celui des créanciers, celui de la chose publique, sollicitent cette mesure, en ce qu'elle facilitera les mutations des biens, et diminuera les procédures; mais en outre il y a nécessité de prescrire cette énonciation.

En effet, l'opposition aux hypothèques produit les mêmes effets que l'opposition formée sur les biens décrétés ; elle fait courir les intérêts du jour que le certificat d'inscription se trouve annexé au cahier des oppositions (article 110, *des ventes forcées*). Est-il raisonnable de faire courir les intérêts d'une créance dont on ne connaît ni la nature, ni le montant ?

On pense donc qu'il faut changer la disposition de cet article, et assujétir l'opposant à énoncer le titre, la nature et le montant de sa créance, et la quotité des intérêts dus, si elle en produit, ainsi qu'il est prescrit en l'article 91, *des Ventes forcées.*

Quant à l'hypothèque qui est le résultat d'une créance sujète à liquidation, telle qu'une garantie, une tutelle, etc., le titre ou la qualité, si elle emporte hypothèque légale, et la nature de la créance, doivent au moins être énoncés.

Art. 28. Il serait bon d'ajouter à la fin de cet article : *et non ailleurs,* afin que l'alternative donnée soit considérée comme limitative, et non comme démonstrative. On pourrait encore dire : *ne seront intentés que par exploit, etc.*

CHAPITRE III.

Art. 46, 2ᵉ *alinéa.* Il faudrait ajouter : *et du jour où il a été retiré,* afin de mettre toutes les parties intéressées à même de reconnaître ou de constater la légalité des lettres de ratification obtenues.

CHAPITRE IV.

Art. 51. Les créanciers en sous-ordre, ayant un intérêt évident à ce qu'il y ait deniers suffisans pour que leur débiteur soit utilement colloqué, devraient être autorisés à exercer ses droits, s'il ne les exerce ou ne peut les exercer. On pense que le droit de surenchérir doit leur être accordé comme à lui. On doit accorder aussi le droit de surenchérir aux créanciers chirographaires.

Art. 54. Pour éviter les difficultés qui pourraient naître entre les deux acquéreurs sur le mode du partage, il faudrait dire que le partage se ferait au marc le franc de l'enchère de chacun d'eux.

CHAPITRE VI.

Art. 77. Le conservateur devrait être assujéti à délivrer un certificat de la radiation des oppositions, et même lorsqu'elles sont toutes rayées, d'en faire mention sur les lettres scellées à la charge des oppositions. On a vu des conserva-

2196

teurs se refuser à cette délivrance, sous prétexte que l'édit de
1771 ne les y assujétissait pas. Cela importe fort à un acquéreur, qui n'a pas d'autre moyen de justifier que son héritage
est libre des hypothèques dont il était grevé, et qui seraient
maintenues par l'article 37, si elles n'étaient rayées.

CHAPITRE VII.

Art. 84. Cet article, par les renvois qu'il contient, laisse
beaucoup d'incertitude sur le lieu où la poursuite d'ordre se
fera. Il est dit, article 42, que le vendeur fera élection de
domicile au lieu où les lettres se poursuivent. Article 43, s'il
y a plusieurs tribunaux, il doit l'élire dans le lieu où réside
l'un de ces tribunaux. Article 44, s'il s'y refuse, on peut agir
au lieu de son domicile. En effet, un vendeur éloigné, lorsqu'il se rencontrera plusieurs arrondissemens où il aura été
obtenu des lettres, forcera des acquéreurs, des créanciers, à
aller plaider à son domicile, ce qui sera ruineux pour les
opposans et les acquéreurs. Il semble qu'il serait mieux de
dire que l'ordre se poursuivra au tribunal dans le ressort duquel se trouveront les immeubles du plus haut prix, d'après
la ventilation ordonnée par l'article 41 : autrement, des
vendeurs mal intentionnés pourraient abuser de la disposition
de l'article 44, et cela ferait naître beaucoup d'actions de
compétence, plutôt inspirées par l'intérêt des avoués que
par celui des parties.

Art. 85. Ce chapitre et les précédens offrent matière à
une réflexion bien importante sur le droit que donne aux
créanciers l'obtention des lettres, d'exiger aux dépens du
prix, le remboursement des capitaux des rentes soit perpétuelles, soit viagères. C'est ce qui résulte de cet article, qui
renvoie aux règles indiquées au titre *des ventes forcées*. Ces
règles sont, d'après les articles 121 et suivans, que les rentes
perpétuelles sont exigibles par l'effet de la vente forcée.

Cela peut être juste dans ce cas, parce que le débiteur dépouillé de ses biens ne présente plus aucune garantie ni re-

cours, et que d'ailleurs il n'est pas juste qu'il demeure obligé lorsque la vente de ses biens a dû le libérer. Mais en vente volontaire, ces inconvéniens cessent. Un propriétaire est grevé de rentes, soit perpétuelles, soit viagères; il a besoin de se faire des capitaux pour un arrangement de famille, une spéculation de commerce, etc.; et pour cela il vend une portion de son héritage : il avertit son acquéreur des hypothèques subsistantes; il le charge même de la faisance d'une partie des rentes qu'il doit. Celui-ci, pour la sûreté de son acquêt, désirera prendre des lettres de ratification; il en sera empêché, parce que les créanciers des rentes dont il sera chargé, ceux à l'hypothèque desquels il se sera engagé de faire face, exigeront la représentation du prix et leur remboursement. Cependant les droits des créanciers sont entiers, leurs intérêts sont à couvert. Cette disposition est trop dure et trop préjudiciable au commerce.

Cela pouvait être juste sous l'empire de l'édit de 1771, parce que les lettres de ratification purgeaient toute hypothèque; le créancier n'ayant plus alors droit qu'au prix, pouvait exiger son remboursement; mais dans la loi proposée, l'article 37 conservant au créancier son hypothèque sur le fonds tant que son opposition n'est pas rayée, le motif de justice cesse, et les inconvéniens resteraient.

Il faut donc établir une différence entre la vente volontaire et la vente forcée, pour l'ordre et la distribution du prix, comme l'avait fait la loi du 11 brumaire.

Voici les articles que l'on propose d'ajouter à la suite de ce chapitre :

Art. 86. « La vente volontaire et les lettres de ratica- 2167
« tion obtenues sur cette espèce de vente ne rendent point
« exigibles les capitaux aliénés, ni les autres créances non
« échues, dont l'acquéreur aura été chargé, s'il n'est autre-
« ment convenu entre le vendeur et l'acquéreur. En consé-
« quence, celui-ci, s'il ne veut faire rayer les oppositions des
« créanciers, jouira des mêmes termes et délais qu'avaient

« les précédens propriétaires, pour acquitter les dettes et
« charges hypothécaires qui seront conservées par lesdites
« oppositions.

Art. 87. « Les capitaux de ces créances restant entre
« les mains de l'acquéreur, seront colloqués à son profit,
« lors de la distribution du prix, suivant leur ordre et hypo-
« thèque.

« Au surplus, on se conformera pour cet ordre, aux formes
« indiquées au titre suivant sur la vente forcée. »

TITRE VIII.

CHAPITRE Ier.

2206   Art. 7 et 8. Il suit de ces articles que toutes poursuites
peuvent être faites jusqu'au congé définitif, sans avoir au
préalable discuté le mobilier ; mais dans certains cas elles
suffiraient seules pour opérer la ruine d'un mineur. La disposition de l'article 591 de la Coutume de Normandie obviait
à cet inconvénient, et l'on propose de l'adopter de préférence.

2208   Art. 10. Sans doute la femme ne s'empressera pas de solliciter cette autorisation, qui doit accélérer sa dépossession.
Il faut donner au créancier le droit de la faire prononcer, et
ajouter à la fin du deuxième alinéa : *soit sur sa demande, soit
sur celle du créancier poursuivant.*

2206   On ne dit rien du décret poursuivi sur le mineur émancipé : on a cru peut-être y avoir pourvu par l'art. 110, au
titre *des tutelles ;* mais les diligences préparatoires à l'action
devraient être adressées au curateur, qui, plus réfléchi qu'un
jeune homme de dix-huit ans, pourrait en prévenir les suites,
et empêcher des frais souvent considérables.

CHAPITRE II.

Art. 16. On pourrait porter à trois cents et même jusqu'à
cinq cents francs la somme pour laquelle il serait permis de
procéder par saisie réelle, et encore souvent les frais s'élè-
veront-ils au-delà du principal.

Art. 17. Il est de l'intérêt du créancier, comme de celui 2212 du débiteur, d'autoriser le juge à suspendre la procédure, si le débiteur justifie que deux années de son revenu net au lieu d'une, suffisent pour acquitter la dette en principal, arrérages et frais. Non seulement il est des cas où il faut subvenir à un débiteur malheureux, mais encore le créancier ferait souvent des frais aggravans pour le débiteur, et en pure perte pour lui.

CHAPITRE III.

Art. 25. Il faut ajouter après ces mots : *ou à son défaut celui qui vient après lui*, ceux-ci : *et successivement*, ainsi que le porte l'article 83 ci-après.

Et si l'avoué poursuivant refusait, par collusion ou par tout autre motif, de remettre les pièces, quelle contrainte aura-t-on contre lui ? Le tribunal doit être autorisé à la prononcer, et par corps.

CHAPITRE IV.

Art. 26. D'après la nouvelle organisation des tribunaux de 2217 paix, il faut substituer à ces mots : *ou par l'un de ses assesseurs*, ceux-ci : *ou par son suppléant.*

Art. 27. Le délai de vingt jours n'est pas trop long avant que l'on puisse procéder à la saisie réelle. Celui de huit jours est trop court.

Art. 28. Pour l'intérêt du saisi, il serait préférable que la 2210 saisie réelle se poursuivît devant le juge de la situation des lieux ; il y aurait nécessairement une plus grande concurrence dans les enchérisseurs, surtout pour les petits objets, et conséquemment plus d'avantage dans la vente.

Art. 32. L'observation ci-dessus trouve son application à cet article.

Art. 33. Le mot *arrondissement* ne s'entend que de l'arrondissement communal ; le mot *ressort* nous paraîtrait plus approprié au territoire d'un juge-de-paix. Il faut dire aussi *suppléant*, au lieu d'*assesseurs*.

Art. 34. Il faut ordonner aussi la signification du visa.

Art. 47. Substituer au mot *assesseurs* celui de *suppléant*.

Art. 63. La liberté donnée au séquestre de vendre de gré à gré les fruits pendans par racine, peut donner ouverture aux fraudes et aux abus. Il vaudrait mieux l'assujétir à les vendre par adjudication publique devant le juge-de-paix.

Art. 64. Au lieu *de huitaine en huitaine*, il faut, pour se conformer au nouveau calendrier, dire *de décade en décade*.

Art. 70. Pour éviter encore les abus, il faut ajouter après le 1er alinéa : *et il lui en est tenu compte sur des mémoires détaillés et quittancés.*

Art. 79. Il serait bon qu'il fût laissé copie de l'exploit au juge-de-paix, ainsi qu'il est prescrit en semblable cas par l'article 26 du présent titre. Changer encore le mot *assesseurs*.

Art. 81. La signification du jugement à personne ou à domicile doit être faite par un huissier commis *ad hoc* par le tribunal ; autrement il pourrait se commettre des abus.

CHAPITRE V.

Art. 101. En supposant qu'on admette, ainsi que nous l'avons proposé, l'irracquittabilité des rentes foncières pour un temps donné et déterminé par la loi, l'opposition à fin de charge, dans ce cas, doit mettre l'adjudicataire dans l'obligation d'entretenir les conditions du contrat.

Art. 111. Nous renvoyons à ce que nous avons dit sur l'article 23, section Ire, chapitre Ier, titre VII *des lettres de ratification*.

CHAPITRE VI.

Art. 136 et 137. Aucun article, dans la distinction précédente, n'exige l'homologation du procès-verbal d'ordre fait en justice ; et cependant l'article 136, par la généralité de ses expressions, semble le comprendre avec le procès-verbal d'ordre volontaire. Il serait nécessaire d'ajouter à la distinction précédente une disposition expresse à cet égard.

Il y a aussi contradiction entre cet article et le suivant : par l'article 136, le jugement est rendu sur simple requête du poursuivant; et par l'article 137, il est parlé de la citation donnée au saisi, pour voir rendre ce jugement. On propose la suppression du 2ᵉ alinéa de l'article 136.

Art. 144. Dire *de décade en décade*, au lieu *de huitaine en huitaine.*

CHAPITRE VIII.

Art. 170. Cette citation devrait être donnée dans les formes prescrites par l'article 79, et avec l'addition proposée sur cet article.

TITRE IX. — *Des donations entre vifs, et du testament.*

liv. 3-
tit. 2.

DISPOSITIONS GÉNÉRALES.

Art. 3. Par l'ordonnance de 1731, la forme des donations proprement dites, à cause de mort, fut proscrite. Cette espèce de donation était distinguée de la donation testamentaire. Pour éviter toute équivoque, on propose de substituer cette dernière dénomination partout où l'on rencontrera la première.

895

CHAPITRE Iᵉʳ.

Art. 4. Si on adopte nos réflexions sur le titre X du livre Iᵉʳ, sur l'interdiction des prodigues, cet article devra s'étendre aux donations qu'ils auraient faites dans les trois mois qui auraient précédé leur interdiction.

901

Art. 6. On aurait dû interdire aussi aux écoliers, apprentis et serviteurs, la faculté de donner à leurs maîtres et instituteurs. Beaucoup de lois anciennes consacrent ce principe.

907

Art. 14. Il faut pourtant excepter l'officier de santé qui se trouverait être le parent du malade dans un degré déterminé. Il ne faut pas qu'il soit privé des effets de la bienveillance de son parent, parce qu'il lui aurait donné des soins.

909

CHAP. II. — SECT. II.

Art. 22 et 24. Même observation que sur l'article 3.

920

930 Art. 29. Il y a erreur typographique : il faut dire *contre le donataire*, au lieu de *contre le donateur*.

CHAPITRE III.

911 Art. 36. La disposition de cet article est juste en soi ; cependant, il est un cas où elle pourrait être sujète à inconvénient. Qu'un homme d'une fortune médiocre n'ait d'autre moyen d'assurer sa subsistance qu'en doublant son revenu par une vente à fonds perdu, sera-t-il privé de la satisfaction de laisser au moins après sa mort, à ses héritiers, ou à l'un de ses héritiers, des fonds qui peuvent être à leur bienséance? Il est un moyen simple d'éviter cet inconvénient, et en même temps de parer aux abus ; c'est d'autoriser un homme, en pareil cas, après avoir appelé tous ses héritiers présomptifs et immédiats, à faire entre eux une espèce de licitation ou adjudication sur enchères : alors aucun n'aura à se plaindre, et on aura donné moins d'entraves à la liberté de disposer de sa propriété.

CHAPITRE IV.

935 Art. 50. Cet article ne s'accorde point avec l'article 77, au titre *des minorités*, portant que le tuteur ne peut accepter qu'avec l'autorisation du conseil de famille. Nous persistons en notre observation sur l'article 77, et nous pensons que le tuteur doit être indéfiniment autorisé à accepter; sauf à convoquer ensuite le conseil de famille pour faire ratifier l'acceptation, si elle est utile au mineur.

935 Art. 51. Le tuteur de l'interdit doit prendre la même mesure pour la ratification.

939-941 Art. 55. Cette loi ne prescrit point dans quel temps doit se faire cette insinuation, ni l'effet qu'elle donne à la donation, si elle est faite tardivement, et cependant avant le décès du donateur. L'ordonnance de 1731 y avait pourvu, et il est nécessaire de régler ce point.

Les rédacteurs de l'édit de 1703, et ceux de l'ordonnance de 1731, avaient pensé qu'on devait affranchir de la formalité de l'insinuation les donations faites par contrat de mariage en ligne directe. Cette exception est fondée sur la nature des choses : c'est moins, en pareil cas, une donation, que l'acquit d'une obligation naturelle ; l'intérêt des tiers n'est plus ici à considérer. Les contrats de mariage sont des actes publics, revêtus des signatures de deux familles, et dans lesquels la fraude ne peut se supposer. Quel que soit au surplus le parti adopté ; il faut s'en expliquer formellement, afin de prévenir les équivoques et les interprétations qui pourraient naître.

¹⁰⁸¹

Art. 56 et 57. Cette faculté donnée à la femme sera frustrée, si la loi ne pourvoit pas à l'acquit des frais et droits de cette insinuation, au cas où le mari, maître de la communauté et des revenus de sa femme, refuserait de les acquitter. On éviterait bien des pertes aux femmes et aux mineurs, en autorisant et même en obligeant les notaires rédacteurs de l'acte, à requérir cette insinuation, dont il serait accordé exécutoire aux régisseurs du droit, sur les biens du mineur ou de la femme, comme on l'a fait pour l'enregistrement. L'espèce de recours qu'offre contre le mari et le tuteur l'article 57, est souvent sans effet par leur insolvabilité au moment où ce recours peut être exercé : l'expérience nous l'a prouvé, puisque l'ordonnance de 1731 contient une semblable disposition. Les lois de Sardaigne, qui confiaient à un officier public la surveillance et la conservation des dots et droits des femmes, étaient fort sages. Imitons-les au moins par une disposition qui tende au même but.

Art. 58. Même observation que sur l'article 3.

Art. 60. Il semble que la loi doive imposer au donataire l'obligation de nourrir le donateur tombé dans l'indigence, ou laisser aux juges le soin d'arbitrer, selon les facultés et les besoins respectifs de l'un et de l'autre, la quotité du secours à accorder.

Art. 63. Pourquoi le donateur n'aura-t-il pas, contre les héritiers du donataire ingrat, l'action en révocation dans

l'année du décès du donataire, comme on la donne aux héritiers du donateur, dans l'année de son décès, contre le
donataire? Il y a même raison de décider dans un cas comme
dans l'autre.

CHAPITRE V.

970-
976
Art. 71. Le notaire devrait en outre apposer son cachet
sur l'enveloppe, afin qu'on ne pût substituer un autre acte.

1024
Art. 109. Il faut ajouter : *et dans ce cas il exercera son recours contre l'héritier, si l'hypothèque n'est spéciale.*

En effet, si l'hypothèque est générale, il doit être garanti
par l'héritier, et le légataire universel seul tenu des dettes.

1026
Art. 127. Cet article ne doit avoir d'effet qu'autant que
l'objet donné a été postérieurement hypothéqué par hypothèque spéciale : car autrement on pourrait dire que le
légataire serait tenu de toutes les dettes hypothécaires
créées depuis le testament ; ce qui semblerait s'éloigner de
la nature des dispositions testamentaires.

Ces dispositions sont un premier acte de la volonté ; l'affectation d'une hypothèque spéciale sur l'objet donné, est
un nouvel acte de la volonté, qui anéantit le premier.

Mais l'hypothèque générale, soit qu'elle résulte de la
loi, du consentement, ou d'une condamnation, ne peut,
encore bien qu'elle frappe l'universalité des biens, être considérée comme consentie dans la vue de diminuer un legs
que les dettes générales ne doivent pas atteindre : au respect
du créancier, il est frappé comme les autres biens ; mais ce
ne doit être que sauf le recours du légataire contre l'héritier
et le légataire universel. Il est nécessaire de faire cette distinction, pour qu'on n'abuse pas de cet article de loi contre
le légataire.

CHAPITRE VII.

1081-
1082
Art. 146 et 147. Nous renvoyons aux observations que
nous avons faites sur l'article 58 du même titre.

1089
Art. 151. Si la donation devient caduque par le prédécès
du donataire sans enfans, ce doit être pourtant sans préju

dice des droits de l'époux survivant, résultant du contrat de mariage.

En effet, le survivant, et particulièrement la femme, a dû compter sur ces biens pour la sûreté de ses remports.

CHAPITRE VIII.

Art. 154. Un mari pourrait rendre vaine la donation qu'il aurait faite à sa femme, en négligeant de la faire insinuer ; ce que la femme ne pourrait faire elle-même faute de deniers. Les lois accordaient un délai de quatre mois à la femme, du jour du décès du mari ; et cette disposition nous paraît aussi juste que nécessaire. 1092

Art. 157. Nous avons déjà observé, sur l'art. 110, au titre *des minorités*, qu'il serait bon que le mineur émancipé se fît assister de son curateur et du conseil de famille, pour pouvoir donner. Il faut craindre l'influence d'une famille adroite sur l'esprit d'un jeune homme sans expérience et que la passion peut aveugler. 1095

TITRE X.

CHAPITRE Ier.

Art. 3. La renonciation aux successions des ascendans encore vivans doit être prohibée, conformément à l'article 97 *des successions*. 1389

Art. 7 et 8. Cet article ne prononce la nullité que des contre-lettres données hors la présence de l'un des époux ; elle devrait être étendue même aux contre-lettres données du consentement des deux époux : cela a toujours été un point de droit constant. Un contrat de mariage est non-seulement le règlement des droits des époux entre eux, mais encore un pacte de famille qui ne peut être changé qu'en la présence de la famille elle-même ; autrement il suffira d'un consentement arraché à la faiblesse pour voiler des avantages indirects prohibés, ou pour priver un époux de ceux qui ont peut-être déterminé le mariage ; et sans lesquels il n'aurait pas eu lieu. 1396

Art. 9. On se réfère aux observations faites sur les arti- 1398 cles 110, au titre *des minorités*, et 157, au titre *des donations*, relativement à la nécessité, pour le mineur émancipé, de se faire assister d'un conseil de famille.

CHAPITRE II.

1402   Art. 15. Il faut ajouter à ces mots, *dont la propriété*, ceux-ci, *ou la possession légale, etc.* L'article 17 admet la possession par ces expressions, *que les conjoints possèdent.*

1405   Art. 18. Il faut aussi ajouter les donations *faites par contrat de mariage* à l'un des époux seulement.

1410   Art. 22 et 23. Il y a beaucoup d'inconvéniens à autoriser le créancier à poursuivre une créance de cette nature sur la nue propriété des immeubles de la femme. En effet, une femme, qui ne peut, sans le consentement de son mari, s'obliger, le fera neanmoins en antidatant son engagement : ses immeubles se trouveront par ce moyen engagés, et même aliénés, malgré la prohibition portée en l'art. 122.

Nous observerons ici qu'on a fait une omission importante. Nulle part, dans le projet du Code, on n'a défini ce qui constituait les dettes mobilières et les dettes immobilières. La plupart des Coutumes avaient des dispositions à cet égard : il serait essentiel d'en dire quelque chose.

1422   Art. 31. Il semble qu'il y ait pléonasme dans ces mots, *sans tradition réelle avec réserve d'usufruit;* dès qu'il y a réserve d'usufruit, il n'y a point de tradition. On devine ce qu'on a voulu dire; mais il serait plus correct de s'exprimer ainsi : « Il ne peut même faire une donation entre vifs du mobilier avec réserve d'usufruit; elle ne peut être valable sans « tradition réelle. »

1433   Art. 41. Si les rentes foncières sont rangées (comme on croit qu'elles doivent l'être) dans la classe des immeubles, il faut ajouter après les mots : *s'il est vendu un immeuble*, ceux-ci : *ou remboursé une rente foncière.*

De même que si l'un des époux se trouvait évincé, pour cause de lésion, d'un fonds par lui acquis avant le mariage, il doit avoir récompense du prix sur la communauté en laquelle il a été versé.

Art. 43. Pour lever les difficultés qui ne manqueraient pas **1435** de naître sur ce mode d'acceptation de l'emploi par la femme, il serait bon d'ajouter après ces mots : *n'a été formellement accepté par la femme*, ceux-ci : *soit par l'acte d'acquisition, soit par acte postérieur et authentique, passé avant la dissolution de la communauté.*

Art. 45. La généralité des expressions de cet article donne **1437** une grande latitude dans son application ; mais aussi elle présentera bien des incertitudes sur son interprétation : elles résulteront de ces expressions : *dettes et charges personnelles à l'un des époux.* L'article 22, n° 7, fait exception à la disposition générale, puisqu'il met à la charge de la communauté les capitaux de toutes dettes de l'un et de l'autre des conjoints existans à l'époque du mariage. Il faut donc ajouter ici cette exception.

Il est cependant des dettes qui ont toujours été rangées dans la classe de celles qui opéraient récompense, quoiqu'elles fussent antérieures au mariage ; par exemple, le prix d'un immeuble acquis avant le mariage par l'un des époux. Aujourd'hui que les rentes constituées sont meubles, le remboursement, s'il s'opère pendant la communauté, donnera-t-il lieu à récompense ? Même question sur les rentes foncières : si on les répute activement mobilières, elles doivent être vues passivement sous le même rapport ; seront-elles charge de la communauté ?

Il semble qu'il soit dû récompense de l'acquit de ces dettes, et qu'elles doivent être exceptées de l'art. 22.

Art. 53. Le juge-de-paix, d'après cet article, n'est obligé d'agir que lorsqu'il y a dénonciation : il serait mieux de l'y obliger dans tous les cas ; autrement il serait possible qu'il s'en dispensât en écartant la dénonciation. L'intérêt des mineurs exige qu'il n'ait pas cette faculté ; et, pour qu'elle n'ait aucun prétexte, il faudrait assujétir l'époux survivant à lui justifier de l'inventaire à l'expiration des trois mois, et, faute de ce, l'obliger à apposer les scellés.

1452   Art. 56. Le mariage se dissout par la mort civile (art. 75 du titre V, livre Ier). Par cet article, la communauté est également dissoute ; pourquoi le conjoint de l'époux mort civilement ne jouirait-il pas, dans ce cas, du gain de survie ? Celui qui meurt civilement, quitte et délaisse tous ses biens : ils passent à ses héritiers : si c'est une veuve, par exemple, ce sera dans l'exercice de ses droits qu'elle trouvera quelque ressource et une indemnité de la perte qu'elle a faite. Le droit observé en Normandie était fort juste sur ce point. Le projet de Code conserve à l'époux qui provoque le divorce les avantages que l'autre époux lui avait faits ; mais celui qui a donné lieu à la dissolution du mariage par ses crimes, est-il plus favorable que l'époux contre lequel le divorce est prononcé ? n'est-il pas contradictoire qu'un mariage soit dissout, et que l'époux mort civilement puisse, par sa vie naturelle, mettre obstacle à l'exercice de droits qui doivent s'ouvrir lors de la dissolution du mariage ?

Cette question n'eût été susceptible de doute que dans le temps, tout au plus, où le mariage n'était dissoluble autrement que par la mort naturelle ; mais aujourd'hui il faut donner ouverture au gain de survie quand le mariage est dissout, même par la mort civile de l'un des époux.

1454   Art. 73. Suivant l'article 108, la femme survivante a le droit d'être nourrie aux dépens de la communauté pendant trois mois et quarante jours. La regardera-t-on comme s'étant immiscée pour les choses qu'elle aura reçues ou dépensées ? Il semble qu'il faille faire exception des choses nécessaires à sa nourriture.

1460   Art. 79. L'ancien droit faisait une distinction entre les soustractions antérieures à la renonciation et celles postérieures : les premières l'annullaient ; les secondes ne donnaient lieu qu'à une action en répétition.

1481   Art. 96. On avait, dans l'ancienne législation, des bases pour fixer le deuil : il serait à désirer que le Code établît des règles générales pour guider les juges.

CHAPITRE III.

Art. 116 et 118. On ne voit dans le Code aucune disposition pour la publicité des séparations stipulées par contrat de mariage ; il serait bon de les assujétir aux formalités prescrites par l'art. 60 du même titre.   1536

Art. 147. Cet article n'est pas d'accord avec l'article 52 du titre *du divorce*, qui conserve à l'époux qui a obtenu le divorce les avantages qui lui avaient été faits par l'autre époux, soit qu'ils soient réciproques ou non ; et l'on pense qu'il faut maintenir et rappeler ici les dispositions de l'articte 52.   1518

Nous renvoyons également aux observations que nous avons faites sur l'article 56 du présent titre, relatives aux effets de la dissolution du mariage par la mort civile de l'un des époux.   1517

Art. 149. On dit que la veuve peut exercer son droit de précéput à l'hypothèque de son contrat de mariage. Cela est bon pour les immeubles ; mais pour les meubles, sur lesquels la loi n'établit d'autre privilége que ceux consacrés par les articles 8 et 9 du titre VI, *des priviléges et hypothèques*, la veuve renonçante sera-t-elle privilégiée pour son préciput ? On répondra que non, sans doute, et l'on se fondera sur l'article 2 du titre *des priviléges et hypothèques*.   1519

Cependant, la loi doit fixer ce point d'une manière précise et formelle ; car, en Normandie, quoique les meubles n'aient pas suite par hypothèque, néanmoins, cette maxime s'y entendait en ce sens, qu'étant hors la main du débiteur, ils ne pouvaient être suivis par le créancier ; mais, sur le prix de ceux étant dans sa main, on donnait au créancier le privilége de priorité dans la distribution des deniers, et ce privilége avait souvent lieu en faveur de la femme : elle a même, contre les créanciers, celui de prélever en nature son paraphernal conventionnel ou légal, et ils ne peuvent poursuivre la vente des meubles qu'après qu'il a été délivré.

Ainsi, en Normandie, l'habitude de ce droit fera étendre cet article aux meubles, et il en sera autrement dans le ressort de la Coutume de Paris. De là, la nécessité d'expliquer le véritable sens de cet article.

Nous pensons que cette explication doit être en faveur des femmes, tant pour leur préciput que pour leurs biens paraphernaux et dotaux. C'est, le plus souvent, des deniers qu'elles apportent que se compose le mobilier du mari; et la loi qui les prive de toute espèce de privilége, et leur enlève, par ce moyen, ce qu'elles ont peut-être apporté en nature, est trop rigoureuse.

1526-
1527
Art. 156. La disposition de cet article est fort sage; mais on pense que les avantages qui peuvent résulter des articles 50 et suivans, et faits par l'époux ayant enfans d'un premier lit, en faveur de l'époux avec lequel il a convolé en secondes noces, doivent être restreints à la portion de l'enfant moins prenant en sa succession, aux termes de l'art. 161 du tit. X, *des contrats de mariage;* que cette réduction doit avoir également lieu lorsque les apports du mobilier en communauté sont inégaux: autrement, les enfans d'un premier lit seront souvent ruinés par un second mariage. C'est ainsi que l'édit des secondes noces s'exécutait contre l'époux qui recevait des avantages de celui qui, ayant enfans, convolait en secondes noces; car, quoique les stipulations portées aux cas exprimés par les distinctions 6 et 7 ne soient que des conventions de mariage d'entre associés, néanmoins, on ne peut disconvenir que, le plus souvent, elles offrent des avantages très-directs en faveur de l'un ou de l'autre des époux, et qu'il importe de les renfermer dans de justes bornes. L'intérêt des mœurs et celui des familles le sollicitent également.

TITRE XI.
CHAPITRE Iᵉʳ.

1592
Art. 11. Si, lors de la vente verbalement consentie, il a

été stipulé qu'il en serait passé acte par écrit, cette stipulation est-elle regardée comme condition suspensive jusqu'à son accomplissement, ou la vente est-elle réputée accomplie avant la rédaction de l'acte, tellement que l'une des parties puisse forcer l'autre à l'exécuter? Elle a toujours été considérée comme suspensive. Tant qu'elle subsiste, il n'y a pas de consentement pur et simple; il y a plus : cette condition étant potestative, rend, en quelque sorte, l'engagement nul jusqu'à ce qu'elle soit remplie. Les Institutes de Justinien sont précises sur ce point de droit. Vinnius et les autres commentateurs rendent hommage à cette décision.

Le projet de Code ne s'explique point à cet égard : il est nécessaire qu'il le fasse, afin qu'on n'abuse pas de la généralité des expressions de l'article 2, particulièrement pour les ventes d'immeubles, qui ne se font que par écrit, d'après le texte même de l'article 25.

Nous pensons donc qu'il serait bon d'ajouter à ce chapitre un article ainsi conçu :

Art. 12. « S'il s'agit d'immeubles, la vente ou promesse « de vente, n'est parfaite que lorsqu'il en a été rédigé acte « par écrit.

« S'il s'agit de meubles ou choses mobilières, et qu'il ait « été convenu qu'il serait rédigé acte soit de la promesse, soit « de la vente, elle n'est parfaite que lorsque cet acte est ré-« digé. »

CHAPITRE II.

Art. 15. La vente de droits litigieux a toujours été vue 1597 défavorablement; la manière dont est conçu cet article semblerait l'autoriser à l'égard de toute autre personne que celles désignées. Nous croyons qu'on devrait l'interdire à tous juges, avoués, défenseurs, indistinctement, et même étendre cette prohibition aux huissiers.

CHAPITRE III.

Art. 22. Il serait bon d'ajouter à la fin de cet article : *sauf* 1601 *les dommages et intérêts, en cas de mauvaise foi de la part du vendeur.*

CHAPITRE IV.

1644   **Art. 35.** Le recours du tiers qui a labouré et ensemencé, contre le vendeur seul ne paraît pas juste ; il peut être exposé à perdre ses avances, si le vendeur n'est pas solvable : le vendeur ne peut, de bonne foi, vendre des fruits qui sont le produit des labours et semences d'un tiers, puisque, sans lui, ces fruits n'existeraient pas.

L'article 8 du titre *des priviléges et hypothèques* est basé sur la justice des principes que nous professons ici ; il donne sur le propriétaire la préférence aux semences et frais de récolte : ici, on leur préfère le propriétaire, ou plutôt son acquéreur, c'est-à-dire qu'on enlève à ce tiers son privilége sur les fruits. Cela ne nous paraît pas juste ; et nous pensons qu'en accordant les fruits à l'acquéreur, ce doit être à la charge de rembourser au tiers qui a fourni les labours et semences leur valeur, sauf son recours contre son vendeur qui ne l'en aurait pas chargé.

1647   **Art. 68.** On conçoit que cet article ne s'applique qu'aux choses vendues infectées de quelque vice rédhibitoire ; néanmoins, comme il est contraire aux règles prescrites au tit. II, il semble que, pour éviter l'abus qu'on pourrait en faire ou l'extension qu'on voudrait lui donner, il serait bon de dire : si la chose *affectée d'un vice rédhibitoire* a péri par cas fortuit, etc.

1648   **Art. 69.** En abandonnant aux usages des lieux le délai de l'action rédhibitoire, il peut y avoir de grands inconvéniens : il serait préférable de le fixer par une disposition générale.

Il serait encore avantageux d'investir de la connaissance de cette action le juge du domicile du vendeur, ou de l'arrondissement dans lequel la vente a été faite ; on éviterait, par ce moyen, les abus et le jeu des approchemens en garantie, qui se pratiquent au moyen de reventes simulées. C'est ainsi que l'on traduit, à vingt et trente lieues de son domicile, un vendeur, et qu'on le force souvent à sacrifier tout ou partie du prix de l'objet vendu, pour éviter d'énormes frais de déplacement.

CHAPITRE V.

Art. 75. Cet article doit-il s'entendre de la totalité du 1654 prix ou seulement d'une portion quelle qu'elle soit? Et, dans cette dernière hypothèse, le vendeur, en reprenant sa chose, sera-t-il tenu de rendre ce qu'il a reçu? Cela doit être, à moins qu'il n'en ait été autrement convenu.

CHAPITRE VI.

Art. 94. On ne pense pas qu'il soit nécessaire d'exprimer la faculté de vendre et céder le droit de rachat; elle résulte assez des articles 16 et 110. Cependant, quelques-uns ont prétendu qu'elle était pure, personnelle, uniquement transmissible aux héritiers.

La Coutume de Normandie en contenait une disposition formelle, article 116 *des Placités;* mais cette loi n'est pas générale. Il serait pourtant possible qu'on induisît de cet article, que la faculté de rachat n'appartiendrait qu'au vendeur seul.

Art. 99. Il serait bon de faire cesser, par une disposition 1675 précise, les difficultés qui se sont élevées sur la question de savoir si les capitaux des rentes déléguées entrent dans la composition du prix des ventes, et si, comme tels, ils doivent être doublés pour déterminer la lésion, ou si, au contraire, d'après cet axiome du droit, *Nihil est in bonis, nisi œre alieno deducto,* la chose réellement vendue n'est que la plus-value, comme le prix ne serait que les deniers déboursés. Soit, par exemple, une terre vendue 100,000 francs, à la charge, par l'acquéreur, de faire et continuer, à la décharge du vendeur, 4,500 francs de rente, au capital de 90,000 francs, en déduction du prix total; pour déterminer la lésion, faut-il que cette terre soit estimée valoir plus de 200,000 francs, ou bien suffira-t-il qu'elle soit estimée valoir 110,100 francs, ce qui doublera l'excédant de la charge imposée ? Cette question a été agitée et controversée par les auteurs : nous pensons que les capitaux des rentes font partie du prix, et, conséquemment, doivent être doublés ; mais il est bon que la loi fasse cesser les incertitudes, et prévienne les chicanes.

1676 Art. 104. L'action en restitution pour erreur, dol, violence, etc., est distinguée de l'action en restitution pour simple lésion : la première peut s'intenter dans les dix ans ; la seconde est limitée à quatre ans. Pour empêcher qu'on ne confonde, comme on l'a toujours fait, ces deux actions, il serait bon d'ajouter, à l'article 104, ces expressions : *sans porter atteinte au délai fixé pour la restitution pour cause d'erreur, dol, violence, etc.*

CHAPITRE VIII.

1690 Art. 111. Le fait du consentement du cédant suffit sans doute pour opérer son expropriation au bénéfice du cessionnaire ; mais, si ce fait n'est pas rendu constant par un acte authentique, ou par une signification du transport, peut-il être opposé à un créancier saisissant ? Un acte de transport sous seing privé fait après coup anéantira l'effet des saisies-arrêts, parce qu'il constatera le fait du consentement : les droits des créanciers peuvent être compromis par des actes clandestins. Il faut donc ajouter à cet article : *pourou que le transport ait été fait par acte authentique, ou q u'il ait été signifié au débiteur.*

TITRE XII.

1706 Art. 7. La rédaction de cet article est extrêmement embarrassée ; il y a plus, elle implique contradiction.

En effet, si la soulte de deniers excède de plus de moitié la valeur de l'immeuble cédé en échange par celui auquel la soulte est payée, déjà il ne peut y avoir de lésion ; mais il y en aura biens moins encore, si à cette soulte on ajoute l'immeuble qui forme avec elle le contre-échange.

On a voulu dire sans doute, et c'est ainsi que cet article nous paraît devoir être rédigé :

S'il y a soulte en argent ou effets mobiliers, et que cette soulte entre pour plus de moitié dans la composition du contre-échange, alors ce contrat, devant être considéré comme contrat de vente, sera soumis aux règles prescrites pour la rescision des ventes ordinaires.

Dans ce cas, etc.

TITRE XIII. — *Du louage.*
CHAPITRE Ier.

Art. 25 et 26. Quel sera le terme dans lequel le bailleur sera tenu de faire cette diligence? On doit lui accorder quelques jours; car il peut être absent ou éloigné, et n'être pas instruit du refus que ferait son fermier ou son locataire d'abandonner la jouissance de l'objet affermé. Les Coutumes variaient sur ce délai : celle d'Orléans donnait huit jours; celle de Reims, cinq jours. On pense qu'il faut porter ce délai à dix jours. [1738-1776]

Il serait bon de dire aussi que, lorsqu'il y a un congé signifié, le preneur, quoiqu'il ait continué sa jouissance, ne peut invoquer la tacite réconduction : elle est fondée sur un consentement que le silence seul fait présumer; mais cette présomption doit cesser contre celui qui a manifesté par écrit une disposition absolument contraire : c'est l'opinion de *Pothier*, qui nous paraît fondée. [1739]

Art. 64. Si le bail expire pendant le temps accordé pour exercer le rachat, l'acquéreur pourra-t-il le renouveler ou prendre un autre fermier? Cela n'est pas douteux. Mais le vendeur qui use de la faculté de rachat, sera-t-il tenu d'entretenir le bail fait par son acquéreur? il ne faut pas laisser cette question à résoudre aux juges : on pourrait tirer de cet article, des inductions tendant à soutenir la négative; et nous pensons qu'il faut, par une disposition expresse, autoriser, dans ce cas, l'acquéreur à faire un nouveau bail, et assujétir le vendeur à l'entretenir. [1751] [1673 2e]

1777   Art. 65. Il faut ajouter à cet article : *et réciproquement le fermier entrant doit procurer à celui qui sort la facilité et les logemens nécessaires pour la consommation des fourrages et les récoltes restant à faire, suivant l'usage des lieux.*

Il y a nombre de contrées où le fermier sortant récolte les gros grains; il a donc besoin de granges, d'emplacement pour ses fourrages, d'étables, d'écuries. Un article exprès fera cesser beaucoup de difficultés.

1773   Art. 74. L'incendie par cas fortuit, tel que celui que cause le feu du ciel, doit être mis dans la classe des cas fortuits extraordinaires.

1726   Art. 75. Il faut, pour que cet article reçoive son application, que le propriétaire ait été mis en cause, appelé à faire cesser l'empêchement, et qu'il ait été mis en demeure de le faire; autrement, il ne serait pas juste de lui faire supporter le rabais.

TITRE XIV.

CHAPITRE Ier.

Art. 4. Cet article est une conséquence de l'art. 3, tit. IX, liv. Ier ; mais, par ce dernier article, le mineur n'est réputé majeur pour son commerce, que lorsqu'il est autorisé à le faire par un conseil de famille ; disposition infiniment sage : il semble qu'il serait nécessaire de rappeler ici cette condition, sans laquelle le contrat ne peut être valide.

1834   Art. 5. La société anonyme, qui se forme souvent dans les foires et marchés, sans écrit, doit être exceptée ; elle est fréquente, utile au commerce, et les circonstances ne permettent pas toujours d'en rédiger acte par écrit. L'ordonnance de 1673 l'avait exemptée de cette formalité, et par de bons motifs.

CHAPITRE II.

Art. 17. Il faut dire : « dans une certaine négociation, qui « sera faite par l'une d'entre elles, *ou par chacun des associés* « *en son nom particulier.* »

Ce dernier cas appartient à la société anonyme, comme celui où un seul fait une négociation particulière. Le négoce de ces affaires peut être différent et fait sous chaque nom : on ne peut donc l'appeler *société en nom collectif*, parce que chacun fait un commerce particulier.

CHAP. III. — SECT. Iʳᵉ.

Art. 32. Une convention qui exempterait l'un des associés 1855
de la perte serait-elle nulle? Cette question, résolue par les Instit., liv. III, tit. XXVI, *de societate*, § 2, semble ici indécise. L'article 30 laisse bien de la latitude sur le mode de partage du bénéfice et de la perte ; mais le correctif de l'art. 32 fera naître des doutes sur la question proposée. Le principe posé est juste en soi. Une société dont les bénéfices vertiraient au profit d'un seul serait léonine, et, comme telle, réprouvée et nulle. Mais ne rangera-t-on pas dans la même classe celle qui exempterait un associé de supporter sa part des pertes?

Cependant, il est des cas où cette stipulation est licite. Qu'un homme soit admis dans une société à cause de son industrie ; qu'on lui donne un intérêt, une part dans le bénéfices en exemption des pertes, s'il y en a ; que telle soit la convention, et qu'il en résulte encore un avantage probable pour les simples bailleurs de fonds ; pourquoi une pareille stipulation ne serait-elle pas licite? Il est bon que la loi s'explique sur ce cas, afin de ne pas l'abandonner à l'arbitrage des juges.

CHAPITRE IV.

Art. 60. Il faut excepter de cette règle la société contractée 1868
pour l'exploitation d'une ferme ou d'une usine, parce que, dans ce cas, des tiers, tels que les bailleurs, ont intérêt à ce que la société soit continuée, qu'ils conservent même une action solidaire contre tous les associés ou les héritiers qui les représentent. Il serait injuste, sans doute, d'assujétir des héritiers à répondre, vis-à-vis de ces tiers, de l'exé-

cution des engagemens contractés pendant toute la durée du bail, sans les faire participer au bénéfice de l'association.

TITRE XV.

CHAPITRE III.

1913   **Art. 41.** Nous avons fait quelques observations sur le droit d'exiger ce capital, à l'article 84 du titre VII, *des lettres de ratification :* nous y faisons renvoi ; et nous pensons que, lorsque le vendeur et l'acquéreur sont d'accord de maintenir l'hypothèque, le capital ne doit pas être exigible.

1154   **Art. 43.** Cet intérêt des intérêts est exorbitant, s'il est autorisé pour simple prêt ; il consommera la ruine d'un malheureux débiteur, qui peut avoir déjà emprunté à des conditions très-onéreuses : l'intérêt de la société, l'intérêt du commerce, sollicitent une disposition toute contraire. Les troubles que les intérêts usuraires ont produits chez divers peuples doivent rendre, à cet égard, le législateur très-circonspect : nous avons plutôt besoin de lois prohibitives.

TITRE XVI. — CHAP. II. — SECT. II.

1931   **Art. 16.** L'article 23 autorise l'infraction à cette règle, dans le cas où il s'agirait de chose volée : il doit encore en être de même, dans le cas où des créanciers, ou autres prétendans-droit à tout ou partie de l'objet déposé, useraient de saisies-arrêts entre les mains du débiteur.

Nota. Si plusieurs s'étaient rendus dépositaires, il est bien certain qu'ils sont solidaires, si la chose est indivisible : cela résulte de l'article 109, *des obligations ;* mais, si la chose est divisible, et consiste en grains, en argent, etc., seront-ils solidaires ? D'après l'article 17, la nature de l'engagement du dépositaire ne permet pas de diviser l'obligation, ni, par conséquent, l'action : le droit romain confirme cette vérité, *Nisi pro solido res non potest restitui*, l. 22, ff. *Dép.;* mais, pour qu'il ne reste pas de doute à cet égard, il est bon d'en faire une disposition de la loi.

TITRE XVII.—CHAPITRE III.

Art. 23. D'après la rédaction de cet article, il semblerait 1994
que le mandataire pourrait toujours substituer, en répondant
de son substitué ; ce qui n'est pas exact : le mandat est un
acte de confiance personnelle, qui ne peut se transmettre
par le mandataire sans une autorisation expresse du mandant, qui, dans aucun cas, ne peut être engagé par un tiers,
envers lequel aucun acte de sa volonté ne l'a lui-même engagé.

TITRE XVIII.

Art. 3. Il serait peut-être bon d'assujétir aux formalités 2074
prescrites par les articles précédens les parties contractantes
elles-mêmes ; cela ferait connaître ces prêteurs sur gages qui
se gorgent de la substance du malheureux, et assurerait l'exécution de la défense portée par l'article 9, *de s'approprier le
gage.*

TITRE XIX. - CHAPITRE II.

Art. 6. Nous avons fait, sur l'article 36, *des donations et* 1969
testamens, des observations qui trouvent ici une nouvelle application.

Art. 19. En ce cas, le créancier qui fait résilier le contrat 1977
devra-t-il la restitution des arrérages perçus ? on ne le pense
pas ; mais on croit qu'il est bon de le dire.

Art. 22. Il pourrait se pratiquer des fraudes entre le pro- 1780
priétaire et le constituant, en ce que le propriétaire recon-
naîtrait avoir reçu plusieurs années d'avance, afin de donner
au constituant le droit de les répéter sur ses héritiers : il faut
donc borner cette faculté de répéter, à une année d'arrérages
seulement.

TITRE XX.

CHAPITRE II.

Art. 16 et 17. On n'a point parlé de la possession par an 2234
et jour d'un immeuble, ni de ses effets ; elle appartient cependant au droit civil, parce qu'elle constitue un droit réel

dans le possesseur, qui doit être provisoirement maintenu. Ce droit était consacré par plusieurs Coutumes, et notamment par les articles 96, 97 et 98 de la Coutume de Paris. Les formes de procéder sur cette action appartiennent, il est vrai, au Code judiciaire ; mais le fond du droit tient essentiellement à la manière d'acquérir et de conserver les biens ; en effet, celui qui a cette possession ne peut plus être évincé que par un titre. Il importe donc de faire un article de loi qui règle les effets de cette possession ; cela est d'autant plus nécessaire, que l'ordonnance de 1667 n'est pas en vigueur dans toutes les parties de la république.

C'est encore à tort que l'on consacre en principe que la possession actuelle ne fait pas présumer l'ancienne, excepté que le possesseur n'ait un titre ; ce principe est trop général.

Celui qui possède par an et jour, quoique sans titre, est provisoirement réputé propriétaire et possesseur ancien : c'est une vérité écrite partout. Il est vrai que cette présomption peut cesser et se détruire, lorsque celui qui réclame la propriété prouve la possession ancienne, ou qu'il rapporte un titre ; mais il n'en est pas moins vrai, en principe, que jusque là la présomption existe aux yeux de la loi. Il faut donc ajouter, après ces mots : *excepté que le possesseur,* ceuxci : *n'ait possession publique et paisible, par an et jour, ou qu'il n'ait un titre ; auquel dernier cas, etc.*

CHAP. IV. — SECT. II.

2255 Art. 36. De ces expressions : *ne courra point du tout contre la femme,* on pourrait induire qu'elle ne courrait ni avant ni depuis le décès du mari. Il faudrait dire que *la prescription ne court, contre la femme et ses héritiers, que du jour de la dissolution du mariage.*

2257 Art. 38. Pour prévenir l'espèce de contradiction que l'on pourrait supposer entre cet article et l'article 83 du titre VII, il serait bon d'ajouter : *sans préjudice des dispositions de l'article 83 du titre VII.*

CHAPITRE V.

SECTION II.

Le Code ne définit nulle part ce qu'on entend par *actions* : 2262
il ne détermine point leurs nature, leurs différentes espèces,
non plus que leurs effets et transmissions. Peut-être a-t-on
pensé que ce sujet appartenait au Code judiciaire. Cependant, il semble que, dans notre langue, l'action doit être
considérée sous deux rapports, ou plutôt que ce mot a deux
acceptions différentes ; on appelle *action* un droit quelconque
appartenant à une personne de faire quelque chose, ou d'exiger d'un autre qu'il fasse quelque chose ; on appelle aussi
actions les actes ou procédures qui constituent un procès ou
instance tendant à contraindre celui qui est obligé à quelque
chose.

La première espèce appartient au droit civil, la seconde
au Code judiciaire.

En effet, les actions sont des droits incorporels ; et, lorsqu'elles sont liées exclusivement à la personne, et intéressent
son existence, son état, ses capacités, elles sont appelées
personnelles. Les droits qui en résultent ne se communiquent
et ne se transmettent qu'en certains cas.

Lorsqu'elles sont relatives aux choses et aux biens, on les
appelle *réelles :* il en est de mixtes ; elles constituent souvent
une portion essentielle de la fortune des citoyens ; elles sont
sujètes à toute espèce de transmissions ; elles suivent aussi la
nature mobilière ou immobilière de la chose à laquelle elles
appartiennent ; elles s'exercent par celui qui en est propriétaire, quelquefois par ses créanciers. On parle souvent, dans
le Code, des droits et actions, et notamment au présent titre ;
il nous paraît nécessaire qu'il contienne un titre qui serait intitulé *des actions*, et qui traiterait de leur nature et de leurs
effets. Quant à la deuxième espèce d'actions, on recourrait
au Code judiciaire.

Art. 43. Cet article établit-il une simple exception en fa- 2262
veur de celui qui a prescrit la propriété d'un héritage, ou

lui donne-t-il une action en revendication de propriété?
Quelques Coutumes, en petit nombre à la vérité, telles que
celle de Normandie, article 521, lui donnaient l'action; le
plus grand nombre n'avaient, sur ce point, aucune disposition. La jurisprudence variait; les Coutumes qui ne connaissaient de prescription que celle de trente ans, telles que celle
de la Marche, donnaient à cette prescription l'action en revendication de propriété; et par celles qui admettaient la
prescription de dix et de vingt ans, l'action contre le possesseur actuel n'était accordée qu'à celui qui rapportait un titre.
Cette variété de Coutumes et de jurisprudence rend nécessaire une disposition précise. Cette nécessité a été sentie par
ceux qui avaient été appelés par le chancelier de Lamoignon, pour la confection de ses arrêts; et elle se fera d'autant plus sentir, que d'ici à long-temps, les préjugés des
anciennes Coutumes et de la jurisprudence exerceront leur
empire sur les points qui ne seront pas fixés d'une manière
positive.

SECTION III.

2265   Art. 46. 1re *observation*. Cette expression de *juste titre* est
bien vague. Le titre d'une donation sera-t-il réputé tel? le donataire universel ou particulier pourra-t-il prescrire en vertu
de ce titre? Pour le donataire à titre universel, nous ne le
pensons pas : il est rangé, par le Code, dans la classe de l'héritier; mais pour le donataire particulier, cela souffre plus
de difficulté. Cette prescription a souvent été rejetée, nonobstant la disposition précise de la loi *super c. de long. temp.
prescrip.* Il est nécessaire que le Code s'explique.

2265   2e *observation*. Cet article, pour prescrire par dix et vingt
ans, ne semble exiger que de la bonne foi et un juste titre.
L'article 98 de la Coutume de Paris et l'ancien droit exigeaient que la possession publique et paisible fût réunie au
titre; et nous pensons que cette dernière disposition doit être
maintenue. Ce n'est que cette possession qui peut faire connaître au véritable maître le droit du nouvel acquéreur, et

ce n'est que parce qu'il l'a laissé posséder publiquement et paisiblement, que la loi lui fait perdre une propriété qu'il est réputé avoir abandonnée.

Mais, s'il n'a pas joui, s'il a laissé jouir un usufruitier, par exemple, ou tout autre qui lui aura vendu son droit, s'il a tenu son titre caché, le propriétaire sera évincé par le seul effet de ce titre ignoré. Cela serait injuste. L'article 81, sur les hypothèques, a été plus juste envers les créanciers ; il a voulu que la prescription ne puisse leur être opposée lorsqu'ils auront une juste cause d'ignorer l'aliénation. Le vrai propriétaire est plus favorable encore, et ce n'est que par une possession publique et paisible qu'il doit être évincé. Il faudrait donc dire :

« Celui qui acquiert de bonne foi et par juste titre un « immeuble, en prescrit la propriété par dix ans de posses- « sion publique et paisible, si le véritable maître, etc. »

Art. 51. Il semble que, dans un dernier article, on devrait 1569 aussi comprendre, en faveur de la femme et de ses héritiers, le droit de faire réputer payés au mari les deniers dotaux, après dix années de durée du mariage sans séparation, et lorsque celui qui les devait a vécu pendant ce temps. Ce droit de la femme, en pays coutumier, n'était consacré que par la jurisprudence . il est nécessaire de la convertir en loi ; mais, toutefois, ce droit de prescription ne doit être établi qu'en faveur de la femme, sans que les débiteurs puissent le réclamer, ne pouvant opposer que la prescription établie par l'article 43.

SECTION IV.

Art. 52. L'action doit être déniée aux taverniers, cabare- 2271 tiers, cafetiers, etc., pour vin, et autres choses par eux vendues, en détail et par assiette, en leur maison, sauf l'exception pour logement et nourriture fournis aux voyageurs et gens vivant habituellement chez eux.

Art. 58. Il serait bon d'ajouter à cet article la même fa- 2277 culté de déférer le serment, autorisée par l'article 56.

N° 1. *Observations du tribunal d'appel séant à*
COLMAR.

LIVRE PREMIER.
TITRE II.

45   Art. 17. Par cet article, il est bien dit par qui les extraits des actes civils de l'avenir peuvent être délivrés ; mais il n'est pas pourvu au mode de délivrance des anciens, dont le dépôt ne se trouve pas dans les tribunaux des départemens du Bas-Rhin, du Mont-Terrible, et peut-être des autres départemens réunis. On doit observer à cet égard, que les anciens actes civils étaient dressés par les ci-devant curés des paroisses, dont il était envoyé des doubles à l'officialité ; ces derniers doivent se trouver aux archives de la préfecture : mais les premiers ayant été ou devant avoir été réunis au dépôt des municipalités, dans les archives des sous-préfectures, ne conviendrait-il pas de prendre des mesures pour que les extraits des actes qui s'y trouvent pussent se délivrer par les sous-préfets, ou, pour rendre cette délivrance conforme à à l'article 17, d'ordonner que ceux-ci les déposassent aux archives des tribunaux de leurs arrondissemens, le tout pour procurer à ceux qui en auraient besoin, la faculté de les avoir sans des déplacemens éloignés et dispendieux ?

TITRE IV. — *Des absens.*

129   Art. 14. En conséquence des dispositions de cet article, les héritiers présomptifs de l'absent deviennent propriétaires incommutables de ses biens, après trente ans révolus, d'après l'envoi provisoire. L'art. 17 ajoute que, si les enfans et descendans de l'absent ne se représentent qu'après que ses autres héritiers présomptifs ont obtenu l'envoi définitif, ils ne sont recevables à réclamer les biens de leur auteur, qu'autant qu'ils justifient de sa mort à une époque certaine, et qu'à cette époque ils étaient mineurs. Cependant il est établi

en principe par l'art. 6 qui précède, que la loi ne présume la mort de l'absent qu'après cent ans, ce qui présenterait une sorte de contradiction.

Il paraît que la disposition d'après laquelle la propriété des biens de l'absent est adjugée à ses héritiers présomptifs, après les trente ans de l'envoi provisoire, est fondée sur la prescription, qui court également contre lui; c'est sans doute pour cette raison que le Code civil a établi une distinction entre l'envoi provisoire et celui définitif, parce que l'article 18 du chapitre III, au titre *des prescriptions*, porte que ceux qui possèdent pour autrui, et non pour eux-mêmes, ne prescrivent jamais, quelque long temps qu'ils détiennent la chose. On conçoit parfaitement qu'en général on peut prescrire contre les droits que pourrait exercer un absent, même à l'égard des successions qui pourraient lui échoir après un certain temps; mais que les biens propres de l'absent, ceux qu'il possédait au moment de son départ, et ceux qui peuvent lui échoir pendant les dix années de l'envoi provisoire, soient définitivement acquis à ses héritiers présomptifs après trente ans de cet envoi, au préjudice de ses enfans ou de l'absent lui-même s'il reparaît après ce délai, il semble qu'il y aurait une sorte d'injustice, et que la présomption de la durée de la vie à cent ans serait illusoire et sans objet : il peut arriver qu'un homme, qu'un enfant mineur, soit détenu en pays étranger, transporté dans les îles en esclavage, et qu'il puisse cependant se représenter à l'âge de soixante ans et même plus tôt; car, le délai après lequel les héritiers présomptifs peuvent demander l'envoi définitif, doit courir contre l'absent mineur, du jour où il a atteint sa majorité. Or, si la majorité est fixée à vingt-un ans, en ajoutant les trente années voulues par la loi, il en résultera qu'à l'âge de cinquante-un ou cinquante-deux ans, l'absent pourra être dépouillé de tous ses biens: cependant on a des exemples d'absences forcées qui excédaient ce terme; et le retour des absens, en pareil cas, n'est pas extraordinaire.

132-
133

Ne conviendrait-il pas d'ajouter au titre IV que, dans le cas du retour de l'absent ou de ses enfans, même après l'envoi définitif, les héritiers présomptifs seront tenus de restituer les biens dans l'état où ils se trouveront à cette époque ?

TITRE VIII.— *De la puissance paternelle.*

CHAPITRE Ier.

375-
376

Art. 2 et 4. Quoique le pouvoir donné au père par ces articles, paraisse très-étendu, puisqu'il n'est pas même tenu de motiver sa réquisition, et encore moins de la justifier par des faits, ce pouvoir est néanmoins tempéré par l'affection paternelle; aussi, on ne peut pas raisonnablement croire que le père abusera de ce pouvoir, tant qu'il ne sera pas livré à des affections étrangères; par cette raison, il doit en jouir, soit pendant le vivant de sa première femme, soit même en viduité.

380

Mais, s'il passe à de secondes noces, n'est-il pas à craindre que, livré aux séductions d'une seconde femme peu affectionnée aux enfans d'un premier lit, dont les intérêts sont toujours en opposition avec les siens ou ceux de ses propres enfans ; n'est-il pas à craindre, dit-on, qu'une marâtre enfin n'abuse de son influence sur l'esprit d'un père souvent avancé en âge, lorsqu'il contracte un second ou un troisième mariage, pour écarter de la maison paternelle, ou même pour faire proscrire un enfant qui lui porte ombrage ? *Ce qu'une marâtre aime le moins de tout ce qui est au monde,* (dit La Bruyère), *ce sont les enfans de son mari; plus elle est folle de son mari, plus elle est marâtre; les marâtres font déserter les villes et les bourgades, et ne peuplent pas moins la terre de mendians et de vagabonds, de domestiques et d'esclaves, que la pauvreté.*

Ne conviendrait-il pas de restreindre l'article 2, soit au cas seulement où le père ne convolerait pas en secondes noces ; et, en ce dernier cas, si la seconde femme existe, de n'accorder au père le pouvoir de détention que sur l'avis d'un conseil de famille, composé pour moitié de parens du côté maternel de l'enfant?

TITRE IX.

Art. 27. Il est dit dans cet article que celui qui convoque 407 le conseil de famille pour la nomination d'un tuteur, doit faire notifier la cédule qu'il obtient du juge-de-paix à cet effet, cinq jours à l'avance, à tous les parens et alliés paternels et maternels jusqu'au quatrième degré inclusivement, résidant à la distance de six myriamètres du domicile du mineur. Dans les familles nombreuses, il peut arriver que les parens et alliés paternels et maternels s'élèvent à trente, quarante et plus; ce serait donc autant d'assignations à donner, et outre les dépenses individuelles pour le déplacement de chaque parent, autant de frais de citation à la charge du mineur. L'article 30, ci-après, n'exigeant pour le conseil de famille que six parens présidés par le juge-de-paix, un plus grand nombre, ou du moins celui auquel ils peuvent se porter dans une famille nombreuse, ne dégénérerait-il pas plutôt en cohue qu'en délibération? et ne serait-il pas plus avantageux pour l'intérêt du mineur et la tranquillité de la délibération, de réduire le nombre des parens à convoquer à neuf, en proportion à peu près égale de la ligne paternelle et maternelle? S'ils comparaissent tous, le nombre n'en sera pas trop grand; s'ils ne comparaissent pas tous, il s'en présentera toujours assez pour former le nombre requis.

Art. 51. Il est porté dans cet article que les défenseurs de 430 la patrie qui auraient accepté une tutelle, étant en activité de service, ne peuvent s'en faire décharger.

Il serait de l'intérêt des mineurs qu'ils le pussent; car, au moment de leur acceptation, leur éloignement peut n'avoir pas été tel qu'il peut l'être devenu depuis. On croirait donc qu'il devrait être ajouté à cet article : *hors toutefois le cas où un tel défenseur se trouverait d'un corps d'armée agissant soit dans l'intérieur, soit à l'extérieur de la République, et où il ne pourrait gérer personnellement ses propres affaires.*

455-
456 Art. 78. Il est dit dans cet article que, lorsqu'il est question de faire emploi sur particuliers de deniers oisifs, le tuteur doit se faire autoriser par un conseil de famille.

Il peut arriver que la majeure partie de la fortune d'un mineur consiste en capitaux, desquels il se fasse annuellement des remboursemens à plusieurs reprises; si à chacun le tuteur était obligé de convoquer un conseil de famille pour son replacement, n'est-il pas à craindre que les intérêts ne s'en aillent en frais de conseil de famille? et ne suffirait-il pas d'autoriser le tuteur au replacement des capitaux rentrés, par une simple autorisation signée des membres du conseil de famille, ou au moins des deux qui se trouveraient nommés pour recevoir les comptes annuels?

456 Art. 95. On observe que, pour la classe la moins aisée, il est laissé par cet article trop de latitude aux tuteurs pour le placement des deniers oisifs; s'il est de nécessité qu'un tuteur ait toujours une somme en réserve pour les cas imprévus, il ne l'est pas moins de la proportionner aux facultés des mineurs et aux circonstances dans lesquelles ils peuvent se trouver; dans les villes, elles peuvent exiger plus de dépense que dans les campagnes. On penserait donc que dans les premières, les deniers oisifs entre les mains d'un tuteur devraient porter intérêt dès qu'ils s'élèvent à 500 francs, et dans les campagnes à 200, à moins que les membres du conseil de famille n'en aient décidé autrement.

461 Art. 107. Ne serait-il pas dangereux de ménager au fermier et au débiteur astucieux l'occasion de faire passer bail à vil prix, et de faire quittancer pour moitié et peut-être moins, le mineur émancipé moyennant quelque argent qu'on lui présenterait, et que ses besoins momentanés et irréfléchis lui feraient accepter et disparaître l'instant d'après? La faculté de pouvoir retirer ses fermages et les rentes de ses capitaux, et la liberté de leur emploi, paraissent les seuls effets auxquels

doit se borner le pouvoir administratif que la loi peut lui confier.

Art. 108. Ne serait-il pas aussi de la sagesse de la loi, 481 de mettre le créancier de bonne foi à couvert des ruses d'une jeunesse dissipée, en interdisant au mineur émancipé (autre que négociant) la faculté de s'obliger autrement que sur avis de parens? Car il peut arriver que ne s'obligeant que pour le montant de son revenu annuel, cette obligation se répétant cinq à six fois envers plusieurs créanciers, à l'insu les uns des autres, il trouvera le moyen de les tromper tous.

Observation particulière sur le titre IX.

Ce titre devrait contenir les règles d'après lesquelles les 450 baux des biens des mineurs devraient être passés à la diligence des tuteurs ; car l'article 16 de la Ire section, chapitre III du livre III, porte que les baux des biens des mineurs et de ceux des femmes mariées, ne peuvent être faits que conformément aux règles particulières qui les concernent.

Il y a dans le projet de Code civil une disposition relative aux baux des biens des femmes mariées.

Mais la forme des baux des biens des mineurs ne se trouve nulle part ; ne devrait-elle pas être établie dans le titre IX, qui règle d'ailleurs les devoirs des tuteurs sur les autres parties de leur administration ?

Observation générale sur le même titre IX.

Chaque fois qu'il y a dissolution de communauté, il faut un inventaire, souvent apposition de scellés, clôture d'inventaire, citations pour assembler les parens, procès-verbal d'élection de tuteur, quelquefois contesté, ensuite la contestation portée devant les tribunaux, procès-verbaux d'assemblée de famille, soit pour régler les intérêts des mineurs, soit pour procéder au partage, au triage des lots, à la vente des immeubles, s'il échet audition de compte, etc. Si l'on considère ce qu'il en coûte actuellement pour les droits de timbre, enregistrement des citations, des procès-verbaux, des inventaires, vente de meubles, partages, droits sur les successions directes et collatérales ; si l'on y ajoute les vacations des juges-de-paix et de leurs greffiers, à toutes ces opérations on se convaincra facilement que les frais absorberont la majeure partie des successions, et que les mineurs paieront quelquefois de la moitié de leur fortune les actes conservatoires de l'autre moitié.

Sans contredit, tous les actes prescrits par le Code civil pour la sûreté des propriétés des mineurs sont parfaitement bien vus, et sont absolument nécessaires ; mais il faut aussi pourvoir à ce qu'ils ne soient pas trop onéreux, surtout pour les habitans de la campagne, dont la fortune médiocre ne supporterait pas la multitude de frais qui résulteront des actes que la loi exige, surtout s'il n'est fait aucune distinction entre les successions opulentes et celles dans lesquelles le passif réduit à peu de chose la portion qui peut revenir aux mineurs.

Une autre réflexion se présente encore : il faut que la loi soit exécutée dans tous ses points ; cependant ses dispositions les plus sages seront toujours éludées lorsqu'un citoyen se trouvera dans une position telle qu'il ne puisse en sortir sans s'exposer à des peines ou à faire le sacrifice d'une partie de sa fortune.

Lorsqu'il n'y aura point de contrat de mariage, et cela arrivera souvent, surtout à la campagne et dans la classe la moins aisée, la communauté se partagera par moitié entre le survivant et les enfans ou les héritiers du prémourant. Il faudra inventaire et toutes les autres opérations prescrites par la loi ; si le survivant ne fait pas procéder à l'inventaire dans les trois mois, il sera privé de la tutelle et de l'usufruit du bien de ses enfans, disposition pénale, d'une part ; de l'autre, il calculera les frais des différens actes auxquels il devra faire procéder, ainsi que les droits de toute nature à la charge des successions : il arrivera que, pour éluder l'un ou l'autre, ou il ne fera point d'inventaire, ou, s'il en fait un, il recèlera une partie des effets pour s'indemniser; et, en définitif, les mineurs seront toujours trompés, car l'information du recelé n'est pas même un moyen suffisant pour garantir les mineurs.

Il conviendrait peut-être, pour parer à cet inconvénient, et pour faciliter l'exécution de la loi,

De réduire au droit fixe de cinquante centimes l'enregistrement de tous les procès-verbaux, soit d'élection de tuteur, d'apposition de scellés ou autres, de quelque nature qu'ils soient, faits à la diligence des tuteurs, et pour l'administration des biens des mineurs;

De réduire le droit d'enregistrement des inventaires, et de ne le percevoir que sur l'actif mobilier de la succession, et après déduction du passif et des autres charges;

De réduire au droit fixe de vingt-cinq centimes l'enregistrement des citations données aux parens pour la convocation des conseils de famille, à quelque nombre qu'ils soient portés par le même exploit;

De réduire au même droit l'enregistrement des affiches faites pour parvenir à la vente ou au loyer des biens des mineurs;

De supprimer les droits résultant des successions directes et entre conjoints; de ne les laisser subsister que pour les successions collatérales et pour les biens immeubles seulement;

De statuer que toutes les opérations du juge-de-paix et de son greffier seront faites gratuitement, lorsque la succession ne présentera pas, après déduction des charges, un actif de 3,000 francs : par ce moyen, il n'existerait plus un intérêt assez fort, soit pour se soustraire à l'exécution de la loi, soit pour recéler une partie de la succession.

On sent parfaitement que de telles dispositions ne doivent pas faire partie du Code civil : cependant, comme elles sortent naturellement de l'examen que l'on a dû faire des for-

malités prescrites pour la régie et là conservation des biens
des mineurs, et qu'elles tendent même à faciliter l'exécution
de la loi, le tribunal a cru devoir les présenter au Gouvernement, qui, dans sa sagesse, les prendra sûrement en considération.

TITRE X.

488 Art. 1.er L'expérience n'aurait-elle pas encore prouvé que
ce n'est pas trop long-temps, que de laisser la jeunesse sous
la puissance paternelle jusqu'à l'âge de vingt-cinq ans, d'autant plus que l'émancipation fixée à dix-huit ans, en tempère
les effets relativement à la jouissance des biens des mineurs,
et que par l'article 12 du titre VIII, ils n'acquièrent point
pour leur père ce qu'ils gagnent par leur travail ou leur industrie hors de sa maison?

CHAPITRE II.

489-
513 Art. 4. Les cas de l'interdiction se trouvent circonscrits à
l'état d'imbécillité, de démence ou de fureur; la prodigalité
et la dissipation soutenues ne devraient-elles pas y être assujéties? un joueur, un ivrogne, l'homme vicieux et crapu-
leux, ne se trouvent-ils pas dans un état de démence et de
fureur continues? les lois doivent-elles moins de pitié à ceux
que leurs passions rendent incapables de jouir de la raison,
qu'aux imbécilles et aux furieux auxquels la nature l'a refu-
sée, surtout si le dissipateur a des enfans? ne serait-ce pas
même une conséquence de la loi, qui défend de disposer de
la totalité de ses biens, et qui veut que toujours il en soit réservé une portion aux héritiers? car, si elle interdit de donner même entre vifs au-delà de la portion disponible, à plus
forte raison doit-elle empêcher le dissipateur de consommer
sa propre ruine et celle de ses enfans: ne devrait-on pas au
moins l'assujétir à un conseil donné par autorité de justice,
sans lequel il ne pourrait ni s'engager, ni aliéner ses immeubles?

LIVRE II. — *Des biens.*

Art. 8. Les récoltes pendantes par racines sont immeubles. 520
Dans quelques Coutumes, les fruits pendans par racines
étaient meubles, à compter du 5 messidor ; dans d'autres,
cette époque était avancée ou reculée, suivant la nature des
récoltes, et d'après le climat : ce principe ne devrait-il pas
être conservé, surtout à l'égard des créanciers et des propriétaires des fermes et autres biens ruraux laissés à bail ? car,
souvent la saisie des fruits pendans par racines suffirait, à défaut d'autres meubles, pour procurer le paiement des
créances, au lieu que les fruits n'étant ameublis que lorsqu'ils
sont séparés de la terre, il sera très-facile aux débiteurs de
mauvaise foi de les faire disparaître, et de frustrer ainsi le
propriétaire du seul gage qui lui est affecté ; car, une fois
ameublis, et d'après le principe que les meubles n'ont pas de
suite par hypothèque, si le fermier en a disposé, le privilége
du propriétaire deviendra illusoire, s'il n'a recours à la saisie-
réelle avant que les fruits soient séparés de sa propre propriété ; procédure longue, dispendieuse, et même d'une nature extraordinaire, puisque l'on verrait un propriétaire
saisir réellement des fruits percrus sur sa propriété, et établir ainsi une distinction entre le fonds et la superficie, quoique de même nature d'après la loi. Si, au contraire, on permettait la saisie mobilière sur les fruits aux époques fixées par
les usages des lieux, le propriétaire pourrait exercer des
droits sur son fermier, qui souvent n'a pas d'autres propriétés ;
son gage et le privilége que la loi lui accorde seraient assurés.

*Colmar, le 11 prairial, an IX de la république française, une et
indivisible. Les membres du tribunal d'appel, séant à Col-
mar, signé* SCHIRMER, *président;* EHRMANN, SALOMON,
AUGER, BAVELAER, MATHIEU, LE VASSEUR, ANDRÉ
SAUDHEN ; ANTONIN l'aîné, *commissaire du Gouvernement;*
JOURDAIN, *greffier.*

LIVRE III.

DISPOSITIONS GÉNÉRALES.

711 **Art. 1ᵉʳ.** Il paraît erroné de dire que la propriété des biens s'acquiert par la puissance paternelle, si, dans le titre *des tutelles,* sur lequel se fonde ce principe, il n'en est pas parlé. Or, en parcourant ce titre en entier, on n'y voit nulle part que, par le fait de la puissance paternelle, le père puisse acquérir une propriété quelconque dans le bien de ses enfans. Il n'y a que leur tutelle et la jouissance de leurs biens, jusqu'à leur majorité, qui lui soient dévolues; encore, cette tutelle et cette jouissance sont-elles subordonnées à l'assemblée de famille, dans le cas où il passerait à de secondes noces.

TITRE Iᵉʳ.— *Des successions.*

725 **Art. 15.** 1° Cet article n'est pas clair. Il paraît qu'on devait distinguer : celui qui n'est pas conçu est un être de raison; mais un individu peut être conçu, et n'être pas né au moment de l'ouverture de la succession. Au premier cas, l'article est inutile; dans le second cas, la loi détermine à quelle époque il faut avoir été conçu pour pouvoir succéder.

761 **Art. 61.** Il paraîtrait bien rigoureux d'obliger un enfant naturel, que l'on peut supposer, avec raison, sans fortune et sans moyens, et déjà réduit à une portion très-mince dans la succession, de faire l'avance des frais de la liquidation à l'égard d'un héritier opulent et en possession de la même succession. Ne serait-ce pas mettre cet enfant naturel à la merci de l'héritier, qui pourra le fatiguer par des chicanes réitérées, le mettre dans l'impossibilité de faire valoir ses droits, et le forcer enfin à transiger d'une manière désavantageuse avec lui? D'un autre côté, au lieu de faire supporter les frais de la liquidation, en définitif, par celui qui succombera, ne serait-il pas plus naturel et plus juste que ces frais fussent prélevés sur la masse de la succession? car, il pourrait arriver que la portion de l'enfant naturel serait absorbée en entier par les

frais, s'il avait le malheur de succomber en soutenant une
prétention, peut-être juste au fond, mais dépendante d'une
expertise toujours incertaine.

Art. 77. Cet article ne s'explique pas suffisamment, s'il 77¹
entend que l'envoi en possession n'est que provisoire pendant trois ans, et définitif après ce temps. Dans ce sens, il
faudrait dire : La caution est déchargée, et l'époux survivant
demeure propriétaire incommutable de la succession. Dans
le cas contraire, il faudrait dire après quel délai l'héritier qui
se présenterait serait exclu.

Art. 78. Il en est de même de cet article : après trois pu- 770
blications de quinzaine en quinzaine, c'est-à-dire, après un
délai de quarante-cinq jours, la république sera mise en possession des biens. Mais, cette possession sera-t-elle définitive
ou seulement provisoire? Un héritier peut être absent, en
pays étranger, dans les colonies ; en le supposant même résidant en France, il est certain que ce délai de quarante-cinq
jours, et des publications particulières faites dans une commune, ne sont pas suffisans pour lui faire parvenir la connaissance de l'ouverture de la succession. Pourquoi y a-t-il
différence, en ce genre, entre l'article 77 et 78, qui suppose
un privilége en faveur de la république? En tout cas, il doit
être déterminé, d'une manière positive, et conforme aux
principes établis dans la rédaction des titres, soit *des absens,*
soit *des prescriptions,* le temps que doit durer la possession
provisoire, qui préjuge la restitution des fruits à l'égard de
l'héritier qui se présente, et l'envoi en possession définitive
qui exclut ce même héritier, et qui doit faire acquérir la pleine
propriété à la république.

Art. 95. Ne devrait-il pas être déterminé, à la suite de cet 79ᵒ⁾
article, la forme d'acceptation dans le cas prévu, c'est-à-dire,
par un autre héritier, lorsque l'héritier de droit aura renoncé?
car la forme d'acceptation générale des successions portée
par les articles 84 et 85 ne peut être applicable en s'agissant de substituer un héritier à la place d'un autre. Celui qui

voudrait *se* mettre au lieu et place de l'héritier qui a renoncé pourrait facilement le priver du bénéfice de la loi, en produisant une acceptation tacite, ou même expresse, mais faite à l'insu du premier héritier. L'acceptation de celui qui veut être substitué à l'héritier renonçant ne devrait-elle pas être faite après sommation à celui-ci de se déclarer, ou au moins inscrite sur le registre destiné à recevoir les renonciations aux successions? Alors, une telle acceptation aurait une date certaine. ✍

812 Art. 123. Cet article peut présenter des difficultés dans son exécution. On suppose qu'un particulier de Colmar est en procès avec un citoyen de Besançon ; ce procès est pendant au tribunal de Besançon ; le particulier de Colmart meurt ; sa succession est vacante ; le tribunal de Besançon nommera le curateur qui, en vertu de l'article 124, administrera la succession : le citoyen de Besançon, qui, par le résultat du procès, deviendra créancier de la succession, exercera ses droits contre ce premier curateur ; mais, s'il a une demande nouvelle à former, ou si quelque autre créancier se présente, alors, et comme la succession sera ouverte à Colmar, le tribunal de cette dernière ville nommera un autre curateur : en voilà donc deux pour la même succession. Comment sera réglée leur administration respective ?

TITRE II. — *Des conventions.*

1108 L'article 6 du premier chapitre de ce titre veut une cause licite dans l'obligation.

1132 L'article 30 dit que la convention n'en est pas moins valable, quoique la cause n'en soit pas exprimée ;

1131 Et l'art. 31, que l'obligation sur une fausse cause est nulle.

Il résulte de tout cela que la cause est de l'essence de la convention, mais qu'il n'est pas nécessaire qu'elle soit exprimée. Pourquoi, au contraire, ne pas ordonner que la cause sera exprimée, puisque, si la cause est fausse, la convention sera nulle? Ce défaut d'expression de la cause don-

nera lieu à bien des difficultés. Si l'on soutient que l'obligation n'est pas causée, ou que la cause est illicite, il faudra
donc admettre la preuve par témoins contrairement aux dispositions de l'art, 210, qui porte : *La preuve testimoniale n'est
point admise contre et outre le contenu de l'acte.* Il paraît plus
régulier de donner une foi pleine et entière aux actes, lorsqu'ils contiennent tout ce que la loi a déterminé pour leur
validité (sauf l'inscription de faux), plutôt que de recourir
à des preuves testimoniales qui n'offrent pas toujours la
vérité pour résultat.

Art. 67. Cet article paraît mal rédigé, en ce qu'au premier   1172-
aperçu on pourrait croire que, dans des dispositions testamen-   900
taires, on pourrait insérer des conditions contraires aux bonnes mœurs, etc. Le vrai sens de l'article paraît être que l'insertion d'une clause impossible ou prohibée dans un acte entre
vifs, opère la nullité de la totalité de l'acte ; au lieu que, dans
un testament, cette seule clause est nulle, et l'acte subsiste
pour toutes ses autres dispositions légales : cependant, comment concilier encore ce sentiment avec les dispositions de
l'article 32 du titre IX, qui porte : « Dans toutes dispositions
« entre vifs ou *à cause de mort,* les conditions impossibles,
« celles qui sont contraires aux lois ou aux mœurs, sont ré-
« putées non écrites. » Ce qui fait croire que, dans l'un
comme dans l'autre de ces actes, la clause seule est nulle ;
sur quoi peuvent donc tomber ces expressions de l'article 67 ;
il en est autrement dans les dispositions testamentaires ?

Art. 79. Les dispositions de cet article ont-elles aussi lieu   1184
à l'égard des contrats de vente ?

L'article 38, porte : « Dès l'instant que le propriétaire a
« contracté, par un acte authentique, l'obligation de don-
« ner ou livrer un immeuble, il en est exproprié ; l'im-
« meuble ne peut plus être saisi sur lui par ses créanciers. »

On voit, au titre IX, *de la vente,* article 8, que la promesse de vendre vaut vente ; qu'elle est accomplie dès qu'on

est convenu de la chose et du prix, quoique la chose n'ait
pas encore été livrée ou le prix payé.

Cependant, d'après l'article 79, le vendeur ou l'acquéreur aurait l'option de demander l'exécution de la vente
ou de provoquer la résiliation; option qui contrarierait
le principe établi que la vente est consommée par le
seul consentement; car, si la promesse de vendre vaut
vente, l'une des parties ne peut que poursuivre l'exécution
du contrat; sauf, en cas d'impossibilité, à réduire la demande en dommages-intérêts : mais si, par exemple, le vendeur peut et offre d'exécuter le contrat dans lequel il aurait
apporté du retard, l'option ne devrait pas être déférée à
l'acquéreur.

TITRE III. — *Des quasi-délits.*

ap-
1382
Art. 17. Cet article paraît trop étendu, et trop à l'avantage des propriétaires ou principaux locataires, s'il suffit
d'ignorer d'où la chose nuisible a été jetée pour condamner
tous les locataires solidairement à payer le dommage, même
ceux qui habiteraient des appartemens d'où il serait impossible que ce dommage fût arrivé : il paraîtrait plus convenable
de rendre le propriétaire ou principal locataire responsable, sauf son recours contre celui des habitans de sa maison qui aurait commis le délit; parce que c'est au propriétaire à veiller sur ses locataires, ceux-ci n'ayant aucune
inspection les uns sur les autres.

TITRE V. — *Du cautionnement.*

2022
Art. 8. Cet article ne concerne sans doute que la caution
simple : car les obligations de la caution solidaire sont déterminées par l'article 7, qui précède.

Il résulte donc des dispositions de l'article 8 et des suivans
que la caution simple doit requérir la discussion du débiteur
principal; ce qui suppose déjà que, contrairement aux principes actuels, on peut attaquer la caution simple avant le

principal débiteur ; que la caution doit indiquer au créancier les biens du débiteur, et faire l'avance des frais de la discussion, sans quoi il peut être discuté lui-même ; que le créancier n'est pas même tenu de discuter les biens hypothéqués à sa dette et vendus à des tiers. L'article 11 * ajoute que le créancier qui a négligé de discuter les biens qui lui sont indiqués n'en a pas moins le droit de poursuivre la caution, qui pourrait prévenir l'insolvabilité du débiteur, ainsi qu'il est dit dans la section II : ce qui serait faire un titre au créancier de sa négligence pour assurer d'autant plus ses droits contre la caution, et faire tomber sur celle-ci tous les risques de l'insolvabilité et tous le poids de la discussion.

Il paraît certain que, si tous ces articles étaient adoptés, la condition de la caution simple serait beaucoup plus onéreuse que celle de la caution solidaire ; car celle-ci sait qu'en prenant un engagement solidaire elle contracte l'obligation de payer au choix du créancier : mais la caution simple ne saura jamais à quoi elle s'engage. On ne peut se dissimuler que la grande majorité du peuple n'aura jamais une connaissance parfaite de la loi, dont il ne fait pas son étude spéciale ; qu'un individu, en se rendant caution simple, n'entendra jamais que garantir la solvabilité actuelle de celui qu'il cautionne, et n'être recherché qu'après la discussion entière de celui-ci : il sera néanmoins, sans le vouloir, soumis à toutes les dispositions que l'on vient de transcrire. Cependant, on est convaincu que, si l'on expliquait ces dispositions à cet individu, qu'on lui dît positivement qu'en se rendant caution simple, il sera tenu de requérir la discussion des biens du débiteur, et d'en avancer les frais, d'indiquer au créancier les biens du débiteur, qui pourra cependant négliger de les discuter, et qu'en définitif il sera toujours garant de l'insolvabilité, on est persuadé,

---

* L'art. 2024 du Code civil rend le créancier responsable à l'égard de la caution, jusqu'à concurrence des biens indiqués.

dit-on, qu'il n'accepterait pas de tels engagemens : d'où l'on
peut conclure que les cautionnemens seront rares, et que le
commerce, l'industrie et les transactions particulières,
en souffriront.

TITRE VI. — *Des priviléges et hypothèques.*

2103
4°

    Art. 10, nombre 4. Cet article, trop général, est suscep-
tible de quelques exceptions. Il peut être appliqué, sans inconvénient, dans les grandes communes, pour les constructions
à neuf, pour les réparations importantes ; mais, s'il s'agit de
réparations de peu de conséquence, les formalités qui sont
prescrites deviendraient coûteuses ; elles annonceraient au
propriétaire, de la part de l'ouvrier, une défiance, et, par
l'acquiescement du propriétaire, un aveu tacite du mauvais
état de ses facultés, ce qui apporterait beaucoup de difficultés
dans la conclusion de semblables marchés. L'article pourrait
donc subsister pour toutes les constructions ou réparations
qui excéderaient 100 francs ; au-dessous de cette somme, le
privilége pourrait être conservé à l'entrepreneur ou ouvrier,
en justifiant d'un traité par écrit, ayant une date certaine.

av-
2127

    Art. 39. Cet article fait naître la question de savoir si un
acte sous signature privée est translatif de propriété.

    L'article 219 du titre II, *des conventions*, porte : « Les actes
« sous seing privé n'ont de date contre des tiers que du
« jour où ils ont été enregistrés, ou du jour de la mort de ce-
« lui ou de l'un de ceux qui l'ont souscrit. » Une autre disposition, relative à ces sortes d'actes, porte encore que,
« pour opérer un effet contre celui qui l'a souscrit, il faut
« que la signature soit reconnue. »

    L'article 38 du même titre s'exprime ainsi : « Dès l'instant
« que le propriétaire a contracté, par un acte *authentique*,
« l'obligation de donner ou de livrer un immeuble, il en est
« exproprié ; l'immeuble ne peut plus être saisi sur lui ; l'a-
« liénation qu'il en fait postérieurement est nulle, etc. »

L'article 208 définit ainsi l'acte authentique : « c'est celui « qui est reçu par un officier public, etc. »

Enfin, on a vu, par l'article 39, qu'il ne peut plus être créé d'hypothèque sur un immeuble par celui qui l'a aliéné, postérieurement à l'aliénation faite par acte authentique.

De toutes ces dispositions, il paraît résulter que la seule vente par *acte authentique* transfère la propriété, puisque c'est par un tel acte que le vendeur est réellement exproprié.

S'il résulte encore de l'article 39 qu'on ne peut plus créer d'hypothèque sur un immeuble aliéné par acte authentique, l'on doit en conclure qu'on peut créer une hypothèque sur un bien vendu par acte sous signature privée : donc un acte sous seing privé ne transfère pas la propriété ; donc encore l'acquéreur par un acte notarié, quoique postérieur, doit avoir la préférence sur celui qui ne possède pas en vertu d'un acte authentique ; cependant, dans un tel cas, que deviendra l'article 219, qui porte que l'acte sous signature privée aura date contre des tiers, du jour de son enregistrement ?

Il paraît qu'il devrait être déterminé, d'une manière formelle si l'acte authentique doit avoir la préférence sur un acte sous seing privé d'une date certaine, antérieure, constatée par l'enregistrement, ou si ce dernier acte revêtu de cette formalité transfère la propriété.

Art. 50. Cet article établit, en faveur d'un créancier contre 2169 un autre créancier, un privilége qui ne paraît fondé ni sur la raison ni sur la justice. Un particulier acquiert un bien hypothéqué ; il en emploie le prix au paiement des créanciers antérieurs et privilégiés, il est, par conséquent, subrogé en leurs droits. Survient un autre créancier, auquel l'article 50 donne l'option (sans examiner si cet acquéreur a payé le juste prix ou non), ou de rembourser, ou de vendre l'immeuble à un prix excédant le montant des créances, à charge de donner caution ; on conçoit que, si, au lieu de l'alternative *ou*, on avait mis la conjonction *et*, ce ne serait plus un privi-

lége, mais que la loi a pu supposer que l'immeuble a été vendu
à vil prix, au préjudice des créanciers postérieurs en ordre,
et qu'il était nécessaire d'établir, en ce cas, une espèce d'enchère, comme elle a lieu lors de l'exposition d'un contrat au
tableau des hypothèques.

Mais, en laissant, comme le prescrit l'article 50, l'option
au créancier, ou de rembourser l'acquéreur ou de vendre
l'immeuble à un prix supérieur, il en résultera, comme on
l'a déjà dit, un privilége en faveur du créancier postérieur,
contre le tiers-acquéreur devenu créancier antérieur par l'effet de la subrogation, si l'immeuble a été acquis à sa juste
valeur, ou bien un abus qu'il est nécessaire de prévenir; car,
un acquéreur qui se trouvera dans le cas prévu par l'art. 50,
et après nombre d'années de jouissance d'un immeuble qu'il
aura approprié à sa convenance, à son commerce, à son industrie, s'en trouvera dépouillé par un créancier de mauvaise
humeur, qui ne trouvera peut-être d'autre avantage que celui
de nuire à ce tiers-acquéreur, si l'immeuble n'est pas d'une
2185 valeur supérieure au prix de l'acquisition; il conviendrait
donc, en supprimant l'option ou l'alternative, de n'admettre
le créancier à la faculté d'évincer l'acquéreur, qu'à charge,
par lui, de vendre l'immeuble à un dixième en sus du prix de
la première acquisition, et en donnant caution : alors, il ne
sera préjudicié ni aux droits du tiers-acquéreur ni à ceux des
créanciers postérieurs en ordre ou hypothèque.

2174   Art. 62. Pourquoi le délaissant, qui est souvent un acquéreur de bonne foi, ferait-il l'avance des frais du délaissement? Sa condition n'est-elle pas déjà dure? Ces frais ne
devraient-ils pas être avancés par le poursuivant, qui est
assuré de les récupérer, en définitif, sur le prix des biens? au
lieu que le prétendu recours que l'on réserve au délaissant ne
serait qu'illusoire, parce qu'on peut, avec raison, supposer
le débiteur originaire entièrement insolvable, lorsque l'on
procède à la discussion sur des tiers-acquéreurs.

TITRE VII. — *Des lettres de ratification.*

Le chapitre IV de ce titre établit que, lorsqu'un acquéreur a exposé son contrat au tableau, à l'effet d'obtenir des lettres de ratification, tout créancier hypothécaire qui a formé préalablement opposition entre les mains du conservateur des hypothèques, peut surenchérir, sauf à l'acquéreur à conserver, en fournissant le prix de la dernière enchère.

Cette faculté est donnée aux créanciers pour empêcher un débiteur de vendre ses biens à vil prix au préjudice de ceux qui ont hypothèque.

Cependant, une telle disposition, qui est générale, qui ne porte nulle exception, et qui n'exprime pas les cas dans lesquels elle peut avoir lieu, pourrait entraîner des abus. Par exemple, un particulier expose son contrat d'acquisition ; un seul créancier ou même plusieurs, mais dont les créances réunies sont beaucoup au-dessous du prix de l'acquisition, et qui ont la certitude d'être payés sur le prix, peuvent-ils user de la faculté de surenchérir ? En supposant l'affirmative, puisque la loi ne dit pas le contraire, le moyen de purger les hypothèques par des lettres de ratification serait abusif ; car un créancier unique et d'une somme de 3,000 francs seulement pourrait évincer l'acquéreur d'un domaine de 20,000 francs, et se mettre à sa place, en augmentant d'un dixième, sous le seul prétexte que sa qualité de créancier lui donne le droit de surenchérir, et sans examiner si le prix de la vente suffit ou non pour le payer, ou même si la dette est exigible ou non.

Mais une autre circonstance peut se présenter.

Un particulier achète un bien pour 30,000 francs ; il met ²¹⁹¹ son contrat au tableau ; des créanciers se présentent, ils forment des enchères ; par l'effet des enchères, le prix de la vente se porte à 40,000 francs. Le premier acquéreur déclare conserver, on procède à l'ordre entre les créanciers ; le total des dettes s'élève à 36,000 francs : tous les créanciers sont payés; il reste 4,000 francs libres ; à qui appartiendront-ils? sera-ce au vendeur ? Mais l'acquéreur lui répondrait que la vente avait été consommée avec lui, conclue pour 30,000 francs; qu'il ne lui doit rien au-delà ; et que si la loi a permis des enchères, c'est en faveur des créanciers seulement ; que, ceux-ci étant payés, le vendeur n'a plus rien à prétendre, avec d'autant plus de raison que cet excédant de prix n'indique pas une lésion manifeste. Ce raisonnement de l'acquéreur serait-il fondé ?

TITRE VIII. — *De la vente forcée des immeubles.*

Art. 114. Il semble qu'il peut résulter des inconvéniens de mettre les frais ordinaires à la charge de l'adjudicataire sans les déterminer, parce qu'il peut arriver que, dans l'incertitude de leur montant, il ne pousse pas ses mises à la valeur de l'immeuble exposé en vente, ou bien, au contraire, qu'il aille au-delà de ce qu'il y aurait mis s'il avait connu ces frais. Pour parer à ces inconvéniens, et puisqu'également et en dernière analyse les frais ordinaires s'acquittent aux dépens de la masse par la moins-mise des acquéreurs, en leur considération, on pense qu'il serait plus utile de mettre tous les frais à la charge de la masse, d'autant plus que ce serait éviter les discussions et les difficultés entre les enchérisseurs, pour savoir de combien chacun aura à y contribuer au prorata de ses mises.

TITRE IX. — *Des donations et testamens.*

921   Art. 22. L'exemple posé en cet article paraît inapplicable, parce qu'il est impossible, d'après l'art. 49 du titre Ier de ce livre, section V, qu'un oncle d'un défunt puisse concourir avec son neveu, puisque, si le défunt ne laisse ni descendans, ni père ni mère, la succession est déférée en premier ordre et en entier aux frères et sœurs germains survivans, ou aux descendans d'eux; ce qui ne permet pas d'entrevoir le cas où l'oncle d'un défunt puisse concourir, dans la succession, avec un descendant d'un frère ou d'une sœur du même défunt.

Art. 29, 30 et 31. D'après ces articles, l'héritier peut 930
exercer l'action en réduction, même contre les tiers détenteurs des biens, si le donataire les a aliénés.

Mais si l'acquéreur ou tiers détenteur a obtenu des
lettres de ratification, quels seront alors les droits de l'héritier? Dira-t-on que celui-ci devait former opposition pour
la conservation de ses droits, dans le cas où, lors de l'ouverture de la succession du donateur, il serait jugé qu'il y a lieu
à rapport?

Mais d'abord l'héritier présomptif a-t-il le droit, pendant
la vie du donateur, de former une telle opposition pour des
droits purement éventuels? Quel serait l'effet d'une semblable opposition, si elle pouvait avoir lieu? De priver le donataire de la liberté de vendre, contrairement à la loi, qui
le lui permet; car, sur cette opposition, l'acquéreur ne se
départirait pas du prix de la vente, ou bien il provoquerait
sa résiliation, faute par le vendeur de pouvoir faire rayer
l'opposition.

Mais l'héritier présomptif peut être mineur et sous la
puissance du donateur.

Mais, enfin, cet héritier présomptif peut n'être pas né au
moment de l'obtention des lettres de ratification; car c'est
l'existence des enfans au moment du décès du donateur qui
détermine le rapport et sa quotité; et l'on ne peut pas faire
valoir les droits d'un être de raison.

Une question encore à former est celle de savoir si le
donataire ou son acquéreur peuvent prescrire contre l'action
des héritiers; car l'action n'étant ouverte qu'au décès du
donateur, il est possible que l'un ou l'autre ait joui pendant
trente ans avant ce décès.

Art. 34 et 35. A quel signe ou caractère reconnaîtra-t-on 911
l'acte déguisé dont parle l'art. 34? Si la seule présomption
établie par la loi pouvait suffire, il serait interdit aux personnes désignées en l'art. 35 de contracter à titre onéreux.

L'objet étant des plus importans, il paraît que la loi devrait s'expliquer davantage.

1020   Art. 103. Par cet article, l'héritier n'est pas tenu de dégager la chose léguée, si elle est grevée d'une hypothèque spéciale pour une dette de la succession, ou même pour la dette d'un tiers. Qu'entend-on par le mot *dégager?* Il y a plusieurs manières de dégager un héritage grevé d'une hypothèque ; 1° par le paiement de la dette ; 2° en transportant l'hypothèque sur un autre immeuble.

Entend-on, par les dispositions de cet article, que le légataire sera tenu de payer la dette? Mais l'art. 109, qui suit, dit que le légataire à titre particulier n'est point tenu des dettes de la succession, sauf la réduction du legs et *l'action hypothécaire des créanciers.* Ces dernières expressions ne veulent pas dire non plus que le légataire paiera la dette ; mais qu'il pourra souffrir l'action hypothécaire des créanciers, si l'héritier chargé des dettes de la succession ne paie pas, ou si les biens ne suffisent pas. Ce raisonnement s'applique aussi à l'article 109 ; ainsi, si la loi entend que le légataire sera tenu de payer la dette hypothéquée spécialement sur la chose léguée, il est nécessaire que cela soit exprimé d'une manière formelle.

TITRE X (a).

CHAPITRE Ier.

1395   Art. 5. Par cet article, il est voulu que les conventions matrimoniales rédigées avant la célébration du mariage ne puissent plus être changées après. Le motif de cette disposition paraît être de prévenir les discussions et les mésintelligences, si ordinaires entre époux, quand l'un ou l'autre croit avoir un intérêt à changer telle ou telle disposition de leur contrat de mariage, que l'autre, au contraire, croit avoir **1393** un intérêt de maintenir. Mais quand il n'y a point eu de conventions matrimoniales avant la célébration, cette omission

---

(a) *Voyez* l'observation sur la disposition générale qui termine le projet de Code civil.

emporte-t-elle l'exclusion d'en convenir après, et la communauté légale aura-t-elle lieu nécessairement? C'est ce qui n'est pas positivement déterminé par cet article et les suivans; il serait cependant nécessaire que cela fût, pour éviter les contestations qui pourraient naître de ce silence de la loi : résulterait-il même de grands inconvéniens de permettre à des époux à qui la modicité de leur fortune ne donnait aucun intérêt de convenir de leurs articles d'en faire rédiger lorsque le changement de leur fortune leur en fait entrevoir la nécessité? 1394

CHAPITRE II.

Art. 14. Il est dit dans la section précédente, qu'à défaut 1401 de contrat de mariage, la communauté légale de biens a lieu par égales parts et portions, soit pour les profits, soit pour les pertes. L'article 14 de la section II, ajoute : « La communauté se compose activement de tout le mobi-« lier que les époux possédaient au jour de la célébration de « leur mariage, ensemble de tout le mobilier qui leur échoit, « pendant icelui, à titre de succession. »

Une foule de contestations peuvent naître de la disposition de cet article, en ce que le mot *mobilier*, pris généralement, comprend tous les effets qui de leur nature ne sont pas immeubles : entendra-t-on par *mobilier* l'argent comptant, les dettes actives et passives, un fonds de boutique, argenterie, bijoux et autres effets précieux que l'un des époux peut posséder au moment du mariage, ou acquérir par succession? ou ne les y comprendra-t-on pas? ou bien ce mot *mobilier* ne doit-il s'entendre que des objets mentionnés en l'article 20 du titre Ier du livre II ? *

Art. 31. Cet article contient cette phrase : « Il ne peut 1422 « même faire une donation entre vifs du mobilier, *sans tra-*« *dition réelle avec réserve d'usufruit.*

Cela ne se comprend pas; il y a sans doute une faute d'impression : il ne peut y avoir une tradition réelle avec réserve

---

* Voyez l'art. 535 du Code civil.

d'usufruit. Si , entre les mots *réelle* et *avec* , se trouvait *ni* , alors cette phrase aurait un sens.

1429   Art. 38. Le mari ne peut faire des baux des immeubles appartenant à la femme , qui excèdent neuf ans.

Ne conviendrait-il pas d'ajouter : *sans son consentement?* sans quoi cet article serait trop général ; car, si le mari peut aliéner les biens de la femme avec son consentement, à plus forte raison peut-il faire , avec ce consentement , un bail au-dessus de neuf ans ?

1447   Art. 58 et 65. La séparation de biens ne devrait-elle pas être prononcée contradictoirement avec les créanciers , comme autrefois, au moins l'un d'eux assigné pour tous? car la liberté qu'on leur laisse, par l'article 65, d'intervenir peut-être illusoire, et la séparation prononcée avant que les créanciers éloignés du domicile des parties aient pu avoir connaissance de la demande en séparation.

TITRE XI. — *De la vente.*

1589-1590   Art. 8 et 9. N'y a-t-il pas contradiction entre ces deux articles? Le dernier suppose que la promesse de vendre ne vaut pas vente, tandis que le précédent dit le contraire. Les arrhes sont données ordinairement en signe de la vente et pour confirmer la promesse de vendre : il en serait autrement si les arrhes étaient données par forme de peine et de dédit dans le premier cas, tout à-compte donné sur le prix d'une vente serait réputé arrhes, et le signe de la confirmation de la promesse de vendre deviendrait un titre pour sa résiliation Il est donc nécessaire de distinguer et surtout de déterminer dans quel cas les sommes données sur le prix d'une vente seront réputées arrhes.

CHAP. IV. — SECT. II. — DIST. II.

1647   Art. 68. Il semble qu'il devrait être fait ici une distinction entre la perte de la chose vendue, par cas fortuit, ou par suite de sa mauvaise qualité ; car, au dernier cas, c'est la faute du vendeur qui occasionne la perte, tandis que , dans la perte par cas fortuit, il se peut qu'il n'y en ait pas de sa part, et que , pour l'en rendre responsable , il devrait être arrivé après qu'il a été constitué en demeure de livrer la chose vendue , et jamais après la tradition , à laquelle époque la vente est entièrement parfaite, consommée , et la chose vendue en la possession de l'acheteur. D'après cela, pour éviter toute interprétation douteuse , il semble que cet article devrait être rédigé ainsi :

« Si la chose vendue a péri par cas fortuit entre les mains
« du vendeur, après le terme stipulé pour sa délivrance ou
« après avoir été constitué en demeure de la délivrer , ou
« par suite de sa mauvaise qualité , soit avant, soit après le
« terme stipulé pour sa délivrance , la perte est pour le ven-
« deur ; et il ne sera , etc. »

CHAP. VI.—SECT. Iʳᵉ. — De la faculté de rachat.

Art. 83. Par les termes impératifs de cet article , *il en est* ₁₈₆₂
déchu, on doit croire que la déchéance sera encourue de droit par l'expiration du délai, et qu'il ne sera pas nécessaire de la faire prononcer en justice ; c'est ce sens que l'on désire trouver dans les dispositions de l'art. 83 : cependant, d'autres pourraient croire que la déchéance n'est pas de droit , et ils pourraient invoquer, à l'appui de leur sentiment , l'article 69 (*de la condition résolutoire*), qui porte que la résolution doit être demandée en justice , quoiqu'il n'y ait pas d'analogie entre une clause résolutoire et une déchéance. Cependant , pour ôter toute équivoque , ne pourrait-on pas ajouter à l'article 83 : *il en est déchu de plein droit, et sans qu'il soit nécessaire que la déchéance soit prononcée par le juge.*

CHAP. VIII. — Du transport des créances , etc.

Art. 110 et 111. Ne devrait-il pas être expliqué par ces ₁₆₉₀ articles , et notamment dans l'article 111, que c'est dans le cas où la cession serait faite par un acte authentique , ou qu'elle aurait une date certaine ? sans cela il serait très-facile au débiteur de mauvaise foi de faire une cession simulée ou antidatée pour tromper son créancier.

TITRE XIII. — *Du louage.*

1734 Art. 50. Cet article paraît contraire à l'équité et à tous les principes. Nul ne peut être obligé sans son consentement ; la loi ne peut obliger personne à courir des risques qu'on ne peut prévoir, ou qu'on ne peut éviter sans s'obliger volontairement. Qu'un propriétaire puisse convenir avec ses locataires d'une telle condition, rien n'est plus licite ; mais que la loi oblige en pareil cas, elle serait injuste.

Je loue un appartement dans une maison (ceci s'entend principalement de Paris et des grandes villes), vingt autres locataires occuperont la même maison ; je ne les connais pas ; ils n'ont pas été admis comme locataires, de mon consentement ; je n'ai aucune surveillance sur eux ; je n'ai aucun droit de les contraindre à prendre les précautions nécessaires pour éviter un incendie. Cet accident arrive cependant ; et, par événement, je suis, de tous les locataires, le seul solvable ; je ne puis faire la preuve négative imposée, preuve difficile et presque impossible ; le feu a pu prendre de nuit, dans des cheminées qui se communiquent, dans quelque endroit enfin à l'usage commun des locataires ; et ce sera moi seul qui serai responsable, tandis que c'était au propriétaire à surveiller, et surtout à n'admettre dans sa maison que des gens honnêtes, prudens, solvables, qui puissent, de toutes manières, garantir leurs actions ! Pourquoi cet avantage si considérable au propriétaire, qui le dispense de tout soin, de toute surveillance, et qui me rend, malgré moi, caution d'un individu qu'il lui plaît d'introduire dans sa maison ? Un propriétaire de mauvaise foi pourrait abuser étrangement d'une loi semblable : il possédera une vieille maison dont la ruine sera prochaine ; mais, à l'aide de quelques malveillans insolvables qu'il y introduira, il m'obligera de l'indemniser d'un événement qu'il aura préparé dans le secret, et qu'il fera tourner à son profit. On ferait un volume des inconvéniens que cet article peut entraîner. Sans doute, un locataire doit être responsable ; mais cette responsabilité doit avoir des bornes, et être réglée d'après des principes de justice. Le propriétaire ne doit pas se borner, de son côté, à percevoir ses loyers et un revenu considérable de sa maison ; il y a aussi des obligations qui lui sont propres, et dont la loi ne doit pas le dispenser.

Art. 56. *du louage* et art. 35, titre **XI**, *de la vente.* 1743 N'y a-t-il pas contradiction entre ces deux articles ? Le premier décide que l'acquéreur ne peut expulser le fermier, à qui, sans doute, les fruits appartiendront ; le second décide que les fruits appartiendront à l'acquéreur, qui peut ainsi expulser le fermier, sauf le recours de celui-ci.

CHAP. III. — SECT. Ire.

L'article 112 et les suivans traitent des domestiques. Le 1781 premier porte que les domestiques attachés à la personne du maître ou au service des maisons peuvent être renvoyés, en tout temps, sans expression de cause, et peuvent de même quitter leurs maîtres ; mais il ne statue pas sur le mode de paiement de leurs gages. Les articles suivans contiennent des dispositions à cet égard ; mais comme ils ne parlent que des domestiques attachés à la culture, on pourrait dire que le mode de paiement de ceux-ci n'est pas applicable aux domestiques dont parle l'article 112. Il serait bon, par conséquent, que la loi s'expliquât plus particulièrement.

Observation sur la disposition générale qui termine le projet de Code civil (a).

Elle porte qu'à compter de sa publication, les lois romaines, les ordonnances, les Coutumes générales ou locales, les statuts et réglemens, cesseront d'avoir force de lois générales ou particulières.

(a) *Nota.* Cette observation peut s'appliquer aussi au tit. **X**, liv. **III**. *Contrat de mariage.*

Sous différentes Coutumes (comme , par exemple , dans la Coutume de Lorraine), il y avait, entre les conjoints, communauté pour les acquêts seulement ; la totalité du mobilier appartenait au survivant , soit qu'il y eût enfans ou non procréés du mariage , à charge des dettes personnelles. D'après d'autres Coutumes ou statuts locaux , la communauté se partageait des deux tiers au tiers , ou de diverses autres manières , de sorte qu'il en résultait toujours au survivant un avantage quelconque.

Sous l'empire de ces Coutumes , les contrats de mariage étaient assez rares , les citoyens , trouvant leurs intérêts parfaitement réglés par les dispositions de la Coutume , les avaient adoptés tacitement , en ne faisant aucune convention contraire ; ils entendaient , par conséquent , que les droits respectifs des époux seraient réglés , lors de la dissolution du mariage , par les statuts coutumiers sous lesquels ils l'avaient contracté.

Ainsi, c'est sous la foi de ces statuts, de ces Coutumes alors existantes, que les mariages avaient eu lieu avant la loi du 17 nivose an 2.

Cette loi a déjà réduit les avantages de l'époux survivant; elle porte, article 13 : « Les avantages singuliers ou réci-
« proques, stipulés entre les époux encore existans, soit par
« leur contrat de mariage , soit par les actes postérieurs , ou
« qui se trouveraient établis, dans certains lieux, par les
« Coutumes, statuts ou usages, auront leur plein et entier
« effet, nonobstant les dispositions de l'article 1er, auquel il
« est fait exception en ce point.

« Néanmoins, s'il y a des enfans de leur union ou d'un
« précédent mariage , ces avantages, au cas qu'ils consistent
« en simple jouissance, ne pourront s'élever au-delà de la
« moitié du revenu des biens délaissés par l'époux décédé ;
« et, s'ils consistent en des dispositions de propriété soit
« mobilière , soit immobilière , ils seront restreints à l'usu-

« fruit des choses qui en seront l'objet, sans qu'ils puissent
« excéder la moitié du revenu de la totalité des biens. »

Telle est la première loi qui a restreint les avantages accordés au survivant par les Coutumes, en ce qu'elle le prive
de la propriété du mobilier, s'il y a survenance ou enfans
existans lors du décès, et le réduit à l'usufruit de la moitié
qui devait revenir au prémourant.

Une telle disposition contient-elle un effet rétroactif? On
croit pouvoir soutenir l'affirmative, en ce qu'elle réduit un
avantage accordé par la loi sous la foi de laquelle le mariage
avait été contracté, et sans lequel les époux auraient fait d'autres dispositions, ou qui, sans cette condition, n'auraient
peut-être pas contracté le mariage : cependant, ce sentiment
n'est pas partagé d'une manière unanime. Dans ces circonstances, la question qui se présente est celle de savoir comment sont réglés les droits résultant d'un mariage contracté
avant la loi du 17 nivose, sans aucune convention matrimoniale préalable, et dont la dissolution arrivera à présent ou
après la promulgation du Code civil; sera-ce d'après les
dispositions des Coutumes sous lesquelles le mariage aura été
contracté? sera-ce d'après la loi qui gouvernera les parties
lors de la dissolution du mariage ?

Il devrait paraître hors de doute que les droits du survivant
seront réglés d'après les dispositions des Coutumes sous lesquelles le mariage a été contracté, parce que tel a été le choix
et la volonté des parties, à défaut d'autres conventions ; cela
est conforme à tous les principes.

S'il en était autrement, et si un mariage contracté avant
la loi du 17 nivose pouvait être réglé soit d'après les dispositions de cette loi, soit par celles du Code civil, on aurait
conservé à la loi du 17 nivose un effet rétroactif, qui déjà a
été supprimé en partie par celle du 9 fructidor an III, ou bien
l'on donnerait au Code civil l'effet rétroactif, qu'il proscrit
en termes formels.

Cependant, comme une question de cette nature est très-

importante, qu'elle peut être envisagée de différentes ma
nières, et qu'il est essentiel, pour le repos des familles, qu'ell
soit décidée d'une manière expresse, en ce qu'elle intéress
notamment la classe nombreuse des cultivateurs, des gens d
la campagne, et des citoyens dont la fortune ne permettai
pas de passer des contrats de mariage, ne conviendrait-il pa
d'ajouter au chapitre II, section Iʳᵉ du titre X, *du contrat d
mariage :*

*Lors de la dissolution d'un mariage contracté avant la loi d
17 nivose an 2, ou avant la promulgation du Code civil, san
aucune convention matrimoniale préalable, et sous la foi des Cou
tumes, statuts et usages qui régissaient le domicile des époux, leur
droits respectifs seront réglés d'après les dispositions desdites Cou
tumes, statuts et usages.*

Colmar, 1ᵉʳ *fructidor an* IX *de la république française, une et in
divisible. Les président et membres du tribunal d'appel séant
Colmar, signé* SCHIRMER, EHRMANN, AUGER, SALOMON
MATHIEU, VIERN, LE VASSEUR, ANDRÉ SANDHERR
ANTONIN *l'aîné, commissaire du Gouvernement;* JOURDAIN
greffier.

Nº 12. *Observations des commissaires nommés par le tribunal d'appel séant à* DIJON.

Extrait du registre des délibérations du tribunal d'appel.

Les juges composant le tribunal d'appel séant à Dijon
convoqués en la chambre du conseil,

Sont présens les citoyens Larché, président; Virely
Ruelle, Maurier, Buvée, Bijon, Baudot, et Godinet faisau
pour les empêchemens du commissaire du Gouvernement.

Le président annonce que le ministre de la justice, el
adressant au tribunal quatre exemplaires du projet de Cod
civil, l'invite, par sa lettre du 12 de ce mois, dont lecture es

faite, à nommer une commission de trois juges, pour examiner ce projet, et faire sur les articles dont il est composé les observations qui leur paraîtront convenables : il ajoute que le ministre désire que ces observations lui parviennent dans la première décade de prairial.

Le tribunal arrête qu'à l'instant il sera ouvert un scrutin pour le choix de cette commission.

Chaque juge ayant voté, on procède au dépouillement du scrutin : le citoyen Virely réunit sept voix ; le citoyen Larché, six ; les citoyens Lesage et Delaye, chacun quatre.

Le citoyen Lesage étant le plus âgé, le président, après avoir consulté le tribunal, annonce que la commission est composée des citoyens Virely, Larché et Lesage.

A l'instant il est remis à chacun de ces juges un exemplaire du projet de Code civil ; le quatrième est déposé au greffe, pour y rester à la disposition des autres juges ; le tout conformément à la lettre du ministre de la justice.

Signé au registre, *Larché*, président, et *Goussard*, greffier.

Et depuis, les commissaires, s'étant réunis en la chambre du conseil, ont, assistés du greffier du tribunal, arrêté de faire, sur le Code civil, les observations suivantes :

LIVRE PREMIER.

TITRE II.

Art. 27 et 29. Les commissaires observent que, par l'art 9 de ce titre, il doit y avoir, dans chaque commune, trois registres triples pour l'inscription des actes de naissance, de mariage, de divorce et de décès. 63-49

Que, par l'art. 14, de ces trois registres l'un doit rester en la puissance de l'officier de l'état civil ; le second être déposé au greffe du tribunal civil de l'arrondissement, dans les vingt jours qui suivent l'expiration de l'année ; et le troisième déposé, dans le même délai, au chef-lieu de l'administration départementale.

D'où il suit que deux des registres triples n'étant plus entre les mains de l'officier de l'état civil, quand le dépôt ordonné a été fait, il ne lui est plus possible d'inscrire sur ces mêmes registres les déclarations dont il est parlé dans les art. 27 et 29; il est donc nécessaire que la loi règle par qui et comment se fera l'inscription sur les deux registres déposés soit au greffe du tribunal d'arrondissement, soit au chef-lieu de l'administration départementale.

52 Art. 54. La peine que prononce cet article paraît devoir être la même pour les actes de naissance, qui ne sont pas moins importans que les actes de mariage.

TITRE V.

ap. 149 Art. 12. Comme on peut avoir consenti à un mariage sans que l'union s'ensuive, les commissaires pensent qu'il faudrait substituer le mot *contracté* à celui *consenti*.

161-162 Art. 17 et 18. La prohibition de contracter mariage se borne, suivant ces articles, 1° en ligne directe, aux ascendans et descendans d'eux, et réciproquement, comme aussi entre lesdits ascendans et les maris et les femmes de leurs descendans;

2' En collatérale, entre le frère et la sœur.

De là, il suit que la prohibition ne s'étend point à la fille d'un premier lit de la femme, non plus qu'à l'épouse du frère; la morale publique serait blessée, si de pareilles unions pouvaient être permises.

171 Art. 27. La formalité de l'enregistrement et les peines du double droit ne sont-elles pas des dispositions bursales, qui doivent être réglées par des lois particulières, et, par conséquent, retranchées du Code civil?

200 Art. 47. Le délit dont parle cet article n'étant découvert qu'après la mort de l'officier public, ses héritiers peuvent-ils être tenus des dommages et intérêts des parties? il est essentiel que la loi s'explique à cet égard.

220 Art. 68. Cet article laisse indécise une question sur la-

quelle les jurisconsultes ne sont pas d'accord : celle de savoir si la marchande publique qui oblige son mari , quand il y a communauté entre eux, le rend aussi sujet à la contrainte par corps pour les obligations qu'elle a contractées dans son commerce.

Il serait important qu'il y eût dans la loi une disposition précise sur cette question.

TITRE VI.

Ce titre est composé de quatre chapitres contenant soixante articles : aucun ne parle des instances commencées et non jugées à l'époque de la promulgation du Code civil. Quel sera le sort de ces instances , surtout de celles faites pour causes justement rejetées par la loi nouvelle ?

L. 1er. ta. 6.

TITRE VII.

Art. 28. Cet article veut que le père survive vingt jours à l'acte de reconnaissance ; si elle a été faite pendant *le cours de la maladie dont il est décédé ;* et si elle l'a été en bonne santé , et que le père soit mort avant les vingt jours , *quid juris ?*

334

TITRE IX.

Art. 77. Cet article est contraire à l'ordonnance de 1731, concernant les donations. L'article 7 porte que le tuteur n'a pas besoin de l'avis des parens ; et si *Ricard*, dans son Traité des Donations , partie Ire, chap. IV, section Ire, nombre 850 , a pensé différemment , il est cependant convenu que *l'usage* , d'après les arrêts de la cour , *a dispensé les mineurs de cet usage ;* et il ajoute qu'il faut s'en tenir *à cet usage,* fondé sur ce que des parens qui auraient intérêt à empêcher la donation comme s'ils étaient les héritiers naturels du donateur, pourraient mettre des entraves à l'acceptation du tuteur, s'ils étaient appelés pour donner leur consentement.

461

D'ailleurs , en laissant subsister l'article tel qu'il est , il se trouverait en contradiction à ce qu'il paraît avec l'article 5o du titre IX, livre III.

TITRE X.

489
513
Art. 4. Cet article, non plus que les suivans, ne parle que de l'imbécillité, de la démence et de la fureur, pour lesquelles celui qui en est atteint doit être interdit ; mais, dans nos principes, et d'après la disposition du droit romain, la prodigalité a toujours été considérée comme une cause d'interdiction : *Prodigo interdicitur bonorum suorum administratio.* (L. 1, §. *ult.* ff. *de tut. et curat.*); et si, en général, la prodigalité n'était pas un motif suffisant d'interdiction, elle devrait au moins l'être quand le prodigue est en même temps époux et père.

513-
514
Art. 40. Cet article paraît décider qu'il n'y a que celui qui connaît la faiblesse de son esprit et de ses facultés naturelles qui puisse demander un conseil, sans l'assistance duquel il ne lui sera pas libre d'aliéner ses immeubles, ni même les hypothéquer ; mais si ce conseil lui est nécessaire et qu'il ne le demande pas, les parens devraient être autorisés à le demander pour lui.

LIVRE II.

TITRE PREMIER.

520
Art. 8. Il y a une distinction à faire relativement à cet article.

Suivant la jurisprudence actuelle, quand les fruits pendans par racines sont saisis avec le fonds, ils sont réputés immeubles comme le fonds même, et le prix qui en provient se distribue entre les créanciers, suivant l'ordre de leurs hypothèques.

Mais les fruits sont réputés meubles, savoir : les blés depuis qu'ils sont en tuyaux, les vignes après qu'elles sont taillées, et les prés lorsqu'ils sont en défense, et peuvent être saisis comme meubles. Les commissaires pensent que cette jurisprudence doit être maintenue, surtout si l'on considère que ces fruits sont le gage du propriétaire.

LIVRE III.

Art. 22. Il n'y a d'accusation capitale que celle qui emporte la mort naturelle ou la mort civile : *Appellatio capitalis mortis vel remissionis civitatis intelligenda est*, dit la loi 103, ff. *de verb. signif.*; et s'il faut une accusation de cette nature pour encourir l'indignité, l'héritier qui aura porté contre le défunt une accusation calomnieuse et emportant seulement peine afflictive, l'aura donc fait impunément, puisqu'il ne conservera pas moins son droit de succéder. [727]

Art. 101. Dire : à compter de *l'ouverture* de la succession. [795]

Art. 108. Cet article et les suivans, jusqu'à l'article 120 inclusivement, sont relatifs au bénéfice d'inventaire, à ses effets, et aux obligations des héritiers bénéficiaires ; mais il n'y a rien de décidé à l'égard de celui qui, dans la ligne collatérale, se porte héritier pur et simple. Exclut-il l'héritier bénéficiaire? Les auteurs tiennent l'affirmative ; et c'est aussi l'opinion des commissaires, comme étant la plus favorable au défunt, aux créanciers et aux légataires : [802]

Au défunt, en ce qu'une acceptation pure et simple fait beaucoup plus d'honneur à sa mémoire que quand elle est faite sous bénéfice d'inventaire ;

Aux créanciers, qui méritent qu'on préfère pour héritier celui qui, par une acceptation pure et simple, assure le paiement de leurs créances ;

Aux légataires, qui ont une action sur les biens de l'héritier pur et simple, pour être payés de leurs legs, quand il conserve ceux de la succession, et qui n'en ont aucune sur les biens de l'héritier bénéficiaire.

Mais si celui qui veut se porter héritier pur et simple exclut l'héritier bénéficiaire, il est de principe aussi qu'il peut être également exclu par l'héritier bénéficiaire qui re-

noncera au bénéfice d'inventaire ; en sorte qu'il est important que la oi règle en même temps et le délai dans lequel
celui qui voudra se porter héritier pur et simple sera obligé
de le déclarer à l'héritier bénéficiaire, et celui dans lequel
ce dernier sera tenu à son tour de faire sa déclaration à
l'héritier pur et simple.

843   Art. 157. Cet article, jusqu'au 190ᵉ sur le rapport en succession, décide par qui le rapport est dû, à quelle succession il doit se faire, etc. ; mais il n'est décidé par aucun
de ces articles comment sera estimé l'immeuble sujet à rapport, et qui aura été aliéné avant l'ouverture de la succession, par celui à qui il avait été donné. Les commissaires
pensent que le fonds doit être estimé eu égard à sa valeur
au moment de l'ouverture de la succession, parce que ce
n'est point le prix de la vente qui est sujet à rapport, mais
la valeur réelle du fonds à l'époque où la succession s'est ouverte.

871   Art. 191. Erreur, en ce que cet article renvoie au titre
des donations, section V, distinction 2, tandis que c'est
au chapitre V, section II.

TITRE II.

1146   Art. 42. Il y a une distinction à faire entre l'obligation de
faire et de ne pas faire.

A l'égard de la première, le débiteur ne doit les dommages et intérêts de l'inexécution de son engagement qu'a-
près avoir été mis en demeure, et c'est ce que décide l'ar-
1145   ticle 42 ; mais, quant à l'obligation *de ne pas faire*, le débiteur qui y contrevient doit les dommages et intérêts par le
seul fait de la contravention, et c'est ce que l'article doit
décider.

1283   Art. 174. L'avis de Pothier (*Traité des Obligations*,
tom. Iᵉʳ, pag. 307), sur la question décidée par l'art. 174,
paraît préférable, d'autant plus que son opinion est fondée
sur celle de Dumoulin. Ces deux auteurs ont pensé que la

somme reçue de la caution , pour être déchargée du cautionnement, ne porte aucun préjudice au débiteur non
plus qu'aux autres cautions : c'est, d'une part, un créancier
qui, craignant l'insolvabilité du débiteur principal, veut
bien prendre sur son compte les événemens de cette insolvabilité, en traitant avec l'une des cautions, et en la déchargeant du cautionnement moyennant une somme convenue
entre eux ; et, d'autre part, c'est un coobligé au cautionnement, qui, pour s'affranchir de toutes recherches pour
raison de l'insolvabilité du débiteur principal, veut bien faire
le sacrifice de la somme qu'il paie au créancier ; et à l'é-
gard de l'un et de l'autre, la convention est très-licite ;
c'est un contrat vraiment aléatoire, dont le créancier
profite si le débiteur devient solvable, de même que la caution y trouve aussi son avantage si le débiteur est insolvable; et dans l'un et l'autre cas, la condition du débiteur, ainsi que celle des autres cautions, est toujours la
même.

Art. 179. Il y a erreur. Au lieu de ces termes : *que celui-ci* 1295
devait au cédant, il faut substituer : *de ce que le cédant devait au*
débiteur avant la date de la cession.

Art. 194. Cet article accorde un délai trop long pour la 1304
restitution, et il est de l'intérêt public que ce délai soit limité
à cinq ans, au moins à l'égard des majeurs.

TITRE V.

Art. 25. La caution dont il est parlé dans cet article doit 2040
être solvable : mais il faut encore, suivant le même article ;
que cette caution soit domiciliée dans le lieu où elle doit être
donnée, c'est-à-dire que celui qui réside à cent lieues de
l'endroit où il doit fournir caution doit y en trouver une ;
ce qui peut le mettre dans l'impuissance de la fournir par
la difficulté de trouver une caution dans un lieu où l'on n'est
pas connu : il convient donc que cet article donne sur cet
objet une plus grande latitude.

TITRE VI.

2102   Art. 8. Il se présente deux observations sur cet article : la première qu'en donnant au propriétaire un privilége seulement pour une année, y compris *le terme courant*, quand le bail n'est que sous écriture privée, il s'ensuit que le lendemain de l'échéance il n'y a plus de privilége dans les pays où les termes des baux sont d'une année à l'autre ; ce qui est très-ordinaire dans les départemens qui ressortissent au tribunal d'appel de la Côte-d'Or : il conviendrait donc de substituer à ces mots : *y compris le terme courant*, ceux-ci : *non compris le terme courant*.

   La seconde observation, c'est que l'article ne décide point si le même privilége doit avoir lieu sur des fruits resserrés dans des bâtimens qui n'appartiennent point au propriétaire de l'immeuble qui les a produits, ou si c'est au contraire le maître de ces bâtimens qui doit avoir le privilége pour ses loyers.

2 10   Art. 11. Par cet article, il est accordé un privilége sur les meubles et qui s'étend aussi sur les immeubles, pour les frais de justice, d'enterrement, frais de la dernière maladie, fournitures de marchandises, gages des gens de service ; 2105 mais ce privilége primera-t-il celui accordé par l'article précédent aussi sur les immeubles, à tous les créanciers qui sont désignés sous cet article? c'est un point qu'il faut décider.

   Toutes les dispositions relatives à la vente forcée présentent une procédure plus compliquée, plus hérissée de formalités inutiles, et plus onéreuse pour les parties que n'était l'ancienne procédure décrétale : les commissaires pensent qu'il est indispensable de simplifier cette procédure par une loi particulière qui ne doit pas entrer dans le Code civil.

2210   Les commissaires ont surtout remarqué que l'art. 28 est contraire au droit commun, en décidant que la saisie-réelle doit être poursuivie par-devant le tribunal civil de première

instance dans le ressort duquel est le domicile actuel du débiteur saisi ou son dernier domicile connu , quoique les biens
saisis ne soient ni en totalité ni même en partie situés dans
le ressort de ce tribunal.

A Paris , et d'après *Bourjon* (tome II , p. 717) , et *Duples-
sis* (tome Ier, p. 634), l'on faisait cette distinction : les décrets qui se poursuivaient en vertu de sentences ou d'arrêts,
se faisaient en la juridiction où les sentences et arrêts avaient
été rendus; et, quant à ceux qui se faisaient en vertu d'obligation , ils se poursuivaient en la juridiction où les choses
saisies étaient situées. Le même usage s'observait aussi dans
le ressort du ci-devant parlement de Dijon , où l'on a toujours
tenu pour principe en matière de décrets que ce n'est pas le
domicile du débiteur qui règle la juridiction , mais la situation des biens. C'est l'observation faite par l'auteur du Traité
des Décrets, page 69, imprimé à Dijon en 1746. Il cite
Gouget dans son Traité des Criées , chap. IV, page 471 ,
édit. de 1619 , qui dit que, si on en usait autrement, ce serait
enlever aux juges ordinaires la connaissance de ce qui leur
appartient de droit commun.

Mais une raison plus décisive , c'est que l'intérêt du débiteur saisi, comme celui de ses créanciers, exige que l'on s'a-
dresse plutôt au tribunal dans le ressort duquel sont situés les
biens qu'à celui du débiteur saisi , en ce que les biens se ven-
draient toujours mieux par la facilité de trouver des enchérisseurs sur les lieux , et l'on conçoit que, si, par exemple ,
des biens situés à Perpignan étaient saisis réellement à Paris
pour y être vendus et délivrés, ils seraient sans doute très-
mal vendus. Ces observations méritent la plus grande attention de la part des législateurs.

TITRE IX.

Art. 16. Par cet article , les collatéraux sont privés de la
liberté de disposer à leur volonté de la totalité de leurs biens :
les commissaires pensent au contraire que cette liberté doit

915-
916.

être illimitée, et que c'est seulement en ligne directe qu'elle
a dû être restreinte.

Dans les républiques anciennes, nous ne trouvons aucune
loi qui ait resserré le pouvoir des collatéraux dans des bornes
aussi étroites que celles de la législation actuelle. Les lois
d'Athènes, l'ouvrage de Solon, accordaient la liberté indéfinie de disposer à ceux qui n'avaient point d'enfans. Rome
républicaine usait du même droit et d'un bien plus étendu : il
était même illimité en ligne directe comme en collatérale, la
légitime réservée aux enfans.

C'est en effet une consolation de la mortalité pour l'homme
sans enfans, d'avoir des héritiers de son choix. N'est-il pas
naturel et juste qu'il puisse s'acquitter du devoir de la recon-
*naissance et des autres engagemens qui peuvent l'obliger à
donner tout ou partie de ses biens à l'un de ses héritiers légitimes, ou à les partager inégalement entre eux ou avec ses
amis ? Cette liberté de disposer est favorable surtout pour le
patrimoine que le collatéral a acquis par son économie et à
force de peines, de sueurs et de travaux. C'est sa propriété :
il ne la tient pas de ses ancêtres.

911   **Art. 36.** Cet article est en contradiction avec les précédens,
qui permettent les donations à charge de rente viagère, les
ventes à fonds perdu ou avec réserve d'usufruit, faites à l'un
des héritiers présomptifs en ligne directe ou collatérale,
pourvu qu'elles n'excèdent pas la quotité disponible ; par conséquent, si l'estimation de l'objet aliéné se trouve excéder la
quotité disponible, l'aliénation n'est pas nulle, elle est seulement réductible.

970-
976   **Art. 71.** En laissant par cet article au donateur la liberté
de faire écrire l'acte de la souscription sur l'enveloppe qui
renferme sa disposition, il lui sera aisé de substituer un autre
testament tout contraire au premier, qui n'aurait pas moins
son exécution, quoiqu'il n'eût pas survécu six jours francs à
cette nouvelle disposition. C'est pour parer à cet inconvénient, que les commissaires pensent qu'il convient que la

souscription soit faite au pied ou au dos de la disposition, et qu'elle soit datée.

Art. 72 et 91. Ces deux articles se contredisent. Suivant le premier, l'acceptation ou la renonciation paraissent être indivisibles, puisque quand les héritiers ne sont pas d'accord entre eux, on doit examiner et adopter ce qui aurait été le plus utile au défunt, au lieu que par l'article 91, chaque héritier ayant le droit d'accepter, ou de renoncer et de faire ce qu'il croit lui mieux convenir; la renonciation ou l'acceptation sont donc divisibles. Il convient de concilier ces deux articles. ap·
1453-
et
1475

Art. 75. Sur le délai de trois mois, dans lequel la femme doit faire inventaire, à compter du jour du décès de son mari, *Pothier* (Traité de la Communauté, no 554) fait une observation très-juste, qui est que, si la femme n'est pas sur les lieux où son mari est décédé, le délai ne doit courir contre elle qu'à compter du jour qu'elle en connaissance de sa mort; et elle est présumée avoir eu cette connaissance après le temps qui est nécessaire pour l'avoir, si le contraire n'est justifié. 1456

Les commissaires adoptent cette opinion.

TITRE XIII.

Art. 26. Rappeler l'article 19, au lieu de l'article 21. 1738

Telles sont les observations que les commissaires présentent avec une extrême réserve sur un ouvrage, fruit de la sagesse et d'une profonde méditation.

En donnant à la nation ce Code où l'on trouve les grands, les vrais principes, si long-temps méconnus, rétablis dans toute leur pureté, c'est un nouveau bienfait d'un Gouvernement juste, respecté, et qui devient de jour en jour plus cher à tous les Français.

Fait à Dijon, en la chambre du Conseil, le 9 prairial, an IX, de la République française. Signé: VIRELY, LARCHÉ, LESAGE, *et* GOUSSARD, *greffier.*

N° 13. *Observations du tribunal d'appel séant à*

DOUAI.

LIVRE PRÉLIMINAIRE.

TITRE III. — *De la publication des lois.*

Art. 2. Les lois, publiées d'abord dans toutes les communes, furent depuis déclarées exécutoires dans chaque département, du jour de leur publication au chef-lieu. Si ce dernier mode a eu des inconvéniens, le mode proposé les rendrait nécessairement plus graves.

Dans les pays réunis, beaucoup de fermiers de biens ci-devant ecclésiastiques, ont vu en l'an 5 annuler leurs baux, pour ne les avoir pas déclarés conformément à une loi de 1790, qui prescrivait cette déclaration dans la quinzaine ; ce délai, très-suffisant quand la loi était publiée dans les plus petits villages, ne l'était plus à l'époque où elle fut appliquée à la Belgique, parce que la publication ne se fit qu'aux chefs-lieux de département.

Par la même raison, beaucoup d'actes notariés passés dans le même pays deux ou trois jours après la publication des lois *du timbre et de l'enregistrement* ont été annulés, comme écrits sur papier libre ; beaucoup d'amendes ont été exigées, faute d'enregistrement dans les délais prescrits.

Un principe énoncé au discours préliminaire, et généralement avoué, *c'est que les lois ne peuvent obliger sans être connues.* Or, comment regarder une loi comme connue dans tout un département, à l'instant où elle est publiée par un tribunal qui réside dans un autre ?

Supposons le Code civil proclamé dans tel tribunal d'appel : tout mariage célébré le lendemain à vingt ou trente lieues de là, par un majeur de vingt-un ans, mineur de vingt-cinq, sans le consentement de son père, sera nul ; et cependant la disposition nouvelle qui exige ce consentement n'aura pu être connue ce jour-là , ni des contractans , ni de l'officier public.

Sans doute, on veut et il faut éviter l'inconvénient d'une trop grande variété d'époques pour l'exécution des mêmes lois dans le même pays; mais cet inconvénient serait à peu près nul, et un autre beaucoup plus grave serait évité, si l'action des lois datait de leur publication dans les *tribunaux d'arrondissement.*

C'est là que la plupart des lois civiles ou judiciaires doivent s'exécuter d'abord. Ces juges doivent donc les connaître avant les tribunaux d'appel.

Quant aux justiciables, si, de fait, les lois publiées par un tribunal d'arrondissement ne leur sont pas, dès le lendemain, généralement connues, au moins on peut sans injustice le supposer, parce qu'à la rigueur, il est possible qu'elles le soient; mais la même supposition, appliquée à tous les justiciables d'un tribunal d'appel, serait nécessairement et évidemment fausse.

TITRE IV. — *Des effets de la loi.*

Art. 2 et 3. « La loi n'a point d'effet rétroactif . . . . . ; « néanmoins une loi explicative d'une loi précédente, règle « même le passé , sans préjudice des jugemens en dernier . . « ressort, des transactions et décisions arbitrales passées en « force de chose jugée. »

Cette disposition ainsi rédigée ne paraît pas applicable aux jugemens de première instance , après l'expiration des délais fixés pour l'appel ; et cependant, il existe parité de raison pour soustraire ces jugemens, comme ceux en dernier ressort, à l'action des lois rendues depuis l'époque où ils sont devenus irrévocables. Pour lever toute équivoque, la fin de cet article devrait, ce semble, être rédigée ainsi :

Sans préjudice des transactions , des jugemens ou décisions arbitrales , rendus en dernier ressort ou passés en force de chose jugée.

LIVRE Ier.

TITRE II. — *Des actes de l'état civil.*

62 **Art. 27.** 2ᵉ *alinéa.* Ne conviendrait-il pas que cette déclaration fût annexée de préférence à celui des registres qui
doit être déposé au tribunal d'arrondissement ?

52 **Art. 54.** Dans le Code pénal, l'emprisonnement n'est
pas qualifié peine afflictive ; il faut, dans l'article, supprimer
ce dernier mot, ou substituer le mot *détention* à celui d'*emprisonnement.*

Art. 70. 2ᵉ *alinéa.* Il vaudrait mieux que le commencement
de cet article fût ainsi rédigé :

*Si les témoins sont morts ou ne peuvent comparaître à cause de
leur absence, etc.*

TITRE IV. — *Des absens.*

125 **Art. 14.** 1ᵉʳ *alinéa.* Le sens de l'article est sans doute que
les héritiers ne peuvent prescrire *contre l'absent* ; il faudrait
ajouter ces deux mots : ou l'on pourrait penser que ceux qui
jouissent ainsi provisoirement ne peuvent prescrire *contre
des tiers* contre qui l'absent lui-même aurait prescrit s'il ne
s'était pas absenté.

140 **Art. 29.** Le chapitre V, *des successions*, à défaut de parens, désigne pour héritier l'époux survivant ; et, à défaut
d'époux, la République. Il serait nécessaire de dire ici que
quand la personne absente ne laisse ni parens, ni époux, la
République peut demander la même provision.

Il serait bon de dire encore si l'époux qui a obtenu la *provision* la conserve, et s'il peut ensuite devenir *définitivement*
héritier, après avoir obtenu le divorce par le motif même
de l'absence.

TITRE V. — *Du mariage.*

Art. 12. Le mot *consenti* est équivoque ; le mot *contrat*
serait plus exact et plus clair.

Art. 17, 1ᵉʳ *alinéa*. Le mot *réciproquement* est inutile où il 161
est placé ; mais il faudrait l'ajouter à la fin de l'article : *et réciproquement entre les descendans et les maris, ou les femmes de
leurs ascendans.* Sans cette addition, on pourrait prétendre,
contre la pensée du législateur, qu'un fils peut épouser la
veuve de son père.

Art. 23. Il y a là une contradiction apparente qui nuit 108-
au moins à la clarté de l'article : ne conviendrait-il pas de 165
substituer, au second mot *domicile*, le mot *résidence?* ou bien
on pourrait terminer ainsi : . . . . *dans la commune où il aura
résidé pendant six mois*, ou *qu'il aura habitée pendant six mois.*

Art. 30. Quant aux *ascendans*, le rapprochement de plu- 173-
sieurs articles semble annoncer qu'aucune opposition de 174
leur part ne sera admise que pour *des motifs qui*, d'après le
chapitre Iᵉʳ du même titre, *rendraient le mariage nul, s'il était
contracté;* mais cette question est d'un trop grand intérêt pour
que l'intention du législateur ne doive pas être formellement
et textuellement exprimée.

Art. 39. 2ᵉ *alinéa.* On a voulu probablement renvoyer 185
aux articles 35 et 36.

Art. 43. Au mot *contradictoire*, il faudrait pour la clarté 191
substituer ceux-ci : *qui n'aurait pas été connu de celui qui oppose
la nullité.*

Art. 56. Le mot *solidairement* paraît contradictoire avec
les suivans.

Art. 66. Il semble résulter de cette prohibition que la 217
femme peut *acheter* sans le consentement de son mari. Si c'est
l'intention du législateur, il serait bon qu'elle fût textuellement exprimée.

Mais ne serait-il pas possible que la femme fût trompée en
achetant un immeuble, autant et plus qu'en le recédant à
titre gratuit?

Il faudrait donc, ce semble, ou permettre à la femme d'accepter une donation, ou lui défendre d'acheter sans le consentement de son mari.

TITRE VI. — *Du divorce.*

liv. 3-
tit. 6-
c. 1er. Les causes du divorce sont détaillées au chapitre Ier ; et de cette énumération, il résulte que les auteurs du projet ne reconnaissent pour motifs de divorce :

Ni l'adultère du mari commis ailleurs que dans la maison conjugale ;

Ni l'adultère de la femme sans scandale ;

Ni le scandale sans preuve d'adultère ;

Ni la communication d'une maladie honteuse ;

Ni l'impuissance ;

Ni les condamnations infamantes qui ne s'étendent pas à toute la durée de la vie.

Nous nous bornerons à un très-petit nombre d'observations.

230   1° Comment la concubine du mari, vivant à titre de domestique, ouvrière, institutrice, ou sous quelque autre nom, dans la maison conjugale, pourra-t-elle être convaincue d'adultère ? La naissance même d'un enfant ne le prouvera pas, puisqu'en ce cas comme en d'autres, la paternité n'est constatée que par les aveux réunis du père et de la mère ;

2° La femme qui, sans pouvoir les prouver légalement, connaîtra les torts de son mari, qui lui connaîtra des habitudes, non-seulement honteuses pour lui, mais dangereuses pour elle, peut-elle être justement contrainte à s'exposer aux suites de ces habitudes ? Peut-on laisser la vertu exposée à partager la peine du libertinage, à périr victime des maladies qui en résultent ?

3° Quand une telle maladie sera déclarée, osera-t-elle s'en plaindre, et le pourra-t-elle sans exposer son propre honneur ? Pour éloigner d'elle-même d'affreux soupçons, il faudra qu'elle puisse démontrer légalement l'adultère du mari. Or, cette démonstration ne sera-t-elle pas presque toujours impossible ?

229   4° Quant à l'adultère de la femme, le projet distingue le

délit *scandaleux* de celui qui ne l'est pas. Or, quel peut être l'effet de cette distinction, si ce n'est d'habituer la masse du peuple à ne voir bientôt de mal dans le crime que le scandale, à compter pour rien ou pour peu les crimes secrets ? N'est-ce pas s'exposer à sanctionner légalement l'hypocrisie, à dégrader sans retour le caractère national et les mœurs publiques ?

5° Le plus grand mal produit par l'infidélité de la femme est d'ôter aux enfans la tendresse paternelle, en ôtant à la mère l'estime de son mari. Or, les éclats scandaleux, qui, sans prouver l'infidélité, la font présumer, produisent absolument le même effet, la même incertitude. Le scandale, même sans preuve d'adultère, devrait donc suffire pour motiver le divorce.

6° Un mari qui ne pourra prouver aux tribunaux ce qui sera malheureusement démontré pour lui, ce que lui-même aura peut-être vu ; un mari, dans cette position, peut-il sans danger être contraint à vivre avec la femme qu'il méprise ? Lui commander l'oubli du passé, n'est-ce pas lui prescrire en même temps pour l'avenir, infâme complaisance ou rigueur tyrannique ?

7° N'est-il pas très-probable que beaucoup de femmes et de maris, dans les précédentes suppositions, fuiront la maison conjugale ? Le mariage, fictivement prolongé par la loi, sera donc rompu de fait. L'époux malheureux, à qui toute union honnête est devenue impossible, sera donc exposé, par la loi même, à tous les désordres que l'institution du mariage doit empêcher ? Tant de rigueur pour les époux ne peut avoir d'autre effet que de rendre le mariage plus effrayant pour la jeunesse, de multiplier, par conséquent, le concubinage, d'augmenter le nombre et d'aggraver la condition des enfans illégitimes.

8° Est-il possible d'appeler mariage, et de prolonger éternellement l'union d'une femme honnête avec l'être à qui la nature aura refusé, à qui ses désordres auront enlevé jusqu'aux organes nécessaires aux vues de la nature et de la loi dans le mariage?

232 9° Ne serait-ce pas surtout contrarier tout sentiment et toute idée morale, que d'enchaîner pour la vie une femme vertueuse avec le coupable qui, sans avoir encouru la mort civile, aura mérité seulement quelques heures d'exposition et vingt années de fers?

De ces maux différens et dont l'énumération pourrait être augmentée, quelques-uns sont très-aisés, d'autres beaucoup plus difficiles à prévenir. Nous ne pouvons décider; mais les légis_lateurs examineront quels moyens peuvent conduire à ce but sans produire d'autres maux. Si, par la nature des choses ou l'état de nos mœurs, ils étaient réduits à choisir entre des désordres différens, sans doute ils éviteront les plus graves et souffriront les moins dangereux.

252 Art. 17. Lorsque le demandeur ne paraît pas, les témoins du défendeur seront-ils entendus? Le demandeur et le défendeur qui n'auraient pas amené leurs témoins au jour désigné pour l'enquête, peuvent-ils les produire au jour du jugement? Si l'un ou l'autre demande un délai pour amener de nouveaux témoins ou réassigner ceux des premiers qui n'auraient pas comparu, le juge pourra-t-il arbitrairement les refuser?

Art. 24. Le chapitre dont il s'agit n'a que deux sections; le renvoi ne peut s'appliquer non plus aux chapitres suivans, qui n'ont aucun rapport avec l'objet de cet article.

267 Art. 32. Il faudrait au moins une exception pour l'enfant qui serait encore allaité par sa mère.

272 Art. 42. Cette disposition ne paraît admissible que pour le cas où c'est la femme qui demande le divorce. Dans le cas contraire, surtout lorsque la femme est accusée d'adultère, une preuve acquise serait détruite par une simple présomption, et un second délit suffirait toujours à la femme pour rendre inutile la preuve du premier. Dans tous les cas, la loi lui donnerait toujours intérêt de devenir coupable pour

éluder le divorce, et surtout les peines ou privations pécu-
niaires qui en résultent.

Cette observation, si elle était adoptée, rendrait inutile
l'article 48.

Art. 48. *Voyez* l'observation sur l'article 42.

TITRE VIII. — *De la puissance paternelle.*

Art. 1er. D'après l'article 106, le mineur est émancipé, 372
1º lorsqu'il a atteint l'âge de dix-huit ans accomplis; 2º lorsqu'il se marie. De l'article 1er, il résulte que l'émancipation
par mariage est la seule qui ôte au père l'administration des
biens du mineur : or, l'article 107 dit positivement et sans
distinction, *que le mineur émancipé a la pleine administration de
ses biens.* Cette contradiction disparaîtrait en effaçant de l'article 1er ces mots, *par mariage.*

Art. 12. Cet article suppose que les enfans peuvent arriver 373
jusqu'à l'âge de vingt-un ans sans être émancipés; or, l'article 106 les déclare émancipés de plein droit à dix-huit
ans. L'article 12 devrait, ce semble, être rédigé de cette
manière :

*Le père, constant le mariage, a, jusqu'à l'émancipation de
ses enfans, l'administration et jouissance des biens qui leur ad-
viennent.*

CHAP. III. — De la disposition officieuse.

L. 1er-
fin du
tit. 9-
et
1048

Ce chapitre ne paraît présenter qu'une seule difficulté.

En empêchant tel dissipateur de se ruiner lui-même et ses
enfans, il faut empêcher surtout qu'il ne ruine des tiers : or,
à moins que la disposition officieuse ne soit, comme l'étaient
autrefois les substitutions, comme les donations doivent l'être
encore, *publiée* et transcrite sur des registres particuliers,
beaucoup de citoyens continueront de traiter, comme auparavant, avec la personne grevée, et seront très-facilement trompés par elle. Voyez au surplus les observations
sur le titre *des hypothèques.*

TITRE IX. — *Minorité, tutelle.*

466 Art. 80. Ne vaudrait-il pas mieux dire : *doit être ordonné par le juge.*

TITRE X. — *De la majorité et de l'interdiction.*

504 Art. 25. Le mot *interdit* suppose nécessairement l'*interdiction* non-seulement provoquée, mais prononcée. L'article pourrait être rédigé ainsi : « Les actes faits par une personne « non interdite ne peuvent, après *sa mort*, être attaqués « du chef de démence, qu'autant que *l'interdiction* aurait été « au moins provoquée avant son décès. »

LIVRE II. — *Des Biens.*

TITRE IV. — *Des servitudes ou services fonciers.*

671 Art. 27. Cet article ne parle pas de la distance à observer pour la plantation des arbres et des haies : cela est probablement réservé au *Code rural*, mais peut néanmoins intéresser aussi souvent les propriétés urbaines. En général, les dispositions qui peuvent être communes à plusieurs Codes, devraient, ce semble, être placées de préférence dans celui-ci.

LIVRE III.

TITRE Ier. — *Des successions.*

742 Art. 36. Les limites que le législateur peut et doit fixer au droit de représentation sont nécessitées principalement par la difficulté d'établir des généalogies trop étendues et trop anciennes, par la disproportion très-fréquente entre les dépenses que les recherches exigent et la portion qui reste à des parens appelés en si grand nombre et de si loin à des successions trop subdivisées ; elles sont motivées, enfin, sur la confusion et tous les inconvéniens de *la représentation à l'infini.* Mais ces inconvéniens seraient très-peu sensibles, et l'on étendrait un peu le cercle des affections natu-

relles, si l'on reculait seulement d'un degré la représentation ; si, par exemple, *les petits-neveux pouvaient concourir avec les neveux dans la succession du grand-oncle.* Cette extension nous paraît fortement réclamée par la nature et la justice.

Art. 76. Cet article serait mieux placé à la seconde sec- 768 tion, immédiatement après l'article 78.

Art. 82. On examine ; c'est sans doute le juge : mais suf- 782 fira-t-il qu'entre les héritiers il y ait un seul dissident, pour nécessiter l'intervention des tribunaux ? Ne serait-il pas plus convenable que ces questions fussent décidées à la pluralité des voix, ou en raison de l'intérêt des divers héritiers ? Ne vaudrait-il pas mieux encore que, sur le refus d'un ou plusieurs d'entre eux, les autres fussent autorisés à accepter individuellement et exclusivement toute la succession ?

Art. 191, 3e *alinéa.* Au lieu de section V, il faut écrire 871 chapitre V.

TITRE II. — *Des conventions en général.*

Art. 36. Lorsqu'il y a un terme ou délai fixé, ne serait-il 1139 pas juste que le débiteur fût, sans sommation, réputé en demeure à l'expiration de ce délai ?

Art. 38. L'obligation de livrer est ici confondue avec la 1140 tradition même. Cette confusion est diamétralement opposée à l'axiome de droit, *Non nudis pactis, sed traditione transferuntur rerum dominia.* Ceci tient aux principes du système hypothécaire proposé au titre VI (Voyez nos observations sur ce même titre).

Art. 43. Il faut dire, *ce qui lui avait été ordonné ou interdit.* 1148

Art. 62. Les droits des créanciers sont ici beaucoup moins 1167 étendus qu'ils ne l'étaient d'après la loi *Pauliane.* Outre les actes prévus, il en est beaucoup d'autres qui peuvent être faits en fraude des créanciers ; par exemple, une donation, ou vente à vil prix, de meubles ou d'immeubles, faite à un proche parent pendant une cause ouverte sur la question de

33.

propriété ou sur toute autre réclamation ; l'obligation hypothécaire contractée après une saisie , etc.

Ces faits se reproduisent fréquemment sous nos yeux. Nous convenons que tous les actes susceptibles de contestation doivent être bien déterminés, et qu'on ne doit déclarer attaquables que ceux où la fraude peut être présumée sans injustice ou facilement prouvée.

Mais nous croyons devoir réclamer les dispositions de la loi *Pauliane,* sauf à les préciser , et à les expliquer davantage.

1174   Art. 69. Cela peut être juste pour les obligations bilatérales ou réciproques. Quand il n'y a qu'un seul *obligé ,* toute condition qui dépend de la *seule* volonté de cet obligé rend l'obligation nulle ; c'est-à-dire, en d'autres termes , que celui qui n'est obligé qu'autant qu'il le voudra n'est réellement pas obligé : mais l'obligation qui dépend de la volonté de celui au profit de qui elle est contractée n'est pas essentiellement nulle , et il n'y a aucune raison pour la déclarer telle.

1247   Art. 140. Est-ce au domicile qu'avait le débiteur au moment de la convention , ou à celui qu'il a au moment de la libération ?

Il est probable que l'intention du législateur est de désigner l'ancien domicile ; mais cette intention devrait être plus formellement exprimée.

1251-
30   Art. 142. Cet article semble supposer que la subrogation, quoique exigible , n'a jamais lieu , à moins d'être obtenue; mais l'article suivant semble décider qu'elle a toujours lieu de plein droit , et sans que la cession ait même été requise.

Les cas sont probablement différens ; mais cette différence n'est pas assez précisée.

1259   Art. 152. Quoiqu'en général la signification d'une copie soit suffisante , comme ici tout est de forme rigoureuse, il serait peut-être utile de dire si c'est la copie ou l'expédition , ou l'original même qui doit être signifié.

Art. 160. Quand le créancier seul est changé, on ne peut 1274
pas parler d'un premier débiteur, puisqu'il n'y en a qu'un.

Il est inutile de répéter ce qui est dit, article 156, 3ᵉ *alinéa*,
que le changement de créancier opère la novation.

L'article devrait donc être rédigé ainsi :

*La substitution d'un nouveau créancier peut s'opérer sans le
concours du débiteur.*

Art. 179. *Celui-ci* signifierait le cessionnaire. 1295

Dire que le débiteur ne peut plus opposer au cessionnaire
la compensation que le cessionnaire doit au cédant, ce serait
supposer que ce débiteur l'a pu avant la cession : ce qui ne
se conçoit pas. Il est probable qu'il y a là erreur de mots, et
qu'il faut lire : *la compensation que ledit débiteur aurait pu opposer au cédant avant la date de la cession.*

Art. 223. L'écriture *sous seing privé..... non signée* pré- 1332
sente une contradiction ; il faudrait dire, ce semble : *L'é-
criture mise, par le créancier, au dos, en marge ou à la suite
d'un titre qui est toujours resté en sa possession, quoique non signée ni datée par lui, fait foi.....*

*Il en est de même de l'écriture mise, par le créancier, au dos,
en marge, etc.*

Art. 261. Quelques mots paraissent omis dans cet article, 1365
et il est probable que sa véritable rédaction est ainsi qu'il
suit :

L'affirmation faite ne forme preuve qu'au *profit de celui qui
l'a faite*, ou contre celui *qui l'a déférée*, et au profit des *héritiers de celui qui l'a faite*, ou contre les héritiers de celui qui
l'a déférée.

TITRE V. — *Du cautionnement.*

Art. 25. Cet article suppose que la caution judiciaire est 2040
toujours contraignable par corps. Cela n'est pas décidé au
titre précédent; cette décision se trouvera-t-elle au Code judiciaire * ?

---

* Voyez l'art. 2060 du Code civil.

2043 Art. 3o. Cette rédaction suppose qu'il peut demander la discussion de l'un ou de l'autre. Est-ce là l'intention des auteurs du projet?

Liv.3-
t. 18-
ch. 3.

TITRE VI. — CHAP. II. — *Des hypothèques.*

2093 En principe général, tous les biens d'un débiteur sont le gage commun de tous ses créanciers.

Lorsque la somme des dettes surpasse la valeur des biens, la perte alors est commune, et se répartit proportionnellement aux créances.

Mais un système très-ancien, et généralement adopté, établit, entre les créanciers, un certain ordre de préférence, dont les motifs sont dans les inconvéniens de la concurrence générale.

Quand un propriétaire a contracté pour une somme égale à la valeur de ses propriétés, il est bien clair que toute obligation postérieure diminue le gage des premiers créanciers, ne laisse à ceux-ci, et n'offre aux autres qu'une garantie insuffisante et inférieure à leurs droits. Les créanciers qui ont traité avant, ceux qui traitent depuis l'absorption totale des biens, peuvent donc être également et indéfiniment trompés par un débiteur imprudent ou de mauvaise foi. Ce sont ces fraudes que le régime hypothécaire doit empêcher.

Pour juger un système hypothécaire quelconque, il faut donc examiner s'il prévient toutes les fraudes, s'il empêche,

1º Qu'un débiteur ne diminue le gage de ses premiers créanciers par des obligations postérieures;

2º S'il empêche aussi que ce débiteur, dissimulant ses premières obligations, n'offre à d'autres un gage insuffisant, ou tout-à-fait nul.

2116 Le projet de Code civil, comme tous les projets et tous les Codes antérieurs, distingue trois sortes d'hypothèques : l'hypothèque *légale, judiciaire* et *conventionnelle.*

2121 La première est accordée à la *femme* commune sur les biens de son mari ;

Aux *mineurs* sur les biens des tuteurs ;

Aux communes et établissemens publics, sur ceux des re-ceveurs.

D'après le projet, ces premières hypothèques dateraient 2135 du jour du contrat de mariage, ou de la clôture de l'inven-taire, ou de l'acte de tutelle, ou de l'entrée en fonctions des autres comptables.

La date de l'hypothèque *judiciaire* serait le jour même du 2134 jugement, quand il est contradictoire, ou le jour de la si-gnification, quand le jugement est rendu par défaut.

Enfin, l'hypothèque *conventionnelle* prendra date du jour *ibid.* du contrat, en quelque lieu qu'il soit passé, à quelque dis-tance que ce soit de la situation des biens ou du domicile de la personne, pourvu que ce soit dans l'arrondissement du no-taire qui le rédige.

Ainsi, des contrats cachés dans l'étude des notaires, et connus seulement des individus qui les auront souscrits, des jugemens ensevelis sous la poussière des greffes, en sortiront tout à coup pour être opposés, comme titre d'exclusion, à des hommes de bonne foi qui auront traité sans les connaî-tre, et à qui la loi ne laisse aucun moyen de les découvrir.

D'une telle législation, que peut-il résulter ? de deux cho-ses l'une :

Ou le débiteur qui aura engagé une fois tous ses biens, pourra les engager une seconde, une troisième fois, et faire autant de dupes qu'il trouvera d'hommes confians,

Ou plutôt, ce danger et l'impossibilité de le prévenir tue-ront la confiance ; et le propriétaire, après, ou même avant d'avoir engagé le tiers ou le quart de ses propriétés, ne trou-vera plus à emprunter un écu ; par conséquent, le commerce perd toute espèce de mouvement ; et la loi ne laissant aux propriétaires aucun moyen de réparer les pertes d'une mau-vaise récolte, d'une inondation, d'un incendie, etc., la terre elle-même devient stérile sous la main d'un grand nombre de cultivateurs.

Tout, dans ce système, paraît sacrifié à l'intérêt des premiers créanciers. Mais ceux-là même ne pouvant jamais savoir si, en effet, ils sont les premiers, ne peuvent, par conséquent, connaître la valeur de leur gage. Le projet leur offre donc sûreté sans sécurité, et il n'offre aux autres qu'obscurité profonde, inquiétude générale, et piége universel.

Enfin, il est évident que clandestinité et hypothèque impliquent contradiction; il est évident que ces formes occultes, ces préférences mystérieuses, établissant guerre ouverte entre le propriétaire et le capitaliste, nuisent également au commerce et à la propriété.

Beaucoup de projets, très-variés ont précédé celui qui fut converti en loi le 11 brumaire an VII : tous s'accordent sur un premier principe, la *publicité* des *hypothèques*, et sur le premier moyen de publicité, l'*inscription* des créances sur un registre particulier ouvert à toutes les recherches. Dans les discussions qui se sont répétées pendant cinq ans et plus, mille moyens d'exécution, mille détails ont été proposés, amendés, repoussés; mais toujours le principe fut solennellement reconnu. Jamais, à aucune époque antérieure, quand la publicité et l'inscription furent proposées, en 1581, 1606, 1673, sous Henri III, Henri IV et sous Louis XIV, jamais on n'osa ouvertement les combattre. Pourquoi donc cette institution, adoptée depuis si long-temps dans la Belgique, en Hollande, en Prusse, et dans presque toute l'Europe; pourquoi cet usage, qui passa d'Athènes à Rome, et que tant de nations modernes ont reçu des Romains, fut-il, en France, si constamment rejeté? Colbert nous l'apprend dans son Testament politique. « Il faudrait, écrivait-il, faire ce
« qui fut fait il y a douze ans, mais qui n'eut point d'exécu-
« tion par les brigues du parlement; il faudrait établir des
« greffes pour enregistrer tous les contrats et toutes les obli-
« gations : ce serait le moyen d'empêcher que personne ne
« fût trompé; et l'on verrait, quand on voudrait s'en donner
« la peine, les dettes de chaque particulier, tellement qu'on

« saurait à point nommé s'il y aurait sûreté à lui prêter l'ar-
« gent qu'il demanderait. Mais le parlement n'eut garde de
« souffrir un si bel établissement, qui eût coupé la tête à
« l'hydre des procès, dont il tire toute sa substance. Il re-
« montra que toute la fortune des plus grands de la cour allait
« s'anéantir par là, et qu'ayant, pour la plupart, plus de
« dettes que de biens, ils ne trouveraient plus de ressources,
« d'abord que leurs affaires seraient découvertes. Ainsi, ayant
« su, sous ce prétexte, engager quantité de gens considérables
« dans leurs intérêts, ils cabalèrent si bien tous ensemble,
« que Votre Majesté sursit l'édit qui avait été donné. »

C'est le succès de ces cabales qui, dans les derniers temps
de la monarchie, assurait à tels courtisans, à tels fripons,
plus ou moins illustres, l'avantage de faire des banqueroutes
de 15 à 20 millions, de voler et ruiner mille familles.

Il ne faut pas confondre à cet égard, les parlemens de
tous les pays ni de toutes les époques : nous pourrions citer
les raisonnemens énergiques opposés par la plupart d'entre
eux, et notamment par le parlement de Flandres, à l'édit
de 1771; mais aucun d'eux n'a raisonné plus fortement et
plus lumineusement que Colbert.

« Il faut, disait-il encore, rétablir la bonne foi, qui est
« perdue, et assurer la fortune de ceux qui prêtent leur ar-
« gent; il faut aussi rétablir le crédit des particuliers, qui est
« perdu sans ressource. En effet, ceux à qui il reste encore
« des biens ne trouvent point de secours dans leur nécessité,
« parce qu'on les croit souvent plus obérés qu'ils ne le sont.
« Il faut faire voir clair à ceux qui nous secourront s'ils y
« trouvent leur sûreté; il faut aussi ôter le moyen, à ceux
« qui veulent tromper les autres, de le pouvoir faire, comme
« il arrive tous les jours.

« Il en arrivera encore un autre bien, dont on ne saurait
« disconvenir. Les gens qui sont en nécessité, ne trouvant
« point de secours, s'adressent continuellement à des usu-
« riers, qui achèvent bientôt de les ruiner : or, l'établisse-

« ment de ces greffes fera qu'on se passera d'eux aisément.
« Du moment qu'on aura du bien, on trouvera ce qu'on aura
« à faire ; et il n'y aura que ceux qui n'en auront point qui
« ne pourront plus attraper personne. »

C'est cette facilité de tromper, légalement consacrée par
l'édit de 1771, et qui fut si funeste à la morale publique ; c'est
cette cruelle indulgence, proscrite depuis la révolution par
plusieurs lois, que l'on propose aujourd'hui de garantir, en
rétablissant les hypothèques clandestines, en attachant un
titre de préférence aux actes les plus secrets. Et à quelle
époque reproduit-on un tel système ? au moment où tout le
monde parle du respect dû aux propriétés, où tout s'occupe
des moyens de ressusciter le commerce par le *crédit*.

Crédit suppose ou signifie *confiance*; or, la fera-t-on renaître en garantissant aux hommes de mauvaise foi tous les
moyens d'en abuser, en ne laissant à la probité aucune défense
contre la fraude ?

Les emprunteurs qui indiqueront des biens pour gage de
leurs obligations seront, dit-on, tenus de déclarer si déjà
les mêmes biens ne sont pas hypothéqués ; et, en cas de fausse
déclaration, ils seront poursuivis comme *stellionataires*; c'est-
à-dire, que le créancier trompé aura la consolation de pen-
sionner son débiteur, de le nourrir en prison aussi long-temps
qu'il le voudra ; qu'enfin le châtiment de l'un augmentera la
perte de l'autre, au lieu de la réparer.

Est-il un législateur qui n'aime mieux prévenir les délits
que de les punir ? Les préservatifs ne sont pas, en législation, toujours possibles ; mais ici, non-seulement il est possible, mais il est très-aisé de bannir la fraude de presque
toutes les transactions, puisque la simple inscription de
chaque créance sur un registre public suffit pour avertir tous
les citoyens disposés à prêter leurs fonds, et ôter à tous les
emprunteurs la tentation avec la possibilité de tromper.

Une législation soupçonneuse ne fait-elle pas injure au
genre humain? n'est-il pas dangereux de montrer trop de dé-

fiance aux hommes, et de les supposer si méchans? Notre
Code criminel les suppose bien plus méchans encore, et vous
n'êtes sûrement pas tentés de l'effacer.

Parce qu'il y a quelques fripons, faut-il obliger tous les propriétaires à confier leurs affaires et leur bilan au public? —
Non, pas tous; mais seulement ceux qui empruntent, ceux
qui demandent l'argent, c'est-à-dire la propriété d'autrui.
Et quel est donc l'effet de cette publicité si redoutable?
d'empêcher que les citoyens n'empruntent au-delà de la valeur de leurs biens, c'est-à-dire, d'empêcher quelques honnêtes gens de cesser de l'être, d'empêcher que d'autres gens
honnêtes ne soient dupes, de faire en sorte que le malheur
puisse être secouru avec moins de risque, et, par conséquent,
à moins de frais; de sauver l'infortune de la griffe des usuriers, d'empêcher qu'un premier échec n'amène une chute
aussi accélérée qu'inévitable.

Mais, avec plus de facilités, tel qui a tout perdu pourra
emprunter encore, et gagner des millions, c'est-à-dire que
vous voulez lui assurer le droit de jouer non-seulement sa
fortune, mais celle de cent familles, et d'engloutir tout
avec lui.

Dans le commerce, la réputation peut autant que la richesse, c'est-à-dire, l'apparence autant que la réalité. Aussi,
voit-on tant d'apparences brillantes s'évanouir en banqueroutes.

Ces banqueroutes, si fréquentes dans le commerce, faut-il
les multiplier également entre les propriétaires, en jetant
sur les propriétés foncières le même voile, le même mystère
que sur les fortunes mobilières; en rendant les terres, les
maisons aussi faciles à escamoter que l'argent, les papiers,
les bijoux? Ce serait livrer les propriétaires fonciers à des
inquiétudes, à des risques qui ne peuvent être compensés par
aucune sorte de profit pour eux, ni par aucune apparence
d'utilité publique.

De tout ceci, il faut nécessairement conclure que rien

n'est plus favorable à la probité, à la propriété, au malheur : rien, par conséquent, de plus utile et de plus moral que *la publicité des hypothèques*; rien, au contraire de plus encourageant pour la fraude que le système contraire.

Sous ce rapport, la loi qu'on propose vaut donc infiniment moins que la loi existante. Faut-il en conclure que celle-ci soit sans défauts, et qu'il faille la conserver tout entière? Nous sommes très-loin de raisonner ainsi.

Entre les défauts de la loi de brumaire, le plus dangereux est celui qui lui est commun avec l'édit de 1771, c'est-à-dire, la fiscalité.... Si l'on retranche de cette loi les dispositions bursales, en réduisant tous les droits à de simples salaires; si l'on conserve les inscriptions et les autres moyens de publicité, on pourra facilement, avec ces données, combiner une loi aussi sage que bienfaisante.

Les hypothèques continuant d'être publiques, les lettres de ratification, et les formes multipliées qu'elles exigent, deviendront très-simples ou tout-à-fait inutiles. Nous n'entrerons pas dans l'examen de quelques autres questions accessoires, quoique assez importantes; nous nous bornerons à indiquer une économie facile à obtenir, par *la substitution des greffiers des tribunaux d'arrondissement aux conservateurs actuels*. Il est clair qu'on peut de ces fonctionnaires exiger les mêmes cautionnemens, et que, placés sans cesse sous les yeux et la surveillance des juges, ils offrent une garantie plus sûre de leur moralité. Nous abandonnons cette proposition, comme toutes les autres, à l'examen; mais, par conviction et par devoir, nous nous croyons obligés d'insister fortement sur le point essentiel, *l'inscription des créances et la publicité des hypothèques*.

TITRE IX. — *Des donations entre vifs et du testament.*

919   Art. 19. « Cette donation n'est pas rapportable par le « *donateur.* »

Ecrivez *donataire*. La même faute d'impression est répétée à l'art. 29.

Art. 32. Par conséquent, ces conditions seront nulles, 900 mais n'annulleront pas les actes où elles se trouveront ; or, l'article 67 du titre II est ainsi conçu : *Toute condition d'une chose impossible. . . . . rend nulle la convention entre vifs qui en dépend. Il en est autrement pour les dispositions testamentaires.* Ainsi, des deux côtés, les dispositions testamentaires contenant une clause nulle sont déclarées valables. Mais, *les dispositions entre vifs* sont, dans le même cas, annulées au titre II, et confirmées au titre IX. Il est aisé d'effacer cette contradiction.

Art. 55. Cette loi n'a jamais été exécutée dans la Belgi- 939 que, par conséquent il n'y existe ni registre, ni bureaux. Ne conviendrait-il pas de substituer partout à ces bureaux les greffes des tribunaux d'arrondissemens? *Voyez* nos observations sur le titre *des hypothèques.*

Art. 84. La *peste* n'est pas la seule maladie épidémique ou 985 endémique qui peut nécessiter l'isolement et la suspension de toute communication; ce n'est pas la peste qui, l'année dernière, commandait toutes ces précautions en Espagne ; l'on a même proposé d'isoler ainsi la petite vérole : il faudrait donc substituer au mot *peste* un mot plus générique.

Art. 134. D'après cet article 63, la donation *entre vifs* 1046 peut être attaquée du chef d'ingratitude par l'héritier du donateur, mais en deux cas seulement, c'est-à-dire, pourvu que l'action ait été intentée par le donateur lui-même, ou qu'il soit décédé dans l'année du délit. Or, de ces deux conditions, la première n'est pas applicable aux donations *testamentaires*, puisque le testateur, sans intenter action, peut, jusqu'à sa mort, révoquer le testament. Quant à la seconde condition, elle est utile, parce que le testateur, toujours maître de révoquer le don en anéantissant l'acte qui le contient, peut avoir eu des raisons de différer, par exemple, jusqu'à la preuve juridique du délit qui constate l'ingratitude et motive la révocation de la libéralité.

TITRE XI. — *De la vente.*

1591   Art. 10. Il faudrait au mot *chose* substituer le mot *somme*, pour mieux distinguer la vente de l'échange. *Voyez* l'art. 1er, titre XII, *de l'échange.*

1641-
1648   Art. 62 et 69. Dans le Pas-de-Calais, l'usage, sur ce point, varie d'une commune à l'autre ; on peut y compter trente à quarante usages différens. Appellera-t-on *usage* celui d'une seule commune contrarié par l'usage de la commune voisine ? ou donnera-t-on seulement ce nom à ce qui se pratique uniformément dans un arrondissement, dans un département ou dans le ressort d'un tribunal d'appel ? S'il n'était pas possible de fixer, même sur les délais, une règle générale pour toute la France, il faudrait au moins circonscrire dans certaines limites la bigarrure et la multiplicité des habitudes locales.

1656   Art. 77. Cela suppose qu'après l'expiration du délai, le juge peut, malgré le vendeur, en accorder un nouveau. Que le vendeur l'accorde volontairement, ou qu'il accepte les offres faites après l'expiration du premier, à la bonne heure ; mais il peut avoir aussi d'excellentes raisons de refuser : il n'a vendu peut-être que pour être sûr d'avoir des fonds, à telle époque fixe, pour remplir un engagement, payer une lettre-de-change, etc., ou bien, dans l'intervalle du terme et des offres, il a trouvé une occasion de vendre autant et plus avantageusement, et cette occasion ne se retrouvera plus. Ces raisons pourront être appréciées par le juge ; mais pourquoi soumettre à l'arbitraire l'exécution d'une convention qui ne peut être contestée ? pourquoi, dans les conventions, distinguer des clauses qui obligent et d'autres qui n'obligent pas ? pourquoi rappeler le régime trompeur et puéril des clauses comminatoires ?

Pour le rachat, *le terme est de rigueur* (art. 82) ; de puissans motifs ont déterminé cette disposition. Si les raisons ne sont pas les mêmes pour le paiement du prix , celles-ci n'en sont pas moins concluantes.

TITRE XIV. — *Du contrat de société.*

Art. 51. Il faut lire probablement : *s'ils ne lui en ont conféré* 1862 *le pouvoir.*

Quant à la disposition même , on n'aperçoit pas de raison plausible pour distinguer ici les sociétés ordinaires d'avec celles de commerce ; et il y a beaucoup de motifs pour pré- férer à cet égard la loi romaine , qui rendait solidaires tous les associés indistinctement.

TITRE XVII. — *Du mandat.*

Art. 4. Il faudrait dire pour plus de clarté : *c'est au man-* ap- *dant à prouver l'acceptation ou l'exécution.* 1985

TITRE XVIII. — *Du gage et nantissement.*

Art. 13. « Le gage est *indivisible* quoique la dette le soit. » 2083 Il vaudrait mieux dire : *Le gage n'est pas divisible quoique la dette le soit.* »

TITRE XX. — *De la prescription.*

Art. 27. Le calendrier républicain ayant été confirmé par 2243 plusieurs lois expresses, il serait bon de lui donner dans le Code une garantie de plus , en continuant de substituer les délais de dix jours aux délais de huitaine.

Arrêté par le tribunal d'appel , séant à Douai , sur le rapport de la commission, composée des citoyens DUPONT , LENGLET *et* BRANQUART. *Le* 9 *prairial, an* IX *de la République française, une et indivisible. Signé* DHAUBERSART.

N° 14. *Observations présentées par la commission nommée par le tribunal d'appel séant à* GRENOBLE.

DEPUIS long temps, le peuple français réclamait la rédaction d'un bon Code civil. L'accroissement de la république, par la conquête et la réunion libre de divers peuples régis par d'autres lois, rendait encore ce besoin plus pressant.

Il appartenait au Gouvernement actuel, après avoir terminé, par une paix glorieuse, la guerre continentale, d'assurer le bonheur et la liberté du peuple français par un bon système de lois civiles.

Pour atteindre ce but, ce n'est pas assez pour lui d'en avoir médité les bases, et confié la rédaction à des hommes éclairés, il veut encore s'entourer de toutes les lumières de la nation; il provoque les observations des magistrats, et de tous les citoyens versés dans l'étude des lois.

Quel spectacle imposant et digne d'admiration! Le Gouvernement le plus fort de l'Europe consulte un peuple libre sur les lois qui doivent le régir.

Le projet de Code civil remplit-il l'objet qu'on s'est proposé?

Sans doute, il honore les talens et les vertus des hommes justement célèbres chargés de cette importante mission : les matières y sont classées avec autant de précision que de méthode; les principes généraux y sont posés, appropriés aux mœurs, au caractère du peuple français; ils lui garantissent ses droits de propriété, sa liberté civile.

Cependant, il faut le dire, ce projet présente des lacunes qu'il est essentiel de remplir. Plusieurs sujets importans, et qui donnent fréquemment lieu à des contestations, manquent de règles de décision; divers titres auraient besoin de plus grands développemens; nombre d'articles, et notamment dans les deux premiers livres, offrent des rédactions obscures, défectueuses.

Si les rédacteurs du Code n'eussent été pressés par le temps, combien il leur eût été facile de puiser dans les lois romaines, dans les Coutumes, des maximes sages, des principes féconds, dont la privation occasionnera un grand nombre de procès !

Qu'on n'espère pas d'y suppléer entièrement par la décision des juges : il n'y a que des lois prévoyantes qui puissent garantir les propriétés ; et si elles ne peuvent embrasser les cas rares, du moins doivent-elles restreindre l'empire de l'arbitraire, pour les cas qui se présentent fréquemment.

On se tromperait également si l'on espérait d'y suppléer par des lois particulières : celles-ci n'ont jamais fait qu'embarrasser la législation ; et c'est le désordre où elles l'ont mise qui a fait sentir le besoin d'un code.

Le travail que nous présentons se ressentira aussi, par son insuffisance, de la précipitation avec laquelle il a été fait ; jaloux de répondre à la confiance du Gouvernement, nous lui soumettons le faible tribut de nos lumières, heureux s'il peut en résulter une seule idée utile à la patrie.

LIVRE PRÉLIMINAIRE.

TITRE IV.

Art. 5. L'étranger, pendant sa résidence en France, est-il soumis aux lois françaises pour la *capacité* de sa personne ? Le rapprochement des articles 4 et 5 de ce titre présente des doutes à cet égard ; il serait convenable de s'expliquer d'une manière plus précise sur sa *capacité* ou *incapacité* de disposer de ses biens situés en France.

TITRE V.

Art. 10. La rédaction de l'article 10 est inexacte ; elle ne remplit point le but que les rédacteurs se sont proposé.

On présente la rédaction suivante : « On ne distinguera « point les lois en odieuses et en favorables, à l'effet de res-

« treindre les dispositions des unes, et d'étendre celles des
« autres. » ❧

LIVRE PREMIER. — *Des personnes.*

TITRE Iᵉʳ.

4   Art. 7. Au lieu de cette expression, être traduit *dans* les
tribunaux, mettez, *devant* les tribunaux.

t. 1ᵉʳ·
t. 1ᵉʳ·
ch. 2-
sec. 2.

Art. 16, jusques et compris l'art. 28.

1° Les deux premiers paragraphes de la section II de ce
titre, relatifs aux condamnations qui causent la mort civile,
et au temps où elle commence, présentent plusieurs répéti-
tions : on pourrait les éviter par une nouvelle rédaction, où
l'on fondrait ces deux paragraphes en un seul.

26   2° L'article 23 de ce premier titre présente le cas d'un
condamné contradictoirement à une peine emportant mort
civile, *qui s'est évadé;* nul article ne dispose, en ce cas, à
quelle époque commence la mort civile : il convient de le décider, et d'en fixer l'époque.

29   Au surplus, l'article 28 de ce titre est en contradiction avec
l'article 24 du même titre : pour la faire disparaître, on propose de substituer, dans l'article 28, à ces mots : *la mort civile
n'est encourue que du jour du jugement contradictoire,* les mots
suivants : *la mort civile n'est encourue que du jour de l'*exécution
du jugement contradictoire.

TITRE II. — *Actes de l'état civil.*

55   Art. 23. Au lieu de ces mots : *l'officier public qui en* vérifie
le sexe, on propose de mettre : *qui s'assure du sexe.* Cette rédaction paraîtrait plus décente.

64   Art. 35. La célébration du mariage ne peut avoir lieu que
dix-huit jours après la première publication. On pense que la
faveur due au mariage doit faire abréger ce long délai, lorsque les parties contractantes sont domiciliées dans des lieux
peu distans l'un de l'autre, étant alors censées se connaître.

Sous l'ancien ordre de choses, on pouvait, en obtenant dispense de deux bans, célébrer le mariage dans les trois jours de la première publication. Il n'en résultait point ou très-peu d'abus.

En conséquence, on propose de réduire l'intervalle exigé pour la célébration du mariage, à huit jours après la première publication, lorsque les deux parties contractantes habiteraient depuis un an la même commune ou, ce qui vaudrait mieux, l'arrondissement du même juge-de-paix.

On laisserait subsister les délais prescrits par le projet, lorsque les parties n'habiteraient pas dans les arrondissemens ci-dessus déterminés, et n'y auraient pas un an de domicile.

Les modèles des actes de naissance, mariage et décès, paraissent devoir faire l'objet d'un réglement particulier, et être séparés du Code civil. Il suffit que la loi en détermine les formes ; le surplus est réglementaire.

I. 1er- fin du tit. 2.

TITRE III. — *Du domicile.*

Rien n'est plus important, pour l'exercice des actions civiles, que de déterminer le vrai domicile de chaque individu. Le Code civil ne doit considérer le domicile que sous ce dernier rapport.

102- 103

L'article 3 dispose que « le domicile du citoyen est, *sous « tous les rapports*, le lieu où il peut exercer ses droits poli- « tiques. »

Les articles 4 et 5 décident que « le domicile de tout autre « individu non jouissant des droits politiques est le lieu où « il a fixé son établissement principal, et qu'il se forme par « *l'intention* jointe au fait d'une habitation réelle. »

Il en résulte cet inconvénient que celui qui change de domicile, s'il est *citoyen*, conserve l'ancien pendant une année, conformément à l'article 6 de la Constitution, tandis que celui qui ne jouit pas des droits de *citoyen* perd son ancien domicile à l'instant du changement.

Il paraîtrait plus naturel d'exiger, pour ces derniers, le

même temps de résidence que pour les citoyens. Par ce moyen, on mettrait plus d'uniformité dans la législation ; on éviterait l'arbitraire que présente l'intention jointe au fait, pour déterminer le domicile d'un grand nombre d'individus ; enfin, l'on préviendrait l'abus qu'un débiteur de mauvaise foi non jouissant de ses droits politiques peut faire d'un changement fréquent de domicile pour se soustraire aux poursuites de ses créanciers.

En conséquence, on propose de substituer aux articles 3, 4 et 5 de ce titre, l'article suivant :

« Le domicile de tout individu considéré sous les rapports « civils est le lieu où il a fixé son établissement principal de- « puis un an. »

A la suite de cet article, on ajouterait la disposition suivante :

108 « Le domicile d'une femme mariée est celui de son mari, » Le Code ne le dit point.

Ces articles additionnels n'apportent aucun changement aux art. 6, 7, 8, 9 et 10.

TITRE IV.

CHAP. II. — Des effets de l'absence.

SECTION Ire.

Il y a des cas qui ne sont point prévus dans cette section, et qu'il faut décider.

112 1° Pendant les cinq premières années, et avant l'envoi en possession provisoire, qui administrera les biens de celui qui est disparu, s'il n'a laissé de procuration à personne ?

ap- 2° Si les héritiers présomptifs s'emparent des biens de ce-
132 lui qui est disparu, et qu'ils les possèdent pendant trente ans, sans avoir demandé l'envoi en possession provisoire, en ac- querront-ils la propriété par la prescription trentenaire, de sorte que, si l'absent revient après trente ans, il n'ait rien à leur demander ?

123 3° Si les héritiers présomptifs ne demandent pas d'envoi en

possession provisoire, ou s'il n'y a ni héritiers présomptifs ni époux de l'absent, comment s'y prendront les légataires ou donataires pour obtenir la possession provisoire de leur legs ? L'article 21 ne décide ni l'un ni l'autre de ces cas.

Mais, outre ces cas à décider, voici des articles à concilier.

L'art. 6 ne présume la mort de l'absent qu'après *cent ans révolus du jour de sa naissance;* et, cependant l'article 14 lui donne des héritiers avant ce terme, en rendant *propriétaires incommutables,* avant ce terme, les héritiers présomptifs qui, après trente ans de possession provisoire, ont obtenu la possession définitive des biens de l'absent : de sorte que, si son absence est commencée à l'âge de vingt ans, il aura des héritiers avant qu'il ait atteint soixante ans. **129-132**

L'article 11 dispose que l'envoi en possession provisoire n'est qu'un *séquestre et un dépôt;* l'article 14, premier alinéa, dispose que, pendant la possession provisoire, les héritiers ne *peuvent prescrire;* et, cependant, le deuxième alinéa du même article 14 dispose qu'après trente ans révolus, depuis l'envoi provisoire, ils peuvent demander l'envoi en possession définitif, qui les rend propriétaires incommutables *en vertu* du jugement qui le leur accorde. Mais *la vertu* de ce jugement est-elle autre chose que celle de la prescription, puisqu'elle doit être précédée de trente ans de possession, et qu'elle est sujète à être suspendue, comme la prescription, par la minorité ? **125**

Il faut donc de deux choses l'une : ou supprimer l'article 11 et le premier alinéa de l'article 14, si l'on veut laisser subsister le deuxième alinéa de ce même article 14, ou laisser subsister l'article 11 et le premier alinéa de l'art. 14, et supprimer le deuxième alinéa de cet article 14. On propose l'adoption de ce dernier parti, comme plus juste, plus sage, et le seul qui soit conséquent à la présomption établie par l'article 6.

Si on l'adopte, les art. 15, 16 et 17 seront inutiles, parce qu'ils ne sont qu'une répétition de ce qui est décidé au titre *des prescriptions.*

SECTION II.

136 Art. 14. On demande sur cet article, « 1° Que les parens « à qui cet article défère la succession dont il est question, « soient tenus de donner caution ; »

2° Qu'il soit ajouté à cet article : « Sans qu'ils puissent « (ces mêmes parens) se prévaloir du droit de demander la « réduction qui aurait compété à l'absent, dans le cas où il « y aurait des dispositions entre vifs ou de dernière volonté « excédant la portion disponible. »

Motifs. Le droit de réductibilité étant inhérent à la personne de l'absent, dans l'incertitude de son existence, la préférence pour la jouissance provisoire de cet excédant est due au donataire ou au légataire.

CHAPITRE III.

l. 1er. fin du tit. 4. Art. 38, *deuxième alinéa.* Ce second alinéa est en contradiction avec l'article 37 du titre XX, livre III. Il faut supprimer l'un ou l'autre ; cependant on préfère l'article 37 du titre XX, livre III, comme plus juste et plus conforme aux dispositions de la loi du 6 brumaire an v (n° 811), qui sont très-sages.

TITRE V. — *Du mariage.*

161 Art. 17. Un homme pourra donc épouser successivement la mère et la fille, et une femme pourra épouser successivement le père et le fils ?

La loi du 20 septembre 1792 est bien plus morale, lorsqu'elle dispose que « le mariage est prohibé entre les enfans « naturels et légitimes en ligne directe, et entre *alliés* dans « cette ligne. »

On propose donc d'étendre la prohibition aux *alliés* en ligne directe.

184– 187 Art 38 et 39. L'article 38 ne permet qu'aux ascendans d'attaquer de nullité les mariages incestueux, contractés en contravention aux art. 17 et 18. L'art. 29 prohibe cette attaque aux collatéraux, pendant la vie des époux ; et l'art. 45 ne la permet qu'aux commissaires du Gouvernement.

Cependant ces mariages sont contraires aux bonnes mœurs, prohibés chez toutes les nations : pourquoi ne pas autoriser tous les citoyens à les dénoncer au ministère public, puisque l'article 45 du titre VI permet à tout citoyen de dénoncer au ministère public la réconciliation résultant de la grossesse, entre époux qui demandent le divorce ?

Art. 51. On propose, par exception à l'article 51, « d'au- 204 « toriser la fille majeure de vingt-cinq ans accomplis, à exer_ « cer l'action pour dot contre son père, lorsqu'elle n'a point « de biens et qu'elle contracte mariage. »

Motifs. — L'article 32 du livre Ier, titre X, suppose cette obligation, lorsqu'il autorise le conseil de famille *à régler*, *en cas de mariage, la dot de l'enfant de l'interdit.*

D'ailleurs, cette action de la fille contre le père, pour dot, était formellement autorisée par la loi 19, ff. *de ritu nuptiarum*, et consacrée par la jurisprudence des pays de droit écrit.

Art. 52. L'équité naturelle et la justice veulent que les ali- 205- mens soient fournis par tous les ascendans à leurs descendans 205- pauvres, et réciproquement (*Novell.* 117, *cap.* 7). Pourquoi, 207. dans le projet, n'y soumettre que les époux vis-à-vis de leurs enfans, et borner l'obligation de ceux-ci à leurs père et mère ?

On propose de rédiger ainsi l'article 52 :

« Les enfans doivent des alimens à leurs père et mère *et* « *autres ascendans* qui sont dans le besoin ; cette obligation « est réciproque de la part des ascendans.

« Mais l'aïeul et l'aïeule ne doivent des alimens à leurs pe- « tits-enfans que lorsque leurs père et mère ne peuvent ab- « solument y fournir ; il en est de même des alimens dus par « les petits-enfans à leurs aïeuls et autres ascendans. »

On propose encore d'ajouter les dispositions suivantes, conformes au droit romain, *leg.* 5, ff. *de agnat. et aleud.* :

« Les alliés en ligne directe se tiennent lieu d'enfans et de
« parens ; ils sont subsidiairement tenus à se fournir respec-
« tivement des alimens : cette obligation cesse lorsque l'affi-
« nité est dissoute. »

TITRE VI. — *Du divorce.*

229 Art. 3. Une cause du divorce est l'adultère de la femme, *accompagné de scandale public, ou prouvé par des écrits émanés d'elle.*

Mais, si l'adultère est certain, réitéré, sans qu'il y ait cependant *de scandale public* (idée d'ailleurs très-vague, et qu'il faudrait caractériser), *s'il n'y a pas d'écrits*, il faudra donc que le mari garde sa femme adultère, sans moyen de la faire punir ni de la quitter ?

On propose de supprimer ces mots : *accompagné de scandale public, ou prouvé par des écrits émanés d'elle*, et d'y substituer ceux-ci : *l'adultère de la femme légalement prouvé ?*

262 Art. 22. Cet article 22 exige une rédaction plus précise et plus correcte.

TITRE VII.

CHAPITRE III. — Des enfans nés hors du mariage.

l. 1er.
tit. 7-
ch. 3.

La loi du 12 brumaire an II dispose, art. 10, « qu'à l'é-
« gard des enfans nés hors du mariage, dont le père et la
« mère *seront encore existans* lors de la promulgation du Code
« civil, leur état et leurs droits seront, en tous points, ré-
« glés par la disposition du Code.

Plusieurs questions se sont élevées à ce sujet. On a demandé, 1° si les enfans naturels *dont les pères sont décédés depuis la promulgation de la loi du* 12 *brumaire an* 2, doivent, pour avoir quelques droits à la succession de leur père, rapporter l'acte authentique par lequel ils auraient été reconnus devant un officier public ; 2° si leurs droits de successibilité en cas de reconnaissance , doivent être réglés par la loi du 12 brumaire an 11 , ou par le Code civil.

Il existe , à cet égard, une lacune dans toutes les lois faites sur cette matière depuis le 12 brumaire an 11.

Le Directoire exécutif pour la remplir , adressa le 12 ventose an v , un message au Conseil des Cinq-Cents.

Rien n'a été statué depuis lors, et le projet de Code civil ne présente aucune disposition qui puisse lever ces doutes.

Il paraît même que , dans le Code civil, on n'a point entendu s'occuper du sort de cette classe intermédiaire d'enfans naturels , puisque l'article 27 du tit. VII , liv. Ier du Code , dispose que *toute reconnaissance du père seul non avouée par la mère est de nul effet;* tandis que l'article 11 de la loi du 12 brumaire an 2 , disposait *qu'en cas de la mort de la mère avant la publication du Code, la reconnaissance du père seul suffirait* pour rendre l'enfant habile à lui succéder.

Il est important de faire cesser toutes ces difficultés , soit par une loi particulière sur cet objet, soit par un chapitre additionnel au Code.

TITRE IX.

CHAPITRE Ier. — Des mineurs.

Art. 2. La division de la minorité simplement en deux époques , mentionnée en cet article , est défectueuse :

ap-
388

1º Parce qu'il n'y est point parlé de l'impuberté , qui est une partie de la vie humaine , qui a ses lois particulières , puisqu'à cet âge on est incapable de contracter , suivant le liv. III , tit. II , art. 21 et 22 ;

2º Parce qu'il n'est point vrai que , jusqu'à dix-huit ans , le *mineur soit absolument incapable de se conduire* , puisqu'à quinze ans révolus il peut se marier , et stipuler dans son contrat de mariage toutes les clauses qu'y stipulerait un majeur , suivant le livre III , titre II , art. 201 , et titre IX , art. 157.

Il faudrait donc rédiger cet article 2 dans le sens de l'article 21 du titre II, livre III, et de l'article 45 du titre VI, livre III.

On propose la rédaction suivante :

« La minorité se divise en trois époques : la première est
« celle de l'impuberté, pendant laquelle l'impubère est ab-
« solument incapable de contracter ;

« La seconde est celle de la puberté, pendant laquelle le
« mineur peut contracter mariage ;

« La troisième est celle de l'émancipation, pendant la-
« quelle le mineur a la simple administration de ses biens,
« sans pouvoir agir pour le surplus, qu'avec l'assistance d'un
« curateur. »

CHAPITRE II. — De la tutelle.

l. 1er-
tit.1o-
ch. 2.
Art. 3. Le projet ne donne aucune définition de la tutelle ; il paraît convenable d'en donner une. On propose la définition suivante, qui formerait le commencement de l'article 3.

« La tutelle est l'autorité attribuée à certaine personne,
« pour défendre ceux qui, par la faiblesse de leur âge ou de
« leurs organes, ne peuvent gérer leurs affaires.

« Il y en a quatre sortes, etc. »

421-
451
Art. 7. Cet article exige que le tuteur naturel fasse procéder à un inventaire et à la nomination d'un subrogé tuteur ; mais on ne prononce aucune peine dans le cas où il ne remplirait pas ces formalités importantes.

On propose d'ajouter à l'article ces mots : « sous peine
« de tels dommages-intérêts qu'il appartiendra. »

398
Art. 17. La rédaction de cet article est inexacte ; on pourrait y substituer la suivante :

« Cette déclaration est, à peine de nullité dans le premier
« cas, signée du juge-de-paix ; de son greffier et du décla-
« rant ; et dans le second, du notaire, du déclarant et de
« deux témoins ; si le déclarant ou les témoins ne savent pas

« signer, il en est fait mention ; s'ils ne peuvent signer, la
« cause en est énoncée. »

Art. 3o. Donner au juge-de-paix voix *délibérative et pré-* 416
pondérante dans la nomination du tuteur, c'est décharger
les parens de la responsabilité à laquelle ils sont soumis
par l'article 102 de ce titre, et l'article 25 du tit. VI, liv. III ;
en conséquence, on propose d'ôter *la voix délibérative* au juge-
de-paix.

Art. 46. *Des causes qui dispensent de la tutelle.* Il paraîtrait 427
convenable que les juges aux tribunaux d'appel fussent dispensés de la tutelle. Indépendamment de leurs fonctions judiciaires, le plus grand nombre d'entre eux les exerçant
hors de leur *département*, dans lequel ils seront presque toujours nommés tuteurs, ils seront forcés de s'absenter du lieu
où siège le tribunal d'appel, pour aller remplir les devoirs
de tuteur.

Art. 61. Au lieu de ces mots : *tribunal d'appel du juge-de-* 448
paix, mettez : *le tribunal de première instance.*

Art. 68. Il est bien rigoureux de priver le tuteur de sa 451
créance, s'il ne l'a pas déclarée dans l'inventaire. Il peut ne
pas la connaître.

On propose d'ajouter à cet article : « à moins que le
« tuteur n'ait une juste cause d'ignorer sa créance, » ainsi
qu'on en trouve un exemple dans l'article 182, titre II,
livre III.

Art. 73. Il serait nécessaire d'ajouter à cet article la dispo- 450
sition suivante :

« La quittance du tuteur libère le débiteur. »

Cela ferait cesser le doute tiré de la loi romaine, qui exigeait l'autorité du juge pour libérer le débiteur.

Art. 84. Au lieu de ces mots : *dans le canton* (les cantons 452
n'existant plus), mettez : *dans le ressort de la justice de*
paix.

2206
et
l. 1er-
l. 10-
ch. 2-
fin de
sect. 8
Art. 87 , 88 et 89. On pense que ces trois articles doivent être supprimés.

1° L'obligation qu'ils imposent au créancier du mineur, de ne pouvoir provoquer l'expropriation forcée de ses immeubles qu'après avoir discuté son mobilier, et s'être fait rendre par le tuteur un compte de la tutelle, exigera des procédures longues et coûteuses, qu'il serait utile de prévenir ; cet excès de précaution pour les mineurs, leur sera plus souvent nuisible que profitable.

D'autre part, cette discussion préalable du mobilier peut d'autant mieux être supprimée, que l'article 78 du même titre, impose au tuteur l'obligation *de se faire autoriser par le conseil de famille,* toutes les fois qu'il s'agit d'intenter ou de *défendre* à une action relative aux droits immobiliers du mineur. Si le conseil de famille juge que la vente du mobilier soit utile, il en prescrira la vente pour satisfaire le créancier qui poursuit l'expropriation forcée.

482 Art. 107. Si l'on veut prévenir la ruine d'un mineur, dont la fortune serait en grande partie mobilière, il paraît indispensable de rédiger ainsi le dernier alinéa de l'article 107 :

« Le mineur ne pourra recevoir et donner décharge d'un « capital mobilier ; *sans y être autorisé par un conseil de fa-* « *mille.* »

TITRE X.

503 Art. 24. Cet article semble exclure tout autre moyen de nullité, que celui résultant de la cause d'interdiction.

D'autre part, la cause d'interdiction a pu exister à l'époque de l'acte contesté, n'être connue que de deux ou trois personnes, et être ignorée de celui qui a contracté. Pour annuler l'acte, cette cause doit être notoire.

On propose la rédaction suivante :

« Les actes antérieurs seront annulés, s'il résulte de la « procédure sur laquelle l'interdiction aura été prononcée,

« qué la cause en existait *notoirement* à l'époque où les actes
« contestés ont été faits. » .

LIVRE II.

Des biens et des différentes modifications de la propriété.

TITRE Ier.

Art. 5. On propose d'ajouter au dernier alinéa de cet ar- 524
ticle, ainsi conçu : « Sont réputés immeubles, les effets mo-
« biliers que le propriétaire a attachés à ses bâtimens à per-
« pétuelle demeure, » la disposition suivante : « et ceux
« qu'il n'en a momentanément détachés que dans l'intention
« de réparer les immeubles et de les y replacer. »

Art. 7. Cet article suppose que les moulins à vent et à 519
eau sont les seules usines qui soient immeubles, ce qui n'est
pas exact. On propose donc la rédaction suivante : « Toutes
« les usines à vent et à eau sont immeubles. »

« Celles à bras ou assises sur bateaux non-fixés sur piliers
« et ne faisant point partie de la maison sont meubles. »

CHAPITRE II. — Des meubles, et de l'acception de ce terme.

Les définitions données dans ce chapitre n'expliquent 535
point d'une manière assez précise, ce que comprend la vente
ou le don du *mobilier*, ou des *effets mobiliers*. Ce qui pourrait
faire naître des doutes sur l'étendue de leur acception,
c'est le rapprochement de l'article 22 de ce titre avec l'article 107 du titre IX, liv. III, où ces deux expressions paraissent être prises dans une acception différente.

On pense donc qu'il serait nécessaire de donner dans ce
chapitre une définition exacte, 1° de l'expression *effets mobiliers*; 2° du mot *mobilier*.

Au surplus, on observe que la dernière partie de l'art. 20 534
est trop vague. Ainsi, l'on demande *si la batterie de cuisine,
les ustensiles de ménage, le linge de table et de lit, les vases vi-
naires, etc. font ou non partie des meubles meublans.*

TITRE II. — *De la pleine propriété.*

545   Art. 2. « Nul ne peut être contraint de céder sa pro-
« priété.... que moyennant une juste indemnité. »

Ce n'est pas assez d'indemniser ; il faut que l'indemnité
précède la cession forcée. On doit donc terminer ainsi cet
article : *moyennant une juste et préalable indemnité.*

A la suite de cet article 2 , on propose l'article additionnel suivant :

« Du droit de propriété dérive le droit de revendication. »

Le projet de Code n'établit nulle part , en principe, ce
droit de revendication : c'est là sa place.

TITRE III. — CHAPITRE Ier.

SECTION Ire. — Des droits de l'usufruitier.

Liv. 2-
tit. 3-
c. 1er-
s. 1re.   Il manque dans cette section un article pour décider
que « l'usufruitier qui a donné caution peut recevoir et
« donner décharge d'un capital mobilier compris dans l'u-
« sufruit. »

Il paraît important de l'ajouter.

SECTION II.

601   Article 26. Cet article soumet l'usufruitier à donner
caution de jouir en bon père de famille , excepté qu'il n'en
soit dispensé par sa qualité ou par l'acte constitutif de l'u-
sufruit.

Mais on demande si le vendeur ou le donateur d'un
domaine dont il s'est réservé l'usufruit, ou l'acquéreur
à titre onéreux d'un usufruit , seront tenus de donner
caution , lorsque l'acte constitutif garde le silence à cet
égard.

On pense que l'usufruitier, dans ces divers cas, ne devrait être tenu à donner caution *qu'en cas d'administration
négligée.*

Mais il faut un article pour le décider.

··A la suite de l'article 32, il conviendrait de placer la 615-616
disposition suivante, qui décide, d'après les lois romaines,
un cas fréquent, non prévu par le Code ; le voici :

« L'usufruitier d'un cheval ou d'un autre animal qui a
« péri sans sa faute n'est pas tenu d'en rendre un autre,
« ni d'en payer l'estimation ; mais l'usufruitier d'un trou-
« peau doit substituer des animaux du croît de ce trou-
« peau en remplacement de ceux qui ont péri.

« Si tout le troupeau a péri par accident ou maladie, de
« manière à ne pouvoir fournir à son remplacement, l'usu-
« fruitier ne sera tenu de rendre à la fin de l'usufruit, que
« les cuirs ou leur valeur. » (*Leg.* 68 *et* 70, ff. *de usuf. et
quemadm.*)

Art. 34. On demande si le legs d'une rente viagère ou 610
pension alimentaire doit être acquitté par l'usufruitier de
l'universalité de la succession, comme charge des fruits ; ou
si ces legs annuels doivent être acquittés en conformité de
l'article 36 du même titre.

Cet article exige une explication.

Art. 36. Cet article dispose que « *l'usufruitier à titre uni-* 612
« *versel* doit contribuer avec le propriétaire au paiement
« des dettes. »

Ces mots, *l'usufruitier à titre universel*, désignent tant l'usufruitier *d'une quote-part* de la succession, qu'un usufruitier
de l'universalité absolue de la succession. Cependant ces deux
cas exigent des décisions différentes ; leur confusion rend
l'article obscur, et même injuste.

Lorsque l'usufruitier à titre universel n'est usufruitier que
d'une *quote-part* de la succession, le mode de contribution
prescrit par cet article 36 est juste ; et en bornant à ce cas
la décision qu'il renferme, il conviendrait, pour plus de
clarté, de le rédiger ainsi :

« L'usufruitier à titre universel d'une *quote-part de la suc-*
« *cession* doit contribuer, etc. »

Mais, lorsqu'il s'agit de l'usufruitier de *l'universalité de la succession*, c'est accorder trop de faveur à l'usufruitier universel, que de lui donner le droit d'obliger le propriétaire, *qui peut n'en avoir pas le moyen*, de payer toutes les dettes d'une succession, sous la seule charge par l'usufruitier de lui en servir l'intérêt pendant la durée de l'usufruit.

Dans cette hypothèse, il paraîtrait plus juste « de laisser « au propriétaire la faculté de faire vendre des biens de la « succession jusqu'à concurrence des dettes, si mieux l'usu « fruitier universel ne préférait acquitter les dettes dont le « capital lui serait remboursé à la fin de l'usufruit. »

Mais il faut un article formel pour préciser et décider ce cas.

620　Art. 41. On propose d'ajouter à l'article 41 la disposition suivante : « Mais, si l'usufruitier décède avant que ce tiers « ait atteint l'âge déterminé, l'usufruit s'éteint. »

Cette disposition préviendrait une question souvent agitée, dans le cas précité ; question qui présente encore des doutes, lorsqu'on rapproche l'article 3 de ce titre, portant que « l'u « sufruit peut être établi à certain jour, ou sous condition, » du second alinéa de l'article 39 du même titre, où il est dit « qu'il s'éteint par l'expiration du temps pour lequel il a été « accordé. » Reste donc à décider s'il s'éteint par le décès de l'usufruitier survenu avant l'expiration de ce temps.

630　Art. 51 et 52. L'article 52 parle de l'usage d'*un troupeau*, sans préciser en quoi consiste le droit d'usage d'un troupeau. D'après la loi 12, ff. *de usu et habit.* § 4 et 5, l'usager d'un troupeau ne pouvait profiter que des engrais, et non de la laine ni du lait ; ce qui paraît absurde. Pour trancher cette difficulté, il est convenable d'accorder à l'usager d'un troupeau le droit d'user de la laine et du lait pour ses besoins, mais non du *croît*. En conséquence, on propose de rédiger l'article 51 en ces termes :

« Celui qui a l'usage des fruits d'un fonds ou d'un trou « peau ne peut en exiger qu'autant qu'il lui en faut pour

« ses besoins et ceux de sa famille ; mais il ne peut se préva-
« loir du croît du troupeau.

« L'étendue de ses besoins se règle, etc. »

Art. 53 et 54. L'article 53 accorde à celui qui a le droit 632-
633
d'habiter dans une maison, la faculté d'y *demeurer avec sa famille*, quand même il n'aurait pas été marié à l'époque où
ce droit lui a été donné.

Mais l'article 54 paraît *restreindre* en ce cas le droit d'habitation de la famille aux seuls bâtimens nécessaires à l'habitation personnelle de l'usager : ce qui serait en contradiction avec l'article 53.

Pour lever ce doute, il convient de rédiger ainsi l'art. 54 :

« Ce droit *s'étend* à ce qui lui est nécessaire pour son ha-
« bitation et *celle de sa famille ;* et le propriétaire doit jouir
« du surplus, s'il y en a. »

TITRE IV. — *Des servitudes.*

Art. 1er. Il paraît convenable de donner une définition des 637
servitudes, et de ce qu'on entend par *fonds servant* ou *dominant*, expressions souvent employées dans le Code.

On propose la définition suivante (de *Domat*) :

« La servitude est un droit qui assujétit un fonds à quel-
« que service pour l'usage du fonds d'un autre propriétaire.

« Le fonds qui doit la servitude est appelé *fonds servant ;*
« celui auquel elle est due est appelé *fonds dominant.* »

CHAPITRE Ier. — Des servitudes qui dérivent de la situation des lieux.

Liv. 2-
tit. 4-
c. 1er.

Ce chapitre ne contient pas, à beaucoup près, la décision des principaux cas de contestation auxquels l'usage des
eaux donne lieu. Il exige de plus grands développemens.

L'article 5, surtout, prête beaucoup à l'arbitraire. 645

On se bornera à faire une observation sur l'article 4.

Cet article 4 ne permet qu'au riverain d'une eau courante 644
qui n'est pas dans le domaine public de s'en servir, à son
passage, pour l'irrigation de ses propriétés.

Cependant, c'est un principe généralement reconnu que, les eaux des rivières navigables et flottables étant communes à tous, chacun doit avoir la faculté de les dériver à son usage, pourvu qu'il n'en résulte aucun préjudice à la navigation.

Une loi de l'assemblée constituante contient une disposition précise à cet égard. Elle s'exprime ainsi : « Tout rive- « rain d'une rivière navigable ou flottable peut y faire des « prises d'eau qui ne nuisent point » (Loi du 6 octobre 1791, tit. Ier sect. Ire, art. 4).

On propose un article additionnel qui rétablirait cette disposition, en y ajoutant ces mots : « et en se conformant, « pour l'exercice de cet usage, aux lois et réglemens sur « cette matière. »

646   Art. 7. Cet article 7, relatif au bornage des propriétés contiguës, aurait besoin de quelques additions.

On propose les deux articles suivans :

Art. 1er « Celui qui a possédé au-delà des limites pendant « trente ans ne peut être réduit dans les limites, soit qu'elles « fussent apparentes ou non. »

Art. 2. « Si, par le résultat de l'arpentage, il est reconnu « qu'un des voisins a plus de terrain qu'il n'est porté dans « ses titres, et l'autre moins, on doit parfaire ce qui manque « à l'un sur l'excédant de l'autre, à moins que celui-ci ne « justifie d'une possession trentenaire. »

655   Art. 14. Le projet de Code ne détermine point de quelle manière les propriétaires des divers étages d'une maison doivent contribuer aux réparations.

664   On propose de placer dans ce chapitre les dispositions additionnelles qui suivent :

« Si les différens étages d'une maison appartiennent à di- « vers propriétaires, le mode de contribution aux réparations « et reconstructions à faire, est déterminé par les règles sui- « vantes, lorsque les titres de propriété ne s'expliquent point « à ce sujet. »

« Celui à qui appartient le plus bas étage est tenu de
« faire les fondations et murs assez forts pour supporter les
« étages supérieurs.

« Le propriétaire de chaque étage fait le plancher ou
« carrelage sur lequel il marche, et le plancher qui le
« couvre.

« Le propriétaire du galetas fait le toît.

« Le propriétaire du premier étage fait l'escalier qui
« y conduit; le propriétaire du second étage fait l'escalier
« qui y conduit, à partir du premier étage, et ainsi des
« autres.

« Le toit de l'escalier est à la charge des propriétaires des
« divers étages, en proportion de la valeur locative de chaque
« étage. »

Art. 17. Cet article suppose, dans tous les, lieux *un usage* 658
pour régler l'indemnité de la charge, en raison de l'exhaussement du mur mitoyen ; mais il y a des départemens où il
n'y a point d'usage à cet égard. On propose de fixer, d'après
l'usage le plus commun, cette indemnité *à la sixième partie*
de la valeur de l'exhaussement.

Art. 21. Cet article donne lieu à des observations. 1° Il 662
exige une rédaction plus exacte et plus claire, pour faire
disparaître l'espèce de contradiction que présentent les mots
consentement et *refus*.

2° Comme il y a plusieurs pays où l'usage et l'opinion com- 665
mune sont que les servitudes d'enfoncement dans un mur mitoyen s'éteignent lorsque, tombé en ruine, il s'agit de le
reconstruire à neuf, sur ce motif que ce n'est plus le même
mur, on propose, pour trancher cette difficulté, l'article additionnel suivant :

« Lorsqu'on reconstruit un mur mitoyen ou une maison,
« les servitudes actives et passives revivent à l'égard du nou-
« veau mur ou de la nouvelle maison, sans pouvoir les
« y aggraver, pourvu que l'on reconstruise avant que la
« prescription soit acquise. »

35.

674 Art. 27. *De la distance et des ouvrages intermédiaires requis pour certaines constructions.* Comme il y a beaucoup de lieux où il n'y a pas de réglemens particuliers sur ces objets, on pourrait donner la Coutume de Paris pour règle, et en transcrire les articles dans le Code civil.

671 Il serait aussi essentiel de déterminer les distances que les voisins doivent laisser entre leurs fonds respectifs, pour la plantation des arbres, des haies, l'ouverture des fossés, et autres objets semblables, en ayant égard aux différentes espèces d'arbres, et à la nature des fonds et bâtimens près desquels ils seraient plantés.

678 Art. 31. Pour décider clairement que la disposition de cet article doit avoir lieu à l'égard des fonds ruraux comme à l'égard des fonds urbains, et qu'elle doit s'appliquer aux constructions qui font saillie, on propose la rédaction suivante :

« On ne peut avoir des vues droites ou fenêtres d'aspect, « *sur l'héritage clos ou non clos* de son voisin, *ni balcons ou* « *autres semblables saillies*, s'il n'y a six pieds (dix-neuf dé- « cimètres) de distance entre le mur où on les pratique et « ledit héritage. »

Cette addition nécessite de rédiger l'article 33 comme il suit :

680 « La distance dont il est parlé dans les deux articles pré- « cédens se compte depuis le parement *extérieur* du mur « où l'ouverture se fait, *et, s'il y a balcons ou autres sem-* « *blables saillies, depuis leur ligne extérieure* jusqu'à la moitié « du mur opposé de séparation, si ce mur est mitoyen. »

Motif. — On pense qu'il faut mesurer la distance depuis le *parement extérieur*, parce que, si le mur avait quatre à cinq pieds d'épaisseur, il n'y aurait pas alors la distance requise.

SERVITUDES.

688-689 Les articles 40 et 41 établissent des divisions qui répan- dront nécessairement beaucoup d'obscurité sur une matière déjà très-embarrassante par elle-même.

On trouve ces divisions dans de bons auteurs, il est vrai ; mais comme on n'était pas obligé de les suivre dans le labyrinthe de leurs décisions, les lois et les Coutumes tiraient les juges d'embarras. Mais, si on les consacre par une loi, il faudra nécessairement admettre des *servitudes continues apparentes* et des *servitudes continues non apparentes ;* il faudra admettre des *servitudes discontinues apparentes* et des *servitudes discontinues non apparentes ;* et en multipliant ces quatre espèces de servitudes par les urbaines et les rurales, cela fera huit sortes de servitudes qui auront chacune leurs lois particulières.

Quelques auteurs avaient simplifié la matière, en disant que les servitudes continues étaient celles qui étaient apparentes, c'est-à-dire, qui laissaient des traces de leur existence, telles qu'un aquéduc, une porte, une fenêtre ; et que les discontinues étaient non apparentes, parce qu'elles ne laissaient aucune trace de leur existence, tels que les passages qu'on ne pratique que de loin en loin, le pacage, le puisage si près d'un chemin qu'il ne laisse pas de trace du passage pour y arriver ; et alors l'apparence et la non-apparence devenant des caractères, l'une de la servitude continue, et l'autre de la discontinue, loin d'embarrasser la matière, tendaient à l'éclaircir.

Cependant, si l'on persiste à laisser les deux divisions établies par les articles 41 et 42, telles qu'elles sont, il restera à donner des exemples des servitudes *continues non apparentes* et des servitudes *discontinues apparentes.*

Il faudra ensuite décider si les servitudes *discontinues apparentes* peuvent ou non s'établir sans *titre,* parce que l'article 42 décide que celles qui sont *discontinues et non apparentes ne peuvent s'établir que par titre ;* mais rien ne décide si ou non il en est ainsi des servitudes *discontinues apparentes.*

Il en est de même de leur extinction en cas de confusion, parce que l'article 56 décide que la servitude *discontinue non apparente* est censée éteinte, lorsque le fonds dominant et le fonds servant viennent à être réunis sur la même tête, et que rien ne décide si ou non il en est de même des servitudes *discontinues apparentes.*

Les servitudes de passage et de chemin peuvent encore occasioner des difficultés.

698 L'article 40 met au nombre des servitudes discontinues celle de *passage;* mais si, en vertu de l'article 49, même titre, le propriétaire du fonds dominant fait des travaux sur ce *passage;* s'il en fait sur un *chemin,* afin d'en supprimer les boues ou les autres incommodités ; s'il y fait transporter des graviers, ou s'il y fait d'autres travaux très-durables et très-apparens, ce *passage,* ce *chemin,* seront-ils servitude continue ou discontinue, apparente ou non apparente? Et par rapport au puisage, si l'on ne peut en user sans un sentier ou chemin, soit battu ou réparé par des ouvrages de main d'homme très-apparens, ce puisage sera-t-il une servitude continue ou discontinue, apparente ou non apparente.

691 Il est à désirer qu'en révisant le projet de Code, on fasse disparaître les difficultés énoncées ci-dessus, qu'on rectifie les omissions qui ont été remarquées, et qu'enfin l'on décide d'une manière formelle, si des *chemins battus, des sentiers abusifs,* qui laissent des *traces visibles et apparentes de leur existence,* peuvent ou non s'acquérir par une possession trentenaire.

L'intérêt de l'agriculture exige que tous droits de chemin, passage, puisage, pacage, et autres semblables, ne puissent s'acquérir que par titre, lors même qu'ils laissent des traces visibles de leur existence.

698- Art. 50. Il est indispensable d'ajouter à cet article une
699 exception concernant la servitude *de support* ou *oneris ferendi,* qui est d'une nature plus onéreuse que les autres. Le Code ne dit rien de cette espèce de servitude.

On propose l'article additionnel suivant :

« Cette règle reçoit une exception, lorsqu'il s'agit de la
« servitude de support, par laquelle le propriétaire du mur
« servant est tenu de le réparer et de le reconstruire.

« Cependant, le propriétaire du mur servant peut se dis-
« penser de le réparer en l'abandonnant, ainsi que le sol
« sur lequel il est bâti, au propriétaire qui a le droit de
« support. »

Art. 55. Il dispose que « les servitudes revivent si, dans 704
« les *dix ans*, les choses sont rétablies de manière à ce qu'on
« puisse en user. »

Lorsqu'on examinera le titre *des prescriptions*, on présentera des observations sur les inconvéniens des prescriptions
de dix ans entre présens, de vingt ans entre absens, et sur
les avantages de n'en avoir qu'une, celle de trente ans, sauf
à réduire cette dernière si on la trouve trop longue, au terme
de vingt ou vingt-cinq ans.

En attendant, on observera que, si, en matière de servitude,
il est un cas qui mérite quelque faveur, et par conséquent
où il faille admettre le plus long terme fixé pour opérer la
prescription, c'est celui où le propriétaire du fonds dominant ne peut user de son droit de servitude par une force
majeure momentanée, comme il arrive lorsque le fonds servant est inondé, ou que la fontaine où l'on avait le droit de
puiser tarit et renaît ensuite ; les lois romaines 34 et 35, ff.
de servitutibus, rétablissaient, dans ce dernier, cas le droit de
servitude, nonobstant la prescription.

Cependant, l'article 55 veut que, dans ce cas, la servitude
soit éteinte *par dix ans* de non-usage, tandis que, si l'on eût
pu en jouir, il aurait fallu *trente années* de non-usage pour la
perdre, suivant l'article 57.

On propose donc un article additionnel pour excepter de
la prescription de dix ans le non-usage de la servitude,
dans les deux cas précités. Il serait placé à la suite de l'article 55.

« Mais, si le fonds asservi, après avoir été inondé, est

« abandonné par les eaux, ou si la fontaine où l'on avait le
« droit de puiser renaît après avoir tari, la servitude est
« rétablie, à moins qu'il ne se soit écoulé trente ans de
« non-usage. »

707 A rt. 58. Cet article laisse des doutes sur l'époque où la
prescription pour éteindre la servitude commence à courir,
suivant les différentes espèces de servitude ; on lèverait ces
doutes en rédigeant l'article ainsi qu'il suit :

 « Ce temps commence à courir, selon les diverses espèces
« de servitudes, ou du jour où l'on a cessé d'en user, lorsqu'il
« s'agit de servitudes discontinues, ou du jour où il a été fait
« un acte contraire à la servitude, lorsqu'il s'agit de servi-
« tudes continues. »

liv. 2-
lit. 4-
ch. 3-
fin de
sec. 4.
 Art. 61. On propose un article additionnel à cette section,
pour un cas qui n'est pas prévu dans le Code :

 « Le copropriétaire d'un fonds commun ne peut l'asservir,
« ni affranchir seul le fonds asservi, sans le consentement de
« son copropriétaire. »

*Arrêté par nous, membres de la commission nommée par le
tribunal d'appel. A Grenoble, ce 15 prairial an 9 de la république française; Signé, RÉAL, FAYOLLE, FLEURY, juges
commissaires.*

LIVRE III.

Dispositions générales.

714-
717
 Art. 2. Le principe établi par cet article doit recevoir
une exception, « à l'égard du sable des rivières, des coquil-
« lages et sable de la mer, et des essaims d'abeilles égarés
« que le propriétaire a perdus de vue. »

716 A ce mot, *invention* d'un trésor, qui se trouve dans le
dernier alinéa de cet article, on préférerait celui de *décou-
verte* d'un trésor.

TITRE I⁰ʳ. — *Des successions.*

746 Art. 45. Le dernier alinéa de cet article présente une

faute d'impression essentielle à corriger : au lieu de ces mots, *auteurs de l'aïeul*, mettez, *auteurs de l'aïeule*.

Art. 54. Le projet de Code ne présente aucune disposition relative aux alimens que les père et mère des enfans naturels leur doivent pendant leur vie ; on propose d'ajouter à cet article l'alinéa suivant :

« Le père et la mère, pendant leur vie, doivent à leurs « enfans naturels légalement reconnus des alimens selon « leurs facultés ; cette obligation est aussi imposée à ces « derniers lorsque leurs père et mère sont dans le besoin. »

Le projet de Code paraît avoir traité avec beaucoup de sévérité les enfans naturels. Pourquoi n'autoriserait-on pas, à l'exemple des lois romaines, le fils naturel reconnu par sa mère à lui succéder universellement, lorsqu'elle n'aurait point d'enfans légitimes ? et puisque l'art. 70 du même titre admet la mère à succéder à son enfant naturel à l'exclusion de la république, lorsqu'il ne laisse aucun enfant ou descendant légitime, pourquoi n'admettrait-on pas ce fils à lui succéder dans le même cas? Cette réciprocité paraît être dans l'ordre de la justice : d'ailleurs, la portion accordée aux enfans naturels, par l'article 55, sur les biens de leurs père et mère, se réduit à trop peu de chose par le mode adopté, pour la liquider, par l'article 59.

Art. 55. Cet article paraît présenter une contradiction, puisque les deux derniers alinéas fixent au *quart* de la succession le *maximum* de la portion afférente aux enfans naturels ; et que, suivant le premier alinéa, l'enfant naturel devant avoir *le tiers* de la portion héréditaire qu'il aurait eue s'il eût été légitime, il aurait nécessairement *le tiers* de toute la succession lorsqu'il ne rencontrerait qu'un ascendant, parce qu'il aurait eu le tout s'il eût été légitime. Cependant le second alinéa dispose qu'il ne prend que *le quart*, lorsque le père ou la mère ne laisse ni descendans légitimes ni ascendans ; et l'on ne peut présumer que les auteurs du Code aient entendu lui donner *le tiers* lorsqu'il se trouve un ascendant,

756-
205-
207.

758

757

et *le quart* lorsqu'il n'y a ni ascendans ni descendans ; autrement, les parens collatéraux seraient plus favorisés que les ascendans.

Il faut donc retrancher du premier alinéa ces mots, *ou des ascendans*, et déterminer par un alinéa particulier la portion que les enfans naturels doivent avoir lorsqu'il n'y a que des ascendans.

Art. 66, 67 et 68. Ces trois articles ont fait naître les réflexions suivantes :

335   1° Qu'il y aurait plus de moralité à ne point permettre au père la reconnaissance des enfans incestueux, attendu que le mariage n'est prohibé, suivant le projet de Code, qu'entre les ascendans et descendans, et les frères et sœurs ;

ibid.   2° Pour prévenir des discordes dans les ménages et des procès, ne conviendrait-il pas de ne point permettre également la reconnaissance des enfans adultérins? On propose, dans le cas qu'on le décide ainsi, les articles suivans :

Art... « Un homme marié ne peut se reconnaître le « père d'un enfant qui n'est point né de son épouse. »

Art... « Un homme autre que le mari ne peut se « reconnaître le père d'un enfant né d'une femme mariée, « pas même dans le cas de l'art. 5 du titre VII, liv. Ier. »

ap-   3° Suivant la disposition de l'art. 66, l'enfant adultérin
768   aurait un revenu plus considérable qu'un des enfans légitimes s'il s'en rencontrait douze ; pour réparer cette trop inégale distribution, on propose l'article suivant :

Art... « L'enfant adultérin, présumé tel par l'art. 5, « titre VII, liv. Ier, ne peut réclamer sur les biens de sa « mère qu'un revenu viager égal à la moitié de celui que lui « aurait produit sa part cohéréditaire, s'il fût né légitime : « néanmoins, ce revenu ne pourra jamais excéder la sixième « partie des revenus des biens maternels. »

768   Art. 78. Il convient de prescrire les règles que devront suivre les agens de la république à l'égard des successions réclamées à titre de déshérence. Que deviendront, dans

leurs mains, les immeubles de la succession ? seront-ils vendus ? que fera-t-on du prix ? combien les prétendans-droit auront-ils de temps pour réclamer?

Art. 82. Cet article ne présente aucune décision ; on pro- *782* pose d'y substituer le suivant :

Art. . . « Si ces héritiers ne sont pas d'accord entre eux, « ceux qui voudront accepter le pourront, et la part de « ceux qui renonceront leur accroîtra. »

Art. 85. On propose de préciser davantage cet article, *778* en y joignant l'expression qui se trouve dans l'art. 73, tit. X, livre III, et de le rédiger comme il suit :

« L'acceptation est tacite et légalement présumée, toutes « les fois que l'héritier s'immisce dans les biens de la suc-« cession, ou fait quelque acte qui suppose nécessairement « son intention d'accepter l'hérédité. »

Art. 94. Au lieu de ces mots : *par le laps de temps requis* *789* *pour la prescription la plus longue des droits immobiliers,* il conviendrait, pour éviter toute recherche, de mettre nettement, *par le laps de trente ans.*

DU BÉNÉFICE D'INVENTAIRE.

Art. 104. Il serait plus convenable, pour veiller aux in- *800* térêts des créanciers absens, qui peuvent ignorer le décès de leur débiteur, de fixer à l'héritier qui n'aurait fait aucun acte d'acceptation un terme pour faire inventaire, à compter du jour où il a su le décès, et passé lequel il ne serait plus admis à ce bénéfice. Il est sensible qu'en laissant à l'héritier un terme indéfini pour faire inventaire, on lui accorde plus de moyens et de temps pour détourner les effets mobiliers et dettes actives de l'hoirie ; et la preuve de ce détournement devient toujours plus difficile : ce délai devant être plus long si la succession s'ouvrait en France, et que l'héritier se trouvât en pays étranger ou dans les colonies françaises, on pourrait le graduer d'après les bases fixées par l'art. 22 de la loi du 22 frimaire an VII, sur l'enregistrement.

DU PARTAGE ET DES RAPPORTS.

819　　Art. 132. Il faut encore imposer « aux juges–de–paix
« l'obligation d'apposer les scellés d'office, » dans le cas
prévu par ledit article.

834　　Art. 150. Le mode de partage adopté par cet article
présente une trop grande inégalité ; l'on pourrait autoriser
les cohéritiers à liciter entre eux le droit de choisir, ou à
tirer les lots au sort. On propose, à cet effet, l'article sui–
vant :

Art. . . . « Les cohéritiers pourront encore, si la majo-
« rité d'entre eux le préfère, procéder au choix des lots par
« licitation, ou les tirer au sort. »

840　　Art. 155. Les mineurs émancipés ont des curateurs, et
non pas des tuteurs, suivant le 2ᵉ alinéa de l'art. 110 du
titre IX, livre Iᵉʳ. Ainsi mettez *curateur* au lieu de *tuteur.*

851　　Art. 174. Mais la fille à qui le père aurait constitué une
dot qui serait perdue par l'insolvabilité du mari sera-t-elle
tenue de la précompter sur sa portion cohéréditaire ? Il faut
le décider.

870　　Art. 191. Au lieu des mots *qu'ils y prennent,* qui terminent
le premier alinéa, mettez *qu'il y prend ;* parce que *chacun,*
auquel ces mots se rapportent, est au singulier.

873　　Art. 193. Les héritiers ne peuvent être tenus des dettes
pour une portion *virile,* lorsque leurs parts sont inégales ; le
mot *viril* est synonyme d'*égal :* les auteurs du projet de Code
l'ont pris eux-mêmes sous cette acception, dans l'art. 52
du titre XIV, livre III.

Il faut donc supprimer le mot *virile* de cet article, que l'on
n'a pas employé dans un cas semblable prévu par l'art. 108
du titre IX, livre III.

889　　Art. 214. On propose d'ajouter à cet article ces mots : *à
moins qu'il n'y ait lésion d'outre-moitié.* En effet, on pourrait
abuser de sa disposition, en donnant à tous les partages où il
y aurait une soulte, ou qui seraient faits à prix d'argent, le

nom et les apparences d'une vente de droits successifs, afin de prévenir le recours en lésion. D'ailleurs, cet article a bien décidé que la rescision pour lésion d'outre-quart, dont parle l'article 212, et auquel les articles 213 et 214 se rapportent, n'avait pas lieu contre la vente des droits successifs faite entre cohéritiers; mais il ne décide pas si la rescision pour lésion d'outre-moitié serait admissible; et c'est pour lever le doute qui pourrait résulter de son rapprochement avec l'article 103, titre II du livre III, qu'on a proposé l'addition ci-dessus. Si l'on venait à penser qu'aucune espèce de lésion n'est proposable contre ces sortes d'actes, il conviendrait de l'exprimer nettement.

TITRE II. — *Des contrats ou des obligations en général.*

Art. 3, 2ᵉ *alinéa*. Il faut retrancher le mot *égal*. En effet, dans ces sortes de contrats, le risque est quelquefois inégal; et suivant la définition exacte présentée par Pothier, « les « contrats aléatoires sont ceux dans lesquels ce que l'un donne « ou s'oblige de donner à l'autre est le prix d'un risque dont « il l'a chargé. » 1104

Art. 14. Il est convenable de placer ici la définition du dol, définition que l'on a omise dans le projet de Code. On propose la rédaction suivante : « On appelle *dol* toute as- « tuce, fraude ou manœuvre pratiquée dans l'intention de « tromper quelqu'un en traitant avec lui, ou de le léser à son « insu. » 1116

Art. 18. On propose d'ajouter l'article suivant : « On est « censé avoir stipulé pour soi et pour ses héritiers ou ayans- « droit, à moins que le contraire ne résulte de la convention « ou de la nature de son objet. » 1122

Art. 19. Ajoutez à cet article : « et, en cas d'inexécution, « on est tenu des dommages-intérêts. » 1120

Art. 30. Il faut mettre *nulle* au lieu du mot *valable*, qui se trouve dans le deuxième *alinéa* de cet article, parce qu'il s'a- 1132 git, dans cet article, des conventions dont la cause est illicite, et que le pronom *en* s'y rapporte.

Si les auteurs du projet de Code avaient eu l'intention de présenter une disposition relative aux conventions où la cause aurait été omise, ils auraient pu dire : *une convention est valable, quoique la cause n'y soit pas exprimée;* mais l'on sent que ce principe serait fort dangereux.

Enfin, l'on propose d'ajouter à l'article 3o l'addition suivante, puisée dans les lois 3 et 4, § 2, ff. *de condict. ob turp. caus.*

« Cependant, si la cause blesse les bonnes mœurs de la
« part des deux parties, il n'y a lieu à la répétition de ce qui
« aura été donné en exécution de la convention. »

1134   Art. 32. Ajoutez, pour quatrième alinéa : *elles donnent action en justice.* Tel est leur principal effet, rappelé par la loi 5i, ff. *de oblig. et act.*

1135   Art. 33. On propose d'ajouter à cet article la maxime suivante : « Dans tous les contrats synallagmatiques, aucune
« des parties ne peut demander contre l'autre l'exécution de
« leur convention, si elle ne l'a exécutée, ou si elle n'est
« prête à l'exécuter elle-même, pour ce qui la concerne. »

liv. 3-   Art. 34. *De l'obligation de donner.* On propose d'intituler
tit. 3-
ch. 3-   cette section première : *de l'obligation de livrer;* le verbe *don-*
sec. 2.   *ner* ne rendant pas l'idée que présente le verbe latin *dare, do;* et l'on mettrait alors, dans l'article 34 : *l'obligation de livrer emporte, etc.*

1139   Art. 36. Suivant cet article, le débiteur n'est réputé en demeure que lorsqu'il a été sommé par une interpellation judiciaire.

Les lois 12, cod. *de cont. et comit. stipul.,* et 77, ff. *de verb. oblig.,* présentent une jurisprudence bien opposée : la demeure est encourue par le seul fait du retard, et le jour fixé par la convention suffit pour toute interpellation. En effet, toute autre interpellation ne paraît tendre qu'à favoriser l'inexécution des conventions, et la mauvaise foi à susciter des procès. Il est même des cas qui ne comportent pas les lenteurs d'une interpellation judiciaire, qui, d'ailleurs, n'apprend rien de plus à la partie inexécutante, que ce qui est dans son contrat.

La loi conventionnelle devant recevoir son exécution, toute autre interpellation est superflue : *dies interpellat pro homine.* Cette maxime du droit romain est conforme à la raison. Mais, si les rédacteurs du Code refusent d'adopter cette maxime, on propose, dans ce cas, pour éviter des lenteurs souvent nuisibles, de substituer une *sommation extrajudiciaire* à l'interpellation judiciaire prescrite par cet article.

Art. 37. L'obligation de livrer ne transfère pas la propriété, dans le contrat de louage et autres titres précaires; il serait donc plus exact de rédiger le second alinéa comme il suit : 1138

« Celle translative de propriété rend le créancier proprié« taire, et met la chose à ses risques, dès l'instant où elle a
« dû être livrée : les fruits et les accroissemens de la chose
« aliénée lui appartiennent, encore que la tradition n'en ait
« point été faite, à moins que le débiteur n'ait été mis en
« demeure de la livrer; auquel cas la chose reste à ses ris« ques. »

Art. 49. On propose de rédiger cet article comme il suit : 1141-1152

« Lorsque la convention porte que celui qui manquera
« de l'exécuter paiera une certaine somme, il ne peut être
« alloué à l'autre partie une plus forte somme, à moins que
« le dommage ne se trouve évidemment plus grand.

« Le juge peut aussi modérer celle stipulée, si elle ex« cède évidemment le dommage effectif. »

Cette rédaction présenterait plus de corrélation et de justice entre les deux dispositions de cet article; il est d'ailleurs des cas où le dommage effectif est beaucoup plus considérable que la peine stipulée.

Art. 50. On propose de rédiger le dernier alinéa de cet 1153 article comme il suit : Les intérêts peuvent être demandés « en tout état de cause ; ils sont dus du jour de la demande « du capital exigible, excepté dans le cas où la loi les fait « courir de plein droit. »

1155 Art. 51. Ajoutez au dernier alinéa de cet article, ces mots : *s'il a intérêt de le faire;* parce qu'un tiers ne doit pas aggraver le sort d'un débiteur, sans intérêt et sans motif.

1156 Art. 52. Il conviendrait d'ajouter à cet article : « Cepen-« dant, lorsque le sens d'une phrase est clair, on ne doit « pas l'interpréter. » *Cùm in verbis nulla est ambiguitas, non debet admitti voluntatis intentio.*

CHAPITRE III. — Des obligations conditionnelles.

1171 Art. 66. On propose d'ajouter après cet article le suivant : *

« La condition positive est celle qui consiste à ce qu'un « événement arrive.

« La condition négative est celle qui consiste à ce qu'un « événement n'arrive pas. »

1175- Art. 70. Ajoutez l'article suivant :
1176
Art..... « La condition négative qui a un temps fixe est « accomplie lorsque ce temps est expiré sans que la chose « soit arrivée : elle l'est également, si, avant le terme, il est « certain que la chose n'arrivera pas. »

1179 Art. 73. Pour éclaircir la disposition contenue dans cet article, on propose l'addition et rédaction suivante :

Art..... « La condition accomplie a un effet rétroactif au « jour auquel l'engagement a été contracté; ainsi les fruits « et autres accessoires sont restitués du jour du contrat, et « les droits acquis au tiers pendant l'intervalle, anéantis. « Si le créancier est mort avant l'accomplissement de la « condition, ses droits passent à son héritier. »

1180 Art. 74. L'addition de l'article suivant est proposée :

Art..... « L'accomplissement des conditions est admissible : « en conséquence, si elles consistent en plusieurs faits, il

« faut qu'ils soient tous arrivés pour que la condition soit
« accomplie. »

Art. 77. Pour que cet article coïncide avec l'article 139, 1182
on présente la rédaction suivante :

« Lorsqu'une obligation a été contractée sous une con-
« dition suspensive, si la chose qui fait la matière de la
« convention périt avant l'événement, elle périt pour le dé-
« biteur, et l'obligation est éteinte par l'extinction de la
« chose qui en est l'objet : mais, si la chose se détériore, le
« débiteur n'est tenu à la livrer que telle qu'elle est lors
« de l'événement, pourvu que les détériorations survenues
« ne viennent point de sa faute. »

Art. 92. Pour éviter toute fausse application, ajoutez, 1199
dans cet article, le mot *solidaire* après celui de *créancier*.

Art. 109. Le titre de la distinction première annonce la 1217
définition de l'obligation *dividuelle;* mais on ne l'y trouve
pas.

On propose la suivante :

« Une obligation dividuelle ou divisible est celle qui a
« pour objet une chose ou un fait susceptible de division,
« telle qu'une somme d'argent ou des journées de travail. »

Art. 112. Rayez le pronom *en* dans la phrase, *dont ils en* 1220
sont saisis, dont ils en sont tenus.

Art. 113. Ajoutez un cinquième alinéa : 1221

5° « Lorsqu'il s'agit de la faculté de rachat. »

L'article 91, titre II, livre III, motive cette addition.

Art. 127. Le projet de Code ne pose aucun principe sur liv. 3-
les transactions : leur importance a déterminé à présenter tit. 3-
les articles suivans, qui doivent être placés avant le cha- fin du
pitre IV. Leurs dispositions ont été principalement puisées ch. 4.
dans les lois romaines *.

CHAPITRE IV. — Des transactions.

Art. 1er. « La transaction est une convention entre deux 2044

_____
* Voyez le titre XV du livre 3, Code civil.

« ou plusieurs personnes qui , pour prévenir ou terminer
« un procès sérieux, règlent leurs différens à des condi-
« tions qu'elles préfèrent à l'espérance de gagner , jointe au
« péril de perdre. »

(Cette définition est présentée par Domat , Lois civiles,
livre Ier, titre XIII.)

2049- Art. 2. « Les transactions ne règlent que les contestations
2051 « qui s'y trouvent clairement composées par l'intention des
« parties; celles faites avec l'un des intéressés n'empêchent
« pas de poursuivre le procès avec les autres.

2048 Art. 3. « La renonciation faite dans une transaction , à
« tous droits, actions ou prétentions, ne doit s'entendre
« que de ce qui est relatif à l'objet de la contestation qui
« lui a donné lieu (*Leg.* 31 , cod. *de transact.*).

2052 Art. 4. « Les transactions tiennent lieu d'un jugement ;
« elles ne peuvent être rescindées pour cause de lésion.

Art. 5. « Si l'une des parties se désiste, par la transac-
« tion, de ses prétentions sur la chose qui faisait l'objet de
« la contestation, au moyen d'une somme , il n'y a lieu à
« l'action de garantie , ni à répétition de la somme déli-
« vrée , à moins que la chose cédée à l'une des parties
« moyennant une somme d'argent , n'ait été reconnue , par
« la transaction même, appartenir à l'autre. Il y a lieu à
« cette action, si la chose donnée pour obtenir le désiste-
« ment de la demande ne faisait pas l'objet de la contesta-
« tion. »

(Pothier le pose en principe dans son *Traité de la vente*,
part. 7, n° 645, fondé sur la loi 33, cod. *de transact.*).

2057 Art. 6. « Si la transaction est générale sur toutes les af-
« faires que les parties pouvaient avoir ensemble , les titres
« ignorés des deux parties qui auraient été découverts de-
« puis lors ne peuvent fonder l'action en restitution
« (*Leg.* 29, cod. *de transact.*).

2055 Art. 7. « Si des pièces fausses ont donné lieu à la transac-

« tion, il y aura lieu à l'action en nullité contre tout ce qui
« aura été réglé en conséquence, mais non quant aux au-
« tres chefs qui en seraient indépendans (*Leg.* 42, cod. *de*
« *transact.*).

Art. 8. « Il y a lieu à l'action en restitution contre une 2054
« transaction faite en exécution d'un titre nul, si les parties
« n'ont pas expressément traité sur la nullité.

Art. 9. « On ne peut transiger sur un acte sans le con-
« naître (*Leg.* 6, ff. *de transact.*, cod. *Fab.* def. 1 *de*
« *transact.*).

Art. 10. « La transaction sur un procès jugé en dernier 2056
« ressort, à l'insu des parties, est nulle ; elle subsiste si le
« jugement est susceptible d'appel.

Art. 11. « L'erreur de calcul intervenue dans une transac- 2058
« tion, se répare, à moins que l'on n'eût transigé sur l'er-
« reur même (*Leg. unic.*, cod. *de errore calcul.*) »

CHAPITRE IV. — De l'extinction des obligations conventionnelles.

Art. 129. Cet article devrait être remplacé par la défini- liv. 3-
tion que Pothier donne du paiement, comme il suit : tit. 3-
  ch. 5-
« Le paiement réel est l'accomplissement réel de ce qu'on s. 1ʳᵉ-
« s'est obligé de livrer ou de faire. » § 1ᵉʳ.

Art. 131. Il faut ajouter au 2ᵉ alinéa de cet article, l'ex- 1237
ception présentée par la loi 31, ff. *de solut.*, comme il
suit :

« Cette règle reçoit exception, lorsque le débiteur a pro-
« mis son fait personnel. »

Art. 132. Ajoutez : « Il devient valable, si le créancier 1238
« n'a plus d'éviction à craindre (*L.* 60, 78 *et* 94 , § 2 , ff. *de*
« *solut.*).

Art. 134. On propose d'ajouter les articles suivans, pour 1239
compléter les principes en matière de paiement :

Art.... « Le paiement fait au créancier du créancier li-
« bère, si sa créance est exigible (*L.* 6, ff. *de doli mal.*
« *except.*).

Art.... « Celui qui , sans dol ni collusion, paie par auto-
« rité de justice est libéré (*L.* 81, ff. *de solut.*; *Fab.* def. 38
« *de solut.*).

Art.... «On peut, en exécution du jugement, opposer
« de l'exception de paiement (Cod. *Fab.* def. 42 *de execut.*
« *rei jud.*, et def. 28 *de appell.*).

Art.... «Celui qui peut payer avant le terme ne doit les
« intérêts que jusqu'au temps où il paie la somme due.

1242   Art.... « Le paiement fait par le débiteur à son créancier,
« au préjudice d'une saisie-arrêt légalement intervenue,
« n'est pas valable à l'égard des créanciers arrêtans, qui
« peuvent le contraindre à payer de nouveau, sauf son re-
« cours contre le créancier (Pothier, *des oblig.*, n° 462). »

1240   Art. 135. Cet article deviendrait plus clair, s'il était suivi
d'un exemple. On propose d'ajouter le suivant :

« Ainsi, le paiement fait de bonne foi par le débiteur
« d'une succession à celui qui en a la légitime possession
« est valable, quoiqu'il fût ensuite reconnu qu'elle appar-
« tenait à un autre ; sauf à ce dernier son recours contre le
« possesseur (Pothier, *des oblig.*, n° 467). »

1244   Art. 138. L'harmonie de la société exige que l'on remplisse avec exactitude les obligations contractées ; on ne peut
prendre aucun engagement ni faire honneur à ceux qu'on
a pris, qu'autant que les lois nous offrent un moyen assuré
pour obtenir l'exécution des engagemens au terme convenu.

Le créancier dont le débiteur aura obtenu la faculté de
diviser son paiement sera bientôt reconnu comme devant, à
son tour, l'obtenir contre son propre créancier.

Cet article donne donc aux juges une latitude dangereuse,
un pouvoir trop arbitraire, dont l'exercice paraîtrait n'être
qu'une faveur, d'autant mieux qu'il ne détermine ni le nombre des fractions, ni les délais pour leur paiement.

Toutes les positions des débiteurs, à l'aide de quelques
allégations spécieuses, mensongères et presque invérifia-

bles, présenteront des motifs suffisans pour scinder le paiement, sous le prétexte d'un fausse philanthropie. *On ne doit donc autoriser la division du paiement, que lorsque le créancier demande une provision, ou les contestations élevées sur une portion de la dette.*

DES OFFRES DE PAIEMENT.

L'art. 150 dit que les offres doivent être faites *au domicile du créancier;* l'art. 151, n° 6, dit qu'il faut les faire *au lieu où le paiement doit être exécuté;* et le dernier alinéa de l'art. 140 dit que *le paiement doit être fait au domicile du débiteur.*   1258

Pour concorder ces deux articles, et lever le doute qui pourrait naître de l'art. 140, qui prévoit cependant un autre cas, on propose de rédiger le n° 6, de l'art. 151, ainsi qu'il suit :

« 6° Que les offres soient faites au lieu où le paiement doit « être exécuté, conformément à ce qui est énoncé en l'ar« ticle précédent. »

On demande aussi, relativement à l'art. 151, qu'il soit décidé si, pour réaliser l'offre et la consignation d'une dette en denrées, par exemple, de deux cents quintaux de blé, il faudra l'offrir en nature par l'exhibition du blé. Il conviendrait de prescrire un mode à cet égard.

Art. 152. Il est utile d'exiger, pour la validité des consignations, un bordereau des espèces ou de la chose livrée en paiement, afin de prévenir les abus naissant de l'échange qu'on pourrait faire des espèces, surtout dans le cas d'une démonétisation.   1259

On propose, à cet effet, de rédiger ainsi le n° 3 de l'art. 152 :

3° « Qu'il y ait eu procès-verbal dressé par l'officier dépo« sitaire, tant du bordereau des espèces ou des choses li« vrées, que du refus fait par le créancier de les recevoir, « ou de sa non comparution. »

DE LA NOVATION.

1271   Art. 156. Il est utile de donner la définition de la nova-'tion ; on propose la suivante : « la novation est la substi-« tution d'une nouvelle dette à une ancienne. »

1272   Art. 157. Ajoutez à cet article ces mots : « pour elles ou « pour autrui. »

On propose encore de faire précéder l'art. 157 par le suivant :

Art.... « Il n'y a pas de novation, s'il n'y a deux dettes, « dont un est éteinte par l'autre, qui lui est substituée.

« Ainsi, si la première est conditionnelle, la novation « ne peut avoir lieu que lorsque la condition existera.

« Si la nouvelle dette est conditionnelle et non l'ancienne, « la novation ne pourra avoir lieu qu'à l'existence de la con-« dition.

« Mais si, avant l'existence de la condition, la première « dette était éteinte par l'extinction de la chose qui en faisait « l'objet, il n'y aurait pas de novation (Pothier, *des oblig.*, « n° 550).

1273   Art. 159. L'expression, *il suffit*, employée dans cet ar-ticle, est trop atténuante ; il conviendrait de mettre à sa place, *il faut*.

ap-1276   Art. 166. Pour lever le doute qui pourrait naître de l'ar-ticle 11, tit. III, liv. III, on propose d'ajouter, après l'ar-ticle 166, la disposition suivante :

Art... « Si la personne déléguée n'était pas débitrice du dé-« légant, elle ne serait pas moins obligée de payer la dette « au créancier qu'elle a accepté, sauf son recours contre le « délégant. »

1277   Art 167. On propose l'addition suivante :

« Mais l'on ne peut valablement payer à la personne indi-« quée, si elle est devenue, depuis l'indication, incapable de « recevoir (Pothier, *des obligations*, n° 488). »

1267   Art. 187. Plusieurs auteurs prétendent que cet abandonnement de biens n'est censé fait qu'à titre de gage, lorsqu'il n'en est rien dit dans l'acte.

On demande, pour lever toute espèce de doute, qu'il soit déclaré si la cession volontaire de biens transfère ou non la propriété aux créanciers, lorsqu'il n'en est rien dit dans l'acte.

Art. 192. Les 2ᵉ et 3ᵉ alinéas de cet article présentent un 1270 sens obscur.

Cette obscurité naît de ces mots : *cette exception*, qui se relatent à une exception dont on n'a point parlé.

Il conviendrait de rédiger ces deux alinéas comme il suit, en laissant subsister le premier :

« Cette règle reçoit exception pour certaines créances à « l'égard desquelles la loi n'accorde point le bénéfice de la « décharge de la contrainte par corps.

« Toutes les dettes auxquelles la loi attache cette con- « trainte en matière civile, étant susceptibles de cette excep- « tion, la cession judiciaire n'est d'usage que pour les dettes « commerciales.

« Les règles qui lui sont, etc. »

Art. 193. On propose d'ajouter à cet article la disposition 1304 suivante : « Lorsque le contrat renferme plusieurs obliga- « tions distinctes et indépendantes, la nullité de l'une n'em- « porte pas celle de l'autre. »

Art. 197. Le second alinéa de cet article serait susceptible 1305 d'un plus ample développement.

DE LA PREUVE LITTÉRALE.

Art. 207. Il serait avantageux de placer avant la distinction liv. 3- tit. 3- première les dispositions générales communes *aux titres au-* ch. 6- *thentiques et sous seing privé;* cette méthode éviterait des ré- s. 1ʳᵉ. pétitions.

On présente ci - après deux principes généraux qui ont été omis :

Art..... « Les actes doivent être écrits et expédiés en fran-
« çais (*Loi du 2 thermidor an 2*, n° 118). »

Art..... « Ce sont les clauses d'un acte qui en déterminent
« la nature, plutôt que la dénomination que lui ont donnée
« les parties (*Loi du 9 fructidor an 2*, art. 1er). »

1319   On propose encore d'ajouter au 1er alinéa de l'art. 210 :
« Et il s'exécute par provision, jusqu'à ce que le faux soit
« prouvé. »

1328   Art. 219. Il convient d'ajouter à cet article la disposition
suivante : « ou du jour où ils sont énoncés dans un acte au-
« thentique. »

Elle est puisée dans les lois des 13 messidor et 6 fructidor
an 3.

1329   Art. 220. Il faut mettre *particuliers non marchands*, à la
place de *bourgeois*; cette première expression, que l'on emploie à l'article 53, titre XX, livre III, présente une idée
plus générale et plus exacte.

1332   Art. 223. Il est important, pour éviter des annotations
frauduleuses, d'ajouter au dernier alinéa de cet article la restriction suivante : « pourvu que l'écriture soit de la main du
« créancier. »

1336   Art. 227. Au lieu de ces mots : *sur le registre des donations*,
mettez : *sur le registre des insinuations*.

1338-
1339-
1340.   Art. 229, 230, 231. Ces articles établissent une distinction entre *les actes confirmatifs et la ratification*, que les lois
romaines et les jurisconsultes français avaient confondus.
(*Vid.* leg. 12, ff. *rem ratam haberi*; leg. ult. ff. *de bonor. possess.*; leg. 3, Cod. *si major factus alienationem.*) On n'aperçoit aucun motif pour s'écarter de la disposition de ces lois.

Il faudrait aussi, puisqu'on veut améliorer la législation,
faire disparaître la distinction que l'ancienne jurisprudence
avait établie entre *les actes confirmatifs* et ceux *de conséquence*,
parce que cette distinction prête trop à l'arbitraire, et que
ces prétendus actes de conséquence sont des acquiescemens.

On pense qu'il serait très-utile de réunir dans le nouveau

Code, sous une section, tous les principes relatifs aux ratifications ; et l'on présente, à cet égard, les articles suivans :

Art... « La ratification est l'approbation de ce que l'on a « fait soi-même, ou de ce qui a été fait pour soi par autrui.

Art... « L'acte radicalement nul n'est pas susceptible de « ratification ; mais il peut être renouvelé en la forme « légale.

Art... « La nullité radicale est celle qui résulte de l'inob-« servation des formes requises pour la validité des actes en-« tre majeurs : c'est aussi celle qui est déclarée telle par « la loi.

Art... « Les actes dont les vices donnent lieu à l'action en « restitution peuvent être ratifiés.

Art... « La ratification est expresse ou tacite. La ratifica-« tion expresse est celle que l'on fait en termes clairs et pré-« cis, qui rappellent l'acte et le confirment. La ratification « tacite est celle qui résulte d'actes ou de faits qui supposent « évidemment la connaissance de l'acte et l'intention d'y ac-« quiescer, comme si on l'exécute ou si l'on en demande « l'exécution.

Art... « L'effet de la ratification est de purger l'acte de « tous ses vices : on ne peut dès lors ni en demander la res-« cision, ni le désavouer.

Art... « Pour ratifier valablement un acte, il faut être ca-« pable de le faire, et être dans un temps où les lois en « permettent la confection (Leg. 24, ff. *rem ratam haberi.*).

Art... « Celui qui, faisant un acte pour autrui, s'oblige à « le lui faire ratifier, est tenu, à défaut de ratification, des « dommages-intérêts.

Art... « Si l'acte ratifié a été fait par autre que le ratifiant, « et sans mandat, il ne donne hypothèque sur les biens du « ratifiant que du jour de la ratification.

« Si l'acte ratifié a été fait par le ratifiant dans les formes « qui confèrent l'hypothèque, elle aura lieu du jour de sa « date.

Art... « Le majeur qui manifeste vouloir se faire restituer
« contre une vente par lui faite en minorité peut être forcé
« à la ratifier, ou à reprendre l'immeuble. »

DE LA PREUVE TESTIMONIALE.

1341 **Art. 232.** On a omis, dans cette section, toutes les dispositions relatives au nombre, à la qualité des témoins, aux
motifs de rejet et de reproches : il paraît d'autant plus nécessaire d'en poser les principes, que, par la disposition générale et finale du Code, on abroge les ordonnances et Coutumes relatives aux matières qui font l'objet du Code.

1348 **Art. 238.** On propose d'ajouter à cet article l'alinéa suivant :

4° « A celles où l'on aurait employé le dol, la fraude ou
« la violence. »

En effet, comme on ne peut que très-rarement en fournir
la preuve par écrit, ce serait les autoriser que d'en refuser
la preuve testimoniale.

1357 **Art. 252.** Il est nécessaire de donner la définition de l'*affirmation judiciaire*, pour l'intelligence de l'art. 253.

1359 **Art. 255.** On dòit être autorisé à déférer l'affirmation sur
la propre connaissance de la partie, quoique le fait ne lui
soit pas personnel : tel serait le cas d'un héritier qui pourrait
être instruit d'un emprunt fait par le défunt.

Il faut donc ajouter à cet article ce qui suit :

« Ou sur la connaissance qu'elle a du fait de celui auquel
« elle a succédé. »

TITRE IV. — *De la contrainte par corps.*

2062 **Art. 1er, n° 8.** Les lois modernes ayant assimilé les fermiers
des moulins à farine, aux fermiers des biens ruraux, on propose d'ajouter au n° 8 de cet article : « et contre les fermiers
« de moulins à farine. »

2066 **Art. 4.** Cet article présente quelques dispositions relatives
au stellionat commis par les femmes.

Il serait utile de donner la définition du stellionat ; on propose la suivante :

« Le stellionat est le dol dont use celui qui vend ce qu'il 2059
« a déjà vendu ; engage comme non hypothéqué ce qu'il a
« déjà hypothéqué ; vend ou hypothèque comme lui appar-
« tenant ce qu'il sait appartenir à un autre. »

On observe en général que ce titre est incomplet. Il ne décide point si l'on peut saisir le débiteur dans sa maison, dans les temples, à l'audience d'un tribunal, dans une école centrale pendant la leçon d'un professeur, dans l'enceinte d'une administration publique, en allant ou revenant de déposer en justice. La loi du 15 germinal an VI (n° 1795) présente aussi, dans l'article 18, des dispositions relatives à l'élargissement du débiteur incarcéré, qu'il serait utile d'insérer dans le Code *.

TITRE V. — *Des cautionnemens.*

Art. 1er. Le titre V ne présente aucune disposition relative 2018-
à la question de savoir si les filles, les veuves et les femmes 2040
divorcées peuvent cautionner pour autrui. L'intérêt et la faveur dus à la faiblesse de leur sexe n'exigeraient-ils pas qu'il leur fût prohibé de cautionner pour autrui, ou, tout au moins, avant l'âge de vingt-cinq ans accomplis?

On demande à cet égard une décision quelconque.

Art. 12. Ajoutez au 2e *alinéa* de cet article l'exception sui- 2026
vante : « ou que le cautionnement de l'une d'elles ne fût pas
« valable. »

Art. 17. On propose l'addition suivante : 2031

« Elle n'a également aucun recours contre le débiteur prin-
« cipal qui aurait précédemment payé, si le cautionnement a
« été donné à son insu. »

Cette addition est fondée sur le même motif de justice que l'exception prévue par cet article ; et il est nécessaire de dé-

* Voyez le titre XV du livre V, Code de Procédure.

cider ce cas, pour faire cesser le doute qui aurait pu naître de l'article 14, même titre, qui ne prévoit cependant pas le cas ci-dessus.

2040-
2018

Art. 25. Le chapitre IV n'est intitulé que *de la caution légale et de la caution judiciaire;* cependant, toutes les règles de décision qu'il renferme, sauf l'exception énoncée en l'article 27, doivent également s'appliquer à la caution *que le débiteur s'est obligé de donner par convention.*

On propose, en conséquence,

1º D'intituler ce chapitre : *de la caution conventionnelle, légale et judiciaire;*

2º De rédiger comme il suit l'article 25 :

« Toutes les fois qu'une personne est obligée, soit par une « convention, soit par la loi ou par une condamnation, à » fournir une caution, la caution offerte doit être solvable, « et domiciliée dans l'arrondissement du tribunal de première « instance où elle doit être donnée : elle doit être, en outre, « susceptible de la contrainte par corps, lorsqu'il s'agit d'un « cautionnement judiciaire. »

On préfère la désignation *de l'arrondissement du tribunal de première instance* à l'expression *lieu,* qui se trouve dans l'article 25, qui laisse des doutes sur l'étendue plus ou moins grande dont le mot *lieu* serait susceptible.

3º De mettre au deuxième *alinéa* de l'article 25, au lieu des mots : *dispenser de la seconde de ces conditions,* ceux-ci : *dispenser de la condition du domicile;* ce qui évitera toute équivoque.

TITRE VI.

3102
1º

Art. 8. Ajoutez au nº 3 de cet article : « que les loyers des « boutiques et magasins sont privilégiés sur les marchandises « qui y sont, » pour éviter la question qui pourrait naître de savoir si les marchandises font partie *de tout ce qui garnit une maison louée.*

3102
4º

On propose encore d'ajouter, au deuxième *alinéa* du nº 5

dudit article, le mot *judiciaire*, après ces mots : *en empêcher la vente*, parce que l'on ne peut empêcher la vente volontaire d'effets mobiliers.

Art. 10, n° 4. Le privilége des architectes et entrepreneurs qui ont rempli les formalités requises doit être restreint *à la plus-value existante au moment de l'aliénation de l'immeuble*, conformément à la décision de l'article 12 de la loi du 11 brumaire an VII (n° 2137). On ne doit pas étendre ce privilége *à la totalité* du prix des réparations et constructions ; ce serait fournir à un propriétaire le moyen de priver des créanciers légitimes de l'effet de leurs hypothèques antérieures, par des dépenses considérables; et souvent de pure fantaisie, lesquelles, par les priviléges que cet article leur accorde, diminueraient le gage des créanciers antérieurs.

Art. 26. On propose d'ajouter l'alinéa suivant :

« Il y a pareillement hypothèque, à dater du jour du mariage, sur les biens du second mari, qui est responsable de la gestion de sa femme, dans le cas énoncé en l'art. 12 du tit. IX, liv. Ier. »

Art. 77. Cet article, qui peut donner lieu à des surprises, surtout au préjudice des gens de la campagne, devrait être supprimé : d'ailleurs, n'y a-t-il pas un grand inconvénient à ce que celui qui signe un acte de vente comme témoin, soit censé, par son silence, s'être départi d'une hypothèque pour laquelle il avait formé inscription ou opposition ?

D'autre part, le n° 2 de cet article dispose que, si l'hypothèque a été restreinte sur un seul immeuble, le témoin n'est censé avoir renoncé à son hypothèque que sur cet immeuble.

Cette rédaction est obscure. Si l'on en a bien saisi le sens, ce n'est pas *l'hypothèque, en ce cas, qui est restreinte*, c'est, au contraire, *la déclaration de franchise d'hypothèque* qui a été restreinte sur un seul immeuble.

On présente, en conséquence, la rédaction suivante :

« *Si la déclaration de franchise d'hypothèque a été restreinte à*

« *un seul immeuble*, en ce cas, le témoin n'est censé avoir re-
« noncé à son hypothèque que sur cet immeuble. »

TITRE VIII.

2206 Art. 7, 8 et 9. Dans les observations déjà faites sur les articles 87, 88 et 89 du titre *des tutelles*, livre Ier, on a proposé
la suppression de ces trois articles relatifs à la discussion préalable du mobilier du mineur, comme exigeant une procédure
coûteuse et inutile. Si ces premières observations sont adoptées, il faudra alors supprimer les articles 7, 8 et 9 de ce
titre.

2208 Art. 10, *deuxième alinéa.* Il convient de substituer à ces
mots : *à la poursuite de ses droits*, ceux-ci : *à la défense de ses
droits*, parce que, dans le cas dont il s'agit, la femme est dé-
fenderesse.

Art. 21. Si l'avoué adverse refuse de viser, il en faut prévoir le cas; il serait préférable de remplacer ce *visa* de l'a-
voué par celui du juge-de-paix, comme dans l'article 26 du
même titre; et, quant à cet article 26, mettez *suppléant* à la
place de l'*assesseur* du juge-de-paix, puisqu'il n'en existe
plus.

TITRES VI, VII et VIII.

*Concernant les hypothèques, les lettres de ratification et la
vente forcée des immeubles.*

Nous présentons, sur ces trois titres en masse, des observations générales qui ont pour objet :

1° De faire maintenir *le principe de la publicité des hypothèques*, qui est la base fondamentale de tout bon régime hypothécaire;

2° De faire rejeter la procédure ruineuse de *la vente forcée
des immeubles sur saisies réelles*, établie par le titre VIII du
livre III;

3° De simplifier et améliorer les deux lois du 11 brumaire

an VII, relatives au régime hypothécaire et à l'expropriation forcée.

On trouvera ces observations générales à la suite de notre travail sur le projet de Code ; nous espérons que le Gouvernement voudra bien les prendre en considération.

TITRE IX. — *Des donations entre vifs et des testamens.*

Art. 5. Si le mineur a disposé de la totalité de la portion 904 disponible, et qu'il soit décédé en majorité, ses dispositions seront-elles exécutées pour la totalité, ou aurait-il fallu, pour cela, qu'il eût disposé de nouveau, étant devenu majeur ?

Cette question, qui se présentera souvent, doit être décidée.

Art. 16. Le quart de la succession, que cet article accorde 916 aux neveux et nièces, lorsque le défunt ne laisse ni enfans, ni ascendans, ni frères et sœurs, donnera souvent lieu à de nombreuses difficultés, eu égard, en général, au grand nombre de neveux et à la modicité de la majorité des fortunes.

Ne vaudrait-il pas mieux permettre, en ce cas, de disposer de la totalité de ses biens ?

Art. 19. Au lieu de *donateur,* mettez : *donataire.* 919

Art. 20. La lecture de cet article rappelle la loi du 4 ger- 920 minal an VIII, qui porte : « A compter de la publication de « la présente loi, toutes les libéralités qui seront faites, soit « par actes entre vifs, soit par actes de dernière volonté, « dans les formes légales, seront valables si elles n'excèdent « pas la portion disponible. »

Cette disposition a donné lieu à la question de savoir si les actes faits antérieurement à cette loi ont dû être renouvelés après sa publication, conformément à la réponse faite à la 47ᵉ question de la loi du 22 ventose an 2.

L'article 20 du titre IX, livre III, présente également à décider cette question très-importante, de savoir si toutes les dispositions antérieures à la publication du Code civil seront réductibles à la portion disponible, sans qu'il soit besoin de renouveler les actes qui les contiennent.

Il serait très-important de décider ces deux questions, soit par des dispositions additionnelles au projet de Code, soit par une loi particulière (a).

911   **Art. 36.** Cet article *annulle* toute donation à charge de rente viagère faite à l'un des héritiers présomptifs, si *l'objet* ainsi aliéné, estimé d'après la valeur en pleine propriété, *se trouve excéder la quotité disponible;* d'où il suit que cet article maintient une pareille donation qui n'excède pas la quotité disponible.

Mais l'article 20 du même titre porte, au contraire, que toute disposition, soit entre vifs, soit à cause de mort, qui excède la quotité disponible, *n'est pas nulle, mais seulement réductible à cette quotité.*

Il y a donc contradiction entre l'article 36 et l'article 20. Pour la faire disparaître, on propose de supprimer dans l'article 36 ces mots, *est nulle*, et d'y substituer ceux-ci : « est « *réductible*, si l'objet ainsi aliéné, estimé d'après sa valeur « en pleine propriété, se trouve excéder la quotité dispo- « nible. »

945   **Art. 39.** Pour lever tous les doutes sur la question de savoir si l'état des dettes existantes doit être annexé à la donation sous peine de nullité, ce qui paraît être le vœu de cet article, il faut le terminer par ces mots : « Sous peine de nullité de « la donation. »

932   **Art. 47.** On propose de rédiger le 1er alinéa de cet article comme il suit : « La donation entre vifs doit être acceptée « pendant la vie du donateur; celui-ci peut la révoquer avant « que le donataire l'ait acceptée. »

Cette rédaction présente la décision de deux questions importantes dont le projet de Code n'offre pas la so- lution.

_____

(a) On trouve à la fin du présent mémoire, d'autres observations sur la loi du 4 germinal an 8, qui nécessitent une loi particulière pour son interprétation.

On propose encore d'ajouter au 3e alinéa du même article, la disposition suivante : « Les héritiers du donataire ne peu- « vent accepter la donation à lui faite qu'il n'avait pas ac- « ceptée. »

Il reste encore plusieurs questions bien importantes à dé- cider qui se présentent souvent, et qui ont été diversement jugées ; elles consistent à savoir :

1° *Si le donataire est reçu à répudier la donation après l'avoir acceptée*, en faisant raison au donateur ou à ses héritiers, de tout ce qu'il aurait perçu ou payé en exécution de la do- nation ;

2° Si les héritiers du donataire sont admis à jouir de la même faculté ;

3° Si la perte de la chose donnée peut dispenser le donataire de remplir les charges imposées par la donation.

Il est nécessaire d'insérer dans le Code des dispositions à cet égard. On se dispense de présenter ici des motifs de dé- cision, *Furgole* ayant traité ces questions et donné des raisons pour et contre dans la 8e de ses questions remarquables sur la matière des donations, *page* 54, *tome VI* de l'édition in-8°.

Art. 68. On propose d'insérer après cet article la dispo- sition suivante : « Si le donateur tombe en déchéance de « biens, il a droit d'obtenir, du donataire, des alimens pro- « portionnés à la donation. » 955- 3°

Art. 70. On observe, à l'égard du 1er alinéa de cet ar- ticle, que, suivant un usage abusif, un notaire signe tou- jours de confiance l'acte reçu par son confrère ; de sorte qu'un seul notaire, s'il était un fripon, pourrait vendre les successions. 971

Cet usage d'employer deux notaires serait donc excessi- vement dangereux, surtout dans les campagnes. Deux témoins signataires ne paraissent pas suffisans pour donner à un acte aussi important qu'une donation testamentaire, toute la con- fiance qu'il doit obtenir.

On présente à cet égard la rédaction suivante : « La do-
« nation testamentaire faite par acte public est reçue par
« un notaire *et quatre témoins*, dont deux au moins qui sachent
« et puissent signer. »

931 Si l'on adoptait la modification proposée de quatre témoins pour la donation à cause de mort, il serait aussi
convenable d'appliquer cette disposition à la donation entre
vifs.

972 Suivant le 2ᵉ alinéa du même article 70 : « la donation
« testamentaire est écrite telle qu'elle est dictée par le do-
« nateur, » ce qui semble imposer aux notaires l'obligation
de s'exprimer *à la première personne*; et pour éviter toute
difficulté à cet égard, l'on préférerait la rédaction présentée
par l'article 5 de l'ordonnance de 1735.

En conséquence, on propose de rédiger le deuxième
alinéa comme il suit : « Les dispositions sont écrites à me-
« sure que le donateur les prononce ; il lui en est fait lec-
« ture en présence de témoins. Il est fait du tout mention
« expresse. »

973-
974 Cet article 70 n'exige la signature du donateur que par
voie de conséquence du quatrième alinéa. Il convient de l'exiger d'une manière plus formelle, en rédigeant comme il suit
le troisième alinéa : « Elle est signée *par le donateur*, par le
« notaire et les témoins. »

970-
976 Art. 71. Cet article dispose que la donation sous seing
privé doit être écrite en entier, *datée* et signée de la main du
donateur.

L'article 75 porte que la donation faite sous signature
privée ne prend sa date que du jour de l'acte authentique
qui constate sa présentation.

Il paraît donc convenable d'effacer de l'article 71 l'obligation *de dater*, puisque l'omission de cette date qui est inutile, entraînerait la nullité de la donation, suivant l'article 94.
On observe d'ailleurs que l'ordonnance de 1735 n'exigeait

point que le testament secret ou mystique fût daté par le testateur; il suffisait de dater l'acte de suscription.

Art. 132. On demande qu'il soit déclaré si le légataire   1043
peut répudier un legs fait sous charge qu'il aurait accepté.

S'il peut le répudier sous prétexte que la charge lui serait devenue trop onéreuse, ou que le fonds légué aurait été
évincé.

Il est essentiel de prescrire la règle à suivre dans ces deux
cas.

Art. 137. On propose l'article additionnel suivant :   liv. 3-
  « La clause inintelligible est considérée comme non   tit. 2-
  fin du
« écrite. »   ch. 5.

Art. 138. On observe, 1° à l'égard du chapitre VI, qui   1075-
  1079
traite des partages faits par père, mère ou autres ascendans,
entre leurs descendans, que l'article 16 ne permet au père
que de disposer *d'un quart;* cependant, l'article 144 ne permet à l'enfant lésé dans le partage paternel de se plaindre
que lorsque la lésion est du tiers au quart : d'où il suit que le
père peut disposer, outre *le quart* de sa succession, *d'un
quart* sur les trois autres quarts restans ; c'est-à-dire, qu'il
peut disposer d'environ la moitié de la succession, sans que
les enfans les moins bien partagés puissent se plaindre.

Il peut même réunir sur la tête d'un de ses enfans, tant
par le moyen de ses libéralités que par celui de sa portion
légale, *plus de la moitié* de sa succession; car, si le père a
16,000 francs et trois enfans, il peut l'avantager de 4,000 francs
en vertu de l'article 26, de 2,000 francs en vertu de l'article 144. Ces deux sommes, jointes à la portion légale, font
la somme totale de 10,000 francs, ce qui excède de 2,000 fr.
la moitié de la succession paternelle.

Pour remédier à cet inconvénient grave, il serait juste et
convenable d'autoriser l'action en lésion dans le cas du partage
de l'ascendant, lorsqu'il existerait une lésion du cinquième
au sixième, parce que dans ce cas, *le partage n'est pas volontaire*, comme dans celui de l'article 212, tit. I, liv. III. On

conçoit qu'un cohéritier qui a concouru au partage ne doit imputer qu'à lui-même la lésion du tiers au quart qui peut s'y rencontrer ; mais cette raison cesse lorsqu'il est forcé de s'en tenir au partage fait par un autre.

Sans doute, il faut respecter le partage paternel ; mais il eût été plus digne de la loi d'accorder au père une plus grande latitude de disposer , que de l'autoriser indirectement à contrevenir à la loi pour augmenter sa portion disponible.

2° Ne conviendrait-il pas encore de n'autoriser l'ascendant à ne pouvoir disposer qu'en faveur de ses enfans de la portion dont il peut léser les autres enfans moins prenans.

Enfin, l'on observe sur l'article 144 , qu'il ne permet d'attaquer le partage fait par l'ascendant, *que dans le seul cas où l'un des copartagés* allègue et offre de prouver qu'il contient une lésion du tiers au quart à son préjudice, ce qui exclut le cas où plusieurs copartagés auraient à former une pareille plainte.

On propose donc de rédiger cet article comme il suit , dans le cas même où l'on ne jugerait pas à propos d'adopter les bases dont on vient de parler :

Art. 144. Le partage fait par l'ascendant ne peut être at- « taqué que dans le cas où l'un ou plusieurs des copartagés « allèguent et offrent de prouver , etc. »

1080 Art. 145. Cet article dispose que l'enfant qui se croit lésé doit *avancer les frais* de l'estimation , et doit les supporter en définitif, ainsi que les dépens de la contestation, si la réclamation n'est pas fondée.

La loi romaine était moins rigoureuse et plus juste , lorsqu'elle autorisait l'enfant à répudier le legs qui lui avait été fait pour s'en tenir à sa légitime. Il n'était pas exposé à avancer les frais dispendieux de procédure ; ils étaient supportés entre l'heritier et lui, *comme frais de partage.*

On désirerait donc que cet article 145 fût rédigé d'après les dispositions des lois romaines.

Art. 146. Le 2e alinéa de cet article porte *qu'une dona-* 1081
tion entre vifs ne peut avoir lieu au profit des enfans à naître.

Cette disposition présente des doutes, lorsqu'on la rapproche de celle des articles 147 et 149, où il est dit que l'on
peut donner, par contrat de mariage, les biens présens et à
venir, tant au profit des époux *qu'au profit des enfans à naître*
de leur mariage.

Pour lever ces doutes, il suffirait d'ajouter au 2e alinéa de
l'article 146, ces mots : « à moins que la donation n'ait été
« faite en même temps au profit des époux. »

Mais si cet alinéa ne doit pas être entendu dans le sens que
nous lui donnons ici, il faut alors expliquer d'une manière
claire, le cas où il s'applique.

Art. 148. Cet article permet au donateur de disposer, à 1083
titre gratuit, *d'une somme modique;* cette dernière expression
prête trop à l'arbitraire. Il serait convenable de déterminer
cette modicité, en en fixant la quotité *au douzième ou au cin-*
quième des biens donnés.

Art. 149. Il est essentiel de décider *si la donation des* 1084-
biens présens est caduque par le prédécès du donataire et de ses 1089
enfans, lorsqu'elle a été faite cumulativement avec la donation des
biens à venir, et lorsque l'état des dettes et charges présentes y a
été annexé. Ce qui forme le doute, c'est que l'article 44 de
ce titre dispose qu'il n'y a pas de retour *sans stipulation*
expresse dans la donation entre vifs, et que la caducité produit le même effet que le retour.

Cependant, une donation de biens présens, faite cumulativement avec les biens à venir, présente tous les caractères
d'une donation entre vifs, c'est-à-dire, de biens présens simplement, lorsqu'il a été annexé à l'acte un état estimatif
des dettes et charges du donateur existantes au jour de la
donation.

Il semble donc que, dans ce cas, la caducité ne devrait
pas avoir lieu pour les biens présens compris dans la donation faite dans les termes de l'article 149 ; et il convient de

lever ce doute, naissant du rapprochement des articles 44, 149 et 151.

1088   Art. 150. On a souvent agité la question de savoir si la donation était caduque lorsqu'il s'était écoulé un intervalle de temps plus ou moins considérable entre le mariage et la donation.

On propose, à cet égard, les rédaction et addition suivantes :

Art. 150. « Toute donation faite en faveur de mariage est « caduque si le mariage ne s'en suit dans les deux années, à « compter de la donation.

« Elle est également caduque si le donataire ne contracte « pas mariage avec la personne qui aurait été désignée dans « l'acte de donation. »

TITRE X.

1393-1399   Art. 11 et 12. Ces articles portent « qu'à défaut de con- « ventions entre les époux, il y a communauté de biens. La « communauté a lieu de plein droit ; elle se forme à l'instant « de la célébration du mariage. »

On observe que, dans les départemens montagneux et pauvres, les frais qu'entraîne la dissolution de la communauté dévoreront la plupart des fortunes ; que leurs habitans seront obligés de faire les frais d'un contrat de mariage, même pour dire qu'ils ne veulent contracter ni communauté, ni aucun autre engagement ; que dans les pays de droit écrit, où la communauté de biens n'était pas en usage, l'on ne pourra renoncer qu'avec peine aux avantages que la loi attachait aux dots.

Il serait donc à préférer que les droits respectifs des époux fussent réglés, *à défaut de conventions*, par les principes posés dans le chapitre III, section Ire de ce titre, concernant *les conventions exclusives de toute communauté*.

1422   Art. 31, 2e *alinéa*. Le mari ne peut même faire une donation entre vifs du mobilier, *sans tradition réelle avec réserve d'usufruit.* Telle est la disposition de cet alinéa ; mais elle est inintelligible, et il faut l'expliquer.

Art. 114, 3ᵉ *alinéa.* Au lieu de ces mots, *après la dissolu-* 1531 *tion de la communauté,* mettez, *après la dissolution du mariage,* puisque tout le chapitre III, où cet article est placé, est relatif aux conventions exclusives de toute communauté par convention expresse des conjoints.

Art. 119. A la place des mots : *mais elle n'ôte point au* 1549 *mari,* il faut mettre : *mais elle donne au mari,* puisque l'effet naturel de la stipulation dotale est de conférer au mari la jouissance des biens dotaux.

TITRE XI. — *De la vente.*

Art. 1ᵉʳ. On propose l'article additionnel suivant : 1582

« La vente d'un immeuble peut être faite par acte authen-
« tique ou sous seing privé, sauf à se conformer aux lois sur
« l'enregistrement et sur les hypothèques. »

Il est essentiel d'insérer cette disposition dans le Code, parce qu'on ne reconnaît pas comme valable, dans quelques-uns des départemens nouvellement réunis, la vente d'immeubles faite sous seing privé, nonobstant que la loi du 22 frimaire an 7 en reconnaisse la validité, en ordonnant qu'elle sera enregistrée dans les trois mois (*Article 22 de ladite loi*).

Art. 2. Cet article dispose que la vente *est accomplie* dès 1583 qu'on est convenu de la chose et du prix, quoique la chose n'ait pas encore été livrée ni le prix payé.

Le mot *accomplie* ne paraît pas être le mot propre, puisqu'il reste encore la chose à livrer et le prix à payer.

On propose d'y substituer celui de *parfaite,* qui présenterait une définition plus exacte de la vente, et se concorderait avec l'article 37 du titre II, livre III.

Art. 4 et 6. Ces articles présentent deux cas bien différens, 1585-quoique leur rédaction les confonde, relativement à l'im- 1587 perfection de la vente.

Dans celui de l'article 4, la vente est formée, et il ne dépend plus de l'une des parties d'y renoncer.

Dans le cas au contraire de l'article 6, l'acheteur peut refuser de contracter au moment même de la dégustation.

On propose la rédaction suivante de ces deux articles :

Art. 4. « Lorsqu'on vend au poids, au compte ou à la « mesure, l'acheteur a dès lors action contre le vendeur « pour se faire livrer la chose vendue ; et le vendeur pour « son paiement, en offrant de la livrer ; mais la vente n'est « point parfaite, que la marchandise ne soit comptée, pesée « ou mesurée.

Art. 6. « La vente du vin, de l'huile et des autres li- « quides ou fluides, qu'on est dans l'usage de goûter avant « d'en faire l'achat n'est point parfaite de la part de l'a- « cheteur, jusqu'à ce qu'il les ait goûtés et agréés.

1591   Art. 10. Pour concilier cet article, qui dispose qu'une chose déterminée peut former le prix d'une vente, avec l'article Ier, titre XII, et l'article Ier, titre XI de ce livre, qui disposent, au contraire, que l'argent monnoyé doit en former le prix, on propose de le rédiger comme il suit :

« Le prix de la vente doit être certain, et consister dans « une somme déterminée. »

On propose encore d'ajouter à cet article un alinéa ainsi conçu :

« Toutes les clauses avantageuses au vendeur ou onéreuses « à l'acheteur font partie du prix. »

Cette disposition est utile pour les cas où il y aurait lieu à l'action en lésion, et lorsqu'il s'agirait de la clause connue en droit sous le nom, in diem addictione.

1595   Art. 13. Il est essentiel, pour les départemens régis jusqu'à présent par le droit écrit, et pour tous les cas à venir où il pourrait y avoir constitution dotale en créances, d'ajouter aux cas prévus par cet article :

3° « Celui où la femme cède des biens à son mari en paie- « ment d'une créance qu'elle lui aurait antérieurement con-

« située en dot, et lorsqu'il y a exclusion de communauté. »

En effet, il n'y a point de communauté dans le cas de l'article 120, titre X du livre III; et la femme aurait pu avoir constitué en dot une créance et être devenue ensuite héritière de son débiteur : rien ne doit empêcher, dans ce cas, qu'elle puisse acquitter sa dette, en donnant un immeuble en paiement, lorsque le mari consent à l'accepter.

Et, dans le cas de l'adoption de cet article, il faut mettre au dernier alinéa ces mots : *sauf, dans ces trois cas*, au lieu de ceux-ci : *sauf, dans ces deux cas.*

DES OBLIGATIONS DU VENDEUR.

Art. 25. Cette section Ire ne dispose que relativement au 1624 vendeur en retard de livrer la chose vendue; mais, si c'est l'acheteur qui est en retard de s'en faire faire la délivrance, comme cela peut arriver pour les choses qui se vendent au poids, à la mesure, au nombre ou à la dégustation, mentionnées dans les art. 4 et 6 de ce titre, que fera le vendeur? et qui supportera les avaries? Le Code devrait le décider.

Art. 61. On propose de placer après cet article l'addition 1639 suivante :

« La subrogation ne donne point de garantie au subroga-
« taire contre le subrogeant, pas même sur la restitution du
« prix en cas d'éviction ; sauf au subrogataire à exercer tous
« les droits du subrogeant. »

Il paraît d'autant plus essentiel de rappeler ce principe de droit, dont le Code ne parle point, que la subrogation est devenue d'un fréquent usage pour les mutations de domaines nationaux, et que la subrogation est plutôt une cession des droits du subrogeant, qu'une vente d'immeubles (*Fab.* def. 8 *de contrahend. empt.*).

Art. 93 , 2.e alinéa. Mettez : *et que la chose vendue soit échue;* 1672 au lieu de : *ou que la chose vendue soit échue;* c'est sans doute une faute d'impression.

DE LA RESCISION DE LA VENTE POUR CAUSE DE LÉSION.

1674   Art. 98. L'intérêt de l'agriculture, qui doit l'emporter sur l'intérêt particulier du vendeur ; l'avantage qui en résultera pour le fisc, bien supérieur aux pertes que la dissimulation dans les prix de vente pourrait lui causer ; le sort des propriétés, qui ne doit pas rester incertain ; les procès ruineux qu'entraîne souvent l'action en lésion, la nature même du contrat de vente, présentent des motifs bien puissans pour faire rejeter cette action, ou tout au moins pour la borner à un terme plus court.

Cependant, si l'on rétablit l'action pour cause de lésion, il sera nécessaire d'ajouter à cette section II, titre XI, quelques règles pour parvenir à l'estimation de la juste valeur de l'immeuble, et prévenir les difficultés nombreuses auxquelles donne lieu l'exercice de cette action. On propose les bases suivantes, puisées dans les meilleurs auteurs :

« 1° Le produit d'un immeuble rural est ce qui rentre net « dans les mains du propriétaire, distraction faite des rentes, « charges, semences, droits de cultivateur, entretien des « bâtimens, digues contre les torrens, gardes pour les « bois, etc.;

« 2° L'estimation d'un immeuble sera faite en corps de « domaine, et non pièce à pièce, à moins que les fonds ne « soient affermés séparément ;

« 3° Pour déterminer le produit, on prend pour base « l'année commune du produit des trois dernières années « qui ont précédé la vente ;

« 4° Il ne faut point estimer, pour la fixation du produit, « les bâtimens nécessaires au logement du fermier, ni ceux « qui servent aux bestiaux, aux instrumens aratoires et à « l'exploitation (toutes ces choses étant déjà entrées dans « l'estimation générale du produit);

« 5° Le revenu ainsi déterminé, la valeur en capital sera « fixée sur le pied de quatre et demi pour cent du revenu ;

« 6° Toutes les clauses onéreuses pour l'acheteur font
« partie du prix. Les frais d'acte, ceux d'enregistrement et
« transcription, en font également partie. »

Art. 100. Cet article ne prévoit pas le cas où l'immeuble 1681
dont la vente est attaquée pour cause de lésion d'outre-moitié se trouve entre les mains d'un tiers-possesseur.

On propose donc d'ajouter à cet article l'addition suivante : « Le tiers-possesseur a le même droit, sauf sa ga-
« rantie contre son vendeur. »

Art. 103. Cet article prévoit le cas où la rescision pour 1684
lésion d'outre-moitié n'a pas lieu.

On propose d'y ajouter un quatrième cas non prévu,
ainsi conçu : « ni en vente faite par autorité de justice, sauf
« l'exception en faveur des mineurs. »

DU TRANSPORT DES CRÉANCES.

Art. 111. On propose d'ajouter les deux articles suivans, 1692
qui décident des cas fréquens et non prévus par le Code :

Art. 112. « Une cession générale des droits et actions ne
« comprend pas les actions rescindantes et rescisoires, sans
« clause expresse.

Art. 113. « La vente ou cession d'une créance comprend
« les accessoires de la créance, tels que caution, privilége
« et hypothèque. »

Art. 113. Il faut ajouter à cet article la disposition sui- 1694
vante : « et à concurrence seulement du prix qu'il a retiré
« de la créance. »

Cette restriction préviendra les contrats usuraires, parce
que la rescision n'ayant pas lieu en vente de créance pour
cause de lésion d'outre-moitié, suivant l'article 103, l'on
pourrait acheter pour le plus vil prix une créance sur la valeur de laquelle il n'y aurait aucun risque à courir, lorsqu'un
cédant solvable aurait garanti la solvabilité actuelle et fu-
ture du débiteur.

Art. 116. On propose la rédaction suivante de cet article, 1697 et l'addition de quelques autres dont la justice et l'utilité se font naturellement sentir :

Art. 116. « S'il avait déjà profité des fruits de quelque « fonds, ou reçu le montant de quelque créance appartenant « à cette hérédité, ou vendu quelques effets de la succession, « il est tenu de les rembourser à l'acquéreur, s'il ne les a ex- « pressément réservés lors de la vente.

1698   Art. 117. « L'acquéreur doit, de son côté, rembourser au « vendeur ce qu'il a payé pour les dettes et charges de la « succession, et lui faire raison de tout ce dont il en était « créancier, s'il n'y a stipulation contraire.

Art. 118. « Les servitudes actives et passives sont rétablies « au même état où elles étaient avant l'ouverture de la suc- « cession.

Art. 119. « Les créanciers de l'hérédité peuvent, à leur « choix, actionner l'acquéreur de l'hérédité ou le vendeur, « sauf le recours de celui-ci contre l'acquéreur. »

TITRE XII. — *De l'échange.*

1706   Art. 7. Cet article présente le cas où l'un des copermutans aurait reçu en échange un immeuble quelconque et une soulte ou retour excédant de plus de moitié la valeur de l'immeuble par lui remis.

Or, il est évident que, suivant le principe même énoncé dans cet article, la rescision n'a lieu qu'en cas de lésion d'outre-moitié.

Le copermutant qui a reçu un immeuble d'une valeur quelconque, et une soulte en argent *excédant de plus de moitié la valeur de l'immeuble par lui remis*, ne peut proposer la lésion, puisque la valeur seule de la soulte excède, dans le cas donné, de plus de moitié la valeur de l'immeuble par lui remis en échange.

Il y a donc erreur dans la rédaction de cet article, qui ne dit pas ce que les rédacteurs ont sans doute voulu dire; et, pour la corriger, il suffit de mettre : *par celui qui a payé la soulte*, à la place de ces mots : *par celui à qui la soulte est payée.*

TITRE XIII. — *Du louage.*

Art. 26. On relate dans cet article l'article 21 du même 1759 titre : c'est une erreur ; c'est l'article 19 qui doit être rappelé.

Art. 28. Il convient de déterminer les droits du preneur à 1719 défaut de délivrance ; on propose, à cet effet, l'article suivant :

Art. 29. « Si le bailleur ne fait pas la délivrance, le pre-
« neur pourra, à son choix, demander la résiliation du bail
« ou sa mise en jouissance, si l'obstacle à l'exécution de l'acte
« vient du fait du bailleur, ou ses dommages-intérêts, dans le
« cas où l'obstacle procéderait du fait d'autrui. Dans tous les
« cas, le bailleur est tenu des dommages-intérêts, s'il en ré-
« sulte pour le preneur du défaut de jouissance au terme con-
« venu. »

Art. 33. Il peut arriver que les réparations soient de telle 1724 nature que, quoiqu'elles aient été faites dans l'intervalle de quatre décades, le preneur ne puisse faire usage de la chose louée que long-temps après, comme s'il s'agissait de la reconstruction d'un gros mur dont l'humidité rendrait l'appartement mal-sain.

On propose, en conséquence, d'ajouter à cet article un 3e alinéa ainsi conçu :

« Si le plâtre ou le mortier employé dans ces réparations
« rend l'appartement inhabitable, le locataire aura la fa-
« culté de résilier le bail. »

Art. 39. Cet article ne détermine point le temps précis ap- après lequel le preneur, à défaut de paiement, peut être ex- 1729 pulsé.

On propose de le rédiger ainsi : « Le preneur peut encore
« être expulsé à défaut de paiement du premier bail, si les
« arrérages excèdent une annuité du prix. »

1754 Art. 43. Au lieu de : *les* réparations , il faut mettre : *ces ré-parations.*

1731 Art. 46. On propose d'ajouter à cet article les mots sui-vans : *sauf la preuve contraire.*

1743 Art. 56. Il convient d'ajouter à cet article : « Le fermier « ou locataire est également tenu d'exécuter le bail. »

Cette réciprocité est juste ; mais il faut que le Code en pré-sente la disposition, parce que la loi 32 , ff. *locati*, avait dé-cidé le contraire, d'après les principes que le droit romain avait admis, que l'acheteur et le successeur à titre singulier n'étaient pas obligés d'entretenir le bail.

1773 Art. 74. Le second alinéa de cet article parle des cas for-tuits extraordinaires, tels que les ravages de la guerre ou une inondation , auxquels le pays n'est pas ordinairement sujet.

Pour éviter l'erreur dans laquelle un habitant des campa-gnes pourrait tomber, lorsqu'en renonçant *aux cas imprévus* il n'aurait pensé ni au cas de guerre ni à celui d'inondation, on propose de substituer à ces mots : *à moins que le fermier n'ait renoncé à tous cas fortuits prévus ou imprévus*, les expres-sions suivantes : *à moins que le fermier n'y ait* NOMMÉMENT RENONCÉ.

liv. 3- Art. 76. On propose d'ajouter après cet article , ceux qui
tit. 8- suivent :
fin du
ch. 2.

Art..... « La plus longue durée d'une location ne peut ex-« céder quatre-vingt-dix-neuf ans. »

Cette disposition fut adoptée à l'égard du bail emphytéo-tique , par l'article 1er du titre Ier de la loi du 29 dé-cembre 1790.

Art..... « Les baux à vie sur plusieurs têtes ne peuvent ex-« céder le nombre de trois.

Même article de ladite loi.

Art..... « Les baux qui excéderont les termes ci-dessus y « seront réduits. »

Il conviendrait de placer avant le chapitre II du titre XIII, une section qui présenterait toutes les règles à suivre en matière de rentes foncières ; il est essentiel que le Code contienne les principes relatifs à un objet aussi important. Les lois des 1ᵉʳ décembre 1790, 10 juin et 16 octobre 1791, paraissent n'avoir rien laissé à désirer sur cette matière, et l'on en présente les articles comme il suit :

liv. 3-
tit. 8-
av-le-
ch. 3-
et
liv. 3-
tit. 6.

SECTION VI. — Des rentes foncières.

Art. 1ᵉʳ. « On appelle rente foncière celle qui est établie
« par l'acte d'aliénation d'un fonds.

« Elle conserve sa nature, quoique l'acte contienne l'é-
« valuation du capital au moyen duquel on pourra la ra-
« cheter (livre III, art. 3, titre V, art. 3 de la loi du 29 dé-
« cembre 1790).

« Mais si l'on vend un immeuble, et qu'on en laisse le
« prix au pouvoir de l'acquéreur, sous une rente, elle est
« constituée.

« Art. 2. Toute rente foncière est rachetable, nonobstant
« toute clause contraire (Titre Iᵉʳ, art. 1ᵉʳ).

Art. 3. « Le possesseur de plusieurs fonds grevés de rentes
« envers la même personne peut racheter les unes sans
« racheter les autres ; à moins que ces fonds ne soient tenus
« à rentes solidaires, auquel cas le rachat ne pourra être
« divisé (Titre II, art. 1ᵉʳ).

Art. 4. « Lorsqu'un fonds grevé de rente est possédé par
« plusieurs copropriétaires, divisément ou par indivis, un
« des copropriétaires ne peut racheter sa part de la rente
» que du consentement du créancier (Titre II, art 2).

« Le créancier peut refuser du copropriétaire le rem-
« boursement total en renonçant à la solidarité envers tous
« les coobligés (Ibid.).

« Si le redevable fait le remboursement total, il est su-
« brogé aux droits du créancier contre les codébiteurs, mais
« sans solidarité ; et chacun des débiteurs pourra racheter
« divisément sa portion (Ibid).

Art. 5. « Si l'acte établissant la rente contient l'évaluation
« du capital, le rachat pourra toujours s'en faire à ce
« prix.

« Si l'acte ne contient pas cette évaluation, le rachat
« pourra toujours s'en faire sur le pied de vingt années
« de revenu pour les rentes en argent, et de vingt-cinq
« années de revenu pour les rentes en denrées (Titre III,
« art. 2).

« On y ajoutera, pour les rentes exemptes de retenue,
« une quotité égale à celle de la retenue (Ibid.).

« Néanmoins, le rachat peut toujours se faire entre ma-
« jeurs de gré à gré, sans que le traité puisse être attaqué
« sous prétexte de lésion (Titre II, art. 3).

Art. 6. « Pour évaluer les rentes en denrées, il sera formé
« une année commune de leur valeur, d'après le relevé des
« registres du marché du lieu où devait se faire le paiement,
« ou du marché le plus voisin (Titre III, art. 7).

« Pour former cette année commune, on prend les qua-
« torze années antérieures au rachat, on retranche les deux
« plus fortes et les deux plus faibles, et l'année commune
« est formée sur les dix années restantes (Ibid.).

Art. 7. « Il en sera de même pour les rentes en volailles
« et autres denrées, dans les lieux où leur prix est porté
« dans les registres des marchés (Titre III, art. 8).

« Dans les autres lieux, l'estimation s'en fera par experts
« (Titre III, art. 9).

Art. 8. « Si la rente est d'une quote-part des fruits de
« l'immeuble, il sera procédé par experts à l'estimation de ce
« que le fonds peut produire en nature, année commune, et
« ensuite à l'évaluation de la rente, de la même manière que
« pour les rentes en grains (Titre III, art. 10).

Art. 9. « Les tuteurs, les administrateurs, et les maris
« dont les épouses ont des dots inaliénables, ne peuvent
« liquider les rachats qu'au taux ci-dessus (Titre II, ar-
« ticle 4).

« Ils peuvent liquider à l'amiable et sans expertise , en
« faisant les évaluations, par articles séparés , des rentes
« de diverses qualités et natures , en indiquant sur chaque
« article la conformité avec le taux et le mode ci-dessus ;
« et les tuteurs seront à l'abri de toute recherche, en faisant
« approuver la liquidation par le conseil de famille (Tit. II,
« art. 11).

Art. 10. « Dans tous les cas où l'évaluation de la rente
« peut donner lieu à une estimation par experts , le pro-
« priétaire pourra faire au créancier de la rente l'offre réelle
« d'une somme déterminée : en cas de refus de l'accepter, si
« elle est jugée suffisante , le créancier supportera les frais
« d'expertise ; et, si elle est insuffisante, ce sera le proprié-
« taire qui les supportera (Tit. III , art. 11).

Art. 11. « Si l'offre est faite à un tuteur , il prendra l'avis
« du conseil de famille ; et, s'il a été pour l'expertise , il en
« portera les frais en compte, s'ils sont à sa charge (Tit. III,
« art. 13).

« Tous autres administrateurs pourront aussi les porter
» en compte , s'ils sont à leur charge (Ibid.).

Art. 12. « On ne pourra racheter la rente qu'en payant
« tous les arrérages, et même l'année courante, à pro-
« portion du temps échu (Tit. III, art. 14).

Art. 13. « Les débiteurs de rente feront une retenue pro-
« portionnée à la contribution foncière , s'il n'y a stipula-
« tion contraire (Loi du 1er décembre 1790, tit. II, art. 6).

« La retenue se fera en argent , si la rente est en argent ;
« et en denrées , si l'on paie en denrées (Loi du 10 juin
« 1791, art. 3).

Art. 14. « Tout possesseur de fonds qui en rachète la
« rente est subrogé aux droits du créancier de la rente
« (Loi du 16 octobre 1791, sect. Ire , nos 2 et 5). »

CHAPITRE III. — Des voituriers par terre et par eau.

Art. 117. Cet article ne soumet les voituriers qu'aux 1784

mêmes obligations que les aubergistes ; néanmoins, les voituriers doivent être encore responsables des avaries arrivées
par leur faute.

On propose l'addition suivante :

« Ils sont encore tenus de toutes les avaries arrivées par
« leur faute. »

1785-
et ap-
1785
Art. 119 et 120. Le premier de ces articles oblige les voituriers à tenir registre des effets dont ils se chargent.

Le deuxième ne les rend point responsables de ce qui
n'est pas inscrit sur leur registre.

Ces deux articles reçoivent une juste application à l'égard
des entrepreneurs de voitures publiques ; mais il est une
foule de voituriers ou rouliers qui, ne sachant pas écrire,
ne peuvent tenir des registres. Il faut borner la disposition
de ces deux articles aux seuls entrepreneurs de voitures
publiques, et trouver une mesure pour les voituriers ou
rouliers qui ne savent pas écrire.

On propose de *permettre la preuve des effets qui leur auraient
été remis, comme pour les dépôts nécessaires.*

TITRE XIV. — *Du contrat de société.*

ap-
1833
Art. 4. Au dernier alinéa de cet article, au lieu de ces
mots : *admis à se restituer,* il faut mettre : *admis à se faire
restituer.*

1836 Art. 8. La rédaction de cet article serait plus correcte et
plus exacte, si elle était ainsi conçue :

« La loi ne reconnaît de société universelle que celle de
« gains, et prohibe, etc. » comme il suit audit article.

TITRE XV. — *Du prêt.*

1887 Art. 14. On propose d'ajouter l'article suivant, puisé
dans la loi 5, § 15, ff. *commodati.*

« Si plusieurs ont conjointement emprunté la même chose,
« ils en sont solidairement responsables envers le prêteur. »

Art. 31. Il conviendrait d'ajouter les articles suivans après l'art. 21 ; ils présentent des cas non prévus par le Code, et dont les lois romaines ont fourni la décision.

Art.... « L'emprunteur qui a payé des intérêts qui n'étaient 1906
« pas stipulés ne peut ni les répéter ni les imputer sur le
« capital, pourvu qu'ils n'excèdent pas le taux légitime. »

Art.... « Celui qui paie une annuité d'intérêts d'avance
« ne peut ni les répéter ni les imputer. Dans ce cas, celui
« qui les reçoit est présumé atermoyer le remboursement
« pour le même temps. »

Art.... « La quittance du capital fait présumer le paiement
« des intérêts, et en opère la libération, à moins qu'il n'y ait
« protestation contraire. »

TITRE XVII. — *Du mandat.*

Art. 1er. Il est nécessaire de déterminer si l'hypothèque ap-
sur les biens du mandataire, résultant d'une procuration 1984
passée par acte authentique, doit dater du jour de l'acte, soit
de son inscription, ou seulement de celui de son acceptation ; et si, dans ce dernier cas, l'acceptation doit être faite
par acte authentique, ou s'il suffit qu'elle résulte de l'exécution du mandat.

Le Code ne décide rien sur ces questions intéressantes,
sur lesquelles les auteurs ne sont pas d'accord, et qui cependant se présentent souvent.

Art. 18. On propose l'addition suivante : « Le mandataire 1991
« doit achever la chose commencée au décès du mandant,
« s'il y a péril dans la demeure. »

Art. 34. On propose un article additionnel dont la disposi- ap-
tion est puisée dans les lois 10 (§ 1), 11 et 12, ff. *commo-* 2002
dati; comme il suit :

Art..... « Celui qui envoie ou fait prendre quelque chose
« par un commissionnaire est tenu de la faute de ce
« dernier. »

Art. 37. Si ceux avec lesquels le mandataire peut traiter 2005
ne sont pas désignés dans le mandat, comme il arrive lorsque

la procuration a pour objet de vendre ou d'emprunter, comment leur en notifier la révocation ? comment venir au secours d'un mandant qui aurait été imprudent ou trop confiant ?

On pourrait pourvoir à ce cas par l'article suivant :

Art..... « Si leurs noms ne sont pas exprimés dans le man-
« dat, sa révocation sera censée notifiée par la publication
« et affiche d'un extrait de la révocation aux lieux les plus
« apparens et accoutumés de la commune du domicile du
« mandataire et du révocant, de chaque commune où sont
« situés les biens de ce dernier, et au greffe des tribunaux
« de première instance dans l'arrondissement desquels les-
« dits biens sont situés.

« Si la procuration est en brevet, il n'y aura lieu à la
« publication et affiche de la révocation qu'autant que le
« mandataire aura été préalablement sommé de la restituer.»

2010　Art. 43. On propose d'ajouter l'article suivant, tiré d'une définition de *Faber* :

Art..... « Si le mandataire avait usé du pouvoir à lui con-
« féré d'en substituer un autre, cette seconde procuration
« n'est pas révoquée par le décès du premier mandataire,
« mais seulement par celui du premier mandant. »

TITRE XVIII.— *Du gage et du nantissement.*

2082　Art. 12. On propose d'ajouter à cet article un alinéa présenté par la loi uniq., Cod. *ob chirogr. pecuniam*, ainsi conçu :

« Le créancier peut néanmoins retenir le gage jusqu'au
« paiement d'une autre créance qui n'aurait pas été l'objet
« du nantissement, si cette créance est exigible. »

liv. 3-
tit. 17-
ch. 2.　Art. 14. On s'engage souvent par deux espèces de conventions dont le Code ne parle pas, et qui exigent cependant des dispositions particulières ; l'une, appelée *contrat pignoratif*, et l'autre, *antichrèse*. On en propose la définition suivante :

« Le contrat pignoratif est celui par lequel le propriétaire

« d'un héritage l'engage à quelqu'un moyennant une cer-
« taine somme , et accorde à l'engagiste et à ses successeurs
« le droit d'en jouir jusqu'au remboursement de la somme
« reçue , que le propriétaire pourra exécuter lorsqu'il vou-
« dra retraire le gage.

« L'antichrèse est une convention par laquelle un débi-
« teur remet à un créancier et à ses successeurs le droit de
« jouir d'un héritage, pour lui tenir lieu des intérêts de sa
« créance , dont il peut cependant exiger le paiement au
« terme convenu. »

Ces deux contrats donnent lieu à la question suivante , 2085
qu'il est important de décider : elle consiste à savoir si l'engagiste et le créancier, dans les deux cas ci-dessus, doivent
tenir compte des fruits sous la déduction des légitimes intérêts, ou si les fruits leur sont acquis, quoique d'une valeur
beaucoup plus considérable, sans être tenus d'en imputer
l'excédant sur le capital, suivant la disposition des lois 14 et
17, Cod. *de usuris.*

TITRE XX. — *De la prescription.*

Art. 10. On propose d'ajouter au deuxième alinéa de cet   ap-
article la disposition suivante : « ainsi la servitude continue   2228
« est susceptible de l'action possessoire *. »

Cette addition est fondée sur ce que cet alinéa, par ces
expressions : *on possède improprement des droits incorporels*,
pourrait laisser de l'incertitude sur la question de savoir si
l'on peut intenter l'action possessoire pour les servitudes en
général. Il est certain qu'on peut exercer cette action pour
les servitudes continues, mais non pour les servitudes discontinues, qui ne peuvent s'acquérir que par titre, suivant
les articles 42 et 43, liv. II, tit. IV.

Mais il faut que la loi le décide nettement, surtout par
rapport à l'attribution des tribunaux ; les juges-de-paix ne
pouvant connaître que du possessoire , et non du pétitoire.

_____

* Voyez l'art. 6 90 du Code civil.

ap-
2235
Art. 17. On propose de placer, après cet article, un article additionnel fourni par les lois 131 et 150, ff. *de regulis juris*, qu'il suffit d'énoncer pour en sentir la justice :

Art..... « Celui qui cesse de posséder par dol est toujours « réputé possesseur, et, comme tel, tenu de procurer le « délaissement de l'immeuble qu'il possédait, ou d'en payer « la valeur. »

ap-
2239
Art. 20 et 21. On propose d'appliquer à ces deux articles l'exception suivante, qui se trouve énoncée en l'article 81, tit. VI, liv. III, mais qu'il faut appliquer et répéter ici pour en former un principe général :

Art..... « Les deux articles précédens reçoivent exception, « lorsque le propriétaire avait juste cause d'ignorer l'inter- « version du titre ou l'aliénation, parce que les détenteurs « précaires seraient toujours restés en possession de l'im- « meuble par bail, rétention d'usufruit, ou autre moyen « semblable, pendant lequel temps la prescription ne court « pas. »

On en propose encore un autre pour décider un cas fréquemment contesté, ainsi conçu :

Art..... « L'action d'indemnité, qui compète au proprié- « taire, dans le cas de l'article 21 de ce titre, contre les dé- « tenteurs précaires, se prescrit par trente ans. »

Mais il reste à décider depuis quelle époque cette prescription commence à courir ; si c'est *du jour de l'aliénation faite par le détenteur précaire*, ou seulement *du jour où la prescription est acquise au tiers-acquéreur.*

Pour le premier avis, l'on dit que le propriétaire a pu, dès le jour même de l'aliénation, intenter son action en indemnité à défaut du délaissement de son héritage, et que le bien général exige que toutes les actions soient prescrites par le laps de trente ans, à compter du jour où elles sont nées.

En faveur du deuxième avis, l'on soutient que le détenteur précaire ne doit pas profiter du dol et de la fraude qu'il a pratiqués en vendant clandestinement ce qui lui avait été

confié; qu'il ne peut être traité plus favorablement que le détenteur précaire qui, ayant observé la loi du contrat, n'aurait jamais pu prescrire; qu'ayant d'ailleurs cessé de posséder par dol, il est réputé possesseur, à l'effet de procurer le délaissement de la chose dont il s'est dessaisi, à quelque époque que le propriétaire la réclame; qu'il ne devrait même jamais pouvoir opposer de prescription, puisque ce serait opposer de son dol; qu'il serait injuste que le propriétaire qui se présenterait après trente ans fût également repoussé par l'acheteur et par le vendeur. L'action en indemnité, ajoute-t-on, ne peut naître qu'au moment où le propriétaire, se présentant pour obtenir le délaissement de son héritage, ne le trouve plus dans les mains du détenteur précaire auquel il l'avait confié, mais bien dans celles d'un tiers-acquéreur qui l'a valablement prescrit par trente ans. Or, ne serait-il pas absurde de prétendre que le détenteur précaire a pu prescrire contre l'indemnité, en même temps que le tiers-acquéreur aurait prescrit la propriété? ne serait-ce pas punir le propriétaire d'avoir ignoré la vente de son propre bien, tandis que le détenteur précaire serait récompensé de l'avoir injustement vendu?

Toutes ces observations doivent faire sentir combien il est essentiel de décider et d'insérer dans le Code, si la prescription de l'action d'indemnité dont il s'agit, *contre le détenteur précaire* qui aurait vendu, doit commencer à courir *du jour de l'aliénation faite par le détenteur précaire*, ou *du jour où la prescription est acquise au tiers-acquéreur*.

Art. 23. On propose d'ajouter à ce chapitre un article final qui est essentiel, et dont le Code ne fait pas mention: liv. 3-tit. 20-fin du ch. 3.

Art..... « La prescription ne court point entre communistes, tant qu'ils possèdent par indivis. »

Art. 25. La loi 3, § 17, ff. *de amitt. vel acq. possessione*, 2243 place au nombre des causes d'interruption naturelle de possession l'inondation qui aurait empêché le possesseur de jouir.

Cette décision paraît d'autant plus juste que, si l'inondation avait duré plusieurs années, on ne pourrait reprocher au vrai propriétaire son inaction pendant ce temps.

On pense donc qu'il faudrait ajouter à l'art. 25 ces mots : *soit par inondation.*

2255   **Art. 36.** En développement de cet article, on demande qu'il soit décidé nettement *si la prescription qui a commencé contre la femme avant le mariage continue pendant sa durée,* comme le décide la loi 16, ff. *de fundo dot.* attendu que le Code laisse indécis si, en pareil cas, la femme a recours contre le mari qui a laissé consommer la prescription.

2262-   **Art. 43.** On propose d'ajouter à cet article, et de le rédi
2263   ger comme il suit :

Art. . . . . « Toutes les actions, tant réelles, personnelles,
« *que mixtes,* se prescrivent par trente ans, à compter du
« jour où elles sont nées, sans que celui qui allègue cette
« prescription soit obligé de rapporter de titres, ou qu'on
« puisse lui opposer de mauvaise foi. »

En effet, l'on ne doit pas omettre les actions *mixtes,* telles que l'action en bornage, en partage de succession ou d'objets indivis, qui se prescrivent également par trente ans, suivant la loi 1re, § 1er, cod. *de annali exceptione.* Cette division a été d'ailleurs, avec raison, adoptée par nos lois modernes (*Voy.* la loi du 26 ventose an 4, concernant la manière de procéder en conciliation, art. 4).

On propose encore de placer après cet article la disposition suivante : « Les rentes foncières, constituées ou viagè
« res, se prescrivent également par trente ans, à compter
« de la date de l'acte constitutif de la reconnaissance ou de
« l'interruption civile. »

Il est fort essentiel de décider cette question, et de l'insérer dans le Code, parce que les auteurs sont d'opinions divergentes à l'égard du temps où doit commencer cette prescription. Les uns pensent que c'est depuis l'acte, donc il faut avoir soin d'interrompre avant trente ans la prescription ; et les autres pensent, au contraire, que la prescription ne court que dès l'échéance de chaque annuité, et contre chaque prestation seulement.

Fab. def. 19 *de prescriptionib.* 30 *vel* 40 *ann.*, et *Gui-Pape*, decis. 106, se fondant sur la loi *cùm notissimi*, cod. *de prescript.* 30 *vel* 40 *ann.*, soutiennent que cette action doit durer un siècle. D'autres, tels que d'Argentré, art. 272, *verbo* : « Qui n'échéent d'an en an, » n° 3 ; Expilli, chap. 24 ; Chorier, liv. V, sect. V, art. 11, etc., soutiennent, au contraire, que les rentes constituées se prescrivent par le laps de trente ans.

Cette contradiction prouve la nécessité de fixer la jurisprudence, à cet égard, d'une manière claire et précise.

Art. 46. La section III traite des prescriptions par dix et 2265 vingt ans.

Cette espèce de prescription donne lieu à beaucoup de difficultés, parce qu'elle dépend du domicile, de la bonne foi, de la présence ou de l'absence, qui sont souvent très-équivoques, tandis que la prescription trentenaire n'exige rien de tout cela.

Souvent, il est très-difficile de déterminer l'époque où a commencé l'absence d'un individu ; il ne l'est guère moins de déterminer son domicile, soit parce qu'il a plusieurs habitations, soit parce qu'il n'en a pas.

Les auteurs et les arrêts, loin d'éclaircir cette matière, n'ont souvent fait que l'obscurcir davantage.

La preuve de la bonne foi n'occasionne pas moins de difficultés, malgré l'article 49 de ce titre, qui veut qu'on la présume. Il est des circonstances qui la rendent équivoque, et prêtent, par cela même, beaucoup à l'arbitraire.

Il faut donc s'attendre à un grand nombre de procès, si on admet cette prescription : c'est cette considération qui l'avait fait tomber en désuétude dans le ci-devant Dauphiné, quoiqu'on y observât le droit romain, et c'est encore la même qui détermine à en proposer le rejet.

DISPOSITION GÉNÉRALE.

Article final. On laisse donc subsister toutes les lois civiles faites pendant la révolution. Elles sont dans un tel chaos, que les commissaires nommés par les différentes législatures pour les en tirer n'ont pu y réussir.

Pourquoi n'y choisirait-on pas tout ce qu'il y aurait d'utile à la postérité, pour leur faire subir ensuite le sort commun aux autres lois ?

On abroge les lois romaines, les Coutumes, les ordonnances, etc., dans les matières qui font l'objet du Code civil ; mais chaque tribunal sera obligé de recourir à ses anciennes maximes pour toutes les lacunes que laisse le projet de Code ; et les lois romaines et les Coutumes se convertiront encore en jurisprudence dans une multitude de cas.

Le moyen le plus sûr d'abroger l'ancienne législation ne serait-il pas d'insérer dans le Code tout ce qui s'y trouve d'utile ? L'ouvrage exigera quelque temps ; mais l'inconvénient du retard disparaît lorsqu'il s'agit d'assurer le bonheur de nos contemporains, celui de la postérité, et d'élever le monument le plus durable à la gloire de la nation française.

On propose enfin de renvoyer l'exécution du Code civil à un même jour fixe pour toute la république.

Il n'en est pas du Code civil comme d'une loi particulière qu'on peut saisir à une simple lecture ; il est nécessaire que le Code soit connu des gens d'affaires et des notaires avant de le mettre à exécution ; et un intervalle de trois mois entre son insertion au Bulletin et son exécution serait à peine suffisant.

On pourrait cependant, en renvoyant l'exécution du Code civil à un délai de trois mois, et à un jour fixe pour toute la république, permettre de disposer de ses biens, soit par actes entre vifs, soit par dispositions à cause de mort, conformément à ce qui sera prescrit par le Code, immédiatement après sa publication.

Observations générales sur les titres VI, VII et VIII du livre III, relatifs aux priviléges et hypothèques, et à la vente forcée des immeubles.

Maintenir la foi publique, assurer l'exécution stricte des contrats, prévenir le dol et la fraude, tarir la source des procès naissans de la *clandestinité* des hypothèques·, tel doit être l'effet d'une bonne loi sur le régime hypothécaire. liv. 3-
tit. 18-
ch. 3.

La *publicité* des hypothèques peut seule produire ce résultat heureux. Ce principe est la base de tout bon régime hypothécaire. Les législateurs les plus sages l'ont toujours employé comme la sauve-garde la plus sûre contre la mauvaise foi.

Dans les contrées de l'Attique, de petites colonnes, placées dans les champs ou devant les maisons, avertissaient les citoyens des hypothèques dont ces immeubles étaient grevés.

Rome, dans ses beaux jours, pratiqua long-temps le même usage. Des affiches dans les champs, et des inscriptions sur les maisons, servaient à donner aux hypothèques la plus grande publicité : *imponebantur tituli, superscribebantur nomina* (ff. *possess.*).

Dans la Prusse, dans la Silésie, la loi ordonne la publicité des hypothèques, et l'on en recueille les plus heureux effets.

En France, on avait senti depuis long-temps le besoin d'une loi de ce genre. Henri III, en 1581, Henri IV, en 1606, et Louis XIV, en 1673, ordonnèrent vainement l'enregistrement de tout acte hypothécaire ; cette loi utile fut toujours repoussée par les courtisans et les gens de robe : elle déchirait le voile qui couvrait les dettes frauduleuses des uns, et diminuait les produits du domaine judiciaire des autres.

Ecoutons le ministre Colbert se plaindre, dans son Testament politique, de la révocation de l'édit de 1673, et développer les avantages de *la publicité des hypothèques.*

« Il faudrait faire, dit-il, ce qui fut fait il y a douze ans ,

« mais qui n'eut point d'exécution par *les brigues du parle-*
« *ment;* il faudrait établir des greffes pour enregistrer tous
« les contrats et toutes les obligations. Ce serait le moyen
« d'empêcher que personne ne fût trompé......; de rétablir
« la bonne foi, d'assurer la fortune de ceux qui prêtent leur
« argent, et de rétablir le crédit des particuliers, qui est
« perdu sans ressource. En effet, ceux à qui il reste encore
« du bien ne trouvent plus de secours dans leur nécessité,
« parce qu'on les croit bien souvent plus obérés qu'ils ne le
« sont. Il faut faire voir clair à ceux qui vous secourraient,
« s'ils y trouvaient leur sûreté; *il faut aussi ôter le moyen, à*
« *ceux qui veulent tromper les autres de le pouvoir faire, comme*
« *il arrive tous les jours.* »

Tel est le but que la loi du 11 brumaire an VII, sur le régime hypothécaire, se proposa d'atteindre. Elle n'est que le
développement du plan conçu par le ministre Colbert; elle
repose sur cette base fondamentale : *la publicité des hypothèques.*

Cette loi sans doute est susceptible de quelques améliorations, dont une expérience de deux ans a fait sentir la nécessité; mais on doit sévèrement écarter toute exception qui ferait fléchir la rigueur du principe de *la publicité.*

Nous exposerons rapidement, 1° les modifications que
pourrait exiger cette loi; 2° les principaux inconvéniens
résultant du régime hypothécaire, tel qu'il est proposé par
le Code.

§ Ier.

Modifications à faire à la loi du 11 brumaire an VII (n° 2137).

1° Le reproche le plus grave fait contre cette loi, et qui a
excité le plus de réclamations, est le droit fiscal dont elle est
entachée. C'est un vice étranger au régime hypothécaire
établi par cette loi, et qu'il est facile de faire disparaître. Ce
droit devrait être réduit et modéré aux seuls frais qu'entraîne la conservation des hypothèques. Les droits propor-

tionnels perçus tant sur les inscriptions des créances que sur les mutations d'après l'article 62 de la loi du 9 vendémiaire an VI, doivent être au moins *réduits de moitié.*

2° Un autre inconvénient naissant de la loi du 11 brumaire est celui-ci :

Un propriétaire possède pour 100,000 fr. d'immeubles, sur lesquels il doit 30,000 francs de créances hypothécaires; il est poursuivi par un créancier auquel il doit 10,000 fr.; les autres créanciers restent tranquilles. Pour se libérer de cette créance de 10,000 fr., ce propriétaire est presque toujours obligé de vendre, non-seulement pour 10,000 francs, mais encore jusqu'à concurrence de 30,000 francs, pour acquitter tous ses créanciers; parce que l'acquéreur auquel il n'aurait vendu que pour 10,000 fr., redoutant d'être attaqué en délaissement par les autres créanciers du vendeur, répugne à remplir toutes les formalités prescrites par l'article 30 de la loi du 11 brumaire, et à se soumettre à des enchères qui le forceraient à payer l'immeuble au-delà du prix qu'il veut en donner.

On ferait cesser cet inconvénient en ajoutant à la loi du 11 brumaire an VII les deux dispositions suivantes, tirées des art. 52 et 53 du titre VI, livre III du projet de Code :

Art..... « L'acquéreur ou le tiers-détenteur peut requérir 2170 « que le créancier soit tenu de discuter préalablement les au- « tres biens qui sont dans la possession du principal obligé ; « et, pendant cette discussion, il est sursis à faire droit sur « la demande en déclaration d'hypothèque.

Art..... « L'exception de discussion ne peut être opposée 2171 « au créancier privilégié sur l'immeuble. »

Cette certitude donnée à l'acquéreur qu'il ne pourra être troublé dans sa possession qu'en cas d'insuffisance des biens de son vendeur facilitera beaucoup la mutation des immeubles; l'acquéreur ne fera usage des moyens indiqués par cette loi pour purger les hypothèques que lorsque la solvabilité du vendeur lui paraîtra douteuse. D'autre part, un vendeur solvable ne sera pas obligé de vendre au-delà de ce qu'il doit à un créancier qui le poursuit, lorsque d'autres créanciers s'en reposent sur son crédit et sa solvabilité bien connus.

2181 Mais il paraît indispensable de tenir à ce principe, posé par l'article 26 de la loi du 11 brumaire, qu'un acte translatif de propriété, lors même qu'il serait authentique, ne peut être opposé à des tiers, tant qu'il n'a pas été *transcrit* sur les registres des hypothèques : autrement, c'est se rejeter dans le chaos de la clandestinité des hypothèques ; c'est exposer à perdre le tiers qui, ignorant cette vente, prête de l'argent au vendeur qu'il croit être encore propriétaire de cet immeuble ; c'est accorder à cet acquéreur une hypothèque pour son action en garantie, hypothèque qui, n'étant point inscrite, est un piége tendu à ceux qui contractent avec le vendeur postérieurement à la vente déjà faite.

2135 3° On a objecté qu'il y avait quelque inconvénient, même de l'immoralité, à obliger une femme ou un fils à faire inscrire sa créance contre son mari ou son père : cet inconvénient a pu exister pour les hypothèques antérieures à la loi du 11 brumaire, mais on peut aisément le faire cesser à l'avenir.

Pour atteindre ce but, il suffit d'obliger les notaires « à « faire inscrire dans le délai de dix jours, et les greffiers, « avant d'en délivrer aucune expédition, tout acte ou juge- « ment susceptible de conférer hypothèque, tout comme ils « sont tenus de le faire enregistrer.

« L'hypothèque de l'acte ou jugement qui sera inscrite « dans le délai déterminé remontera au jour de l'acte ou de « la prononciation du jugement ; faute de quoi l'hypothèque « ou privilége n'aura rang que du jour de l'inscription. »

Toutes ces mesures seront faciles à exécuter, en diminuant les droits fiscaux sur l'inscription des créances et mutations.

2129 4° On a improuvé que la loi du 11 brumaire eût restreint l'hypothèque aux seuls biens présens. Il est facile d'y remédier par l'article additionnel suivant:

« L'hypothèque inscrite s'étend sur tous les biens présens « et à venir du débiteur situés dans l'arrondissement du bu- « reau de la conservation où l'inscription a été faite. »

5° Enfin, on peut apporter à la loi du 11 brumaire toutes les modifications que l'on croira nécessaires, pourvu qu'elles ne contrarient point le principe de *la publicité des hypothèques;* principe sans lequel il est impossible d'obtenir un bon régime hypothécaire.

Qu'on ne redoute point cette objection frivole de rendre publiques les dettes passives des citoyens. La mauvaise foi peut seule profiter de *l'obscurité des hypothèques;* le vrai commerçant qui établit son commerce sur des bases solides y trouvera de l'avantage. Les faillites de quelques marchands qui ne jouissent que d'un crédit usurpé nuisent au négociant de bonne foi, en ce qu'elles font hausser le prix du numéraire par la défiance qu'elles inspirent en général aux capitalistes.

Le commerce a d'ailleurs toute la garantie qu'il peut désirer dans *la contrainte par corps;* mais tout homme qui déguise l'état de ses affaires et dissimule sa position pour tromper son créancier est indigne de la protection de la loi. Ne vaut-il pas mieux laisser un agioteur, un dissipateur sans crédit, que si son crédit supposé causait la ruine d'un père de famille trop crédule qui lui confierait son argent?

§ II.

Concernant les principaux inconvéniens résultant du régime hypothécaire tel qu'il est présenté par le projet du Code.

1° Les rédacteurs du Code ont renversé entièrement le système de la *publicité* des hypothèques, en s'écartant de ce principe, posé par l'article 2 de la loi du 11 brumaire, que « l'hypothèque ne prend rang, et les priviléges sur les

immeubles n'ont d'effet *que par leur inscription sur des registres publics à ce destinés.* »

Nous n'attaquons point ici les principes du Code sur les
diverses espèces d'hypothèques, sur leur effet, sur leur durée, sur leur extinction, etc.; nous soutenons seulement
que, quels que soient les actes que l'on juge devoir être susceptibles de conférer hypothèque, l'hypothèque ne peut être
acquise que du moment de son inscription sur des registres
publics. Nous ne nous occupons que du régime *matériel* des
hypothèques.

Or, l'on conçoit aisément que la formalité de l'inscription peut être appliquée à tout système de législation sur les
hypothèques. Que l'hypothèque soit légale, judiciaire ou
conventionnelle, toujours est-elle susceptible d'inscription.
La loi du 11 brumaire les y a toutes assujéties; et cette loi
s'exécute depuis plus de deux ans.

Conserver la nécessité de l'inscription pour acquérir hypothèque, c'est environner d'un grand jour la probité, c'est
neutraliser la mauvaise foi, c'est raviver le commerce et la
circulation du numéraire. Je veux prêter ou acheter : j'ouvre le registre des hypothèques et je contracte avec confiance, sous la garantie des lois.

Avec le projet de Code, tous ces avantages disparaissent.
Je veux acheter un immeuble, j'ignore quelle est l'hypothèque tacite ou légale de la femme du vendeur sur ses immeubles, quels sont les jugemens qui ont grevé ses biens
d'hypothèque en faveur d'autres créanciers; j'ignore enfin
quels sont les actes obligatoires ou les ventes qu'il a passés.

2° On s'abuserait étrangement, si l'on pensait avoir remé-
dié à ces inconvéniens graves en rétablissant les dispositions
de l'édit de 1771, concernant les oppositions aux lettres de
ratification.

Cette loi, qui améliora notre régime hypothécaire, était
encore vicieuse et incomplète.

L'édit de 1771, ainsi que le projet de Code, ne fournissent aucun moyen au prêteur de connaître la solvabilité de l'emprunteur *avant de contracter avec lui;* en sorte que le créancier est souvent trompé par une apparence de biens immeubles grevés d'hypothèques antérieures ou inconnues. De là une source de fraudes et de procès.

Il en est de même de l'acquéreur. Au moment du contrat, il ne peut s'assurer de l'état des affaires du vendeur ; ce n'est qu'à l'instant où il prend des lettres de ratification qu'il peut les connaître par les oppositions des créanciers : mais alors, si les créanciers forment des enchères, l'acquéreur se voit obligé, ou de renoncer à son acquisition, ou de parfournir au prix supérieur à celui qui avait été convenu.

On sent combien le système adopté par le projet du Code est insuffisant : son principal vice vient de ce qu'il n'oblige le créancier à faire connaître son hypothèque qu'au moment où il est exposé à la perdre, c'est-à-dire, immédiatement avant le sceau des lettres de ratification (art. 3, tit. VII, liv. III), au lieu d'obliger ce créancier à former son inscription ou opposition à l'instant où il veut acquérir hypothèque.

3° Il n'est pas inutile d'observer que la différence essentielle entre la loi du 11 brumaire et le projet de Code est que la première exige l'inscription pour *acquérir* hypothèque, au lieu que le projet de Code n'exige l'opposition ou inscription que pour *conserver* l'hypothèque. Il suit de là que le projet de Code maintient tous les inconvéniens qui peuvent être attachés à l'inscription, et prive les citoyens des avantages qui en résultent, en ne faisant pas dépendre l'obtention de l'hypothèque, de la nécessité de cette inscription.

4° Parmi les heureux effets qu'avait déjà produits *la publicité des hypothèques,* on doit essentiellement compter *l'établissement des banques territoriales.* Plusieurs s'étaient déjà formées : celle surtout connue sous ce nom à Paris (1),

_____
(1) La banque de commerce.

fournit des ressources précieuses pour le commerce et l'agriculture : cette banque prête son crédit et ses fonds aux propriétaires et aux manufacturiers dont la solvabilité lui est constatée par la comparaison de leurs propriétés foncières avec les hypothèques dont elles sont grevées. Ainsi, par l'intermédiaire de ces banques, une partie de la valeur vénale de nos richesses territoriales était mise en circulation, et suppléait à la rareté du numéraire.

La suppression de la publicité des hypothèques entraîne nécessairement la destruction de pareils établissemens, et prive l'agriculture et le commerce des avantages qu'ils leur offraient.

2183   5° En conservant la nécessité de l'inscription pour l'obtention de l'hypothèque, le mode de purger les hypothèques sur une vente volontaire ou forcée devient extrêmement simple : tous les créanciers étant connus par leur inscription, celui qui veut faire purger les hypothèquesles assigne au domicile par eux élu dans l'étendue du bureau ; aucun ne peut être oublié, ni exposé à perdre son hypothèque.

En s'écartant du principe de *la publicité* des hypothèques, les difficultés et les inconvéniens se multiplient, lorsqu'il s'agit de purger les hypothèques, soit par des lettres de ratification, soit par l'adjudication sur saisies réelles, soit enfin qu'il s'agisse d'une vente forcée sur simples publications. Développons rapidement ces inconvéniens.

§ III.

Concernant les lettres de ratification.

2148   D'après le projet de Code, l'opposition formée au bureau du conservateur des hypothèques, conserve bien les droits des créanciers opposans. L'homme éclairé et soigneux pour ses affaires n'oubliera point de la former : mais l'habitant des campagnes qui a obtenu un jugement ou passé un acte public qui lui confère hypothèque, une femme, un mineur, qui ont une hypothèque légale, négligeront de former opposition, ou de la renouveler après *cinq ans*; et ils predront leur hypothèque; toutes les formalités relatives aux lettres de ratification se passant dans *l'obscurité d'un greffe*, ils n'auront aucun moyen d'en être instruits. Avec la nécessité de l'inscription, ces dangers ne sont point à craindre.

D'autre part, les rédacteurs du Code ont eu sans doute pour objet de simplifier la procédure des lettres de ratification. Cependant, ont est étonné de voir que le Code exige le ministère d'un huissier pour former opposition, et qu'une opposition ne dure que *cinq ans*. L'inscription prescrite par la loi du 11 brumaire n'exigeait point le ministère d'un huissier, et son effet durait *dix ans*.

§ IV.

Concernant la vente forcée des immeubles sur saisies réelles.
(tit. VIII, liv. III du projet de Code.)

Un des effets les plus funestes de l'abandon du système de la publicité des hypothèques est, sans contredit, la nécessité où elle a réduit les rédacteurs du Code à rétablir *le mode ruineux et désastreux des saisies réelles*, lorsqu'il s'agit de purger les hypothèques sur une vente forcée d'immeubles.

On conçoit qu'avant de priver de ses droits un créancier qui a une hypothèque légale, judiciaire ou conventionnelle, *qui n'est connue que de lui seul et de son débiteur*, il est nécessaire d'environner cette vente forcée de toutes les précautions possibles, pour lui donner la plus grande publicité, à l'effet que tous ceux qui ont intérêt à s'y opposer puissent la connaître.

Mais la nécessité d'introduire une procédure aussi compliquée, aussi dispendieuse, est elle-même un grand mal; c'est un fléau terrible de l'ordre judiciaire, qu'il faut se hâter de prévenir en maintenant le système de la publicité des hypothèques.

Pour donner une idée de la complication des formes prescrites pour les *saisies réelles*, il suffit de les comparer

39.

avec la deuxième loi du 11 brumaire, sur l'expropriation forcée. Celle-ci ne contient que trente-six articles, et pourvoit à l'intérêt de tous les créanciers et du débiteur.

Le nouveau mode prescrit par le Code, pour les saisies réelles, contient cent soixante-huit articles. Il exige, indépendamment des procès-verbaux de saisie, des publications et affiches, plusieurs jugemens préparatoires ; savoir, jugement·sur la validité de la saisie, appel, jugement portant congé d'adjuger, enfin jugement d'adjudication, établissement de séquestres, cautions, etc. L'omission de l'une de ces cent soixante-huit formalités requises entraîne la nullité de l'acte qui en est l'objet : en deux mots, c'est l'hydre de la chicane qui dévorera nécessairement le débiteur et presque toujours les créanciers.

Frappés des inconvéniens de la procédure ruineuse des *saisies réelles*, les rédacteurs du Code ont pensé pouvoir y parer, en établissant un mode plus simple, par la vente sur *simples publications*, qui fait l'objet du chapitre VIII, titre VIII.

Ce mode ne peut être employé que pour les immeubles dont la valeur vénale n'excède pas 4,000 francs. Il est, en très-grande partie, basé sur la loi du 11 brumaire concernant l'expropriation forcée.

·Mais cette vente sur simples publications a ce grand désavantage qu'elle ne purge point *les hypothèques* ; en sorte que l'adjudicataire, pour acquérir la propriété incommutable, est encore obligé de prendre des lettres de ratification ; tandis qu'avec le mode prescrit par la loi du 11 brumaire, toutes les hypothèques sont purgées.

Il y a plus : dans le système de la publicité des hypothèques, le mode d'expropriation forcée tracé par la loi du 11 brumaire peut être aisément simplifié et amélioré, parce que, tous les créanciers étant connus, il ne s'agit que de les appeler à la vente, et de prendre les mesures nécessaires pour lui donner une grande publicité.

Concluons donc que ce mode doit l'emporter sur ceux présentés dans le Code. Moins dispendieux et moins compliqué que l'adjudication sur *saisies réelles*, il arrive au même résultat, et purge l'immeuble de toute hypothèque. Aussi facile à exécuter que la vente sur *simples publications*, il a par-dessus elle l'avantage de purger les hypothèques.

Au surplus, nous pensons, avec les rédacteurs du Code, que, pour la vente forcée des immeubles d'une valeur modique, et non excédant en capital une somme de 4,000 fr., il serait nécessaire d'établir un mode de vente extrêmement simple. On atteindra facilement ce but, lorsqu'on n'accordera point à ce mode de vente le droit de purger les hypothèques.

Nous proposerons à ce sujet, à la suite de ces observations, un mode d'expropriation qui se pratique avec succès dans la plupart des Etats d'Italie, et qui se rapproche beaucoup de la collocation usitée dans le ressort du ci-devant parlement d'Aix.

RÉSUMÉ.

Nous résumant sur tout ce qui concerne le régime hypothécaire, nous pensons que l'on doit,

1° Maintenir le principe de *la publicité des hypothèques*, sauf toutes les modifications dont la loi du 11 brumaire serait susceptible, et qui pourraient se concilier avec ce principe fondamental ;

2° Réduire, *au moins de moitié*, les droits proportionnels perçus au profit du fisc, tant sur les inscriptions de créances que sur les transcriptions d'actes translatifs de propriété ;

3° Enjoindre aux notaires de faire inscrire, dans un bref délai, et à tous greffiers avant d'en délivrer aucune expédition, tout acte ou jugement portant obligation ;

4° Autoriser l'acquéreur ou tiers-détenteur à requérir que le créancier soit tenu de discuter préalablement les autres biens qui sont dans la possession du principal obligé, avant d'exercer l'action hypothécaire, sauf l'exception en faveur du créancier privilégié sur l'immeuble ;

5° Étendre l'hypothèque à tous les biens présens et à venir du débiteur situés dans l'arrondissement du bureau où l'inscription est faite ;

6° Simplifier et améliorer le mode d'expropriation forcée prescrit par la loi du 11 brumaire ; ne point permettre à la femme ni aux enfans du débiteur saisi de se rendre adjudicataires ; exiger, ainsi que le prescrit l'article 153 du titre VIII, liv. III du Code, qu'aucune enchère ne puisse être mise que par un avoué près le tribunal où se fait l'adjudication, etc. ;

7° Supprimer entièrement la procédure ruineuse de la *vente forcée des immeubles sur saisies réelles*, formant les six premiers chapitres du titre VIII ;

8° Enfin, substituer au mode de vente *sur simples publications* d'immeubles d'une modique valeur, indiqué par le chapitre VII, titre VIII, un mode infiniment plus simple, et à peu près conforme aux bases tracées dans le projet ci-après.

liv. 3-
tit. 19-
c. 1er.

Projet d'expropriation forcée par voie de collocation sur les biens du débiteur.

L'article 16, titre VIII, livre III, défend de procéder par saisie réelle, si la créance n'est que d'une somme de 200 fr. et au-dessous, par la considération, sans doute, de l'énormité des frais, relativement à une aussi modique somme.

Mais pourquoi refuser, sous ce prétexte, l'exécution sur les immeubles, mode de paiement indispensable dans les pays peu fortunés, surtout dans les campagnes, où les meubles n'excèdent pas le rigoureux nécessaire, et où une somme de 200 francs est réputée considérable, par la modicité des fortunes ?

Il est donc nécessaire d'établir un mode extrêmement simple d'expropriation forcée, lorsque la créance est modique, ou que l'immeuble à saisir n'excède pas, en valeur vénale, la somme de 4,000 fr.

Trouver un moyen peu dispendieux de saisir le créancier de son gage, accorder au débiteur un délai de rachat, et conserver les droits des autres créanciers sur le gage commun ; c'est tout à la fois servir le créancier et le débiteur, sans nuire aux droits d'autrui.

On pourrait atteindre ce but par une loi à peu près conforme au projet suivant. Ce projet est basé sur un mode d'expropriation qui se pratiquait avec succès en Piémont, et qui tient beaucoup de la collocation qui était en usage dans le ressort du ci-devant parlement d'Aix, pour toutes sortes de créances.

Art. 1er. « Le créancier qui voudra exécuter les immeubles « de son débieur ou du tiers-possesseur présentera au tribu- « nal d'arrondissement de première instance où les biens sont « situés, son titre exécutoire, et une pétition au bas de la- « quelle il désignera les biens sur lesquels il prétend se faire « colloquer.

« Ces biens y seront désignés par leur nature, la conte- « nance réelle ou approximative de chaque pièce de terre, « les confins, le revenu porté sur la matrice du rôle foncier, « et le nom de la commune où ils sont situés.

Art. 2. « Le tribunal commettra un notaire pour procéder « à la collocation, enjoindra au débiteur de comparaître au « jour qui sera fixé par exploit, et dans un délai qui ne « pourra être moindre de quinzaine, sur le lieu où les biens « sont situés, pour les voir adjuger à son créancier suivant « leur juste estimation, avec le bénéfice d'un cinquième, « toutes charges prélevées, et l'en voir mettre de suite en « possession.

Art. 3. « Au jour fixé par l'assignation, le commissaire se « transportera sur les lieux ; et, soit que le débiteur y com- « paraisse ou non, il choisira d'office deux experts expéri- « mentés.

« Ces experts procéderont de suite à la séparation et à
« l'estimation d'une quantité de biens, au choix du créan-
« cier, suffisante pour le paiement de sa créance, des légi-
« times intérêts, ensemble de tous les frais, y compris ceux
« de l'adjudication, qui seront liquidés par le commissaire,
« et du bénéfice d'un cinquième en sus du montant de la
« créance en principal et intérêts.

Art. 4. « Si les deux experts se trouvent divisés d'opinions,
« le partage sera vidé par l'avis du commissaire de la procé-
« dure (ou d'un tiers-expert).

Art. 5. « L'estimation faite, le commissaire adjugera im-
« médiatement au créancier les biens estimés, pour en jouir,
« à titre de propriété révocable pendant une année, et irré-
« vocable après ce terme. Il en mettra de suite en possession
« le créancier ou son procureur fondé, et dressera du tout
« procès-verbal, qui sera notifié au débiteur.

Art. 6. « Le débiteur ou le tiers-possesseur a le terme
« d'un an, à compter de la notification du procès-verbal,
« pour racheter les biens adjugés ; à la charge d'effectuer,
« dans ledit délai, le remboursement intégral de la créance,
« en principal, intérêts et dépens jusqu'au jour de l'adjudi-
« cation, ensemble les droits d'enregistrement de ladite ad-
« judication : ce délai expiré, l'adjudicataire devient pro-
« priétaire à titre irrévocable, et les fruits perçus lui sont
« acquis en remplacement des intérêts de sa créance.

Art. 7. « Dans le cas où le rachat est effectué dans le délai
« ci-dessus prescrit, il n'est dû, pour l'enregistrement de
« l'acte de rachat, qu'un droit fixe d'un franc.

Art. 8. « Cette vente par voie de collocation ne purge ni
« les droits de propriété des tierces personnes, ni les privi-
« léges ou hypothèques des créanciers.

« En cas d'éviction, le créancier colloqué conserve ses
« droits et hypothèques tant sur les biens adjugés que sur les
« autres biens de son débiteur. »

Arrêté par nous, membres de la commission nommée, par le tri-
bunal d'appel séant à Grenoble, pour l'examen du projet de
Code civil, en suite de la lettre du ministre de la justice du
.... germinal dernier. A Grenoble, le 18 messidor an IX de la
république française. Signé RÉAL, FAYOLLE, FLEURY, *juges*
commissaires.

N° 15. *Observations présentées par la commission nom-*
mée par le tribunal d'appel séant à LIÉGE

1° IL a paru à la commission que le titre de donations
entre vifs et des testamens serait mieux placé, s'il suivait immédiatement le titre des successions ;

2° Que les formalités qui accompagnent les tutelles étaient
trop nombreuses ; que les conseils de famille étaient obligés
de s'assembler trop fréquemment ; et que l'administration du
tuteur était trop entravée par la nécessité dans laquelle le
mettent les sections VII et VIII de ce titre, d'avoir, à chaque
instant, recours au conseil de famille.

Toutes ces dispositions seront à peine observées lorsque
la fortune du mineur sera considérable, et que des parens
vivant dans l'aisance pourront souvent s'assembler, sans re-
gretter quelques dépenses indispensables, et sans négliger
leurs affaires domestiques ; mais si le mineur a peu de biens,
et si des ouvriers ou d'autres personnes peu aisées sont ses
parens, les assemblées de famille n'auront pas lieu, et l'usage
abolira des dispositions qu'il serait peut-être prudent d'effacer du Code, en donnant plus d'étendue à la disposition énoncée en l'art. 92, titre *des tutelles.*

3° La loi sur les hypothèques, du 11 brumaire an VII,
renferme trois principes, et la commission a pensé qu'on ne
pouvait les méconnaître sans le plus grand inconvénient.

L'art. 25, chap. V, tit. Ier de cette loi dit que « la vente,

[marginal notes: liv. 3- tit. 1 et 2. — l. 1er- tit. 10]

« soit volontaire , soit *forcée*, d'un immeuble grevé d'hypo-
« thèque ne rend point exigibles les capitaux aliénés et les
« créances non échues. »

Ce principe aurait dû être adopté; il se trouve bien plus
d'acheteurs, et un immeuble est vendu à un prix infiniment
plus haut, lorsque l'acquéreur n'est point obligé d'en payer
le prix comptant ; l'intérêt du vendeur et l'intérêt de ses
créanciers se réunissent ici pour solliciter l'adoption de ce
principe, qui est sans inconvénient, si l'on a soin d'exiger
que l'acquéreur donne une caution valable pour assurer le
paiement du prix de son achat.

2134   L'art. 2 , chap. Iᵉʳ, titre Iᵉʳ, dit que « l'hypothèque ne
« prend rang que par l'inscription dans les registres publics
« à ce destinés. »

La transcription, nécessaire pour donner hypothèque, a
l'avantage d'assurer aux propriétaires des rentes un gage
certain ; et, sans cette certitude, il ne faut pas croire que le
propriétaire industrieux trouvera du secours pour améliorer
sa propriété, que le négociant et le manufacturier trouveront des capitaux, qui, seuls, peuvent les mettre en état de
faire des entreprises utiles, *et de lutter avec succès contre l'industrie étrangère.*

Il n'existait peut-être pas de contrée où la circulation du
numéraire fût plus active que dans la Belgique. Cette activité
de circulation, dont l'influence est si grande sur la prospérité d'un peuple, était due aux lois qui assuraient la stabilité
des hypothèques, qui simplifiaient l'action des créanciers
contre leurs débiteurs, et qui rendaient cette action rapide.

v. 3-   Mais les dispositions du projet de Code civil ont entouré
t. 19. l'expropriation forcée de tant de formalités, qu'elle a été
rendue impossible pour les petits héritages, et très-coûteuse
pour les grands.

2181   L'art. 26 et l'art. 28, titre II , de la même loi du 11 brumaire an VII, disent que « la propriété des biens susceptibles
« d'hypothèques ne peut passer d'une personne dans une

« autre que par la transcription de l'acte translatif de pro-
« priété. »

La commission n'a pas pu découvrir les motifs qui ont engagé les rédacteurs du projet de Code civil à abandonner ce principe, dont les conséquences heureuses sont attestées, dans ces pays-ci, par l'expérience des siècles.

L'acquéreur, pour assurer son acquisition, n'a plus qu'un seul moyen, c'est celui offert par les lettres de ratification. Il est néanmoins facile de prévoir que là où les propriétés sont très-divisées, et où les acquisitions n'ont pas toujours pour objet des immeubles d'une grande valeur, ce moyen ne sera pas employé, parce qu'il est surchargé de formalités, et qu'il occasionne beaucoup de frais ; de là, il s'ensuivra que le commerce des petites propriétés foncières sera rendu à peu près impossible.

4° La commission ne peut approuver le mode établi, livre préliminaire, titre III, pour *la publication des lois*. Il paraît plus simple de statuer que toutes les lois, indistinctement, soient publiées de la même manière, et que cette publication soit faite à l'audience des tribunaux d'appel et de première instance : ce mode ne présente aucune conséquence fâcheuse, et l'on n'oserait pas affirmer la même chose de l'autre.

5° L'article 7, chapitre II, titre Ier, livre Ier, dit : « L'é-
« tranger peut être traduit dans les tribunaux de France
« pour l'exécution des obligations par lui contractées en
« France avec un Français. »

La commission voudrait savoir si la disposition de cet article a également lieu lorsque les obligations ont été contractées en France par deux étrangers.

6° Il semble qu'on devrait déterminer si les actes dont il est parlé en l'art. 8, chap. II, tit. Ier, liv. 1er, doivent être permis aux étrangers, d'après la disposition des lois françaises, ou s'il suffit que ces actes soient permis aux étrangers, d'après la disposition des lois du pays où ils ont été consentis.

7° Sur le titre II, livre Ier, la commission observe : ˙

41 Premièrement, que, pour éviter les frais de transport des registres de l'état civil, et pour ne pas surcharger les juges de première instance d'un travail qui leur est étranger, l'on pourrait, sans danger, charger les juges-de-paix de parapher ces registres ;

40 Deuxièmement, que, pour diminuer la besogne des officiers de l'état civil, il faut se contenter de leur prescrire de 35 tenir les registres doubles ; et il faut encore élaguer des actes qu'ils doivent rédiger tous les mots qui peuvent être omis sans inconvénient : ainsi, l'on peut omettre dans le modèle de l'acte de naissance ces mots : *acte de naissance....., mairie de...... arrondissement communal de.....* Il suffit que ces énonciations se trouvent une fois à la tête du registre.

On peut encore omettre à la date ces mots : *République française;* et, à la fin, ceux-ci : *suivant la loi..... faisant les fonctions d'officier de l'état civil.*

57 Mais la commission a pensé qu'il pourrait être d'une grande utilité d'ajouter dans les actes de naissance le lieu où sont nés le père et la mère de l'enfant ; par ce moyen, il sera facile, même après deux siècles, d'établir sa généalogie.

68 - 8° Il est dit, article 40, § 2, titre II, livre Ier : « *Ces « peines* sont prononcées par le tribunal de première in- « stance. »

La commission demande si de ce jugement il y a appel ; et, en cas d'affirmative, où cet appel doit être porté ; car, le tribunal de première instance a deux tribunaux d'appel, l'un pour le civil, et l'autre pour le correctionnel.

72- 9° Si un tribunal de première instance refuse sans raison 54 l'homologation dont il s'agit dans l'article 45, titre II, livre Ier, la loi ne doit-elle pas, dans ce cas, offrir un recours à celui qui veut se marier, et qu'une injustice prive de cette faculté ?

112 10° L'article 9 du titre IV, livre Ier, ne détermine pas à qui sera déférée l'administration des biens d'un absent pendant les cinq premières années de son absence.

11º L'art. 12 , titre **IV** , livre Ier, exige la présence du commissaire à la confection de l'inventaire : la commission pense que , pour ne pas déplacer un fonctionnaire dont la présence est nécessaire au tribunal , et pour éviter les frais que ce déplacement peut occasioner, il conviendrait d'autoriser le commissaire aux fins de pouvoir déléguer , soit le juge-de-paix , soit le maire de la commune où l'inventaire se fait.

12º La commission pense que la section II, titre IV, livre Ier, est un peu obscure, qu'il résulte même de l'article 24 que l'absent et les enfans présens de cet absent sont exclus du droit de recueillir une succession dans laquelle ces mêmes enfans auraient eu le droit de prendre de leur chef une part , si leur père absent ne les avait pas exclus. **Par exemple**, si le père absent laisse des enfans et des frères , et que , pendant son absence , l'un de ses frères vienne à mourir sans descendans , dans ce cas, l'article 24 donne la succession aux frères de l'absent , et les enfans de ce dernier sont exclus ; ce qui est contraire à la disposition de l'article 49, titre Ier, livre III.

13º La commission croit que le mot *réciproquement* doit être placé à la fin de l'article 17 , titre V, livre Ier ; car il n'a aucune signification dans la place qu'il occupe ; et , ce qui est bien plus fort , c'est que la disposition de cet article défend , à la vérité , aux ascendans de contracter mariage avec les maris ou les femmes de leurs descendans , mais il ne défend nullement au fils d'épouser la femme de son frère , ni au mari d'épouser la fille de sa femme.

14º Il faut ajouter à la fin du § 2 de l'article 25 , titre **V** , livre Ier , ces mots : « de la partie contractante qui n'a pas « accompli sa vingt-cinquième année. »

15º Pour que la disposition énoncée à l'art. 31 , titre V, livre Ier, puisse être exécutée lorsque les parties sont domiciliées dans différentes communes, il faut que l'acte de publication annonce le lieu dans lequel le mariage sera célé-

Marginalia:
126
l. 1er.
tit. 4-
ch. 3-
sec. 2.
136
161
168
176

bré ; sans cette précaution, l'opposant ne saura où élire son domicile, ni à quel officier de l'état civil dénoncer son opposition.

184   16° Il faut effacer, dans le dernier paragraphe de l'art. 38, tit. V, liv. Iᵉʳ, ces mots : *trente-quatre*, écrits en chiffres-romains, parce que les exceptions dont il y est parlé sont toutes portées à l'article 35.

17° L'art. 63, tit. V, liv. Iᵉʳ, porte : « Le mariage con-
« tracté à l'extrémité de la vie, etc..... »

La commission pense que ces derniers mots sont trop vagues, qu'ils occasionneront des procès, et qu'il serait utile de fixer l'époque, comme on a fait pour les reconnaissances d'enfant, art. 28, tit. VIII, livre Iᵉʳ, et pour les testamens, art. 74 . tit. IX, livre III.

217   18° L'article 66, titre V, liv. Iᵉʳ, dit bien qu'une femme ne peut *donner, aliéner* ni *accepter* une succession sans le consentement de son mari ; mais cet article ne défend pas à la femme de *contracter*, et il se présente une espèce de contradiction entre cet article et l'article 72 suivant.

220   19° La commission croit que les sept derniers mots du § 2 de l'article 68, titre V, livre Iᵉʳ, doivent être retranchés, parce qu'il résulte de cet article, tel qu'il est maintenant conçu, qu'une femme ne peut être réputée marchande publique que dans le cas où son mari ferait un commerce, et qu'elle en ferait un autre ; tandis qu'il doit suffire qu'une femme fasse publiquement un commerce dont le mari ne se mêle point, peu importe que ce dernier soit marchand ou qu'il ne le soit pas.

340   20° Il serait assez important de savoir si l'époque de la conception, dont il est parlé à l'article 34, titre VII, livre Iᵉʳ, s'étend depuis le 286ᵉ jour jusqu'au 186ᵉ avant le moment de la naissance, comme il est déterminé aux articles 3 et 4 du même titre, pour ce qui concerne la présomption de la légitimité d'un enfant né pendant le mariage.

346   21° La commission pense que l'article 4, titre VIII, li-

vre Ier, a introduit une manière trop absolue d'exercer l'autorité paternelle. L'art. 6 du même titre ne permet pas à la
mère d'exercer cette autorité d'une manière aussi arbitraire;
néanmoins, il n'est pas prouvé que les mères soient moins justes envers leurs enfans que les pères. La puissance paternelle
que les Romains exerçaient sur leurs enfans ne semble pas
convenir à nos mœurs, et la loi doit pourvoir à ce que la détention, qui déshonore toujours, ne soit pas l'effet de la précipitation, et que cet acte de rigueur n'accable pas de regrets inutiles un père auquel l'on ne peut reprocher qu'un
mouvement de colère.

22° Art. 53, tit. IX, liv. Ier. Si le conseil de famille rejète 440
des excuses valables, la loi ne doit-elle pas, dans ce cas, offrir un recours contre cet acte arbitraire?

23° Art. 82, tit. IX, liv. Ier. La commission pense qu'une 457
utilité majeure et évidente devrait être admise comme motif
suffisant pour autoriser l'aliénation d'un immeuble appartenant à un mineur.

24° Il est absolument impossible que les juges–de–paix des 459
cantons ruraux attestent l'apposition des affiches mentionnées au § 2 de l'article 84 du tit. IX, liv. Ier; il faut se contenter de l'attestation donnée par l'huissier.

25° La commission pense que l'on pourrait ajouter au § 2
de l'art. 104, tit. IX, liv. Ier, que l'action dont il est parlé
ne peut plus avoir lieu, lorsque le mineur, devenu majeur,
a ratifié le contrat.

26° L'on pourrait sans inconvénient adresser au juge-de- 496
paix du lieu la commission rogatoire dont il est parlé en
l'article 18, tit. X, liv. Ier, surtout lorsque l'éloignement du
tribunal de première instance rendrait le déplacement du
juge très-coûteux; car, comme le parent qui poursuit l'interdiction doit, d'après l'article suivant, avancer les frais,
il ne se trouvera personne qui voudra entreprendre une pareille poursuite.

504   27° La commission a cru trouver une contradiction dans les termes de l'article 25, tit. X, liv. Ier.

608   28° Il serait nécessaire de déterminer un peu plus clairement si les rentes annuelles hypothéquées sur un héritage doivent être acquittées par l'usufruitier ou non; les articles 33 et 35, tit. III, liv. II, ne paraissent pas décider cette question, que toutes nos lois ont toujours décidée contre l'usufruitier.

727   29° La commission pense qu'il serait préférable de substituer, art. 22, n° 1, tit. Ier, liv. III, les mots *condamné pour*, au mot *jugé*, parce qu'il est possible qu'un héritier ait donné la mort volontairement, mais à corps défendant ; et dans ce cas, n'étant pas coupable, il ne doit pas être privé de la succession du défunt.

742   30° Si l'on croit qu'en ligne collatérale la représentation à l'infini soit contraire *au bon sens*, la commission pense aussi que l'article 36, tit. Ier, liv. III, a donné trop peu d'étendue à cette représentation, qui opère la division des propriétés, toujours avantageuse dans une république. Les défenseurs de la patrie, souvent moissonnés à la fleur de l'âge, réclament contre la disposition de cet article ; et cette disposition serait plus équitable et plus conforme aux idées reçues, si l'on appelait à la succession d'un frère les frères et sœurs, et tous les descendans des frères et sœurs.

757   31° L'art. 55, tit. Ier, liv. III, présente une contradiction dans sa disposition ; car, si le père d'un enfant naturel vient à mourir, et s'il laisse un ascendant, cet enfant aura le tiers de la succession de son père, s'il est enfant unique : néanmoins, suivant le § 2 du même article, il n'aurait que le quart de cette succession, si tous les ascendans de son père étaient morts, et si des parens plus éloignés étaient appelés à recueillir la succession.

On dira : Lorsque l'enfant ne reçoit qu'un quart, la succession sera plus considérable que lorsqu'il reçoit un tiers, parce que, dans le premier cas, cette succession comprend tous les biens de *tous* les ascendans du père de l'enfant. Mais cette réponse ne paraît pas lever la contradiction, une succession petite étant une succession tout comme une plus riche.

32° L'art. 70, tit. Ier, liv. III, ne détermine pas comment 765 on doit partager la succession d'un enfant *naturel*, lorsqu'il laisse des enfans *naturels*. L'art. 55 du même titre, ne parlant que d'ascendans *légitimes*, ne peut, dans ce cas, recevoir son application. Ne serait-il pas juste de statuer que, lorsque le défunt laisse des ascendans *naturels* et des enfans *naturels*, la succession appartiendra à ceux-ci à l'exclusion des autres? Par ce moyen, l'on suivrait, quant aux parens *naturels*, la même règle que l'on suit pour les successions des parens *légitimes*.

33° La commission pense qu'il serait utile de bien déter- 8:1 miner ce qui rend une succession vacante. L'art. 121, tit. Ier, liv. III, est muet sur ce point.

34° L'art. 150, tit. Ier, liv. III, paraît sujet à de grands 83; inconvéniens; car, si le même sort désigne et celui qui doit former les lots, et l'ordre dans lequel ils doivent être choisis, celui qui forme les lots pourra s'entendre avec celui que le sort aura désigné pour choisir le premier lot, et celui-ci pourra recevoir un lot infiniment plus considérable que les lots des autres : il serait préférable d'abandonner au sort la distribution des lots.

35° L'article 154, tit. Ier, liv. III, exige que la citation se 839 fasse en justice : la commission pense que, si l'objet à liciter n'était pas très-considérable, il serait plus avantageux de faire la licitation sur les lieux et par-devant un notaire *à ce autorisé par le tribunal de première instance.*

36° Dans le cas du § 2 de l'article 22, titre II, liv. III, 1125 *un paiement partiel* fait en conséquence d'un engagement contracté par un mineur, un interdit ou une femme mariée, après que la loi les a rétablis dans la pleine capacité de contracter, devrait avoir le même effet qu'une ratification.

III. 40

1146 37° La commission a pensé que la rédaction de l'art. 43, tit. II, liv. III, devait être changée; car jamais il n'y a lieu à des dommages et intérêts, lorsqu'une force majeure empêche un débiteur de faire ce qui lui avait été interdit.

1167 38° Il résulte de l'article 62, tit. II, liv. III, qu'un débiteur insolvable, qui n'est pas marchand, pourra donner ou vendre à vil prix ses biens, au préjudice de ses créanciers légitimes : la commission croit qu'il est nécessaire de déclarer que tous les contrats faits en fraude des créanciers, sont réprouvés d'après la distinction établie par le droit romain.

1174 39 L'article 69, tit. II, liv. III, déclare nulle toute obligation contractée sous une condition *purement potestative* de la part de l'un des contractans : cette disposition, ainsi conçue, paraît contraire à la raison naturelle ; elle renverse la doctrine de *Pothier*, fondée sur les lois romaines. En effet, pourquoi annuler l'obligation par laquelle je m'engage à donner à mon voisin 100 francs, s'il abat une muraille, un arbre, etc. ?

Si l'on n'a voulu qu'annuler, par cet article, tout engagement qui ne produit aucun lien, et qui laisse au débiteur la faculté d'exécuter ou de ne pas exécuter sa promesse, il fallait le dire en termes clairs et précis, et ne pas donner au mot *potestative* une signification qu'il n'a pas encore reçue.

1208 40° Article 99, § 2, tit. II, liv. III. Il serait sans inconvénient, et plus conforme à l'équité, si un débiteur solidaire pouvait opposer au créancier les exceptions qui sont personnelles à ses coobligés jusqu'à concurrence de leur part dans la dette.

liv. 3-
tit. 3-
ch. 4-
sec. 5.
41° En tête de l'article 109, titre II, livre III, l'on annonce la définition de l'obligation *dividuelle*, et on ne la donne pas.

1234 42° L'article 128, tit. II, liv. III, statue que les obligations s'éteignent par .... *une demande en nullité*. La commission est d'avis qu'une simple demande en nullité ne peut avoir l'effet d'éteindre une obligation, et que cette extinction n'a lieu que lorsqu'un jugement en dernier ressort adjuge au demandeur en nullité ses fins et conclusions.

43° Si, d'après la disposition de l'article 176, titre II, livre III, la compensation ne peut avoir lieu que lorsque l'objet des deux dettes est . . . . une certaine quantité de *choses fongibles* de la même espèce ; si, d'un autre côté, une chose fongible ne peut être l'objet d'un prêt à usage, il semble qu'il était inutile de statuer, n° 2, article 177 du même titre, que la compensation n'avait pas lieu contre la demande en restitution. . . . . . . *du prêt à usage.* 1291-1293

44° La commission a cru qu'il y avait une faute de ré- daction dans la fin de l'article 179, titre II, livre III, et que l'on a voulu dire que le débiteur ne pouvait plus opposer la compensation de ce que le cédant lui devait avant la date de la cession. 1295

45° Il est dit, article 198, titre II, livre III, que « le mi- « neur restitué n'est point obligé de rendre le prix qui lui « a été payé, à moins qu'il ne soit prouvé qu'il a été em- « ployé à son profit; » la commission pense qu'il faudrait ajouter une deuxième exception, et dire : « à moins qu'il ne « soit prouvé qu'il a été employé à son profit, ou que la « vente de son immeuble n'ait été précédée des formalités « requises par la loi. » 1312-1314

Il est très-avantageux aux mineurs, en général, que ceux qui achètent *légalement* et de bonne foi leurs immeubles ne soient jamais exposés à perdre la chose et le prix.

46° La commission est d'avis que les circonstances ac- tuelles et l'intérêt des cultivateurs exigent que la somme dont il est parlé à l'article 232, tit. II, liv. III, soit portée à *trois cents francs.* 1341

47° Il y a une contradiction entre les articles 1er et 2e du tit. IV, liv. III, et entre l'article 25, tit. V, même livre. Dans l'un, il est dit que la caution judiciaire doit être *suscep- tible de contrainte par corps;* et dans les autres, il est expressé- ment défendu de souscrire aucune obligation. . . . . *portant* 2040-2060 *contrainte par corps, hors les cas portés auxdits articles*, dans lesquels, néanmoins, le cas de la caution judiciaire ne se trouve pas.

2040- 48° L'article 25, tit. V, liv. III, dit « que la caution doit
2018 « être domiciliée dans *le lieu* où elle doit être donnée. » Le mot *lieu* paraît trop vague ; cette disposition donnera lieu à plusieurs contestations qu'on pourrait prévenir, en substituant au mot *lieu*, ceux *d'arrondissement du tribunal de première instance devant lequel elle doit être reçue.*

2170 49° Le dernier mot de l'article 57, tit. VI, liv. III, est, sans doute, une faute d'impression.

908 50° Article 13, titre IX, livre III. La commission croit qu'en général toutes les dispositions qui concernent les enfans naturels sont trop rigoureuses : il serait plus équitable de permettre à un père et à une mère de faire, pour leur enfant naturel, tout ce que la loi leur permet de faire en faveur d'un étranger.

915 51° La disposition de l'article 16, tit. IX, liv. III, ne fera pas cesser la cause de ces actes frauduleux qui engendraient tant de procès ; la commission croit qu'il faut enfin permettre à celui qui n'a pas de *descendans légitimes* de disposer, par acte de dernière volonté, de la totalité de ses biens.

921 52° L'exemple apporté au § 4, art. 22, tit. IX, liv. III, n'est point applicable à l'espèce, parce que, suivant l'ordre de succession, jamais l'oncle du défunt ne concourt avec le neveu à la même succession ; le neveu exclut l'oncle, et le neveu a droit à la réduction.

951 53° L'art. 44, tit. IX, liv. III, ne permet au donateur de stipuler le droit de retour, que dans le cas où le donataire *et* ses descendans viendraient à mourir avant lui : il semble qu'on pourrait permettre la même stipulation au donateur, dans le cas où le donataire viendrait *seul* à mourir avant lui.

1401 54° La commission demande si le mot *mobilier*, qui se trouve n° 1, art. 14, tit. X, liv. III, comprend les rentes perpétuelles et leurs capitaux.

Aux articles 18, 19 et 20, tit. Ier, liv. II, l'on a donné l'explication et la définition des mots *biens-meubles*, *meubles et effets mobiliers*, *meubles*, *meubles-meublans*; mais l'on n'a pas donné la définition ni la vraie signification du mot *mobilier* : cependant, il est employé dans un article où il mérite bien une définition. **535**

55° La commission a pensé qu'il y avait une omission dans la dernière phrase du § 3 de l'art. 27, tit. X, liv. III. **1417**

56° L'art. 72, tit. X, liv. III, présente l'acceptation de la communauté, de la part des héritiers de la femme, comme un *fait indivisible*, et l'article 91 du même titre le suppose *divisible ;* ce qui offre une espèce de contradiction dans la disposition. **1475-et ap-1453**

57° La commission est d'avis que la disposition qui charge les héritiers du mari des frais du deuil de la femme, énoncée à l'article 96, titre X, livre III, doit être omise, parce qu'elle occasionnera des contestations sur le plus ou moins d'argent nécessaire à la veuve pour pleurer convenablement son mari, et parce qu'elle tend à introduire un luxe superflu que la frivolité du régime féodal nous a légué, et que le législateur ne doit pas consacrer. **1481**

58° Art. 69, tit. XI, liv. III. Il serait à souhaiter que l'on pût déterminer, pour toute la république, les délais dans lesquels l'action résultant de chaque espèce de vices redhibitoires devrait être intentée ; car rien n'est plus nuisible ni plus coûteux que la preuve testimoniale de l'usage observé dans un certain endroit. **1648**

59° Il y a une faute de rédaction dans le § 2, article 7, titre XII, livre III ; au lieu de dire : *par celui à qui la soulte est payée*, il paraît qu'il faut dire : *par celui qui paie la soulte.* **1706**

60° Il serait plus avantageux si l'on déterminait le délai dans lequel il faut donner l'avertissement dont il est parlé à l'article 19, § 3, tit. XIII, liv. III. **1736**

61° Le nombre XXI, qui se trouve à la fin de l'article 26 du tit. XIII, liv. III, est une faute d'impression ; il faut le nombre XIX. **1738**

1743   62° La commission croit que la disposition de l'article 59, tit. XIII, liv. III, est contraire à l'équité; car, plus le temps que l'usage des lieux accorde entre le congé et la sortie est court, plus le dédommagement sera petit; cependant, il est évident que l'on souffre des dommages plus considérables, lorsque le temps que l'on accorde pour sortir et chercher un autre logement est court, que lorsqu'il est long.

1941   63° Il y a une faute d'impression dans l'art. 25, tit. XVI, liv. III; au lieu des mots : *à un tuteur*, il faut : *par un tuteur;* 1915   et le mot *possession*, qui se trouve dans l'art. 1er du même titre, semble impropre, parce qu'un dépositaire ne possède pas; la possession demeure par devers le déposant.

ap-
1985   64° Il paraît que la rédaction de la fin de l'art. 4, tit. XVII, liv. III, n'est pas correcte; on devrait dire :

« C'est au mandant à prouver que le mandataire a accepté « ou exécuté le mandat. »

1964   65° La commission pense que la définition donnée, article 1er, tit. XIX, liv. III, est très-obscure, et que celle que l'on trouve dans *Pothier* est préférable.

L'on n'a pas parlé de ces dispositions que des lois récentes ont rendues impossibles, telles que celles qui concernent les assesseurs des juges-de-paix, etc.

Signé DANDRIMONT, *juge;* F. N. DEFRANCE, *juge;* NICOLAÏ, *juge.*

FIN DU PREMIER VOLUME
DES OBSERVATIONS D'APPEL.

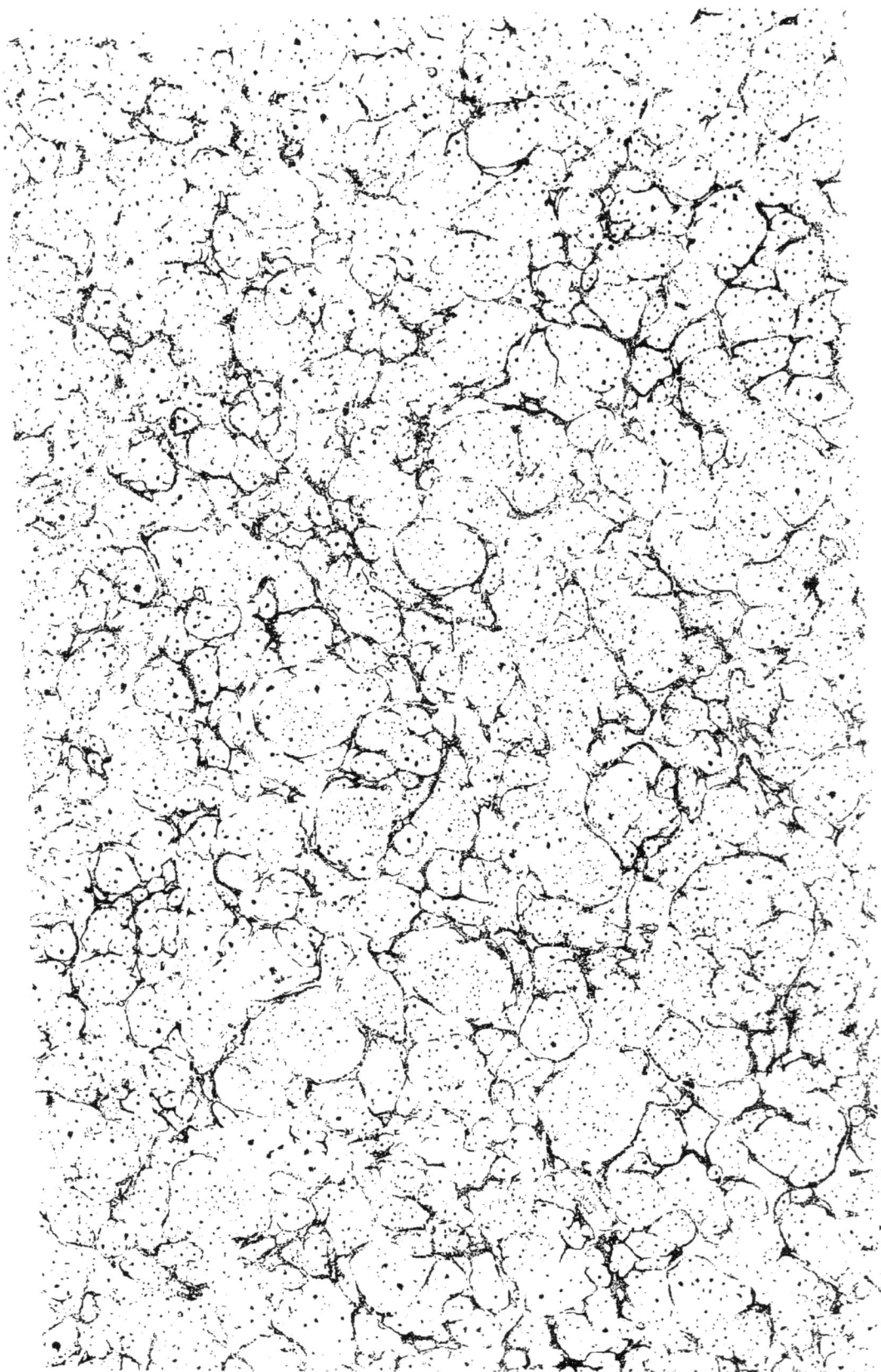

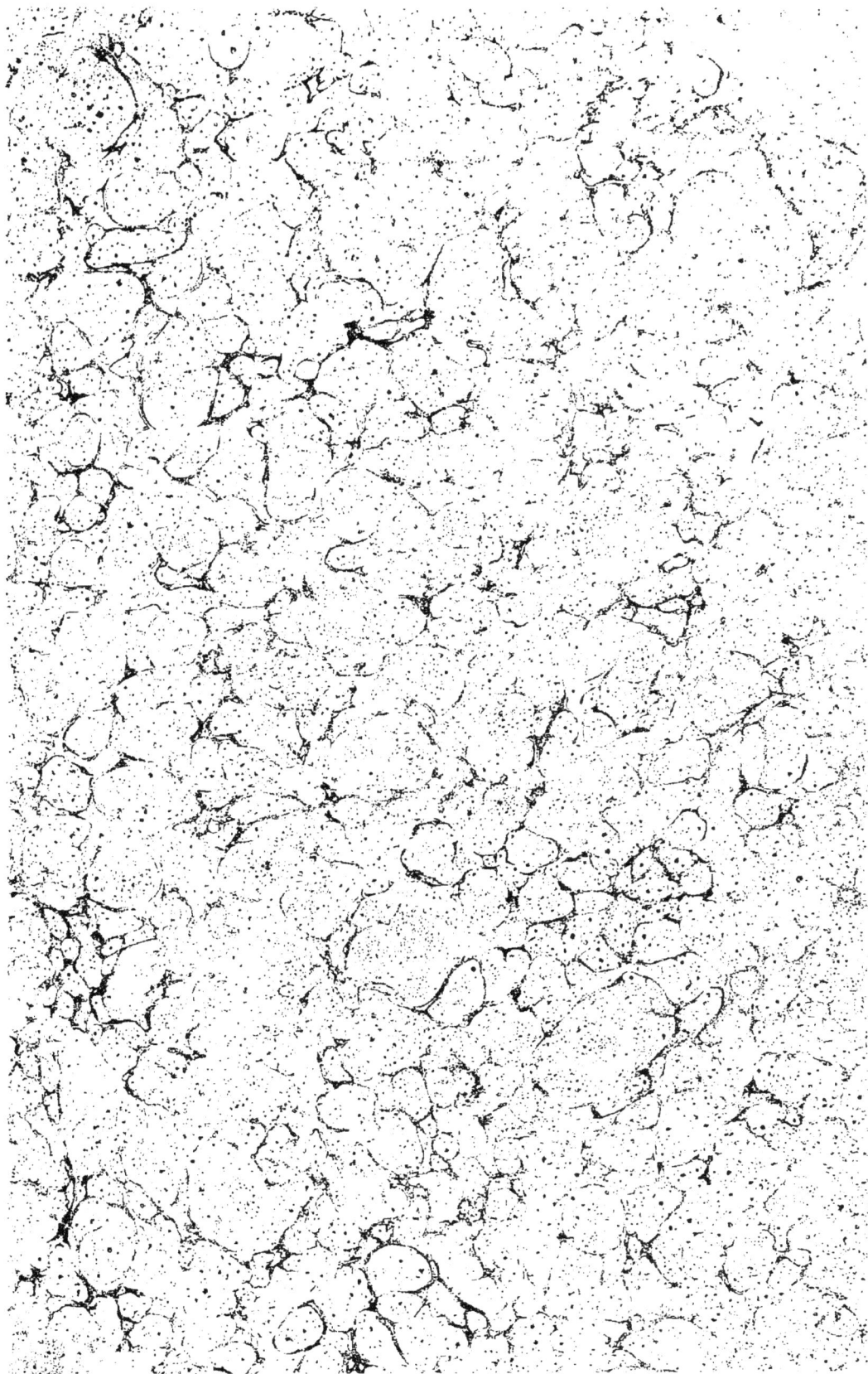

www.ingramcontent.com/pod-product-compliance
Lightning Source LLC
Chambersburg PA
CBHW060829220326
41599CB00017B/2294